교감국역 송남잡지 12

An Encyclopedia of Songnam

지은이 조재삼(趙在三)은 1808년에 태어나서 1866년까지 생존하였다. 본관은 임천(林川)이고 호는 송남(松南)이며 자는 중기(仲璣)이다. 졸수재(拙修齋) 조성기(趙聖期)의 5대손이다. 저서로 『송남잡지』 외에도 유고 2권이 있다고 한다.

옮긴이 강민구(姜玟求)는 성균관대학교를 졸업(문학박사)하고 민족문화추진회 국역연수원을 졸업하였으며 연청(硏靑) 오호영(吳虎泳) 선생을 사사하였다. 현재 경북대학교 교수이다. 논문으로 「영조대 문학론과 비평에 대한 연구」, 역서로 『국역 낙재선생문집』 외 다수가 있다.

교감국역校勘國譯 송남잡지松南雜識 12

1판 1쇄 인쇄 2008년 10월 5일
1판 1쇄 발행 2008년 10월 10일

지은이 / 조재삼
옮긴이 / 강민구
펴낸이 / 박성모
펴낸곳 / 소명출판
등록 / 제13-522호
주소 / 137-878 서울시 서초구 서초동 1621-18 (란빌딩 1층)
대표전화 / (02) 585-7840
팩시밀리 / (02) 585-7848
somyong@korea.com / www.somyong.co.kr

값 32,000원

ISBN 978-89-5626-331-1 94810
ISBN 978-89-5626-319-9 (전13권)

이 책의 본문용지는 한솔제지 하이벌크 미색지 75g을 사용하였습니다.

교감국역 송남잡지 12

松南雜識

조재삼 지음
강민구 옮김

일러두기

1. 저본(底本)

이 책은 1987년 동서문화원에서 영인 출판한 『송남잡지』를 저본으로 삼아 역주하되, 1986년 아세아문화사에서 영인 출판한 『송남잡지』와 규장각 소장본 『송남잡지』를 참고하였다.

2. 교감(校勘)

『송남잡지』의 모든 내용을 교감하였다.
인용 원문과 『송남잡지』의 내용을 대조하여 상호 출입을 모두 표시하였다. 인용 원문과 『송남잡지』 사이에 또 다른 전적이 개재되었을 경우, 즉 재인용의 경우에는 그들 간의 변형 과정과 양태를 제시하였다.
『송남잡지』에 인용되지 않은 부분이라도 원문의 이해를 위해 필요할 경우 전후를 제시하였다.
인용 원문을 왼쪽에 두고 『송남잡지』를 오른쪽에 두었으며, 화살표(→)로 변형된 것임을 표시하였다.

3. 역문(譯文)

역문은 쉬운 우리말로 옮기는 것을 원칙으로 하였다. 교감을 거친 번역이므로 원문과 차이가 있는 것이 많다. 그러한 경우 반드시 각주의 형식으로 교감기를 제시하였다.
시(詩)는 역문을 왼쪽에 두고 원문을 오른쪽에 배치하였다.

4. 주석(註釋)

주석은 내용이 간단하고 짧은 경우에는 간주(間註)로 처리하고, 내용이 긴 경우에는 각주로 처리하였다.
각주는 해당 항목을 제시하고 주석하였으며, 긴 항목은 앞뒤의 어구만 제시하고 중간에 …… 부호를 넣어 중략하였음을 표시하였다.

5. 맞춤법

맞춤법과 띄어쓰기는 한글맞춤법과 표준어규정을 따르는 것을 원칙으로 하였다. 단 필요한 경우 두음법칙 등을 적용하지 아니하고 원음을 그대로 제시하였다.

6. 부호

이 책에 사용한 부호는 다음과 같다.
( ) : 번역문과 음이 같은 한자를 묶는다.
[ ] : 번역문과 뜻은 같으나 음이 다른 한자를 묶는다.
" " : 대화 등의 인용문을 묶는다.
' ' : " " 안의 재인용, 또는 강조 부분을 묶는다.
「 」 : 편명을 묶는다.
『 』 : 책명을 묶는다.
〈 〉 : 인용된 주석을 묶는다.

해제

『송남잡지(松南雜識)』는 조재삼(趙在三 : 1808~1866)이 1855년(哲宗 6년)에 저술한 백과전서적 성격의 유서(類書)이다. 조재삼은 재야의 사인(士人)으로 호가 송남(松南)이고 자는 중기(仲璣)이며 졸수재(拙修齋) 조성기(趙聖期)의 5대손이다.

현재 『송남잡지』는 세 가지 종류가 전해진다. 하나는 임기중(林基中) 교수가 편의상 '임씨본(林氏本)'으로 칭하는 것이고 하나는 규장각 소장본이고 나머지 하나는 청주에서 프린트본으로 발간된 것이다.

임씨본은 총 7책으로 비·파·귤·율·도·매·리(枇·杷·橘·栗·桃·梅·李)로 차례가 정해져 있다. 임기중 교수는 이 책만이 『임천조씨가보(林川趙氏家譜)』에서 "송남잡지 7권을 저술하여 세상에 행(行)하고 있다[著雜識七卷印行于世]"라고 한 기록에 부합되는 유일한 현존본이며 기타 두 종과 대조한 결과 임씨본이 초고본이라는 견해를 제시하였다. 즉 규장각본과 유인본(油印本)은 각각 임씨본을 필사하고 유인(油印)했다는 것이다. 그리고 그 근거로 후자의 두 책과 전자의 편차를 비교해 보면 권

차(卷次)가 흐트러져 있는데, 제책(製冊) 후에도 보충이 계속되었다는 점을 제시하였다.

규장각본(奎章閣本)은 총 14권으로 되어 있는데, 비(枇)를 1·2로, 파(杷)를 11·12로, 귤(橘)을 3·4로, 률(栗)을 10·13으로, 도(桃)를 7·8로, 리(李)를 5·6으로 편차하였으니 이는 나무의 이름으로 편차를 정하는 방법이 일반적이지 않기 때문에 생긴 오류로 보인다.

청주의 유인본은 임형택(林熒澤) 교수가 조재삼의 방손(傍孫)인 조남식(趙南植) 옹으로부터 입수하여 아세아 문화사에서 1986년에 영인하였다. 이것은 해방 후 청주 지방에서 이광(李光 : 1887~1966)씨의 주선에 의해 상·중·하 세 책으로 약간부가 유인(油印)되었다고 한다.

유인본은 필경(筆耕)하여 유인(油印)한 것으로 임씨본과 큰 차이는 없다. 단 필경(筆耕)하는 과정에서 자구(字句)의 첨삭을 가하는 교정이 이루어졌을 가능성이 있다. 그러나 규장각본은 임씨본과 제책상(製冊上) 편차에서 차이를 보일 뿐만 아니라 항목의 구성에도 다소간의 차이를 보이고 있다. 규장각본은 임씨본에 있는 항목이 다수 누락되어 있다. 그런데 제책 후 누락된 내용은 원본을 보고 항목간의 빈 공간에 채워 넣은 것으로 보인다. 이는 마치 간주(間注)의 형식처럼 보이는데 사실은 누락된 항목의 보충에 불과하다. 그것의 글씨는 알아보기 어려울 정도로 조악한 것도 있다.

임씨본 역시 결락(缺落)된 글자가 어떤 이에 의하여 가필(加筆)된 흔적이 있다. 그런데 그것은 문맹자의 소위(所爲)로 보이는 바, 전혀 문리가 닿지 않는 글자뿐만 아니라 존재하지도 않는 글자를 그려 넣었기 때문이다.

『송남잡지』는 1,743장으로 이루어진 거질로 '백과전서적 유서'라고 할 만한데, 그 구성을 살펴보면 다음과 같다.

천문류(天文類) 70항목, 세시류(歲時類) 153항목, 지리류(地理類) 189항목, 국호류(國號類) 35항목, 역년류(歷年類), 외국류(外國類) 117항목, 인사류(人事類) 40항목, 가취류(嫁娶類) 75항목, 상제류(喪祭類) 139항목, 성명류(姓名類) 71항목, 과거류(科擧類) 41항목, 문방류(文房類) 85항목, 무비류(武備類) 114항목, 농정류(農政類) 64항목, 어렵류(漁獵類) 16항목, 실옥류(室屋類) 121항목, 의식류(衣食類) 244항목, 재보류(財寶類) 77항목, 집물류(什物類) 90항목, 음악류(音樂類) 94항목, 기술류(技術類) 151항목, 구기류(拘忌類) 80항목, 선불류(仙佛類) 117항목, 상이류(祥異類) 118항목, 계고류(稽古類) 407항목, 이기설(理氣說) 33항목, 인물류(人物類), 조시류(朝市類) 119항목, 방언류(方言類) 816항목, 화약류(花藥類) 180항목, 초목류(草木類) 179항목, 충수류(蟲獸類) 207항목, 어조류(魚鳥類) 187항목으로 상위 범주가 33류이고 하위 항목이 4432항이다.

위와 같이 『송남잡지』는 한문학 · 국문학 · 국어학 · 역사학 · 철학 · 민속학 · 종교학 · 천문학 · 지리학 · 농학 · 병학 · 건축학 · 동물학 · 식물학 · 한의학 · 복식사 · 음악사 · 과학사 · 외교사 · 제도사 등 다양한 분야의 지식을 담고 있다.

『송남잡지』의 '잡지(雜識)'라는 서명은 『성호사설(星湖僿說)』의 '사설(僿說)'이나 『반계수록(磻溪隨錄)』의 '수록(隨錄)'과 같은 의미이다. 이 책은 형식적 측면에서 유서의 전통적 양식을 충실히 계승하고 있을 뿐만 아니라 작가의 선명한 의식을 드러내고 있다.

조재삼은 『송남잡지』 자서에서 저작 동기와 저술 의식을 명확히 제시하고 있으니, 그는 추상물인 '태평(太平)'의 기록과 구체적 형상을 지니고 있는 '만물(萬物)'의 문자화를 자신의 책무로 자임하였다. 그 두 가지 중에서 조재삼의 주된 서술 의식은 전자에 맞춰져 있다. 즉 조재삼은 자서에서 "『송남잡지』는 태평(太平)의 기록으로 시작하여 태평(太平)의 기록으로 끝을 맺은 책"이라고 언명하고 있다. 과연 조재삼의 말대로 『송남잡지』의 첫 항목명은 '동방왈태평(東方曰太平)'이고 마지막 항목명은 '태평봉(太平鳳)'인데다가 '태평(太平)' 두 글자로 끝을 맺고 있다. 그런데 흥미로운 점은 조재삼의 강한 민족적 의식의 자각이다. 즉 '태평'은 우리나라의 태평에 다름 아니고 만물은 우리나라에 존재하는 만물에 다름 아니다. 조재삼은 우리나라를 '태평지역(太平之域)'이라고 명명하고 있으며, 우리나라가 천하에 존재하는 만물 가운데 절반을 보유하고 있다고 말하였다. 그러므로 『송남잡지』는 외우내환으로 나라가 병들어 가던 시기에 민족적 자존과 문화적 긍지를 고양하기 위한 의식의 소산이라고 할 수 있다. 그와 같이 선명한 의식이 백과전서적 형식 속에서 증명 분석되고 있다는 점이 기존의 유서와 다른 점이라고 할 수 있다.

그렇다면 『송남잡지』의 출현 동인은 무엇인가?

임형택(林熒澤) 교수는 『송남잡지』의 출현 동인으로, "새로운 지식에 대하여 경시하는 등 고루(固陋)와 고식(姑息)에 빠진 당대의 학풍을 반성하고 진작하려는 움직임"으로 파악하였다.

지금도 백과사전은 그것을 발행한 사회나 국가의 문화적 · 학술적 수준을 평가하는 하나의 척도가 될 수 있다. 『송남잡지』를 비록 '백과전서'라고 표현하고 있기는 하지만, 현대적 용어로 달리 대체할 만한 것이 없기 때문에 편의상 사용할 뿐이다. 현대적 의미의 백과사전은 중세의 유서들이 취하고 있는 분류 체계와는 전혀 다르기 때문이다. 즉 백과사전이 글자의 배열 순서에 입각해서 편찬된다면 유서는 작가의 가치관에 의해 차서(次序)가 정해진다. 그러므로 유서로서 『송남잡지』는 현재의 백과사전과 같이 다양한 정보를 제공하는 기능을 지니고 있는 동시에 당대인들의 가치관을 명확하게 볼 수 있는 유용한 자료라고 할 수 있다.

무엇보다 간과할 수 없는 점은 『송남잡지』가 문예미학적 특성을 갖추고 있다는 점이다. 이는 중국의 『운부군옥(韻府群玉)』·『사문류취(事文類聚)』 등이 문학 창작의 중요한 공구서(工具書)로 활용된 전통을 계승한 것이다. 그리고 또 하나의 중요한 사실은 『송남잡지』가 우리나라에서 발행된 『대동운부군옥(大東韻府群玉)』과 같은 운서류와 『지봉유설(芝峯類說)』·『성호사설(星湖僿說)』·『반계수록(磻溪隨錄)』과 같은 유서류의 전통을 충실히 계승하고 있다는 점이다. 조재삼은 중세의 막바지에서 유서라는 형식을 통하여 이전의 문화적 축적을 체계적으로 정리하려고 한 것이다.

참고문헌

임형택, 「송남잡지 해제」, 『松南雜識』, 아세아문화사, 1986.
임기중, 「송남잡지 해제」, 『松南雜識』, 동서문화원, 1987.

3 해제

32. 충수류 蟲獸類

23 바람이 일면 벌레가 생기다 風動蟲生
24 충장 蟲長
25 향자 蠁子
26 금충 琴虫
27 구신 · 저미 身蠩尾
28 망충 · 수유 蟒蟲蠕由
28 자벌레 尺蟲
29 맥망 · 국통 脈望鞠通
30 길정 吉丁
31 청우 靑牛
32 바구미 蛘子
32 쥐며느리 鼠婦
33 지주 · 희자 蜘蛛喜子
35 하루살이 蜉蝣
36 종사 螽斯
36 귀뚜라미 蟋蟀
37 점사 蛅蟴
37 나나니벌 蜾蠃
39 록 · 지 蟓蠹
39 전갈 蠆蠍
40 꿀벌 蜜蜂
43 분접 粉蝶
44 눈에놀이 蠛蠓
45 시충 豉蟲
46 굼벵이 蠐螬
46 외 螝
47 청개구리 · 올챙이 螻蟈蝌蚪
49 지렁이 蚼蚓

50 잠자리 蜻蜓
51 개미 · 거머리 螘蛭
52 모기 · 등애 蚊虻
54 파리 · 파리잡이거미 蠅虎
55 계구 溪狗
55 달팽이 蝸牛
57 하늘물소 天水牛
57 반모 盤蝥
58 영예 蠳蜺
58 농봉 蠪蜂
59 수과 守瓜
59 향낭 香囊
60 매미 蟬
61 반딧불 螢爝
62 지네 蜈蚣
64 벼룩 · 이 蚤虱
66 별슬 鱉虱
66 죽슬 竹虱
67 사슬 · 사공 沙虱射工
68 돼지 이 · 개 진드기 豕虱狗鱉
69 무설충 無舌蟲
69 방황 彷徨
69 연사 蝡蛇
70 남사 藍蛇
70 마유 · 교달 馬蚰蟂獺
71 도마뱀 蜥蜴
72 뱀귀신 蛇鬼
75 이무기 螭蛇
76 상사사 相思蛇
76 실뱀 絲蛇
77 조 弔
77 기린은 산동에서 난다 麟出山東
79 부발 · 한류 符拔韓流
80 추아 騶牙

80 환소 · 산소 臛䟽山笑
81 피수 皮樹
82 나부저 懶婦杼
82 장우 · 총롱 長右蔥聾
83 형천 形天
84 야간 · 활회 野干猾裹
85 육경 · 사리 六庚舍利
86 천록 · 벽사 天祿辟邪
87 우보 · 기족 禹步夔足
88 궁기 · 도올 窮奇檮杌
89 혼돈 · 도철 渾沌饕餮
90 착치 鑿齒
90 풍생수 風生獸
91 박 駮
93 호랑이 · 표범 虎豹
95 나나 羅羅
96 농질 · 고조 蠪蛭蠱雕
96 기 · 시 · 출척 犰狏跊踢
97 융 狨
97 유는 효도하는 짐승 蜼孝獸
98 여 · 효 鸒囂
99 현 · 궤 贙蛫
100 구여 犰狳
100 포효가 도철 狍鴞饕餮
101 추우 騶虞
102 각단 角端
102 백택 白澤
103 사자 獅子
104 비비 巤巤
106 성성 猩猩
107 류류 · 문문 榴榴文文
108 통통 · 석석 狪狪猎猎
109 성성 · 유유 狌狌被被
110 폐폐 · 령령 獙獙軨軨

111 모휘 獏獡
111 가확 猳玃
112 과연 猓然
113 위랑모후 爲郎母猴
115 우·우 禺寓
115 구·나 縠𪃏
116 독·원 獨猿
118 유알 幽頞
119 궐설·나보 闕洩那父
120 암놈도 되고 숫놈도 되는 유 類爲雌雄
121 시육 視肉
121 염압 髥狎
122 제건·부제 諸犍夫諸
122 서거 犀渠
123 서 犀
125 물소를 '어'라 한다 水牛曰魚
126 해리 海貍
126 목구 木狗
127 물개·수달 水狗獱獺
128 산달 山獺
129 휘선선 驒善還
129 영여 玃如
129 족자 足訾
130 녹촉 鹿蜀
130 와 訛
131 환 讙
131 영리 靈貍
132 해어가 사슴으로 변하다 海魚化鹿
133 아란녹 阿蘭鹿
134 주 麈
134 노루 麞
135 루 貗
136 박타 猼訑
136 영호 領胡

137 거수 渠叟
137 요수인 호 妖獸狐
139 겸 · 환 羬羦
139 영양 羚羊
140 배꼽을 땅에 심고 뿔을 나무에 걸다 種臍懸角
141 토루 · 동동 土螻羝羝
142 마장 馬腸
142 빗물술 糟勿述
143 주 猢
144 한 豻
144 주누 · 오열 猍獳獓猲
145 길굴 · 갈저 狤猸猲狙
146 비휴 貔貅
147 토끼의 별명은 '명시' 兎明視
148 초 · 학 貂貉
149 타발 鼧鼥
149 죽유 竹鼬
151 생 · 유 鼪鼬
152 이서 耳鼠
154 종 · 정 鼨鼮
155 추 · 주 鼵鼩
155 향서 香鼠
156 당서 唐鼠
156 격 · 애 鼳鼲
157 석 · 언 鼫鼴
158 호 · 격 鼬鼳
159 쥐를 사서 창고에서 기르다 買鼠養倉
159 요 · 여 狕猰
160 이즉 貖卽
161 삼 · 쟁 獑狰
161 승냥이 · 이리 豺狼
162 맹씨 · 양 · 경 猛氏獇獍
164 택역 · 당강 礋砌當康
164 해태 獬豸

165 웅 · 위 熊猬
166 작 · 활 奧猾
167 단 · 광 猯獷
168 놜 · 눌 貀豽
169 강 · 랑 犺狼
170 예 · 유 猰貐
170 맥 貘
172 추 · 만 貙獌
173 계변 · 난부 谿邊孏婦
173 새끼 · 추 崽貙
174 호체 豪彘
175 전저 箭豬
175 저 猪
177 환 · 혹 貆豰
178 힐 · 신 獺豣
178 거보 擧父
179 묘 猫
180 상 象
182 탁타 橐駝
183 개 狗
186 동경개 東京狗
186 오수 獒樹
187 당 · 원 犆犿
188 회 · 과 犪犐
189 방 · 작 犻筰
189 비 · 민 犤犂
190 모우 · 피우 旄牛犤牛
191 의로운 소 義牛
191 봉우 · 박우 犎牛犦牛
192 도도 騊駼
193 연 · 종 驠騣
193 절영마 絶影馬
194 과하마 果下馬
195 제주말 濟馬

196 역풍 · 순풍 逆風順風
197 소와 말은 속성이 다르다 牛馬異宜
198 소의 되새김질과 양의 되새김질 牛齝羊齥
200 말은 쓸개가 없다 馬無膽
201 새끼가 없는 것이 도 無子曰犗
201 청노새 靑騾
202 나귀 驢
203 말말뚝 · 소말뚝 馬柳牛樴
204 하늘을 나는 것 · 땅을 달리는 것 飛天走地

33. 어조류 魚鳥類

206 용린 龍鱗
207 동해화룡 東海化龍
208 교룡 蛟
209 수리 · 산리 水螭山离
210 능 · 별 能鱉
212 악어 이빨 · 릉 껍질의 돌기 鰐齒鯪角
213 바닷물을 일으키는 미꾸라지 · 진흙탕의 미꾸라지 鰌潮鰍泥
214 철갑상어 코 · 가오리 꼬리 鱏鼻鮏尾
214 숫고래는 경 · 암고래는 예 雄鯨雌鯢
216 큰거북 贔屭
218 거북 龜
219 미마 鼊黿
220 낙 · 로 鱳鱸
220 사 · 교 鯊鮫
222 수 · 승 鱐鱦
223 습어 · 조어 鰼鰽
224 오징어 먹물 · 거북이 오줌 鰂墨龜尿
225 송어는 둥글고 방어는 모나다 鱒圓魴方
226 잉어는 놓아주고, 송사리는 놀기 좋아한다 鯶放鯈游
227 우우 禺禺
227 비목어 · 대구 比目大口
228 인어 · 우어 魜魣

229 후 · 미 · 환어 · 매어 鱟蝐鰥寐
231 녹각 · 방어 · 경어 鹿角鯿頸
232 장동 · 광어 長鮦廣魚
233 저 · 잠어 筯蟲箴魚
234 해파리 · 바다 새우 水母海蝦
235 옥요 · 해경 玉瑤海鏡
237 예 · 육 鯢鯥
238 가어는 병혈에서 난다 嘉魚丙穴
238 뱅어는 왕기가 있는 곳에서 난다 白魚王氣
239 자어 · 나어 茈魚鱺魚
240 해삼은 니가 아니다 海蔘非泥
241 문어 · 낙지 文魚絡締
242 청어 · 관목 靑魚貫目
244 북어 · 명태 北魚明太
245 은어가 도루묵이 되다 銀魚還木
245 가지어 嘉支魚
246 가사어 袈裟魚
247 인어 · 박어 鯽鮊
247 출어 · 메기 鮄鮎
248 날치 · 문비 鰩魮
249 유 · 적 鮹鰿
250 감서 · 비파어 堪抒琵琶
251 자어 · 시어 鮓魚鰣魚
251 석수 · 쏘가리 石首錦鱗
252 함어 · 지어 鮥鮨
253 호어 · 할어 豪魚鰫魚
255 음어 · 박어 淫魚薄魚
255 자어 鮓魚
256 추우 · 수벽 娵隅鯈辟
257 제어 · 선어 鯷魚鮮魚
257 면어의 부레와 민어 鮸鰾民魚
258 승어 · 농어 鱊鱸
259 복어 · 해돈 河豚海鈍
261 방 · 합 鯱鮯

262 채・삼 鱚鯵
262 가물치・뱀장어 鱧鱺
263 붕어・납자루 鯽鰤
264 단어・황석 丹魚黃石
265 전어・구어 鯿魚毬魚
266 갈치・연어 鰲鰱
266 도미・중순 禿尾重唇
267 물고기의 장은 을, 꼬리는 병 腸乙尾丙
268 석해・전라 石蟹田螺
269 방해・차오 螃蟹車螯
269 팽기 蟚蜞
272 꽃게 蝤蛑
272 해・절 蟹蠘
274 구・혜 鼅鼊
275 자효・담채 紫蕭淡菜
277 모려・석화 牡蠣石華
279 합리 蛤蜊
280 정 蟶
281 주별 珠鱉
281 오산・나정 鰲山螺亭
282 신루・합곡 蜃樓蛤轂
283 새의 날개로 암수를 구별함 鳥翼雌雄
284 새와 짐승의 말을 알아 들음 解鳥獸語
285 희유・대붕 希有大鵬
286 대마작 大馬爵
288 가릉・금시조 迦陵金翅
288 효・력 嚻櫟
289 기도 鵸鵌
290 목객・기귀 木客鬿鬼
291 증・핍 鸇鴔
292 분・지 鷏䭾
292 상부 鷞鵂
293 영요 鴒鷂
293 복・업 鷜鸈

293 야 · 몽 鵺鸏
294 반모 · 동거 鷭鶻蝺渠
295 굴거 鶌鶋
296 절지 · 구호 竊脂九扈
297 대승 · 역작 戴勝力作
298 산여 酸與
298 제호가 도하이다 提壺淘河
299 독추 禿鶖
300 백노가 격이다 伯勞鶪
301 기러기 왕 鴈王
302 빙소 憑霄
303 송조 · 명조 誦鳥鳴鳥
304 두비 · 흠원 蠹鼙欽原
304 성우 胜遇
305 린작 閵鵲
305 까치 鵲
306 광조 狂鳥
307 문모 · 왕모 蚊母王母
308 맥숙 · 병초 麥熟餠焦
309 참새 · 탈고새 饞雀脫袴
310 겸 · 만 鶼鸞
311 쌍쌍 雙雙
312 창 · 괄 鶬鴰
314 구관조 鸜鵒
314 설금조 · 토수계 屑金吐綬
315 준의 鵕鸃
316 공작 孔雀
317 백두 · 화미 白頭畵眉
318 하마호 蝦蟆護
319 우 · 우 寓鷍
320 기퇴 魌堆
320 사부 私梟
321 해부 海梟
322 죽은 압이다 竹鴨

322 필거 · 신구 鵯鶋信鷗
323 가마우지 鸕鶿
324 고니 天鵝
325 주 · 공 鵃䳟
326 잠자 箴疵
326 물총새 鴗
327 백로 鷺
328 푸른 백로 鵁鶄
329 필방 畢方
330 학 鶴
332 황새 鸛雀
334 발합 鵓鴿
335 효조 孝鳥
336 원앙 鴛鴦
337 올빼미 · 짐새 梟鴆
340 복유 · 훈호 服劉訓狐
341 질휴 鵄鵂
341 간가가 바로 효 諫珂卽鴞
342 앵무가 길료 鸚鵡吉了
344 도괘 · 측괘 倒掛側掛
345 정위 精衛
346 딱따구리 啄木
348 신천옹이 왕수리 信天王睢
350 골 · 돈 鶻鷻
351 악 · 산 鶚
351 루 · 순 鸓鶉
353 용거 庸渠
354 벽제 · 계척 鷿鷈鸂鶒
355 환기 喚起
356 두견새가 사표 杜鵑謝豹
357 족 · 조 䳇鵰
358 한호조 寒號鳥
359 고습새 鴣鳛
359 앵앵 · 백설 鶯鶯百舌

361 구여 · 송사 鸜如竦斯
361 간작 鳱鵲
362 확 · 곽 鸌鸔
363 안람퇴 鷃濫堆
364 초료 · 부위 鷦鷯剖葦
365 제비 燕
367 호연 · 명망 胡燕明亡
367 꿩 雉
368 흰 꿩 白雉
369 소오 素烏
370 등계 鷝鷄
370 죽계 竹鷄
371 자고 鷓鴣
372 백한 白鷴
373 비 · 취 翡翠
373 가축은 날지 못한다 家畜不飛
375 투계 鬪鷄
376 쌍두계 雙頭鷄
376 침계 枕鷄
377 한계 寒鷄
378 포와 · 갈단 掩窩噶蛋
379 꼬끼오 高貴位
379 오색작 五色雀
380 작란 鷟鸞
381 숙상 鷫鸘
381 예 鷖
382 언 焉
382 태평작 太平雀
383 태평봉 太平鳳

松南雜識 전체 차례

松南雜識 01

1. 천문류(天文類)
2. 세시류(歲時類)
3. 지리류(地理類)

松南雜識 02

3. 지리류(地理類)
4. 국호류(國號類)
5. 역년류(歷年類)
6. 외국류(外國類)
7. 인사류(人事類)
8. 가취류(嫁娶類)
9. 상제류(喪祭類)

松南雜識 03

9. 상제류(喪祭類)
10. 성명류(姓名類)
11. 과거류(科擧類)
12. 문방류(文房類)

松南雜識 04

13. 무비류(武備類)
14. 농정류(農政類)
15. 어렵류(漁獵類)
16. 실옥류(室屋類)

松南雜識 05

17. 의식류(衣食類)
18. 재보류(財寶類)
19. 집물류(什物類)

松南雜識 06

20. 음악류(音樂類)
21. 기술류(技術類)
22. 구기류(拘忌類)

松南雜識 07

23. 선불류(仙佛類)
24. 상이류(祥異類)
25. 계고류(稽古類)

松南雜識 08

25. 계고류(稽古類)
26. 이기설(理氣說)
27. 인물류(人物類)
28. 조시류(朝市類)

松南雜識 09

28. 조시류(朝市類)
29. 방언류(方言類)

松南雜識 10

29. 방언류(方言類)

松南雜識 11

30. 화약류(花藥類)
31. 초목류(草木類)

松南雜識 12

32. 충수류(蟲獸類)
33. 어조류(魚鳥類)

松南雜識 찾아보기

32. 충수류(蟲獸類)

바람이 일면 벌레가 생기다
風動蟲生

『설문해자』에서 “풍(風)은 여덟 가지 바람이다. 바람이 일면 벌레가 생긴다. 그렇기 때문에 벌레는 팔 일 만에 변한다”[1]라고 하였다.

세간에 전하는 시에서 “나그네 신세 되니 이[半風]가 많구나”라고 하였으니, 대개 사람 몸의 이는 바람이 변한 것이다.

운서(韻書)에서 “연연(蠕蠕)은 벌레가 기어가는 모양이다”라고 하였다. 북위(北魏) 때에는 유연족(柔然族)[2]을 가리켰다.

---

1) **八風也, 東方曰明庶風, 東南曰清明風, 南方曰景風, 西南曰涼風, 西方曰閶闔風, 西北曰不周風, 北方曰廣莫風, 東北曰融風**, 風動蟲生, 故蟲八日而化.(『說文解字, 風』) →說文, 風動蟲生, 故蟲八日而化.(『康熙字典, 風部』) →說文曰, 風, 八風也, 風動蟲生, 故蟲八日而化.(『松南雜識』)

2) 유연족(柔然族) : 종족의 이름. 성씨는 욱구려씨(郁久閭氏). 처음에는 탁발씨(拓跋氏)에 속하였다가 사륜(社崙)이 유연가한(柔然可汗)이 되면서 내외몽고(內外蒙古) 지방

충장
蟲長

『대대례기(大戴禮記)』에서 말하였다.

깃이 있는 짐승이 삼백 육십 종인데 봉황이 으뜸이고 털이 있는 짐승이 삼백 육십 종인데 기린이 으뜸이고, 껍질이 있는 짐승이 삼백 육십 종인데 신령스런 거북이 으뜸이고, 비늘 있는 짐승이 삼백 육십 종인데 교룡(蛟龍)이 으뜸이고, 벌거벗은 짐승이 삼백 육십 종인데 사람이 으뜸이다.[3)]

『이아(爾雅)』에서 "발이 있는 것을 '충(蟲)'이라 하고, 발이 없는 것을 '치(豸)'라고 한다"[4)]라고 하였다.

「고공기(考工記)」에서 말하였다.

몸 밖에 뼈가 있는 것[外骨][5)]·몸 안에 뼈가 있는 것[內骨][6)]·뒷걸음질 치는 것[卻行][7)]·옆걸음을 하는 것[仄行][8)]·이어서 가는 것[連行

을 영유하였다. 그 뒤에 후위(後魏)에게 패하고, 이어 돌궐(突厥)에게 멸망당하였다. 북조(北朝)에서는 '연연(蠕蠕)'이라고 칭하였고, 남조(南朝)에서는 '예예(芮芮)'라고 칭하였다.

3) 有羽之蟲, 三百六十, 而鳳凰爲之長, 有毛之蟲, 三百六十, 而麒麟爲之長, 有甲之蟲, 三百六十, 而神龜爲之長, 有鱗之蟲, 三百六十, 而蛟龍爲之長, 倮之蟲, 三百六十, 而聖人爲之長.(『大戴禮記, 卷十三, 易本命』)→有羽之蟲, 三百六十, 而鳳凰爲之長, 有毛之蟲, 三百六十, 而麒麟爲之長, 有甲之蟲, 三百六十, 而神龜爲之長, 有鱗之蟲, 三百六十, 而蛟龍爲之長, **有**倮之蟲, 三百六十, 而聖人爲之長.(『松南雜識』)

4) 有足**謂之**蟲, 無足**謂之**豸.(『爾雅注疏, 卷九, 釋蟲』)→有足**之謂**蟲, 無足**之謂**豸.(『松南雜識』)

5) 몸 밖에 뼈가 있는 것: 거북이 등속을 이름.

6) 몸 안에 뼈가 있는 것: 개미 등속을 이름.

7) 뒷걸음질 치는 것: 지렁이 등속을 이름.

8) 옆걸음을 하는 것: 게 등속을 이름.

]9) · 구불구불 가는 것[紆行]10) · 목구멍으로 우는 것[以脰鳴者]11) · 입으로 우는 것[以注鳴者]12) · 옆구리로 우는 것[以旁鳴者]13) · 날개로 우는 것[以翼鳴者],14) 넓적다리로 우는 것[以股鳴者],15) 가슴으로 우는 것[以胸鳴者]16)을 작은 곤충의 등속이라고 하니, 그것의 형상을 아로새기고 쪼는 대상으로 삼는다.17)

향자

蠁子

『비아(埤雅)』에서 "파리가 누에의 몸에 깐 알이 구데기로 된 것이니, 속칭 '향자(蠁子)'라고 한다"18)라고 하였다.

좌사(左思)의 부(賦)에서 "큰 복이 성하게[肸蠁]19) 일어나네[景福肸蠁而興作]"라고 하였으니, 복이 벌레 떼가 일어나는 것과 같음을 의미한다. 위소(韋昭)가 "힐향(肸蠁)은 습지에서 생기는 벌레인 모기 등속이다"라고 한 말이 이것이다.20)

---

9) 이어서 가는 것 : 물고기 등속을 이름.
10) 구불구불 가는 것 : 뱀 등속을 이름.
11) 목구멍으로 우는 것 : 개구리 등속을 이름.
12) 입으로 우는 것 : 새의 등속을 이름.
13) 옆구리로 우는 것 : 매미 등속을 이름.
14) 넓적다리로 우는 것 : 귀뚜라미 등속을 이름.
15) 넓적다리로 우는 것 : 메뚜기 등속을 이름.
16) 가슴으로 우는 것 : 영원(榮原) 등속을 이름.
17) 外骨 · 內骨 · 卻行 · 仄行 · 連行 · 紆行, 以脰鳴者 · 以注鳴者 · 以旁鳴者 · 以翼鳴者 · 以股鳴者 · 以胸鳴者, 謂之小蟲之屬, 以爲雕琢.(『周禮注疏, 卷四十一, 冬官考工記下』)
18) 蠅於蠶身乳子, **旣繭化而**成蛆, 俗呼蠁子.(『埤雅, 卷十, 釋蟲, 蠁』) → 蠅於蚕身, 乳子成蛆, 俗呼蠁子.(『松南雜識』)
* 『松南雜識』에는 '廣雅'로 되어 있음.
19) 필향(肸蠁) : 소리의 울림이 사방으로 퍼짐. 신령이 감응(感應)함.
20) 左**思蜀都**賦, 景福肸蠁**而**興作, **註**, 韋昭曰, **肸蠁**濕生蟲蚊類, 是也, **大**福**之興**如**此**

금충
琴虫

『강희자전(康熙字典)』에서 "숙신씨(肅愼氏)[21]의 나라에 어떤 짐승이 있는데, 짐승의 머리에 뱀의 몸을 하고 있다. 곽박(郭璞)이 '뱀의 일종이다'라고 말하였다"[22]라고 하였으니, 역시 또 짐승 중에 '괴재(怪哉)'인가보다.

운서(韻書)에서 말하였다.

> 한 무제가 길에서 어떤 짐승을 보았는데, 붉은 색이고 귀·눈·입·코가 다 있었다. 동방삭이 "이것의 이름은 괴재(怪哉)입니다"라고 하였다.[23]

또 벌레 중에 털이 난 것은 풀쐐기[蚝]라고 하는데, 장자(張蚝)가 취하여 이름으로 삼았다.

지금 사람의 치감(齒疳)[24]을 일으키는 벌레가 있는데, 눈이 세 개이고 마디가 아홉 개이다.

蟲騰起矣.(『康熙字典, 肹』) → 左太沖賦, 景福肹蠁之興作, 言福如虫羣起也, 韋昭曰, 濕生蟲蚊類, 是也.(『松南雜識』)

21) 숙신씨(肅愼氏) : 고대 중국의 북동방면에 거주한 민족(民族). 고조선 시대에 만주 북동방면에서 수렵생활을 하였다. 『국어』의 숙신공시(肅愼貢矢)는 전설로도 유명하다.

22) 蟲名, 山海經, 肅愼氏之國有蟲, 獸首蛇身, 名曰琴蟲, 註, 郭曰, 亦蛇類也.(『康熙字典, 琴』) → 肅愼氏國有虫, 獸首蛇身, 郭璞曰, 蛇類也.(『松南雜識』)

23) 漢武道逢虫, 赤色具耳口鼻, 東方朔曰, 此虫名怪哉.(『韻府羣玉, 怪哉』) → 漢武帝道逢蟲, 赤色具耳口鼻, 東方朔曰, 此名怪哉.(『松南雜識』)

24) 치감(齒疳) : 감질(疳疾)의 하나. 잇몸이 곪고 썩어서 냄새가 나고 심하면 이빨이 빠진다. ≒ 구치감(口齒疳).

구신 · 저미
蝺身蟕尾

『이아(爾雅)』에서 “중주(中州)에 기사(岐蛇)가 있다”[25]라고 하였는데, 주석에서 “기사(岐蛇)는 머리가 둘인 뱀이다”[26]라고 하였다. 이것은 바로 손숙오(孫叔敖)가 죽여서 음덕(陰德)을 행하였던 뱀으로, 머리가 두 개에 꼬리는 하나다.[27]

『손자(孫子)』에서 “상산(常山)에 솔연(率然)이라는 뱀이 있는데, 하나의 몸에 머리가 둘이다. 머리 하나를 치면 나머지 머리 하나가 공격하고, 몸의 중간을 치면 머리 두 개가 함께 공격한다”[28]라고 하였다.

지금 깊은 골짜기에 간혹 양쪽에 머리만 있고 꼬리가 없는 뱀이 있으니, 기어갈 때는 몸을 구부려서 머리를 나란히 하는 놈이다.

『유편(類篇)』[29]에서 “귀(蝺)는 말라붙은 냇물의 정령으로 머리 하나에 몸이 둘이며 길이는 세 길이다”[30]라고 하였는데, 대개 이상한 동물인 듯하다. 함풍(咸豊)[31] 정사년(1857) 칠 월에 한양에 이 뱀이 출현하였다.

운서(韻書)에서 말하였다.

---

25) 中有**軹首**蛇**焉**.(『爾雅注疏, 卷六, 釋地』) → 中**州**有**岐**蛇.(『松南雜識』)

26) **岐**頭蛇也.(『爾雅注疏, 卷六, 釋地』의 주석) → **兩**頭蛇也.(『松南雜識』)

27) 손숙오(孫叔敖)는 춘추 시대 초(楚)나라의 명망 높은 관리이다. 손숙오가 어릴 적에 밖에 나가 놀다가 한번 본 사람은 틀림없이 죽는다는 머리가 두 개인 양두사(兩頭蛇)를 보고, 자기는 이미 보았으므로 어쩔 수 없이 죽더라도 또 다른 사람이 보지 않게 하자는 생각에서 양두사를 죽여서 땅에 파묻었다고 함. 장성한 뒤에 어진 관리가 되었음.(『世說新語, 德行』)

28) 故嘗用兵者, 譬如率然, 率然者, 常山之蛇也, 擊其首則尾至, 擊其尾則首至, 擊其中則首尾俱至.(『孫子, 九地』) → 常山**之**蛇, **名曰**率然, 一身而兩頭, 擊其一頭則一頭至, 擊其中則兩頭皆至.〈孫子〉(『事文類聚, 前集, 卷十三, 地理部, 地, 常山之蛇』) → 孫子**曰**, 常山蛇, 率然, 一身而兩頭, 擊其一頭則一頭至, 擊其中則兩頭俱至.(『松南雜識』)

29) 『松南雜識』에는 ‘類苑’으로 되어 있음.

30) 類**篇**, 涸水之精**曰蝺**. **管子水地篇**, **涸川之精者**, **生于蝺**, **蝺者**一頭**而**兩身, **其形若蛇**, **其**長**八尺**.(『康熙字典, 蝺』) → 類**苑曰**, **蝺**, 涸水之精, 一頭兩身, 長**三丈**.(『松南雜識』)

31) 함풍(咸豊) : 청나라 문종(文宗)의 연호. 1851~1861년.

거저(蝺蠩)는 바로 당저(螗蠩)이다. 곽박(郭璞)의 「강부(江賦)」에서 "거저가 축 늘어져 날개를 드리우고 있네[蝺蠩森衰以垂翹]"라고 하였다. 『남월지(南越志)』에서 "거저는 하나의 머리에 여러 갈래의 꼬리가 있다. 왼쪽과 오른쪽에 다리가 있는데, 모양이 누에 같으며 먹을 수 있다"라고 하였다.[32)]

망충 · 수유
蟒蠱雔由

『이아(爾雅)』의 주석에서 "메뚜기이고 잎을 먹는다"라고 하였다.

『방언(方言)』에서는 '망충(蟒蠱)'이라고 하였다.[33)]

『이아(爾雅)』에서 "수유(雔由)는 가죽나무 누에[樗繭]이다"[34)]라고 하였는데, 주석에서 "가죽나무 잎을 먹는다"[35)]라고 하였다.

자벌레
尺蠱

운서(韻書)에서 "축(蹴)은 바로 자벌레[蚇]이니, 척확(尺蠖)으로 몸을 굽히고 펼 수 있는 벌레이다. 늙으면 화하여 나비가 된다"[36)]라고 하였다.

---

32) 蝺蠩, **虫名**, **一名**螗蠩, **選**, 江賦, 蝺蠩森衰以垂翹. **注**, 南越志, 蝺蠩一頭, 尾**有**數條, **長二三尺**, 左右有脚, **狀**如蠶, 可食.(『韻府羣玉, 蠩』) → 蝺蠩, **卽**螗蠩, 江賦**云**, 蝺蠩森衰以垂翹. 南越志**云**, 蝺蠩一頭, 尾數條, 左右有脚, 如蚕, 可食.(『松南雜識』)

33) 爾雅**釋魚**, **蟒王蛇**, 註, **蟒蛇最大者**, **故曰王蛇**, **又蚮**蠱食葉. 方言, **名**蟒蠱.(『康熙字典, 蟒』) → 爾雅註, 卽**黛**蠱食葉. 方言, **謂**蟒蠱.(『松南雜識』)

34) 雔由, 樗繭.(『爾雅注疏, 卷九, 釋蟲』)

35) 食樗葉.(『爾雅注疏, 卷九, 釋蟲』의 주석)

36) 屈伸虫, 老化爲蝶.(『韻府羣玉, 蠖』) → **蹴卽蚇**, **是尺蠖**屈伸虫, 老化爲蝶**也**.(『松南雜識』)

한유(韓愈)의 시에 "들판에 몸을 펴려고 하는 자벌레 있네[野有求伸蠖]"37) 라고 하였다.

손곡(蓀谷) 이달(李達)이 어릴 때에,

자벌레 땅을 재면서 기어가니	尺虫尺地去
만리 쯤 갈 뿐만이 아니라네	不已萬里餘

라고 한 말이 이것이다.

맥망 · 국통
脈望鞠通

『유양잡조(酉陽雜俎)』에서 말하였다.

하풍(何諷)이 책 속에서 머리터럭 하나를 얻었는데, 말려진 길이가 네 치 쯤 이고, 고리 같아서 끝이 없었다. 힘을 써서 그것을 끊어 두 끝을 물에 담갔는데, 방사가 말하였다.

"이것은 '맥망(脈望)'이라고 합니다. 책벌레가 '신선(神仙)'이란 글자를 세 번 갉아 먹으면 신선으로 변합니다. 밤에 그것을 들고 하늘을 향해 그 구멍을 통해 별을 바라보면 단약(丹藥)을 구해 먹고 신선이 될 수 있습니다"38)

37) 「만추언성야회 연구(晩秋郾城夜會聯句)」.

38) 建中末, 書生何諷, 常買得黃紙古書, 一卷讀之, 卷中得髮, 卷規四寸, 如環無端, 何因絶之, 斷處兩頭滴水升, 餘燒之, 作髮氣, 諷嘗言於道者, 吁曰, 君固俗骨, 遇此, 不能羽化, 命也. 據仙經曰, 蠹魚三食神仙字, 則化爲此物, 名曰脉望, 夜以規映當天中星, 星使立降, 可求還丹, 取此水, 和而服之, 卽時換骨上賓. 因取古書閱之, 數處蠹漏, 尋義讀之, 皆神仙字, 諷方哭伏.(『酉陽雜俎, 續集, 卷二, 支諾皐中』)→何諷書中, 得一髮, 捲規四寸許, 如環而無端, 用力絶之, 兩端滴水, 方士曰, 此名**脈**望, 蠹魚三食神仙字則化爲**此**, 夜持向天, 從觀中望星, **星立降**, 可求丹度世也, **雜俎**.(『韻府羣玉,

국통(鞠通)[39]은 거문고 신의 이름이다. 그렇기 때문에 시에서,

> 국통(鞠通)은 밤이 고즈넉해지니 주현(朱弦)[40] 이야기를 하고
> 鞠通夜靜朱絃語
> 맥망(脉望)은 아침이 밝으니 녹자(綠字)[41] 향을 풍기네
> 脉望朝廻綠字香

라고 하였다.

길정
吉丁

『본초강목(本草綱目)』의 주석에서 말하였다.

껍질이 있는 벌레다. 등은 푸른색이고, 날개는 껍질 아래에 있다. 영남(嶺南)에서 나는데, 그것을 잡아서 몸에 지니면 다른 사람으로 하여금 자신을 좋아하고 사랑하게 만든다.[42]

脈望』) → **雜俎曰**, 何諷書中, 得一髮, 捲規四寸許, 如環而無端, 用力絶之, 兩端滴水, 方士曰, 此名**脉**望, 蠹魚三食神仙字則化爲**仙**, 夜持向天, 從觀中望星, 可求丹度世也.(『松南雜識』)

39) 국통(鞠通) : 전설상의 벌레. 손봉(孫鳳)에게 자명금(自鳴琴)이 있었는데, 사람이 노래를 하면 절로 화답을 하였다. 거문고의 등에 좀이 먹은 듯한 구멍이 있었는데, 도사가 보고 구멍 옆에 검은 약을 놓아두니 어떤 벌레가 나와서 물고 들어갔다. 그 후로는 노래를 해도 화답하지 않았다고 한다.

40) 주현(朱弦) : 숙사(熟絲)로 만든 거문고의 현. 또는 거문고 비파 등 현악기의 범칭.

41) 녹자(綠字) : 고대 비석의 문자를 칭하는 말.

42) **藏器曰**, 甲蟲也, 背正綠, 有翅在甲下, 出嶺南**賓澄諸州**, 人取帶之, 令人喜好相愛, **媚藥也**.(『本草綱目, 卷四十一, 蟲之三, 蠱螽』) → **又吉丁**, **蟲名**, 本草註, 甲蟲也, 背正綠, 有翅在甲下, 出嶺南**賓澄諸州**, 人取帶之, 令人喜好相愛.(『康熙字典, 丁』) → 本草註, 甲蟲也, 背正綠, 有翅在甲下, 出嶺南, 人取帶之, 令人喜好相愛.(『松南雜識』)

육유(陸游)의 시에서,

가득 들은 청주와 탁주에 황갑(黃甲)[43]을 담아서　　滿貯醇醪漬黃甲
작은 단지 단단히 막아두고 홍정(紅丁)[44]을 대접하네　　密封小甕餉紅丁[45]

라고 하였다.

청우
靑牛

당나라 시에 "꽃이 따사로우니, 청우(靑牛)가 누웠네[花煖靑牛臥]"[46]라고 하였는데, 그 주석에서 "청우는 잎 위의 푸른 벌레로 달팽이와 같다"[47]라고 하였다. 그러나 지봉 이수광이 "이 시의 청우는 노자(老子)의 고사[48]를 인용한 듯하다"라고 하였다.[49]

43) 황갑(黃甲) : 커다란 게의 일종.
44) 홍정(紅丁) : 버섯의 별명.
45) 「우득해착유주희작(偶得海錯侑酒戲作)」.
46) 「심옹존사은거(尋雍尊師隱居)」.
47) **靑牛, 花**葉上靑蟲**也, 有兩角**如蝸牛故云.(『李太白集注, 卷二十三, 古近體詩共四十七首, 尋雍尊師隱居』의 주석) → 葉上靑蟲如蝸牛.(『松南雜識』)
48) 노자는 푸른 소를 타고 다녔다고 한다.
49) **李白尋雍尊師隱居**詩**曰**, 花**暖**靑牛臥, **松高白鶴眠**, 註, **靑牛花**葉上靑**蠢**蟲**也**. **有兩角**如蝸牛**故云**. **余謂靑牛**蓋用老子事, **以尊師隱居不出**, **故靑牛閑臥也**, **註說誤矣**.(『芝峯類說, 卷十, 文章部三, 唐詩』) → **唐**詩, 花**煖**靑牛臥, 註, 葉上靑蟲如蝸牛, **芝峯曰**, 蓋用老子事.(『松南雜識』)

바구미
蛘子

『이아(爾雅)』의 주석에서 "쌀에 섞여 있는 작고 검은 벌레"라고 하였다. 건평(建平) 사람들은 '양자(蛘子)'라고 부른다. 양웅(揚雄)의 『방언(方言)』에서는 '강양(强蛘)'이라 하였고, 강동(江東)지역에는 '가(蛪)'라고 한다.[50]

쥐며느리
鼠婦

『시경(詩經)』에서 "쥐며느리[伊威] 방에 있네[伊威在室]"[51]라고 하였다. 『본초강목(本草綱目)』에서 말하였다.

> '서부(鼠婦)'라고 하는데, 일명은 '부반(負蟠)'으로 습지에 산다. 발이 많고 그 색은 지렁와 같으며, 등에 가로 줄무늬가 있다. 항상 쥐의 등에 숨어서 붙어 있기 때문에 '서부(鼠負)'라고 하는데, '부(婦)'자로 잘못 썼다.[52]

마치 풀 중에 고약한 열매가 양에 붙어오기 때문에 '양부(羊附)'라 하고, 쥐에 붙어 오기 때문에 '서첩(鼠黏)'[53]이라고 하는 것과 같다.

---

50) 爾雅**釋蟲**, **蛄𧐢强蛘**, 註, **今**米穀中小黑蟲, **是也**, 建平人呼爲蛘子. 揚子方言, **蛄𧐢**謂之强蛘, 江東**人**謂之蛪 .(『康熙字典, 强』) → 爾雅註, 米穀中小黑蟲, 建平人呼爲蛘子. 揚子方言, 謂之强蛘, 江東謂之蛪 .(『松南雜識』)

51) 『詩經, 國風, 豳, 東山』.

52) 鼠婦, 釋名, 鼠負負蟠.〈弘景曰, 鼠婦, 爾雅, 作鼠負, 言鼠多在坎中, 背粘負之, 故曰鼠負, 今作婦字, 殊似乖理. 韓保昇曰, 多在甕器底及土坎中, 常惹着鼠背, 故名, 俗亦謂之鼠粘 …… 宗奭曰, 濕生蟲, 多足, 大者長三四分, 其色如蚓, 背有橫紋.〉(『本草綱目, 卷四十一, 蟲之三, 鼠婦』) → 鼠婦, 一名負蟠, 濕生蟲也, 多足, 其色如蚓, 背有橫文, 常惹著鼠背, 故名鼠負, 誤作婦字.(『松南雜識』)

소식(蘇軾)의 시에,

달빛 비치는 창가에 서려 있는 도마뱀을 조용히 바라보고

靜看月窓盤蜥蜴

나부끼는 휘장에서 쥐며느리 떨어지는 소리를 누워서 듣네

臥聞風幔落伊威[54]

라고 한 말이 이것이다.

지주 · 희자
蜘蛛喜子

『이아(爾雅)』의 주석에서 "땅에 거미줄 치는 것은 땅거미[土鼅鼄], 풀 위에 거미줄 치는 것은 풀거미[草鼅鼄]이다"[55]라고 하였다. 양웅(揚雄)의 『방언(方言)』에서 "조선(朝鮮)의 열수(洌水) 사이에서는 독서(蝳蜍)라고 한다"[56]라고 하였다. 관노(管輅)[57]가 석부(射覆)[58]를 하고,

벌벌 떠는 기다란 다리가 있고 觳觫長足

---

53) 서첩(鼠黏) : 쥐며느리의 별명. 또 못된 열매의 별명으로 껍질에 가시가 있어서 쥐가 지나가면 달라붙어서 떨어지지 않기 때문에 그와 같은 이름이 붙었다. 서첩자(鼠黏子).

54) **靜**看月**牕**盤蜥蜴, **臥**聞風幔落蛜蝛.(『東坡詩集註, 卷二十二, 上元夜過赴儋守召獨坐有感』) → **坐**看月**窓**盤蜥蜴, **靜**聞風幔落伊**威**.(『松南雜識』)

55) **郭又云, 齊人又呼社公, 亦言網公, 其**在地中布網者, **名**土鼅鼄, **其作網**絡幕草上者, **名**草鼅鼄**也**.(『爾雅注疏, 卷九, 釋蟲』의 주석) → 在地中布網者, 土鼅鼄, 絡幕草上者, 草鼅鼄.(『松南雜識』)

56) 『方言, 卷十一』.

57) 관노(管輅) : 중국 삼국 시대 위(魏)나라의 방사(方士). 자는 공명(公明). 용모가 추하고 기이한 행동을 많이 하였다. 어려서 별을 관찰하기를 좋아하여 장성하여서는 점성술에 정통하였다. 자신이 오래 살지 못하고 47, 8세 쯤에 죽을 것이라 예언하였는데, 과연 48세에 죽었다.

58) 석부(射覆) : 덮어 가린 물건을 알아맞히는 놀이.

실을 토해내 그물을 만든다네　　吐絲成羅
구물을 살펴서 먹이를 찾으니　　尋網求食
이로움은 어두운 밤중에 있다　　利在昏夜[59]

라고 말하였다.[60]

운서(韻書)에서 말하였다.

다리가 긴 거미를 '숙소(蠨蛸)'라고 하는데, 하내(河內) 지역에서는 '희모(蟢母)'라고 하니, 사람의 옷에 이놈이 붙으면 친한 손님[61]이 온다고 한다. 다리가 길고 몸집이 작은 것은 '희자(喜子)'라고 한다.[62]

『서경잡기(西京雜記)』[63]에서 육가(陸賈)가 "거미가 모이면 온갖 일이 기쁘다"라고 말하였다.[64]

황정견(黃庭堅)의 시에 "갈거미 기쁜 소식 알려주니 모든 일이 괜찮으

---

59) 管輅 …… **使**射覆, **卦成**, **輅**曰, **第一物**, **含氣須變**, **依乎宇堂**, **雄雌以形**, **翅翼舒張**, **此燕卵也**, **第二物**, **家室倒縣**, **門戶衆多**, **藏精育毒**, **得秋乃化**, **此蠭窠也**, **第三物**, 觳觫長足, 吐絲成羅, 尋網求食, 利在昏夜, **此蠿蟊也**, **擧坐驚喜**.(『三國志, 魏志, 卷二十九, 管輅』) → 管輅射覆, 曰, 觳觫長足, 吐絲成羅, 尋網求食, 利在昏夜.(『松南雜識』)

60) 爾雅**釋蟲**, **蠿蟊蟊蝥**. **郭**註, **今江東呼蝃蝥**, 在地中布網者, 土蠿蟊, 絡幕草上者, 草蠿蟊. 揚子方言, **自關而西**, **秦晉之閒**, **謂之蟊蝥**, **自關而東**, **趙魏之郊**, **謂之蠿蟊**, **或謂之蠾蝓**, **北燕**朝鮮洌水之**閒**, 謂之蝳蜍, **三國志**管輅**傳**, **輅**射覆, **卦成**曰, **第三物**, 觳觫長足, 吐絲成羅, 尋網求食, 利在昏夜, **此蠿蟊也**, **俗作蛛**.(康熙字典, 蟊』) → 爾雅註, 在地中布網者, 土蠿蟊, 絡幕草上者, 草蠿蟊. 揚子方言, 朝鮮洌水之**間**, 謂之蝳蜍. 管輅射覆, 曰, 觳觫長足, 吐絲成羅, 尋網求食, 利在昏夜.(『松南雜識』)

61) 『松南雜識』에는 '新客'으로 되어 있음.

62) 長蹄者, 名蠨蛸, 河內謂之蟢毋, 著人衣, 有親客至, 長脚形小者, 名喜子.(『韻府羣玉, 蛛』)

63) 『松南雜識』에서는 출전을 육가(陸賈)의 『신어(新語)』라고 밝히고 있지만, 이는 『신어』에는 나오지 않는 내용으로, 『서경잡기(西京雜記)』에 수록된 육가(陸賈)의 말이다.

64) **樊將軍噲問陸賈曰**, **自古人君皆云受命於天**, **云有瑞應**, **豈有是乎**, **賈應之曰**, **有之夫**, **目瞤得酒食**, **燈火花得錢財**, **乾鵲噪而行人至**, 蜘蛛集**而**百事喜.(『西京雜記, 卷三』) → **西京雜記**, 蜘蛛集**而**百事喜.(康熙字典, 蛛』) → **陸賈新語**, 蜘蛛集百事喜.(『松南雜識』)

리[蠨蛸報喜太多可]"[65]라고 한 말이 이것이다.

붉은 반점이 있는 것을 '낙신부(絡新婦)'[66]라고 한다.[67]

『부자(符子)』에서 말하였다.

진(晉) 문공(文公)이 제(齊)나라로 망명하였을 때, 거미가 지렁이를 잡아먹는 광경을 보고 말하였다.

"사람이 지혜가 있으나 하늘의 그물을 넓혀 드리우지 못하고 땅의 줄을 펴서 얽지 못한다면 이것은 거미의 지혜보다 못한 것이다"[68]

공사(龔舍)가 거미줄에 걸려 죽은 벌레를 보고, 드디어 갓을 걸어 두고, '주은(蛛隱)'이라고 자호하였다.[69]

하루살이
蜉蝣

『시경(詩經)』에서 "하루살이의 날개[蜉蝣之羽]"[70]라고 하였는데, 주석에서 "부유(蜉蝣)는 거략(渠略)이다"라고 하였다.

---

65) 「연아(演雅)」.

66) 낙신부(絡新婦) : 거미의 일종.

67) 赤班者, 名絡新婦.(『韻府羣玉, 蛛』)

68) **晉重耳**奔齊, 見蜘蛛執**豸而**食之, **重耳**曰, 人之有智而不能廓, 垂天之網, 布絡地之繩, 是不如蜘蛛之知. 符子.(『韻府羣玉, 知不如蛛』) → 符子**曰**, **晉文公**奔齊, 見蜘蛛執**象**食之, 曰, 人之有智而不能廓, 垂天之網, 布絡地之繩, 是不如蜘蛛之知**也**.(『松南雜識』)

69) 龔舍見蟲**觸**蛛網**而**死, 遂**挂**冠, 號**蜘**蛛隱.(『韻府羣玉, 蛛』) → 龔舍見蟲死蛛網, 遂**掛**冠, 號蛛隱.(『松南雜識』)

* 초(楚)나라의 공사(龔舍)가 미앙궁(未央宮)에서 숙직하다가 날벌레가 거미줄에 걸려서 날아가지 못하는 것을 보고, "나의 삶도 저와 마찬가지다. 벼슬이란 것은 사람에게 있어서 거미줄과 같은 것이다. 어찌 머물러 있을 필요가 있겠는가"라고 탄식하고는 즉시 관을 나무에 걸어둔 다음 떠나갔다.(『太平御覽』)

70) 『詩經, 曹風, 蜉蝣』.

『비아(埤雅)』에서 "하늘소[天牛]와 비슷하지만 그보다는 작다. 갑각(甲角)이 있으며, 길이는 서너 치[寸]이다. 아침에 났다가 저녁에 죽기에 '정처 없다[浮游]'는 의미가 있으므로 부유라고 이름을 지었다"[71]라고 하였다.

우리나라에서는 '하루살이[一日生]'이라 부른다.

종사
螽斯

『시경(詩經)』에서 "종사의 날개[螽斯羽]"[72]라고 하였는데, 그 주석에서 "초종황(草螽蝗)이다. 한 번에 여든 한 개의 알을 낳는다. 황충[蝗]과 같으며 푸른색이다. 방아깨비[蟹螽]는 가늘고 길며 날개짓으로 소리를 낸다. 송장메뚜기[土螽]는 지금 '책맹(蚱蜢)'[73]이라 부른다. 베짱이[斯螽]는 다리로 소리를 내는 곤충인데, 유주(幽州) 사람들은 용기(舂箕)라 부른다"[74]라고 하였다.

귀뚜라미
蟋蟀

옛 노래에 "귀뚜라미가 우니 게으른 아낙네 놀라네[蟋蟀鳴懶婦驚]"[75]

71) 蟲似天牛而小, 有甲角長三四寸, …… 朝生暮殞, 有浮游之義, 故**曰蜉蝣也**.(『埤雅, 卷十一, 釋蟲, 蜉蝣』)→蟲似天牛而小, 有甲角長三四寸, 朝生暮殞, 有浮游之義, 故**名焉**.(『松南雜識』)

72) 『詩經, 周南, 螽斯』.

73) 책맹(蚱蜢): 메뚜기 과에 속하는 곤충. 뒷다리가 발달되어 잘 뛰며, 날개가 길다. 볏잎을 갉아 먹는다.

74) **阜**螽蝗也, **螽**生八十一子, **革螽**, 如蝗青色, 蟹螽, 細長飛翅作聲, 土螽, 今呼蚱蜢, 斯螽股鳴者, 幽州人呼舂箕.(『韻府羣玉, 螽』)→**草**螽蝗也, 一生八十一子, 如蝗青色, 蟹螽, 細長飛翅作聲, 土螽, 今呼蚱蜢, 斯螽股鳴者, 幽州人呼舂箕.(『松南雜識』)

75) 『古詩紀, 卷十, 古逸第十, 古諺, 月令引里語』.

라고 하였다. 그래서 『운부군옥(韻府羣玉)』에서 "제남(濟南)에서는 귀뚜라미를 나부(懶婦)라 부른다"라고 하였다. 대개 사종(斯螽)·사계(沙鷄)·촉직(促織)·낙위(絡緯)·자고(蝲蛄)는 모두 귀뚜라미의 이름이다.

점사
蛅蟴

『본초강목』에 "일명 조사(蟍舍) 또는 홍고낭(紅姑娘)이다"[76]라고 하였다. 도홍경(陶弘景)[77]이 "풀쐐기[蛓蟲]이다. 석류나무 위에 있는데, 그 등의 털이 사람을 쏜다"[78]라고 하였다.

또 초석(草螫)이니, 속담에 "남생이 등의 초석[南生背草螫]"이라는 말이 이것이다.

우리나라에서 거북을 '남생이'라고 한다. 속담에 "초석(草螫)이 많은 해는 다음해 봄에 풍년이 들 조짐이다"라고 하였으니, 남생이에 까끄라기가 있기 때문인 듯하다.

나나니벌
蜾蠃

『시경(詩經)』에서,

---

76) **釋名**, **雀兒飯甕**, **蛅蟴房**, **蛓蟲窠**, 躁舍, **天漿子**, **棘剛子**, 紅姑娘, **毛蟲**.(『本草綱目, 卷三十九, 蟲之一, 雀甕』) → **一名**蟍舍, **又**紅姑娘.(『松南雜識』)

77) 도홍경(陶弘景) : 남북조 시대의 학자. 말릉(秣陵) 출신. 자는 통명(通明). 호는 화양진인(華陽眞人). 만 권이 넘는 책을 읽고 초서(草書)와 예서(隸書)를 잘 썼고 비파와 거문고를 잘 탔다. 도술(道術)·음양오행(陰陽五行)·지리(地理)·의약(醫藥)에 밝았다.

78) 本草, **雀瓮**, **一名蛅蟴房**, 一名蟍舍, **一名**紅姑娘, 陶**宏**景曰, **蛅蟴**, 蛓蟲也, 在石榴樹上, 其背毛螫人.(『康熙字典, 蛅』) → 本草**曰**, 一名蟍舍, **又**紅姑娘, 陶**弘**景曰, 蛓蟲也, 在石榴樹上, 其背毛螫人.(『松南雜識』)

명령이 새끼를 두거늘 螟蛉有子
과라가 업어가네 蜾蠃負之[79]

라고 하였는데, 주석에서 "명령(螟蛉)은 뽕나무 위의 작고 푸른 벌레인데, 보굴(步屈)[80]과 비슷하다. 과라(蜾蠃)는 땅벌인데, 벌과 비슷하고 허리가 가늘다. 뽕나무 벌레를 잡아 나무 구멍에 업어다 두면, 칠 일 만에 변하여 그 새끼가 된다"[81]라고 하였다.

『경전석문(經典釋文)』[82]에서 "과라는 바로 가는허리벌[細腰蜂]이다"라고 하였다. 『본초강목(本草綱目)』에서 "비록 이름은 땅벌이지만 땅에 굴을 파지 않고 흙을 져다가 방을 만들 뿐이다. 가는허리벌은 암컷이 없기에 모두 푸른 벌레를 잡아다가 주문을 걸어서 바꾸어 자기 새끼로 만든다. 일찍이 벌집을 갈라보니 알은 크기가 좁쌀 반 톨만 하고, 업어온 벌레는 그 아래 있었다. 지금은 '나나니벌[羅羅蜂]'이라 부른다"라고 하였다.[83]

운서(韻書)에서 말하였다.

---

79) 『詩經, 小雅, 小宛』.

80) 보굴(步屈) : 자벌레의 별명(別名).

81) 螟蛉**者**, 桑上小青蟲也, 似步屈, **其色青而細小, 或在草菜上**. 蜾蠃, 土蜂也, 似蜂而小腰, 取桑蟲, 負之於木空中, 七日而化爲其子.(『毛詩注疏, 卷十九, 小雅, 小宛』의 주석) → 螟蛉, 桑上小青蟲, 似步屈, 蜾蠃, 土蜂也, 似蜂而小腰, 取桑虫, 負之於木空中, 七日而化爲其子.(『松南雜識』)

82) 경전석문(經典釋文) : '석문(釋文)'이라고도 함. 전체 30권. 당나라 육덕명(陸德明)이 편찬했다. 역(易)·서(書)·시(詩)·효경(孝經)·노자(老子)·장자(莊子)·이아(爾雅) 등에 대해 육조 시대(六朝時代) 학자 200여인의 주석을 집성하였다.

83) **爾雅, 弘景曰, 此類甚多**, 雖名土蜂, 不就土中作窟, 謂摙土作房**爾**. …… **言**細腰**之**物無雌, 皆取青蟲敎祝, **便**變成己子, **斯爲謬矣**. …… 嘗拆窠視之, **果有子**, 如粟米大, **色白而微黃**, 所負**青菜**蟲, 却在**子**下.(『本草綱目, 卷三十九, 蟲之一, 蠮螉』의 주석) → 釋文曰, 蜾蠃, 卽細腰蜂. 本草**注曰**, 雖名土蜂, 不就土中爲窟, 謂摙土作房耳, 細腰物無雌, 皆取青蟲敎祝, 變成己子. 嘗拆窠**而**視之, 亦生子如半粟**米**大, 所負蟲, 却在**子**下.(『詩傳大全, 卷十二, 小雅, 小宛』) → 釋文曰, 蜾蠃, 卽細腰蜂. 本草**云**, 雖名土蜂, 不就土中爲窟, 謂摙土作房耳, 細腰物無雌, 皆取青蟲敎祝, 變成己子, 嘗拆窠視之, 亦生子如半粟大, 所負蟲, 却在下.(『松南雜識』)

가는허리벌의 이름은 과라(蜾蠃)·포로(蒲蘆)·열옹(蠮螉)이다. 업어 오는 것은 명령(螟蛉)뿐만이 아니다. 잡아온 유충(幼蟲) 위에 알 하나를 낳으면 부화하여 성충(成蟲)이 되고 잡아온 유충을 조금씩 먹는다. 나는 소리가 "나를 닮아라, 나를 닮아라[類我類我]"라고 말하는 듯하다.[84)]

록·지
蟝蠢

『광운(廣韻)』에서 "녹청(蟝聽)은 도마뱀[蜙蜴] 비슷하다. 나무 위에 사는데, 내려오기만 하면 사람을 문다. 그리고는 나무로 올라가 머리를 늘어뜨리고, 우는 소리를 들은 뒤에야 간다"라고 하였다.[85)]

또 '지(蠢)'는 『이아(爾雅)』에서 "추하(醜鏬)이다"[86)]라고 하였는데, 그 주석에서 "어미의 등을 가르고 태어난다"[87)]라고 하였다.

전갈
蠆蠍

갈홍(葛洪)[88)]이 "갈(蠍)은 입으로 쏘는 것을 '석(螫)'이라 하고, 꼬리로

84) 名蜾蠃·蒲蘆·蠮螉, **音曳翁**, 所負不但螟蛉, 産一卵於上, 卵化成形, 漸食所負之蟲, 飛聲, 似云類我類我.(『韻府羣玉, 細腰蜂』) → **細腰蜂**, 名蜾蠃·蒲蘆·蠮螉, 所負不但螟蛉, 産一卵於上, 卵化成形, 漸食所負之蟲, 飛聲, 似云類我類我.(『松南雜識』)

85) 廣韻, 蟝聽似蜙蜴, 居樹上, 輒下齧人, 上樹垂頭聽聞哭聲, 乃去.(康熙字典, 蟝』) → 廣韻**云**, 蟝聽似蜙蜴, 居樹上, 輒下齧人, 上樹垂頭聽聞哭聲, 乃去 (『松南雜識』)

86) **蠢**, 醜鏬.(『爾雅注疏, 卷九, 釋蟲』) → **蠢**, **爾雅釋曰**醜鏬.(『松南雜識』)

87) 剖母背而生.(『爾雅注疏, 卷九, 釋蟲』)

88) 갈홍(葛洪) : 동진(東晉)의 도사. 자는 치천(稚川). 호는 포박자(抱朴子). 영리를 탐하지 않았으며, 유교 윤리와 도교의 비술(祕術)을 결합하려고 애썼다. 평생 신선도(神仙道)를 수행하였다. 저서에 『포박자』·『신선전(神仙傳)』·『주후비급방(肘後備急方)』 등이 있다.

쏘는 것을 '채(蠆)'라고 한다"라고 하였다.[89]

소옹(邵雍)의 「사갈음(蛇蝎吟)」에서 "갈은 꼬리로 쏜다[蠆以尾螫]"라고 한 말이 이것이다. 지금은 '왕충봉(王蟲蜂)'이라 하는데, 민간에서는 그것이 나타나면 보리를 파종할 때라고 여긴다.

『회남자(淮南子)』[90]에서 "동산에 쏘는 벌레가 있으니, 이놈 때문에 아욱과 콩잎을 캐지 못한다"[91]라고 하였는데, 지금은 땅벌[地蜂]을 말한다.

또 '말벌[馬蜂]'은 나무 끝에 방을 만드는데, 거꾸로 매달린 큰 박과 같다. 이것을 '말벌집[馬蜂窠]'라 한다.

꿀벌
蜜蜂

「초혼(招魂)」[92]에서 "검은 벌이 호리병 만하도다[玄蠭若壺些]"[93]라고 하였다.

『열자(列子)』에서 "완전한 수컷이고 그 이름은 치봉이다"[94]라고 하였으니, 황정견(黃庭堅)의 시에서 "치봉이 관청으로 날아와 세금으로 꿀을 바치네[稺蜂趨衙供蜜課]"[95]라고 한 말이 이것이다.

『물류상감지(物類相感志)』에서 "벌집 중에서 큰 것은 한두 길[丈]이나 되는데, 그것을 엮은 줄은 작은 노끈 정도에 불과하니, 대부분 옻과 같

---

89) 葛洪**云**, 蠍前曰螫, 後曰蠆.(『韻府羣玉, 蠆』) → 葛洪**曰**蠍, 前曰螫, 後曰蠆.(『松南雜識』)

90) 『松南雜識』에는 '文選'으로 오기되어 있음.

91) 園有螫蟲, 藜藿爲之不采.(『淮南子, 說山訓』)

92) 초혼(招魂) : 전국 시대 초나라의 송옥(宋玉)이 지은 작품.
* 『松南雜識』에는 '離騷經'으로 오기되어 있음.

93) 玄**蠭**若壺**些**.(『文選, 卷三十三, 招魂 一首』) → 玄**蜂**若壺.(『松南雜識』)

94) 純雌其名**大署**, **純雄其名**稺蜂.(『列子, 天瑞』) → 純雌, 其名稺蜂.(『松南雜識』)
* 『松南雜識』에는 '純雌'로 오기되어 있음.

95) 「연아(演雅)」.

은 나무의 진액을 사용하였다. 그렇기 때문에 단단히 엮을 수 있다"라고 하였다.

소식(蘇軾)의 시에서,

그대의 집의 벌이 집을 짓고는	君家蜂作窠
해마다 옻칠을 더하네	歲歲添漆汁[96]

라고 한 말이 이것이다.[97]

이시진(李時珍)이 "밀랍나무[蠟樹]는 사시사철 시들지 않으며 오 월에 흰 꽃이 핀다"[98]라고 하였다. 벌이 그 나무의 수액을 채취하여 방을 만드니, 그것이 바로 밀랍이다.

왕우칭(王禹偁)[99]이 말하였다.

> 벌의 왕은 어떻게 그 무리를 복종시키는가? 독침이 없기 때문이다. 아! 벌의 왕도 오히려 이와 같은데, 하물며 사람의 왕으로서 독이 있어서야 되겠는가? 벌의 왕은 하나의 대(臺)에서 사는데 크기는 밤톨만 하다. 민간에서는 '왕대(王臺)'라 한다. 왕의 벌은 그 안에 세 개 혹은 다섯 개의 알을 낳아 종족을 나누고 떠난다. 산촌 백성들이 벌이 종족을 나누는 것이 싫어서 가시나무로 왕대(王臺)를 찌르면 새끼가 모

---

96) 「기정 오수(岐亭五首)」.

97) 君家蜂作窠, 歲歲添漆汁. **坡**. 蜂窠, 大者, 一二丈, 其綴不過小索, 許大是用樹汁如漆, 故綴牢爾. 物類相感志.(『韻府羣玉, 漆汁』) → 物類相感志**曰**, 蜂窠, 大者, 一二丈, 其綴不過小索, 許大是用樹汁如漆, 故綴牢爾. **坡詩**, 君家蜂作窠, 歲歲添漆汁.(『松南雜識』)

98) 蠟樹**枝葉狀類**, **冬青**, 四時不凋, 五月**開**白花.(『本草綱目, 卷三十九, 蟲之一, 蟲白蠟』의 주석) → 李時珍曰, 蠟樹四時不凋, 五月**開**白花.(『康熙字典, 蠟』) → 李時珍曰, **有**蠟樹四時不凋, 五月**有**白花.(『松南雜識』)

99) 왕우칭(王禹偁) : 북송의 문학가. 제주(濟州) 출신. 자는 원지(元之). 저서에 『소축집(小畜集)』이 있다. 원문에 왕원지가 말하였다고 하는 것은 「황주죽루기(黃州竹樓記)」라는 글에 있음.

두 죽는다.[100]

벌은 양아(兩衙)[101]가 있어서 조수(潮水)에 대응한다. 그래서 전소도(錢昭度)[102]의 시에서 "노란 벌이 벌집에서 빠져나오니 바닷물이 올라오네[黃蜂衙退海潮上]"라고 하였다.

『옥호청화(玉壺淸話)』[103]에서,

온갖 꽃이 활짝 피어나니	蒚蒚華華
산 속에서 꽃을 캐는구나	山中採花
비록 아무런 벼슬도 없지만	雖無官職
하루 두 번 관청을 드나드네	一日兩衙

라고 하였다.[104]

---

100) **問**何以服其衆. 曰**王**無毒, **不識其它**. **問王之所處**, **曰窠之始營**, **必造**一臺, **其**大如栗, 俗**謂之**王臺, **王居其上**, **且**生子**於**中, 或三或五, **不常其數**, **王之子**, **盡復爲王矣**, 歲分其族而去, 山甿患**蜂之**分也, 以棘刺關於王臺, 則**王之子**盡死, **而蜂不析矣**.(『小畜集, 卷十四, 雜文, 紀蜂』) → 王何以服其衆, 曰無毒, 王所居一臺, 大如栗, 俗曰王臺, 生子其中, 或三或五, **歲**分其族而去, 山甿患其分也, 以棘刺**關于**王臺, 則子盡死. **王元子** (『韻府羣玉, 蜜蜂』) → **王元之曰**, **蜂**王何以服其衆. 曰無毒. **噫**, **爲蜂王尙如此**, **況爲人王而有毒乎**, 王所居一臺, 大如栗, 俗曰王臺, 生子其中, 或三或五, 分其族而去, 山甿患其分也, 以棘刺**於**王臺, 則子盡死**云**.(『松南雜識』)

101) 양아(兩衙) : 꿀벌들이 매일 아침, 저녁 두 차례씩 모여서 왕봉(王蜂)을 옹위(擁衛)하는 것이 마치 옛날 관리들이 매일 오전, 오후 두 차례씩 아문(衙門)에 출사(出仕)하는 것과 같음을 이른다.

102) 전소도(錢昭度) : 송나라 사람. 자는 구령(九齡). 자질이 뛰어나고 더욱 시에 조예가 있어 사람들을 놀라게 하는 구절이 많았다.

103) 옥호청화(玉壺淸話) : 송나라 때 중 문형(文瑩)이 편찬한 책. 총 10권.

104) **蜂有**兩衙應潮. **埤雅**. 黃蜂衙退海潮上. 錢昭度. **唐太宗置一物器中**, **令丁文果覆射**, **書四句云**, 蒚蒚華華 山中採花, 雖無官職, 一日兩衙. 玉壺淸話.(『韻府羣玉, 蜂衙』) → 有兩衙應潮, 錢昭度**詩**, 黃蜂衙退海潮上. 玉壺淸話**曰**, 蒚蒚華華, 山中採花, 雖無官職, 一日兩衙.(『松南雜識』)

분접
粉蝶

『설문해자』에서 "분접(粉蝶)은 풍접(風蝶)이니 일명 '서(胥)'이다. 큰 것을 봉자(鳳子)라고 한다"[105]라고 하였는데, 지금은 호랑나비[虎狼蝶]로 와전되었다. 또 오족(烏足)[106]의 잎이 변화한 것이라고 한다.

당시(唐詩) 「영분접(詠粉蝶)」[107]에서,

몸은 하랑(何郎 = 何晏)인 듯 온통 분칠을 하고[108]	身似何郎全傅粉
마음은 한수(韓壽)처럼 몰래 향을 훔치게 한다[109]	心同韓壽暗偸香

라고 하였으니, 오묘하다.

『술이기(述異記)』에서 "진(晉)나라 영가(永嘉) 연간(307~313)에 양주(梁州)에 백일 동안 비가 내리자, 보리가 변하여 나방이 되었다"[110]라고 하였는데, 나는 습한 곳에 쌓아둔 보리가 장마 뒤에 알알이 나방으로 변한 것을 보았다.

---

105) 蛺蜨也, 從虫疌聲, 臣鉉等曰, 今俗作蝶, 非是徒叶切.(『說文解字, 蜨』)→說文, **本作蜨**, **蛺蜨也**, **從虫疌聲**, **又名野娥**, 風蝶, 一名胥, 大者曰鳳子.(『韻府羣玉, 蝶』)→說文**曰**, 風蝶一名胥, 大者曰鳳子.(『松南雜識』)

106) 오족(烏足) : 능석(陵舃)이라는 풀이 거름 속에 자라면 오족으로 변한다고 함.

107) 영분접(詠粉蝶) : 사무일(謝無逸)의 작품. 사무일은 나비에 관련된 시 300수를 지었기에, '사호접(謝胡蝶)'이라 불렸다.

108) 하랑(何郎) : 삼국 시대 위(魏)나라의 부마(駙馬)였던 하안(何晏)을 가리킨다. 그가 준수한 용모로 평소에 꾸미기를 좋아하여 백분(白粉)을 손에서 놓지 않았기에 '화장하는 하랑[傅粉何郎]이라고 불렸다. 후대에는 꾸미기를 좋아하거나 용모가 수려한 청년을 가리키게 되었다.

109) 한수(韓壽) : 진(晉)나라 도양(堵陽) 사람. 자는 덕정(德貞). 용모가 매우 뛰어났다. 사공(司空) 가충(賈充)의 딸이 그의 용모에 반하여 몰래 불러들이고, 황제가 가충에게 하사한 귀한 향(香)을 훔쳐 주었다고 한다.

110) 晉永嘉中, 梁州雨**七**旬, 麥化爲飛蛾.(『述異記, 卷下』)→晉永嘉中, 梁州雨**十**旬, 麥化爲飛蛾, 述異記.(『韻府羣玉, 麥化蛾』)→述異記**曰**, 晉永嘉中, 梁州雨十旬, 麥化爲飛蛾.(『松南雜識』)

또 불나방[火蛾]은 운서(韻書)에서 "빛을 좋아한다. 잡지(雜志)에서 '정월 대보름 놀이로 박등아(撲燈蛾)[111]와 요아아(鬧蛾兒)[112]를 만든다'고 말하였다"[113]라고 한 기록이 이것이다.

황정견(黃庭堅)의 시 "등불에 뛰어드는 나방처럼 날아든다[飄如赴燭蛾]"[114]와 소식(蘇軾)의 시

쥐를 위하여 언제나 밥을 남겨두고	爲鼠常留飯
나방을 가련히 여겨 등불을 켜지 않네	憐蛾不點燈[115]

는 모두 지금 "날아든 나방이 등불을 끈다[飛蛾之撲燈]"는 말과 같다.

눈에놀이
蠛蠓

운서(韻書)에서 "눈에놀이[蠛蠓]는 개미[螘]와 비슷하니 바로 초파리[醯鷄]이다"라고 하였다.

황정견(黃庭堅)의 시에서,

늙은 조개 태 속의 진주는 자신을 해치는 적이고	老蚌胎中珠是賊
독에 든 초파리가 보는 하늘은 얼마나 크겠는가	醯鷄甕裡天幾大[116]

111) 박등아(撲燈蛾) : 불나방.

112) 요아아(鬧蛾兒) : 두건에 꽂는 나비 모양의 장식품.

113) **元宵造**火蛾, **金門事節荊邸**, 上元戲, 爲撲燈蛾, **雜志亦曰**, **鬧**娥兒.(『韻府羣玉, 火蛾』) → 火蛾, **韻書曰**, **慕光**, **雜志云**, 上元戲, 爲撲燈蛾, **爲鬧**娥兒.(『松南雜識』)

114) 「계상음(溪上吟)」.

115) **爲**鼠常留飯, 憐蛾不點燈.(『東坡全集, 卷二十三, 次韻定慧欽長老見寄八首』) → **愛**鼠常留飯, 憐蛾不點燈.(『松南雜識』)

116) 「연아(演雅)」.

라고 하였는데, 주석에서 "초가 시어지면 모기가 모여든다"라고 하였다.

「주본기(周本紀)」에서 "이양(夷羊)[117]은 교외에 있고, 비홍(蜚鴻)[118]은 들에 가득하다"[119]라고 하였는데, 주석에서 "비홍(蜚鴻)은 눈에놀이[蠓]이다"라고 하였다.

시충
豉蟲

갈홍(葛洪)의 『주후비급방(肘後備急方)』에서 말하였다.

이 벌레는 완전히 검은 색으로 콩같이 생겼는데, 물 위를 떠다닌다. 사공(射工)[120]의 독으로 생긴 종기를 치료할 수 있다. 또 말을 할 수 없을 때 시모충(豉母蟲) 한 마리를 입안에 물고 있으면 바로 낫는다.[121]

117) 이양(夷羊) : 상(商)나라가 망할 때 나타났다는 신령한 동물로, 현인(賢人)에 대한 비유로도 쓰인다.

118) 비홍(蜚鴻) : 눈에놀이. 멸몽(蠛蠓)의 별칭.

119) 麋鹿在牧, 蜚鴻滿野.(『史記, 卷四, 周本紀』)
夷羊在牧, 飛鴻過野.(『逸周書, 卷五, 度邑解』)
→夷羊在郊, 蜚鴻滿野.(『松南雜識』)

120) 사공(射工) : 날도래과에 속하는 곤충의 유충(幼蟲). 독기(毒氣)가 있어 모래를 머금었다가 사람을 쏘면 종기(腫氣)가 생긴다.

121) **又方取水上浮走**豉母蟲一枚, **置**口中, **便**差**云**. 此蟲正黑, 如大豆, 浮水上**相遊者**.(『肘後備急方, 卷七, 治卒中射工水弩毒方』)→此蟲正黑, 如大豆, 浮游水上, **治射工毒成瘡**, **口不能語**, **用**豉母蟲一枚, **含**口中, 卽差.(『松南雜識』)

굼벵이
蠐螬

운서(韻書)에서 "굼벵이[蠐螬]는 바로 땅누에[地蠶]로, 거름 속에 있다"[122]라고 하였다.

『진서(晉書)』에서 말하였다.

성언(盛彦)[123]은 모친 왕씨(王氏)가 실명(失明)하자 매일 직접 음식을 먹여드렸다. 한번은 여종이 성언에게 매 맞은 것을 원망하여 굼벵이를 잡아 그 모친에게 먹였는데, 모친이 먹어보고 맛있다고 하였다. 성언이 그것을 보고 모친을 안고 소리쳐 울었다. 그런데 모친의 눈이 환하게 뜨였다.[124]

그래서 지금 안약(眼藥)으로 쓰인다고 한다. 또 우물 안의 붉은 벌레를 '장구벌레[蠉]'라고 한다.

외
蜾

『유양잡조(酉陽雜俎)』에서 "외(蜾)는 황구(黃狗)와 비슷하다. 늘 가는 뒷간이 있어서, 만약 멀리 가서 집에 돌아오지 못하면 풀로 그 똥구멍을

---

122) **蠐螬蟲**, 在糞土中.(『韻府羣玉, 螬』) → **卽地蠶**, 在糞土中.(『松南雜識』)

123) 성언(盛彦) : 진(晉)나라 광릉(廣陵) 출신. 자는 옹자(翁子). 효성이 지극하여 모친이 병으로 실명하자, 벼슬에도 나아가지 않고 몸소 봉양하였다고 한다.

124) 盛彦 …… 母王氏**因疾**失明, **彦每言及**, **未嘗不流涕**. **於是**, **不應辟召**, **躬自侍養母**, 食必自哺之, **母旣疾久**, **至於婢使數見捶撻**, 婢**忿**恨, **伺彦暫行**, 取蠐螬**炙**飴之, 母食以爲美, **然疑是異物**, **密藏以示彦**, 彦見之, 抱母**痛哭**, **絶而復蘇**, 母目豁然卽開.(『晉書, 卷八十八, 列傳, 孝友, 盛彦』) → 盛彦母王氏失明, **每**食必自哺之, 婢恨**其被撻**, 取蠐螬飴之, 母食以爲美, 彦見之, 抱母**號泣**, 母目豁然卽開.(『松南雜識』)

막는다”[125]라고 하였다.

청개구리 · 올챙이
螻蟈蝌蚪

『운부군옥(韻府羣玉)』에서 말하였다.

두꺼비[蝦蟆]는 검은 반점이 있고 울지 못한다. 큰 놈을 전부(田父)라고 하는데, 뱀을 잡아 먹을 수 있다. 또 청개구리는 피부가 파랗고 밤에 운다. 속칭은 ‘전계(田鷄)’ 또는 ‘토압(土鴨)’이다. 또 산개구리[山蛤]는 크고 황색이다. 또 올챙이는 둥근 모양에 꼬리가 있는데, 천둥이 치면 꼬리가 떨어지고 다리가 생겨 두꺼비가 된다.[126]

바로 『애자잡설(艾子雜說)』[127]에서 이른바 “두꺼비가 우는 것은, 지금은 다행히도 꼬리가 없지만, 남들이 또 올챙이 적 일을 알아차릴까 두려워서이다. 용왕이 명령을 내려 물에 사는 생물 중에 꼬리 있는 것은 모두 죽이라고 하였기 때문이다”[128]라고 한 것이다.

『진서(晉書)』에, 혜제(惠帝)가 화림원(華林園)에서 두꺼비 소리를 듣고

---

125) 蜆似黃狗, 圜有常處, 若行遠, 不及其家, 則以草塞其尻.(『酉陽雜俎, 卷十六, 廣動植之一, 蜆』)

126) 蝦蟆有墨斑**點**不鳴, 大者名田父, 能食蛇, 螻蟈, 皮蒼夜鳴, 俗名田雞, **蟾蜍**, **形大背黑**, **腹下丹 書八字**, **頭有肉角**, **世傳三足者**, **妄也**, 山蛤, 大而黃色, 蝌蚪, 形圓有尾, 雷則尾脫生脚蝦蟆.(『韻府羣玉, 蛙』)→蝦蟆有墨斑不鳴, 大者名田父, 能食蛇, **又**螻蟈, 皮蒼夜鳴, 俗名田雞, **又土鴨也**, **又**山蛤, 大而黃色, **又**蝌蚪, 形圓有尾, 雷**震**則尾脫生脚, **爲**蝦蟆.(『松南雜識』)

127) 애자잡설(艾子雜說) : 소식(蘇軾)이 지은 책으로 주로 희언(戲言)을 기록하였다.

128) **艾子浮於海**, **夜泊島峙中**, **夜聞水下有人哭聲**, **復若人言**, **遂聽之**, **其言曰**, **昨日**龍王有令, **一應**水族有尾**者斬**, **吾鼉也**, **故懼誅而哭**, **汝**蝦螈, **無尾何**哭, **復聞有言曰**, **吾**今幸無尾, 但恐更理會科斗時事也.(『說郛, 卷三十四下, 艾子雜說, 蝦螈』)→蝦蟆哭, 今幸無尾, 但恐更理會科斗時事也, **以**龍王有令, 水族有尾**皆誅故也**.(『松南雜識』)

그 소리가 공적인 것인지 사적인 것인지를 물었다는 기록이 있다.[129]

지봉 이수광이 말하였다.

세상에 전하기를 "그 우는 소리가 마치 '독락악, 숙여여인락악(獨樂樂, 孰如與人樂樂) 여인락악, 숙여여중락악(與人樂樂, 孰如與衆樂樂)'[130]이라고 말하는 듯하니 『맹자(孟子)』를 읽었다고 할 만하다. 또 제비의 지저귐은 '지지위지지, 부지위부지, 시내지야(知之謂知之, 不知謂不知, 是乃知也)'[131]라고 말하는 듯하니 『논어(論語)』를 읽었다고 할 만하다" 라고 하였다.[132]

또 두꺼비[蟾蜍]는 몸이 크고 등이 검다. 배 아래에 붉은 색의 '八'자 무늬가 있고, 머리에 육각(肉角)이 있다. 세상에서 말하는 '다리 셋 달린 두꺼비' 이야기는 망령된 것이다.

---

129) 帝又嘗在華林園, 聞蝦蟆聲, 謂左右曰, 此鳴者爲官乎, 私乎, 或對曰, 在官地爲官, 在私地爲私, 及天下荒亂, 百姓餓死, 帝曰, 何不食肉糜, 其蒙蔽皆此類也.(『晉書, 卷四, 帝紀, 惠帝』)→惠帝華林園, 有爲公爲私之問.(『晉書, 卷四, 帝紀, 惠帝』)

130) 맹자가 양혜왕에게 여민동락(與民同樂)을 강조하면서 "혼자 음악을 즐김과 다른 사람과 함께 음악을 즐기는 일 가운데 어느 것이 나으며, 적은 수의 사람과 함께 음악을 즐김과 많은 수의 사람들과 음악을 즐기는 일 가운데 어느 것이 낫습니까[獨樂落 孰如與人樂樂, 與少樂樂, 孰如與衆樂樂]"라고 하였다.(『孟子, 梁惠王下』)

131) 공자가 자로에게 '아는 것'이란 무엇인지 가르쳐 주기를 "아는 것을 안다 하고 모르는 것을 모른다고 하는 것이 바로 앎이다[知之爲知之 不知爲不知 是乃知也]"라고 하였다.(『論語, 爲政』)

132) **謂**燕**云**, 知之謂知之, 不知謂不知, 是知也, **劉貢父對以鵓鴣云**, **觚不觚**, **觚哉**, **觚哉**, **余謂蛙**鳴**云**, 獨樂樂, 與**衆**樂樂, **孰樂**. **以此作對則出於語**孟, **似爲尤好**.(『芝峯類說, 卷十六, 語言部, 諧謔』)→**世傳**, **其**鳴**似**獨樂樂, **孰如**與人樂樂, **與人樂樂**, **孰如與衆樂樂**, **謂讀**孟**子**, **亦似**燕**語**, 知之謂知之, 不知謂不知, 是**乃**知也, **謂讀論語**.(『松南雜識』)

지렁이
蚼蚓

『운회(韻會)』에서 "개주(開州) 성산(盛山)에 구인충(蚼蚓蟲)이 많아서 군(郡)의 이름이 되었다"라고 하였다.[133)]

『본초강목(本草綱目)』에서 "땅속에서 잘 울기 때문에 강동(江東)에서는 가녀(歌女)라고 한다. 또 이놈의 똥을 인루(蚓螻)[134)]라고 부른다"라고 하였다.[135)]

속칭 지룡(地龍)이라고 한다. 곧 발 많은 게가 발 없는 지렁이만 못하니, 마음을 한결같이 쓰기 때문이다.

『유괴록(幽怪錄)』에서 말하였다.

> 왕군위(王君緯)가 밤에 시골 사람의 집에 묵었는데, 주인은 자칭 위오확(威汚蠖 : 지렁이)이라 하고 종은 와아(蝸兒 : 달팽이)라고 하였다. 다음날 보니, 더러운 못[池][136)]에 몇 자 길이의 큰 지렁이와 아주 큰 달팽이만 있었다.[137)]

우리나라 역사에 다음과 같은 이야기가 있다.

---

133) 開州盛山, **卽**多蚼蚓虫, 因名郡, 韻會.(『韻府羣玉, 蚓』) → 韻會**曰**, 開州盛山, 多蚼蚓蟲, 因名郡**焉**.(『松南雜識』)

134) 『연감유함(淵鑑類函)』등의 책에는 '蚓塿'로 되어 있음.

135) 本草, **尿**呼**爲**蚓螻, 善鳴, 江東呼歌女.(『韻府羣玉, 蚓』) → 本草**云**, 善鳴, 江東呼歌女, **屎**呼蚓螻.(『松南雜識』)

136) 『松南雜識』에는 '地'로 되어 있음,

137) **來**君綽, 夜**行投**宿野人家, 主人自稱威汚蠖, 奴曰蝸兒, **方丈水陸畢陳**, 明日視**其處**, 惟汚**池**有大螾長數尺, 蝸螺皆甚大, **因吐出昨夜所食**, **青泥汚水數升**.(『類說, 卷十一, 幽怪錄, 威汚蠖』) → 王君緯, 夜宿野人家, 主人自稱威汙蠖, 奴曰蝸兒, 明日視之, 惟汚**池**, 有大螾長數尺, 蝸螺甚大. 幽怪錄.(『韻府羣玉, 威汙蠖』) → 幽怪錄**云**, 王君緯, 夜宿野人家, 主人自稱威汙蠖, 奴曰蝸兒, 明日視之, 惟汚**地**, 有大螾長數尺, 蝸螺甚大.(『松南雜識』)

견훤(甄萱)의 모친에게 밤에 자주색 옷을 입은 사내가 와서 자고 새벽에 갔는데, 사는 곳과 성명을 이야기하지 않는 것이었다. 그래서 괴이하게 생각하고 붉은 실을 왼쪽 겨드랑이에 단단히 꿰매고 그 실을 늘어뜨려 그 사내가 간 곳을 알아보려고 하였다. 아침에 보니 섬돌 아래 큰 지렁이가 실에 꿰어 죽어 있었다.

방언으로 큰 지렁이를 견(甄)이라 하니, 바로 '지거치(地巨赤)'이다. '赤'의 음은 치이다.

잠자리

蜻蜓

『비아(埤雅)』[138]에서 "5월 5일[139]에 잠자리[蜻蜓]의 머리를 중문(中門)에 바로 향하게 하여 묻으면 그것이 모두 푸른 구슬이 된다"[140]라고 하였으니, 바로 『하도(河圖)』에서 "4월에 해방(亥方)[141]에 누에의 똥을 파묻으면 누에를 얻는다"[142]라고 한 말과 유사하다.

양웅(揚雄)의 『방언(方言)』에서 "잠자리의 암컷을 즉(㞃)이라 한다"[143]라고 하였다. '㞃'의 음은 즉이다.

---

138) 비아(埤雅) : 송나라 육전(陸佃)이 편찬하였다. 초명(初名)은 『물성문류(物性門類)』. 어·수·조·충·천(魚·獸·鳥·蟲·天) 등 8편으로 구성되어 있으며, 명물(名物)의 훈고를 통해 경의(經義)에 두루 통하게 할 목적으로 지어졌다. 20권.

139) 『松南雜識』에는 『韻府群玉』의 기록을 답습하여 '午日'로 되어 있음.

140) **五月五**日取**其**首, 正中門埋之, 皆成青珠.(『埤雅, 卷十一, 釋蟲, 蜻蜓』) → 午日取蜻蜓首, 正中門**理**之, 皆成青珠. 埤雅.(『韻府羣玉, 蜻蜓珠』) → 埤雅曰, **午**日取**蜻蜓**首, 正中門埋之, 皆成青珠.(『松南雜識』)

141) 해방(亥方) : 서북방과 북방의 사이.

142) 四月, 埋蠶沙於亥方, **令**得蠶. 河圖.(『韻府羣玉, 埋蠶沙』) → 河圖**所云**, 四月, 埋蠶沙於亥方, 得蠶**之語**.(『松南雜識』)

143) 其雌**蜻**, 謂之**蚨**.(『方言, 十一』) → **蜻**其雌**者**, 謂之**㞃**.(『松南雜識』)

개미 · 거머리

螘蛭

『설문해자』에서 ‘왕개미[蚍蜉]’144)라고 하였으니, 또한 현구(玄駒)145)이다.

습붕(隰朋)146)이 “개미는 겨울엔 산 남쪽에 살고 여름엔 산 북쪽에 산다. 개밋둑이 한 치 쯤 쌓이면 홍수가 난다”라고 하였다.147)

동위(東魏)와 서위(西魏)가 전쟁을 할 때 검은 개미와 노란 개미가 싸웠다.148)

고려 때, 붉은 개미와 검은 개미가 싸우자 홍건적(紅巾賊)149)이 쳐들어오니,150) 개미들은 구멍에서 살 뿐만 아니라, 비가 오고 홍수가 날 것을 미리 안다.

『산해경』에서 “불함산(不咸山)에 비질(蜚蛭)151)이 있으니 날개가 넷이다”152)라고 하였다. 또 말거머리[馬蟥]는 바로 ‘초(楚)나라 왕이 미나리를 먹을 때 삼킨 거머리’이니153) 우리나라 말로 ‘거머리[巨馬里]’가 이것이

---

144) 『說文解字, 螘』.

145) 현구(玄駒) : 왕개미의 별명(別名).

146) 습붕(隰朋) : 춘추 시대 제(齊)나라 사람. 관중(管仲)과 함께 환공(桓公)을 도와 패업(霸業)을 이루게 하였다. 관중이 죽을 때 자신의 후임으로 습붕을 추천하였다.

147) 隰朋曰, **蟻**冬居山之陽, 夏居山之陰, 蟻壤**一**寸而**仞**, 有水.(『韓非子, 卷七, 說林上』) →隰朋曰, 冬居山之陽, 夏居山之陰, 蟻壤寸而有水**也**.(『松南雜識』)

148) 東西魏交兵, **每有**黃黑**蟻陣**蟻鬪. **時東魏黃衣西魏黑衣**. **史**.(『韻府羣玉, 蟻鬪』)→東西魏交兵, 黑黃蟻鬪.(『松南雜識』)
* 이때 동위(東魏)는 황색 옷을 입고 있었고 서위(西魏)는 검은 색 옷을 입고 있었다.

149) 홍건적(紅巾賊) : 松南雜識에는 ‘賊’이 ‘頭’로 오기되어 있음.

150) 恭愍王八年五月丁酉, 赤黑群蟻相戰, 司天監奏, 兵志曰, 螻蟻戰兵大興. 九年四月壬辰, 赤黑群蟻相戰與前年, 皆初六日也.(『高麗史, 卷五十五, 志九, 五行三』)→赤黑蟻鬪, 紅頭賊至.(『松南雜識』)

151) 『松南雜識』에는 ‘飛蛭’로 오기되어 있음.

152) **大荒之中有山**, **名曰**不咸, **有肅愼氏之國**, 有**蜚**蛭四翼.(『山海經, 卷十七, 大荒北經』) →不咸有**飛**蛭, 四翼.(『松南雜識』)

153) 楚**惠**王食**寒菹而得蛭**, **因**呑**之**.(『類說, 卷三十, 新序, 呑蛭』)→楚王食**芹**呑**蛭**.(『松南雜識』)

다. 불함산(不咸山)은 지금의 백두산(白頭山)이다.

모기 · 등애
蚊虻

이규보(李奎報)의 「거제로 부임하는 이사관(李史館)을 전송하는 서문」에서 "여름에 벌보다 큰 모기 등애가 떼로 모여 사람을 무니, 참으로 두려워할 만하다"[154]라고 하였다.

불경(佛經)에서 "문(蚊)은 모기[蚋]이니 작은 벌레 종류로, '저취(諸趣)'라고 이름 한다.[155]

『박물지(博物志)』에서 "땅이 습하면 모기가 생긴다"[156]라고 하였다. 『이아익(爾雅翼)』에서 "모기는 더러운 물의 장구벌레[孑孓][157]가 변한 것인데, 사람의 피부를 깨물고 그 소리는 천둥과 같다"[158]라고 하였다. 『당국사보(唐國史補)』[159]에서 "강동(江東)에 문모조(蚊母鳥)가 있는데, 또한 토문조(吐蚊鳥)라고도 한다. 여름이면 밤에 울며 갈대 덤불 사이에서 모기를 게워낸다"[160]라고 하였다.[161]

---

154) 暑月, 有蚊蝱之大於蜂者, 群集噆人. 誠可畏也.(『東國李相國全集, 卷二十一, 送李史館赴官巨濟序』)

155) 梵書, 蚊蚋, 小蟲之屬, 名諸趣.(『康熙字典, 趣』) → 梵書**曰**, 蚊蚋, 小蟲之屬, 名諸趣.(『松南雜識』)

156) 地濕則生蚊.(『續博物志, 卷二』)

157) 장구벌레 : 모기의 애벌레. 몸의 길이는 4~7mm이고 머리 · 가슴 · 배의 세 부분으로 나뉘며, 갈색 또는 검은색이다. 물속에서 산다. 길궐 · 연현(蜎蠉) · 적충(赤蟲) · 정도충 · 혈궐(孑孓).

158) 蚊者, 惡**水**中孑**孓**所化, 噆人**肌**膚, 其聲如雷.(『爾雅翼, 卷二十六, 釋蟲三, 蚊』) → 蚊者, 惡**木**中孑**孑**所化, 噆人**肥**膚, 其聲如雷.(『松南雜識』)

159) 당국사보(唐國史補) : 당나라 이조(李肇)가 편찬한 책, 총 3권.

160) 江東有蚊母鳥, 亦謂**之**吐蚊鳥, 夏則夜鳴, 吐蚊**於**叢葦間.(『唐國史補, 卷下』) → 江東有蚊母鳥, 亦謂吐蚊鳥, 夏則夜鳴, 吐蚊**于**叢葦間.(『松南雜識』)

161) **續**博物志, 地濕則生蚊. **大戴禮, 白鳥者謂蚊蚋也**. 爾雅翼, 蚊者, 惡**水**中孑**孓**所化, 噆人肌膚, 其聲如雷. **莊子天運篇, 蚊蝱噆膚則通昔不寐矣**. **又**唐**國**史補, 江東有蚊母

『물류상감지(物類相感志)』에 "원재(元載)가 용 수염 총채를 얻자, 모기가 들어오지 못하였다"[162]라고 하였으니, 이덕유(李德裕)[163]가 용 가죽으로 더위를 피한 일과 같다.[164]

우리나라에서는 '모기(暮起)'라고 한다.

범중엄(范仲淹)의 시(詩)에서,

배불러 갈 때는 앵두처럼 무겁고	飽去櫻桃重
배고파 올 때는 버들강아지처럼 가볍네	飢來柳絮輕[165]

라고 하였다.

여주(汝州)에 노근묘(露筋廟)[166]가 있다. 우리나라 영남(嶺南) 죽교(竹橋)의 모기는 옷을 뚫는다고 한다.

등애[虻]는 바로 『한서(漢書)』서 말한 '소의 등애를 치는 것'[167]이니, 우리나라에서는 '등애(登磑)'라고 한다.

鳥, 亦謂吐蚊鳥, 夏則夜鳴, 吐蚊于叢葦間.(『康熙字典, 蚊』)→博物志**曰**, 地濕則生蚊. 爾雅翼**曰**, 蚊者, 惡**木**中孑孓所化, 嗜人肥膚, 其聲如雷, 唐史補**曰**, 江東有蚊母鳥, 亦謂吐蚊鳥, 夏則夜鳴, 吐蚊于叢葦間.(『松南雜識』)

162) 元載得龍鬚拂, **置之堂室**, 蚊蚋不敢入.(『類說, 卷二十三, 物類相感志, 龍鬚拂』)→元載得龍鬚拂, 蚊蚋不敢入, 物類相感志.(『韻府羣玉, 龍鬚拂』)→物類相感志**曰**, 元載得龍鬚拂, 蚊蚋不敢入.(『松南雜識』)

163) 이덕유(李德裕): 당나라의 인물. 찬황(贊皇) 출신. 자는 문요(文饒).

164) 李德裕**當盛暑會客**, **以金盆漬白**龍皮**於坐側**, **須臾凉飈爽氣**, **凜若高秋**.(『類說, 卷十五, 劇談錄, 金盆漬白龍皮』)→李德裕龍皮**辟暑也**.(『松南雜識』)
* 이덕유가 한 여름에 백룡(白龍)의 가죽을 금동이에 담가 옆에 두자 가을처럼 서늘한 바람이 불었다고 한다.

165) 「문(蚊)」.

166) 노근묘(露筋廟): 정절을 지키느라 남의 집에 투숙하지 않아, 힘줄이 드러날 정도로 모기에 뜯겨 죽은 여자를 추모하여 지은 사당.

167) 搏牛之宝.(『前漢書, 卷三十一, 陳勝項籍列傳』)

파리 · 파리잡이거미
蠅虎

『이아(爾雅)』에서 "파리[蠅]는 '추선(醜扇)'이다"168)라고 하였는데, 그 주석에서 "추한 곤충이다. 파리 종류는 날개 짓을 스스로 바람을 잘 일으킨다"169)라고 하였다.170)

운서(韻書)에서 "파랗고 큰 놈을 경적(景跡)이라고 한다"171)라고 하였다.

구양수(歐陽脩)의 글에서 "비유하자면, 파리똥이 저 백옥을 더럽히는 것과 같으니 씻어낼 따름이다"172)라고 하였으니, 『시경(詩經)』에서 파리를 '소인(小人)'에 비유한 말173)이 이것이다.

『금계기(金溪記)』에서 "노기실(盧記室)174)이 육포를 많이 만들어 두었으므로 부채에 엿을 발라 파리를 잡았다"175)라고 하였다. 이 역시 육즙(肉汁)을 탐내다가 죽은 것이다.

---

168) 蠅醜扇.(『爾雅注疏, 卷九, 釋蟲』)

169) 醜類也 …… **青**蠅**之**類, 好搖翅自扇.(『爾雅注疏, 卷九, 釋蟲』의 주석) → 醜類也, 蠅類, 好搖翅自扇.(『松南雜識』)

170) **又**爾雅釋, **蟲**蠅醜扇, 註, 醜類也, 蠅類, 好搖翅自扇.(『康熙字典, 扇』) → 爾雅釋**云**, 蠅醜扇, 註, 醜類也, 蠅類, 好搖翅自扇.(『松南雜識』)

171) 青巨者, 名景跡 (『韻府羣玉, 蠅』)

172) 譬**若**蠅矢黙彼白玉, 濯之而已.(『文忠集, 卷五十, 居士集五十, 祭文十七首, 祭丁學士文』) → 歐**祭于元珍**文, 譬**如**蠅矢黙彼白玉, 濯之而已.(『韻府羣玉, 屎』) → 歐文, 譬如蠅矢黙彼白玉, 濯之而已.(『松南雜識』)

173) 앵앵거리는 파리여. 울타리에 앉았도다. 훌륭한 군자는 참소하는 말을 믿지 말지어다. 앵앵거리는 청승(青蠅)이여. 가시나무에 앉았도다. 참소하는 사람이 다함이 없어서 사국(四國)을 교란시키도다. 이리저리 나는 청승(青蠅)이여. 개암나무에 앉았도다. 참소하는 사람이 다함이 없어서 우리 두 사람을 교란시키도다[營營青蠅, 止于樊, 豈弟君子, 無信讒言. 營營青蠅, 止于棘, 讒人罔極, 交亂四國. 營營青蠅, 止于榛, 讒人罔極, 構我二人].(『詩經, 小雅, 青蠅』)

174) 노기실(盧記室) : 노(盧)씨 성을 가진 기실(記室). 기실(記室)은 당나라 때 기록을 담당하던 관리.

175) 盧記室多**作脯腊**, **夏則委人於十步**, **肉**扇**上**塗餳以**撲蠅**, **脯以青紗障隔塵土**, **時人呼爲**獵蠅**記室**.〈金溪記〉(『說郛, 卷一百十九上, 雲仙雜記三, 獵蠅記室』) → 金溪記**云**, 盧記室多脯, 以餳塗扇**而**獵蠅.(『松南雜識』)

운서(韻書)에서 '혁(虩)'의 주석에 "승호충(蠅虎蟲)이다"[176]라고 하였다. 또 각수(蠼螋)는 우리나라에서 '그리마[期里馬]'[177]라고 하는데, "말 그림자처럼 달려 파리를 잡으니 마치 호랑이 같다"는 의미이다. 이놈이 사람의 인중(人中)을 깨물면 사람은 말도 못하고 달리다가 망건이 찢어질 정도이니, 대관절 무슨 이치인가?

계구
溪狗

『정자통(正字通)』에서 말하였다.

남방(南方) 계곡의 낮은 곳에 난다. 모양은 두꺼비[蝦蟆]와 같고 꼬리의 길이가 서너 치이다. 계독(溪毒)[178]과 유고(遊蠱)를 치료할 수 있다.[179]

달팽이
蝸牛

『이아(爾雅)』에 '부라호유(蚹蠃螔蝓)'[180]라는 말이 있는데, 그 주석에서 "달팽이[蝸牛]이다"라고 하였다.[181]

---

176) 蠅虎虫.(『玉篇, 卷二十三, 虩』)

177) 그리마[期里馬] : 절지동물 '그리마'과의 동물을 통틀어 이르는 말. 지네와 가까운 종류로 다리가 여러 쌍이며 머리에 긴 더듬이가 있다. 어둡고 습한 곳에서 작은 벌레를 잡아먹는다. 한국, 일본, 대만, 중국 등지에 분포한다. 유연(蚰蜒).

178) 계독(溪毒) : 부자(附子)의 별명(別名).

179) 生南方溪澗 狀似蝦蟆 尾長三四寸 治溪毒遊蠱.(『正字通, 狗』) → 生南方溪澗**卑處**, 狀如蝦蟇蟆, 尾長三四寸, 治溪毒遊蠱.(『松南雜識』)

180) 『爾雅注疏, 卷十, 釋魚』.

『설문해자』에서 “등에 둥근 껍질을 지고 있는 것을 와우(蝸牛)라 하고, 껍질이 없는 것을 활유(蛞蝓)라 한다”라고 하였다.[182]

『장자(莊子)』에서 “달팽이 왼쪽 뿔에 어떤 나라가 있으니 만씨국(蠻氏國)이라고 하고, 달팽이 오른쪽 뿔에 어떤 나라가 있으니 촉씨국(觸氏國)이라고 하는데, 이 두 나라가 땅 때문에 싸운다”[183]라고 한 것이다.

소식(蘇軾)의 시에서,

비린 점액은 껍질에 차지도 않고　　腥涎不滿殼
겨우 스스로를 적실 정도였건만　　聊足以自濡
높이 올라가 돌아올 줄 모르더니　　升高不知回
마침내 벽에 붙어서 말라 죽었네　　竟作黏壁枯[184]

라고 하였다.

『문선(文選)』에서 “용마루의 침은 다투어 오르려고 달팽이가 흘린 것”[185]이라고 한 말이 이것이다. 지금 어린아이가 달팽이를 잡고서 “집을 지어다오”라고 소리치는 것이 여기서 나왔다.

---

181) **卽**蝸牛**也**.(『爾雅注疏, 卷十, 釋魚』) → 蝸牛.(『松南雜識』)

182) **又**說文, **附蠃**背負殼者**曰**, 蝸牛, 無殼者, 蛞蝓.(康熙字典, 蛞』) → 說文**曰**, 背負**圓**殼者, 蝸牛, 無殼者, 蛞蝓.(『松南雜識』)

183) 有國於蝸之左角**者**曰**觸**氏, **有**國於蝸之右角**者**曰**蠻**氏, **時相與**爭地而戰.(『莊子, 則陽』) → 有國於蝸之左角曰**蠻**氏, 國於蝸之右角曰**觸**氏, 爭地而戰.(『松南雜識』)

184) **腥涎不滿殼**, **聊足以自濡**, 升高不知回, 竟作粘壁枯.(『東坡全集, 卷十四, 蝸牛』) → 升高不知回, 竟作粘壁枯, **腥涎不滿腹**, **聊足以自濡**.(『松南雜識』)

185) **窻蠹惟全蝎**, 甍涎競**綴**蝸.(『柳河東集, 卷四十二, 古今詩七十六首, 同劉二十八院長述舊言懷感時書事奉寄澧州張員外使君五十二韻之作因其韻增至八十通贈二君子』) → 甍涎競**鬪**蝸, **選**.(『韻府羣玉, 甍涎』) → **文選云**, 甍涎競**鬪**蝸.(『松南雜識』)
*『松南雜識』에서는 출전을 『문선(文選)』으로 밝히고 있지만, 원출전은 유종원의 『유하동집(柳河東集)』이다. 『운부군옥』에서 출전을 『문선』이라고 기재한 것을 『松南雜識』에서 그대로 인용한 것이다.

하늘물소
天水牛

『둔재한람(遯齋閑覽)』에서 "조각(皂角)[186] 나무에는 오뉴월에 크고 검은 껍질의 벌레가 많으니, 속칭 '천수우(天水牛)'라고 한다"[187]라고 하였다.

소식(蘇軾)의 시에서,

두 뿔은 쓸모없이 길기만하고	兩角徒自長
하늘을 날면서 수레를 끌지 못하네	空飛不服箱
소가 되어 끝내 무슨 일을 하였던가	爲牛竟何事
날카로운 입으로 죽은 뽕나무만 팔 뿐	利吻穴枯桑[188]

라고 하였다.

반모
盤蝥

『설문해자』에서 "독충(毒蟲)이다"[189]라고 하였다. 일명 '반묘(斑猫)'라고 하는데, 노란 발에 얼룩 무늬가 있으며 새의 배에 뾰족한 주둥이가 있다. 신농씨(神農氏)의 『본초경(本草經)』에서 "봄에는 팥꽃나무 꽃을 먹고 '원청(芫青)'이 되고, 여름에는 칡꽃을 먹고 '정장(亭長)'이 되고, 가을에는 콩 꽃을 먹어 '반모(盤蝥)'가 되고, 겨울에는 땅속에 들어가 '지담(地膽)'[190]이 된다"라고 하였다.[191]

---

186) 조각(皀角) : 조협(皁莢) 나무. 차풀과에 속하는 낙엽교목(落葉喬木). 쥐엄나무.

187) **天水牛**, 皀角木五六月多大黑甲蟲, 俗呼**爲**天水牛.〈遯齋閒覽〉(『古今事文類聚, 後集, 卷五十, 蟲豸類, 蝸牛』)→遯齋閑覽**曰**, 皀角木五六月多大黑甲虫, 俗呼天水牛.(『松南雜識』)

188) 「천수우(天水牛)」.

189) **盤蝥**毒蟲也, **從虫般聲**.(『說文解字, 蝥』)→毒蟲也.(『松南雜識』)

영예

嬰蜺

『신이경(神異經)』에서 "바퀴벌레이니 늦여름 사슴의 귀에 숨어산다"[192]라고 하였다.

농봉

蠪蜂

『물류상감지(物類相感志)』[193]에서 "농봉(蠪蜂)[194]은 조경부(肇慶府)[195]에 서식한다. 감람(橄欖) 나무에 붙어살며 손발이 있지만 나뭇나 잎과 구별이 되지 않고, 자기 이름을 부르는 울음소리를 낸다"라고 하였다.[196]

---

190) 정장(亭長)・반모(盤蝥)・지담(地膽) : 모두 원청(芫青)의 다른 이름. 속칭은 홍두낭(紅頭娘). 성충은 약에 넣을 수 있는데, 맹독성이다.

191) 說文, **盤蝥**毒蟲也. **博雅**, **盤蝥晏青也**. **本草**, 一名斑貓, **所在有之**, **長五六分**, 黃足斑文烏腹尖喙. 神農本草**經**云, 春食芫花爲芫青, 夏食葛花爲亭長, 秋食豆花爲盤蝥, 冬入地中爲地膽.(『康熙字典, 盤』)→說文**曰**, 毒蟲也, 一名斑貓, 黃足斑文烏腹尖喙, 神農本草云, 春食芫花爲芫青, 夏食葛花爲亭長, 秋食豆花爲盤蝥, 冬入地中爲地膽.(『松南雜識』)

192) **此蟲常春生**, **以**季夏藏于鹿耳**中**, **名嬰蜺**, **亦細小也**.(『神異經』)→神異經, 蜚蟲, **以**季夏藏于鹿耳, **名嬰蜺**.(『康熙字典, 蜺』)→神異經**曰**, 蜚蟲, 季夏, 藏于鹿耳.(『松南雜識』)

193) 『松南雜識』에서 『본초강목(本草綱目)』을 출전이라고 하였지만, 원출전은 『물류상감지(物類相感志)』이다. 『강희자전』에서 『본초강목(本草綱目)』이라고 기재한 것을 『松南雜識』에서 그대로 인용한 것이다.

194) 농봉(蠪蜂) : 벌의 일종.

195) 조경부(肇慶府) : 부(府)이름. 남조(南朝) 양(梁)나라 때 고요군(高要郡)을 설치하였는데, 송나라 때에 조경부(肇慶府)라고 하였다.

196) **南土沿海**, **陽春郡生**, **此蟲**附徹欖樹, **雖**有首足, **而**與木葉無異, 鳴則自呼.(『物類相感志, 卷十六, 蠬蜂』)→**蠪蜂**, 本草, **生肇慶府**, 附橄欖樹, 有手足, 與木葉無異, 鳴則自呼.(『康熙字典, 蠪』)→本草**曰**, **生肇慶府**, 附橄欖樹, 有手足, 與木葉無異, 鳴則自呼.(『松南雜識』)

수과

守瓜

『이아(爾雅)』에서 "노린재[蠸][197]는 여보(輿釜), 수과(守瓜)라고 한다. 외[瓜]잎을 먹어치우는 까닭에 '수과(守瓜)'라는 이름이 붙었다"[198]라고 하였다.

『강희자전(康熙字典)』에 "'釜'의 음은 '보'이다"라고 하였다.

『제민요술(齊民要術)』[199]에서 "십이 월 선달에 시사(時祀)를 지내고, 외밭 네 모서리에 건수(鏟樹)를 태우면 감(蚶)을 없애 줄 수 있다"[200]라고 하였다. '蚶'의 음은 '감'이고, 과충(瓜蟲)이다.

향낭

香囊

『개원천보유사(開元天寶遺事)』[201]에서 "당 현종(玄宗)이 촉(蜀)에서 돌아올 때 양귀비를 묻은 곳을 지나다가 몰래 관곽(棺槨)을 보내어 장사지내게 하였다. 그래서 양귀비를 묻은 곳을 파보았더니, 그가 지녔던 '향낭(香囊)'이 고스란히 남아있다"[202]라고 하였다.

---

197) 노린재[蠸] : 노린재과의 갑충류를 통틀어 이르는 말. 육지에 사는 것과 물에 사는 것이 있다. 오이 · 참외 · 박 · 호박 등의 해충이다. 잡으면 고약한 냄새가 나는 액을 분출한다.

198) 蠸, 輿**父**守瓜, **注**, **今瓜中黃甲小蟲**, **喜**食瓜葉, 故**曰**守瓜.(『爾雅注疏, 卷九, 釋蟲』) →蠸, 輿釜守瓜, 食瓜葉, 故**名**守瓜.(『松南雜識』)

199) 제민요술(齊民要術) : 북위(北魏) 북양태수(北陽太守)였던 가사협(賈思勰)이 편찬한 책. 총 10권. 중국에 현존하는 가장 오래된 종합 농업기술서. 6세기 전반에 간행하였다.

200) 崔寔曰, …… 十二月臘時祀, 炙**蕿**樹瓜田四角, 去蟲.(『齊民要術, 卷二, 種瓜』) → 齊民要術, **崔寔曰**, 十二月臘時祀, 炙鏟樹瓜田四角, 去蟲.(『康熙字典, 蟲』) → 齊民要術**曰**, 十二月臘時祀, 炙鏟樹瓜田四角, 去蚶.(『松南雜識』)

201) 개원천보유사(開元天寶遺事) : 오대의 왕인유(王仁裕)가 편찬한 책. 총 4권. 유서류(類書類).

전설에 '향낭(香囊)'이 변하여 벌레가 된 까닭에 '향랑(香娘)'이라고 이름을 붙였다고 한다.

우리나라에서는 '노아각씨(蠦阿閣氏)'라고 부른다.

매미
蟬

양웅(揚雄)의 『방언(方言)』에서 "매미[蟬]를 초나라에서는 '조(蜩)'라고 한다"[203]라고 하였다. 『시경(詩經)』에서 "오월에 매미가 우네[五月鳴蜩]"[204]라고 한 말이 이것이다.

『고금주(古今注)』에서 "제나라 왕후가 왕을 원망하다가 죽어서 매미가 되었던 까닭에 '제녀(齊女)'라는 이름이 붙었다"[205]라고 하였다.

『관윤자(關尹子)』[206]에서 "쇠똥구리[蜣蜋[207]]가 똥 덩어리를 굴려 동그랗게 만들고는 곰곰이 생각을 하는데, 꿈틀거리고 하얀 것이 똥 덩어리 속에 있으니, 이것이 갑자기 허물을 벗고 매미가 된다"[208]라고 하였다.

---

202) 明皇還蜀, 過貴妃葬所, 密遣棺椁葬焉, 啓瘞故香囊猶在, **帝見流涕**.(『韻府羣玉, 香囊』) → **開元遺事曰**, 明皇還蜀, 過貴妃葬所, 密遣棺槨葬焉, 啓瘞故香囊猶在.(『松南雜識』)

*『개원천보유사(開元天寶遺事)』에 나오지 않는 내용이다.

203) **蟬**, 楚謂之蜩.(『方言』)

204) 『詩經, 豳風, 七月』.

205) 齊王后忿**而**死, **尸變**爲蟬, **登庭樹**, **嘒唳而鳴**, **王悔恨**, 故**世**名**蟬曰**齊女**也**.(『古今注, 卷下, 問答釋義』) → 齊王后忿死爲蟬, 故名齊女.(『松南雜識』)

206) 관윤자(關尹子) : 주나라의 철학자이며 관리였던 윤희(尹喜)가 지은 책. 중국의 사상(思想) 문헌으로 신선(神仙) 방술(方術)과 불교 교리를 혼합한 내용이다. 원본은 전하지 않고 오늘날 전하는 것은 당나라의 두광정(杜光庭)이 쓴 위서(僞書)로 추정된다.

207) 강랑(蜣蜋) : 쇠똥구리. 풍뎅이과의 곤충. 몸길이 1.8cm 가량. 몸 빛깔은 검고 광택이 있다 . 여름철에 짐승의 똥을 둥글게 뭉쳐 굴리어 흙 속에 묻고 그 속에 알을 낳는다. 똥덩어리 속의 유충을 먹고 산다. 말똥구리.

208) **曰**, 蜣蜋轉丸, 丸成而精思之, 而有蠕白者存丸中, 俄去殼**而**蟬.(『關尹子, 四符篇』) → 尹子**四符篇**, 蜣蜋轉丸丸成而精思之, 而有蠕白者存丸中, 俄去殼**成**蟬.(『康熙字典,

『유양잡조(酉陽雜俎)』에서 "허물 벗지 않은 매미를 '부육(復育)'이라 부른다"209)라고 하였다.

『여해집(蠡海集)』210)에서 "매미는 양에 가까워지는 때는 나무에 붙어 있다가 음으로 갈 때 소리 내어 운다"211)라고 하였다.

『이아(爾雅)』에서 "면(蝒)은 말매미[馬蜩]212)이다"213)라고 하였는데, 주석에서 "매미 중에 큰 것을 '말매미'라 한다"214)라고 하였다.

반딧불
螢熠

운서(韻書)에서 "반딧불의 다른 이름은 야광(夜光) · 조휘야(照暉夜) · 소촉(宵燭) · 습요(熠燿) · 단량(丹良)이라고도 한다"215)라고 하였다.

당시(唐詩)에서 "풀 끝의 한 점 단량(丹良)의 색이네[草頭一點丹良色]"216)라고 하였다.

「월령(月令)」에서 "썩은 풀이 반디가 된다"217)라고 하였다. 또 "반디

蜣』) → 尹子**曰**, 蜣蜋轉丸, 丸成而精思之, 而有蠮白者存丸中, 俄去殼**成**蟬.(『松南雜識』)

209) **蟬**未脫時, 名復育.(『酉陽雜俎, 卷十七, 廣動植之二, 蟲篇, 蟬』) → 未脫時, 名復育.(『松南雜識』)

210) 여해집(蠡海集) : 명나라 때의 왕규(王逵)가 지은 책, 총 1권.

211) **蟬**, 近陽依**於**木, 以陰而爲聲.(『蠡海集, 庶物類』) → 近陽依**于**木, 以陰而爲聲.(『松南雜識』)

212) 말매미[馬蜩] : 매미과의 곤충으로 매미 종류 중 가장 커서 몸길이가 4.5cm 가량이다. 몸 빛깔은 검고 광택이 난다. 유충으로 땅속에서 몇 해를 지낸 뒤에 여름철에 나와서 1~2주일 살다가 죽는다.

213) 蝒, 馬蜩.(『爾雅注疏, 卷九, 釋蟲』)

214) 蜩中, **最**大者, 爲馬蟬.(『爾雅注疏, 卷九, 釋蟲』) → 蜩中大者, 爲馬蟬.(『松南雜識』)

215) **螢**, **一名**夜光, 卽照暉夜, 丹良, **丹鳥**, 宵燭, 熠燿.(『韻府羣玉, 螢』) → 夜光, 卽照暉夜, 宵燭, 熠燿, 丹良.(『松南雜識』)

216) 草頭一點**疾如飛**.(『全唐詩, 卷一百九十九, 岑參, 衛節度赤驃馬歌』) → 草頭一點**丹良色**.(『松南雜識』)

[丹鳥]는 모기[白鳥]를 먹는다"[218]라고 하였다.

또 '인(燐)'[219]이라고 하니 『역략례(易畧例)』에서 "마치 반딧불이 태양보다 밝은 것과 같다"[220]라고 하였다. 또 '명소(明炤)'[221]라는 말의 주석에서 "대화성(大火星)이 뜨는 전후로 나타나니 이것은 대화성의 기운을 받아서 화한 것이다"라고 하였다.[222]

나의 시에서,

별이 날아가도 별야와 궤도가 없고	星走非分躔
불꽃이 번드쳐도 연기가 보이지 않네	燄翻不見烟
스스로 빛을 내어 사물을 비추며	自明仍照物
혼탁한 세상을 이리저리 날아다니네	濁世也翩翩

라고 하였다.

지네
蜈蚣

『집운(集韻)』에서 "질려(蒺藜)[223]는 즉저(蝍蛆)이다"라고 하였는데 주석에서 "누리[蝗][224] 비슷하며 배가 크고 긴 뿔이 있으며 뱀의 골을 먹는

217) 腐草爲**螢**.(『禮記注疏, 卷十六, 月令』) → 腐草爲**蠲**.(『松南雜識』)

218) 丹鳥羞白鳥.(『禮記注疏, 卷十六, 月令』)

219) 인(燐) : 반디[螢]의 별명.

220) **易道庶幾有裨於敎義, 亦**猶螢燐, 增輝於太陽.(『周易注疏, 周易略例序』) → 猶螢燐, 增輝於太陽.(『松南雜識』)

221) 『松南雜識』에는 '卽炤'로 오기되어 있음.

222) 亦曰燐, 易畧例云, 猶螢燐, 增耀於太陽, 大火前後**飛**出, 是得大火之氣而化, **故明炤**.(『韻府羣玉, 螢』) → 又燐, 易畧例云, 猶螢燐, 增耀於太陽, **又明炤**, **註**大火前後出, 是得大火之氣而化.(『松南雜識』)

223) 질려(蒺藜) : 벌레이름. 누리 비슷하며 몸집이 더 크다.

224) 누리[蝗] : 메뚜기과의 곤충. 몸길이 5cm 가량으로 풀무치와 비슷하다. 크게 떼를 지

다"라고 하였다.[225)]

『한씨보(韓氏譜)』에서 말하였다.

조선 청주(淸州)의 창고에 신이 있어 의례 희생을 잡아 제사를 지냈다. 또 밤에 단장한 처자를 들여보내니 물귀신과 산귀신이 부녀자를 희생물로 받은 것과 같다. 새벽에 들여다보면 부녀자와 희생물이 모두 없다. 해마다 상례로 삼으니 만약 그렇게 하지 않으면 그해는 흉년이 들고 돌림병이 심하게 돌았다. 청주(淸州) 사람들은 그것을 근심해서 돈 천금을 거두어 처자를 사왔다.

창고 아래에 사는 송씨의 과부에게 딸이 하나 있었는데, 어질고 아름다웠다. 그녀는 대여섯 살 때부터 밥을 지어 어머니를 봉양하였다. 그런데 두꺼비 한 마리가 나오기에, 매번 밥을 먹였더니 크기가 솥뚜껑 만해졌다.

딸은 어머니가 늙고 집이 가난하여 몰래 창고의 희생으로 자신을 팔았다. 저녁에 제사 지내는 곳에 들어가려 할 때였다. 부뚜막 두꺼비가 또 나오니, 밥을 먹이고는 울면서 말하였다.

"난 이제 너와 이별해야 해."

어머니가 잠들기를 기다려 창고로 들어가니 사람들이 촛불을 밝히고 제물을 차려놓고 문에는 자물쇠를 채워버렸다. 한밤중이 되자 대들보에서 천둥치는 소리가 나더니 자줏빛 기운이 퍼져 나와 아래로 드리워졌다. 자리 아래에서는 푸른빛 기운이 위의 기운과 응하여 푸른색과 자주색으로 합해지니, 마치 무지개처럼 보였다.

새벽이 되자 위에서 대들보 같은 물건이 떨어졌는데, 곧 한 마리의 지네[蜈蚣]였고, 그 아래에 솥뚜껑처럼 뒤집힌 놈이 있었으니 부뚜막

어 날아다니면서 농작물에 큰 해를 끼친다.

225) **爾雅曰**, 蒺藜蝍蛆, **郭璞云**, 似蝗大腹長角, 能食蛇腦.(『五音集韻, 蛆』) → **集韻**, 蒺藜蝍蛆, **註**, 似蝗而大腹長角, 能食蛇腦.(『松南雜識』)

의 두꺼비였다.

그래서 지금까지 조섬(鼁蟾)이 창고의 이름이 되었다. 그 후 처자가 한씨에게 시집가 아들 난(蘭)을 낳아서 한씨의 시조모가 되었다고 한다.

운서(韻書)에 "오골계(烏骨鷄) 똥과 마늘이 지네 독을 해독할 수 있다"[226]라고 하였다.

벼룩 · 이
蚤虱

『회남자(淮南子)』에서 "큰집이 완성되면 제비와 참새가 서로 축하하고, 목욕탕이 구비되면 벼룩과 이가 서로 조문한다"[227]라고 하였다.

『요산당외기(堯山堂外紀)』에서 "소은(蘇隱)의 이불 밑에서 이들이 「아방궁부(阿房宮賦)」를 외웠다"[228]라고 한 말이 이것이다.

지봉(芝峯) 이수광은 "이는 음의 생물로 감괘(坎卦)[229]에 속하기 때문에 발이 여섯 개이고, 또 갈 때는 반드시 북쪽을 향한다"[230]라고 하였다.

『포박자(抱朴子)』에서 "이가 내게서 생겨났지만, 나는 이의 부모가 아

226) **有被螯者**, **以**烏雞屎, **或**大蒜**塗之**. **卽愈**.(『康熙字典, 蚣』) → 烏鷄屎大蒜, **解蜈蚣毒云**.(『松南雜識』)

227) 湯沐具, **而蟣**虱相弔, 大厦成, **而**燕雀相賀.(『淮南子, 說林訓』) → 大厦成, 燕雀相賀, 湯沐具, **蚤**虱相弔.(『松南雜識』)

228) **揚州**蘇隱, **夜臥聞**被**下有數人齊**念阿房宮賦, **聲緊而小**, **急開被視之**, **無他物**, **惟得蝨十餘**, **其大如豆**, **殺之卽止**.(『堯山堂外紀, 卷三十四, 唐, 杜牧』) → 蘇隱被念阿房宮賦.(『松南雜識』)
* 소은(蘇隱)이 이불 밑에서 여러 사람들이 조그맣게 「아방궁부(阿房宮賦)」를 외우는 소리를 듣고, 이불을 들쳐 보았다. 그것은 콩 만한 이 10여 마리가 내는 소리였다고 한다.

229) 감괘(坎卦) : 감괘의 숫자는 6이고 방위는 북이다.

230) **古語曰**, 虱, 陰類屬坎, 故足有六, 且行必**向北**, **試之果驗**.(『芝峯類說, 卷二十, 禽蟲部, 蟲豸』) → 虱, 陰類屬坎, 故足有六, 且行必**北向云**.(『松南雜識』)

니고 이도 나의 자손이 아니다"[231]라고 하였다.

대개 이가 옷에 생기니 옷을 새로 지어 상자에 두면 서캐가 붙을 곳이 없다. 이가 몸에 생기니 벌거벗은 채로 서서 어디 할 것 없이 가려운 곳을 긁고서, 그 옷을 입으면 이가 생길 리가 있겠는가?

마원(馬援)[232]이 이른바 "갓난아이 머리에 서캐와 이가 많으니 머리를 밀면 훤하게 드러나 이가 다시는 기생하지 못할 것이다"[233]라고 한 말이 이것이다.

『옥편(玉篇)』에서 "벼룩[蚤]은 사람을 깨물며, 잘 뛰어오르는 벌레이다"[234]라고 하였다. 『박물지(博物志)』에 "땅이 마르면 벼룩이 생긴다"[235]라고 하였다. 조식(曹植)은 "벼룩이 있는 사람은 치아가 다 부서져버리니 몸을 해치기 때문이다"[236]라고 하였다.[237]

우리나라에서는 '벼룩[壁鹿]'이라고 한다.

---

231) **夫**蝨生於我, **豈我之所作, 故蝨非我不生**, 而我非蝨**之**父母, 蝨非我**之**子孫.(『抱朴子, 內篇, 卷二, 塞難』)→抱朴子**塞難**, 蝨生於我, 而我非蝨父母, 蝨非我子孫.(『康熙字典, 蝨』)→抱朴子**曰**, 虱生於我, 而我非虱父母, 虱非我子孫.(『松南雜識』)

232) 마원(馬援) : 후한 때의 무장·정치가(B.C. 14~A.D. 49). 자는 문연(文淵). 광무제 때 강족(羌族)을 평정하였으며, 교지(交趾)의 난을 진압하고 흉노족을 쳐서 공을 세웠다. 후에 남방의 무릉만(武陵蠻) 토벌 중 병사하였다.

233) 馬援**擊尋陽山賊, 上書曰, 除其竹木, 譬如**嬰兒頭多蟣蝨而剃之, 蕩蕩然**蟣蝨**無所復依, **書奏上大悅, 因出小黃門, 頭有蝨者, 皆剃之.〈東觀漢記〉**(『古今事文類聚, 後集, 卷四十九, 蟲豸部, 頭蝨必剃』)→馬援**所謂**嬰兒頭多蟣虱而剃之, 蕩蕩然無所復依.(『松南雜識』)

234) **齧**人跳蟲**也**.(『玉篇, 蚤』)→**蚤**, **嚙**人跳蟲.(『松南雜識』)

235) **夫**土乾則生**蚤**.(『續博物志, 卷二』)→土乾則生**蝨**.(『松南雜識』)

236) 得蚤者, 莫不糜之齒牙, 爲害身也.(『曹子建集, 卷十, 令禽惡鳥論』)

237) 玉篇, 嚙人跳蟲**也**. **續**博物志, 土乾則生**蚤**. **莊子秋水篇, 鴟鵂夜撮蚤察毫末**. 曹植**令禽惡鳥論**, 得蚤者, 莫不糜之齒牙, 爲害身也.(『康熙字典, 蚤』)→玉篇**曰**, **蚤**, 嚙人跳蟲. 博物志**曰**, 土乾則生**蝨**. 曹植**曰**, 得蚤者, 莫不糜之齒牙, 爲害身也.(『松南雜識』)

별슬
鱉虱

『유양잡조(酉陽雜俎)』에서 "강남 지역에는 옛날에 전갈이 없었다. 개원(開元) 초기에 어떤 주부(主簿)[238] 한 명이 통에 전갈을 담아서 강을 건너왔던 까닭에, '주부충(主簿蟲)'이라 부른다"[239]라고 하였다.

한유(韓愈)의 시에 "벽을 비추니 기쁘게도 전갈이 보이네[照壁喜見蝎]"[240]라고 하였다. 즉, 별충(鱉忠)이니 모양이 비슷하다. 지금의 '비대(蜚大)'이다.

『길흉영향록(吉凶影響錄)』[241]에 "황정국(黃靖國)이 죽어 명부(冥府)에 나타나서, '전갈이 쏘게 하는 형벌로 무후를 벌주겠다'라고 말하였다"[242]는 기록이 있다. 아마도 이것이 변화하여 왕독사지옥(王毒蛇地獄)이 된 듯한데, 원래는 전갈을 사용하였던가?

죽슬
竹虱

소식(蘇軾)이 "처음에는 대나무 잎에 바른 가루분 같다가 시간이 지나면 움직여서 수천 마리가 무리를 지으니, 불자(佛子) 아닌 것이 없다"[243]

---

238) 주부(主簿) : 각 관서의 문서 · 장부를 맡은 벼슬.

239) 江南舊無蝎, 開元初, **嘗有**一主簿**竹筒**盛過江, **至今江南往往亦有**, **俗呼爲**主簿蟲.(『酉陽雜俎, 卷十七, 廣動植之二, 蟲篇』) → 江南舊無蠍, 開元初, **一**主簿盛**筒**過江, **故謂**主簿蟲.(『松南雜識』)

240) 「송문창사북유(送文暢師北遊)」.

241) 길흉영향록(吉凶影響錄) : 송나라 잠상구(岑象求)가 지은 책으로 『유설(類說)』과 『설부(說郛)』에 전한다.

242) 黃靖國死, 見冥中數獄吏指一所云, 此唐武后獄, 后惡至大方, 以大甕貯蠆蝎螫之, 酷吏姦臣皆有獄.(『類說, 卷十九, 吉凶影響錄, 唐武后獄』) → 黃靖國死, 見**冥中**治武后獄, **以大甕貯**萬蠍**螫之**. **岑象求**影響錄.(『韻府羣玉, 大甕萬蠍』) → 影響錄**云**, 黃靖國死, 見**以萬蠍**, 治武后獄.(『松南雜識』)

243) **竹蝨**, 初如塗粉竹葉上, 久乃能動百千爲曹, 無非佛子.(『仇池筆記, 卷上, 戒殺』)
*『구지필기(仇池筆記)』는 소식이 지은 책으로 2권이다.

라고 하였다.

지금 풀잎에 발린 쌀뜨물 같은 것은 모두 벌레 알의 종류이다.

사슬 · 사공
沙虱射工

『춘추(春秋)』에서 "가을에 역(蜮)[244]이 있었다"[245]라고 하였다.

『설문해자』에서 "역(蜮)은 단호(短狐)이니 자라와 비슷하며 발이 세 개이다. 독기로 사람을 쏘는 놈은, 또 '사공(射工)'이라고도 이름한다"라고 하였으니, 유종원(柳宗元)의 문장에서 "사공(射工)과 사슬(沙虱)은 노기를 머금었다가 몰래 쏘아 사람의 그림자를 맞히는데 걸핏하면 부스럼과 멍이 생긴다"[246]라고 하였다.

물에 살며 독기로 사람을 쏘는 것을 '사공(射工)'이라 이름하고, 산 숲에 살며 모래를 머금었다가 사람을 쏘는 것을 '사슬(沙虱)'이라 이름 한다.[247]

『술이기(述異記)』[248]에서 "사슬(沙虱)은 담주(潭州) · 원주(袁州) 등지에 있으니 즉, 독사의 비늘 속에서 사는 이다.[249] 이놈이 모래 속에 들어 있

---

244) 역(蜮) : '단호(短狐)'라고도 하였다. 전설에 모래를 머금어 사람을 맞히면 재로 변한다고 하였다. 일설에는 주둥이에 한 개의 긴 뿔이 있는데 독기로 사람의 그림자를 쏘면 종기가 생긴다고도 한다. 자라와 비슷하며, 일명 '사공(射工)' 혹은 '사영(射影)이라고도 한다. 날도래과에 속하는 곤충의 유충이다.

245) **秋**有蜮.(『春秋左傳, 卷八, 莊公十八年』)→有蜮.(『松南雜識』)

246) 射工沙蝨, 含怒竊發, 中人形影, 動成瘡**疣**.(『柳河東集, 卷三十, 與李翰林建書』)→射工沙虱, 含怒竊發, 中人形影, 動成瘡**痏**.(『松南雜識』)

247) 說文, 短抓, 似**鼈**三足, 以氣射人者, 亦名射工. 柳文, 射工沙虱, 含怒竊發, 中形影, 動成瘡**疾**. **蜮**居水**中**以氣射人者, 名射工, 居**水旁**山林間, 含沙射人者, 名沙虱.(『韻府羣玉, 蜮』)→說文**曰**, **蜮**, 短抓, 似**鱉**三足, 以氣射人者, 亦名射工. 柳文, 射工沙虱, 含怒竊發, 中**人**形影, 動成瘡**痏**. 居水以氣射人者, 名射工, 居山林間, 含沙射人者, 名沙虱.(『松南雜識』)

248) 『松南雜識』에는 '녹이기(錄異記)'로 되어 있음.

다가 사람을 쏘니 사람이 맞으면 상처가 좁쌀만 한 바늘구멍처럼 되는데, 술사(術士)가 그것을 억제하여 살을 도려내지 못하면 즉사한다"[250]라고 하였으니, 요즘 사람들에게 사면(四面)에 발 달린 이[四面足虱]가 있는 것과 같다.

돼지 이 · 개 진드기
豕虱狗鱉

『장자(莊子)』에서 말하였다.

> 잠깐 동안의 안락을 탐하는 것은 돼지이[豕虱]와 같으니, 성긴 갈기를 골라서 그것을 자신은 넓은 궁전과 큰 정원으로 여기지만 백정이 어느날 아침에 돼지와 함께 태워 버릴 수 있다는 사실을 모른다.[251]

또 '구별(狗鱉)'은 진드기이다. 개털 속에서 살며 동글동글 검은 구슬처럼 생겼다. 오로지 피만 빨아먹는데, 똥구멍이 없기 때문에 배가 부르

---

249) 독사가 이에게 시달리다 못해 강물이 센 곳에 가서 이를 씻어 내거나 모래에 굴러서 떨쳐 낸다. 이때문에 이가 모래 속에 들어가 있게 된다.

250) 潭袁等州, 有沙虱, 卽毒蛇鱗中虱也, 細不可見, 夏月蛇爲虱所苦, 倒身江灘急溜處, 水刷其虱, 或臥沙中, 碾虱入沙, 行人中之, 如針孔粟粒, 四面有五色文, 卽其毒也. 得術士禁之, 剜去少肉, 卽愈, 不然, 三兩日卽死矣.(『類說, 卷八, 述異記, 沙虱』)→潭袁等州, **有沙蝨**, 卽毒虫鱗中蝨, 入沙, 人中之, 如針孔粟粒, 不得術士禁之, 剜去囟卽死, **徐无鬼**.(『韻府羣玉, 沙蝨』)→**錄異記曰**, 潭袁等州**有之**, 卽毒**虫**鱗**甲**中虱, 入沙, 人中之, 如針孔粟粒, 不得術士禁之, 剜去肉卽死**云**.(『松南雜識』)

*『松南雜識』에서는 출전을 『녹이기(錄異記)』라고 하였지만, 『녹이기』에 나오지 않는 내용이다. 『녹이기』는 오대(五代)의 두광정(杜光庭)이 지은 책으로 8권이다. 『운부군옥』에서도 출전을 『장자』의 편명인 「서무귀(徐無鬼)」라고 하고 있지만, 이 역시 오류이다.

251) 濡需者, 豕**蝨**, **是**也. 擇疏鬣, 自以爲廣宮大囿, **奎蹄曲隈**, **乳間股脚**, **自以爲安室利處**. 不知屠者之一**旦皷臂布草操煙火**, **而己**與豕俱焦也.(『莊子, 徐無鬼』)→濡需者, 豕**虱**也, 擇疏鬣, 自以爲廣宮大囿, 不知屠者之一**朝**與豕俱焦也.(『松南雜識』)

면 저절로 떨어진다. 대개 이의 종류이지만 다른 놈이다.

무설충
無舌蟲

『본초강목(本草綱目)』의 주석에서 "일명 익부(益符), 주폐(主閉)이다"[252] 라고 하였다.

방황
彷徨

『장자(莊子)』에서 "들에 방황(彷徨)이 있네"[253]라고 하였는데, 그 주석에서 "뱀 모양에 머리가 두 개이며, 오색 무늬가 있다"[254]라고 하였다.

또 『집운(集韻)』에서 "'蚔'의 음은 '지'이니 도마뱀과 비슷하다. 사람을 잡아먹으며 잘 숨는다"[255]라고 하였다.

연사
蝡蛇

『산해경』에서 "흑수(黑水)와 청수(淸水)의 사이에 붉은 뱀이 있는데, 나무 위에서 살며 이름은 '연사(蝡蛇)'[256]이니, 나무를 주식으로 한다"[257]

---

252) 益符.〈**又曰**主閉, **一名無舌**.〉(『本草綱目, 卷四十二, 蟲之四, 附錄諸蟲』) → **又無舌蟲名**, 本草**註**, **一名**益符主閉.(『康熙字典, 舌』) → 本草註, 一名益符主閉.(『松南雜識』)

253) 野有彷徨.(『莊子, 達生』)

254) 狀如蛇, 兩頭五采文.(『莊子, 達生』의 주석)

255) **蟲名**. **如**蜥蜴, 食人而善藏.(『集韻, 蚔』) → **蚔音支**, **似**蜥蜴, 食人而善藏.(『松南雜識』)

256) 연사(蝡蛇) : 뱀의 일종. 항상 수풀사이에서 살며 나무를 먹으므로 '목사(木蛇)'라고

라고 하였다.

남사
藍蛇

『유양잡조(酉陽雜俎)』에서 "남사(藍蛇)는 머리에 독이 있으나 그 꼬리로 해독할 수 있다. 남방 사람들은 머리를 약에 넣고 그것을 '남약(藍藥)'이라 부른다"[258]라고 하였다.

마유 · 교달
馬蚰蟜獺

『노련자(魯連子)』[259]에서 "노래기[百足蟲]는 죽음에 이르러도 넘어지지 않는다"[260]라고 하였으니, 『통지(通志)』에서 이른바 '마유(馬蚰)'[261]이다.

또 '강랑(蜣蜋)'은 우리나라에서 '말똥구리[馬糞轉]'라고 하는데, 『장자(莊子)』에서 "말똥구리[蛣蜣]의 지혜는 똥 덩어리를 굴리는 데에 있다"[262]

도 부른다.

257) **南海之內**, 黑水青水之間, **有水**, **名曰若木**, **若水出焉**, **有禺中之國**, **有列襄之國**, **有靈山**, 有赤蛇在木上, 名曰蝡蛇, 木食.(『山海經, 卷十八, 海內經』) → **又蝡蛇**, 山海經, **南海之內**, 黑水青水之間, 有赤蛇在木上, 名曰蝡蛇, 木食.(『康熙字典, 蝡』) → 山海經**曰**, 黑水青水之間, 有赤蛇在木上, 名曰蝡蛇, 木食.(『松南雜識』)

258) **藍蛇**, 首有**大**毒, 尾能解毒, **出梧州陳家洞**, 南人以首合**毒**藥, 謂之藍藥.(『酉陽雜俎, 卷十七, 廣動植之二, 蟲篇』) → 首有毒, 尾能解毒, 南人以首合藥, 謂之藍藥.(『松南雜識』)

259) 노련자(魯連子) : 전국 시대 제나라의 노중련(魯仲連)이 지은 책. 5권.
*『松南雜識』에서는 조자건(曹子建), 즉 조식(曹植)의 말로 오기하였음.

260) **魯連子云**, 百足之蟲, 死**而**不僵.(『本草綱目, 卷四十二, 蟲之四, 馬陸』의 주석) → **曹子建曰**, 百足之蟲, **至**死不僵.(『松南雜識』)

261) 燕謂之蛆蟝, 其大者謂之馬蚰.(『通志, 卷七十六, 昆蟲草木略, 第二, 蟲魚類』)

262) 莊子**曰**, 蛣蜣之智, 在**於**轉丸.(『古今事文類聚後集, 卷四十八, 蟲豸類, 蜣蜋轉丸』)

라고 하였다.

또 사마귀[螳螂]는 일명 천마(天馬)·거부(拒斧)이니, 표소모(螵蛸母)를 말한다. 사마귀가 노하여 그 앞발을 휘둘러 수레바퀴를 막아서니 장공(莊公)이 피해 간 고사[263]와 사마귀가 매미를 잡으려 하는데, 자신의 뒤에 참새가 있었다는 고사[264]가 이것이다. 운서(韻書)에서 "당(螳)과 랑(蜋)은 서로 다른 두 벌레인데, 지금은 하나의 벌레로 잘못 알고 있다"라고 하였다.

운서(韻書)에 "교달(蝺獺)[265]은 뱀과 비슷하고 발이 네 개이며, 사람을 해칠 수 있다"[266]라고 하였다. 고부(古賦)에서 "고달을 등지고 숨어 삶이여![偭蝺獺以隱處兮]"[267]라고 한 말이 이것이다.

도마뱀
蜥蜴

운서(韻書)에서 "도마뱀[蜥蜴]은 언정(蝘蜓)·수궁(守宮)·석룡자(石龍子)·사사(蛇師)이다. 또는 '사의(蛇醫)'라고 하니 뱀에게 물렸을 때 약으로 쓸 수 있기 때문이다. 『시경(詩經)』에서 '슬프다! 요즘 사람들이여, 어쩌다가 훼척(虺蜴)과 같은 독충의 행동을 하는가?[哀今之人, 胡爲虺蜴]'[268]라고 하였다"[269]라고 한 말이 이것이다.

→莊子**云**, 蛣蜣之智, 在轉丸.(『松南雜識』)

263) 제(齊)의 장공(莊公)이 수렵하러 나가는데, 사마귀가 앞발을 들어 그의 수레를 가로막아 대항하였다는 고사로, '제 힘을 헤아리지 아니하고 하지도 못할 일을 하려고 덤벼드는 무모한 짓'을 이르는 말이다.

264) 사마귀가 매미를 잡으려고 하는데 마음이 팔려, 제 몸에 위험이 닥치는 줄도 알지 못했다는 고사로, '한갓 목전의 이익만 탐하여 위험을 알지 못함'을 비유한다.

265) 교달(蝺獺) : 수충(水蟲)으로 물고기를 해친다.

266) **水蟲**. 似蛇, 四足 能害人.(『康熙字典, 蝺』) → **蝺獺**, 似蛇, 四足, 能害人.(『松南雜識』)

267) 가의(賈誼)의 「조굴원부(弔屈原賦)」.

268) 『詩經, 小雅, 正月』.

또 갈호(蝎虎)라고 하니, 「동방삭전(東方朔傳)」에서 말하였다.

황제가 수궁(守宮)을 사발 아래에 넣어 두니 동방삭이 시초를 뽑아 괘를 만들어 보고 대답하였다.

"신의 생각으로는 용이지만 또 뿔이 없으니 뱀입니다. 또 발이 있으니 수궁도 아니면 석척(蜥蜴)입니다"270)

우리나라에서는 '도마뱀[逃馬蛇]'이라고 한다.

『설문해자』에서 "윤(蜦)은 뱀의 종류이며, 비구름을 일으킬 수 있다"271)라고 하였으니, 도마뱀인 듯하다.

뱀귀신
蛇鬼

영월군(寧越郡) 동쪽에 오라사(於羅寺) 연못이 있다. 조선 세종 13년(1431)에 큰 뱀이 있었는데, 못에서 뛰놀기도 하고 물가를 꿈틀거리며 기어 다니기도 하였다. 하루는 돌무더기 위에 허물을 벗어 놓았는데, 길이가 수십 자이고 비늘은 돈 같았다. 고을 사람들이 왕에게 보고하였더니,

---

269) **蜥蜴**, **卽**蝘蜓 · 守宮 · 蛇醫 · 石龍子 · 蛇師 · **蝎虎**. 詩, 哀今之人, 胡爲虺蜴.(『韻府羣玉, 蜴』) → 蝘蜓, **又**守宮, **又**石龍子, **又**蛇師, **又**蛇醫, **爲蛇咬藥故也**. 詩**云**, 哀今之人, 胡爲虺蜴.(『松南雜識』)

270) 上**嘗使諸數家射覆**, 置守宮盂下, **射之**, **皆不能中**, 朔**自贊曰**, **臣嘗受易**, **請射之**, **廼**別著布卦而對曰, 臣以爲龍, 又無角, **謂之**爲**蛇**, 又有足, **跂跂脈脈**, **善緣壁**, 是非守宮, 卽蜥蜴.(『前漢書, 卷六十五, 東方朔傳』) → 上置守宮盂下, 朔別著布卦而對曰, 臣以爲龍, 又无角, 爲蛇, 又有足, 是非守宮, 卽蜥蜴, 方朔傳.(『韻府羣玉, 蜴』) → **東**方朔傳云, 上置守宮盂下, 朔別著布卦而對曰, 臣以爲龍, 又無角, 爲蛇, 又有足, 是非守宮, 卽蜥蜴.(『松南雜識』)

271) 蛇屬, 黑色, 潛于神淵, 能興風雨, 從虫, 侖聲.(『說文解字, 蜦』) → 說文, 蛇類, **黑色**, 能興雲雨.(『韻府羣玉, 蜦』) → 說文**曰**, 蜦卽蛇類, 能興雲雨.(『松南雜識』)

왕이 권극화(權克和)를 보내어 조사하게 하였다. 그래서 권극화가 못 가운데에 배를 띄웠더니 폭풍이 갑자기 일어나 결국 그의 행방을 알 수 없었고, 이후로 뱀 역시 다시는 볼 수 없었다.[272)]

운서(韻書)에서 "현무수(玄武宿)는 등사(騰蛇)[273)]이다"[274)]라고 하였다.

「구책열전(龜策列傳)」에서 "등사(騰蛇) 귀신은 즉저(蝍蛆)에게 위협을 받는다"[275)]라고 하였는데, 그 주석에서 "등사(騰蛇)는 용의 등속이다. 즉저(蝍蛆)는 누리와 비슷하다"[276)]라고 하였다.

한편 『장자(莊子)』에서 "지네는 작은 뱀을 맛있어 한다[蝍且甘帶]"[277)]라고 하였으니, 여기에서 '즉저(蝍且)'는 지네를 의미한다.

『이아(爾雅)』에서 "강수(江水) · 회수(淮水) 이남 지역에서는 복(鰒)이라 부르고, 이북에서는 훼(鮑)라고 부른다"[278)]라고 하였다.

『동국여지승람(東國輿地勝覽)』에서 "제주도에서는 뱀을 두려워하여 회색 뱀을 보면 사귀(蛇鬼)의 신이라 여기고 제사를 지내는 풍속이 있다"라고 하였다.

『북제서(北齊書)』에서 말하였다.

---

272) 在郡東**亘山里**, 我世宗十三年, 有大蛇或**游**躍于淵或蜿蜒于渚, 一日遺蛻於石磧上, 長數十尺, 鱗甲如錢, **有兩耳**, 邑人拾鱗, 以聞, 遣權克和驗之, 克和泛舟中淵, 暴風忽作, 竟莫得其迹, 後蛇亦不復見.(『新增東國輿地勝覽, 卷四十六, 江原道, 寧越郡, 古跡, 於羅寺淵』) → **寧越於羅寺淵**, 在郡東, **而**我世宗十三年, 有大蛇或**遊**躍于淵或蜿蜒于渚, 一日遺蛻於石磧上, 長數十尺, 鱗甲如錢, 邑人拾鱗, 以聞, 遣權克和驗之, 克和泛舟中淵, 暴風忽作, 竟莫得其迹, 後蛇亦不復見.(『松南雜識』)

273) 등사(騰蛇) : 22성(星)의 하나, 천사(天蛇). 수충(水蟲)을 주관한다.

274) 『春秋左氏傳, 襄公二十八年』.

275) 騰蛇之神, **而殆于卽且**.(『史記, 卷一百二十八, 龜策列傳』) → 騰蛇之神, **始於蝍蛆**.(『松南雜識』)

276) **郭璞曰**, 騰蛇龍屬**也**, 蝍蛆似蝗, **大腹食蛇腦也**.(『史記, 卷一百二十八, 龜策列傳』의 주석) → 騰蛇龍屬, 蝍蛆似蝗.(『松南雜識』)

277) **蝍**且甘帶.(『莊子, 齊物論』) → **卽**且甘帶.(『松南雜識』)

278) 江淮以南**曰**鰒, **江淮**以北**曰**鮑.(『爾雅注疏, 卷十, 釋魚』의 "鰒鮑博三寸首大如擘"에 대한 주석) → 江淮以南**爲**鰒, 以北**爲**鮑.(『松南雜識』)

육법화(陸法和)의 제자가 장난으로 뱀 머리를 자른 후 법화에게 나아갔다. 그런데 법화(法和)가 "너는 무슨 생각으로 뱀을 죽였더냐?"라고 말하며 손가락으로 가리켰다. 제자가 보니 뱀 머리가 바지를 물고 떨어지지 않았다. 이에 참회하도록 하였다.279)

지금의 뱀을 죽이면 앙갚음을 받는다는 말은 오래전부터 있었던 듯하다.

『쇄록(瑣錄)』에서 말하였다.

나무꾼이 보아하니, 뱀이 구멍으로 들어갈 때면 반드시 곁에 있는 작은 돌을 핥는 것이었다. 그 후에도 뱀은 그처럼 하였다. 나무꾼이 그 돌은 어떤 맛이 날까 궁금하여 핥아 보았다. 그런데 집에 돌아오자 벙어리처럼 말이 나오지 않았고, 그 이듬해 계칩(啓蟄)이 되어서야 말을 할 수 있었다.280)

우리나라에 "백엄(百嚴)이라고 하는 말은 수없이 당하고서야 엄하게 한다"는 것을 의미한다.

연산군(燕山君)이 뱀을 구해다가 침상 아래에 두고 그 위에서 음란한 짓을 하였는데, 이는 온전한 인성이 아니다. 그에게 진상할 뱀을 실은 배가 아산포(牙山浦)에 이르렀을 때, 중종반정이 일어났기에 뱀을 그대

---

279) 弟子戲截蛇頭, **來詣法和**. 法和曰, 汝何意殺**蛇**, 因指**以**示之. 弟子**乃**見**蛇**頭齚袴襠**而**不落. 法和使懺悔, **爲蛇作功德**.(『北齊書, 卷三十二, 列傳, 陸法和』)→北齊, 陸法和弟子戲截蛇頭, **詣法和**, 法和曰, 汝何意殺, 因指示之, 弟子見蛇頭齚袴襠不落, 乃使懺悔. 史.(『韻府羣玉, 蛇齚襠』)→北齊史, 陸法和弟子戲截蛇頭. 法和曰, 汝何意殺, 因指示之, 弟子見蛇頭齚袴襠不落, 乃使懺悔.(『松南雜識』)

280) **有一**樵者, **登高山**, 見**一**蛇入穴, 必舐穴傍小石**面而去**, 後蛇**來亦**如之, 樵者以爲有何味, 試**以舌**舐之, 及到家, 瘖不**能**言, 至明年啓蟄, 乃發語.(『海東雜錄, 卷三, 本朝三, 曺伸』)→樵者見蛇入穴, 必舐穴傍小石, 後蛇如之, 樵者以爲有何味, 試舐之, 及到家, 瘖不言, 至明年啓蟄, 乃發語**云**.(『松南雜識』)

로 풀어주니, 지금의 사전(蛇田)이 그곳이다.

지금 뱀침[蛇針]으로 사람에게 침을 놓는데, 그 독이 뱀에게 물린 상처보다도 심하다고 한다.

이무기
螭蛇

『당서(唐書)』에서 "광주(廣州)의 토공물(土貢物)은 자라 등껍질과 염사(蚺蛇)[281]이다"[282]라고 하였다.

『산해경』에서 말하였다.

> 파사(巴蛇)는 코끼리를 먹은 지 삼 년 후에 그 뼈를 배설하는데, 군자가 그 뼈를 지니면 심장과 뱃속의 질병이 생기지 않는다. 그 뱀은 청색·적색·황색·흑색이 섞여 있는데, 일설에는 푸른색 대가리의 검은 뱀이라고도 한다.[283]

『비아(埤雅)』에서 말하였다.

> 『은평군보(恩平郡譜)』에서 "뱀을 와(訛)라고 하였다"[284]

---

281) 염사(蚺蛇) : 뱀의 일종.

282) 廣州, **南海郡中都督府**, 土貢, **銀藤簟竹席荔支鼊皮**鼊甲蚺蛇.(『唐書, 卷四十三上, 志, 地理志』)→唐書, **地理志**, 廣州土貢, 鼊甲蚺蛇.(『康熙字典, 蚺』)→唐書**曰**, 廣州土貢, 鼊甲蚺蛇.(『松南雜識』)

283) 巴蛇食象, 三歲而出其骨, 君子服之, 無心腹之疾, 其爲蛇青**黃**赤黑, 一曰, 黑蛇青首, **在犀牛西**.(『山海經, 卷十, 海內南經』)→巴蛇食象三歲而出其骨, 君子服之, 無心腹之疾, 其爲蛇青赤黑, 一曰黑蛇青首.(『松南雜識』)

284) 恩平郡譜**云**, **鰌謂之蚌**, **蝦謂之籠**, **蚌謂之衫**, 蛇謂之訛.(『埤雅, 卷一, 釋魚, 鰌』)→**又蛇名**, 埤雅, 恩平郡譜, 蛇謂之訛.(『康熙字典, 訛』)→埤雅**曰**, 恩平郡譜, 蛇謂之訛.(『松南雜識』)

다음과 같은 전설이 있다.

우리나라의 국의(國醫)가 이무기 일곱 마리를 구하여 임금의 약을 만들려 하였다. 밤이 되어 문의(文義)[285]의 객사에 묵었는데, 갑자기 한 마리가 대들보의 틈으로 달아났다. 그 후로 이무기 종자는 문의(文義)에만 있고, 잡기가 매우 어렵다고 한다.

상사사
相思蛇

대개 남자가 여자를 사랑하는 것은 '화산기(華山畿)'[286] 따위와 같아서 비록 몸은 죽어도 정신은 사라지지 않고 화하여 음물(淫物)이 되나니, 이것을 '상사사(相思蛇)'라고 한다. 의원과 무당도 고칠 수 없다. 오직 거울을 보아야만 형상이 나타난다. 의심하고 시샘하면 문득 잊게 되고 정(情)이 거울을 휘감아 불태워버린다.

실뱀
絲蛇

지금 늪지에 있다. 길이는 세 치이고, 가늘기는 한 가닥 실 같다. 입과 눈이 없고, 몸을 구부려서 나아간다. 실뱀라고 하는데, 뱀 같지만 뱀이 아니고, 지렁이 같지만 지렁이가 아니다. 대개 뱀의 별종이다.

---

285) 문의(文義) : 현재 충청북도 청원군(淸原郡) 문의면(文義面) 지역.
286) 화산기(華山畿) : 악부 오성가곡(吳聲歌曲)의 이름. 남녀 간의 애정을 다룬 내용이다.

조
弔[287]

배연(裵淵)의 『광주기(廣州記)』에서 말하였다.

용의 종류이다. 영남(嶺南) 지역에서 살며, 뱀 대가리에 몸통은 거북이이다. 물에서 자고, 나무에 서식한다. 그 기름은 매우 독하기 때문에 동그릇과 질그릇에 담아두면 모두 스며 나오지만, 계란 껍질 안에 두면 새지 않는다.[288]

기린은 산동에서 난다
麟出山東

운서(韻書)에서 말하였다.

기린은 고라니의 몸에, 말의 발, 소의 꼬리, 외뿔이 있으며, 뿔 끝에 살이 있다. 키는 두 자이며 발굽이 다섯 갈래이다. 암컷을 '기(麒)'이라 하고, 수컷을 '린(麟)'이라고 한다. 암컷의 울음소리는 '유성(游聖)'이고, 수컷의 울음소리는 '귀창(歸昌)'이다. 황제(黃帝) 때에는 동산에 있었고, 성왕(成王)과 강왕(康王) 때에는 교외에 있었다.[289]

---

287) 조(弔) : 용의 등속으로 일명 '길조(吉弔)'이다. 용이 세 개의 알을 낳는데, 그중에 하나가 길조가 된다고 한다.

288) **又**龍種**曰弔**. 裴淵廣州記, **弔**生嶺南. 蛇頭龜身, 水宿木棲, 其膏至輕利, 銅及瓦器盛之, 皆浸出, 置雞卵殼中則不漏.(『康熙字典, 弔』) → 裵淵廣州記**曰**, 龍種**也**, 生嶺南, 蛇頭龜身, 水宿木棲, 其膏至輕利, 銅及瓦器盛之, 皆浸出, 置雞卵殼中則不漏.(『松南雜識』)

289) 麕身馬足, 牛尾一角, 角端肉, 高**尺**二, 五蹄, 牝曰**麒**, 牡曰**麟**, 雌鳴曰游聖, 雄鳴曰歸昌, 黃帝時在囿, 成康時在郊**藪**.(『韻府羣玉, 麟』) → 麕身馬足, 牛尾一角, 角端肉, 高**丈**二, 五蹄, 牝曰**麟**, 牡曰**麒**, 雌鳴曰游聖, 雄鳴曰歸昌, 黃帝時在囿, 成康時在郊.(『松

『연암집(燕岩集)』에서 말하였다.

산동(山東)에서만 납니다. 강희(康熙)[290] 연간에 기린(麒麟) 네 마리가 모두 소에게서 태어났습니다. 옹정(雍正)[291] 연간에는 다섯 마리가 태어났는데, 소가 두 마리를 낳았고 돼지가 세 마리를 낳았습니다. 건륭(乾隆)[292] 연간(1736~1795)에는 다섯 마리가 태어났는데, 지역은 촉(蜀)과 민(閩) 지역과 절강성(浙江省)과 하남성(河南省)으로, 두 해 동안 모두 소에게서 태어났으며, 나머지 한 마리는 돼지에게서 태어났다고 합니다.[293]

『정자통(正字通)』에서 "기(麡)는 기(麒)와 같고, 인(麐)은 인(麟)과 같다"[294]라고 하였다.

『산해경』에서 "의고산(依軲山)에 짐승이 있는데, 모양은 개와 비슷하며, 호랑이의 발톱에 비늘이 있다. 이름은 '린(獜)'인데, 뛰어올라 부딪치기를 잘 한다. 그것을 먹는 자는 중풍에 걸리지 않는다"[295]라고 하였다. 곽박의 주석에 "몸에 비늘 모양의 껍질이 있다. 음은 '린'이다"라고 하였다.[296]

南雜識』)

290) 강희(康熙) : 청나라 성조(聖祖)의 연호. 1662~1722.

291) 옹정(雍正) : 청나라 세종의 연호. 1723~1735.

292) 건륭(乾隆) : 청나라 고종 때의 연호. 1735~1795.

293) 山東偏産**麒麟**, 康熙**朝**, 四皆牛産, 雍正時五, 牛産二豕三, **當宁聖朝**五, 蜀閩中浙河南, 兩歲**內**皆牛産, 而一則豕産, **直隷良鄕**云.(『燕巖集, 卷之十五, 別集, 熱河日記, 銅蘭涉筆』)→山東偏産**之**, 康熙**世**, 四皆牛産, 雍正時五, 牛産二, 豕**産**三, **乾隆時**五, 蜀閩中浙河南, 兩歲皆牛産, 而一則豕産云.(『松南雜識』)

294) 同麒.(『正字通, 麡』), 同麟.(『正字通, 麐』)

295) **又東南三十里曰**, 依軲之山, **其上多杻橿多苴**, 有獸焉, 其狀如犬, 虎爪有甲, **其**名曰獜. 善駚坌, 食者不風.(『山海經, 卷五, 中山經』)→山海經, 依軲之山, 有獸焉, 狀如犬, 虎爪有甲, 名曰獜, 善駚坌, 食者不風.(『康熙字典, 獜』)→山海經**曰**, 依軲之山, 有獸焉, 狀如犬, 虎爪有甲, 名曰獜, 善**駛**坌, 食者不風.(『松南雜識』)

296) **言**體有鱗甲, 音吝.(『山海經, 卷五, 中山經』)→**註**, **郭璞曰**, 體有鱗甲, 音吝.(『康熙

『집운(集韻)』에서 "여남(汝南) 지역에서는 새끼 개를 기(猉)라 부른다"297)라고 하였다.

부발 · 한류
符拔韓流

「반초전(班超傳)」에서 "월지(月氏)에서 부발(符拔)298)을 공물로 바쳤다"299)라고 하였는데, 그 주석에서 "기린과 비슷하지만, 뿔이 없다"300)라고 하였다.301)

『산해경』에 "한류(韓流)는 기린의 몸통을 하고 있다. 큰 넓적다리에 돼지의 발이다"302)라고 하였는데, 그 주석에서 "지(止)는 발이다"라고 하였다.303)

또 '규구(規矩)'에 대해서는 『급총주서(汲冢周書)』304)에서 "규구족(規矩族)은 기린을 가축으로 기른다"305)라고 한 기록이 있다.

字典, 猉』) → **郭註**, 體有鱗甲, 音吝.(『松南雜識』)

297) 汝南, 謂**犬**子爲猉.(『集韻, 猉』)

298) 부발(符拔) : 서역(西域)의 짐승 이름. 일명 도발(桃拔)이라고도 한다. 기린과 비슷하며, 꼬리가 길다.

299) **初**, 月氏**嘗助漢**, **擊車師有功**, **是歲**貢**奉珍寶**符拔**師子**.(『後漢書, 卷七十七, 班梁列傳, 班超傳』) → 月氏貢符拔.(『松南雜識』)

300) **續漢書曰**, **符拔**, 形似麟而無角.(『後漢書, 卷七十七, 班梁列傳, 班超傳』의 주석) → 形似麟而無角.(『松南雜識』)

301) **又獸名**. **後漢**班超傳, 月氏貢符拔. 註, **符拔**, 形似麟而無角.(『康熙字典, 符』) → 班超傳, 月氏貢符拔. 註, 形似麟而無角.(『松南雜識』)

302) 韓流, **擢首**, **謹耳**, **人面**, **豕喙**, 麟身, 渠股, 豚止.(『山海經, 卷十八, 海內經』) → 韓流, 麟身, 渠股, 豚止.(『松南雜識』)

303) 止足.(『山海經, 卷十八, 海內經』의 주석) → 止足**也**.(『松南雜識』)

304) 급총주서(汲冢周書) : 급총서(汲冢書) 중의 『주서(周書)』를 말한다. 급총서란 진(晉)나라 때 급군(汲郡)의 옛 무덤에서 출토된 선진 시대(先秦時代)의 고서(古書)들을 말한다.

305) 規矩以麟者獸也.(『逸周書, 卷七, 王會解』)

『강희자전(康熙字典)』에서 "규구(規矩)는 짐승 이름이다"[306]라고 하였다.

추아
騶牙

운서(韻書)에서 "추아(騶牙)[307]는 짐승 이름이다"라고 하였다.
한나라 역사에서 말하였다.

건장궁(建章宮) 뒤쪽의 전각에 사슴 같은 물상(物狀)이 있었는데, 동방삭(東方朔)이 말하였다.
"이것은 추아(騶牙)입니다. 먼 지역에서 와서 귀의하려는 자가 있을 것입니다."
과연 나중에 혼야왕(昆邪王)이 와서 항복하였다.[308]

환소 · 산소
朧疏山笑

『산해경』에서 "대산(帶山)에 어떤 짐승이 있으니 그 모양은 말과 같다. 외뿔에 착(錯)[309]이 있어서 '환소(朧疏)'라고 한다"[310]라고 하였다.

---

306) 規矩, 獸名.(『康熙字典, 規』) → 規矩, 獸名**也**.(『松南雜識』)

307) 추아(騶牙) : 상서로운 짐승이름.

308) 建章宮後閣重櫟中, 有物出焉, 其狀似麋, 以聞, 武帝往臨視之, 問左右羣臣習事通經術者, 莫能知, 詔東方朔視之, 朔曰, 臣知之, 願賜美酒粱飯大飱臣, 臣乃言. 詔曰, 可, 已飱. 又曰, 某所有公田魚池蒲葦數頃, 陛下以賜臣, 臣朔乃言. 詔曰, 可. 於是朔乃肯言, 曰, 所謂騶牙者也, 遠方當來歸義, 而騶牙先見, 其齒前後若一, 齊等無牙, 故謂之騶牙. 其後一歲所, 匈奴混邪王果將十萬衆來降漢, 乃復賜東方生錢財甚多.(『史記, 卷一百二十六, 滑稽列傳』) → 漢, 建章宮後閣有物, 狀如麋. 東方朔曰, 此騶牙也, 遠方當有歸義者. 後昆邪王, 來降. 史.(『韻府羣玉, 騶牙』) → **漢**史, 建章宮後閣有物, 狀如麋. 東方朔曰, 此騶牙也, 遠方當有歸義者. 後昆邪王, 來降.(『松南雜識』)

『광동신어(廣東新語)』[311]에서 "인웅(人熊)은 일명 산소(山笑)이다"[312]라고 하였다.

『산해경』에서 "고산(苦山)에 어떤 짐승이 있으니 '산고(山膏)'라고 하며 모양은 돼지[逐] 같다"[313]라고 하였는데, 그 주석에서 "'축(逐)'은 '돈(豚)'과 같다"[314]라고 하였다.

피수
皮樹

『의례(儀禮), 향사례(鄕射禮)』[315]에서 "임금이 성안에서 활을 쏘면 피수(皮樹) 가죽으로 만든 과녁을 사용하고 북쪽 교외에서 쏘면 여(閭)가죽으로 만든 과녁을 사용하고 국경에서 쏘면 호랑이 가죽으로 만든 과녁을 사용한다"[316]라고 하였다. 그 주석에서 "피수(皮樹)는 짐승이름이다. 여(閭)는 나귀[驢]와 같은데, 뿔은 하나이다"[317]라고 하였다.[318]

---

309) 착[錯] : 뿔에 인갑(麟甲)이 있는 것을 말한다.

310) **又北三百里**, **曰**帶山, **其上多玉**, **其下多青碧**, 有獸焉, 其狀如馬, 一角有錯, 其名曰䑏疏.(『山海經, 卷三, 北山經』)→帶山有獸焉, 其狀如馬, 一角有錯, 其名曰䑏疏.(『松南雜識』)

311) 광동신어(廣東新語) : 청나라 굴대균(屈大均)이 지은 책. 총 28권이다.

312) 人熊**卽狒狒**, **多力而好笑**, 一名山笑.(『廣東新語, 卷二十一, 獸語, 熊』)→**又獸名**, 廣東新語, 人熊, 一名山笑.(『康熙字典, 笑』)→廣東新語**曰**, 人熊, 一名山笑.(『松南雜識』)

313) **又東二十里曰**, 苦山, 有獸焉, 名曰山膏, 其狀如逐.〈**卽豚字**〉(『山海經, 卷五, 中山經』)→苦山, 有獸焉, 名曰山膏, 其狀如逐 **註**, **逐與**豚**同**.(『松南雜識』)

314) **又東二十里曰**, 苦山, 有獸焉, 名曰山膏, 其狀如逐.〈**卽豚字**〉(『山海經, 卷五, 中山經』)→苦山, 有獸焉, 名曰山膏, 其狀如逐 **註**, **逐與**豚**同**.(『松南雜識』)

315) 『松南雜識』에는 '周禮'로 오기되어 있음,

316) 君, 國中射, 則皮樹中, **以翿旌獲**, **白羽與朱已糅**. 於郊, 則閭中, **以旌獲**. 於**竟**, 則虎中, **龍旜**.(『儀禮注疏, 卷五, 鄕射禮』)→君, 國中射, 則皮樹中, 於**北**郊, 則閭中, 於**境**, 則虎中.(『松南雜識』)

317) 皮樹, 獸名 …… 閭**獸名**, 如驢一角.(『儀禮注疏, 卷五, 鄕射禮』의 주석)→皮樹, 獸名**也**, 閭如驢一角.(『松南雜識』)

『산해경』에서 "현옹산(縣雍山)에 사는 짐승으로는 여(閭)와 미(麋)가 많다"[319]라고 하였다. 곽박의 주석에서 "여(閭)는 바로 검은 암양[羭]이니 나귀와 비슷하며 발굽이 갈라져있고 영양(麢羊) 같은 뿔이 있다. 일명은 산려(山驢)이다"[320]라고 하였다.[321]

나부저
懶婦杼

『운부군옥(韻府羣玉)』에서 "게으른 며느리가 베를 짤 때 베틀 위에서 항상 졸았기에, 시어머니가 북으로 때려서 죽이니, 온 몸에 베틀 북의 흔적이 남아 있었다. 죽은 며느리가 화하여 짐승이 되었다"[322]라고 하였다. 짐승의 이름은 '나부저(懶婦杼)'이다. 이는 마치 복어[江豚]는 나부(懶婦)가 화해서 되었다는 이야기와 같다.

장우 · 총롱
長右葱聾

『산해경』에서 "어떤 짐승이 있으니 모양이 긴 꼬리 원숭이[禺]와 같고 귀가 넷이니 이름은 '장우(長右)'라고 한다"[323]라고 하였다. 또 "부우

---

318) 鄕射禮, 君, 國中射, 則皮**豎**中, 於郊, 則閭中, 於**竟**, 則虎中, **大夫**, **兕中**, **士**, **鹿中**. 皮豎, 獸名, 閭如驢一角.(『韻府羣玉, 射奉中』)→**周禮**鄕射禮**云**, 君國中射, 則皮**樹**中, 於**北**郊, 則閭中, 於**境**, 則虎中, **註**, 皮**樹**, 獸名**也**, 閭如驢一角.(『松南雜識』)

319) **又北五十里曰**, 縣雍之山, **其上多玉**, **其下多銅**, 其獸多閭麋.(『山海經, 卷三, 北山經』)→縣雍之山, 其獸多閭麋.(『松南雜識』)

320) 閭卽羭也, 似驢而歧蹄, 角如麢羊, 一名山驢.(『山海經, 卷三, 北山經』의 주석)

321) 山海經, 縣雍之山, 其獸多閭麋, **註**, 郭**曰**, 閭卽羭也, 似驢而**岐**蹄, 角如麢羊, 一名山驢.(『康熙字典, 閭』)→山海經**曰**, 縣雍之山, 其獸多閭麋. 郭**註**, 閭卽羭也, 似驢而**歧**蹄, 角如麢羊, 一名山驢.(『松南雜識』)

322) 有懶婦織, 常睡於機上, 姑以杼打之, 至死, 皆有杼痕, 化爲獸.(『韻府羣玉, 懶婦杼』)

산(符禺山)[324]의 짐승 가운데 총롱(葱聾)이 많으니, 마치 얼굴은 양처럼 생겼고 갈기가 붉다"[325]라고 하였는데, 그 주석에서 "머리가 검고 갈기가 붉은 색이다"[326]라고 하였다.

형천
形天

『산해경』에서 "형천(形天)[327]은 신의 이름이다. 형천(形天)과 제(帝)가 신의 자리를 다투었었는데, 제(帝)가 형천의 머리를 잘라버렸다. 그러자 형천이 변하여 짐승이 되었는데, 젖이 눈이 되고 배꼽이 입이 되어 방패와 도끼를 들고 춤을 추었다"[328]라고 하였다. 도잠(陶潛)의 시에서 "형천이 방패와 도끼를 들고 춤을 춘다[刑天舞干戚]"[329]라고 한 말이 이것이다.[330]

『명황잡록(明皇雜錄)』[331]에서 "현종(玄宗)이 말 백 필을 춤추게 하고 각각 명칭을 붙여 '모가교(某家驕)'라고 하니, 그 곡조는 경배악(傾盃樂)[332]

---

323) **東南四百五十里曰, 長右之山, 無草木多水**, 有獸焉, 其狀如禺而四耳, 其名長右.(『山海經, 卷一, 南山經』) → 有獸焉, 其狀如禺而四耳, 其名長右.(『松南雜識』)

324) 『松南雜識』에는 '符禹山'으로 되어 있음.

325) **又西八十里曰**, 符**禺**之山, …… 其獸多葱聾, 其狀如羊而赤鬣.(『山海經廣注, 卷二, 西山經』) → 符**禹**之山, 其獸多葱聾, 其狀如羊而赤鬣.(『松南雜識』)

326) 黑首赤鬣.(『山海經廣注, 卷二, 西山經』의 주석)

327) 『松南雜識』에는 '刑天'으로 되어 있음.

328) **奇肱之國, 在其北, 其人一臂, 三目有陰有陽, 乘文馬, 有鳥焉, 兩頭赤黃色, 在其旁, 形**天與帝, **至此**爭神, 帝斷其首, **葬之常羊之山**, 乃以乳爲目, **以**臍爲口, 操干戚以舞.(『山海經, 卷七, 海外西經』) → **刑**天, **神名也**, **刑**天與帝爭神, 帝斷其首, **爲獸**, 乃以乳爲目, 臍爲口, 操干戚以舞.(『松南雜識』)

329) 「독산해경(讀山海經), 기십(其十)」.

330) **又神名**, 山海經, **形**天與帝爭神, 帝斷其首, 乃以乳爲目, 臍爲口, 操干戚以舞, **形一作刑**. 陶**潛**詩, 刑天舞干戚, **猛志故常在**. **或作獸名非**.(『康熙字典, 天』) → 山海經**曰**, **刑天**, **神名也**, **刑**天與帝爭神, 帝斷其首, **爲獸**, 乃以乳爲目, 臍爲口, 操干戚以舞, 陶詩**云**, 刑天舞干戚, **是也**.(『松南雜識』)

331) 명황잡록(明皇雜錄) : 당나라 정처회(鄭處誨)가 지은 책으로 상 · 하 · 보유(補遺)로 이루어져 있다.

이다. 음악이 연주될 때마다 머리를 흔들고 꼬리를 치며 가락에 맞추었다"[333]라고 하였다.

또 춤추는 코끼리가 안록산(安祿山) 때문에 눈을 부릅뜨고 꼼짝도 하지 않으니 이는 마치 손공봉(孫供奉[334])이란 원숭이가 주전충(朱全忠)[335]을 위한 춤을 추지 않았던 것과 같다.

야간 · 활회
野干猾裹

『법화경(法華經)』에서 "야간(野干)은 몸이 마르고 눈이 없어서 아이들에게 잡혀 던져지는 등 여러 가지 고통을 겪는다"라고 하였는데, 그 주석에서 "야간(野干)은 짐승 이름이다"라고 하였다.[336]

또 『산해경』에서 "활회(猾裹)는 구멍 속에서 살며 겨울잠을 잔다. 사람 같이 생겼는데, 멧돼지의 갈기가 있다"[337]라고 하였다.

---

332) 무마경배곡(舞馬傾盃曲) : 당 현종(玄宗)이 말 백두에게 무희(舞戱)를 가르치고 해마다 천추절(千秋節)에 근정루(勤政樓) 아래에서 춤추게 하였다. 경배악(傾盃樂)과 같다.

333) **玄宗嘗命**教舞馬四百蹄, 各**爲左右**, **分爲部目**, **爲某家寵**某家驕, **時塞外亦有善馬來貢者**, **上俾之敎習**, **無不曲盡其妙**, **因命衣以文繡**, **絡以金銀**, **飾其鬃鬣間雜珠玉**, 其曲**謂之**傾盃樂**者**, **數十回**, 奮首鼓尾, **縱橫**應節.(『明皇雜錄, 補遺』)→教舞馬四百蹄, 各**有名**, **稱曰**某家驕, 其曲**曰**, 傾盃樂, 每樂作, 奮首鼓尾應節. 明皇雜錄.(『韻府羣玉, 玄宗舞馬』)→明皇雜錄**曰**, 教舞馬四百蹄, 各有名, 稱曰某家驕, 其曲傾盃樂, 每樂作, 奮首鼓尾應節.(『松南雜識』)

334) 손공봉(孫供奉) : 당나라 소종(昭宗)이 아끼던 원숭이.

335) 주전충(朱全忠) : 후량(後梁)의 건국자. 재위 기간은 907~912. 본명은 주온(朱溫). 묘호는 태조(太祖). 안휘(安徽) 출생. 황소(黃巢)의 난에 동참하여 그의 부장(部將)이 되었지만 형세가 불리함을 간파하고 관군에 항복하여 희종(僖宗)에게서 전충(全忠)이라는 이름을 하사받고 황소의 잔당을 평정한 공으로 양왕(梁王)에 봉해지고 절도사를 겸하는 등 화북 제일의 실력자가 되었다. 그러나 소종(昭宗)을 살해한 뒤 애제(哀帝)를 세우고, 다시 애제로부터 제위를 양수(讓受)받아 양(梁)나라를 세우고 개봉(開封)을 수도로 정한 뒤 당나라를 멸망시켰다.

336) **野干**, **亦獸名**, 法華經, 野干, 體瘦無目, 爲諸童子摘擲, 受諸苦痛.(『康熙字典, 干』)→法華經**曰**, 野干, 體瘦無目, 爲諸童子摘擲, 受諸苦痛, **註**, **獸名也**.(『松南雜識』)

육경 · 사리
六庚舍利

태공(太公)이 비책(秘策)에 대해 "육경(六庚)은 백수(白獸)[338]이니 위에 있으면 객성(客星)이 되고 아래에 있으면 해로운 기운이 된다"[339]라고 말하였는데, 그 주석에서 "육경(六庚)은 하늘나라 짐승의 이름이다"라고 하였다.[340]

「서경부(西京賦)」[341]에서,

사리가 기운을 토해내다가	舍利颬颬
신선의 수레로 변하였다네	化爲仙車

라고 하였는데, 주석에서 "사리(舍利)[342]는 짐승의 이름이다. 이놈은 금(金)을 토해내는 성질이 있는 까닭에 '사리(舍利 : 이로운 것을 토해냄)'라고 한다. 처음에는 짐승이었다가 나중에 신선의 수레가 되는데, 여마(驪馬)가 이것을 끈다"라고 하였다. 『자휘(字彙)』에서 "산거(山車)[343]로 와전되었다"라고 한 것은 잘못이다.[344]

---

337) **又東三百四十里曰**, **堯光之山**, **其陽多玉**, **其陰多金**, **有獸焉**, **其狀**如人而彘鬣, 穴居**而冬**蟄, **其名曰**猾褢, **其音如斲木**, **見則縣有大繇**.(『山海經, 卷一, 南山經』) → 猾褢, 穴居**老**蟄, 如人而彘鬣.(『松南雜識』)

338) 백수(白獸) : 서쪽의 일곱 번째 별.

339) 太公陰謀**曰**, 六庚, **爲白獸**, 在上爲**客星**, 在下爲害氣.(『晉書, 卷九十五, 列傳, 藝術, 戴洋』) → 太公陰謀**云**, 六庚, 在上爲**白獸**, 在下爲害氣.(『松南雜識』)

340) 六庚, 天獸名. 太公陰謀, 六庚, **爲白獸**, 在上爲**客星**, 在下爲害氣.(『康熙字典, 庚』) → 太公陰謀**云**, 六庚, 在上爲**白獸**, 在下爲害氣, **註**, 六庚, 天獸名**也**.(『松南雜識』)

341) 서경부(西京賦) : 장형(張衡)의 작품.

342) 사리(舍利) : 함리(含利)라 하기도 한다.

343) 산거(山車) : 임금에게 덕이 있고 세상이 태평할 때 나타난다는 전설상의 수레. 상서로운 징조로 여겨졌다. "以山車, 陸船在樂往來."(『資治通鑒, 唐, 至德元年』)

344) **張衡**西京賦, 含利颬颬, 化爲仙車. 註, 含利獸名, 性吐金言, 初爲獸, 後化爲仙人車, 乃以驪馬駕之. 字彙, 譌爲山車非.(『康熙字典, 颬』) → 西京賦, 舍利颬颬, 化爲仙車. 註, 舍利獸名**也**, 性吐金言, 初爲獸, 後化爲仙人車, 乃以驪馬駕之. 字彙, 譌爲山

천록 · 벽사
天祿辟邪

『송서(宋書), 부서지(符瑞志)』에서 "천록(天麡)은 순수한 영혼을 지닌 짐승으로, 오색의 광택이 맑고 밝으니, 제왕의 도(道)가 갖추어지면 나타난다"[345]라고 하였다.

「서역전(西域傳)」에 '도발(桃拔)'[346]이라는 말이 있는데, 그 주석에서 "일명 부발(符拔)이니 사슴 같이 생겼는데, 꼬리가 길다. 뿔이 하나인 것이 천록(天祿)이고 뿔이 두 개인 것이 벽사(辟邪)이다"[347]라고 하였다.[348]

『후한서(後漢書)』에서 "종자(宗資)[349]의 묘에 석수(石獸) 두 개가 있으니, 천록(天祿)과 벽사(辟邪)이다. 또 천록각(天祿閣)[350]은 이 짐승 때문에 붙은 이름이다"라고 하였다.[351]

車非.(『松南雜識』)

345) 天**鹿**者, 純靈之獸**也**, 五色光**耀**洞**明**, 王者道備則至.(『宋書, 卷二十九, 志, 符瑞下』) →天**麡**者, 純靈之獸, 五色光**澤**洞**閑**, 王者道備則至.(『松南雜識』)

346) **有**桃拔**師子犀牛**.(『前漢書, 卷九十六上, 西域傳, 烏弋山離國』) → 桃拔.(『松南雜識』)

347) **孟康曰**, **桃拔**, 一名符拔, 似鹿長尾, 一角**者**, **或**爲天**鹿**, 兩角**者**, **或**爲辟邪.(『前漢書, 卷九十六上, 西域傳, 烏弋山離國』의 주석) → 一名符拔, 似鹿長尾, 一角爲天**祿**, 兩角爲辟邪.(『松南雜識』)

348) **前漢**, 西域傳**烏弋**, **有**桃拔. 註, **桃拔**, 一名符拔, 似鹿長尾, 一角爲天祿, 兩角爲辟邪.(『康熙字典, 麡』) → 西域傳, 桃拔, 註, 一名符拔, 似鹿長尾, 一角爲天祿, 兩角爲辟邪.(『松南雜識』)

349) 종자(宗資) : 후한의 인물. 자는 숙도(叔都). 남양(南陽) 안중(安衆) 출신.

350) 천록각(天祿閣) : 한(漢)나라 때 장서각(藏書閣)의 이름.

351) 今鄧州, 南陽縣北, 有宗資碑, 旁有兩石獸, 鐫其膊, 一曰天祿, 一曰辟邪, 據此, 卽天祿辟邪並獸名也, 漢有天祿閣, 亦因獸以立名.(『後漢書, 卷八, 靈帝紀』의 주석) → 漢, 宗資墓兩石獸曰, 天祿辟邪, **獸名**, **漢**天祿閣, **因**獸**得**名.(『韻府羣玉, 天祿』) → 漢**史**, 宗資墓兩石獸曰, 天祿辟邪, **又**天祿閣, **以此**獸, 名**之**.(『松南雜識』)

우보 · 기족
禹步夔足

『설문해자』에서 "우적(禹跡)은 우(禹)의 걸음이니 한 걸음에 세 개의 발자취를 남긴다"[352]라고 하였다.

불경(佛經)에서 "서역(西域)의 술사(術士)가 우보(禹步)로 기(氣)를 불자 용이 곧 떠올랐다"[353]라고 한 말이 이것이다. 우(禹)는 대개 짐승이름이다.

『설문해자』에서 "기(夔)는 바로 역귀[魖]이니 용 같이 발이 하나에 뿔과 손이 있으며, 사람의 얼굴을 한 모습이다"[354]라고 하였다.

『장자(莊子)』에서 "기(夔)가 노래기를 부러워한다[夔憐蚿]"[355]라고 하였다.

또 황제(黃帝)가 탁록(涿鹿)의 전투에서 북을 치며 보위(保衛)를 맹세하였다. 그래서 「영기후(靈夔吼)」란 곡이 생겼으니 기(夔)의 가죽으로 북을 씌웠다는 말이다.[356]

---

352) 『오주연문장전산고(五洲衍文長箋散稿)』에서 "세상에서 말하기를, 우(禹)는 짐승 이름인데 너풀너풀 걸으며 귀신을 잡아먹기 때문에 귀신들이 두려워한다. 그러므로 도가에서 그 걸음을 흉내 내는 것이라 한다. 일설에는 하우씨(夏禹氏)가 홍수를 다스릴 때에 걸음을 절둑거리니 귀신들이 두려워하여 복종했다. 그렇기 때문에 우보라 하게 되었다 한다. 갈홍(葛洪)의 『등섭부록(登涉符籙)』을 상고해보면 우보법이 있는데, 반듯이 서서 오른쪽 발을 앞에 놓고 왼쪽 발을 뒤에 놓으며 다음에 다시 오른쪽 발을 앞에 놓고 왼쪽 발은 오른쪽 발의 뒤에 놓는다. 이것을 모두 합하여 일보(一步)라 하며, 다음에 다시 오른쪽 발을 앞에 놓고 다음에 왼쪽 발을 앞에 놓아 왼쪽 발을 오른쪽 발에 따른다. 이것을 모두 합하여 삼보(三步)라 한다. 이처럼 하면 우보가 끝나니, 곧 삼보에 발자국이 아홉 개인 것이다"라고 하였다.

353) 西域方士, 禹步吹炁, 龍卽浮出.(『韻府羣玉, 縮龍』) → **佛書**, 西域方士, 禹步吹**氣**, 龍卽浮出.(『松南雜識』)

354) **神**魖**也**, 如龍一足, **從夊**, **象**有角手人面之形, **渠追切**.(『說文解字, 夔』) → **夔**, **卽**魖, 如龍一足, 有角手人面之形.(『松南雜識』)

355) 『莊子, 秋水』.

356) 黃帝戰涿鹿, 以鼓爲誓衛, 故曲有**吼**靈夔, **雕鶻爭一取夔**, 皮冒鼓也.(『韻府羣玉, 吼靈夔』) → 黃帝戰涿鹿, 以鼓爲誓衛, 故曲有靈夔**吼**, **言**夔皮冒鼓也.(『松南雜識』)

궁기 · 도올
窮奇檮杌

『회남자(淮南子)』에서 "궁기(窮奇)는 광막풍(廣莫風)[357]이 생기게 하는 것이다"[358]라고 하였다.

「상림부(上林賦)」[359]의 주석에 "궁기(窮奇)는 생김새가 소와 같고 고슴도치 같은 털이 났다. 개 짖는 소리를 내며 사람을 잡아먹는다"[360]라고 하였다.

『신이경(神異經)』에서 말하였다.

> 서북쪽에 어떤 짐승이 있는데 날개가 있어서 날 수 있고 사람의 말을 알아듣는다. 사람들이 싸우는 소리를 들으면 곧 정직한 자를 잡아먹고 어떤 사람이 충실하고 신의가 있는 소리를 하는 것을 들으면 곧 그의 코를 먹는다. 어떤 사람이 간악하고 변란을 일으키고 착하지 못한 이야기를 하는 것을 들으면 곧 짐승을 잡아다 대접하니 '궁기(窮奇)'라고 한다.[361]

『운회(韻會)』에서 "도올(檮杌)은 고약한 나무이다. 나쁜 일을 기록하여 경계로 삼는다는 의의를 취하니, 초(楚)나라 역사서의 이름이다"[362]라고

---

357) 광막풍(廣莫風) : 팔풍(八風)의 하나. 북방(北方)에서 이는 바람.

358) 窮奇, 廣莫風之所生也.(『淮南子, 墬形訓』)

359) 상림부(上林賦) : 한나라 사마상여(司馬相如)의 작품.

360) **窮奇**, 狀如牛**而**蝟毛, **其**音如嘷狗, 食人**者也**.(『文選, 卷八, 上林賦』 "赤首圜題, 窮奇象犀"의 주석) → 狀如牛蝟毛, 音如嘷狗, 食人.(『松南雜識』)

361) 西北有獸**焉**, **狀似虎**, 有翼能飛, **便勦食人**, 知人言語, 聞人鬪, 輒食直者, 聞人忠信, 輒食其鼻, 聞人惡逆不善, 輒殺獸往饋之, 名曰窮奇, **亦食諸禽獸也**.(『說郛, 卷六十六上, 神異經, 西北荒經』) → 西北有獸, 有翼能飛, 知人言語, 聞人鬪, 輒食直者, 聞人忠信, 輒食其鼻, 聞人惡逆不善, 輒殺獸往饋之, 名曰窮奇.(『松南雜識』)

362) **檮杌**, 楚史名, **徐引孟子晉謂之乘**, **乘者**, **無所不載也**, **楚謂之**檮杌, 惡木**也**, 取其記惡**以**爲戒也.(『古今韻會擧要, 檮』) → **又**楚史名, **孟子楚之檮杌**, 韻會, 檮杌惡木, 取其記惡**以**爲戒**也**.(『康熙字典, 檮』) → 韻會**曰**, 檮杌惡木, 取其記惡爲戒, **卽**楚史名**也**.(『松

하였다.

또 상서로운 짐승의 이름이라고도 한다.

「주어(周語)」에서 "상(商)나라가 일어나자 도올(檮杌)이 비산(丕山)에서 살았고 상나라가 망하자 이양(夷羊)[363]이 교외에 있었다"[364]라고 하였다.

또 주자(朱子)의 『맹자집주(孟子集註)』에서는 도올(檮杌)을 나쁜 짐승이라고 하였다.[365]

『신이경(神異經)』에서 "도올(檮杌)은 서방의 황야에 있는 짐승으로 일명 '난훈(難訓)'이라고도 한다"[366]라고 하였다.

혼돈 · 도철
渾沌饕餮

혼돈(渾沌)[367]은 바로 환두(讙兜)이다. 『신이경(神異經)』에서 "혼돈(渾沌)은 곤륜산(崑崙)의 고약한 짐승 이름이다"[368]라고 하였으니, 도철(饕餮)[369]과 함께 사흉(四凶)[370]의 이름의 하나이다.

南雜識』)

363) 이양(夷羊) : 신령한 짐승.

364) 商之興也, 檮杌次於丕山, 其亡也, 夷羊在牧.(『國語, 卷一, 周語上』) → 商之興也, 檮杌次丕山, 其亡也, 夷羊在牧.(『松南雜識』)

365) 檮杌, 惡獸名.(『孟子, 離婁下』)

366) 西方荒中**有獸焉, 其狀如虎而犬毛, 長二尺, 人面虎足猪口牙尾, 長一丈八尺, 攪亂荒中, 名檮杌, 一名傲狠**, 一名難訓.(『說郛, 卷六十六上, 神異經, 西荒經』) → **獸名**, 神異經, **檮杌**, 西方荒中獸, 一名難訓.(『康熙字典, 訓』) → 神異經**曰**, 西方荒中獸, 一名難訓.(『松南雜識』)

367) 혼돈(渾沌) : 환두(讙兜)이다. 소리가 비슷해서 이렇게 불리기도 한다.

368) 崑崙西有獸焉, 其狀如犬, 長毛四足, 似羆而無爪. 有目而不見, 行不開, 有兩耳而不聞, 有人知往. 有腹無五臟, 有腸直而不旋食物. 徑過人有德行而往抵觸之, 有凶德則往依憑之, 天使其然, 名爲渾沌.(『說郛, 卷六十六上, 神異經, 西荒經』) → 崑崙惡獸名也.(『松南雜識』)

369) 도철(饕餮) : 나쁜 짐승이름. 재물을 탐내는 것을 도(饕), 음식을 탐하는 것을 철(餮)이라고 한다.

착치
鑿齒

『운부군옥(韻府羣玉)』에 “짐승의 이름이다”라고 하였다.

「장양부(長楊賦)」[371]에서 “착치(鑿齒)의 무리[鑿齒之徒]”라고 하였다.

『산해경』에서 “예(羿)와 착치(鑿齒)가 수화(壽華)의 들판에서 싸웠다”[372]라고 하였는데, 그 주석에서 “착치(鑿齒)는 또한 사람이다. 이가 끌[鑿] 같고 길이가 대여섯 치이기에 착치(鑿齒)라고 이름을 지었다”[373]라고 하였다. 또 진(晉)나라에는 습착치(習鑿齒)[374]가 있다.[375]

풍생수
風生獸

『설부(說郛)』에서 말하였다.

풍생수(風生獸)의 모양은 표범 같고 불로 태워도 죽지 않고 칼로 찍어도 칼날이 들어가지 않는다. 철퇴로 머리를 수십 번[376] 내려쳐야 죽지만, 그 입이 바람을 향하면 바로 살아난다. 석창포(石菖蒲)로 귀와 코를 막으면 진짜로 죽는다. 이놈의 골을 국화에 섞어 복용하면 장수한다.[377]

---

370) 사흉(四凶) : 혼돈(渾敦)·궁기(窮奇)·도올(檮杌)·도철(饕餮)이다. 『書經·舜典』.

371) 장양부(長楊賦) : 양웅(揚雄)의 작품.

372) 羿與鑿齒, 戰於壽華之野.(『山海經, 卷六, 海外南經』)

373) **鑿齒亦**人**也**. 齒如鑿, 長五六**尺**, 因**以**名**云**.(『山海經, 卷六, 海外南經』의 주석) → 羿與鑿齒, 戰於壽華之野. 註, **其**人齒如鑿, 長五六**寸**, 因**爲**名.(『松南雜識』)

374) 습착치(習鑿齒) : 진(晉)나라 사람. 자는 언위(彦威). 박학다문(博學多聞)하고 『진한춘추(晉漢春秋)』를 지었는데, 촉(蜀)으로 정통(正統)을 삼았음.

375) **鑿齒人名**, 山海經, 羿與鑿齒, 戰於壽華之野, **郭**註, **鑿齒**, 人齒如鑿, 長五六寸, 因**以**爲名. 又習鑿齒**晉人名**.(『康熙字典, 齒』) → 山海經**曰**, 羿與鑿齒, 戰於壽華之野. 註, **其**人齒如鑿, 長五六寸, 因爲名. 又**晉有**習鑿齒**焉**.(『松南雜識』)

376) 『松南雜識』에는 ‘十數萬’으로 되어 있음.

유흔기(劉欣期)의 『교주기(交州記)』에서 "풍모(風母)는 구덕현(九德縣)에서 난다. 원숭이 같이 생겼으며 사람을 보면 부끄러운 듯 목을 숙여 머리를 조아린다. 때리면 죽지만 바람을 쐬면 곧 살아난다"라고 하였다.[378]

『옥편(玉篇)』에서 "풍생수(風生獸)는 풍모(猦狣)이다"라고 하였다.

박

駮

『산해경』에서 말하였다.

중곡산(中曲山)에 어떤 짐승이 있는데 말처럼 생겼고 몸체는 희고 꼬리는 검으며 뿔은 하나다. 호랑이 같은 발톱과 이빨이 있으며, 소리는 북이 울리는 것 같다. 이름을 '박(駮)'이라고 하니, 호랑이와 표범을 잡아먹고 병사를 막을 수 있다.[379]

『관자(管子)』에서 "제(齊)나라 환공(桓公)이 박마(駮馬)를 타고 가자 호랑이가 감히 돌아다니지 못하였다"[380]라고 하였다.

---

377) **炎洲在南海中**, **上有風生獸**, **似**豹**青色大如貍**, **網取之**, **積薪數車**, 燒之不燃, 鐵鎚鍛頭**數十下**乃死, **以**口向風, **須臾**便活, 以石**上**菖蒲塞鼻, **卽眞**死, 取其腦, 和菊**花**服之, **可壽五百歲**.(『說郛, 卷六十五下, 述異記, 風生獸』)→**狀如**豹, **火**燒**不死**, **鍬斫不入**, **以**鐵鎚**打**頭**十數萬**乃死. **其**口向風便活, 以石菖蒲塞**其耳**鼻**則**死, 取其腦, 和菊服之, **長生**.(『松南雜識』)

378) 劉欣期, 交州記曰, 風母出九德縣, **似**猿, 見人若慙**屈**頸, 打殺, **得**風**還**活.(『藝文類聚, 卷一, 天部上, 風』)→劉欣期, 交州記曰, 風母出九德縣, **如**猿, 見人若慚**出**頸, 打殺, **遇**風**卽**活.(『松南雜識』)

379) **又西三百里曰**, 中曲**之**山, …… 有獸**焉**, **其狀**如馬, 而**白**身黑尾一角, 虎**牙爪**, 音如鼓**音**, **其**名曰駮, **是**食虎豹, 可以禦兵.(『山海經, 卷二, 西山經』)→中曲山有獸, 如馬而身黑**二**尾一角, 虎**爪牙**, 音如鼓, 名曰駮, 食虎豹, 可以禦兵.(『松南雜識』)

380) 桓公乘馬, 虎望見之而伏, 桓公問管仲曰, 今者寡人乘馬, 虎望見寡人, 而不敢行, 其故何也, 管仲對曰, 意者, 君乘駮馬而洀桓, 迎日而馳乎. 公曰然, 管仲對曰, 此駮象

『북사(北史)』에서 "곤주(袞州)에 맹수가 난폭하게 설치자 갑자기 여섯 마리의 박(駮)이 나타나 잡아먹었다"[381]라고 하였다.

『송사(宋史)』에서 말하였다.

> 거란(契丹)의 사신이 물었다.
>
> "유관(楡關)에 어떤 짐승이 있는데 말처럼 생겼고 호랑이와 표범을 잡아먹으니 무엇입니까?"
>
> 유창(劉敞)[382]이 대답하였다.
>
> "그놈은 박(駮)입니다"[383]

상유한(桑維翰)[384]이 유관(楡關) 열여섯 주를 받아 들이기 전에 "이곳은 이 짐승이 걱정거리이다"라고 하였다.

지봉(芝峰) 이수광(李睟光)이 "근래에 양주(楊州) 지역에 이 짐승이 있다고 한다"[385]라고 하였다.

『이아(爾雅), 석축(釋畜)』에서 "거아(倨牙)이다"[386]라고 하였다.

也, 駮食虎豹, 故虎疑焉.(『管子, 卷十六, 小問』)→齊桓公乘駮馬, 而虎不敢行.(『松南雜識』)

381) 先是, 州**境**, **數**有猛獸爲暴, **自華原臨政州東北七十里甑山中**, 忽有六駮, 食**猛獸**.(『北史, 卷八十六, 列傳, 循吏, 張華原』)→**袞**州, 有猛獸爲暴, 忽有六駮, 食**之**.(『松南雜識』)

382) 유창(劉敞) : 송나라의 유학자. 자는 원보(原父).

383) 奉使契丹, 素習知山川道徑, 契丹導之行, 自古北口至柳河, 回屈殆千里, 欲夸示險遠. 敞質譯人曰, 自松亭趨柳河, 甚徑且易, 不數日可抵中京, 何爲故道此. 譯相顧駭愧曰, 實然. 但通好以來, 置驛如是, 不敢變也. 順州, 山中有異獸, 如馬而食虎豹, 契丹不能識. 問敞, 敞曰, 此所謂駮也.(『宋史, 卷三百十九, 列傳, 劉敞』)→契丹使問楡關有獸, 似馬食虎豹, 是何獸也. 劉敞曰, 此駮也.(『松南雜識』)

384) 상유한(桑維翰) : 후진(後晉)의 인물. 하남(河南) 출신. 자는 국교(國僑). 관직은 중서령(中書令) 및 추밀사(樞密使)를 지냈다. 석경당을 위해 거란에게 구원을 청하면서 부자(父子)의 맹약을 맺고 땅을 떼어 주며 칭신(稱臣)하겠다고 애걸하여 거란의 군대를 출동시킨 결과 석경당이 제위(帝位)에 오르게 하였다. 후에 거란에게 죽임을 당하였다.

385) 有猛獸狀如馬, 青色有鬣茸尾, 食虎豹甚衆, 亦食人, 人多見之者, 疑卽駮也.(『芝峯類說, 卷二十, 禽蟲部, 獸』)→近楊州地, 有之云.(『松南雜識』)

호랑이 · 표범
虎豹

운서(韻書)에서 말하였다.

호랑이는 밤에 볼 때, 한쪽 눈으로는 광채를 뿜고 한 쪽 눈으로는 사물을 본다. 사냥꾼이 이놈을 쏘아 맞추면 광채가 땅에 떨어져 돌[387]이 된다. 양 옆구리 사이와 꼬리 끝에 길이가 한두 치 되는 을골(乙骨)이 있으니, 바로 그것의 위골(威骨)이다. 이것을 얻으면 사람으로 하여금 위엄이 있게 하지만 관직이 없는 자는 다른 사람에게 미움을 받게 한다.[388]

소식(蘇軾)의 시에서,

호랑이에게 을골(乙骨)이 있는 듯 득의하고	得如虎挾乙
거북이가 여섯 부분[389]을 감춘 듯 실의하였다	失若龜藏六[390]

라고 하였다.

『술이기(述異記)』에서 "호랑이가 천년을 살면 어금니가 빠지고 뿔이 난다"[391]라고 하였다.

『대대례기(大戴禮記)』에서 "삼 · 구(三九)는 이십칠이니 칠은 별을 주장

386) **駮如**馬, 倨牙**食虎豹**.(『爾雅注疏, 卷下, 釋畜』) → 倨牙.(『松南雜識』)
387) 『松南雜識』에는 '白石'으로 되어 있음.
388) 夜視, 一目放光, 一目着物, 獵人射之, 光墜**於**地, 成石. 兩脇間及尾端, 有骨, **如一字**, 長一二寸, 卽其威也. **破肉**, 取得, **能**令人有威, 無官者, 爲人所憎.(『韻府羣玉, 虎』) → **虎**夜視, 一目放光, 一目着物, 獵人射之, 光墜**于**地, 成**白**石, 兩脇間及尾端, 有**乙**骨, 長一二寸, 卽其威也. 取得, 令人有威, 無官者, 爲人所憎.(『松南雜識』)
389) 여섯 부분 : 머리와 꼬리, 네 개의 다리를 의미한다.
390) 「기오헌(寄傲軒)」.
391) 虎千年則牙蛻而角生.(『述異記, 卷上』)

하고 별은 호랑이를 상징하는 까닭으로 호랑이는 칠 월에 태어난다"[392] 라고 하였다.

지봉(芝峰) 이수광(李睟光)이 말하였다.

> 호랑이는 이름이 이이(李耳)이기 때문에 무릇 짐승을 먹을 때 귀는 먹지 않으니 호랑이의 이름을 꺼려서이다. 또 호랑이가 사람 하나를 잡아먹을 때마다 그 귀가 문득 찢어진다고 하니 알 수 없는 일이다.[393]

『설문해자』에서 "뿔이 있는 범이 사(虒)이니 물 속도 다닐 수 있다"라고 하였다.[394]

『집운(集韻)』에서 "영(虢)은 호랑이 비슷하지만 그보다는 작고 남해에서 난다"[395]라고 하였다.

『설문해자』에 "표범은 호랑이와 비슷하고 동전 같은 황흑색의 둥근 무늬가 있다"[396]라고 하였다.

『열자(列子)』에서 "정(程)이 말을 낳았다"라고 하였는데, 주석에서 "정(程)은 표범이다"[397]라고 하였다.

고시(古詩)에서,

---

392) 三九二十七, **七**主星, 星主虎, 故虎七月**而**生.(『大戴禮記, 卷十三, 易本命』)→三九二十七, 主星, 星主虎, 故虎七月生.(『松南雜識』)

393) **稗史曰**, 虎名李耳, 凡**虎**食**畜産**, 不**至**耳, 諱其名也, **此說誕矣**, **又曰虎每**食一人, 則耳**成一缺**, 未知**信否**.(『芝峯類說, 卷二十, 禽蟲部, 獸』)→虎**以其**名李耳, **故**凡食**獸**不**食**耳, 諱其名也, 食人則**其**耳**輒裂**, 未**可**知**也**.(『松南雜識』)

394) **委**虒, 虎之有角者**也**, (『說文解字, 虒』)→說文, 虒**虎**, 虎**之**有角**者**, 能行水中.(『韻府羣玉, 虒』)→說文, 虎有角**曰**虒, 能行水中.(『松南雜識』)

395) **獸名**, 似虎小, 出南海.(『集韻, 虢』)→**虢**, 似虎**而**小, 出南海.(『松南雜識』)

396) 似虎, 圜文.(『說文解字, 豹』)→說文, 似虎, 圜文黃**紋**黑如錢.(『韻府羣玉, 豹』)→說文**曰**, **豹**似虎, 圜文黃黑如錢.(『松南雜識』)

397) 程生馬.(『列子, 天瑞』)→列子曰, 程生馬, 註豹也.(『韻府羣玉, 豹』)→列子曰, 程生馬. 註, 豹也.(『松南雜識』)

굶주린 이리는 탐욕스러워 늘 부족하지만　　餓狼貪不足
굶주린 표범은 먹고 남겨 두는 게 있다네　　飢豹食有餘[398]

라고 하였으니, 표범을 '염표(廉豹)'라고 하는데, 정도(程度)를 두고 먹기 때문에 그 이름을 '정(程)'이라고 한다.[399]

『열녀전(列女傳)』에서 "남산(南山)의 흑표범[玄豹]이 숨어서 안개비를 칠 일 동안 맞으며 내려와 먹지 않은 이유는 무엇인가요? 그 털을 윤택하게 하여 문장을 이루려 하기 때문입니다. 그래서 숨어서 해로움을 멀리하지요"[400]라고 하였다.

나나
羅羅

『산해경』에서 "북해에 어떤 짐승이 있는데 모양은 호랑이 같고 이름은 '나나(羅羅)'라고 한다"[401]라고 하였다.

『병아(騈雅)』[402]에서 "푸른 호랑이를 나나(羅羅)라고 한다"[403]라고 하였다.

---

398) 제목 미상.

399) 餓狼貪不足, 飢豹食有餘, 古詩. 言**狼貪**豹廉, 有**所**程度而食, 故**亦**名程.(『韻府羣玉, 廉豹』) → 古詩, 餓狼食不足, 飢豹食有餘. 言豹廉有程度而食, 故名程**也**.(『松南雜識』)

400) 南山**有**玄豹, 霧雨七日**而**不下食, **何也**. 欲**以**澤其**毛而成**文章**也**. 故藏而**遠**害.(『古今列女傳, 卷二, 周列國』) → 南山玄豹, **隱**霧雨七日不下食, 欲澤其文章, 故藏以**避**害.(『松南雜識』)

401) 北海**內**有獸, **其狀如馬**, **名曰騊駼**, **有獸焉**, **其名曰駮**, **狀如白馬**, **鋸牙食虎豹**, **有素獸焉**, **狀如馬**, **名曰蛩蛩**, **有青獸焉**, 狀如虎, 名曰羅羅.(『山海經, 卷八, 海外北經』) → 北海有獸, 狀如虎, 名曰羅羅.(『松南雜識』)

402) 병아(騈雅) : 명나라 주모위(朱謀瑋)가 지은 책. 총 7권.

403) 青虎, 謂之羅羅.(『騈雅, 卷七, 釋獸』)

농질 · 고조
蠪蛭蠱雕

『산해경』에서 말하였다.

부려산(鳧麗山)에 어떤 짐승이 있는데, 모양은 여우같고 꼬리가 아홉에 머리가 아홉이며 호랑이의 발톱을 가졌으니, 이름은 농질(蠪蛭)이다. 그 울음소리는 갓난아이의 소리 같은데, 이놈이 사람을 잡아먹는다.[404)]

또 녹오산(鹿吳山)에 어떤 짐승이 있는데, 이름은 고조(蠱雕)이다. 그 모양은 독수리 같고 뿔이 있으며 울음은 갓난아이 소리 같다.[405)]

기 · 시 · 출척
犰狏跊踢

『옥편(玉篇)』에서 "기(犰)는 토끼주둥이에 뱀 꼬리가 있다"[406)]라고 하였다.

『산해경』에서 말하였다.

> 사산(蛇山)에 어떤 짐승이 있는데, 모양은 여우같고 꼬리는 희고 귀는 기니, 이름을 '시랑(狏狼)'이라고 한다.[407)]

---

404) **南五百里曰**, 鳧麗**之**山, **其上有金玉**, **其下多箴石**, 有獸**焉**, **其**狀如狐, 而九尾九首虎爪, 名**曰**蠪姪, 其音如嬰兒, 是**食**人.(『山海經, 卷四, 東山經』)→鳧麗山, 有獸, 狀如狐, 而九尾九首虎瓜, 名蠪蛭, 其音如嬰兒, 是人.(『松南雜識』)

405) **東五百里曰**, 鹿吳之山, **上無草木**, **多金石**, **澤更之水出焉**, **而南流注于滂水**, **水**有獸**焉**, 名**曰**蠱雕, 其狀如雕而有角, 其音如嬰兒之音, **是食人**.(『山海經, 卷一, 南山經』)→**又**鹿吳之山, 有獸, 名蠱雕, 其狀如雕而有角, 其音如嬰兒之音.(『松南雜識』)

406) 玉篇, **似兔**, **獸名**, 兎喙而蛇尾.(『康熙字典, 犰』)→玉篇**曰**, **犰**, 兎喙而蛇尾.(『松南雜識』)

407) **東四百里曰**, 蛇山, **其上多黃金**, **其下多堊**, **其木多栒多豫樟**, **其草多嘉榮少辛**, 有獸**焉**, 其狀如狐, **而**白尾長耳, 名狏狼, **見則國內有兵**.(『山海經, 卷五, 中山經』)→蛇山有獸, 其狀如狐, 白尾長耳, 名狏狼.(『松南雜識』)

또 남해 적수(赤水)의 서쪽 유사(流沙)의 동쪽에 어떤 짐승이 있는데, 좌우에 머리가 있으니, 이름을 '출척(跊踢)'이라고 한다.[408]

융
狨

운서(韻書)에서 말하였다.

융(狨)은 원숭이 같이 생겼다. 이놈의 털은 길고 황적색이니 직물을 짤 수 있고 그 가죽으로는 말안장깔개를 만든다. 꼬리가 금색인 것을 '금선융(金線狨)'이라고 하는데 광남(廣南)[409]에서 난다.[410]

『박물지(博物志)』에서 "우민국(羽民國)의 짐승 이름은 호복(虎僕)인데 표범과 비슷하며 털은 녹색이다"라고 하였다.[411]

유는 효도하는 짐승
蜼孝獸

『설문해자』에서 "유(蜼)는 원숭이 같이 생겼는데, 들창코에 꼬리는 네다섯 자인데 갈라져 있다"[412]고 하였다. 이놈은 비가 오면 나무 위에 매

---

408) 南海**之外**, 赤水之西, 流沙之東, 有獸, 左右有首, 名**曰**跊踢.(『山海經, 卷十五, 大荒南經』) → 南海赤水之西, 流沙之東, 有獸, 左右有首, 名跊踢.(『松南雜識』)

409) 광남(廣南) : 지금 중국 광서성(廣西省) 용승현(龍勝縣) 서북쪽. 혹은 운남성(雲南省) 부주현(富州縣) 서북쪽에 있는 고을 이름.

410) 似猴, 毛長黃赤色, 可爲布, 皮作鞍褥. 尾金色, 名金線狨, 生廣南.(『韻府羣玉, 狨』) → **狨**似猴, 毛長黃赤色, 可爲布, 皮作鞍褥. 尾金色, 名金線狨, 生廣南.(『松南雜識』)

411) 博物志, 羽民國**有**獸, **文似豹**, 名虎僕, 毛**可爲筆**.(『康熙字典, 僕』) → 博物志, 羽民國獸名, 虎僕, **似豹**, **綠**毛.(『松南雜識』)

달려 꼬리로 콧구멍을 막는다.[413]

유(蜼)와 호랑이와 함께 모두 효도를 할 줄 아는 짐승이기에, 종묘의 이준(彝尊)에 유(蜼)의 모양을 새기고 곤상(袞裳)[414]에 유(蜼)를 그린다. 종이(宗彝)는 종묘(宗廟)의 이기(彝器)이다.[415]

양웅(揚雄)의 「반이소(反離騷)」에서 "원유(猿狖)는 의심이 많아 감히 땅으로 내려오지 못한다"[416]라고 하였는데, 그 주석에서 "유(狖)는 원(猿)과 비슷한데, 들창코에 꼬리가 기니 또한 유(蜼)의 종류인 듯하다"[417]라고 하였다.

우적(于逖)[418]의 『문기록(聞奇錄)』에 '유(蜼)'는 '수(雖)'로 되어 있다.[419]

여 · 효
[illegible]嚻

『자휘(字彙)』에서 "[illegible]의 음은 여이니 짐승의 이름이다. 코가 붉고 털

---

412) **如母**猴, **卬**鼻**長**尾.(『說文解字, 蜼』)→**似**猴, 鼻**露而**上, 尾**長四五尺而歧**.(『松南雜識』)

413) 似猴, 鼻露**向**上, 尾長四五尺, 雨則懸於樹, 以尾塞鼻.(『韻府羣玉, 蜼』)→**說文曰**, 似猴, 鼻露**而**上, 尾長四五尺**而歧**, 雨則懸於樹**上**, 以尾塞鼻.(『松南雜識』)

414) 곤상(袞裳) : 고대의 천자 및 삼공(三公)의 예복. 저고리에는 일(日) · 월(月) · 성신(星辰) · 산(山) · 용(龍) · 화충(華蟲)을 그리고, 치마[裳]에는 종이(宗彝) · 조(藻) · 화(火) · 분미(粉米) · 보불(黼黻) 등의 열 두 개의 무늬를 그린다.

415) 동서문화원 영인본 『松南雜識』와 아세아 문화사 영인본 『松南雜識』에는 "宗廟之彝器, 酒尊"이라고 되어 있고, 규장각본 『松南雜識』에는 "宗彝者, 宗廟之彝器"라고 되어 있다. 여기에서는 규장각본 『松南雜識』의 내용을 취하였다.

416) **蝯狖擬**而不敢下.(『前漢書, 卷八十七上, 揚雄傳上』)→**猿狖疑**而不敢下.(『松南雜識』)

417) **師古曰**, **榛榛梗穢貌也**, **蝯善攀援**, **狖**似**猴**, **卬**鼻**而**長尾, **擬疑也**.(『前漢書, 卷八十七上, 揚雄傳上』의 주석)→**狖**似**猿**, **仰**鼻長尾.(『松南雜識』)

418) 우적(于逖) : 당나라 사람. 그의 저서 『문기록(聞奇錄)』이 『說郛』에 전한다.

419) 『松南雜識』의 기술과는 달리, 『설부』에 전하는 『문기록(聞奇錄)』에는 '蜼'가 '雖'로 되어 있지 않다.

* 傅弘業宰天台縣, 有人獵得一獸, 形如豕, 仰鼻長尾有岐, 謂之怪, 傅識之曰蜼, 非怪也, 雨則縣於樹, 以尾塞其鼻.(『說郛, 卷一百十七下, 聞奇錄, 傅弘業』)

이 푸르며 호랑이와 표범을 잡아먹는다"라고 하였다.[420]

『산해경』에서 "유차산(羭次山)에 어떤 짐승이 있는데, 긴 꼬리 원숭이[禺][421]같이 생겼으며 팔이 길고 잘 던지니 이름을 '효(囂)'라고 한다"[422]라고 하였다.

현 · 궤
贙蛫

『이아(爾雅)』에서 "현(贙)은 대진국(大秦國)에서 나는데, 그것을 기르는 사람이 있으니 개와 같다. 이놈은 힘이 세며 사납고 고약하다"[423]라고 하였다.

『산해경』에서 "즉공산(卽公山)에 어떤 짐승이 있는데, 그 모양은 거북이 같으며 몸은 희고 뼈는 붉다. 이름을 궤(蛫)라고 하니, 이놈은 불을 막을 수 있다"[424]라고 하였다. 「상림부(上林賦)」에서 "참호(獑胡)[425]와 혹(縠)[426]과 궤(蛫)[獑胡縠蛫]"라고 한 말이 이것이다.[427]

---

420) 音如, 獸名, 鼻赤毛青, 食虎豹.(『正字通, 𤜵』)

421) 『松南雜識』에는 '말[馬]'로 오기되어 있음.

422) **又西七十里曰**, 羭次之山, **漆水出焉**, **北流注于渭**, **其上多棫橿**, **其下多竹箭**, **其陰多赤銅**, **其陽多嬰垣之玉**, 有獸**焉**, **其狀**如**禺**, **而**長臂善投, **其**名曰囂.(『山海經, 卷二, 西山經』)→**又獸名**, 山海經, 羭次之山, 有獸**狀**如**禺**, 長臂善投, 名曰囂.(『康熙字典, 囂』)→山海經**曰**, 羭次之山, 有獸如**馬**, 長臂善投, 名曰囂.(『松南雜識』)

423) 贙**有力**. 〈**注**, 出**西海**大秦國, 有養者似狗, 多力獷惡.〉(『爾雅注疏, 卷十一, 釋獸』)→贙出大秦國, 有養者似狗, 多力獷惡.(『松南雜識』)

424) **東南二百里曰**, 卽公之山, **其上多黃金**, **其下多㻬琈之玉** **其木多柳杻檀桑**, 有獸**焉**, 其狀如龜, 而白身赤**首**, 名曰蛫, 是可以禦火.(『山海經, 卷五, 中山經』)→卽公之山有獸, 其狀如龜, 而白身赤**骨**, 名曰蛫, 是可以禦火.(『松南雜識』)

425) 참호(獑胡) : 짐승이름. 모양은 원숭이 같고 다리는 짧으며 잘 뛴다.

426) 혹(縠) : 흰여우새끼. 족제비 같은데 그보다 크며 원숭이[獮猴]를 잡아먹는다.

427) 山海經, 卽公之山, 有獸**焉**, 其狀如龜, 而白身赤**骨**, 名曰蛫, 是可以禦火. 司馬相如上林賦, 獑胡縠蛫.(『康熙字典, 蛫』)→山海經**曰**, 卽公之山, 有獸, 其狀如龜, 而白身赤**骨**, 名曰蛫, 是可以禦火. 上林賦, 獑胡縠蛫.(『松南雜識』)

구여
犰狳

『광운(廣韻)』에서 "구여(犰狳)는 물고기 같이 생긴 짐승으로 뱀 꼬리에 돼지 눈이다. 사람을 보면 죽은 척 한다"[428]라고 하였다.

또 신(狌)은 『집운(集韻)』에서 "북방의 짐승 이름이다. 개 같고 사람을 잡아먹는다"[429]라고 하였다.

또 『산해경』에서 "초명산(譙明山)에 어떤 짐승이 있는데 모양이 오소리[貆] 같고 털은 붉다. 이름은 '맹괴(孟槐)'라고 한다"[430]라고 하였다.

포효가 도철
狍鴞饕餮

『산해경』에서 "구오산(鉤吾山)에 어떤 짐승이 있는데 이름은 '포효(狍鴞)'이다. 모양은 마치 양의 몸과 같은데 사람의 얼굴을 하고 있고 눈은 겨드랑이 밑에 있다. 호랑이 이빨에 사람의 손톱을 가졌고 갓난아기 소리를 낸다"[431]라고 하였는데, 그 주석에서 "도철(饕餮)이다"라고 하였다.[432]

---

428) 犰狳, 獸似魚, 蛇尾豕目, 見人則佯死.(『原本廣韻, 犰』)

429) 北方獸名, 似犬食人.(『集韻』) → 北方獸名**也**. 似犬食人.(『松南雜識』)

430) **北四百里曰**, 譙明之山, **譙水出焉**, **西流注于河**, **其中多何羅之魚**, **一首而十身**, **其音如吠犬**, **食之已癰**, 有獸**焉**, **其**狀如貆**而**赤豪, **其音如榴榴**, 名曰孟槐.(『山海經, 卷三, 北山經』) → **孟槐獸名**, 山海經, 譙明之山, 有獸, 狀如貆赤毫, 曰孟槐.(『康熙字典, 槐』) → 山海經**曰**, 譙明之山, 有獸, 狀如貆赤豪, **名**曰孟槐.(『松南雜識』)

431) **北三百五十里曰**, 鉤吾之山, **其上多玉**, **其下多銅**, 有獸**焉**, **其**狀如羊身人面, **其**目在腋下, 虎齒人爪, **其**音如嬰兒, **名曰狍鴞**, **是食人**.(『山海經, 卷三, 北山經』) → 鉤吾之山, 有獸, **名曰狍鴞**. 狀如羊身人面, 目在腋下, 虎齒人爪, 音如嬰兒.(『松南雜識』)

432) **左傳所謂**饕餮, **是也**.(『山海經, 卷三, 北山經』의 주석) → 饕餮.(『松南雜識』)

추우
騶虞

『시경(詩經)』의 소(疏)에서 "추우(騶虞)는 호랑이 같이 생겼는데, 흰 바탕에 검은 무늬가 있으며 꼬리가 몸통보다 길다. 살아 있는 풀은 밟지 않고 살아 있는 것은 먹지 않으며 하루에 천리를 간다. 임금에게 지극히 신실한 덕이 있으면 출현한다"433)라고 하였다.

「사마상여열전(司馬相如列傳)」에서,

> 어룽어룽 아름다운 무늬의 짐승이　　般般之獸
> 기꺼이 우리 왕의 동산으로 온다네　　樂我君囿434)

라고 하였는데, 그 주석에서 "반반지수(般般之獸)는 추우(騶虞)를 말한다"435)라고 하였다.

또 추오(騶吾)는 『시경대전(詩經大全)』에서 '질수(侄獸)'라고 하였다.

『백공육첩(白孔六帖)』에서 "송나라 원가(元嘉) 및 전촉(前蜀) 영평(永平) 연간에 모두 나타났다"436)라고 하였다.

---

433) 騶虞義獸也, 白虎黑文, 不食生物, 有至信之德則應之.(『毛詩注疏, 國風, 召南, 騶虞』의 주석) → 似虎, 白質黑文, 尾長於身, 不踐生芻, 不食生物, 日行千里, 君有至信之德則見.(『韻府羣玉, 騶虞』) → **詩疏曰**, 似虎, 白質黑文, 尾長於身, 不踐生芻, 不食生物, 日行千里, 君有至信之德則見.(『松南雜識』)

434) 『史記, 卷一百十七, 司馬相如列傳』.

435) **索隱**, **案**, **般般**, **文彩之貌也**, **音班**, **胡廣曰**, 謂騶虞**也**.(『史記, 卷一百十七, 司馬相如列傳』의 주석) → 謂騶虞.(『松南雜識』)

436) 宋元嘉二十六年, 琅邪有虎從騶虞云云.(『白孔六帖, 卷九十八, 騶虞, 虎從』) → 宋元嘉及前蜀永平間, 皆見. 白帖.(『韻府羣玉, 騶虞』) → 白帖**曰**, 宋元嘉及前蜀永平間, 皆見.(『松南雜識』)

각단
角端

『원사(元史)』에서 말하였다.

태조(太祖)가 묵덕나국(默德那國)을 멸망시키자 어떤 짐승이 나타났다. 사슴모양에 말꼬리이며 외뿔에 녹색이었다. 사람의 말로 "너희 임금은 의당 빨리 돌아가야 한다"라고 하였다. 야율초재(耶律楚材)[437]가 "이 짐승의 이름은 각단(角端)입니다"라고 하였다.[438]

백택
白澤

『헌원기(軒轅記)』에서 "황제가 환산(桓山)에서 백택(白澤)이란 신령스런 짐승을 얻었다. 말을 할 줄 알며 만물의 실정에 통달하였다"라고 하였다.[439]

437) 야율초재(耶律楚材) : 몽고 제국의 공신(1190~1244). 자는 진경(晉卿). 요나라 왕족의 자손으로 칭기즈칸에게 중용되어 서역(西域) 원정에 종군하였으며, 태종 때 중서령(中書令)이 되어 제국 재정의 기반을 튼튼히 하였다. 저서에 『담연거사집(湛然居士集)』이 있다.

438) 甲申, 帝至東印度, 駐鐵門關, 有一角獸, 形如鹿而馬尾, 其色綠, 作人言, 謂侍衛者曰, 汝主宜早還. 帝以問楚材, 對曰, 此瑞獸也, 其名角端, 能言四方語, 好生惡殺, 此天降符以告陛下, 陛下天之元子, 天下之人, 皆陛下之子, 願承天心, 以全民命. 帝卽日班師.(『元史, 卷一百四十六, 列傳, 耶律楚材』)→太祖滅默德那國, 見一獸, 鹿形馬尾, 獨角綠尾. 爲人言曰, 汝主宜丞早還. 耶律楚材曰, 此獸名角端.(『松南雜識』)

439) 帝於桓山, 得白澤神獸. 能言達萬物之情, 軒轅記.(『韻府羣玉, 白澤』)→軒轅記曰, 帝於桓山, 得白澤神獸. 能言達萬物之情.(『松南雜識』)

사자
獅子

운서(韻書)에서 말하였다.

사자는 바로 산예(狻猊)다. 일명 '백택(白澤)'으로 호랑이와 비슷하다. 몸은 황색이며 수염이 있다. 꼬리 끝에 털이 무성한데 크기는 동두(銅斗)[440] 만하며, 머리는 무쇠 색이다. 호랑이나 표범을 잡아먹는다.[441]

『정자통(正字通)』에서 "노하면 그 위엄이 이빨에 있고, 기쁘면 그 위엄이 꼬리에 있다"[442]라고 하였다. 또 수컷은 수염이 있다.

연암(燕巖) 박지원(朴趾源)이 "몸체가 짧고 작으며, 인가에서 기르는 누런 삽살개와 매우 비슷한데, 모든 짐승들이 이놈을 보면 두려워 엎드린다고 한다"[443]라고 하였다.

『박물지(博物志)』에서 "위(魏)나라 무제(武帝 : 조조)가 백랑산(白狼山)을 지나다가 사자를 만났는데, 갑자기 삵처럼 생긴 짐승이 나타나서 사자의 머리위로 뛰어 올랐다. 사자가 일어서지도 못하니, 이 동물이 마침내 사자를 죽였다"[444]라고 하니, 사자도 두려워하는 짐승이 있다.

---

440) 동두(銅斗) : 동으로 만든 방형(方形)의 기구. 자루가 달려 있으며 술이나 음식 등을 담는다.

441) 狻猊, 一名白澤, 似虎, 正黃有髯, 尾端茸毛, 大如**斗銅**, 頭鐵, 色食虎豹.(『韻府羣玉, 獅』) → **卽**狻猊, 一名白澤, 似虎, 正黃有髯, 尾端茸毛, 大如**銅斗**, 頭鐵, 色食虎豹.(『松南雜識』)

442) 怒則威在齒, 喜則威在尾.(『正字通, 獅』)

443) 身**才**短小, 絶類人家所畜金毛猱狗. 諸獸見之, 畏懼俯伏.(『燕巖集, 卷之十四, 別集, 熱河日記, 口外異聞, 獅子』) → 身短小, 絶類人家所畜金毛猱狗. 諸獸見之, 畏懼俯伏**云**.(『松南雜識』)

444) **後魏**武**帝伐冒頓**, 經白狼山, 逢師子 ……**王**忽**見**一物**從林中出**如狸, **起上帝車軛**, **師子將至**, **此獸**, **便**跳**起**上師子頭**上**, **師**子**卽**伏, 不敢起, **于是**遂殺之.(『博物志, 卷三, 異獸』) → 武經白狼山, 逢獅子, 忽一物如狸, 跳上獅**子**頭, 獅**子伏**不**敢**起, 遂殺之. 博物志.(『韻府羣玉, 獅』) → 博物志**曰**, **魏**武**帝**經白狼山, 逢獅子, 忽一物如狸, 跳上獅

신라의 역사에서 "이사부(異師夫)가 나무 사자를 만들어 울릉도 사람을 위협하여 복종시켰다"[445]라고 하였다. 종각(宗慤)이 말에 사자탈을 씌워 싸운 경우[446]와 같으니, 오직 짐승들만 두려워 복종한 것이 아니다.

비비
嶌嶌

『산해경』에서 "비비(嶌嶌)는 사람의 얼굴에 몸체는 검다. 털이 있으며, 발뒤꿈치가 거꾸로 되어 있다. 사람을 만나면 웃는데, 웃으면 윗입술이 눈을 덮는다"[447]라고 하였다.

속칭 '산도(山都)'라고 한다. 『이아익(爾雅翼)』에서 "비비(鸓鸓)는 또 '산휘(山㺯)'라고도 한다"[448]라고 하였다. 오임신(吳任臣)[449]이 "비비(狒狒)는 사람의 모습이고, 산휘(山㺯)는 짐승의 형상이기 때문에 차이가 있다"라고 하였다.[450]

頭, 獅不**能**起, 遂殺之**云**.(『松南雜識』)

445) 異斯夫 ……至十三年壬辰, 爲阿瑟羅州軍主, 謀幷于山國, 謂其國人愚悍, 難以威降, 可以計服, 乃多造木偶師子, 分載戰舡, 抵其國海岸, 詐告曰, 汝若不服, 則放此猛獸踏殺之, 其人恐懼則降.(『三國史記, 卷四十四, 列傳四, 異斯夫』) → 異斯夫, 以木獅威腹鬱陵.(『松南雜識』)

446) 종각(宗慤) : 남조의 송나라 사람. 자는 원간(元幹). 원가(元嘉) 때에 진무장군(振武將軍)으로 임읍(林邑)을 정벌하였다. 그가 임읍과 싸울 때, 임읍에서 무장을 한 코끼리를 선두에 배치하여 공격하자, 종각이 사자의 형상을 만들어 막게 하니 코끼리들이 놀라 달아났다고 한다.

447) **南方有贛巨人**, 人面**長臂**黑身, 有毛反踵, 見人笑, **亦**笑唇**蔽其面**, **因卽逃也**.(『山海經, 卷十八, 海內經』) → 人面黑身, 有毛反踵, 見人**則**笑, 笑**則上**唇**掩目**.(『松南雜識』)

448) 一名山㺯, 俗**謂之**山都.(『爾雅翼, 卷十九, 釋獸二, 狒狒』) → 俗**呼爲**山都, **爾雅翼**曰, **鸓鸓亦**名山㺯.(『松南雜識』)

449) 오임신(吳任臣) : 청나라 사람. 『산해경』 주석본인 『산해경광주(山海經廣注)』를 편찬하였다.

450) 爾雅翼曰, 嶌嶌亦名山㺯. 吳任臣曰, 狒狒人形, 山㺯獸狀, 故有差別.(『康熙字典, 㺯』)

연암 박지원이 "또한 야파(野婆)라고 한다. 바로 부인의 형상을 하였지만 짐승의 종류이다. 손의 털은 원숭이 같다. 대개 남방에서 나는데, 능히 사람의 뜻을 이해한다"[451]라고 하였다.

곽박(郭璞)[452]의 찬(贊)에서,

비비(狒狒)라는 괴이한 짐승은	狒狒怪獸
온몸이 털이고 대[竹]를 잡고 있다	被髮操竹
사람을 잡으면 웃는데	獲人則笑
입술이 그 눈을 덮는다	脣蔽其目
마침내 소리쳐 울다가	終亦號咷
도리어 우리에게 죽는다	反爲我戮

라고 하였다.[453]

「오도부(吳都賦)」[454]에서,

성성이는 울다가 사로잡히고	猩猩啼而就禽
비비는 웃다가 매를 맞는다	𧍧𧍧笑而被格[455]

라고 하였다.

---

451) **車上婦人更熟視之**, **非婦人**, 乃人形而獸類也. 手毛如猿. **所持物若摺扇**, **瞥視則貌似絶艶**, **然視之審**, **如老嫗而妖厲**, **長纔數尺餘**, **車褰幨帷**, **左右顧眄**, **目如蜻蜓**, 大抵南方産, 能解人意**云**. **或曰**, **此山都也**.(『燕巖集, 卷十四, 別集, 熱河日記, 山莊雜記, 萬國進貢記』) → **亦謂野婆**, 乃**婦**人形而獸類也, 手毛如猿, 大抵南方産, 能解人意**者**.(『松南雜識』)

452) 『松南雜識』에는 '山谷'으로 되어 있음.

453) **郭璞槖羊讚**. **狒狒**怪獸, 被髮操竹, 獲人則笑, 脣**蔽**其目, 終亦號咷, 反爲我戮.(『康熙字典, 狒』) → **山谷贊曰**, **𧍧𧍧**怪獸, 被髮操竹. 獲人則笑, 唇**盖**其目. 終亦號咷, 反爲我戮.(『松南雜識』)

454) 오도부(吳都賦) : 좌사(左思)의 작품.

455) 猩猩啼而**就禽**, **𧍧𧍧**笑而被格.(『文選註, 卷五, 京都下, 吳都賦』) → **𧍧𧍧**笑而被格, 猩猩啼而**見擒**.(『松南雜識』)

지금 북도에 그것이 있으니, 우리나라에서는 '두어(杜禦)'라고 한다. 모든 짐승들이 두려워 복종하기 때문에 짐승을 쫓을 때는 '두어'라고 소리쳐서 두렵게 만든다. 사냥꾼이 미리 몽치[456]를 지니고 있다가 이놈의 입술을 때려서 입술이 머리를 위를 가리면 잡는다고 한다. 또 갈기의 길이가 두세 척 되는데 마치 사람의 수염과 같다. 지금 북도의 가체(加髢)[457]는 대부분 이놈의 갈기로 만든다고 한다.

성성
猩猩

운서(韻書)에서 "짐승으로, 말을 할 줄 안다"[458]라고 하였다.

『예기(禮記)』에서 "성성이는 사람 말을 할 줄 알지만, 짐승의 본성을 잃지 않았다"[459]라고 하였다.

원숭이나 사람과 비슷하지만 어린애 같은 소리를 내며, 교지에서 난다.

배염(裵炎)[460]의 명(銘)에서 말하였다.

무평(武平)의 봉계현(封谿縣)에는 성성이가 항상 수백 마리씩 무리를 이루고 있다. 사람이 술과 술지게미를 길가에 차려 놓고 짚신을 연결해 놓으면, 성성이가 그것을 보고 차려 놓은 사람의 조상 이름을 부르면서 말을 한다.

456) 몽치 : 짤막하고 단단한 몽둥이. 주로 사람이나 동물을 때리는 데에 쓰며, 예전에는 무기로도 썼다.

457) 가체(加髢) : 부인들의 머리 위에 얹는 큰머리. 일종의 가발이다.

458) **猩猩**, 獸能言者.(『韻府羣玉, 猩』) → 獸能言者.(『松南雜識』)

459) **猩猩**, 能言, 不離**禽**獸.(『禮記注疏, 卷一, 曲禮上』) → 能言, 不離**走**獸**也**.(『松南雜識』)

460) 배염(裵炎) : 당나라 사람. 자는 자융(子隆). 측천무후를 도와 중종을 폐하고 예왕을 세우는데 공을 세워 영청현남(永淸縣男)에 봉해졌다. 후에 무후의 뜻을 어겨 죽음을 당하였다.

"저놈이 우리에게 차려주려고 버리고 갔구먼."

그리고는 다시 스스로 말을 한다.

"한번 같이 술 맛이나 보자구."

이놈들은 취기가 오르면 신을 가져다 신으니, 이렇게 되면 사람에게 사로잡힌다. 마을 사람이 살찐 놈을 찾으면, 자체적으로 살찐 놈을 골라서 울면서 보낸다.[461]

황정견(黃庭堅)의 시에,

술을 좋아하여 술 취한 혼이 남았으니	愛酒醉魂在
말을 잘 하면서 기미(機微)에는 서툴다	能言機事踈
평소에 신발을 몇 켤레나 신었던가	平生幾緉屐
죽어서는 다섯 수레의 책을 썼도다[462]	身後五車書[463]

라고 하였다.

류류 · 문문
榴榴文文

『산해경』에서 "음산(陰山)에 천구(天狗)라는 짐승이 있는데, 그 모양은

461) 似猿人面聲如小兒. **人面豕身**, 出交趾. 裴炎銘**云**, 武平封**溪**縣, 猩常數百爲群, 人以酒幷糟, 設於路側, 連結草屐, 猩見之, 則**知**張者祖先姓名呼云, 奴欲張我捨去, 復自謂曰, 試共嘗酒, 逮醉取屐着之, 爲人所擒, 里人索肥者, 乃自推肥, 泣而遣之.(『韻府羣玉, 猩』)→似猿人面聲如小兒. 出交趾. 裴炎銘**曰**, 武平封**谿**縣, 猩常數百爲群. 人以酒幷糟, 設於路側, 連結草屐, 猩見之, 則張者祖先姓名呼云, 奴欲張我捨去, 復自謂曰, 試共嘗酒, 逮醉取屐着之, 爲人所擒, 里人索肥者, 乃自推肥, 泣而遣之.(『松南雜識』)

462) 성성이 털로 만든 붓으로 많은 글을 썼다는 의미.

463) 「화답전목부영성성모필(和答錢穆父詠猩猩毛筆)」.

삵과 비슷하며 그 소리는 '유류(榴榴)'라고 하는 것과 비슷하다"[464]라고 하였다.

서씨의 「빈원부(賓遠賦)」에서 "짐승 중에 '마가(摩伽)'는 현인을 부른다"라고 하였다.[465]

또 『산해경』에서 "방고산(放皐山)에 어떤 짐승이 있는데, 벌과 비슷하다. 꼬리가 갈라져 있고 혀는 뒤집혀 있다. 소리를 잘 지르니 이름은 '문문(文文)'이라고 한다"[466]라고 하였다.

통통 · 석석
狪狪獡獡

『산해경』에서 "태산(泰山)에 어떤 짐승이 있으니, 모양은 돼지와 비슷하며 구슬을 품고 있다. 그 울음소리는 스스로 자기 이름을 불러 '통통(狪狪)'이라고 한다"[467]라고 하였다.

곽박(郭璞)의 찬(贊)에서,

조개라야 진주를 품지만	蚌則含珠
짐승이라고 불가능할까	獸何不可

---

464) **西三百里曰**, 陰山, **濁浴之水出焉**, **而西流注于蕃澤**, **其中多文貝**, 有獸焉, 其狀如**狸而白首**, **名曰天狗**, 其音如榴榴, **可以禦凶**.(『山海經, 卷二, 西山經』)→陰山有獸, 其狀如**貍**. 其音如榴榴.(『松南雜識』)

465) 招賢獸, 出摩伽陀國, 性善, 不干人, 形如獅子. 若國人見賢良相訪則出現.(『天中記, 卷六十, 招賢』)→徐氏賓遠賦, 獸則摩伽招賢.(『康熙字典, 伽』)→徐氏賓遠賦**云**, 獸則摩伽招賢.(『松南雜識』)

466) **東五十二里曰**, 放皐之山, **明水出焉**, **南流注于伊水**, **其中多蒼玉**, **有木焉**, **其葉如槐**, **黃華而不實**, **其名曰蒙木**, **服之不惑**, 有獸焉, **其**狀如蜂, **枝**尾**而**反舌, 善呼, **其名**曰文文.(『山海經, 卷五, 中山經』)→**又**放皐之山, 有獸, 狀如蜂, **歧**尾反舌, 善呼, 曰文文.(『松南雜識』)

467) **南三百里曰**, 泰山, **其上多玉**, **其下多金**, 有獸焉, **其**狀如豚而有珠, 名曰**狪狪**.(『山海經, 卷四, 東山經』)→泰山有獸, 狀如豚而有珠, **其鳴自呼**名曰**狪狪**.(『松南雜識』)

통통은 돼지처럼 생겼는데　　狪狪如豚
갈옷 입고 재앙을 품었구나　　被褐懷禍
환란은 따로 연유가 없나니　　患難無由
스스로 불러들인 것이라네　　招之自我[468)]

라고 하였다.

또 석석(猎猎)에 대해서는 『산해경』에 그 기록이 있으니, "선민산(先民山)에 검은 벌레가 있는데, 곰 같은 모양이며 이름을 '석석(猎猎)'이라 한다"[469)]라고 하였다. 혹은 '삭삭(猲猲)'이라 한다.

성성 · 유유
狌狌狖狖

『산해경』에서 "작산(鵲山)에 긴 꼬리 원숭이[禺]와 비슷한 짐승이 있는데, 흰 귀가 달려 있다. 엎드려 가고 사람처럼 달리는데, 이름을 '성성(狌狌)'이라고 한다. 그것을 잡아먹으면 달리기를 잘 한다"[470)]라고 하였다.

『이아(爾雅)』의 주석에서 "왕회(王會)가 '도곽(都郭) 성성이와 기우(欺羽) 성성이는 황구(黃狗)와 비슷하고 사람의 얼굴을 하였으며 말을 할 줄 안다'고 말하였다"[471)]라고 하였다.[472)]

---

468) 『山海經廣注, 卷四, 東山經』의 주석.

469) **大荒之中有山**, **名曰衡天**, **有**先民之山, …… 有黑蟲如熊狀, 名曰猎猎.(『山海經, 卷十七, 大荒北經』) → 先民之山, 有黑蟲如熊狀, 名曰猎猎.(『松南雜識』)

470) **南山經之首**, **曰**誰山, …… 有獸**焉**, **其**狀如禺而白耳, 伏行人走, 其名**曰**狌狌, 食之善走.(『山海經, 卷一, 南山經』) → 誰山有獸, 狀如禺而白耳, 伏行人走, 其名狌狌, 食之善走.(『松南雜識』)

471) **周書**, 王會曰, 都郭狌狌, 狌狌若黃狗人面, 能言.(『爾雅注疏, 卷十一, 釋獸』의 주석) → 王會曰, 都郭狌狌, **欺羽**狌狌, 若黃狗人面**而**能言.(『松南雜識』)

472) 爾雅**釋獸**, 註, 王會曰, 都郭狌狌, 欺羽狌狌, 若黃狗人面, 能言. 山海經, 誰山有獸, 狀如禺而白耳, 伏行人走, 其名曰狌狌, 食之善走.(『康熙字典, 狌』) → 山海經**曰**, 誰山有獸, 狀如禺而白耳, 伏行人走, 其名狌狌, 食之善走. 爾雅註, 王會曰, 都郭狌狌, 欺

또 "인산(䃌山)에 어떤 짐승이 있는데, 모양은 말 같으며 양의 눈을 하였고, 뿔이 네 개고, 소의 꼬리가 달렸는데, 이름을 '유유(峳峳)'라고 한다. 유유가 출현하면 그 나라에는 교활한 손님이 많아진다"[473]라고 하였다.

곽박(郭璞)의 찬(贊)에서,

좋은 정치는 현인을 얻는 데 있나니	治在得賢
멸망 하는 것은 인재를 잃어서라네	亡由失人
유유(峳峳)가 나타나니	峳峳之來
교활한 손님이 오겠지	乃致狡賓[474]

라고 하였는데, 그 주석에서 "'峳의 음은 유"라고 하였다.[475]

폐폐·령령
獙獙軨軨

『산해경』에서 "고봉산(姑逢山)에 어떤 짐승이 있는데, 모양은 여우같으며 날개가 있다. 그 소리는 기러기 같으니, 이름을 '폐폐(獙獙)'라고 한다"[476]라고 하였다.

羽狌狌, 若黃狗人面而能言.(『松南雜識』)

473) **南五百里曰**, 䃌山, **南臨䃌水**, **東望湖澤**, 有獸**焉**, **其**狀如馬, **而**羊目四角牛尾, **其音如獋狗**, **其**名曰峳峳, 見則其國多狡客.(『山海經, 卷四, 東山經』)→䃌山有獸, 狀如馬, 羊目四角牛尾, 名曰峳峳, 見則其國多狡客.(『松南雜識』)

474) 圖贊曰, 治則得賢, 亡由失人, 峳峳之來, 乃致狡賓.(『山海經廣注, 卷四, 東山經』의 주석)

475) **山海經**, 䃌山有獸, 狀如馬, 羊目四角牛尾, 名曰峳峳, 見則其國多狡客. 郭璞贊, 治在得賢, 亡由失人. 峳峳之來, 乃致狡賓. 註, 峳音攸.(『康熙字典, 峳』)→䃌山有獸, 狀如馬, 羊目四角牛尾, 名曰峳峳, 見則其國多狡客. 郭璞贊**曰**, 治在得賢, 亡由失人. 峳峳之來, 乃致狡賓. 註, 峳音攸.(『松南雜識』)

476) **南三百里曰**, 姑**逢**之山, **無草木多金玉**, 有獸焉, **其**狀如狐而有翼. **其**音如鴻鴈, **其**

또 "공상산(空桑山)에 어떤 짐승이 있는데, 모양은 소와 같으며 호랑이 무늬가 있으니, 이름을 '령령(軨軨)'이라고 한다"477)라고 하였다.

모휘

獏獡

『신이경(神異經)』에서 "서황(西荒)의 가운데에 사람의 일종이 사는데, 키는 사람과 비슷하고 헤진 옷을 입었으며, 손은 호랑이 발톱이니, 이름을 '모휘(獏獡)'라고 한다. 사람이 혼자 가는 것을 엿보는데, 사람의 뇌를 먹기 위해서이다. 또 혀를 빼면 한 길 남짓이나 된다"478)라고 하였다.

『광운(廣韻)』에서 "모휘(獏獡)는 짐승의 이름이다"라고 하였다.479)

가확

猳玃

운서(韻書)에서 "확부(玃父)는 미후(獼猴)보다 크고 사람을 움켜잡을 수 있기 때문에 그런 이름이 붙었다"480)라고 하였다.

名曰獙獙.(『山海經, 卷四, 東山經』)→姑**蓬**之山, 有獸焉, 狀如狐而有翼, 音如鴻鴈, 名曰獙獙.(『松南雜識』)

477) **東次二經之首曰**, 空桑之山, **北臨食水**, **東望沮吳**, **南望沙陵**, **西望湣澤**, 有獸焉, **其**狀如牛而虎文, **其音如欽**, 其名曰軨軨.(『山海經, 卷四, 東山經』)→空桑之山, 有獸焉, 狀如牛而虎文, 其名曰軨軨.(『松南雜識』)

478) 西荒之中, 有人焉, 長短如人, 著敗衣, 手虎爪, 名獏獡. 伺人獨**行**, **輒**食人腦. **或**舌**出盤地**丈餘.(『神異經』)→西荒之中, 有人焉, 長短如人, 著敗衣, 手虎爪, 名獏獡. 伺人獨**自**, **欲**食人腦. **又出**舌丈餘.(『松南雜識』)

479) 神異經, 西荒之中, 有人焉, 長短如人, 著敗衣手虎爪, 名獏獡. 伺人獨自, 欲食人腦. **集韻**, **獏獡**, 出舌丈餘, **東方朔說**. **又**廣韻, **呼艾切**, **音飲**, 獸名, **出音譜**.(『康熙字典, 獡』)→神異經**曰**, 西荒之中, 有人焉, 長短如人, 著敗衣手虎爪, 名獏獡. 伺人獨自, 欲食人腦. **又**出舌丈餘. 廣韻**曰**, 獸名**也**.(『松南雜識』)

480) 爾雅, 玃父善顧. 注. 似獼猴而大, 能攫持人, 好顧盼.(『佩文韻府, 善顧』)→大玃, 能

지봉(芝峯) 이수광(李睟光)이 말하였다.

촉산(蜀山)에 어떤 짐승이 있는데 선후(獮猴)와 비슷하다. 부녀자를 잡아 가서 아내로 삼는데 사람들이 알지 못하게 한다. 이놈이 자식을 낳으면 사람과 같은데 양(楊)씨로 성을 삼기 때문에 촉에는 양씨가 많다고 한다. 『초씨역림(焦氏易林)』에 "남산(南山)의 대확이 나의 예쁜 첩을 훔쳐갔다"[481]는 말이 있다.[482]

과연
猓然

『국사보(國史補)』에서 "원숭이의 등속이니, 검은 빰에 수염이 있다. 살아서는 서로 차례가 있고 죽을 때는 서로 따른다. 그래서 양주(揚州)사람이 과연(果然) 한 마리를 잡으면 수십 마리의 과연을 얻을 수 있었다. 대개 종족을 모아서 죽어도 떠나지 않기 때문이다"라고 하였다.[483]

『비아(埤雅)』에서 말하였다.

『주례(周禮)』에서 "방거(駹車)는 과연(果然)의 가죽으로 덮개를 한다"[484]라고 한 것은 밝고 편안하면 서로 도와주고 어려움이 있으면

攫搏人者, 故名焉.(『松南雜識』)

481) 南山大玃, 盜我媚妾.(『焦氏易林, 卷一, 坤之第二』)

482) 蜀山有物, 如獮猴. **名化, 或曰豭玃**. 取去婦女爲室家, 使人不得知. **十年之後, 形皆類之**, 産子如人, 皆以楊爲姓, 故蜀**中**多楊云. **余赴京時, 見人家壁上, 多畵豭玃, 其中有婦人頭面皆作玃形, 蓋卽此也. 焦氏**易林曰, 南山**者**玃, 盜我媚妾, **古亦有是說矣**.(『芝峯類說, 卷二十, 禽蟲部, 獸』)→蜀山有物, 如獮猴, 取去婦女爲室家, 使人不得知, 産子如人, 皆以楊爲姓, 故蜀多楊**姓**云. 易林曰, 南山大玃, 盜我媚妾.(『松南雜識』)

483) **果然**猿屬. 黑頰有髯. 生相序, 死相赴. 揚州, 取一果然, 數十果然可得. 蓋聚族而**啼**, 死之不去. 國史補.(『韻府羣玉, 果然』)→國史補**曰**, 猿屬. 黑頰有髯. 生相序, 死相赴. 揚州**人**, 取一果然, 數十果然可得, 盖聚族而死之不去.(『松南雜識』)

서로 따라 가기 때문이다. 옛 설에 "과연(果然)의 가죽은 오색인데 그 가운데로 담요를 만든다고 하였다"라고 하였다.[485]

왕세정(王世貞)[486]이 「제전횡문(祭田橫文)」에서 이 과연의 일을 인용하였다.

위랑모후
爲郞母猴

『여씨춘추(呂氏春秋)』에서 "개는 확(玃)과 비슷하고, 확은 모후(母猴)와 비슷하고, 모후는 사람과 비슷하다"[487]라고 하였다.

운서(韻書)에서 "원숭이 등속 중에 저(狙)가 있는데, 엿보기를 잘 한다"라고 하였으니, 바로 "장량(張良)[488]이 진시황을 저격(狙擊)하였다"는 말이 이것이다.

---

484) 駹車**雚蔽**, 然複**髤飾**.(『周禮注疏, 卷二十七, 春官宗伯下』)→駹車然複.(『松南雜識』)

485) **猵, 獸, 似猨, 青身黑頰, 有髯, 髯黑, 其手亦黑, 性好理髯, 又愛其類, 生相序死相赴, 殺一, 可以致百. 故**周官, **素車犬複, 言君臣之道尙微, 當警備也, 藻車鹿淺複**, 駹車然複, **言喪事彌吉, 而君臣之道滋定, 故鹿複**, 以明安則相求, **患難則相衛, 然複以明安則相叙**, 患難則相赴也. 舊說, 猵皮五色, 中爲茵毯.(『埤雅, 卷五, 釋獸, 猵』)→埤雅, **猵, 獸, 似猨, 青身黑頰, 有髯, 髯黑, 手亦黑, 惟好理髯, 又愛其類, 生相聚死相赴, 殺一, 可以致百, 故**周官, 駹車然複, 以明安則相求, 患難則相赴也. 舊說, 猵皮五色, 中爲茵毯.(『康熙字典, 猵』)→埤雅曰, 周官, 駹車然複, 以明安則相求, 患難則相赴也. 舊說, 猵皮五色, 中爲茵毯.(『松南雜識』)

486) 왕세정(王世貞) : 명나라의 학자. 문학가. 태창(太倉) 출신. 자는 원미(元美). 호는 봉주(鳳洲)·엄주산인(弇州山人). 문학에 있어서 "산문은 반드시 서한을 따르고 시는 반드시 성당을 따라야 한다"고 주장하였으며 화려한 문장 수식에 힘쓰다가 만년에야 비로소 점차 평담(平淡)해졌다. 저서에 『엄산당별집(弇山堂別集)』·『고불고록(觚不觚錄)』·『엄주산인사부고(弇州山人四部稿)』·『왕씨서원(王氏書苑)』 등이 있다.

487) 狗似玃, 玃似母猴, 母猴似人.(『呂氏春秋, 卷二十二, 愼行論, 察傳』)

488) 장량(張良) : 한(漢)나라의 건국공신. 자는 자방(子房). 한나라 고조를 도와 천하를 통일하여, 소하·한신과 함께 한나라 창업의 삼걸(三傑)로 일컬어진다.

또 연노(狿猱)는 나무에 잘 오른다. 『시경(詩經)』에서 "연노에게 나무타기를 가르치지 말지어다[毋教猱升木]"[489]라고 한 말이 이것이다.

또 호손(猢猻)은 불경에서 말한 "천진(天津) 다리 위에 호손(猢猻)이 멈춰 있으니, 삼장법사(三藏法師)가 그 속마음을 헤아려 보았다"라고 한 말이 이것이다.

또 편달(猵狚)이 있다.

또 『설문해자』에서 말하였다.

> '위(爲)'는 모후(母猴)이다. 모후(母猴)의 속성은 손톱 사용하는 것을 좋아하니 손톱은 모후의 상징이기 때문이다. '爲'자의 복부(腹部 : 글자의 중간)는 모후의 형체이다.[490]

지봉(芝峯) 이수광(李睟光)이 말하였다.

> 유종원(柳宗原)의 표문(表文)에서 "한 번 용안(龍顔)을 뵈오니 일만번 죽어도 오히려 족합니다[猶足]"라고 하였다. 그런데 유(猶)는 짐승의 이름으로 큰 노루(麂)와 비슷한데 성질이 의심이 많으니, 유예(猶豫)라고 할 때의 '유(猶)'이다. 후세 사람이 '만 번 죽어도 만족하다[萬死爲足]'[491]라고 고쳤으니 더욱 묘하다.[492].

---

489) 『詩經, 小雅, 角弓』.

490) 母猴也, 其爲禽好爪, **爪**, **母猴象也**, 下腹爲母猴形.(『說文解字, 爲』)→說文, 爲母猴也, 其爲禽好爪下腹, 爲母猴形.(『韻府羣玉, 爲』)→說文云, 母猴也, 其爲禽, 好爪下腹, 爲母猴形.(『松南雜識』)

491) '猶'자가 짐승의 이름이라는 의미를 갖는 것과 같이 '爲'도 짐승의 이름이라는 의미를 갖는다.

492) 柳**子厚**表**曰**, 一覲龍顔, 萬死猶足, 猶**卽**獸名, **可謂妙對**, 後人**又作**萬死爲足, **按說文**, **爲母猴也**, 尤妙.(『芝峯類說, 卷八, 文章部一, 古文』)→柳**州**表, 一覲龍顔, 萬死猶足**云**. 猶獸名, **如麂性疑**, **卽猶豫之猶也**. 後人**改**萬死爲足, 尤妙**也**.(『松南雜識』)

우 · 우
禺寓

『정자통(正字通)』에서 말하였다.

우(禺)는 선후(獮猴)와 비슷하지만 그보다 더 크다. 눈이 붉고 꼬리가 긴데, 산 속에 많이 있다. 『설문해자』에서 "오직 모후(母猴)의 족속만 우(禺)라고 지칭하는 것은 잘못이다"라고 하였다.[493]

'우(禺)'의 음은 '우'이다.
『이아(爾雅)』[494]에서 "우(寓)의 등속이 있다"라고 하였는데, 그 주석에서 "미후(獼猴)의 등속은 나무 위에 기우(寄寓)[495]하기 때문에 '우(寓)'라고 한다"라고 하였다.[496]

구 · 나
瞉難

『설문해자』에서 말하였다.

구(瞉)은 개의 족속이다. 허리 위는 황색이고 허리 아래는 흑색인데, 모후(母猴)를 잡아먹으며 장양(牂羊 : 암양)과 비슷하다. 촉 지역의

---

493) 禺似獮猴而大, 赤目長尾, 山中多有之. 說文, **猴屬不誤**, 專指爲母猴屬, **爲頭似鬼, 則**誤也.(『正字通, 禺』) → 正字通, 禺似獼猴而大, 赤目長尾, 山中多有之. 說文, 專指爲母猴屬, 誤.(『康熙字典, 禺』) → 正字通**曰**, 禺似獮猴而大, 赤目長尾, 山中多有之. 說文, 專指爲母猴屬, 誤**也**.(『松南雜識』)
494) 『松南雜識』에는 '山海經'으로 오기되어 있음.
495) 기우(寄寓) : 임시로 남의 집에 몸을 의지하고 지냄.
496) **爾雅釋獸**, 有寓屬. 註, **謂**獼猴之類, 寄寓木上, 故曰寓.(『康熙字典, 寓』) → **山海經曰**, 有寓屬. 註, 獼猴之類, 寄寓木上, 故曰寓.(『松南雜識』)

북효산(北囂山) 속에 난다. 개의 머리에 말 꼬리를 하고 있다.[497)]

『산해경』에서 "나(𪕰)는 독서(猷鼠)와 비슷하게 생겼고 이마에 무늬가 있으니, 이름은 '나(𪕰)'라고 한다. 그것을 잡아먹으면 목의 혹을 치료할 수 있다"[498)]라고 하였다. '𪕰'의 음은 '나'이다.

독 · 원
獨猿

『산해경』에서 "북효산(北囂山)에 어떤 짐승이 있는데, 모양은 호랑이와 비슷하지만 흰색이다. 개의 머리, 말의 꼬리, 돼지의 갈기를 하고 있는데, 이름은 '독욕(獨狢)'이다"[499)]라고 하였다.

『설문해자』에서 "독(獨)은 원숭이와 비슷하지만 그보다는 더 크며, 원숭이를 잡아먹는다. 원숭이는 무리를 짓는 습성이 있는데 독(獨)은 홀로 다니는 습성이 있다. 원숭이는 세 번 울고, 독은 한 번 운다"라고 하였다.[500)]

『비아(埤雅)』에서 "독이 한 번 울부짖으면 원숭이들이 흩어지고, 악어

---

497) 犬屬, 腰已上黃, 腰已下黑, 食母猴, **從犬**, **殸聲**, **讀若構**, **或曰穀**, 似牂羊, 出蜀北囂山中, 犬首而馬尾, **火屋切**.(『說文解字, 㲉』)→**㲉**, 犬屬**也**, 腰已上黃, 腰已下黑, 食母猴, 似牂羊, 出蜀北囂山中, 犬首而馬尾.(『松南雜識』)

498) **中山經薄山之首**, **曰甘棗之山**, **共水出焉**, **而西流注于河**, **其上多杻木**, **其下有草焉**, **葵本而杏葉**, **黃華而莢實**, **名曰籜**, **可以已瞢**. **有獸焉**, **其**狀如猷**鼠**而文題, 其名曰𪕰, 食之已癭.(『山海經, 卷五, 中山經』)→**𪕰**狀如猷**尾**而文, 題其名曰𪕰, 食之已癭.(『松南雜識』)

499) **北三百里曰**, 北囂之山, **無石**, **其陽多碧**, **其陰多玉**, 有獸焉, 其狀如虎而白**身**, 犬首馬尾彘鬣, 名曰獨狢.(『山海經, 卷三, 北山經』)→北囂之山, 有獸焉, 其狀如虎而白, 犬首馬尾彘鬣, 名曰獨狢.(『松南雜識』)

500) 犬相得而鬭也, 從犬, 蜀聲, 羊爲羣, 犬爲獨也, 一曰, 北囂山有獨狢, 獸如虎, 白身, 豕鬣, 尾如馬, 徒谷切.(『說文解字, 獨』)→**有獸名**. 獨似猿而大, 食猿, 猿性羣, 獨性特, 猿鳴三, 獨鳴一. 說文.(『韻府羣玉, 猿獨』)→說文**曰**, 獨似猿而大, 食猿, 猿性羣, 獨性特, 猿鳴三, 獨鳴一.(『松南雜識』)

가 한 번 울면 거북이가 엎드린다. 또 악어는 밤에 울고, 독은 새벽에 운다"[501]라고 하였다.

우리나라의 전설에 "독은 언제나 있는 짐승이 아니다. 세상이 뒤바뀔 때 반드시 출현하는데, 고려 말 포은(圃隱) 정몽주(鄭夢周)가 그 짐승을 알았다"고 한다.

원(猿)은 본래 우리나라에는 없는데 아마도 중국에서 온 듯하다. 이놈은 울지 않지만, 두미천(斗尾遷)과 월계천(月溪遷[502])에 이르면 우니, 산수의 형세가 중국의 무협(巫峽)과 비슷하기 때문이라고 한다.

운서(韻書)에서 말하였다.

> 손각(孫恪)은 원씨(袁氏)를 아내로 맞아 아들 둘을 낳아 키웠다. 훗날 그가 가족을 데리고 단주(端州)를 지나게 되었다. 그런데 원씨는 협사(峽寺)에서 놀고 싶어서 "옛날의 나이 먹은 제자가 왔습니다"라고 말하고 푸른 옥가락지를 중에게 올렸다. 그때 들원숭이들이 어깨를 나란히 하고 내려오니, 원씨가 서글픈 마음으로 "친구들을 따라 산속으로 돌아가서 짙은 안개 속에서 휘파람부는 것만 못하네"라고 썼다. 그리고는 붓을 내던지더니 원숭이가 되어 가버렸다. 중이 그제야 옛날에 자신이 기르던 원숭이를 고역사(高力士[503])가 속백(束帛[504])과 바꾸어 간 일과 푸른 옥가락지는 그때 자신이 원숭이에게 딸려 보낸 것임을 깨달았다.[505]

---

501) 獨一吗而猨散, 鼉一鳴而龜伏, **或曰**鼉鳴夜, 獨**鳴**曉, **獨猨類也**.(『埤雅, 卷四, 釋獸』)
→獨一吗而猨散, 鼉一鳴而龜伏, **又**鼉鳴夜, 獨**叫**曉.(『松南雜識』)

502) 두미천(斗尾遷) : 두미벼리. 경기도 광주군(廣州郡) 동부읍(東部邑) 배알미리(拜謁尾里)와 남양주군(南楊州郡) 와부읍(瓦阜邑) 사이의 도미나루[度迷津]북쪽 언덕에 있었던 벼랑길. 월계천(月溪遷)은 대동강에 있었다.

503) 고역사(高力士) : 당 현종의 환관(宦官)으로 총애를 믿고 정권을 농락하였다. 여러 번 승진하여 표기대장군(驃騎大將軍)에까지 이르렀고 제국공(齊國公)에 봉해졌음.

504) 속백(束帛) : 한 묶음의 비단. 비단 다섯 필을 각각 양끝에서 마주 말아서 한 묶음으로 한 것. 방문할 때 예물로 썼음.

『견문록(見聞錄)』에서 "왕인유(王仁裕)에게 작은 원숭이가 있는데, 이름이 '야빈(野賓)'이다"라고 하였다.[506)]

유알
幽頞

『산해경』의 찬(贊)에서,

유알은 원숭이처럼 생겼는데	幽頞似猴
바보를 지혜로운 이로 만든다	俾愚作智
이놈은 사물에 닿으면 웃으며	觸物則笑
사람을 보면 거짓 잠든 척하며	見人佯睡
잔 꾀 부리는 것을 좋아하지만	好用小慧
결국엔 이때문에 사로잡힌다네	終是嬰累[507)]

505) 續世說, 唐代宗時孫恪, 遊洛陽, 娶袁氏女, 爲妻生二子. 十年後, 從南海辟挈家, 過端州, 袁氏欲遊峽山寺. 旣至徑, 持一碧玉環, 獻與寺僧曰, 是汝院中物也. 僧初不悟, 及齋罷, 野猿數十連臂而下. 袁氏惻然題云, 不如逐伴歸山去, 長嘯一聲煙霧深. 擲筆化爲猿, 追嘯而去. 恪驚怛詢僧, 僧乃言此猿乃爲沙門時所養. 開元中, 高力士過此, 憐其慧, 强以束帛易之, 歸獻天子. 後聞馴擾於上陽宮內, 其碧玉環, 本胃人所施, 亦當時隨猿而去者.(『山堂肆考, 卷一百八十六, 珍寶, 猿獻』) → 孫恪妻袁氏**女**, 育二子, 後挈家過端州, 袁欲遊峽**山**寺云, 舊老門徒, 旣至, **若熟其路**, 持碧玉環獻僧, 有野猿**數十**聯臂而下, 袁惻然題云, 不如逐伴歸山去, 長嘯一聲, 烟露深. 擲筆爲猿而去, **老**僧方悟昔養猿高力士以束帛易之, 以碧玉環隨猿**頸**而去.(『韻府羣玉, 妻化猿』) → 孫恪妻袁氏, 育二子, 後挈家過端州, 袁欲遊峽寺云, 舊老門徒, 旣至, 持碧玉環獻僧, 有野猿聯臂而下, 袁惻然題云, 不如逐伴歸山去, 長嘯一聲, 烟霧深, 擲筆爲猿而去, 僧方悟昔養猿高力士以束帛易之, 以碧玉環, 隨猿而去.(『松南雜識』)

506) **又野賓**, **王氏**見聞錄, 王仁裕有猿, **小而慧黠**, 名**曰**野賓.(『康熙字典, 賓』) → 見聞錄**曰**, 王仁裕有**小**猿, 名野賓.(『松南雜識』)

507) **圖**贊曰, 幽頞似猴, 俾愚作智, 觸物則笑, 見人佯睡, 好用小慧, 終是嬰**累**.(『山海經廣注, 卷三, 北山經』의 주석) → **山海經**贊曰, 幽頞似猴, 俾愚作智, 觸物則笑, 見人佯睡, 好用小慧, 終是嬰**繫**.(『松南雜識』)

라고 하였다.

또 『설원(說苑)』에서 "초(楚)나라 장왕(莊王)이 운몽(雲夢)에서 사냥을 하다가 과치(科雉[508])를 쏘아 잡았다"[509]라고 하였다.

궐설 · 나보
闕洩那父

『이아(爾雅)』에 "궐설(闕洩)은 발가락이 많다[闕洩多狃]"[510]라고 하였는데, 그 주석에서 "궐설은 짐승의 이름이다. 그 다리에는 발가락이 많다. 뉴(狃)는 발가락이다"라고 하였다.[511]

『산해경』에서 "관제산(灌題山)에 어떤 짐승이 있는데, 모양은 소 같은데 흰 꼬리가 있다. 그 소리는 사람이 소리치는 것 같으니, 이름을 나부(那父)라고 한다"[512]라고 하였는데, 그 주석에서 "규(訆)는 '사람이 소리 지르다'는 의미이다"[513]라고 하였다.[514]

---

508) 과치(科雉) : 방금 둥지에서 나온 어린 꿩.

509) 楚莊王, 獵於雲夢, 射科雉.(『說苑, 卷四, 立節』) → 楚莊王, **射**獵於雲夢, 射科雉.(『松南雜識』)

510) 『爾雅注疏, 卷十一, 釋獸』.

511) 闕泄獸名, 其脚多狃, 狃指也.(『爾雅注疏, 卷十一, 釋獸』의 주석)

512) **北三百二十里曰**, 灌題**之**山, **其上多樗柘**, **其下多流沙多砥**, 有獸**焉**, **其**狀如牛而白尾, 其音如訆, 名曰那父.(『山海經, 卷三, 北山經』) → 灌題山有獸, 狀如牛而白尾, 其音如訆, 名曰那父.(『松南雜識』)

513) 如人呼喚.(『山海經, 卷三, 北山經』의 주석)

514) 山海經, 灌題山有獸, 狀如牛而白尾, 其音如訆, 名曰那父, 註, 訆如人呼喚.(『康熙字典, 訆』) → 山海經**曰**, 灌題山有獸, 狀如牛而白尾, 其音如訆, 名曰那父. 註, 訆如人呼喚**也**.(『松南雜識』)

암놈도 되고 숫놈도 되는 유
類爲雌雄

『산해경』에서 "단원산(亶爰山)에 어떤 짐승이 있으니, 그 모양이 삵과 같은데 갈기가 있다. 그 이름을 '유(類)'라고 하는데, 혼자서 암놈과 수놈의 생식기를 갖추고 교미를 한다. 이놈을 먹은 사람은 시기하지 않는다"[515]라고 하였다.

『이아익(爾雅翼)』에서 "두 종류가 실려 있는데, '율류(膞類)'와 '기류(奇類)'이니, 바로 두 몸이 그 자체로 암수가 되는 것이다. '膞'은 '율(膟)'과 같다"라고 하였다.[516]

『장자(莊子)』에서 "유(類)는 한 몸에 암수의 생식기를 갖추고 있다. 그래서 풍화(風化)[517] 한다"[518]라고 하였다.

전설에 이마두(利瑪竇)[519]는 바로 유(類)의 소생이라고 한다.

---

515) **又東四百里曰**, 亶爰之山, **多水**, **無草木**, **不可以上**, 有獸焉, 其狀如貍而有髦, 其名曰類, 自爲牝牡, 食者不妒.(『山海經, 卷一, 南山經』) → 亶爰之山, 有獸焉, 其狀如貍而有髦, 其名曰類, 自爲牝牡, 食者不妒.(『松南雜識』)

516) **又**爾雅翼, 載兩類, 曰膞類奇類, 卽兩體自爲牝牡者, 膞與膟同.(『康熙字典, 類』) → 爾雅翼**曰**, 載兩類, 曰膞類奇類, 卽兩體自爲牝牡者, 膞與膟同.(『松南雜識』)

517) 풍화(風化) : 새나 짐승이 교배하지 않고도 새끼를 낳는 일.

518) 類自爲雌雄, 故風化.(『莊子, 天運』)

519) 이마두(利瑪竇) : 이탈리아 예수회 선교사인 Matteo Ricci의 중국이름. 1552~1610. A. 발리냐노의 부름을 받아 1582년 마카오에 내항, 이듬해 조경(肇慶)에 정주하도록 허가받아 가톨릭포교를 시작했다. 중국을 포함한 최초의 세계지도 「만국여도(萬國輿圖)」를 그렸는데, 조경 지부 왕반(王泮)에 의해 1584년 출판되었다. 1601년 북경(北京)에 들어가 명나라의 신종(神宗)에게 자명종·서양금 등을 바쳐 베이징에서 정주하도록 허락받았다. 구태소(瞿太素)·이지조(李之藻)·서광계(徐光啓) 등의 지식인이 개종하여 전도가 진전되고 그들의 협력으로 서양 과학기술서와 기타 서적을 번역·저술했다.

시육
視肉

『산해경』에서 "적산(狄山)에 시육(視肉)이 있다"[520]라고 하였는데 주석에서 "시육(視肉)은 짐승의 이름으로 살덩이가 소의 간처럼 뭉쳐있다. 두 개의 눈이 있으며 먹어도 다 없어지지 않으니 곧바로 이전처럼 되살아난다"[521]라고 하였다.[522]

지봉(芝峯) 이수광(李睟光)이 말하였다.

「이사전(李斯傳)」의 주석에서 "금록(禽鹿)은 금수와 같으니, 새와 짐승처럼 다만 고기를 보고 먹을 줄만 안다는 뜻이다"라고 하였다.[523]

염압
髯狎

『신이경(神異經)』에서 "팔황(八荒)의 중간에 털북숭이 사람이 있으니 이름을 '염공(髯公)'이라고 한다. 속칭 '염려(髯麗)' 또는 '염압(髯狎)'이라고 하는데, 비록 어린 염압이라도 위협적이다"[524]라고 하였다.

---

520) 狄山**帝堯葬於陽, 帝嚳葬於陰, 爰**有**熊羆文虎雌豹離朱**視肉.(『山海經, 卷六, 海外南經』) → 狄山有視肉.(『松南雜識』)

521) 聚肉, 形如牛肝, 有兩目**也**, 食之無盡, 尋復更生如故.(『山海經, 卷六, 海外南經』의 주석) → **獸名也**, 聚肉形如牛肝, 有兩目, 食之無盡, 尋復更生如故.(『松南雜識』)

522) **又**山海經, 狄山有視肉. 註, 聚肉形如牛肝, 有兩目**也**. 食之無盡, 尋復更生如故.(『康熙字典, 視』) → 山海經**曰**, 狄山有視肉. 註, **獸名也**, 聚肉形如牛肝, 有兩目, 食之無盡, 尋復更生如故.(『松南雜識』)

523) 李斯傳**禽鹿視肉**註, 禽鹿猶禽獸**也**. 言**如禽獸**但**知**視肉而食**之**.(『芝峯類說, 卷六, 經書部二, 諸史』) → 李斯傳註, 禽鹿猶禽獸, 言但視肉而食.(『松南雜識』)

524) 八荒之中, 有毛人焉 …… 名曰髯公. 俗**曰**髯麗. **一名**髯狎, 小兒髯狎可畏也.(『神異經』) → 神異經, 八荒之中, 有毛人焉, 名髯公, 俗**曰**髯麗, **一名**髯狎, 小兒髯狎可畏也.(『康熙字典, 狎』) → 神異經**曰**, 八荒之中, 有毛人焉, 名**曰**髯公, 俗**謂**髯麗, **又**髯狎, 小兒髯狎可畏也.(『松南雜識』)

제건 · 부제
諸犍夫諸

『산해경』에서 말하였다.

단장산(單張山)에 어떤 짐승이 있는데, 모양은 표범 같고 꼬리가 길며, 사람의 머리, 소의 귀에 눈은 하나이다. 이름을 '제건(諸犍)'이라고 하는데, 소리를 잘 지르고, 걸어 다닐 때는 그 꼬리를 입에 물고, 거처할 때는 꼬리를 똬리 튼다.[525]

또 "오안산(敖岸山)에 어떤 짐승이 있으니, 모양은 흰 사슴 같은데, 네 개의 뿔이 있으며 이름을 '부제(夫諸)'라고 한다"[526]라고 하였다.

서거
犀渠

『산해경』에서 "금고산(琴鼓山)에 흰 무소가 많다"[527]라고 하였는데, 그 주석에서 "이것과 벽한(辟寒) · 견분(鐲忿) · 벽진(辟塵) · 벽서(辟暑) · 제서(諸犀)는 모두 이칭이다"[528]라고 하였다. 또 "이산(釐山)에 어떤 짐승이

---

525) **又北百八十里曰**, 單張**之**山, **其上無草木**, 有獸**焉**, **其**狀如豹, **而**長尾人首, **而**牛耳一目, 名曰諸犍. **其鳴**善吒, 行則銜其尾, 居則蟠其尾.(『山海經, 卷三, 北山經』) → 單張山有獸, 狀如豹, 長尾人首, 牛耳一目, 名曰諸犍. 善叱, 行則銜其尾, 居則蟠其尾.(『松南雜識』)

526) **中次三經萯山之首曰**, 敖岸**之**山, …… 有獸**焉**, **其**狀如白鹿**而**四角, 名曰夫諸.(『山海經, 卷五, 中山經』) → 敖岸山, 有獸, 狀如白鹿四角, 名曰夫諸.(『松南雜識』)

527) **東南二百里曰**, 琴鼓之山, **其木多穀柞椒柘**, **其上多白珉**, **其下多洗石**, **其獸多豕鹿**, 多白犀.(『山海經廣注, 卷五, 中山經』) → 琹鼓之山, 多白犀.(『松南雜識』)

528) **任臣案**, **犀有山犀水犀兕犀三種**, **白者絶少**, 此與辟寒, 鐲忿, 辟塵, 辟暑, 諸犀, 皆異**種也**.(『山海經廣注, 卷五, 中山經』의 주석) → 此與辟寒 · 鐲忿 · 辟塵 · 辟暑 · 諸犀, 皆異**稱**.(『松南雜識』)

있는데, 모양은 소와 같고 사람을 잡아먹으니, 그 이름은 서거(犀渠)이다"[529]라고 하였다.[530]

서
犀

『설문해자』에서 "요외수(徼外獸)는 뿔이 코에 하나, 이마에 하나 달려 있다"[531]라고 하였다. 뿔 중에서 좁쌀 문양이 있는 것이 귀하다. 통천서(通天犀)와 화문서(花文犀)는 만물의 형상을 갖추고 있다. 모양은 무소 같이 생겼으며 머리는 돼지이고 모공 하나에 털이 세 가닥 나 있다. 이놈이 강이나 바다를 지나가면 물이 갈라진다.[532]

『이아(爾雅)』에서 말하였다.

> 뿔이 세 개인데, 하나는 정수리에, 하나는 이마에, 하나는 코 위에 있다. 코 위에 있는 것은 먹는 뿔인데, 작고 길쭉하지 않다. 이놈은 가시를 잘 먹는다. 또 뿔이 하나 있는 놈이 있다.[533]

---

529) **西一百二十里曰**, 釐山, **其陽多玉 其陰多蒐**, 有獸**焉**, **其**狀如牛**蒼身**, **其音如嬰兒**, **是**食人, 其名曰犀渠.(『山海經, 卷五, 中山經』)→釐山有獸, 狀如牛, 食人, 其名曰犀渠.(『松南雜識』)

530) 山海經, 栞鼓之山, 多白犀, 註, 此與辟寒・鐲忿・辟塵・辟暑・諸犀, 皆異**種也**. 又**山海經**, 釐山有獸, 狀如牛, 食人, 其名犀渠.(『康熙字典, 犀』)→山海經**曰**, 栞鼓之山, 多白犀, 註, 此與辟寒・鐲忿・辟塵・辟暑・諸犀, 皆異**稱**. 又釐山有獸, 狀如牛, 食人, 其名犀渠.(『松南雜識』)

531) **南**徼外**牛**, **一角**在鼻, 一**角**在**頂**.(『說文解字, 犀』)→徼外**獸**, **角一**在鼻, 一在**額**.(『松南雜識』)

532) 說文, 徼外獸, 角一在鼻, 一在額. **角**有粟文貴者, 通天花文**犀**, 備百物之形, 如水牛猪頭**三蹄**一孔三毛, 行江海水開.(『韻府羣玉, 犀』)→說文**曰**, 徼外獸, 角一在鼻, 一在額. 有粟文貴者, 通天花文, 備百物之形, 如水牛猪頭一孔三毛, 行江海水開.(『松南雜識』)

533) 三角, 一在頂上, 一在額上, 一在鼻上. 鼻上者, **卽**食角也. 小而不橢. 好食棘. 亦有一角者.(『爾雅注疏, 卷十一, 釋獸』의 주석)→三角, 一在頂上, 一在額上, 一在鼻上,

뿔이 셋 있는 것은 수서(水犀)이고 뿔이 둘 있는 것은 산서(山犀)이며, 뿔이 정수리에 있는 것은 정서(頂犀)이고 코에 있는 것은 비서(鼻犀)라고 하니, 무소[犀]는 네 종류가 있다.[534]

『이물지(異物志)』에서 "이놈은 산록에서 사는데, 해안에 사는 사람들이 길가에 나무 무소를 세워둔다. 무소는 언제나 나무에 기대어 서는 습성이 있기에 나무가 썩으면 무소도 넘어지니, 이때 때려서 죽인다"[535]라고 하였으니, 한나라 역사에서 폭리장(暴利長)이 악와(渥洼)에서 신마(神馬)를 잡을 때 이 계책을 쓴 일과 같다.[536]

어떤 사람은 숫무소가 외뿔소[兕]라고 한다. 외뿔소는 해마다 한 번씩 뿔이 빠지는데 이것을 산속에 묻어 둔다. 그러면 사람들이 나무로 뿔을 만들어서 몰래 바꾸어 두고 외뿔소가 두세 번 그곳을 떠나지 않아야지 뿔을 갖는데, 만약 바로 가져가면 다른 곳에 뿔을 숨겨놓아 찾을 수가 없다.

鼻上者, 食角也, 小而不橢. 好食棘. 亦有一角者.(『松南雜識』)

534) 爾雅釋獸, 犀似豕. 註, 犀似水牛, 豬頭, 大腹, 庳脚, 脚有三蹄, 黑色, 三角, 一在項上, 一在額上, 一在鼻上, 鼻上者, 卽食角也, 小而不擴, 好食棘, 亦有一角者. …… 三角者水犀也, 二角者山犀也, 在頂者謂之頂犀, 在鼻者謂之鼻犀, 犀有四輩.(『康熙字典, 犀』) → 爾雅曰, 三角, 一在頂上, 一在額上, 一在鼻上, 鼻上者, 食角也, 小而不橢, 好食棘, 亦有一角者. 三角者水犀, 二角者山犀也. 在頂者謂頂犀, 在鼻者謂鼻犀, 犀有四種.(『松南雜識』)

535) 海人於路植木犀, 犀常依木而立, 木爛犀倒, 因格殺之.(『韻府羣玉, 犀』) → 處於林麓, 海人於路植木犀, 犀常依木而立, 木爛犀倒, 因格殺之.(『松南雜識』)

536) 폭리장(暴利長)은 한무제 때 사람이다. 폭리장이 뛰어난 야생마를 잡기위하여, 먼저 흙으로 사람을 빚어 굴레를 들려서 세워 놓고 말들이 그것을 심상하게 여기도록 만든 후에, 자신이 흙으로 만든 사람을 대신하여 굴레를 들고 섰다가 말을 잡은 일이 있다.

물소를 '어'라 한다
水牛曰魚

지봉 이수광이 말하였다.

물소[水牛]는 모습이 들돼지와 비슷한데, 사람들이 집에서 길러 밭을 갈기도 하고 잡아먹기도 한다. 그곳은 날씨가 덥기 때문에 낮에는 물에 들어가고 해가 빠진 뒤에야 나오는데, 속칭 '흑각(黑角)'이라고 한다. 『오대사(五代史)』와 조완벽(趙完璧)[537]의 『안남국기(安南國記)』에서는 모두 '수시(水兕)'라고 하였다.[538]

우리나라 제주(濟州)에서 공물(貢物)로 바치는 희생 소는 코를 뚫지 않은 검은 수소로, 돼지와 비슷한데, 우리나라에서는 흑소(黑牴)라고 부른다. 또 『시경(詩經)』에서 "상아로 만든 활끝에 어(魚)로 만든 화살통이로다[象弭魚服]"[539]라고 하였는데, 그 주석에서 "어(魚)는 동해(東海)의 짐승 이름이다. 등 위에 얼룩 무늬가 있고 배 아래는 순청색(純青色)이다"[540]라고 하였다. 지금은 물소[水牛]라고 한다.

『술이기(述異記)』에서 "동해의 우어(牛魚)는 모양이 소와 같은데 껍질을 벗겨 매달아 두면 밀물 때 꼬리가 일어서고 썰물 때 꼬리 눕는다"[541]라고 하였다.

---

537) 조완벽(趙完璧) : 명나라 교주(膠州) 출신. 자는 전경(全卿), 호는 운학(雲壑). 문집으로 『해학음고(海壑吟稿)』가 전한다.

538) **趙完璧言安南國**, **有**牛形如野猪, **色蒼黑**, 人家畜養作耕, 或屠食, 以日氣熱, 故晝則**牛盡**入水, 日沒後乃出, **土人呼爲水牛**, **其角甚大**, **倭奴貿取以來**, **乃**俗**所**謂黑角, **按**五代史**云占城有**水兕, **蓋卽此也**.(『芝峯類說, 卷二十, 禽蟲部, 獸』) → **水**牛形如野猪, 人家畜養作耕, 或屠食, 以日氣熱, 故晝則入水, 日沒後乃出, 俗謂黑角, 五代史**及趙完璧安南國記**, **皆云**水兕.(『松南雜識』)

539) 象弭魚**服**.(『詩經, 小雅, 采薇』) → 象弭魚**腹**.(『松南雜識』)

540) 魚**獸**, **似豬**, 東海**有之**, **其皮**背上斑文, 腹下純青.(『毛詩注疏, 卷十六, 小雅, 采薇』) → 魚**者**, 東海獸**名也**. 背上斑文, 腹下純青.(『松南雜識』)

해리

海貍

『정자통(正字通)』에서 "등주(登州)에 머리는 너구리이고 꼬리는 물고기인 짐승이 있으니, 해리(海貍)라 부른다. 또 남방에 얼굴이 희고 꼬리는 여우와 비슷한 동물이 있으니, 우미리(牛尾貍) 또는 백면리(白面貍)라 부르는데, 오로지 온갖 과일들만 먹는다"[542]라고 하였다.

소철(蘇轍)[543]의 시에 "머리는 너구리같고 꼬리는 소 같네[首如貍尾如牛]"[544]라고 하였다.

목구

木狗

『정자통(正字通)』에서 "목구(木狗)는 광동(廣東) 주위의 강 속에 사는데, 모양은 검은 개 같고 나무에 오를 수 있다. 이놈의 가죽으로 옷이나 요를 만들면 다리의 기를 원활히 움직이게 하니, 원나라 세조가 다리에 병이 났을 때 그 가죽으로 바지를 만들었다"[545]라고 하였다.

---

541) 東海**有**牛魚, 其形如牛, **海人採捕**, 剝**其**皮懸之, 潮**水**至則**尾**起, 潮**水**落則**尾**伏.(『述異記, 卷下』) → 東海牛魚, 其形如牛, 剝皮懸之, 潮至則**毛**起, 潮落則**毛**伏.(『松南雜識』)

542) 南方白面尾似狐者, 爲牛尾貍. 亦名白面貍, **善緣樹**, **食百果**. …… **又**登州**島**, **一種**貍頭魚尾者, 名海貍.(『正字通, 貍』) → 南方**有**白面尾似狐者, 爲牛尾貍, 亦名白面貍, **又**登州**有**貍頭魚尾者, 名海貍.(『康熙字典, 貍』) → 登州**有**貍頭魚尾者, 名海貍. **又南方**, **有**白面尾似狐者, 爲牛尾貍. 亦名白面貍, **專**食百果.(『松南雜識』)

543) 소철(蘇轍) : 북송의 문인(1039~1112). 자는 자유(子由). 호는 영빈유로(潁濱遺老)·난성(欒城). 당송 팔대가의 한 사람으로, 고문에 밝았다. 저서에 『시전(詩傳)』·『난성집(欒城集)』·『춘추전(春秋傳)』·『노자해(老子解)』 등이 있다.

544) 「우미리(牛尾貍)」.

545) 木狗廣東左右江**山**中, 形**似**黑狗, 能登木, 皮爲衣褥, 能運動脚氣, 元世祖足疾, 取其皮爲袴.(『正字通, 狗』) → 木狗**生**廣東左右江中, 形**如**黑狗, 能登木, 皮爲衣褥, 能運動脚氣, 元世祖足疾, 取其皮爲袴.(『松南雜識』)

물개 · 수달

水狗猵獺

운서(韻書)에서 "수달은 여우 비슷한데, 물에 살고 물고기를 먹는다"546)라고 하였다.

「월령(月令)」에서 "정월(正月)에 수달이 물고기로 제사 지낸다"547)라고 하였다.

『속제해기(續齊諧記)』548)에서 말하였다.

위(魏)나라 명제(明帝)가 낙수(洛水)에서 흰 수달을 보았으나, 잡을 수 없었는데, 서막(徐邈549))이 말하였다.

"수달은 숭어를 먹기 위해서는 죽음도 피하지 않습니다. 그래서 널빤지에 숭어를 그려 물가에 매달아 두면 수달 떼가 앞 다투어 몰려드니, 이때 한꺼번에 잡을 수 있습니다"550)

우리나라에 해달(海獺551)) · 강달(江獺) · 계달(溪獺)이 있는데, 모두 중국으로 들어가 마래기552)의 장식이 된다. 그래서 『고려사』에서 "원나라

---

546) **獺屬**, 似狐, **青色**, 居水**中**, 食魚.(『集韻, 猵』) → **猵**似狐**而**居水, 食魚.(『松南雜識』)

547) **孟春之**月 …… 獺祭魚.(『禮記注疏, 卷十四, 月令』) → **正**月獺祭魚.(『松南雜識』)

548) 속제해기(續齊諧記) : 양(梁)나라 오균(吳均)이 지은 책으로 『설부(說郛)』와 『유설(類說)』에 전한다.

549) 서막(徐邈) : 삼국 시대 위(魏) 문제(文帝) 때의 장수. 자는 경산(景山). 술을 좋아하여 자주 취해 있었다고 한다.

550) 魏明帝**遊**洛水, **水中有**白獺**數頭**, **美靜可憐**, **見人輒去**, **帝欲見之**, **終莫能遂**, **侍中**徐**景山**曰, 獺**嗜**鯔魚, **乃**不避死, 畫板作**兩生**鯔魚, 懸**置**岸**上**, **於是**, 群獺競**逐**, 一時執得.(『說郛, 卷一百十五下, 續齊諧記, 洛水白獺』) → 魏明帝**見**洛水白獺, **不可得**, 徐**邈**曰, 獺**食**鯔魚, 不避死, **乃**畫板作鯔魚懸岸, 群獺競**來**, 一時執得.(『松南雜識』)

551) 해달(海獺) : 족제빗과의 바다짐승. 수달과 비슷한데 암컷이 수컷보다 조금 작다. 몸의 길이는 1미터 정도이며, 다갈색이다. 몸통은 짧고 꼬리가 굵으며 뒷다리는 길고 발가락이 물갈퀴로 연결되어 있다. 머리는 작고 둥근데 목이 굵어서 경계를 알 수 없다.

552) 마래기 : 청나라 때 관리들이 쓰던 모자의 한 종류. 둘레가 넓고 운두가 낮아 투구와 비슷하다. 말액(抹額).

사신이 와서 수달 가죽을 요구하였다"[553]라고 하였다.

또 옛말에 "두꺼비 기름은 옥(玉)을 붙이고 수달의 쓸개는 술잔을 쪼갠다"[554]라고 하였고, 또 "곰은 소금을 먹으면 죽고 수달은 술을 마시면 죽는다"라고 하였다.

『회남자(淮南子)』에서 "수달의 굴을 보면 물의 높낮이를 알 수 있다"[555]라고 하였다. 원숭이가 울면 수달이 보살핀다. 그래서 속석(束晳)이 "원숭이는 수달을 부인으로 삼는다"라고 하였다.[556]

산달
山獺

『정자통(正字通)』에서 말하였다.

산달(山獺)은 광주(廣州)에서 난다. 성질이 음란하기에, 산속에 이놈이 있으면 암 짐승이 모두 달아난다. 『계해우형지(桂海虞衡志)』[557]에서 "그 지방 사람은 '삽교(挿翹)'라 부른다. 산속에서 여인의 냄새를 맡으면 반드시 뛰어 와서 끌어안는데, 짝이 없으면 나무를 껴안고 말라 죽는다"라고 하였다.[558]

---

553) 신사 송 가정 14년, 고종 8년(1221), 금 흥정 5년 8월에 몽고가 처음으로 사신을 보내 수달가죽과 명주, 모시 등 산물을 요구했다[辛巳, 宋嘉定十四年, 高宗八年, 金興定五年八月, 蒙古始遣使來, 索獺皮紬苧等物].(『高麗史, 卷八十七, 表二, 年表四』)

554) 蟾肪合玉, 獺膽分卮.(『埤雅, 卷三, 釋獸, 獺』)

555) 獺穴知水之高下.(『淮南子, 繆稱訓』)

556) 淮南子曰, 獺穴知水之高下, 猨鳴而獺候之, 故束晳**發蒙記**曰, 猨以獺爲婦.(『康熙字典, 獺』)→淮南子曰, 獺穴知水之高下, 猨鳴而獺候之, 故束晳曰, 猨以獺爲婦.(『松南雜識』)

557) 계해우형지(桂海虞衡志) : 송나라의 범성대(范成大)가 편찬한 책. 총 1권. 지리류(地理類).

558) 山獺出廣**之宜**州**嵠峒**, 性淫, 山中有此**獺**, **凡**牝獸皆**避**去. **范成大**虞衡志曰, **山獺**, **上**人呼爲挿翹, 聞山中婦人氣, 必躍來相抱, 無偶則抱木枯.(『正字通, 獺』)→山獺出

휘선선

騨善還

『산해경』에서 "태항산(太行山) 정상을 귀산(歸山)이라 한다. 그곳에 어떤 짐승이 있는데, 그 모양이 령(麢) 같고 뿔이 네 개이며 말 꼬리에 며느리발톱이 있으니, 혼선선(騨善還)이라 한다"559)라고 하였다. 그 주석에서 "선(還)은 돌며 춤춘다는 말이다. '騨'의 음은 '휘'이다"라고 하였다.560)

영여

㺄如

『산해경』에서 "고도산(皐塗山)에 어떤 짐승이 있는데, 그 모양은 사슴 같고 꼬리가 희며, 말 다리・사람 손에 뿔이 네 개니, 영여(㺄如)라 한다"561)라고 하였다.

족자

足訾

『산해경』에 "사람을 보면 자신의 이름인 '족자(足訾)'를 소리친다"562)

廣州, 性淫, 山中有此, 牝獸皆去. 虞衡志曰, **土**人呼爲挿翹, 聞山中婦人氣, 必躍來相抱, 無偶則抱木枯**死**.(『松南雜識』)

559) **北次三經之首曰**, 太行之山, 其首曰歸山, **其上有金玉**, **其下有碧**, 有獸**焉**, **其**狀如**麢羊**, **而**四角馬尾**而**有距. **其**名曰騨善還.(『山海經 卷三, 北山經』)→太行之山, 其首曰歸山, 有獸狀如麢, 四角馬尾有距. 名曰, 騨善還.(『松南雜識』)

560) 還**旋**, 旋**儛**也. **暉**音暉.(『山海經 卷三, 北山經』)→還, **言**旋**舞**也. **騨**音暉.(『松南雜識』)

561) **西南三百八十里曰**, 皐塗之山, …… 有獸焉, 其狀如鹿而白尾, 馬足人手而四角, 名曰㺄如.(『山海經, 卷二, 西山經』)→皐塗之山, 有獸焉, 其狀如鹿而白尾, 馬足人手而四角, 名曰㺄如.(『松南雜識』)

라고 하였다.

녹촉
鹿蜀

『산해경』에서 "뉴양산(杻陽山)에 어떤 짐승이 있는데, 그 모양은 말 같고 그 무늬는 호랑이 같으니, 녹촉(鹿蜀)이라 한다. 그 가죽과 꼬리를 패용하면 자손이 잘된다"[563]라고 하였다.

와
訛

『신이경(神異經)』에서 말하였다.

서남쪽 먼 곳에 와(訛)라는 짐승이 나는데, 모양은 토끼 같고 사람 얼굴에 말을 할 줄 안다. 항상 사람을 속이니, 동쪽이라 하면 서쪽이고 악을 말하면 선이다. 그 고기는 맛이 좋은데, 그것을 먹은 사람은 말이 진실되지 못하다. '탄(誕)'이라고도 한다.[564]

---

562) **又北二百里曰**, **蔓聯之山**, **其上無草木**, **有獸焉**, **其狀如禺而有鬣**, **牛尾文臂馬蹄**, 見人則呼**名曰**足訾.(『山海經, 卷三, 北山經』)→見人則呼足訾.(『松南雜識』)

563) 杻陽之山, **其陽多赤金**, **其陰多白金**, 有獸焉, 其狀如馬**而白首**, 其文如虎**而赤尾**, **其音如謠**, **其**名曰鹿蜀, 佩**之**, 宜子孫.(『山海經, 卷一, 南山經』)→杻陽之山, 有獸焉, 其狀如馬, 其文如虎, 名曰鹿蜀, 佩**其皮尾**, 宜子孫.(『松南雜識』)

564) 西南荒中出訛獸, **其**狀**若**兎, 人面能言, 常欺人, 言東而西, 言惡而善. **其**肉美, 食之, 言不眞**矣**, 一名誕.(『說郛, 卷六十六上, 神異經, 西南荒經』)→西南荒中出訛獸, 狀**如**兎, 人面能言, 常欺人, 言東而西, 言惡而善. 肉美, 食之, 言不眞, 一名誕.(『松南雜識』)

환
讙

『산해경』에서 말하였다.

익망산(翼望山)에 어떤 짐승이 있는데, 그 모양은 삵 같고 외눈에 꼬리가 셋이니, 환(讙) 혹은 원(原)이라 한다.565)

영리
靈貍

『이아(爾雅)』에서 "삵 · 오소리 · 담비는 모두 추한 동물이다. 이놈들이 지나간 자리에는 앞꿈치로 걸은 자국만이 남는다"566)라고 하였다. 『정자통(正字通)』에서 "리(貍)에는 종류가 있으니, 묘리(猫貍)는 닭과 오리를 잘 훔친다. 또 호리(虎貍)는 벌레 · 쥐 · 과일을 먹는다. 또 향리(香貍)가 바로 영리(靈貍)이다"567)라고 하였다.568)

---

565) 翼望之山, **無草木多金玉**, 有獸**焉**, **其**狀如狸, 一目**而**三尾, 名曰讙.〈**讙音歡**, 或作原〉(『山海經, 卷二, 西山經』)→翼望山有獸, 狀如狸, 一目三尾, 名曰讙, 或作原.(『松南雜識』)

566) 貍**狐**貒貈醜, 其足蹯, 其跡厹.(『爾雅注疏, 卷十一, 釋獸』)→貍貒貈醜, 其足蹯, 其跡厹.(『松南雜識』)

567) **貍**有數種, **大小似狐**, **毛雜黃黑**, **有斑如貓**, **員頭大尾者爲**貓貍, 善竊雞鴨, **肉臭不可食**, **斑如貙虎**, **方口銳頭者爲**虎**貍**, 食蟲鼠果實, **似虎貍**, **尾黑白錢文相間者爲九節貍**, **皮可爲裘領**, **宋史**, **安陸州貢野貓花貓**, **卽此二種也**, **文如豹而作麝香氣者爲**香**貍**, 卽靈**貓**.(『正字通, 貍』)→有數種, 猫**狸**, 善竊雞鴨, **又**虎貍食虫鼠果實, **又**香貍, 卽靈**貍也**.(『松南雜識』)

568) 爾雅**釋獸**, 貍**狐**貒貈醜, 其足蹯, 其跡厹. **說文**, **伏獸**, **似貙**. 正字通, **貍野猫也**. 有數種, **大小似狐**, **毛雜黃黑**, **有斑如猫**, **員頭大尾者爲**猫貍, 善竊鷄鴨, **斑如貙虎**, **方口銳頭者爲**虎貍, 食虫鼠果實, **似虎貍**, **尾黑白錢文相間者爲九節貍**, **皮可爲裘領**, **文如豹而作麝香氣者爲**香貍, 卽靈**貓**也.(『康熙字典, 貍』)→爾雅**曰**, 貍貒貈醜, 其足蹯, 其跡厹. 正字通, 有數種, 猫貍, 善竊鷄鴨, **又**虎貍食虫鼠果實, **又**香貍, 卽靈**貍**也.(『松南雜識』)

해어가 사슴으로 변하다
海魚化鹿

운서(韻書)에서 말하였다.

숫사슴을 가(麚) 혹은 우(麌)라 하고, 암사슴을 빈(麀)이라 하고, 새끼를 예(麑) 혹은 미(麛) 혹은 조(麆)라 한다. 천년 된 것이 푸른 사슴[蒼鹿]이고, 또 백년 된 것이 흰 사슴[白鹿]이고, 또 오백년 된 것이 검은 사슴[玄鹿]이다. 또 경(麖) 혹은 포(麅)는 소 꼬리에 뿔이 하나이다.569)

『이아(爾雅)』에서 "절등하게 힘 있는 것을 적(狄)이라 한다"570)라고 하였는데, 그 소(疏)에서 "절등하게 씩씩하고 크며 힘 있는 것을 적(狄)이라 한다"571)라고 하였다.

『자통(字統)』에서 "사슴은 잘 놀라고 경계하는 성질이 있기에, 떼로 모여 산다. 먹을 때는 서로 등을 지고, 뿔을 밖으로 둥글게 만들어서 사람이나 동물이 해치는 것을 대비한다"572)라고 하였다.

『자휘보(字彙補)』에서 "늙은 사슴이 오래 묵으면 뿔 속에 옥(玉)이 생기는데, 녹경(鹿璚)이라 한다"573)라고 하였다.

『정운(正韻)』에서 "사슴의 족적(足跡)을 '속(速)'이라 한다"라고 하였다.

---

569) 麚**牡也**, 麀**牝也**, 麛**其子也**, 千年爲蒼鹿, 又百年爲白鹿, 又五百年爲玄鹿.(『韻府羣玉, 鹿』)
大鹿, 牛尾一角.(『韻府羣玉, 麖』)
→**鹿之牡曰**麚, **又麌**, **牝曰**麀, **子曰麑**, **又麛**, **又麆**千年爲蒼鹿, 又百年爲白鹿, 又五百年爲玄鹿. **又麖**, **又麅**, 牛尾一角**者**.(『松南雜識』)

570) 絶有力狄.(『爾雅注疏, 卷十一, 釋獸』)

571) 其絶異壯大有力者, 名狄也.(『爾雅注疏, 卷十一, 釋獸』의 주석)

572) 字統, 鹿性驚防, 羣居, 分背而食, 環角向外, 以備人物之害.(『康熙字典, 鹿』)→字統**曰**, 鹿性驚防, 羣居, 分背而食, 環角向外, 以備人物之害.(『松南雜識』)

573) 字彙補, 老鹿年久, 角中生玉, 名曰鹿璚.(『康熙字典, 璚』)→字彙補**曰**, 老鹿年久, 角中生玉, 名曰鹿璚.(『松南雜識』)

「석고문(石鼓文)」[574]에서 "사슴 떼의 발자국들[鹿鹿速速]"이라 한 말이 이것이다.[575]

『택리지(擇里志)』에서 "사슴은 바다 물고기[海魚]가 변한 것이니, 바로 농어(農魚)이다. 의가(醫家)에서 해용(海茸)을 천하게 여기고 산용(山茸)을 귀하게 여기는 것은 이때문이다"라고 하였다.

암사슴은 숫사슴보다 크지만 뿔이 없다. 또 '미(麋)'에 대해서는, 운서(韻書)에서 "사슴의 종류로 물소와 비슷한데, 암컷을 '신(麎)'이라 한다"라고 하였다. 지금 북도(北道)에 있는데, 그 가죽은 네 칸 짜리 방의 앙장(仰帳)[576]을 만들 수 있나니, 이른바 '사슴 중에서도 큰 것'이다. 이놈의 뿔은 양기(陽氣)가 허한 것을 치료하는 약이 된다고 한다.

아란녹
阿蘭鹿

『연암집(燕巖集)』에서 말하였다.

> 아란(阿蘭)에서 사슴 한 쌍을 공물(貢物)로 바쳤는데, 아주 작아 주먹만 하고 푸른 바탕에 눈 같은 무늬가 있습니다.[577]

---

574) 석고문(石鼓文) : 주(周)・진(秦) 시대의 석각(石刻)인데, 생김새가 마치 북과 같고, 윗면에는 전문(篆文)이 새겨져 있으며 모두 10개이다.

575) 正韻, 鹿之足跡曰速. 石鼓文, 鹿鹿速速.(『康熙字典, 速』)→正韻, 鹿之足跡曰速. 石鼓文, 鹿鹿速速.(『松南雜識』)

576) 앙장(仰帳) : 천정 위에 치는 휘장.

577) **舖主又道**, **鹿亦有**至小, **自視其**拳**曰**, **不過如許**, **曾見荷**蘭貢鹿一雙, 蒼質雪斑.(『燕巖集, 卷之十四, 別集, 熱河日記, 口外異聞, 荷蘭鹿』)→**阿**蘭貢鹿一隻, 至小**如**拳, **而**蒼質雪斑.(『松南雜識』)

주
麈

『한서(漢書), 지리지(地理志)』에서 "오산(奧山)에 주(麈)가 많다"라고 하였다.578)

『설문해자』에서 "고라니[麋] 등속이다"579)라고 하였다. 흰색으로, 여러 사슴들이 따르니, 모두 주(麈)가 가는 것을 보고 기준으로 삼으며, 그 꼬리는 먼지를 잘 털어낸다.580) 진(晉)나라 사람들의 파리채[蠅拂]과 먼지떨이[麈尾]581)가 이것이다.

『설문해자』에서 "사슴이 달릴 때 날리는 흙을 '먼지[塵]'라고 한다"라고 하였다.582)

또 궤(麂)는 큰고라니로, 개의 다리를 가진 것이다.583)

노루
麞

『설문해자』에서 "고라니[麋] 종류이다"584)라고 하였다.

왕방(王雱)585)이 "노루 옆에 있는 놈이 사슴이고 사슴 옆에 있는 놈이 노루다"라고 말하였다.586)

---

578) 粵**地牽牛婺女之分壄也**, …… 山多麈**麖**.(『前漢書, 卷二十八下, 地理志』) → 漢志, 粵山多麈.(『韻府羣玉, 麈』) → 漢志**曰**, 粵山多**麈**.(『松南雜識』).

579) 麋屬.(『說文解字, 麈』)

580) 說文, 麋屬, **一曰鹿**, **大曰麈**, 色白, 羣鹿隨之, 皆視麈所往爲準, 其尾辟塵.(『韻府羣玉, 麈』) → 說文**云**, 麋屬. 色白, 羣鹿隨之, 皆視麈所往爲準, 其尾辟塵.(『松南雜識』)

581) 먼지털이[麈尾] : 진(晉)나라의 청담한 사람들이 들고 다니던 물건.

582) 鹿行揚土**也**, (『說文解字, 麤』) → 鹿行揚土**謂塵**.(『松南雜識』)
*『설문해자』에서 이 내용의 표제어는 '진(麤)'으로 되어 있음.

583) **說文**, 大麋**也**, 狗足.(『韻府羣玉, 麂』) → **麂**, 大麋**而**狗足**者**.(『松南雜識』)

584) 麋屬.(『說文解字, 麞』)

585) 왕방(王雱) : 송나라 사람. 자는 원택(元澤).

『고금주(古今注)』에서 “사슴은 뿔이 있지만 떠받을 수 없고 노루는 어금니가 있지만 물 수 없다”[587]라고 하였다. 또 성질이 잘 놀라기 때문에, 원재(元載)[588]를 ‘노루 머리에 쥐 눈’[589]이라고 하였다.[590]

운서(韻書)에서 “뿔이 있는 것을 사슴이라 하고, 뿔이 없는 것을 노루라고 한다”라고 하였다.

그러나 지금의 노루뿔[麞茸]은 몹시 커서 여인이 음기(陰氣)가 허할 때 사용하니, 모를 일이다.

루
貗

『한시외전(漢詩外傳)』에서 “북방(北方)에 루(婁)라는 짐승이 있으니, 번갈아가며 먹고 번갈아가며 감시한다”[591]라고 하였다.

---

586) 王**元澤數歲時, 客有以一麞一鹿同籠以問**雱, **何者是麞**, **何者是鹿**. **雱實未識**, **良久對曰**, 麞邊是鹿, 鹿邊是麞, **客大奇之**.(『夢溪筆談, 卷十三, 撰權智』)→王雱**所謂**, 麞邊**者**是鹿, 鹿邊**者**是麞.(『松南雜識』)

587) **麞**有牙**而**不能噬, 鹿有角**而**不能觸.(『古今注, 卷中, 鳥獸』)→鹿有角, 不能觸, **獐**有牙, 不能噬.(『松南雜識』)

588) 원재(元載) : 당나라의 재상. 자는 공보(公輔). 숙종 때 환관 이보국(李輔國)을 만나 말년에는 벼슬이 재상까지 이르렀다. 대종(代宗) 때 환관들과 결탁하여 지위를 다졌다. 나라를 다스림에 있어서 탐욕스럽고 전횡이 심하여 처형당하였다.

589) 당나라 때 묘진경(苗晉卿)이 자주 원재(元載)를 추천하였지만 이규(李揆)는 그의 처지가 보잘 것 없다는 이유로 경시하며 “용이나 봉황 같은 자질을 지닌 문사(文士)들도 등용되지 못하는데 노루대가리에 쥐의 눈깔을 가진 자가 벼슬을 구하다니 될 법이나 합니까?”라고 하였다는 데서 나온 말이다.(『新唐書, 李揆』)

590) 古今注, 鹿有角, 不觸, **麞**有牙, 不能噬. 性善驚, 故**唐書云**, 麞頭鼠目.(『韻府羣玉, 麞』)→古今注**云**, 鹿有角, 不**能**觸, **獐**有牙, 不能噬. 性又善驚, 故**謂元載爲**麞頭鼠目**也**.(『松南雜識』)

591) 北方有獸, 名曰婁, 更食而更視.(『漢詩外傳, 卷五』)

박타

猼訑

『집운(集韻)』에서 "박타(猼訑)는 짐승의 이름이다. 사람처럼 생겼는데, 날개가 있다"[592]라고 하였다. 『산해경』에서 "기산(基山)에 어떤 짐승이 있는데, 모양은 양 같고 꼬리 아홉에 귀가 네 개이고 눈은 등 위에 있으니, 박타(猼訑)라 한다"[593]라고 하였다.[594]

『옥편(玉篇)』에는 '박타(猼㹐)'로 되어 있다.

또 "윤산(倫山)에 어떤 짐승이 있는데, 모양은 고라니[麋]같고 천(川)은 꼬리 위에 있다"라고 하였다. 그 주석에 "천(川)은 똥구멍이다"라고 하였다.[595]

영호

領胡

『산해경』에서 "양산(陽山)에 어떤 짐승이 있는데, 목에 성기가 달려있고 모양은 구구(句瞿)와 같으니, 영호(領胡)라고 한다"[596]라고 하였는데,

---

592) 獸名, 似人有翼.(『集韻, 猼』)→獸名**也**, 似人有翼.(『松南雜識』)

593) **東三百里曰**, 基山, **其陽多玉**, **其陰多怪木**, 有獸**焉**, **其**狀如羊, 九尾四耳, **其**目在背, **其**名**曰**猼訑.(『山海經, 卷一, 南山經』)→基山有獸, 狀如羊, 九尾四耳, 目在背**上**, 名猼訑.(『松南雜識』)

594) 集韻, 獸名, 似人有翼. 山海經, 基山有獸, 狀如羊, 九尾四耳, 目在背, 名**曰**猼訑.(『康熙字典, 猼』)→集韻**曰**, 獸名**也**, 似人有翼. 山海經**曰**, 基山有獸, 狀如羊, 九尾四耳, 目在背**上**, 名猼訑.(『松南雜識』)

595) **北五百里曰**, 倫山, **倫水出焉**, **而東流注于河**, 有獸**焉**, **其狀**如麋, 其川在尾上,〈川竅也〉**其名曰羆**.(『山海經, 卷三, 北山經』)→**竅也**, **山海經**, 倫山有獸, 如麋, 其川在尾上, 註, 川竅也.(『康熙字典, 川』)→倫山有獸, 如麋, 其川在尾上. 註, 川竅也.(『松南雜識』)

596) **又東三百里曰**陽山, **其上多玉**, **其下多金銅**, 有獸**焉**, **其狀如牛而赤尾**, 其頸腎, 其狀如句瞿, **其**名曰領胡.(『山海經廣注, 卷三, 北山經』)→陽山有獸, 其頸腎, 其狀如句瞿, 名曰領胡.(『松南雜識』)

그 주석에서 말[斗]만 한 성기가 달려있다"597)라고 하였다.

거수
渠叟

『급총서(汲冢書)』에서 말하였다.

> 거수(渠叟)는 표견(豹犬)이다. 표견(豹犬)은 노견(露犬)이니, 날 수 있으며, 호랑이와 표범을 잡아먹는다.598)

요수인 호
妖獸狐

『명산기(名山記)』에서 "고대(古代)의 음탕한 아낙네인 자자(紫紫)가 변한 것이다"라고 하였다.599) 속칭 '요수(妖獸)'라고 한다. 그 습성이 오이를 좋아하기 때문에 '犬'과 '瓜'를 합하여 이름을 만들었다.

『산해경』에서 "청구국(青丘國) 북쪽에 어떤 여우가 있으니, 다리가 넷에 꼬리가 아홉 달렸다"600)라고 하였다.

『주사(周書)』에서 "고조(高祖) 무황제(武皇帝) 때 출현하였는데, 불에 태웠다"라고 하였다.601)

---

597) **郭曰**, **言**頸上有肉腎, **勾瞿**斗也.(『山海經廣注, 卷三, 北山經』의 주석)→頸上有肉腎, **如**斗也.(『松南雜識』)

598) 渠叟, 似豹犬, 豹犬者, 露犬也, 能飛食虎豹.(『逸周書, 卷七, 王會解』)

599) **狐者**古**先之**淫婦, **其名**紫紫, 化**而爲狐**, **故其姓自稱阿紫**.〈名山記〉(『古今事文類聚後集, 卷三十七, 毛蟲部, 狐, 淫婦化狐』)→名山記, 古淫婦**名**紫紫化**爲狐**.(『韻府羣玉, 狐』)→名山記**曰**, 古淫婦紫紫**所**化.(『松南雜識』)

600) 青丘**國**, **在其**北, **其**狐, 四足九尾.(『山海經, 卷九, 海外東經』)→青丘之北, **有**狐, 四足九尾.(『松南雜識』)

『유양잡조(酉陽雜俎)』에서 "밤에 꼬리를 치면 불이 난다. 해골을 쓰고 북두성에 절하는데, 해골이 떨어지지 않으면 변하여 사람이 된다"[602]라고 하였다.

그 겨드랑이 털은 가볍고 따뜻하여 갖옷을 만들기에 적당하니, 맹상군(孟嘗君)의 갖옷[603]이 이것이다. 그 가죽은 부드럽고 연하여 도금(鍍金)하기에 적당하니, 지금 마래기의 장식이 그것이다.

『태평광기(太平廣記)』에서 말하였다.

> 정생(鄭生)이 승평문(昇平門)에 들어갔다가 미인인 임(任)씨를 만나 몇 년 동안 사랑을 나누었다. 정생이 현위(縣尉)가 되어 함께 부임지로 갔는데, 임씨가 사냥개에게 물려 죽었다. 임씨는 바로 여우였다.[604]

월암(月巖) 이광려(李匡呂)[605]의 시에,

음산한 골짜기에 차가운 달이 지자	陰谷沈寒月
숲 속에 숨어있던 요기가 일어나네	叢林起伏妖

---

601) 주나라 고조(高祖) 무황제(武皇帝) 6년 8월에 정주(鄭州)에서 가죽과 살은 다 없어지고 뼈의 형체만 남은 구미호(九尾狐)를 바쳤는데, 고조황제가 상서롭지 못하다고 태워 버렸다고 한다.(『周書, 卷六, 帝紀第六, 武帝下』)

602) **舊說**, **野狐名紫狐**, 夜擊尾火**出**, **將爲怪**, **必**戴髑髏拜北斗, **髑髏**不墜, 則**化**爲人**矣**.(『酉陽雜俎, 卷十五, 諾臯記下』)→夜擊尾**出**火, 戴髑髏拜北斗, 不墜則**變**爲人.(『松南雜識』)

603) 맹상군(孟嘗君)의 갖옷: 진 소왕(秦昭王)이 맹상군을 잡아 가두고 죽이려 할 때 맹상군은 그의 문객 중에서 개 도둑질 잘하는 사람을 뽑아 진나라 궁중에 있는 호백구(狐白裘)를 훔쳐 내게 하여 진 소왕에게 바치고 풀려난 다음, 또 문객 중에서 닭울음 잘하는 사람으로 하여금 새벽닭 역할을 하게 해서 관문이 열리게 되자 밤에 국경을 탈출하였던 일이 있다. '갖옷'이란 짐승의 털가죽으로 안을 댄 옷이다.

604) 『太平廣記, 卷四百五十二, 狐六, 任氏』의 내용을 축약 인용하였음.

605) 이광려(李匡呂): 조선 후기의 실학자(1720~1783). 자는 성재(聖載). 호는 월암(月巖) 또는 칠탄(七灘). 본관은 전주(全州). 문장이 뛰어났으며, 학행이 높아 천거를 받아서 참봉이 되었다. 학식과 덕행이 높았고 문장이 뛰어나 당시 사림의 제1인자였다고 한다. 저서로 『이참봉집(李參奉集)』이 있다.

라고 하였다.

겸 · 환
羬䍺

『산해경』에서 말하였다.

전래산(錢來山)에 어떤 짐승이 있는데, 모양은 양 같고 말꼬리를 가졌으니, 이름을 겸양(羬羊)이라고 한다. 그 기름은 피부가 트는 병[腊]을 고칠 수 있다.606)

순산(洵山)에 어떤 짐승이 있는데, 모양은 양 같고 입이 없으니, 환(䍺)이라 한다.607)

영양
羚羊

운서(韻書)에 "암(麢)은 산양으로 뿔이 가늘다"라고 하였고 또 "령(麢)은 큰 양으로 뿔이 둥글다"라고 하였다. 령(麢)의 속자(俗字)는 영(羚)이다. 곧 부혁(傅奕)608)이 "금강석(金剛石)은 오로지 영양(羚羊)의 뿔이라야 깨뜨

---

606) **西山經華山之首曰**, 錢來之山, **其上多松**, **其下多洗石**, 有獸焉, 其狀如羊而馬尾, 名曰羬羊, 其脂可以已腊.(『山海經, 卷二, 西山經』) → 錢來之山, 有獸焉, 其狀如羊而馬尾, 名曰羬羊, 其脂可以已腊.(『松南雜識』)

607) **又東四百里曰**, 洵山, **其陽多金**, **其陰多玉**, 有獸焉, 其狀如羊而無口, **不可殺也**, 其名曰䍺.(『山海經, 卷一, 南山經』) → 洵山, 有獸焉, 其狀如羊而無口, 名曰䍺.(『松南雜識』)

608) 부혁(傅奕) : 당나라의 학자. 천문(天文) 역수(歷數)에 능통하였다.

릴 수 있다"[609]라고 한 말이 이것이다.

암놈을 '장(牂)'이라고 하고 수놈을 '저(羝)'라고 한다.

또 '고(羖)'는 우리나라에서 '염소[鹽牛]'라고 하니, 소금을 먹기 때문이다. 진(晉)나라 때 호 귀빈(胡貴嬪)이, 무제가 탄 양수레[羊車]가 자신의 처소에 이르도록 하기 위하여 처소 앞에 염소가 좋아하는 소금을 뿌리고 댓잎을 걸었던 고사(故事)[610]가 이것이다.

배꼽을 땅에 심고 뿔을 나무에 걸다
種臍懸角

『연암집(燕巖集)』에서 말하였다.

> 서역(西域)에 종제양(種臍羊)이 있으니, 양을 잡아 먼저 그 배꼽을 떼어 좋은 땅에 심으면 일 년 만에 양이 생깁니다. 이 양이 땅위에 엎드려 있으면, 모양이 가축과 같으며, 우레 소리를 들으면 배꼽이 떨어집니다. 이 이야기는 『원사(元史)』에 실려 있습니다.[611]

송응(宋膺)의 『이물지(異物志)』에서 말하였다.

> 진(秦)나라 북쪽 읍(邑)에 염소가 있는데, 땅 속에서 저절로 생긴다. 그것이 싹트려고 할 때를 기다려 담을 쌓아 둘러치니, 짐승이 그것을

609) **傅奕謂其子曰**, **吾聞**金剛石**至堅物**, **不能敵**, 惟羚羊角**可**破.(『類說, 卷五十四, 隋唐嘉話, 金剛石』)→金剛石, 惟羚羊角破**之**.(『松南雜識』)

610) 진(晉)나라 무제(武帝)가 후궁의 처소로 갈 때 양거(羊車)를 타고 양이 가는 데로 맡겨 두었는데, 호 귀빈(胡貴嬪)이 이 양을 유인하기 위하여 댓잎에 소금을 발라 자기 처소에 두었다고 한다. 『晉書, 胡貴嬪傳』

611) 西域有種臍羊, 捕羊先採臍, 種之厚土, 至朞生羊, 羊伏地上, 形如家畜, 聞雷則臍落, 此載元史**云**.(『燕巖集, 卷十五, 別集, 熱河日記, 銅蘭涉筆』)

먹을까 염려해서이다. 그 배꼽이 땅과 연결되어 있어서 잘라내면 죽는다. 물건을 쳐서 놀라게 하면 곧 놀라 울고 마침내 배꼽을 끊고 물과 풀을 쫓아가서 양떼가 된다.[612]

『술이기(述異記)』에서 “교양(蛟羊)은 양같이 생겼는데, 뿔이 없다”[613]라고 하였다.

또 반양(盤羊)은 사슴 몸에 털이 가늘고 두 개의 뿔이 있으며 평평한 등 위에 주름 무늬가 있다. 밤에는 뿔을 나무 위에 걸어 놓고 위험에 대비하는데, 뿔 위에 풀이 자란다. 어떤 사람은 영양(麢羊) 또는 완양(羱羊)이라 한다.

토루 · 동동
土貗辣辣

『산해경』에서 말하였다.

곤륜산(崑崙山)에 어떤 짐승이 있는데, 그 모양은 양 같고 뿔이 네 개다. 그 예리함은 당해 낼 것이 없으니, 동물을 받으면 죽는다. 이놈은 사람을 잡아먹으니, 토루(土貗)라고 한다.[614]

---

612) 宋膺異物志云, 秦之北**附庸小**邑, 有**羊羔**, 自然生於土中, 候其欲萌, 築墻繞之, 恐**爲**獸所食, 其臍與地連, 割絶則死, 擊物驚之, 乃驚鳴, **臍**遂絶, **則**逐水草爲羣.(『史記, 卷一百二十三, 大宛列傳』의 주석) → 宋膺異物志云, 秦之北邑, 有**羔羊**, 自然生於土中, 候其欲萌, 築墻繞之, 恐獸所食, 其臍與地連, 割絶則死**也**, 擊物驚之, 乃驚鳴, 遂絶**臍**, 逐水草爲羣**羊也**.(『松南雜識』)

613) 蛟羊, 似羊而無角.(『述異記, 卷上』) → 蛟羊, 似羊而無角.(『松南雜識』)

614) **西南四百里曰**, 崑崙之**丘**, …… 有獸焉, 其狀如羊而四角, 名曰土**螻**, **是食人**.(『山海經, 卷二, 西山經』) → 山海經, 崑崙之山有獸焉, 其狀如羊而四角, 其銳難當, 觸物則斃, 食人, 其名曰土貗.(『康熙字典, 貗』) → 山海經**曰**, 崑崙之山, 有獸焉, 其狀如羊而四角, 其銳難當, 觸物則斃, 食人, 其名曰土貗.(『松南雜識』)

또 "태희산(泰戲山)에 어떤 짐승이 있는데, 모양은 양 같고 뿔 하나에 눈 하나가 있으며, 그 눈은 귀에 있다"[615]라고 하였다. 『병아(駢雅)』에 "양의 이종(異種)으로 뿔이 하나이니, 동동(䍶䍶)이라 한다"라고 하였다.[616]

마장

馬腸

『산해경』에서 "환거산(讙擧山)에 어떤 짐승이 있는데, 사람 얼굴에 범의 몸을 하고 있으며 소리는 어린아이와 같다"라고 하였다. 또 "그 산에 마장초(馬腸草)가 있으니, 잎이 뽕나무와 비슷하다"라고 하였다.[617]

빗물술

糩勿述

『태강기(太康記)』에서 말하였다.

진 문공(秦文公) 때 진창(陳倉) 사람이 돼지 같이 생긴 짐승을 사냥

---

615) **北三百里曰**, 泰戲之山, **無草木**, **多金玉**, 有獸**焉**, 其狀如羊, 一角一目, 目在耳**後**, **其名曰䍶䍶**.(『山海經, 卷三, 北山經』) → 泰戲之山, 有獸, 其狀如羊, 一角一目, 目在耳.(『松南雜識』)

616) **山海經**, 泰戲之山, 有獸**焉**, 其狀如羊, 一角一目, 目在耳, **其名曰䍶䍶**. 駢雅, 羊之異**者**, 一角, 謂之䍶䍶.(『康熙字典, 䍶』) → 泰戲之山, 有獸, 其狀如羊, 一角一目, 目在耳. 駢雅**曰** 羊之異, 一角, 謂之䍶䍶.(『松南雜識』)

617) 西三百五十里曰, 讙擧之山, 雒水出焉, 而東北流注于玄扈之水, 其中多馬腸之物. 〈任臣案, 蔓渠山, 馬腹, 一本作馬腸. 又事物紺珠云, 馬腸, 人面虎身, 音如嬰兒, 豈卽一物耶. 又馬腸, 亦草名, 葉似桑.〉(『山海經廣注, 卷五, 中山經』) → 又馬腸, 獸名, 山海經, 讙擧之山, 雒水出焉, 其中多馬腸之物. 註, 馬腸, 人面虎身, 音如嬰兒. …… 又馬腸, 亦草名, 葉似桑, 見山海經讙擧之山註.(『康熙字典, 腸』) → 讙擧之山有獸, 人面虎身, 音如嬰兒. 又其山, 有馬腸草, 葉似桑.(『松南雜識』)

하였는데, 아무도 그 이름을 몰랐다. 그런데, 길에서 만난 두 명의 동자가 말하였다.

"이 짐승의 이름은 빗물술(糟勿述)입니다."[618]

주

狪

『신이경(神異經)』에서 말하였다.

주(狪)는 서방(西方)의 짐승 이름이다. 크기는 당나귀만 하고 모양은 원숭이 같은데, 나무 타기를 잘 한다. 수놈이 없이 순전히 암놈뿐이며 떼 지어 산다. 이놈들은 길을 막고 남자를 잡아 교합해서 잉태를 하고 열 달 만에 거(𧳜)를 낳는다.[619]

이시진(李時珍)이 "확(玃)은 암놈이 없고 주(狪)는 수놈이 없으니, 암놈과 수놈이 서로 반대이다"[620]라고 하였다.[621]

---

618) 太康記, 秦文公時, 陳倉人, 獵得獸, 若彘而俱不知其名, 道逢二童子, 曰此名糟勿述.(『康熙字典, 糟』)

619) 西方**深山**, **有**獸**焉**, **面目手足**, **毛色**如猴, **體**大如驢, **善**緣**高**木, **皆雌無雄**, **名綢**, **順人三合而有子**, 要路**彊牽**男人, **將上絶冢之上取菓**, **幷竊五穀食**, **更**合**三畢而定**, **十月乃**生.(『說郛, 卷六十六上, 神異經, 中荒經』) → 西方獸**名也**, 大如驢, **狀**如猴, **喜**緣木, **純牝無牡**, **羣居**, 要路**執**男**子**合**之而孕**, **十月** 生**𧳜**.(『松南雜識』)

620) **亦玃類**, **而**牝牡相反**者**.(『本草綱目, 卷五十一下, 獸之二, 獼猴』의 주석) → **玃無牝**, **狪無牡**, **此**牝牡相反**也**.(『松南雜識』)

621) 神異經, 西方獸名, 大如驢, 狀如猴, 善緣木, 純牝無牡, 羣居, 要路, 執男子合之而孕, 十月生𧳜. 李時珍曰, 玃無牝, 狪無牡, 此牝牡相反.(『康熙字典, **狪**』) → 神異經**曰**, 西方獸名**也**, 大如驢, 狀如猴, 善緣木, 純牝無牡, 羣居, 要路, 執男子合之而孕, 十月生𧳜. 李時珍曰, 玃無牝, 狪無牡, 此牝牡相反**也**.(『松南雜識』)

한
豻

『이아(爾雅), 석수(釋獸)』에서 "산골 사람들은 추호(貙虎)의 큰 놈을 추한(貙豻)이라고 부른다"[622]라고 하였다. 『정자통(正字通)』에서 "여우 같이 생겼으면서 검고 키는 입곱 자이며 머리에 외뿔이 나있다. 늙으면 비늘이 생기고 호랑이와 표범을 잡아먹을 수 있다"[623]라고 하였다.[624]

주누 · 오열
猇獳獓猢

『산해경』에서 말하였다.

경산(耿山)에 어떤 짐승이 있는데, 모양은 여우와 같고 물고기 비늘에 날개가 있다. 그 이름을 '주누(猇獳)'라 하는데, 울음소리가 자신의 이름을 부르는 것 같다. 이놈이 나타나면 그 나라에 전쟁이 발발한다.[625]

삼위산(三危山)에 어떤 짐승이 있는데, 모양은 소 같은데, 몸이 희고 뿔이 네 개 달렸으며, 도롱이를 입은 것처럼 털이 나 있다. 그 이름을

---

622) **今**山民呼**貙**虎之大者, 爲貙豻.(『爾雅注疏, 卷十一, 釋獸』의 주석) → 山民呼**貙**虎之大者, 爲貙豻.(『松南雜識』)

623) 似狐而黑, 身長七尺, 頭生一角, 老則有鱗, 能食虎豹.(『正字通, 豻』)

624) 爾雅釋**獸**, **貙獌似貍**. **註**, **今**山民呼貙 虎之大者, 爲貙豻. **疏**, **豻**, **野狗**, **似狐**, **黑喙**, **皆貙之類**. 正字通, 似狐而黑, 身長七尺, 頭生一角, 老則有鱗, 能食虎豹.(『康熙字典, 豻』) → 爾雅釋**曰**, 山民呼貙虎之大者, 爲貙豻. 正字通**曰**, 似狐而黑, 身長七尺, 頭生一角, 老則有鱗, 能食虎豹.(『松南雜識』)

625) **南三百里**, **曰**耿山, **無草木**, **多水碧多大蛇**, 有獸**焉**, **其**狀如狐而魚翼, **其**名曰朱獳, 其鳴自叫, 見則其國有**恐**.(『山海經, 卷四, 東山經』) → 山海經, 耿山有獸, 狀如狐而魚翼, 名曰朱獳, 其鳴自呌, 見則其國有**兵**.(『康熙字典, 獳』) → 山海經**曰**, 耿山有獸, 狀如狐而魚鱗有翼, 名曰猇獳, 其鳴自呌, 見則其國有**兵**.(『松南雜識』)

'오열(獓狪)'이라 하는데, 사람을 잡아먹는다.[626]

곽박(郭璞)의 찬(贊)에,

강의(江疑)가 사는 곳은	江疑所居
바람과 구름에 잠겨 있고	風雲是潛
오열이라는 짐승이 있으니	獸有獓狪
털이 도롱이를 입은 듯하다	毛如披蓑[627]

라고 하였다.

길굴 · 갈저
猰㺲猲狙

『집운(集韻)』에서 "길굴(猰㺲)은 서역(西域)에서 난다. 훈육향(薰陸香)[628]을 먹으며, 몸에는 털이 없다"[629]라고 하였다. 다만 코에서부터 꼬리까지 너비가 한 치쯤 되는 털이 나 있을 뿐이다. 불태우고 찔러도 다치게 할 수 없다.[630]

『산해경』에 "북호산(北號山)에 어떤 짐승이 있는데, 그 모양은 이리와 같다. 붉은 머리에 쥐의 눈을 하고 있으며, 돼지같이 우니, 이름은 갈저

---

626) **西二百二十里曰**, 三危之山, **三青鳥居之**, **是山也**, **廣員百里**, **其上**有獸焉, **其**狀如牛, 白身四角, **其**毫如披蓑, **其**名曰獓狪, 是食人.(『山海經, 卷二, 西山經』) → 山海經, 三危之山, 有獸焉, 狀如牛, 白身四角, 毫如披蓑, 名曰, 獓狪, 是食人.(『康熙字典, 狪』) → **又**, 三危之山, 有獸焉, 狀如牛, 白身四角, 毫如披蓑, 名曰獓狪, 是食人.(『松南雜識』)

627) 圖贊曰, 江疑所居, 風雲是潛, 獸有獓狪, 毛如披蓑.(『山海經廣注, 卷二, 西山經』의 주석)

628) 훈육향(薰陸香) : 향나무의 이름. 가지와 잎이 소나무와 비슷하다.

629) 出西域, 噉薰陸香, 身無毛.(『集韻, 猰』)

630) 集韻, **九勿切**, **音屈**, **猰㺲**, 西域**獸名**, **食**香, 無毛. 但自鼻有毛, 廣寸許至尾, 燒刺不能傷.(『康熙字典, 㺲』) → 集韻, **出**西域, **噉薰陸**香, **身**無毛. 但自鼻有毛, 廣寸許至尾, 燒刺不能傷.(『松南雜識』)

(猲狚)이다"[631]라고 하였다.

또 『장자(莊子)』에서 "원숭이와 편저(猵狙)[632]와 짝이 된다"[633]라고 하였는데, 주석에서 "편저의 수컷이 암컷 원숭이와 교미하기를 좋아하여 암수가 된다"[634]라고 하였다.

비휴
貔貅

『설문해자』에서 "비(貔)는 표범의 등속으로 맥국(貊國)에서 난다"[635]라고 하였다.

지금 춘천(春川) 등지의 깊은 산골짜기의 개로 우리나라에서는 '담부(潭夫)'라고 하는데, 개처럼 무리 지어 다니므로 호랑이나 승냥이라고 하더라도 이놈을 대적하지 못한다. 그래서 군대의 대오를 '비휴(貔貅)'라고 한다. 나무꾼이 개 묶는 끈을 휘둘러 거짓으로 흉내를 내면 곧 흩어진다고 한다.

---

631) **東次四經之首曰**, 北號之山, …… 有獸焉, 其狀如狼, 赤首鼠目, 其音如豚, 名曰猲狚.(『山海經, 卷四, 東山經』) → 山海經, 北號之山, 有獸焉, 其狀如狼, 赤首而鼠目, 其音如豚, 名曰猲狚.(『康熙字典, 狚』) → 山海經**曰**, 北號之山, 有獸焉, 其狀如狼, 赤首而鼠目, 其音如豚, 名曰猲狚.(『松南雜識』)

632) 편저(猵狙) : 원숭이와 비슷한데, 머리는 개를 닮았다.

633) 猨猵狙以爲雌.(『莊子, 齊物論』)

634) 其雄憙與猨雌, 爲牝牡, **以猨爲雌**也.(『莊子, 齊物論』의 주석) → 其雄喜與雌猿, 爲牝牡**者**也.(『松南雜識』)

635) 豹屬, 出貊國.(『說文解字, 貔』)

토끼의 별명은 '명시'
兎明視

운서(韻書)에서 말하였다.

똥구멍은 아홉 번째의 구멍이다. 토끼는 수컷의 털을 핥아 잉태해서 달을 바라보며 새끼를 낳는 까닭에 '명시(明視)'라고 이름한다. 먹이를 오물오물 씹어 먹는 모든 동물들은 똥구멍[九竅] 태생이다. 다만 구멍이 여덟 개뿐인 것은 오 월에 새끼를 토해낸다.[636]

『이아(爾雅)』에서 "토끼의 발자국을 '항(迒)'이라 한다"[637]라고 하였는데, 그 주석에서 "迒의 음은 항이니, 토끼 발자국의 이름이다"라고 하였다.[638] 돼지의 발자국이 '각(刻)'인 것과 같다.

또 어떤 종자는 앞다리가 짧고 뒷다리가 기니, '궐토(蹶兎)'라고 한다. 또한, '공공거려(蛩蛩巨驢)'[639]라고 하니 패(狽)[640] · 낭(狼)[641] 따위와 같다.

또 '착(㲋)'은 『설문해자』에서 "토끼와 비슷하며 청색이다"[642]라고 하였다.

또 "결(㚖)은 성성이와 비슷하다. 일설에는 결(㚖)이 삵과 비슷하다고

---

636) **說文, 獸名, 吐也, 明月之精, 視月而生**, 尻九孔, 舐雄毛而孕, **生子, 從口中出其子**. …… **又云視**月而生, 故**曰**明視, 咀嚼者, 九竅胎生, 獨**兎**八竅者, 五月而吐子.(『韻府羣玉, 兎』) → 尻九孔, 舐雄毛而孕, **望**月而生, 故**名**明視, **凡**咀嚼者, 九竅胎生, 獨八竅者, 五月而吐子.(『松南雜識』)

637) 兎**子**, **嬎**, 其迹迒.(『爾雅注疏, 卷十一, 釋獸』) → 兎其迹迒.(『松南雜識』)

638) 爾雅**釋獸**, 兔其迹迒, 註, 兔跡名**迒**.(『康熙字典, 迒』) → 爾雅**曰**, 兔其迹迒, 註, **迒音航**, 兔迹名**也**.(『松南雜識』)

639) 공공거려(蛩蛩巨驢) : 북해(北海)에서 태어나는 짐승의 이름. '공공(蛩蛩)'이라고도 한다. 말과 비슷하게 생겼다. 앞다리가 길고 뒷다리는 짧아서 허공을 타고 달릴 수는 있지만, 위로 올라갈 수는 없다.

640) 패(狽) : 앞발이 매우 짧고 뒷발이 길어, 낭(狼)를 얹어야 갈 수 있다.

641) 낭(狼) : 앞발은 길고 뒷발은 매우 짧아, 항상 패(狽)에게 업혀 다녀야만 한다.

642) 似兎, 青色**而大**.(『說文解字, 㲋』) → 似兎**而**青色.(『松南雜識』)

도 말한다.[643]

초 · 학
貂貉

운서(韻書)에서 "담비[貂]는 쥐의 등속이다. 북방의 추위에 담비의 가죽으로 머리를 따뜻하게 한다. 그때문에 시중(侍中)이 쓰는 관(冠)의 장식재로 사용한다"[644]라고 하였다.

지금 북도에 있다. 우리나라에서는 와전되어 '초(貂)'를 '돈'이라고 한다.

또 '학(貉)'은 바로 '구환(狗獾)'이니 잘 자는 짐승이다.

「묵객휘서(墨客揮犀)」[645]에서 "수십 보를 가다가 문득 잠을 자는데, 대나무를 쳐서 놀라게 해야 일어난다. 그러나 가다가 금새 다시 잠을 잔다"[646]라고 하였다. 그러므로 「고공기(考工記)」에서 "학(貉)은 문수(汶水)를 넘어가지 않으니 따뜻하기 때문이다"[647]라고 하였다.[648]

---

643) 似狌狌. 一曰似貍.(『康熙字典, 㒰』) → **㒰**似狌狌. 一曰似貍.(『松南雜識,』)

644) 鼠屬, 北方寒, **以貂**皮煖額, 因爲侍中冠**飾**, **取貂內勁悍外溫潤**.(『韻府羣玉, 貂』) → **貂**, 鼠屬, 北方寒, **取**皮煖額, 因爲侍中冠.(『松南雜識』)

645) 『묵객휘서(墨客揮犀)』: 송나라 때 팽승(彭乘)이 지은 책.
*『松南雜識』에는 '墨客揮筆'로 오기되어 있음.

646) **貉**行十數步輒睡, **以物**擊竹警之, 乃起, 旣行復睡.(『墨客揮犀, 卷三』) → 行數十步輒睡, 擊竹警之, 乃起, 旣行復睡.(『松南雜識』)

647) **貉**踰汶**則死**.(『周禮注疏, 卷三十九, 冬官考工記』) → **不**踰汶**以煖也**.(『松南雜識』)

648) 墨客揮**犀**, **貉狀似兔**, **性嗜紙**, **人或擊之**, 行數十步輒睡, **以物**擊竹警之, 乃起, 旣行復睡…… **周禮冬官**考工記, **貉**踰汶**則死**.(『康熙字典, 貉』) → 墨客揮**筆**, **所謂**行數十步輒睡, 擊竹警之, 乃起, 旣行復睡, **故**考工記, **謂不**踰汶**以煖也**.(『松南雜識』)

타발
駝䶈

이시진(李時珍)이 "타발(駝䶈)의 가죽은 갖옷을 만들 만한데, 대단히 따뜻하며, 습기가 스며들지 않는다"649)라고 하였다. 『정자통(正字通)』에서 "타발(駝䶈)은 서쪽 변방에 서식하는데, 모양은 수달과 비슷하고, 오랑캐들은 그것을 잡아먹는다. 몽고말로 '답자불화(答剌不花)'650)라고 부른다. 『당서(唐書)』에 '타발서(駝䶈鼠)'가 나오는데, '타발(駝䶈)'이란 그 쥐가 살진 것을 말한다"651)라고 하였다.652)

죽유
竹鼦653)

『본초강목(本草綱目)』에서 "죽유(竹鼦)는 곧, 유서(鼦鼠)이다. 대나무 뿌리를 먹으며 토끼만 하다. 사람들이 그것을 많이 먹는데, 오리고기 맛과 비슷하다"라고 하였다.654)

---

649) 時珍曰, 皮可爲裘, 甚暖, 濕不能透.(『本草綱目, 卷五十一下, 獸之二, 土撥鼠』의 주석)

650) 답자불화(荅剌不花) : 쥐의 이름으로 토발서(土撥鼠) 즉, 타발(駝䶈)의 별명.

651) 駝䶈**鼠**, 生西番, **山澤中**, **穴土爲窠**, 形似獺, **夷**人**掘**食之, 蒙古**人**名答剌不花. 唐書, 有駝䶈鼠, 駝䶈, 言其肥**也**.(『正字通, 䶈』)→駝䶈, 生西番, 形似獺, **夸**人食之, 蒙古名答剌不花. 唐書, 有駝䶈鼠, 駝䶈, 言其肥.(『松南雜識』)

652) **本草**李時珍曰, 皮可爲裘, 甚煖, 濕不能透. 正字通, 駝䶈**鼠**, 生西番**山澤中**, **穴土爲窠**, 形似獺, 夸 人**掘**食之, 蒙古**人**名答剌不花. 唐書, 有駝䶈鼠, 駝䶈, 言其肥**也**.(『康熙字典, 䶈』)→李時珍曰, 皮可爲裘, 甚煖, 濕不能透. 正字通**曰**, 駝䶈, 生西番, 形似獺, 夸 人食之, 蒙古名答剌不花. 唐書, 有駝䶈鼠, 駝䶈, 言其肥.(『松南雜識』)

653) 죽유(竹鼦) : 죽서(竹鼠)이다. 대나무 숲 구멍에서 사는 들쥐로, 집쥐와 비슷하나 조금 더 크다. 배 부분은 갈색이고, 등 부분은 회색이다. 사지와 털이 짧다. 죽순과 땅속의 줄기를 먹고 산다.

654) **時珍曰**, **竹鼦**, 食竹根**之鼠也**, **出南方**, **居土穴中**, 大如兎, 人多食之, 味如鴨**肉**.(『本草綱目, 卷五十一下, 獸之二, 竹鼦』의 주석)→**埤雅**, **一名竹鼦**, **食物**本草, **鼠**食竹根, **居土穴中**, 大如兎, 人多食之, 味如鴨.(『康熙字典, 鼦』)→本草曰, **卽鼦鼠**, 食竹根, 大

찬영(贊寧)[655]의 『순지(筍志)』에서 "대나무 뿌리에 쥐가 있는데, 크기는 고양이만하며 그 색깔은 대나무와 유사하다"라고 하였다. 죽돈(竹豚)[656] 또는 치자(穉子)라 부르니, 두보(杜甫)의 시에서 "죽순 뿌리의 치자[筍根穉子]"[657]라고 한 말이 이것이다.[658]

소식(蘇軾)의 시에서,

촌사람이 죽유(竹鼬)를 바쳤는데	野人獻竹鼬
허리와 배가 동이처럼 불룩하네	腰腹大如盎
사람을 보면 제풀에 놀라 엎어지니	逢人自驚蹶
강보 빠져나온 아기처럼 불쌍하구나	悶若兒脫襁[659]

라고 하였는데, 지금의 발지후(撥地猴)[660] 비슷하다.

의서(醫書)에서, 어린아이의 병에 죽유(竹鼬) 한 마리를 써서 쥐 열 마리를 당하게 하는 것은 지렁이를 먹어서 회충을 제압하는 격이라고 한다.

如兎, 人多食之, 味如鴨.(『松南雜識』)

655) 찬영(贊寧) : 송나라의 승려. 영은사(寧隱寺)의 승려. 남산율(南山律)에 익숙하여 당시 사람들이 율호(律虎)라 불렀다. 법호는 원명대사(圓明大師).

656) 죽돈(竹豚) : 쥐의 일종.

657) 筍根**稚**子**無人見**.(『杜工部詩集, 卷七, 絶句漫興九首』) → 筍根**穉**子.(『松南雜識』)

658) 贊寧筍志, 竹根有鼠, 大如貓, 其色類竹, 名竹豚, 亦名稚子, 杜詩**所謂**, 筍根稚子**也**.(『康熙字典, 竹』) → 贊寧筍志**曰**, 竹根有鼠, 大如貓, 其色類竹, 名竹豚, 亦名稚子, 杜詩, 筍根稚子.(『松南雜識』)

659) 野人獻竹鼬, 腰腹大如盎, **自言道旁得, 採不費罝罔, 鴟夷讓圓滑, 混沌慙瘦爽, 兩牙雖有餘, 四足僅能髣**, 逢人自驚蹶, **悶**若兒脫襁.(『東坡全集, 卷二, 竹鼬』) → 野人獻竹鼬, 腰腹大如盎, 逢人自驚蹶, **悶**若兒脫襁.(『松南雜識』)

660) 발지후(撥地猴) : 유서(鼬鼠)의 별명이다.

생 · 유[661]

鼪鼬

『춘추운두추(春秋運斗樞)』[662]에서 "옥추성(玉樞星)이 흩어져서 쥐가 되었다"라고 하였다.[663]

운서(韻書)에서 "생(鼪)은 비생서(飛生鼠)이다. 쥐를 잘 잡아먹기에 '서랑(鼠狼)'이라고 불린다"라고 하였다.[664]

또 유(鼬)는 운서(韻書)에 말하였다.

담비[貂]와 비슷하다. 적황색이고 꼬리가 크며 쥐를 잡아먹는다. 한유(韓愈)의 시에 "깜박할 새 날다람쥐 족제비 뒤섞이네[倏閃雜鼯鼬]"[665]라고 하였다.[666]

『이아(爾雅)』에서 "몽송(蒙頌)[667]은 바로 몽귀(蒙貴)이니 긴 팔 원숭이와 비슷하다. 흑자색이고 집에서 기를 수 있는데, 고양이보다 쥐를 잘 잡는다"[668]라고 하였다.

---

661) 유(鼬) : 족제비. 포유류의 육식 동물. 일명 '생(鼪)'이라고도 한다. 또는 '서랑(鼠狼)' · '황서랑(黃鼠狼)'이라고도 한다. 몸 길이가 한 자 쯤 되고, 머리가 대략 둥그스름하다. 사지가 짧고 털은 황갈색이며, 골격에 탄성이 있어서 폈다 구부렸다를 자유자재로 한다. 낮에는 숨어 있다가 밤에 활동하는데, 쥐나 닭 등의 작은 동물을 사람들 몰래 잡아가서 먹는다.

662) 춘추운두추(春秋運斗樞) : 운두(運斗), 운두추(運斗樞), 춘추운두(春秋運斗). 경의(經義)에 가탁하여 말한 위서(緯書) 중 『춘추위(春秋緯)』의 일부이다.

663) **春秋**運斗樞, 玉樞星, 散**而**爲鼠.(『康熙字典, 鼠』) → 運斗樞**曰**, 玉樞星, 散爲鼠.(『松南雜識』)

664) **正韻**, 飛**生**鼠, **爾雅釋獸**, **註**, **江東呼鼬鼠爲鼪**, 能啖鼠, **俗**呼鼠狼.(『康熙字典, 鼪』) → 飛鼠, 能啖鼠, 呼鼠狼.(『松南雜識』)

665) 倏閃雜鼯**鼬**.(『昌黎先生文集, 卷一, 南山詩』) → 倏閃雜鼯**鼬**.(『松南雜識』)

666) 如貂, 赤黃尾大, 食鼠. 韓, 倏閃雜鼯鼬.(『韻府羣玉, 鼬』)

667) 몽송(蒙頌) : 짐승 이름. 몽귀(蒙貴). 꼬리 긴 원숭이 중에서도 작은놈으로 쥐를 잡을 때 고양이보다 더 재빠르다.

668) 卽蒙貴**也**, **狀如蜼而小**, 紫黑色, 可畜, **健**捕鼠, 勝**於**貓.(『爾雅注疏, 卷十一, 釋獸』의

『장자(莊子)』가 "쥐를 잡는 데에는 족제비[狸狌]만한 것이 없다"[669]라고 하였으니, '이성(狸狌)'이 '몽송(蒙頌)'인 듯하다.

지금 산골짜기의 절에서 쥐 한 마리를 산채로 잡아서 독 안에 두고 기르되, 다른 것은 먹이지 않고 오직 살아있는 쥐만 먹인다. 이놈이 크게 자라면 고양이보다 쥐를 잘 잡으니 '서묘(鼠猫)'라 부른다.

또 유(鼬)는 두더지이니 나무에 잘 올라간다. 운서(韻書)에서 "오유(鼯鼬)는 비생서(飛生鼠)이다.[670] 그 모양은 작은 여우와 같고, 살로 된 날개는 박쥐와 비슷하니 바로 이유(夷由)[671]이다"라고 하였다.[672]

이서
耳鼠

운서(韻書)에서 말하였다.

혜(鼷)는 이서(耳鼠)인데, 매우 작다. 독을 쏘아 사람과 짐승을 갉아먹는데, 모두 아픈 줄 모른다. 지금의 감구서(甘口鼠)[673]이니, 작은 여우와 모양이 비슷하다.[674]

주석) → 蒙頌, 卽蒙貴, **似**猱, 紫黑色, 可畜, 捕鼠勝猫, 爾雅.(『韻府羣玉, 蒙貴蒙頌』) → 爾雅**曰**, **蒙頌**, 卽蒙貴, 似猱, 紫黑色, 可畜, 捕鼠勝貓.(『松南雜識』)

669) 捕鼠不如**狸狌**.(『莊子, 秋水』) → 捕鼠不如**貍鼪**.(『松南雜識』)

670) 오서(鼯鼠) : 『松南雜識』에는 '오유(鼯鼬)'라고 되어 있으니 '유(鼬)'자는 '서(鼠)'자의 오기인 듯하다. '오유(鼯鼬)'는 오서(鼯鼠)와 유서(鼬鼠), 즉 날다람쥐와 족제비를 말한다. 인용문의 설명에서 '비생서(飛生鼠)' 즉, 날다람쥐라 하였으므로, '유(鼬)'자 대신 '서(鼠)'자를 쓰는 것이 합당하다.

671) 이(夷由) : 오서(鼯鼠)의 별명.

672) **爾雅釋鳥**, 鼯**鼠**, 夷由, **註**, 狀如小狐, 似蝙蝠, 肉翅.(『康熙字典, 鼯』) → **韻書曰**, 鼯**鼬**, **飛生鼠**, 狀如小狐, 肉翅, 似蝙蝠, **卽**夷由.(『松南雜識』)

673) 감구서(甘口鼠) : 쥐의 일종으로 혜서(鼷鼠)라고 한다. 쥐 중에 가장 작은 놈으로 물어도 사람이 아픈 줄 모른다. 그래서 '감구(甘口)'라 한 것이다.

674) **小**鼠也, 螫毒, 食人及**鳥**獸, 皆不痛, 今**之**甘口鼠**也**.(『玉篇, 鼷』) → **鼷**, **耳**鼠也, **極**

『춘추(春秋)』에서 "혜서(鼷鼠)가 교제사에 쓸 소의 뿔을 갉아먹었다"[675]라고 하였고, 한나라 역사에 "천균의 쇠뇌로도 혜서(鼷鼠)를 쏘지 않는다"[676]라고 한 말이 이것이다.[677]

『산해경』에서 "단훈산(丹熏山)에 어떤 짐승이 있는데, 쥐와 비슷하다. 토끼 머리에 고라니 몸통을 하고 있고, 울음소리는 개 짖는 소리 같다. 꼬리로 날아다니는데, 이름은 이서(耳鼠)라 한다"[678]라고 하였다. 그 주석에 "이서(耳鼠)는 오서(鼯鼠)이니 비생조(飛生鳥)이다"라고 하였다.[679]

『이아(爾雅), 석조(釋鳥)』에서 "오서(鼯鼠)는 이유(夷由)이다"[680]라고 하였다.

곽박(郭璞)의 「이서찬(耳鼠贊)」에서,

발로 땅을 밟고	蹠實以足
날개로 하늘을 난다	排虛以羽
교미(翹尾)를 파닥여 나니	翹尾翻飛
기이하구나, 이서(耳鼠)여	奇哉耳鼠
그 가죽이 유독 좋으니	厥皮惟良
모든 독을 예방할 수 있다	百毒是禦[681]

細, 螫毒, 食人及**禽**獸, 皆不痛, 今甘口鼠, **狀如小狐**.(『松南雜識』)

675) 鼷鼠食郊牛角.(『春秋左傳, 成公七年』)

676)『資治通鑑, 卷六十八, 漢紀, 六十, 孝獻皇帝癸』.

677) 千鈞之弩, 不爲鼷鼠發機, 史. 鼷鼠食郊牛角, 春秋.(『韻府羣玉, 鼷鼠』)→春秋, 鼷鼠食郊牛角. **漢**史, 千鈞之弩, 不爲鼷鼠發機.(『松南雜識』)

678) **北二百里曰**, 丹熏之山, …… 有獸焉, **其狀**如鼠, 而菟首麋身, 其音如獋犬, 以其尾飛, 名曰耳鼠.(『山海經廣注, 卷三, 北山經』)→丹熏之山, 有獸焉, 如鼠而兎首麋身, 其音如獋犬, 以其尾飛, 名曰耳鼠.(『松南雜識』)

679) 鼯鼠, 飛生鳥也.(『山海經廣注, 卷三, 北山經』)

680) 鼯鼠夷由.(『爾雅注疏, 卷十, 釋鳥』)

681) 郭璞贊, 蹠實以足, 排虛以羽, 翹尾翻飛, 奇哉耳鼠, 厥皮惟良, 百毒是禦.(『康熙字典, 鼰』)→郭璞**耳鼠**贊**曰**, 蹠實以足, 排虛以羽, 翹尾翻飛. 奇哉耳鼠, 厥皮惟良, 百毒是禦.(『松南雜識』)

라고 하였다.

또, "이서(耳鼠)[682]는 그것을 먹으면 배가 커지지 않는다"[683]라고 하였는데, 그 주석에서 "䏿의 음은 차이며, 배가 커지는 것이다"[684]라고 하였다.

종·정
鼨鼮

한나라 역사에서 말하였다.

세조(世祖)가 많은 관료들이 모였을 때에 표범과 같은 무늬가 있는 쥐를 잡았으나, 그것이 무엇인지 아는 신하가 없었는데, 두유(竇攸)가 "『이아(爾雅)』에서 이른바 종(鼨)이 이것입니다"라고 하였다.[685]

또 종(鼮)도 표범무늬가 있다.

---

682) 『松南雜識』 인용문에 '서이(鼠耳)'라고 되어 있으나, '이서(耳鼠)'의 오기인 듯하다.

683) **又北二百里曰 丹熏之山 …… 有獸焉 其狀如鼠 而兔首麋身 其音如獋犬, 以其尾飛, 名曰耳鼠**, 食之不䏿, **又可以禦百毒**.(『山海經, 卷三, 北山經』) → **鼠耳**, 食之不䏿.(『松南雜識』)

684) 䏿大腹也, **見裨倉**, 音采.(『山海經, 卷三, 北山經』의 주석) → 䏿音**蹉**, 大腹也.(『松南雜識』)

685) **竇攸治爾雅**, **擧孝廉爲郎**, 世祖**與**百僚**大會**時, **買**得鼠, 身如豹文, **問**羣臣莫知, **惟**攸**對**曰, **名**鼨**鼠**, **見爾雅**.〈竇氏家傳〉(『古今事文類聚, 後集, 卷四十一, 毛蟲部, 治爾雅識鼠』) → 世祖**大會**百僚時, 得鼠如豹文, 羣臣莫知, **竇**攸曰, **爾雅所謂**鼨.(『松南雜識』)

추 · 주

鼵鼨

『옥편(玉篇)』에서 "鼵의 음은 추다"라고 하였다. 『광아(廣雅)』에서 "쥐의 등속이다"라고 하였다. 신야(新野) 사람들은 쥐를 '추(鼵)'라고 부른다.[686]

'주(鼨)'는 『옥편(玉篇)』에서 "음이 '주'이니 쥐이다"라고 하였다.[687]

지금 우리나라에서 쥐를 '추'라 하기도 하고 '주'라고도 하는 말이 이것이다.

향서

香鼠[688]

『자휘(字彙)』에서 "하남성(河南省) 설제산(雪霽山)에 있다. 길이가 한 치쯤 되고 이빨과 수염이 모두 있다. 향은 사향노루와 비슷하다. 큰길을 지나가면 죽는다"라고 하였다.[689]

지금의 '사향서(麝香鼠)'이다.

또 '수서(水鼠)'는 『운선잡지(雲僊雜志)』에서 "물가 언덕의 틈에 구멍을 파니, 쥐와 비슷한데 그보다는 작다. 물풀 · 납가새 · 물고기 · 새우를 먹는다"라고 하였다.[690]

---

686) 玉篇, **之惟切**, **集韻**, **朱惟切**, **竝**音錐, 廣雅, 鼠屬. **方言**, 新野人謂鼠爲鼵.(『康熙字典, 鼵』) → 玉篇, **鼵**音錐. 廣雅, 鼠屬. 新野人謂鼠爲鼵.(『松南雜識』)

687) 玉篇, **除久切**, 音紂, 鼠也.(『康熙字典, 鼨』) → 玉篇, 音紂, 鼠也.(『松南雜識』)

688) 향서(香鼠) : 양 볼에 먹을 것을 숨기는 것이 마치 편후(猵猴)와 같다. 잿빛색에 짧은 꼬리에서 향이 난다. 대단히 작아서 엄지손가락 크기만한데, 기둥의 구멍 속에서 살며 빠른 화살만큼 잽싸다.

689) **香鼠**, 字彙, 河南**禹州密縣**雪霽山, **香鼠**, 長寸餘, 齒鬚畢具, 香類麝, 踰大路則死.(『康熙字典, 鼠』) → 字彙**曰** , 河南雪霽山**有之**, 長寸餘, 齒鬚畢具, 香類麝, 踰大路則死.(『松南雜識』)

690) 又水鼠, 雲僊**雜**志, 穴水**旁**岸隙, 似鼠而小, 食菱芡魚蝦.(『康熙字典, 鼠』) → 又水鼠, 雲僊志**曰**, 穴水**傍**岸隙, 似鼠而小, 食菱芡魚蝦.(『松南雜識』)

당서
唐鼠

『박물지(博物志)』에서 말하였다.

당공방(唐公房)[691]이 신선이 되어 하늘로 올라갈 때, 닭과 개 모두 데리고 갔다. 그러나 쥐만은 그 불결함을 싫어하여 함께 데리고 가지 않았다. 쥐가 스스로 후회하며 한 달만에 세 번 토해서 그 창자를 바꾸었는데, 속석(束晳)[692]이 말한 '당서(唐鼠)'[693]이다.[694]

강희자전(康熙字典)에는 '당(䳓)'이라고 한다.

격 · 애
鼳鼯

『이아(爾雅)』의 주석[695]에서 "격(鼳)은 쥐와 비슷하며 말발굽을 하고 있다. 진(秦)나라 사람들은 그것을 '작은 나귀[小驢]'라 부르는데, 일 년 만에 천근이 나간다. 만물에게 해가 된다"라고 하였다.[696]

---

691) 당공방(唐公房) : 신선의 이름. 신선의 도를 터득하고 운대산(雲臺山)에 들어가 단약을 먹었고 신선이 되어 하늘로 올라갔다고 한다.

692) 속석(束晳) : 서진(西晉)의 문학가(?~약300). 자는 광미(廣微). 박학다식하였고 명예를 추구하지 않았다.

693) 당서(唐鼠) : 역장서(易腸鼠)라고도 부른다. 한 달에 세 번 토해내어 자신의 창자를 바꾸는 쥐를 말한다.

694) 山有易腸鼠, 一月吐, 易其腸, 束廣微所謂唐鼠者也.(『廣博物志, 卷四十七, 鳥獸, 第二』) → 唐公房**擧宅**升仙, 雞犬皆去, 唯鼠, 惡其不淨, 不將去, 鼠自悔, 一月三吐, 易其腸, 束廣微所謂唐鼠.〈博物志〉(『古今事文類聚, 後集, 卷四十一, 毛蟲部, 鼠三易腸』) → 博物志**曰**, 唐公房升仙, 鷄犬皆去, 惟鼠, 惡其不淨, 不將去, 鼠自悔, 一月三吐, 易其腸, 束廣微所謂唐鼠.(『松南雜識』)

695) 『이아(爾雅), 석수(釋獸)』「격(鼳)」의 주석을 이름.

696) **鼳**, **鼠身長須而賊**, 秦人謂之小驢, 〈**註**, **鼳**, 似鼠而馬蹄, 一歲千斤, 爲物殘賊〉(『爾

『옥편(玉篇)』에서 "이애(鼶鼳)는 작은 쥐이다. 서로 꼬리를 물고서 돌아다닌다"라고 하였다.697)

석 · 언
鼫鼴

운서에서 "석(鼫)은 즉 작서(雀鼠)698)이다"라고 하였다.

『설문해자』에서 "석(鼫)은 다섯 가지 기술을 가진 쥐[五技鼠]이니, 날 수는 있어도 지붕을 넘을 수는 없고, 올라갈 수는 있지만 나무 끝까지는 이르지 못하고, 물에 뜰 수는 있어도 계곡은 건너지 못하고, 구멍을 팔 수는 있어도 자신을 숨기지는 못하고, 달릴 수는 있어도 남을 앞서지는 못하는 것이다"라고 하였다.699)

또 언(鼴)은 크기가 소만하고 꼬리가 없으며 검은 색이다. 눕기를 좋아하고 강물을 마신다.700) 『장자(莊子)』에서 이른바 "언이 강물을 마시지만 배를 채우는 데에 지나지 않는다"701)이니, 바로 땅 속을 다니는 쥐는 백로(伯勞)702)가 변화한 두더지[鼢]이다.

雅注疏, 卷十一, 釋獸』) → **爾雅註**, 似鼠而馬蹄, 秦人謂之小驢, 一歲千斤, 爲物殘賊.(『松南雜識』)

*『松南雜識』에는 『이아』의 원문과 주석이 착종되게 인용하였다.

697) 玉篇, 鼶鼳, 小鼠, 相銜尾而行.(『康熙字典, 鼳』) → 玉篇, 鼶鼳, 小鼠**也**, 相銜尾而行.(『松南雜識』)

698) 작서(雀鼠) : 속서(粟鼠), 즉 대서(大鼠)를 말한다. 일명 '석서(碩鼠)'라고도 한다.

699) 五技**鼠也**, 能飛不能**過**屋, 能緣不能窮木, 能游不能**渡**谷, 能穴不能掩身, 能走不能先人.(『說文解字. 鼫』) → 五技, 能飛不能**上**屋, 能緣不能窮木, 能**浮**不能**度**谷, 能穴不能掩身, 能走不能先人.(『松南雜識』)

*『松南雜識』에서 출전을 『순자』로 밝히고 있지만, 『순자, 권학편(勸學篇)』에서 "梧鼠五技而窮"이라는 말만 있을 뿐이고, 이 내용은 『설문해자』에 보인다.

700) **廣韻**, **似鼠**, **形**大如牛, 好偃**河而**飮**水**, **又正韻**, **鼠名**, **一曰鼢**. **正字通**, **鼴**, **似鼠而小**, 無尾, 黑色, **長鼻**, **一名鼢**. **以其常偃伏**, **名鼴**, **以其陰穿地中而行**, **名隱鼠**.(『康熙字典, 鼴』) → **鼴**, 大如牛, 無尾, 黑色, **好偃**, **飮河**.(『康熙字典, 鼴』)

701) **偃鼠飮河**, 不過滿腹.(『莊子, 逍遙遊』) → 不過滿腹**也**.(『松南雜識』)

구정(鼩鼱)은 『설문해자』에서 "정구(精鼩)이다"[703]라고 하였다.

「동방삭전(東方朔傳)」에서 "정구(鼱鼩)[704]가 개를 덮친다"[705]라고 하였다.

대개 쥐의 등속에는 준서(鼨鼠)·음서(陰鼠)·빙서(氷鼠)·화서(火鼠) 등과 같은 명칭이 또한 많다.

'작(鼩)'은 날아다니며 호랑이와 표범을 잡아먹는다.

또 '암저(巖狙)'는 두서(豆鼠)이니, 지금의 '청설모[青鼠毛]'이다.

정봉(鄭鳳)[706]의 시에 "십 년 동안의 농사를 암저가 먹어치우네[十年種粟巖狙食]"라고 하였다.

호·격

鼬鼳

『설문해자』에서 "호(鼬)는 검은 몸통에 흰 허리가 마치 띠와 같다. 손에는 길고 흰 털이 나있어 널빤지를 쥐고 있는 모양 같다"[707]라고 하였다.

또 격(鼳)은 『옥편(玉篇)』에서 "鼳의 음은 격이다. 쥐와 비슷하지만 희고 나무 위에서 산다"라고 하였다.[708]

---

702) 백로(伯勞) : 새 이름. 박로(博勞) 혹은 격(鶪)이라고도 부른다. 때까치 즉 백설조(百舌鳥)를 말한다.

703) 『說文解字, 鼩』.

704) 정구(鼱鼩) : 구정(鼩鼱)과 같다. 땅 속의 작은 쥐를 말한다.

705) **譬猶**鼱鼩之襲狗.(『前漢書, 卷六十五, 東方朔傳』) → 鼱鼩之襲狗**也**.(『松南雜識』)

706) 정봉(鄭鳳) : 조선 후기 순조·헌종 때의 시인, 호는 초부(樵夫), 양근초부(楊根樵夫)라고도 한다. 나무를 팔아 생활하고, 당시(唐詩)의 근본을 체득하여 일세에 이름을 떨쳤으며, 소박한 풍의 칠언절구가 많이 애송되었다.

707) **斬**鼬**鼠**, 黑身白腰若帶, 手有長白毛, **似**握版之狀.(『說文解字, 鼬』) → 說文, **斬**鼬, 黑身白腰若帶, 手有長白毛, **若**握版之狀.(『康熙字典, 鼬』) → 說文曰, 鼬, 黑身白腰若帶, 手有長白毛, **若**握版之狀.(『松南雜識』)

708) 音檄. **廣韻**, **鼠名**. 玉篇, 似鼠而白**也**. **集韻**, **狀如鼠**, 在樹木上.(『康熙字典, 鼳』) → 玉篇, 音檄. 似鼠而白, 在樹木上.(『松南雜識』)

쥐를 사서 창고에서 기르다
買鼠養倉

『설문해자』에서 “쥐는 구멍 속에 사는 동물의 총칭이다”709)라고 하였다.

쥐는 이빨은 있지만 어금니가 없다. 『시경(詩經)』에서 “쥐를 보건대 이빨이 있네[相鼠有齒]”710)와 “누가 쥐에게 어금니가 없다고 말하는가?[誰謂鼠無牙]”711)라고 한 말이 이것이다.

장무중(臧武仲)이 “낮에는 숨어 있다가 밤에 활동한다”712)라고 하였다.

조선 인조때 이괄(李适)의 반란이 있었다. 이튿날 난을 일으키려 하였는데, 쥐가 밤에 이괄의 진영에 잠입해서 활시위를 갉아먹고 총구멍에 오줌을 누었다. 이괄이 싸우려 하려하였으나, 총이 젖고 활시위가 끊어져 결국 패하여 죽임을 당하였다. 나라에서 쥐에게 공적이 있다고 여긴 까닭에 선혜청(宣惠廳)713)과 군자감(軍資監)714)에서 쥐를 사서 길렀다고 한다.

요·여
狕狳

『산해경』에서 말하였다.

---

709) 穴蟲之總名也.(『說文解字, 鼠』) → **鼠**, 穴蟲之總名也.(『松南雜識』)
710) 『詩經, 鄘風, 相鼠』.
711) 『詩經, 召南, 行露』.
712) 『春秋左傳, 襄公, 二十三年』.
713) 선혜청(宣惠廳) : 조선조 14대 선조(宣祖) 41년(1608) 대동법(大同法)의 시행에 따라, 대동미·대동포 등의 출납을 맡은 관아.
714) 군자감(軍資監) : 군수품의 비축·출납에 관한 사무를 맞아보는 관아.

제산(隄山)에 어떤 짐승이 있는데, 그 모양은 표범 같고 머리에 무늬가 있으니, 이름을 '요(狕)'라고 한다. 〈狕의 음은 요이다.〉[715]

낙마산(樂馬山)에 어떤 짐승이 있는데, 그 모양은 고슴도치 같고 연단의 불꽃처럼 붉으니, 이름을 '여(㻍)'라고 한다. 〈㻍의 음은 려이다.〉[716]

이즉
狢即

『산해경』에서 "선산(鮮山)에 어떤 짐승이 있는데, 그 모양은 서방(西方)의 개와 비슷하고 주둥이와 눈이 붉으며 꼬리는 희다. 이 짐승이 나타나면 그 마을에 화재가 발생한다. 그 이름은 이즉(狢即)이다"[717]라고 하였는데, 그 주석에서 "이즉(狢即)은 불짐승이다"[718]라고 하였다.[719]

---

715) **又北百七十里曰**隄山, **多馬**, 有獸**焉**, 其狀如豹而文首, 名曰狕. 〈音**么**〉(『山海經, 卷三, 北山經』) → 隄山有獸, 其狀如豹而文首, 名曰狕. **狕**音**云**.(『松南雜識』)

716) **又東南二十里曰**, 樂馬之山, 有獸**焉**, 其狀如彙, 赤如丹火, 其名曰㻍.〈音戾〉(『山海經, 卷五, 中山經』) → 又馬之山, 有獸, 其狀如彙, 赤如丹火, 其名曰㻍, **㻍**音戾.(『松南雜識』)

717) **又東三十里曰**鮮山, …… 有獸**焉**, 其狀如膜**大**, 赤喙赤目白尾, 見則其邑有火, 名曰狢即.(『山海經廣注, 卷五, 中山經』) → 鮮山, 有獸, 其狀如膜**犬**, 赤喙赤目白尾, 見則邑有火, 名曰狢即.(『松南雜識』)
 * 『산해경전소(山海經箋疏)』에서 '大'는 '犬'이 되어야 한다고 하였다.

718) **談薈曰**, 火獸**兆火**, **狢即火獸**, **見則邑有火災也**.(『山海經廣注, 卷五, 中山經』의 주석) → 火獸.(『松南雜識』)

719) 山海經, 鮮山有獸, 其狀如膜犬, 赤喙赤目白尾, 見則邑有火, 名曰狢即. 註, **談薈曰**, 火獸**兆火狢即火獸**, **見則邑有火災也**.(『康熙字典, 狢』) → 山海經**曰**, 鮮山有獸, 其狀如膜犬, 赤喙赤目白尾, 見則邑有火, 名曰狢即. 註, 火獸.(『松南雜識』)

삼·쟁
猲狰

운서(韻書)에서 "삼(獑)은 사람 머리에 개 얼굴을 하고 있다"[720]라고 하였고 "쟁(狰)[721]은 여우와 비슷하며 날개가 있다"[722]라고 하였다.

곽박(郭璞)의 '쟁(狰)'[723] 찬(贊)에서,

장의산(章義山)은	章義之山
기괴한 놈이 사는 곳이니	奇怪所宅
표범 같은 짐승이 있나니	有獸似豹
온몸이 붉은 색이라네	厥色惟赤

라고 하였다.

승냥이·이리
豺狼

『설문해자』에서 "승냥이[豺]는 이리[狼]의 등속이다"[724]라고 하였다.

이리는 수컷을 '환(貛)'이라 하고, 암컷을 '낭(狼)'이라 하며, 새끼를 '격(獥)'이라 한다.[725]

승냥이는 개소리를 내고 양을 잡아먹는다. 그래서 우리나라에서는

---

720) 犬容頭**進也**.(『原本廣韻, 獑』)→**獑**, **人**頭犬容.(『松南雜識』)

721) 쟁(狰) : 이 '쟁(狰)'은 '날아가는 여우[飛狐]'를 뜻한다. 여우와 비슷한데 날개가 있다.

722) **獸**, **如**狐有翼, **又音爭**.(『五音集韻, 狰』)→**狰**, **似**狐**而**有翼.(『松南雜識』)

723) 쟁(狰) : 이 '쟁(狰)'이란 짐승은 붉은 표범과 비슷하며 뿔 하나에 꼬리가 다섯 개이다. 울음 소리는 바위를 부술 듯하다.

724) 狼屬.(『說文解字, 豺』)→**豺**, **卽**狼屬.(『松南雜識』)

725) 牡曰貛, 牝曰狼, **其**子曰獥.(『本草綱目, 卷五十一下, 獸之二, 狼』의 주석)→牡曰貛, 牝曰狼, 子曰獥**也**.(『松南雜識』)

'승냥[食羊]'이라 부른다. 「왕제(王制)」[726]에서 "승냥이가 짐승 잡아 제사 지낸다[豺祭獸]"라고 한 말이 이것이다.[727]

또 『설문해자』에서 "이리[狼]는 개와 비슷하게 생겼고 머리가 뾰족하며 빰이 희다. 앞쪽은 솟구쳐 있고 뒤쪽은 넓죽하다"[728]라고 하였다. 장정(張鋋)이 초대 받아 간 곳에 있던 '창랑군(滄浪君)'[729]이 이것이다.[730]

『유양잡조(酉陽雜俎)』에서 "개는 승냥이의 외삼촌이다. 승냥이가 개를 만나면 문득 절하는 모양으로 무릎을 꿇는다"라고 하였다.[731]

맹씨 · 양 · 경
猛氏猺獍

「상림부(上林賦)」[732]에서 "하합(蝦蛤)[733]을 몽치로 때리고, 맹씨(猛氏)를 창으로 찌른다"[734]라고 하였는데, 그 주석에서 "맹씨(猛氏)는 곰과 비슷

---

726) 『松南雜識』에는 '月令'으로 오기되어 있음.

727) 豺祭獸, **然後田獵**.(『禮記注疏, 卷十二, **王制**』) → 月令, 豺祭獸.(『韻府羣玉, 豺』) → 月令, 豺祭獸.(『松南雜識』)
*『松南雜識』에서는 출전을 『예기』의 편명인 「월령(月令)」으로 밝히고 있지만, 원출전은 『예기』의 「왕제(王制)」이다. 『운부군옥』에서 출전을 「월령(月令)」이라고 한 오류를 『松南雜識』에서는 그대로 답습하고 있다.

728) 似犬, 銳頭白頰, 高前廣後.(『說文解字, 狼』) → **狼**似犬, 銳頭白頰, 高前廣後**也**.(『松南雜識』)

729) 창랑군(滄浪君) : 이리의 별명. 『사물이명록(事物異名錄), 수축(獸畜), 랑(狼)』에서 "장정(張鋋)이 초빙을 받았는데 그 좌중에 창랑군(滄浪君)이 있었다. 그런데 장정(張鋋)이 졸다가 깨어보니 앞에 이리가 한 마리 누워 있는게 아닌가? 그것은 창랑군(滄浪君)이었다"라고 하였다.

730) 說文, **文**犬, 銳頭白頰, 高前廣後, **從犬良聲**. 張鋋遨滄浪君, **狼也**.(韻府羣玉, 狼) → 說文, **狼似**犬, 銳頭白頰, 高前廣後**也**, 張鋋遨滄浪君, **是也**.(『松南雜識』)

731) 狗, 豺之舅, **豺**遇狗, 輒跪如拜狀.〈酉陽**雜俎**〉(『古今事文類聚, 後集, 卷四十, 毛蟲部, 狗』) → 酉陽**曰**, 狗, 豺之舅**也**, 遇狗, 輒跪如拜狀.(『松南雜識』)
*『유양잡조』에는 나오지 않는 내용이다.

732) 『송납잡지』에는 「자허부(子虛賦)」로 오기되어 있음.

733) 하합(蝦蛤) : 짐승 이름.

하게 생겼다"[735]라고 하였다.

또 앙(猰)은 사자와 비슷하게 생겼다. 사람이 이놈에게 물리면 병이 든다. 『신이경(神異經)』에서 "북방에 어떤 짐승이 있으니, 앙(猰)이라 하는데, 황제가 그 놈을 죽였다"[736]라고 한 말이 이것이다.[737]

또 경(獍)[738]은 운서에서 "추(貙[739])와 비슷하며, 눈은 호랑이처럼 생겼다. 아비를 해치는 짐승이다"[740]라고 하였다.

『시경(詩經)』에 이른바 "올빼미[梟][741]가 되고 솔개가 되네[爲梟爲鴟]"[742]라고 한 말이 이것이다.

---

734) 格蝦蛤**鋋**猛氏.(『文選註, 卷八, 上林賦』)→格蝦蛤**挺**猛氏.(『松南雜識』)

735) **郭璞曰**, **今蜀中有獸**, **狀如**熊, **而小毛淺有光澤**, **名**猛氏.(『文選註, 卷八, 上林賦』의 주석)→猛氏, **似**熊.(『松南雜識』)

736) 北方有獸**焉**, **其狀如獅子**, **食人吹人則病**, **名**曰猰, **恒近人村里**, **入人居室**, **百姓患苦**, **天**帝**徙**之**北方荒中**.(『說郛, 卷六十六上, 神異經, 中荒經』)→北方有獸, 曰猰, **黃**帝**殺**之.(『松南雜識』)

737) **廣韻**, 猰, **獸**, **如師子**, **食虎豹及人**. **集韻**, **如狻猊**, **食熊羆**. **又**神異經, 北方**大荒中**有獸, 咋人則疾, **名**曰猰, **猰**, **恙也**, **常入人室屋**, 黃帝殺之. **人無憂疾**, **謂之無恙**.(『康熙字典, 猰』)→**又**猰, **似獅**, 咋人則疾**也**, 神異經**曰**, 北方有獸, 曰猰, 黃帝殺之.(『松南雜識』)

738) 경(獍) : 식부(食父) 혹은 식모(食母)라고도 한다. 호랑이나 표범과 비슷한데, 그보다 작다. 처음 태어났을 때 도리어 그 어미를 잡아먹는다.

739) 추(貙) : 개만 한 크기에 살쾡이 같은 무늬가 있는 짐승. 표범과 비슷하다.

740) **居慶切**, **音敬**, **食**父獸, **如**貙, 虎眼.(『正字通, 獍』)→**似**貙**而**虎眼, **害**父獸.(『松南雜識』)

741) 올빼미 역시 경(獍)과 마찬가지로 그 어미새를 잡아먹는 불효한 새이다. 그래서 이 놈을 잡으면 나무 끝에 매달아 그 불효함을 세상 사람에게 보였다고 한다.

742) 爲梟爲**鴟**.(『詩經, 大雅, 瞻卬』)→爲梟爲**獍**.(『松南雜識』)

*『시경』의 '鴟'를 '獍'으로 오기함으로서 『松南雜識』 본문의 주제와는 상관없는 인용문이 되어 버렸다.

택역 · 당강
礋䃳當康

『신이경(神異經)』에서 “서쪽 지역에 짐승이 있는데, 키는 사람과 비슷하고 양 머리에 원숭이 꼬리를 하고 있다. 택역(礋䃳)이라 부른다. 잘 달린다”라고 하였다.[743]

또 『산해경』에서 “흠산(欽山)에 어떤 짐승이 있는데, 그 모양은 돼지 같고 어금니가 있다. 그 이름은 당강(當康)이다”[744]라고 하였는데, 그 주석에서 “당강(當康)은 아돈(牙豚)이다”라고 하였다.[745]

해태
獬豸

『신이경(神異經)』에서 “동북 지역의 짐승이다. 그러므로 감옥 문에 세워진 것은 모두 동쪽을 향한다”라고 하였다.[746]

왕충(王充)의 『논형(論衡)』에서 말하였다.

해태(解廌)는 외뿔의 양으로 성품은 죄가 있는지 없는지를 알아내

---

743) 神異經, 西方有獸, 長短如人, 羊頭猴尾, 名礋䃳, 健行.(『康熙字典, 礋』)→神異經**曰**, 西方有獸, 長短如人, 羊頭猴尾, 名礋䃳, 健行.(『松南雜識』)
*『신이경』에 나오지 않는 내용임.

744)『山海經, 東山經』.

745) **又東南二百里**曰, 欽山, **多金玉而無石**, **師水出焉**, **而北流注于皐澤**, **其中多鱃魚**, **多文貝**, 有獸焉, 其狀如豚而有牙, 其名曰當康.〈**任臣案駢雅云**, **當康**, 牙豚也〉(『山海經廣注, 卷四, 東山經』)→**又當康獸名**, 山海經, 欽山有獸**焉**, 其狀如豚而有牙, 其名曰當康, 註, 牙豚也.(『康熙字典, 當』)→山海經**曰**, 欽山有獸, 其狀如豚而有牙, 其名曰當康, 註, 牙豚也.(『松南雜識』)

746) 神異經, 東北**方**獸, 故立獄者, 皆東.(『韻府羣玉, 廌』)→神異經**曰**, 東北獸, 故立獄**門**者, 皆東.(『松南雜識』)
*『신이경』에 나오지 않는 내용임.

는 천성이 있다. 고요(皐陶)가 옥사를 처리할 때 죄가 있는지 의심스러우면 양(羊)으로 하여금 죄가 있는 사람을 떠받게 하였다.[747]

『유양잡조(酉陽雜俎)』에서 "당 현종(玄宗) 때 부평현(富平縣)에 신비한 양 한 마리가 태어났는데, 뿔 위에 살이 있고, 목에는 흰 털이 나 있다"[748]라고 하였다.

운서(韻書)에 "일각양(一角羊)이란 해태(獬豸)를 말한다"라고 하였다.

웅·위
熊猬

『이아(爾雅)』에서 "퇴(魋)는 작은 곰과 비슷하다"[749]라고 하였는데, 주석에서 "건평산(建平山)에 이 짐승이 있으니 속칭 '적웅(赤熊)'이라고 한다"[750]라고 하였다.

창서(蒼書)가 '熊'자를 '豽'[751]자로 썼으니, 대개 돼지의 종류인 듯하다. 겨울에는 발바닥을 핥으며 살아가는 놈이다.

고슴도치[蝟]는 『설문해자』에서 "호저(豪豬)와 비슷한 짐승이다"[752]라

---

747) **儒者說云**, 觟**觽**者, 一角**之**羊**也**, 性知有罪, 皐陶治獄, 其罪疑者, 令羊觸之, **有罪則觸**, **無罪則不觸**, **斯蓋天生一角聖獸**, **助獄爲驗**, **故皐陶敬羊**, **起坐事之**, **此則神奇瑞應之類也**.(『論衡, 卷十七, 是應篇』)→王充論衡, 解**廌**者, 一角羊, 性知有罪, 皐陶治獄, 其罪疑者, 令羊觸之.(『康熙字典, 廌』)→王充論衡**曰**, 解**廌**者, 一角羊, 性知有罪, 皐陶治獄, 其罪疑者, 令羊觸之.(『松南雜識』)

748) **開元二十一年**, 富平縣, 產一**角**神羊, 肉角**當頂**, 白毛**上捧**, **議者以爲獬豸**.(『酉陽雜俎, 續集, 卷八, 支動』)→玄宗時, 富平縣, 產一神羊, 肉角**項**白毛, 雜俎.(『韻府羣玉, 廌』)→雜俎**曰**, **唐**玄宗時, 富平縣, 產一神羊, 肉角**項**白毛.(『松南雜識』)

749) 魋如小熊.(『爾雅注疏, 卷十一, 釋獸』)

750) **今**建平山中, 有此獸, …… 俗呼**爲**赤熊.(『爾雅注疏, 卷十一, 釋獸』의 주석)→建平山中, 有此獸, 俗呼赤熊.(『松南雜識』)

751) 웅(豽) : 『육서본의(六書本義)』에서 "맹수이다. 돼지와 비슷한데, 산에서 살며 겨울잠을 잔다"라고 하였다.

752) 蟲, 似豪豬**者**.(『說文解字, 彙』)→**其**虫, 似豪豬.(『松南雜識』)
*『설문해자』 표제자는 '蝟'가 아니라 '彙'이다.

고 하였는데, 위장의 병을 치료할 수 있기 때문에 '위(蝟)'라고 부른다. 적곡자(炙轂子) 왕예(王叡)가 "쥐와 비슷하며, 성질은 흉악하고 미련하다. 외물(外物)이 조금이라도 가까이 다가가면 뾰족한 털을 화살과 같이 옹송그려 일으켜 세운다"라고 하였다.[753] 우리나라에서는 '토저(土猪)'라고 부른다.

「서경부(西京賦)」[754]에서 "불(拂[755])과 위(猬)를 잡네"[756]라고 한 말이 이것이다.

「구협전(龜筴傳)」에서 "위(蝟)가 까치에게 욕을 당하였다"라고 하였는데, 그 주석에 "위(蝟)는 호랑이 귀속에는 뛰어 들어갈 수 있다. 그러나 까치를 보기만 하면 문득 스스로 뒤집어져서 배를 내놓고 쪼도록 내버려둔다"[757]라고 하였다.

작 · 활
臭猾

『산해경』에서 "윤산(綸山)에 있는 짐승으로는 영양과 작(臭)이 많다"[758]라고 하였는데, 그 주석에서 "'臭'의 음은 '작'이다. 토끼와 비슷하게 생겼으며, 사슴뿔에 푸른색이다"[759]라고 하였다.[760]

---

753) **陸佃云**, 可治胃疾. 炙轂子, **刺端分兩岐者蝟**, **如棘針者蟉蝟**, 似鼠, 性獰鈍, 物少犯近, 則毛刺攢起如矢.(『康熙字典, 蝟』)→可治胃病, **故以蝟名之**. 炙轂子**云**, 似鼠, 性獰錐, 物少犯近, 則毛刺攢起如矢.(『松南雜識』)

754) 『松南雜識』에는 '東京賦'로 오기되어 있음.

755) 불(拂) : 짐승 몸에 사람의 얼굴을 하고 털을 엉크러뜨리고 있으며 빨리 달린다.

756) 摣狒猬.(『文選註, 卷二, **西京賦**』)→**或作猬**, **張衡東京賦**, 攎狒猬.(『康熙字典, 蝟』)→**東京賦云**, 攎狒猬.(『松南雜識』)

757) 蝟辱于鵲.〈集解, 郭璞曰, 蝟能制虎, 見鵲仰地.〉(『史記, 卷一百二十八, 龜策列傳』)→**史記**, 龜筴傳, 蝟辱于鵲, 註, **續博物志云**, 蝟能跳入虎耳, 見鵲, 便自仰腹受啄.(『康熙字典, 蝟』)→龜筴傳, 蝟辱于鵲, 註, 蝟能跳入虎耳, 見鵲, 便自仰腹受啄.(『松南雜識』)

758) **又東北三百五十里曰**, 綸山, **其木多梓枏**, **多桃枝**, **多柤栗橘櫾**, 其獸多**閭麈**麢臭.(『山海經, 卷五, 中山經』)→綸山, 其獸多麢臭.(『松南雜識』)

또 "요광산(堯光山)에 어떤 짐승이 있는데, 모양은 사람 같은데, 멧돼지 갈기가 있다. 동굴에서 살고, 겨울잠을 잔다. 이름은 '활회(猾褢)'라고 하는데, 나무 찍는 소리를 낸다. 이 놈이 나타나면 마을에 큰 역사(役事)가 생긴다"[761]라고 하였다. 『정자통(正字通)』에 "바다짐승 중에 활(猾)이라 하는 놈은 뼈가 없어서 호랑이 입 속으로 들어가도 호랑이가 씹어 먹지 못하는데, 호랑이 뱃속에 있으면서 안에서부터 갉아먹는다"[762]라고 하였다.[763]

단·광
猯獷

운서에 "단(猯)은 돼지 비슷하며 살졌다"[764]라고 하였다. 우리나라에서는 '오소리[烏所伊]'라고 하는데, 지금 연풍(延豊) 등지의 골짜기에 있다. 의서(醫書)에 "단(猯)의 고기와 기름을 가져다 담적증(痰積症)을 치료하는데 사용한다"라고 하였다.

광(獷)은 바로 황랑(黃狼)이니 우리나라에서는 '족제비(足齊飛)'라고 한

759) 㚟, 似菟而鹿脚, 青色, 音綽.(『山海經, 卷五, 中山經』의 주석)

760) 山海經, 綸山, 其獸多麢㚟, 註, 㚟, 似兎而鹿**脚**青色.(『康熙字典, 㚟』) → 山海經**曰**, 綸山, 其獸多麢㚟, 註, 㚟**音㲋**, 似兎而鹿**角**青色.(『松南雜識』)

761) **又東三百四十里曰**, 堯光之山, **其陽多玉**, **其陰多金**, 有獸焉, **其**狀如人而彘鬣, 穴居而冬蟄, **其**名曰猾褢, **其**音如斲木, 見則縣有大繇.(『山海經, 卷一, 南山經』) → 堯光之山, 有獸焉, 狀如人而彘鬣, 穴居而冬蟄, 名曰猾褢, 音如斲木, 見則縣有大繇.(『松南雜識』)

762) 海獸名, 猾無骨, 入虎口, 虎不能噬, 處虎腹中, 自內齧之.(『正字通, 猾』)

763) **又山海經**, 堯光之山, 有獸焉, 狀如人而彘鬣, 穴居而冬蟄, 名曰猾褢, 音如斲木, 見則縣有大繇. **又**正字通, 海獸名, 猾無骨, 入虎口, 虎不能噬, 處虎腹中, 自內齧之.(『康熙字典, 猾』) → 堯光之山, 有獸焉, 狀如人而彘鬣, 穴居而冬蟄, 名曰猾褢, 音如斲木, 見則縣有大繇. 正字通曰, 海獸名, 猾無骨, 入虎口, 虎不能噬, 處虎腹中, 自內齧之.(『松南雜識』)

764) 似豕而肥.(『原本廣韻, 貒』)

다. 지금 그 털은 황모필(黃毛筆)의 재료로 사용한다.

놜·눌
貀豽

『이물지(異物志)』에서 "놜(貀)은 조선에서 나는데 삵과 비슷하며 창흑색(蒼黑色)이다. 앞의 두 다리가 없지만 쥐를 잘 잡는다"라고 하였다.[765]

또 豽의 음은 눌(肭)이다.

『진서(晉書)』에서 "부여국(夫餘國)에서 좋은 말과 담비가죽과 눌(豽)이 난다"[766]라고 하였다.

한(漢)나라는 법률로 정하여 시(豺)와 눌(豽)을 잡아오는 사람에게 돈 백전(錢)을 주었다.[767]

「선비전(鮮卑傳)」에서 "초(貂)·눌(豽)·서자(鼲子)의 가죽과 털은 부드럽고 따뜻하여 유명한 갖옷이 되었다"[768]라고 하였다.

한유(韓愈)의 시에서 "창을 피하는 장(狀)[769]과 놀라는 눌(豽)[跳鋒壯驚豽]"[770]이라고 한 말이 이것이다.

---

765) 異物志, 貀出朝鮮, 似狸, 蒼黑色, 無前兩足, 能捕鼠.(『康熙字典, 貀』) → 異物志**曰**, 貀出朝鮮, 似狸, 蒼黑色, 無前兩足, 能捕鼠.(『松南雜識』)

766) 夫餘國 …… 出善馬及貂豽.(『晉書, 卷九十七, 列傳, 東夷, 夫餘國』) → 晉書**東夷傳**, 夫餘國出善馬及貂豽.(『康熙字典, 豽』) → 晉書**曰**, 夫餘國出善馬及貂豽.(『松南雜識』)

767) 漢律能捕豺貀, 購百錢.(『康熙字典, 貀』)

768) 又有貂豽鼲子, 皮毛柔**蝡**, 故天下以爲名裘.(『後漢書, 卷一百二十, 烏桓鮮卑列傳, 鮮卑』) → **後漢**鮮卑傳, **又有**貂豽鼲子, 皮毛柔**蝡**, **故天下以**爲名**裘**.(『康熙字典, 豽』) → 鮮卑傳**曰**, 貂豽鼲子, 皮毛柔**煗**, 爲名裘.(『松南雜識』)

769) 장(狀) : 짐승의 이름.

770) 跳鋒**狀**驚豽.(『東雅堂昌黎集註, 卷八, 征蜀聯句』) → 跳鋒**壯**驚豽.(『松南雜識』)

강·랑
犺狼

『정자통(正字通)』에서 말하였다.

섬라(暹羅)[771]의 높은 언덕에서 난다. 키는 작고 총명하며 사납다. 눈은 둥글고 눈동자는 노란색이며 원숭이처럼 과실을 먹으며, 고목의 그늘 깊숙한 곳에 수 십 개의 보금자리를 만들어둔다. 산에 사는 이료족(夷獠族)[772]이 그것을 길러서 일을 시키는 용도로 쓴다. 강에게 다 떨어진 솜옷을 입히고 묽은 술을 마시게 하며 아피(鮿鮍)를 먹이면 문득 좋아하면서 온 족속을 데리고 와서 일을 하여 죽을 지경이 되더라도 회피하지 않는다. 항상 산에 들어가서 학정(鶴頂)·상치(象齒)·서각(犀角)을 채집하도록 시키면 모두 기약한 만큼 수확해서 제 주인에게 보내고 비록 다른 성(姓)을 가진 사람이 그것을 빼앗으려 해도 결코 주지 않는다. 뱃사람이 대나무를 엮어 우리를 만들어 강(犺)이 오가는 길에 두어서 틀로 사로잡는다.[773]

771) 섬라(暹羅) : 태국(泰國)의 옛 이름.

772) 이료족(夷獠族) : 중국 서남방에 사는 오랑캐 종족.

773) 出暹羅之崛隴, 短小精悍, 目圓精黃, 木食如猿猱, 古樾蒙密者率數十巢, 山居夷獠, 畜之, 備驅使, 蒙以敝絮, 飮以醨酒, 食以鮿鮍, 輒喜擧族受役, 至死不避, **嘗**令入山**采**鶴頂象齒犀角, 皆如期而獲, 輸其主, 雖它姓奪之, 必不與, 舶人, 編竹爲籠, 置犺所往來之逕, 機取之.(『正字通, 犺』) → 出暹羅之崛隴, 短小精悍, 目圓睛黃, 木食如猿猱, 古樾蒙密者率數十巢, 山居夷獠, 畜之, 備驅使, 蒙以敝絮, 飮以醨酒, 食以鮿鮍, 輒喜擧族受役, 至死不避, **常**令入山, **採**鶴頂象齒犀角, 皆如期而獲, 輸其主, 雖它姓奪之, 必不與, 舶人, 編竹爲籠, 置犺所往來之逕, 機取之.(『松南雜識』)

예·유
猰貐

운서에서 "또 알유(窫窳)는 호랑이 같이 생겼는데, 검은색이며 사람을 잡아먹는 짐승이다"[774]라고 하였다.

요(堯) 임금 때 이것이 있었는데 봉희(封狶)[775]·수사(修蛇)[776]와 함께 백성의 해가 되자 예(羿)에게 명하게 쏘아 죽이게 하였다.[777]

당시(唐詩)[778]에 "청구(青丘)에 예유(猰貐)를 묻었다[青丘埋猰貐]"[779]라고 하였다.

「장양부(長楊賦)」에서,

봉시(封豕)가 그 문사(文士)이고	封豕其士
알유(窫窳)가 그 백성이라네	窫窳其民[780]

라고 하였다.

맥
貘

『신이경(神異經)』에서 말하였다.

---

774) **猰貐**, 食人獸, 似虎而黑.(『韻府羣玉, 猰』)

775) 봉희(封狶) : 거대한 돼지.

776) 수사(修蛇) : 큰 뱀, 긴 뱀.

777) **逮至**堯之時, **十日並出**, **焦禾稼**, **殺草木**, **而民無所食**, **猰貐鑿齒**, **九嬰大風**, 封豨脩蛇, **皆**爲民害, **堯乃使**羿**誅鑿齒於疇華之野**, **殺九嬰於凶水之上**, **繳大風於青邱之澤**, **上射十日**, **而下**殺**猰**, **貐斷脩蛇於洞庭**, **擒封豨於桑林**. **萬民皆喜**, **置堯以爲天子**.(『淮南子, 卷八, 本經訓』) → 堯時**有之**, **與**封狶修蛇, 爲民害, **命**羿殺**之**.(『松南雜識』)

778) 당나라 저광희(儲光羲)의 「동장시어연북루(同張侍御宴北樓)」.

779) 青丘埋**猰貐**.(『唐儲光羲詩集, 同張侍御宴北樓』) → 青丘埋**猰貐**.(『松南雜識』)

780) 양웅(揚雄)의 작품.

남방에 어떤 짐승이 있으니 이름은 '설철(齧鐵)[781)]'이다. 크기는 물소 만하고 색은 옻처럼 검으며 쇠를 먹고 물을 마신다. 이것의 똥으로 병장기를 만들 수 있는데 강철처럼 날카롭다.[782)]

『정자통(正字通)』에서 말하였다.

맥(貘)의 이빨이 가장 튼튼하여 쇠로 그것을 때려도 쇠가 모두 으스러지며, 불로도 태울 수 없고 오직 영양(羚羊)의 뿔만이 그것을 부술 수 있다.[783)]

『촉지(蜀志)』에서 "곤오산(昆吾山)에 토끼같이 생긴 짐승이 있는데, 구리와 철을 먹는다. 오(吳)나라에서 두 마리의 토끼를 잡았는데 쇠로 된 쓸개와 신장이 있었다. 이것으로 간장(干將)·막야(莫邪)[784)]를 만들었다"[785)]라고 하니 아마도 맥(貘)인 듯하다.

백거이(白居易)의 「맥병찬(貘屛贊)」 서에서 말하였다.

코끼리의 코에 물소의 눈, 소꼬리에 호랑이 발이다. 맥(貘)의 가죽

781) 설철(齧鐵) : 짐승이름.

782) **南方有獸焉**, **角足大小**, **形**狀如水牛, **皮毛黑**如漆, 食鐵飲水, 其糞可爲兵器, 其利如**剛**, 名曰齧鐵.(『說郛, 卷六十六上, 神異經. 中荒經』) → **又獸名**, 神異經, 南方有獸, 名曰齧鐵, 大如水牛, **色**如**漆**, 食鐵飲水, 其糞可作兵器, 其利如**鋼**.(『康熙字典, 鐵』) → 神異經**曰**, 南方有獸, 名曰齧鐵, 大如水牛, **色**如**椽**, 食鐵飲水, 其糞可作兵器, 其利如**鋼**.(『松南雜識』)

783) 貘齒最堅, 以鐵**椎**之, 鐵皆碎落, 火不能燒, **人得之**, **詐充佛牙佛骨**, **武夷志言**, **定州凌雲寺**, **有佛牙**, **卽貘齒**, 惟羚羊角, 能碎之.(『正字通, 貘』) → 正字通, 貘齒最堅, 以鐵**鎚**之, 鐵皆碎落, 火不能燒, 惟羚羊角, 能碎之.(『康熙字典, 貘』) → 正字通**曰**, 貘齒最堅, 以鐵**鎚**之, 鐵皆碎落, 火不能燒, 惟羚羊角, 能碎之.(『松南雜識』)

784) 간장(干將)·막야(莫邪) : 춘추 시대 오나라의 전설적인 명검.

785) 昆吾山獸如兎, 食銅鐵, 吳得雙兎, 有腎膽, **腎鑄**爲莫邪干將.(『韻府羣玉, 鐵腎』) → **蜀志云**, 昆吾山**有**獸, 如兎, 食銅鐵, 吳得雙兎, 有**鐵**膽**鐵**腎, 爲干將莫邪.(『松南雜識』)

을 덮고 자면 습기를 물리칠 수 있고, 맥(貘)을 그림으로 그리면 사악한 것을 물리칠 수 있다.[786]

고대의 역사에 의하면, 맥(貘)이 쇠를 먹어 치우는 까닭에 황제(黃帝)가 죽였다고 한다. 그러므로 지금의 숫나귀와 암소 사이에 태어난 맥(貘)과는 다른데, 이놈도 쇠로 된 집게를 깨문다.

추 · 만
貙獌

운서에서 "추(貙)는 삵과 비슷하게 생겼는데, 그보다는 크다"라고 하였다.

「한비(韓碑)」[787]에서 "봉랑(封狼)이 추(貙)를 낳고 추(貙)가 비(羆)낳는다[封狼生貙貙生羆]"[788]라고 하였다.

유종원(柳宗元)의 글에서 "추(貙)는 호랑이를 두려워한다"[789]라고 하였다.

추(貙)는 짐승을 잡을 수 있다. 입추(立秋)에 짐승을 바쳐 제사를 지낸다.[790] 그래서 가을 제사의 이름을 '추루(貙膢[791])'라고 하는 말이 이것

---

786) **貘者**, 象鼻犀**目**, 牛尾虎足, **生南方山谷中**, 寢其皮辟**瘟**, 圖其形辟邪.(『白氏長慶集, 卷三十九, 銘贊箴謠偈, 貘屛贊』)→樂天貘屛贊, 象鼻犀**自**, 牛尾虎足, 寢其皮辟**溫**, 圓其形辟邪.(『韻府羣玉, 貘』)→樂天貘屛贊**云**, 象鼻犀**日**, 牛尾虎足, 寢其皮辟**濕**, 圖其形辟邪.(『松南雜識』)

787) 당나라 이상은(李商隱)의 작품.
 *『松南雜識』에는 '韓詩'로 오기되어 있음.

788) 封狼生貙, 貙生**羆**.(『李義山詩集, 韓碑』)→封狼生貙, 貙生**貔**.(『松南雜識』)

789) **鹿畏貙**, 貙畏虎, **虎畏羆**.(『柳河東集, 卷十六, 羆說』)→貙畏虎.(『松南雜識』)

790) 說文, **貙獌**, **似狸**. 能捕獸, 又立秋日祭獸.(『韻府羣玉, 貙』)→說文, 能捕獸. 立秋日祭獸.(『松南雜識』)
 *『松南雜識』에서는 이 부분의 출전을 『설문해자』라고 밝히고 있는데, 이는 『운부군옥』의 기술을 그대로 따른 것이다. 하지만 『설문해자』의 '貙'에 대한 기술은 "貙獌, 似貍者, 從豸區聲"이다. 따라서 이는 『설문해자』의 내용이 아니라, 『운부군옥』을 인

이다.

만(獌)은 바로 이리[狼]의 등속이다. 만연(獌狿) 역시 삵[狸]과 비슷하게 생겼지만 그보다는 크니, 고부(古賦)에서 "만연(曼狿)이 백장(丈)이나 되네[曼狿百丈]"라고 한 말이 이것이다.

계변 · 난부
谿邊嬾婦

『산해경』에서 "계변(谿邊)은 곡유(谷遺)이라고도 한다. 천제산(天帝山)에 사는 짐승으로 모양이 개와 같다"[792]라고 하였다.

『계해우형지(桂海虞衡志)』에서 "난부(嬾婦)는 산돼지[山豬] 같이 생겼는데, 그보다는 작다. 벼를 즐겨 먹기에 농부들이 기축(機軸)으로 짠 기물을 밭에 걸어두면 다시는 가까이 오지 않는다"[793]라고 하였다.

새끼 · 추
崽貙

모든 새 · 짐승의 새끼를 통칭하여 '새끼[崽]'라고 한다.

또 날짐승과 들짐승 가운데 처음 태어난 것을 '추(貙)'라고 하고 우리

용하면서 오류가 생긴 것이다.

791) 추루(貙膢) : 입추(立秋)에 지내는 제사 이름.

792) **又西三百五十里曰**, 天帝**之**山, **上多椶枏**, **下多菅蕙**, 有獸**焉**, **其**狀如狗, **名曰谿**〈或作谷〉**邊** 〈**或作**遺〉(『山海經, 卷二, 西山經』) → 山海經, 天帝山有獸, 狀如狗, **名曰谿邊**. **註**, 或作谷遺.(『康熙字典, 谿』) → 山海經**曰**, 或作谷遺, 天帝山有獸, 狀如狗.(『松南雜識』)

793) 嬾婦如山猪而小, 喜食禾, **田**夫以機軸織絍之器掛田所, 則不復近.(『說郛, 卷六十二上, 桂海虞衡志, 桂海獸志』) → **嶺南有嬾婦豬**, 桂海虞衡志, 嬾婦似山豬而小, 喜食禾, **田**夫以機軸織絍之器掛田所, 則不復近.(『康熙字典, 豬』) → 桂海虞衡志**曰**, 嬾婦似山豬而小, 喜食**田**禾, 夫以機軸織絍之器掛田所, 則不復近.(『松南雜識』)

나라에서는 ‘사리손(猞猁猻)’이라고 한다.

또 호랑이의 다섯째 발가락이 ‘추(貙)’이다.

또 짐승끼리 서로 장난하는 것을 ‘산환(撒歡)’이라고 한다.

짐승의 앞발이 먼저 가는 것을 ‘종박(縱撲)’라고 한다.

「목란사(木蘭詞)」[794]에서,

숫토끼는 앞다리가 먼저 나가고	雄兎脚撲朔
암토끼는 눈은 흐릿하다네	雌兎眼迷離[795]

라고 하였는데 그 주석에서 “박삭(撲朔)이 바로 종박(縱撲)이다”라고 하였다.

호체
豪彘

『산해경』에서 “죽산(竹山)에 어떤 짐승이 있는데, 그 모양은 돼지 같다. 털은 흰데, 그 크기는 비녀만하고 끝은 검다. 이름은 ‘호체(豪彘)’이다”[796]라고 하였는데, 그 주석에서 “호체(豪彘)는 환저(貆豬)이다. 양쪽 넓적다리에는 몇 자나 되는 거친 털이 있는데 척추 위로 솟아나 남을 찌를 수 있다. 오(吳)나라와 초(楚)나라에서는 ‘난저(鸞豬)’라고 부른다”[797]

794) 목란사(木蘭詞) : 고대의 악부(樂府) 이름.

795) 『古樂府, 卷三, 木蘭辭』.

796) **西五十二里曰**, 竹山 …… 有獸**焉**, 其狀如豚, **而**白毛大如笄而**黑端**, 名曰毫彘.(『山海經, 卷二, 西山經』) → 竹山有獸, 其狀如豚, 白毛大如笄而**端黑**, 名曰毫彘.(『松南雜識』)

797) **狟猪**也, 夾髀有麄豪, **長**數尺, 能以脊上毫射物, **亦自爲牝牡**, **狟或作貆**, 吳楚呼爲鸞猪, **亦此類也**.(『山海經, 卷二, 西山經』의 주석) → **貆豬**也, 夾髀有麄毫, 數尺, 能以脊上毫射物, 吳楚呼爲鸞猪.(『松南雜識』)

라고 하였다.[798]

전저
箭豬

『광동신어(廣東新語)』에서 말하였다.

전저(箭豬)는 바로 봉시(封豕)이다. 처음에는 포어(泡魚)였는데 화하여 돼지가 되었다. 털이 목 줄기와 등 사이에 있으니, 한 자 가량으로 젓가락처럼 생겼으며, 밑은 희고 끝은 검다. 사람이 뒤쫓으면 털을 세워서 찌른다.[799]

저
猪

「역본명(易本命)」에서 "사(四)는 때[時]를 주장하고 때는 돼지[豕]를 주장하는 까닭에, 돼지가 사월(四月)에 난다"[800]라고 하였다.

---

798) 山海經, 竹山有獸, 其狀如豚, 白毛, 大如笄而**黑端**, 名曰豪彘. 註, 貆 豬也, 夾髀有麄毫, **長**數尺, 能以脊上毫射物, 吳楚呼爲鸞豬.(『康熙字典, 豪』) → 山海經**曰**, 竹山有獸, 其狀如豚, 白毛, 大如笄而**端黑**, 名曰豪彘. 註, 貆 豬也, 夾髀有麄毫, 數尺, 能以脊上毫射物, 吳楚呼爲鸞豬.(『松南雜識』)

799) **箭豬**卽封豕**也**,…… 初本泡魚, **泡魚大如斗**, **身有棘刺**, **故**化爲**毫豬**, 毫在項脊間, 尺許如箸, 白本黑端, 人逐之則激毫以射.(『廣東新語, 卷二十一, 獸語, 箭豬』) → **又**廣東新語, **箭豬**卽封豕, 初本泡魚, 化爲**豕**, 毫在項脊間, 尺許如箸, 白本黑端, 人逐之則激毫以射.(『康熙字典, 箭』) → 廣東新語**曰**, 卽封豕, 初本泡魚, 化爲**豕**, 毫在項脊間, 尺許如箸, 白本黑端, 人逐之則激毫以射.(『松南雜識』)

800) **故狗三月而生**, **六九五十四**, 四**知**時, 時主豕, 故豕四月而生.(『大戴禮記, 卷十三, 易本命』) → **大戴禮**, 易本命, 四**主**時, 時主豕, 故豕四月而生.(『康熙字典, 豕』) → 易本命**曰**, 四**主**時, 時主豕, 故豕四月而生.(『松南雜識』)

『설문해자』에서 말하였다.

성(腥)은 별이 떴을 때 먹인 돼지고기이니, 고기 가운데 작은 굳은 살이 생긴 것이다.[801] 그러므로 '성(腥)'자가 육(肉)과 성(星)으로 이루어진다.[802]

세상에 전하는 말에 저(猪)는 해(亥)에 속하고 천지가 개벽하던 초기에 생긴 짐승이므로 제사의 희생으로 귀하게 취급된다고 한다.

『춘추좌전(春秋左傳)』에서 "이미 너의 어미돼지[婁猪]에 만족을 하니, 어찌 나의 잘생긴 수퇘지[艾豭]를 돌려보내지 않으리?"[803]라고 하였다.

새끼돼지는 '내선(奶先)', 주둥이로 땅을 파헤치는 것은 '공지(拱地)', 우리는 '증(橧)', 밖으로 드러난 어금니는 '요아(獠牙)', 거세한 것은 '회아(獪兒)'다.

운서에서 "거세된 가축은 선(騸), 거세된 소는 '개(犗)'이며, 잔(犣)이라고도 한다. 거세된 양은 '갈(羯)', 거세된 돼지는 '분(豶)', 거세된 개는 '의(猗)', 거세된 말은 '승(騬)'이다"라고 하였다.[804]

『오대사(五代史)』에서 "거세한 말 타는 것을 부끄러워한다"라고 한 말이 이것이다.

구선(臞仙) 주권(朱權[805])의 『주후경(肘後經)』에서 "거세한 말[騸馬]·

---

801) 별이 떴을 때 돼지를 먹이면 굳은살이 생긴다고 한다.

802) 星見食豕, 令**肉**中生小息肉也. 從肉從星.(『說文解字, 腥』)→星見食豕, 令**內**中生小息肉也. **故腥**. **腥**從肉從星.(『松南雜識』)

803) **野人歌之曰**, 既定爾婁**豬**, 盍**歸吾**艾**豭**.(『春秋左傳, 定公十四年』)→左傳, **定十四年**, **宋野人歌曰**, 既定爾婁豬, 盍歸我艾豭.(『康熙字典, 豭』)→左傳, 既定爾婁豬〈**牝也**〉 盍返我艾豭. 〈**牡也**〉(『松南雜識』)

804) 韻書云, 畜去勢曰騸, 牛曰犗, **又犣**, 羊曰羯, 豕曰豶, 狗曰猗, 馬曰騬.(동서문화원 영인본 『松南雜識』)
韻書云, 畜去勢曰騸, 牛曰犗, 馬曰騬, 羊曰羯, 豕曰豶, 狗曰猗, **又牛曰犣**.(규장각본 『松南雜識』)

805) 주권(朱權) : 명나라 사람. 호는 구선(臞仙). 태조(太祖)의 16째 아들로 영헌왕(寧獻

거세한 소[宦牛]·거세한 돼지[閹豬]·거세한 닭[鐓鷄]·거세한 개[善狗]·거세한 고양이[淨貓]"라고 하였다.[806]

환·혹
貆㲉

『박아(博雅)』에서 "환(貆)은 돼지의 등속이다"라고 하였다. 『일주서(逸周書)』에서 "환(貆)은 손톱이 있지만 감히 날뛰지는 않는다"라고 하였다. 「양웅전(揚雄傳)」에서 "호저(豪豬)는 그 자체로 암수가 되는 것이다"[807]라고 하였다.[808]

『이아(爾雅)』에서 "혹(㲉)은 일명 집이(執夷)이다"[809]라고 하였다. 표범 같지만 작다. 허리 위로는 황색이고 허리 아래는 흑색이다. 모양은 개와 비슷하니, '황요(黃腰)[810]'라고 한다. 호랑이, 소, 사슴을 잡아먹을 수 있다. 또 '당이(唐已)'라고도 한다.[811]

王)에 봉해졌다. 저서에 『주후경(肘後經)』이 있다.

806) 臞仙肘後經, 騸馬, 宦牛, **羯羊**, 閹猪, 鐓雞, 善狗, 淨貓.(『康熙字典, 騸』) → 臞仙肘後經**曰**, 騸馬, 宦牛, 閹猪, 鐓鷄, 善狗, 淨貓.(『松南雜識』)

807) 豪豬, **一名帚貆也**, 自爲牝牡者**也**.(『前漢書, 卷八十七下, 揚雄傳下』 "搤熊羆拕豪豬"의 주석) → **揚雄曰**, 豪豬, 自爲牝牡者.(『松南雜識』)

808) 博雅, 豕屬. 逸周書**周祝解**, 貆有爪而不敢以撅, **前漢**揚雄**傳**, **註**, 豪豬, **一名貆**, 自爲牝牡者**也**.(『康熙字典, 貆』) → 博雅**曰**, **貆**, 豕屬, 逸周書**云**, 貆有爪而不敢以撅, 揚雄**曰**, 豪猪, 自爲牝牡者.(『松南雜識』)

809) 一名執夷, **虎豹之屬**.(『爾雅注疏, 卷十一, 釋獸』 "貔白狐其子㲉"의 주석) → **㲉**一名執夷.(『松南雜識』)

810) 황요(黃腰) : 짐승 이름. 미후(獼猴)를 잡아먹는다. 머리는 삵괭이 같이 생겼다. 허리를 기준으로 그 아래는 검고 그 위는 누렇다. 일명 당이(唐已)라고도 한다.

811) 爾雅**釋獸**, **貔**, **白狐**, **其子㲉**. **註**, 一名執夷, **虎豹之屬**. **孫愐曰**, **㲉**, 似豹而小, 腰以上黃, 以下黑, 形類犬, **食獼猴**, **俗**名黃腰. **蜀志**, **黃腰獸**, **鼬身貍首**, **長則食母**, **形雖小**, 能食虎及牛鹿. **酉陽雜俎**, **黃腰**, **一**名唐已.(『康熙字典, 㲉』) → 爾雅**曰**, **㲉**一名執夷. 似豹而小, 腰以上黃, 以下黑, 形類犬, 名黃腰, 能食虎及牛鹿, **又**名唐已.(『松南雜識』)

힐 · 신

猾狇

『산해경』에서 “이산(鳌山)에 어떤 짐승이 있는데 이름이 ‘힐(猾)’이다. 모양은 누견(獳犬)[812] 같고 비늘이 있다. 털은 돼지 갈기 같다”[813]라고 하였는데, 주석에서 “猾의 음은 ‘힐’이다. 털이 비늘 사이에서 난다”라고 하였다.[814]

또 신(狇)은 『광운(廣韻)』에 “작은 짐승이다. 냄새가 나고 못에 산다. 색깔은 노랗고 쥐를 잡아먹는다”[815]라고 하였다.

『정자통(正字通)』에서 “신(狇)은 삵의 등속이다. 고양이 같이 생겼지만 그보다 작다”[816]라고 하였다.

거보

擧父

『산해경』에서 “숭오산(崇吾山)에 어떤 짐승이 있다. 모양은 긴 꼬리 원숭이[禺] 같고 팔에 무늬가 있다. 꼬리는[817] 표범 같은데 잘 던진다. 이름은 ‘거보(擧父)’이다”[818]라고 하였는데 주석에서 “크기는 개만 하고

812) 누견(獳犬) : 짐승이름으로 주누(朱獳)와 같다.

813) 鳌山 …… 有獸**焉**, 名曰猾, **其**狀如獳犬而有鱗, 其毛如**彘**鬣.(『山海經, 卷五, 中山經』) →鳌山, 有獸, 名曰猾, 狀如獳犬而有鱗, 其毛如**豕**鬣.(『松南雜識』)

814) 山海經, 鳌山有獸, 名曰猾, 狀如獳犬而有鱗, 其毛如豕鬣, 註, **郭璞曰**, 猾音**倉頡之頡**, 毛生鱗間.(『康熙字典, 猾』) →山海經曰, 鳌山有獸, 名曰猾, 狀如獳犬而有鱗, 其毛如豕鬣, 註, 猾音頡, 毛生鱗間.(『松南雜識』)

815) 小獸有臭, 居澤, 色黃食鼠.(『廣韻, 卷四, 狇』)

816) 貍屬, 似貓**貍**而小.(『正字通, 狇』) →狸屬, 似猫而小.(『松南雜識』)

817) 오임신(吳任臣)은 ‘豹虎’의 ‘虎’는 ‘尾’의 오자로 보았다. 본 역서는 오임신의 설을 따른다.

818) 崇吾之山, …… 有獸焉, 其狀如禺而文臂, 豹虎而善投, 名曰擧父.(『山海經廣注, 卷二, 西山經』) →崇吾之山, 有獸焉, 其狀如禺而文臂, 豹虎而善投, 名曰擧父.(『松南雜識』)

모양은 원숭이 같으며, 황흑색이다. 수염과 갈기가 많고 분연히 머리를 들고 돌을 들어 사람에게 던지는 것을 좋아한다"[819]라고 하였다.[820]

묘
猫

운서(韻書)에서 "고양이는 일명 '오원(烏圓)'이라고도 한다"[821]라고 하였다.

또 '몽귀(蒙貴)'[822]는 바로 사례(蜡禮) · 영묘(迎猫)이니 두더지를 먹이로 삼는다.

『유양잡조(酉陽雜俎)』에서 "고양이가 얼굴을 씻을 때 발이 귀를 지나가면 손님이 온다"[823]라고 하였다.

산곡(山谷) 황정견(黃庭堅)의 시에 "생선을 사서 버들가지에 꿰어 함선(啣蟬)을 부르네[買魚穿柳聘啣蟬]"[824]라고 하였는데 주석에서 "함선(啣蟬)은 고양이의 이름이다"[825]라고 하니 지금의 함접(啣蝶)과 비슷하다.

『신당서(新唐書)』에서 말하였다.

측천무후(則天武后)가 고종(高宗)의 비 왕씨(王氏)와 소비(蕭妃)를 질투

---

819) 大如狗, 狀如猴, 黃黑色, 多髯鬣, 好奮頭擧石擲人, **卽擧父也**.(『山海經廣注, 卷二, 西山經』)→大如狗, 狀如猴, 黃黑色, 多髯鬣, 好奮頭擧石擲人.(『松南雜識』)

820) 山海經, 崇吾之山, 有獸焉, 其狀如禺而文, 臂豹虎而善投, 名曰擧父. 註, 大如狗, 狀如猴, 黃黑色, 多髯鬣, 好奮頭擧石擲人, **卽擧父也**.(『康熙字典, 擧』)→山海經**曰**, 崇吾之山, 有獸焉, 其狀如禺而文, 臂豹虎而善投, 名曰擧父. 註, 大如狗, 狀如猴, 黃黑色, 多髯鬣, 好奮頭擧石擲人.(『松南雜識』)

821) **猫**名, 烏圓.(『韻府羣玉, 烏圓』)→**亦**名烏圓.(『松南雜識』)

822) 몽귀(蒙貴) : 짐승이름. 몽송(蒙頌)과 같다. 고양이와 비슷하게 생겼는데 그보다는 크고 성질이 사납다.

823) 猫洗面過耳, 則客至.(『酉陽雜俎, 續集, 卷八, 支動』)

824) 「걸묘(乞猫)」.

825) **買魚穿柳聘銜蟬**, **谷**. **銜蟬**, 猫名, **拾遺記**.(『韻府羣玉, 銜蟬』)→猫名.(『松南雜識』)

하였다. 그래서 측천무후가 그녀들을 묶어서 술독에 던져 넣고 말하였다.

"두 여자들은 뼈까지 취하리라!"

그 이전에 소비(蕭妃)는 무후를 욕하여 "무후(武后)가 쥐가 되고 내가 고양이가 되어 생애마다 그 목을 누르기를 바란다"라고 하였다. 그래서 궁궐 안에서 고양이를 기르지 않았다.[826]

「오행지(五行志)」에서 "홍도(弘道)[827] 초기에 양주(梁州)에 있는 창고의 수많은 쥐가 고양이를 깨물었다"[828]라고 하니 대개 고양이와 쥐는 서로를 용납하지 못하는 동물인가보다.

상
象

『설문해자』에서 "상(象)은 코와 어금니가 긴 남월(南越) 지역의 큰 짐승이다. 삼 년에 한번씩 새끼를 낳는다"[829]라고 하였다.

---

826) 初, 帝念后, 間行至囚所, 見門禁錮嚴, 進飲食竇中, 惻然傷之, 呼曰, 皇后・良娣無恙乎. 今安在.二人, 同辭曰, 妾等以罪棄爲婢, 安得尊稱耶. 流涙嗚咽, 又曰, 陛下幸念疇日, 使妾死更生, 復見 日月, 乞署此爲回心院. 帝曰, 朕卽有處置. 武后知之, 促詔杖二人, 百剔其手足, 反接投釀甕中曰, 令二嫗骨醉, 數日死, 殊其尸. 初, 詔旨到, 后再拜曰, 陛下萬年, 昭儀承恩, 死吾分也. 至良娣, 罵曰, 武氏狐媚, 翻覆至此. 我後爲猫, 使武氏爲鼠, 吾當扼其喉以報. 后聞, 詔六宮毋畜猫. 武后頻見二人被髮瀝血爲厲, 惡之, 以巫祝解謝, 卽徙蓬萊宮, 厲復見, 故多駐東都, 中宗卽位, 皆復其姓.(『唐書, 卷七十六, 列傳第一, 后妃上』)→高宗后王氏及蕭妃, 爲武后所妬, 投酒甕中曰, 二姬骨醉, 蕭妃曰, 願武爲鼠, 我爲猫生, 世世扼其喉, 故宮不畜猫.(『松南雜識』)

827) 홍도(弘道) : 당나라 고종의 연호. 683년.

828) 弘道初, 梁州倉, **有大鼠, 長二尺餘, 爲貓所嚙, 數百**鼠**反嚙**貓.(『唐書, 卷三十四, 志, 五行志』)→弘道初, 梁州倉, **萬**鼠**嚙**猫.(『松南雜識』)

829) 長鼻牙, 南越大獸, 三年一乳.(『說文解字, 象』)→**象**, 長鼻牙, 南越**之**大獸, 三歲一乳.(『松南雜識』)

운서(韻書)에서 말하였다.

코끼리는 머리를 숙일 수 없어서 코로 움직인다. 교지(交趾)에서 오직 외길만 통하는 석실을 만들어 놓고 먼저 그 안에 꼴과 콩을 둔 후에 길들인 암코끼리를 몰아서 들여보낸다. 그리고 길에 달콤한 사탕수수를 펼쳐 놓는다. 야생코끼리가 와서 사탕수수를 먹으면 곧 길들인 암코끼리를 풀어서 유인하여 석실로 들어가도록 한다. 코끼리가 들어가자마자 돌로 문을 막으면 코끼리는 굶주리게 된다. 후에 사람이 석실로 기어 올라가서 코끼리를 먹여 조금 길이 들면 제어하여 탄다. 코끼리를 기르는 사람을 '상노(象奴)'라고 한다. 또 무리 지은 코끼리는 비록 수가 많더라도 두려워 할 것이 못되고 한 마리의 코끼리가 가장 두려워할 만하다.[830]

불경(佛經)에서 "코끼리 왕이 다니는 곳에 떨어진 꽃이 붉구나"라고 하였으니,[831] 코끼리의 무리도 말에 왕이 있는 것과 같은가 보다. 지금 청나라에서는 코끼리에게 황옥거(黃屋車[832])를 매게 하는데, 천자를 알현하면 두 무릎을 꿇지만 제후에게는 한 무릎만 꿇는다고 하니, 또한 현종(玄宗)의 춤추는 코끼리가 안록산(安祿山)에게는 절하지 않았던 뜻인가?

코끼리는 가죽채찍으로 몰지 않고 쇠칼로 찍어서 몰기에 피가 줄줄 흐른다. 그런데도 달이 뜨면 상처가 봉합되어 흔적도 없으니 이상한 일

---

830) 象頭不可俯, 運用以鼻, 交趾**有**石室, 惟通一路, 先置芻豆**於**中, 馭一馴雌入焉, 布甘蔗於道, 野象來食蔗, 則縱馴雌誘入石室, 隨以石窒門, 象飢, 人緣石室飼**象**少馴, 則**倚而**制**之**, 牧者謂**之**象奴, 羣象雖多, 不足畏, 獨象最可畏.(『韻府羣玉, 象』) → 象頭不可俯, 運用以鼻, 交趾石室, 惟通一路, 先置芻豆**于**中, 馭一馴雌入焉, 布甘蔗於道, 野象來食蔗, 則縱馴雌誘入石室, 隨以石窒門, 象飢, 人緣石室飼**之**少馴, 則制**騎**, 牧者謂象奴, **又**羣象雖多, 不足畏, 獨象最可畏.(『松南雜識』)

831) **法王象王皆佛號**, **華嚴偈**, 象王行處落花紅.(『康熙字典, 王』) → **佛書云**, 象王行處落花紅.(『松南雜識』)

832) 황옥거(黃屋車) : 천자(天子)가 타는 수레.

이다.

전설에 '호랑이 · 코끼리 · 고양이 · 쥐', 네 종류의 동물을 한 우리에 같이 넣어두면 서로 해치지 않는다. 왜냐하면 코끼리는 쥐가 콧구멍으로 들어올까 두려워하기 때문이다. 소식(蘇軾) 시의 주석에서 "두꺼비[蝦蟆] · 지네[蜈蚣] · 뱀[蛇]은 서로 만나면 모두 움직이지 않는다"[833]라고 하였다.

『논형(論衡)』에서 "원숭이가 쥐에게 복종한다"[834]라고 하였다. 지금은 사람들이 쥐를 잡아다 원숭이 목에 매어 놓으니, 이렇게 하면 원숭이가 움직이지 않았다.

탁타
橐駝

『설문해자』에서 "주머니와 전대를 짊어질 수 있는 까닭에 '탁타(橐駝)'라고 이름하였다. 등에 산봉우리 같은 살 안장이 있다"라고 하였다.[835]

옛 속담에 "본 것이 적어 괴상한 것은 많으니 탁타(橐駝)를 보고 등에 '혹이 난 말[馬腫背]'[836]이라고 한다"[837]라고 하였다. 또 낙타의 똥을 태운 연기는 곧게 올라가니 봉화에 이리의 똥을 태우는 것과 같다.[838]

---

833) **世言**蝦蟆 · 蜈蚣 · 蛇**三物**, 相値, 皆不動, **彼此畏食也**.(『東坡詩集註, 卷二十七, 雍秀才畫草蟲七物, 蝦蟆』 "睅目知誰瞋, 皤腹空自脹, 愼勿困蜈蚣, 饑蛇不汝放"의 주석)→蝦蟆 · 蜈蚣 · 蛇相値, 皆不動.(『松南雜識』)

834) **鹿之角, 足以觸犬, 獼猴之手, 足以搏鼠, 然而鹿制於犬, 獼猴服**於鼠, **角爪不利也**.(『論衡, 卷三, 物勢篇』)→**猨伏**於鼠.(『松南雜識』)

835) 負荷也, 從人, 它聲. 臣鉉等, 案史記, 匈奴奇畜有橐佗, 今俗譌誤謂之駱駝, 非是.(『說文解字, 佗』)→說文, **負荷也**. **橐駝**, 能負囊橐, 故名之, 背有肉**鞍**如峯.(『韻府羣玉, 駝』)→說文**曰**, 能負囊橐, 故名**之**, 背有肉如峯.(『松南雜識』)

836) 마종배(馬腫背) : 낙타의 다른 이름.

837) 한나라 모융(牟融)의 「이혹론(理惑論)」.

『산해경』[839]에서 "양광산(陽光山)에는 탁타가 많다. 하루에 이백 리 길을 가고 천 근의 짐을 지고서 유사(流沙)를 건너며 수맥(水脈)을 안다"라고 하였다. 또 낙타가 모래 가운데에 주둥이를 묻으면 사람도 따라서 담요로 코를 막아 열풍을 피한다고 한다.[840]

세상에 전하는 말에, 낙타는 하루 아침에 짚 백 단, 소금 백 말을 먹어 치우는데, 우리나라는 가난하여 사육할 수 있는 사람이 없다고 하니, 흡사 고려 태조가 거란의 무도함에 분노하여 그들이 바친 낙타를 만부교(萬夫橋) 매어두고 굶겨 죽인 일[841]을 가리키는 듯하다.

개
狗

『설문해자』에서 말하였다.

---

838) 糞煙直上, 如狼煙, **亦名橐駝**. 古諺, 少所見, 多所怪, 見橐駝, 以爲馬腫背.(『康熙字典, 駝』)→古諺**云**, 少所見, 多所怪, 見橐駝, 以爲馬腫背. **又其**糞煙直上, 如狼煙.(『松南雜識』)
*이리똥을 태워서 연기를 피우면 그것이 곧바로 올라가서 모이고 바람이 불어도 비스듬해지지 않기 때문에 봉화를 피우는데 사용한다.

839)『松南雜識』에서는 출전을 『박물지』라고 하였지만, 원출전은 『산해경』이다. 이는 『운부군옥』에서 출전을 『박물지』라고 한 오류를 답습한 것이다.

840) 北三百八十里曰, 虢山, 其上多漆, 其下多桐椐, 其陽多玉, 其陰多鐵, 伊水出焉, 西流注于河, 其獸多橐駝.〈有肉鞍, 善行流沙中, 日行三百里, 其負千斤, 知水泉所在也.〉(『山海經, 卷三, 北山經』)→陽光之山, 多橐駝, 日行二百里, 負千**觔**, **燉煌西**度流沙, **千餘里有伏流處**, **駝必以足踏地**, 知水脈**也**, 博物志. **流沙數百里**, **夏多**熱風, **老駝預知則鳴**, **驟**埋口於沙中, 人**卽**以氈擁鼻, **否則致危殆**.(『韻府羣玉, 駝』)→博物志**曰**, 陽光之山, 多橐駝, 日行二百里, 負千斤, 度流沙, 知水脈. **又**埋口於沙中, 人**乃**以氈擁鼻, 避熱風**云**.(『松南雜識』)

841) 二十五年, 冬十月, 契丹遣使來遺橐駝五十匹, 王以契丹嘗與渤海連和, 忽生疑貳背盟殄滅, 此甚無道, 不足遠結爲隣, 遂絶交, 聘流其使三十人于海島, 繫橐駝萬夫橋下, 皆餓死.(『高麗史, 卷二, 世家二, 太祖』)→麗祖怒契丹無道, 繫其所獻駝於萬夫橋, 餓死也.(『松南雜識』)

공자가 "개[狗]는 두드림[叩]이니, 기를 두드려 짖어서 지킨다"라고 하였다.[842)]

운서에서 "개는 간시(艮時)[843)]에 활동하는 짐승이다"라고 하였다. 지금 우리나라에서는 '개'라고 하니 간(艮)이 와음된 듯하다.

『이아(爾雅)』에서 "개의 한 배에 세 마리가 난 강아지를 '종(猣)', 한 배에 두 마리가 난 강아지를 '사(師)', 한 배에 한 마리가 난 강아지를 '기(玂)'라고 한다"[844)]라고 하였다.

『설문해자』에서 "북방의 구견(蚼犬)이 있으니, 사람을 잡아먹는다"[845)]라고 하니 나강구(羅江狗)와 같다.

『집운(集韻)』에서 "집류(執獵)가 있으니 개의 이름으로, 새와 짐승을 잡아 둔다[執留]는 의미이다"[846)]라고 하였다.

또 사자구(獅子狗)는 모양이 사자처럼 생겼다.

낙사구(絡絲狗)는 '삽살개[尨]'를 이른다.

화구(火狗)를 적(狄)이라고 하는 것은 '견(犬)'자와 '화(火)'자를 취한 것이다.

합팔구(哈叭狗)[847)]는 그 털이 길고 수북하기 때문에 그런 이름이 붙었다.

소설(掃雪)[848)]은 눈을 쓸며 가기 때문에 그런 이름이 붙었다.

우리나라 시에서 "개가 달리니 매화꽃이 떨어지네[狗走梅花落]"[849)]라

842) 孔子曰, 狗叩也. 叩气吠以守.(『說文解字, 狗』)
843) 간시(艮時) : 새벽 2시~4시 사이.
844) 犬生三猣, 二師, 一玂.(『爾雅注疏, 卷十一, 釋畜, 羊屬』)
845) 北方有蚼犬食人.(『說文解字, 蚼』)
846) 執獵, 狗**名**, 言善執留禽獸.(『集韻, 獵』) → **有**執獵, 狗, 言善執留禽獸**也**.(『松南雜識』)
847) 합팔구(哈叭狗) : 중국 북방사람들이 즐겨 기르는 털이 무성하고 작은 개. 중(狆) · 해구(獬狗) · 사자구(獅子狗)라고도 한다.
848) 소설(掃雪) : 짐승이름. 담비와 비슷하면서 작다. 길이는 대여섯 자에 불과하고 털은 짧고, 배는 희다. 이놈이 지나는 자리에는 남는 눈이 없는 까닭에 '소설(掃雪)'이라고 한다.
849) **犬**走梅花落.(『練藜室記述, 卷六, 成宗朝故事本末, 成宗朝名臣, 蔡壽』) → **狗**走梅

고 하였다.

운서에서 “개기름의 냄새를 성(胜)이라고 한다”[850]라고 하였다.

『요산당외기(堯山堂外紀)』에서 말하였다.

「도구표(屠狗表)」에서,

둥글게 밥을 뭉쳐서 개 꼬여 오게 했더니	團飯誘來
좋아라 이어붙인 담비 꼬리를 흔들어대네	喜掉續貂之尾
그래서 짧은 노끈으로 묶어서 끌고 가는데	短絇牽去
고토(顧兎)[851]의 머리를 놀라서 돌아본다네	驚回顧兎之頭

라고 하니 묘하다.[852]

『이정유서(二程遺書)』에서 말하였다.

개는 백정을 향해 짖는다. 세상에 전하는 말에, 자신을 해칠 줄 알면서 그것을 따름은 잘못이다. 바로 바닷가의 갈매기[853]와 같이 행동할 따름이다.[854]

花落**也**.(『松南雜識』)

* 조선 중종(中宗) 때의 문인 채수(蔡壽)가 지은 시이다.

850) 犬膏臭**也**, (『集韻, 胜』) → 犬膏臭**曰胜**.(『松南雜識』)

851) 고토(顧兎) : 달 속에 토끼가 산다는 전설에서 전하여 달을 가리킨다.

852) **滕元發少居鄕里寺中修業**, **主僧出**, **諸生夜盜其犬烹之**, **僧歸覺**, **笑曰**, **能作滕先生偸狗賦**, **卽不申理**, **其破題云** …… **摶**飯**引**來, **猶**掉續貂之尾, **索**絇牽去, **難**回顧兎之頭.(『堯山堂外紀, 卷四十八, 宋』) → **屠狗表**, **團**飯**誘**來, **喜**掉續貂之尾, **短**絇牽去, **驚**回顧兎之頭.(『松南雜識』)

853) 갈매기와 친하게 노는 사람이 있었는데, 그가 하루는 갈매기를 잡을 생각으로 바다에 나가니 갈매기들이 이전과는 달리 그에게 얼씬도 하지 않았다. 갈매기도 자신을 해칠 마음을 가진 사람을 알아보는 것이다.

854) 犬吠屠人, 世傳有物隨之非也, **此**正如海上鷗爾.(『二程遺書, 卷二十四, 鄒德久本』) → 犬吠屠人, 世傳有物隨之非也, 正如海上鷗爾.(『松南雜識』)

『당서(唐書)』에서 “장직방(張直方)[855]이 사냥을 좋아하였다. 낙양(洛陽)을 나는 새들이 모두 이 사실을 알고 그를 보면 반드시 빙빙 돌면서 시끄럽게 울었다”[856]라고 하였다. 대개 새나 짐승도 먼저 자기에게 닥칠 해를 아니 사람이면서 새만 못할 수 있겠는가?

동경개
東京狗

『이아(爾雅)』에서 “꼬리가 짧은 개를 ‘조(猖)’라고 한다”라고 하였다.[857]

우리나라에서는 경주를 ‘동경(東京)’이라고 하는데 그곳의 개는 모두 꼬리가 없다. 그러므로 지금 꼬리가 짧은 개를 ‘동경이(東京一)’라고 한다.

또 양웅(揚雄)의 『방언(方言)』에서 말하였다.

> 개이면서 짖지 않고 사람만 무는 것을 ‘냉태(冷猤)’라고 한다.[858]

오수
獒樹

『동국여지승람(東國輿地勝覽)』에서 말하였다.

---

855) 장직방(張直方) : 당나라 사람. 성품이 사납고 경솔하며 말달려 사냥하기를 좋아하였다. 황소(黃巢)가 낙양에 쳐들어올 때 일가족과 함께 몰살되었다.

856) **後**, **居東都**, 弋獵**愈甚**, 洛陽飛鳥, 皆識之, 見必**羣**噪.(『唐書, 卷二百十二, 列傳, 張直方』) → **張直方**, **好**弋獵, 洛陽飛鳥, 皆識之, 見必**翔**噪.(『松南雜識』)

857) 犬之短尾者.(『康熙字典, 猖』) → **爾雅曰**, 犬之短尾者**曰猖**.(『松南雜識』)
*『이아』에는 나오지 않는 내용임.

858) 揚子方言, 犬不吠而齧人, 曰冷猤.(『康熙字典, 猤』)
*『방언』에는 나오지 않는 내용임.

어떤 역의 백성이 해가 저물어 나가서 돌아오지 않아서 온 집안 식구가 걱정하였다. 기르는 오(獒)가 달려서 쫓아가보니 주인이 술에 취하여 길에 누워 있었다. 그런데, 마침 들불이 그를 덮치려고 하기에, 오(獒)가 꼬리를 물에 적셔 그에게 뿌렸다. 동이 터서 주인이 깨어 보니 오(獒)가 죽어 있었다. 마침내 개를 의롭게 여겨 묻어주고 나무로 표시하니, 이곳을 '오수역(獒樹驛)'이라고 한다.[859]

『수신기(搜神記)』에서 "진(晉)나라 양생(楊生)의 주인을 구한 개의 일"[860]과 서로 비슷하니 바로 불경(佛經)에서 "경산(徑山)에서 법사를 흠모한 어떤 닭이 항상 법회를 따라다녔는데, 법사가 장안으로 떠나가자 먹지 않고 죽었기에 영계총(靈雞塚[861])을 만들었다"는 이야기와 같다.

당 · 원
螳螈

『정자통(正字通)』에서 말하였다.

---

859) 金盖仁, 居寧縣人也. 畜一狗, 甚憐, 嘗一日出行, 狗亦隨之. 盖仁醉睡, 道周野燒, 將及之, 狗乃濡身於傍川, 來往環繞, 以身着草茅潤之, 絶大道, 氣盡乃斃. 盖仁既醒, 見狗迹, 感之, 作歌寫哀, 起墳以葬, 植杖以誌之, 杖成樹, 因名其地, 爲獒樹. 樂府中有犬墳曲, 是也.(『新增東國輿地勝覽, 卷三十九, 全羅道, 南原都護府, 驛院, 獒樹驛』) →驛民暮出不返, 擧家憂之, 畜獒走追, 主人則醉臥路, 且野火將及, 獒以尾濡水灑之, 終夜, 人醒獒斃, 遂義而埋之, 樹以表之, 是謂獒樹驛.(『松南雜識』)

860) 晉太和中, 楊生飮酒醉, 行大澤, 草中眠, 野火起, 狗喚生不覺, 狗走入水中, 還以身洒生左右草, 火尋過去, 他日, 又墮井中, 狗呻吟徹曉, 有人過怪之, 往視見生, 生曰, 君可出, 我當厚報, 人曰 以此狗, 相與便當, 相出云云. 乃語路人, 以狗相與人, 乃出之, 後五日, 狗夜走歸. 搜神記.(『韻府羣玉, 救主狗』)

861) 영계총(靈雞塚) : 송나라 때 국일선사(國一禪師)의 법회를 들은 어떤 닭이 살아 있는 것을 먹지 않았다. 또 선사가 떠난 뒤로 사흘간 긴 소리를 내어 울다가 죽었다. 이 닭을 기리기 위해 무덤을 만들었으니 이를 '영계총(靈雞塚)'이라고 한다.

당우(犆牛)는 일남(日南)과 심주(潯州)에서 나는데 색은 청황색이고 뱀과 한 동굴에서 같이 산다. 이놈은 소금을 좋아하는 성질이 있기에, 사람이 손을 싸매고 여기에 소금을 바른 후에 잡아낸다. 뿔은 옥과 같아서 그릇을 만들 만하다.[862)]

『산해경』에서 말하였다.

건산(乾山)에 어떤 짐승이 있는데, 모양은 소와 같고 다리가 셋이니 원(獂)이다.

〈『현람(玄覽)』에서 "종종(猔猔)은 다리가 여섯이고 원(獂)은 다리가 셋이다"라고 하였다.〉[863)]

회 · 과
犪㹁

『옥편(玉篇)』에서 "회(犪)는 짐승이니 소와 비슷하다. 뿔이 넷이고 사람의 눈을 하고 있다"[864)]라고 하였다.

『박아(博雅)』에서 "곽과(郭㹁)는 소의 등속이다"라고 하였고, 『옥편(玉篇)』에서는 "뿔 없는 소다"[865)]라고 하였다.[866)]

---

862) **牛名**, **廣志云**, 出日南及潯州**大賓縣**, 色靑黃, 與蛇同穴, **性嗜鹽**, 人裹手塗鹽取之, 角如玉, 可爲器.(『正字通, 犘』) → 犆牛, 出日南及潯州, 色靑黃, 與蛇同穴, 人裹手塗鹽取之, 角如玉, 可爲器.(『松南雜識』)

863) **北四百里曰**, 乾山, **無草木**, **其陽有金玉**, **其陰有鐵而無水**, 有獸焉, **其**狀如牛而三足, **其**名曰獂,〈**郭曰**, **音元**, **任臣案**, 玄覽曰, **從從**六足, 獂三足〉**其鳴自詨**.(『山海經, 卷三, 北山經』) → 乾山有獸, 狀如牛而三足, 名曰獂. 玄覽曰, **猔猔**六足, 獂三足.(『松南雜識』)

864) 獸似牛, 四角人目.(『玉篇, 犪』)

865) 無角牛.(『玉篇, 㹁』)

866) 博雅, 郭㹁牛屬. 玉篇, 無角牛.(『康熙字典, 㹁』) → 博雅**曰**, 郭㹁牛屬. 玉篇**曰**, 無角

방 · 작
牥牸

『목천자전(穆天子傳)』[867]에서 "방우(牥牛) 이백 마리를 끌고 사막에 갔다"라고 하였는데, 그 주석에서 "이 소는 사막 가운데를 다닐 수 있으니, 낙타와 같다"라고 하였다.[868] 하루에 이백 리를 간다.

『산해경』에서 "소화산(小華山)에 '작우(牸牛)'라는 짐승이 있다"[869]라고 말하였다.

비 · 민
犤㸿

『옥편』에서 "비(犤)는 짐승으로 소와 비슷한데, 머리가 희고 눈이 하나이다"[870]라고 하였다. 『산해경』에서 "황산(黃山)에 어떤 짐승이 있는데, 소와 비슷하게 생겼고, 검푸르며 눈이 크니, 그 이름은 '민(㸿)'이다"라고 하였다. 〈오임신(吳任臣)이 "바로 유위(犆犩) · 목권(牧犈)의 등속이다"라고 하였다.〉[871]

牛.(『松南雜識』)

867) 목천자전(穆天子傳) : 진(晉) 태강(太康) 2년에 급현(汲縣) 사람이 위양왕(魏襄王) 무덤을 도굴하다가 이 책을 발견하였다. 책의 내용은 주(周) 목왕(穆王)이 서쪽으로 놀러 갔을 때의 고사를 담고 있다.

868) **壬寅**, **天子**, **飮于文山之下**, **文山之人歸遺**, **乃獻良馬十駟**, 用**牛三百**, **守狗九十**, 牥牛二百, 以行流沙. 〈此牛, 能行流沙中, 如橐駝.〉(『穆天子傳, 卷四, 古文』) → 用牥牛二百, 以行流沙. **註**, 此牛, 能行流沙中, 如橐駝.(『松南雜識』)

869) **西八十里曰**, 小華之山, **其木多荊杞**, 其獸**多**牸牛.(『山海經, 卷二, 西山經』) → 小華之山, 其獸牸牛.(『松南雜識』)

870) 獸, 似牛, 一目.(『玉篇, 犤』) → 玉篇, 獸, 似牛, **白首**一目.(『康熙字典, 犤』) → **犤**, 獸, 似牛, **白首**一目.(『松南雜識』)

871) **西百八十里曰**, 黃山, …… 有獸**焉**, **其**狀如牛, **而**蒼黑大目, 其名曰㹯.〈**郭曰**, **音敏**, 任臣**案**, 卽犆犩牧犈之屬〉(『山海經廣注, 卷二, 西山經』) → 山海經, 黃山有獸, 狀如牛, 蒼黑大目, 其名曰㸿. **註**, **郭璞曰**, **㸿音敏**. 吳任臣曰, 卽犆犩牧犈之屬.(『康熙字

모우 · 피우
旄牛犤牛

『주례(周禮)』에 '모우(旄舞)'[872]라는 말이 있는데, 그 주석에서 "얼룩소[氂牛]의 꼬리이다"[873]라고 하였다.

『산해경』에서 "반후산(潘侯山)에 어떤 짐승이 있는데, 소와 비슷하게 생겼으며 네 다리의 관절 위에 털이 나 있으니, 이름은 '모우(旄牛)'이다"[874]라고 하였다.

또 "형산(荊山)에 얼룩소가 많다"[875]라고 하였는데, 그 주석에서 "모우의 등속이다. 검은색이며 서남쪽의 변방에서 난다"[876]라고 하였다.

두보(杜甫)의 시에 "천마(天馬)가 발돋움하여 모우를 따르네[天馬跂足隨犛牛]"[877]라고 한 말이 이것이다.

『이아(爾雅)』에 '피우(犤牛)'[878]라는 말이 있는데, 그 주석에서 "작은 소로 지금의 규우(犪牛)이다. 또 과하우(果下牛)라고도 부른다. 광주(廣州)의 고량군(高涼郡)에 난다"[879]라고 하였다.

典, 犥』)→山海經**曰**, 黃山有獸, 狀如牛, 蒼黑大目, 其名曰犥. 吳任臣曰, 卽牰犚牧犩之屬.(『松南雜識』)

872) **凡舞**, **有帗舞**, **有羽舞**, **有皇舞**, **有**旄舞, **有干舞**, **有人舞**.(『周禮注疏, 卷二十三, 春官宗伯下』)→旄舞.(『松南雜識』)

873) **旄舞者**, 氂牛之尾.(『周禮注疏, 卷二十三, 春官宗伯下』의 주석)→氂牛之尾.(『松南雜識』)

874) **北二百里曰**, 潘侯之山, **其上多松柏**, **其下多榛楛**, **其陽多玉**, **其陰多鐵**, 有獸焉. **其狀**如牛而四節生毛, 名曰旄牛.(『山海經, 卷三, 北山經』)→潘侯之山有獸, 如牛而四節生毛, 名曰旄牛.(『松南雜識』)

875) **東北百里曰**, 荊山, **其陰多鐵其陽多赤金其中**, 多犛牛.(『山海經, 卷五, 中山經』)→荊山, 多犛牛.(『松南雜識』)

876) 旄牛屬也, 黑色, 出西南徼外也.(『山海經, 卷五, 中山經』의 주석)

877) 「금수행(錦樹行)」.

878) 犤牛.(『爾雅注疏, 卷十一, 釋畜, 馬屬疏』)

879) **犤**牛, **庳**小, 今之犪牛**也**, 又呼果下牛, 出廣州高涼郡.(『爾雅注疏, 卷十一, 釋畜, 馬屬疏』의 주석)→小牛, 今之犪牛, 又呼果下牛, 出廣州高涼郡.(『松南雜識』)

의로운 소
義牛

『선산읍지(善山邑誌)』에서 말하였다.

선산 백성이 두메에서 소를 몰아 밭을 갈고 있었는데, 갑자기 사나운 호랑이가 나타나서 밭 갈던 사람을 공격하자, 소가 즉시 쟁기를 벗어버리고 호랑이를 향해 뿔로 떠받았다. 소는 저녁 늦게까지 싸워서 결국 호랑이를 죽이고 주인을 구하였다. 지금도 「의우도(義牛圖)」가 남아 있다.

봉우 · 박우
犎牛犦牛

운서에서 "봉우(犎牛)의 모양은 낙타 같다"[880]라고 하였고 "박우(犦牛)는 곧 봉우이니 목살이 낙타 같고, 모든 짐승을 떠받는다"[881]라고 하였다.

당나라 황실의 의장에 박우(犦牛)의 모습을 새기니, 천우위(千牛衛)[882]가 이것이다.

또 용우(犝牛)는 목덜미에 살덩이가 있다.

오(吳)나라의 소는 '침(牨)'이라고 하고 촉(蜀)나라의 소는 '위(犩)'라고 한다. 몸집이 거대하고 육중해서 수 천근이나 나가니, 지금 내포(內浦)의 소와 비슷하다.

---

880) **牛名, 出罽賓國, 領上肉暴起**, 如橐駝.(『韻府羣玉, 犎』) → **犎**, **形**如橐駝**者**.(『松南雜識』)

881) 卽**封牛**, **抵**觸百獸, **故金吾仗刻犦牛於槊首**.(『韻府羣玉, 犦』) → **犦**, 卽**犎**, **領肉如駝**, 觸百獸.

882) 천우위(千牛衛) : 천우(千牛)는 칼 이름이었는데, 금군(禁軍)에서 이 칼을 가지고 수비하였기 때문에 관직명으로 되었다. 천우위는 궁중을 수비하는 군대를 말함.

검은 소를 '유(犥)'라고 하고 흰 소를 '주(犨)'라고 한다.

또 '이우(犛牛)'는 소처럼 생겼는데 꼬리가 길어서 깃발을 만들 수 있다.

또 얼룩소[犂牛]를 꽃소[花牛], 수소를 망우(蟒牛), 암소를 젖소[乳牛]라고 한다. 발굽을 '꽃[花]', 뿔을 '달[月]'이라고 한다.

도도

駒駼

『산해경』에서 "북해에 어떤 짐승이 있으니, 모양은 말 같으며, 이름은 '도도(騊駼)'이다"883)라고 하였는데, 그 주석에서 "색은 푸르고, 도도국(陶塗國)이라는 나라의 이름이 되었다"884)라고 하였다. 또 『이아(爾雅)』의 '곤도(騉駼)'885)의 주석에서 "말과 비슷한데 소의 발굽이다"886)라고 하였다.

「흉노전(匈奴傳)」에서 "도도(陶塗)・전혜(驒騱)・결제(駃騠)"887)라고 하였는데, 그 주석에서 "결제(駃騠)는 준마이다. 태어난 지 7일 만에 그 어미를 뛰어넘는다"888)라고 하였다.

지금 호마(胡馬)를 단마(韃馬)라고 하는데, 달단(韃靼)에서 나왔기 때문이다. 지금 북도(北道)에서 나는데, 매우 건장하여 제주도에서 나는 말보다 조금 낫다. 그러나 남쪽으로 내려오면 대부분 병에 걸린다고 한다.

---

883) 北海**內**有獸, **其**狀如馬, 名**曰**騊駼.(『山海經廣注, 卷八, 海外北經』)→北海有獸, 狀如馬, 名騊駼.(『松南雜識』)

884) **顏氏漢書注云**, 陶塗國, **出此馬**, **因以爲**名.(『山海經廣注, 卷八, 海外北經』의 주석)→**色青**, **爲**陶. 塗國名.(『松南雜識』)

885) 騉駼, **枝蹄**, **趼**, **善陞甗**.(『爾雅注疏, 卷十一, 釋畜』)→騉駼.(『松南雜識』)

886) **騉駼**, **亦**似馬而牛蹄.(『爾雅注疏, 卷十一, 釋畜』의 주석)→似馬而牛蹄.(『松南雜識』)
*말의 발굽이 소발굽처럼 둘로 갈라져 있다는 말이다.

887) 駃騠・騊**駼**・驒奚.(『前漢書, 卷九十四上, 匈奴傳』)→騊駼・驒奚・駃騠.(『松南雜識』)

888) **駃騠**, **駿**馬**也**, 生七日而超其母.(『前漢書, 卷九十四, 上, 匈奴傳』의 주석)→**俊**馬, 生七日而超其母.(『松南雜識』)

연 · 종
驠騣

『옥편(玉篇)』에서 "연(驠)은 똥구멍이 흰 말이다"[889]라고 하였는데, 그 주석에서 "주(州)는 똥구멍이다. 말의 흰 똥구멍을 '연(驠)'이라고 한다"[890]라고 하였다.

『정자통(正字通)』에서 "주(州)자는 당연히 천(川)자로 되어야 한다. 수우(水牛)와 노우(老牛)를 주류(州留)라 하는 것과 같다"[891]라고 하였다.

『동파지림(東坡志林)』[892]에서 말하였다.

> 진주(秦州)에서 준마 한 필을 진상하였다. 소와 비슷하게 생겼는데 목 아래로 턱살이 드리워져 있고, 비딱하게 서며, 털은 살 끝에서 난다. 번인(番人)들은 '이것은 육종(肉騣)이다'라고 한다.[893]

절영마
絶影馬

우리나라의 역사에 의하면, 신라 성덕왕(聖德王)이 김윤중(金允中)에게

889) 馬白州也.(『玉篇, 驠』) → 馬白州也.(『松南雜識』)

890) 州, 竅也, 謂馬**之**白尻者, 名驠**也**.(『爾雅注疏, 卷十一, 釋畜』의 주석) → 州, 竅也, 謂馬白尻者, 名驠.(『松南雜識』)

891) **郭璞註**, **川竅也**, **據此說**, 州當作川, **川能流通**, **故與竅義合**, **凡作州者皆川之譌**, 如水牛老牛之名州留.(『正字通, 驠』) → 州當作川, 如水牛老牛之名州留.(『松南雜識』)

892) 동파지림(東坡志林) : 모두 5권으로 송나라 소식(蘇軾)이 저술했다. 혹은 소식의 수택본(手澤本)을 후인들이 『동파전집(東坡全集)』 안에 포함시켰다고도 한다.
* 『松南雜識』에는 소철(蘇轍)의 문집인 '欒城集'으로 되어 있음.

893) **余在岐下見**, 秦州進一馬騣, 如牛, **頷**下垂胡, 側立倒**項**, 毛生肉端, **番**人**云**, 此肉騣**馬也**.(『東坡志林, 卷一』) → **留欒城集曰**, 秦州進一馬騣, 如牛, **項**下垂胡, 側立倒**傾**, 毛生肉端, **蕃**人曰, 此肉騣.(『松南雜識』)
* 『松南雜識』에서는 출전을 소철(蘇轍)의 『난성집(欒城集)』이라고 밝히고 있지만, 이는 『난성집』에는 나오지 않는 기록으로, 소식(蘇軾)의 『동파지림』이 그 출전이다.

절영마(絶影馬) 한 필을 하사하였다고 한다.

또 견훤(甄萱)이 고려 태조 왕건에게 절영도에서 나는 말을 바쳤는데, 절영마가 이르면 백제가 망한다는 참언이 있었기 때문에 돌려 달라고 요구하자 고려 태조가 웃으면서 허락하였다. 이것은 부여의 대소(帶素)[894]가 고구려에 적오(赤烏)로 보답하였던 일과 서로 비슷하다. 절영도(絶影島)는 지금 동래에 속해 있다.

과하마
果下馬

우리나라의 역사에서, 예국(濊國)에서 과하마(果下馬)[895]가 난다고 하였는데, 지금의 향마(鄕馬)인 것 같다. 중국말보다는 작다.

구양수(歐陽脩)의 시에서 "오히려 한가로이 과하마를 쫓을 수 있겠네[猶得追閑果下騮]"[896]라고 하였다.

「곽광전(霍光傳)」의 주석에 "한(漢)나라 마구에 과하마가 있는데, 키가 세 척으로 수레를 끈다. 과일 나무아래에서 탈 수 있기 때문에 그렇게 이름을 붙인 것이다"[897]라고 하였다.

---

894) 대소(帶素) : 동부여의 마지막 왕. 금와왕(金蛙王)의 맏아들. 6명의 동생들과 함께 주몽(朱蒙)의 재주를 시기하여 몰아내고 아버지를 이어 왕위를 계승하였다. B.C. 7년 고구려에 볼모를 요구, 거절당하자 5만의 군사로 고구려를 공격하였으나 실패하였다. 고구려 대무신왕 5년(22) 고구려의 공격으로 피살되고 동부여는 멸망, 고구려에 병합되었다.

895) 과하마(果下馬) : 우리나라의 토종말. 키가 3척 정도밖에 되지 않아 말을 타고서도 과실나무 밑을 지나갈 수 있다는 데서 유래된 이름으로, 고구려와 동예의 특산물이었다. 특히 고구려에서는 시조 주몽(朱蒙)이 탔다고 하며, 동예에서는 후한(後漢) 환제(桓帝) 때 중국과의 주요 교역품의 하나이기도 하였다. 그리고 신라 시대에도 성덕왕 22년(723) 4월 사신을 당나라에 보내어 과하마 한 필을 우황·인삼 등과 함께 전하였다.

896) 「기사안상서 이절(寄謝晏尙書二絶)」.

897) **張晏曰, 皇太后所駕遊宮中輦車也**, 漢廐有果下馬, 高三尺, **以駕輦**. **師古曰**, **小馬**, **可於**果樹下乘之, 故**號果下馬**.(『前漢書, 卷六十八, 霍光金日磾傳』 "召皇太后御小馬

명나라 사신 왕창(王敞)의 시에 "과하마 중에 세 척되는 말이 없구나[果下已無三尺馬]"[898]라고 한 말이 이것이다. 고량(高凉)에 과하우(果下牛)가 있다.

제주말
濟馬

『택리지』에서 말하였다.

제주(濟州)는 방성(房星)[899]의 분야에 속한다. 고(高)·부(夫)·양(梁)의 삼성(三姓) 때부터 망아지와 송아지를 방목하였는데, 원나라가 목장으로 만들었다. 『증자구집(曾子榘集)』에 「천마가(天馬歌)」가 실려 있으니, 바로 조선 태종이 명나라 조정에 말을 진상하였는데, 성조가 말하기를 "천마로다"라고 하고는 노래를 만들도록 명한 것이다. 말은 바로 황류(黃騮)였다. 제주 사람들은 말에도 왕이 있다고 한다. 암석 사이에서 여러 말들을 거느리고 있는데, 수에 따라 잡는다고 한다.

세상에 전하기를, 영조가 마왕(馬王)을 보고자 하여 제주목사에게 전교(傳敎)를 내렸다. 제주목사의 힘으로 잡을 수가 없어서 전교를 한라산 꼭대기 말들이 모이는 곳에 걸어두었다. 그랬더니 한밤중에 어떤 말이 제 발로 뛰어와 관청의 뜰에 서서 긴 소리로 울었다. 그 형제는 매우 작았고 그 색은 붉었다. 또 갈기는 길어서 땅에 드리워졌다. 사람이 가서 잡아도 발길질하거나 으르렁거리지 않았다. 말치는 사람에게 물으니 '마왕'이라고 하였다. 조정에 바치니 궁궐 마구간에서 사육하였다. 성질 또한 온순

車"의 주석) → 漢廐有果下**騮**馬, 高三尺, 駕果樹下乘之, 故**名焉**.(『松南雜識』)

898) 果下**更**無三尺馬, **盤中時有八梢魚**.(『明詩綜, 卷二十九, 王敞, 過箕子故城有感』) → 果下**已**無三尺馬.(『松南雜識』)

899) 방성(房星) : 28수 중에서 동방에 속한 별자리.

하였기에 왕릉에 행차할 때 왕이 탔는데, 용이 나가는 것 같아서 매우 애지중지하였다. 그러던 어느 날 밤에 내전으로 들어가 한 번 길게 우니 지키는 사람들이 잡으려 하였다. 그러자 한 번 뛰어 궁궐 문 위로 올랐는데 그 간 곳을 알 수 없었다. 그 후 제주목사의 장계(狀啓)에 "어느 날 밤에 마왕이 관아 뜰에 와서 울고는 한라산으로 들어갔습니다"라고 하였다. 그날 밤을 계산해 보니 바로 그날 밤이었다고 한다.

역풍 · 순풍
逆風順風

잡서(雜書)에서 "말은 역풍을 좋아하고, 소는 순풍을 좋아한다"[900]라고 하였는데, 『서경(書經)』에서 이른바 "말과 소가 바람나 도망쳤다[馬牛其風]"[901]라고 한 말이 이것이다.[902]

또 발정난 말을 심과(尋騍)라고 한다.

『옥편(玉篇)』에서 "암컷 가축을 통칭해서 초(騲)라 한다"라고 하였다.[903]

위(魏)나라 역사에서 "두기(杜畿[904])가 백성들에게 암소와 암말을 기르게 하였다"[905]라 한 말이 이것이다.

「황택요(黃澤謠)」에서 "황택(黃澤)에서 말이 옥을 내 뿜는구나"[906]라고

---

900) 牛喜順風, 馬喜逆風.(『韻府羣玉, 馬牛風』) → 馬喜逆風, 牛喜順風.(『松南雜識』)

901) 『書經集傳, 周書, 費誓』.

902) 馬牛其風, 書, **馬牛見風則走**, 牛喜順風, 馬喜逆風.(『韻府羣玉, 馬牛風』) → **雜書**, 馬喜逆風, 牛喜順風, 書**所謂**馬牛其風.(『松南雜識』)

903) 牝**馬也**.(『玉篇, 騲』) → 玉篇, 牝畜**之**通稱.(『康熙字典, 騲』) → 玉篇**曰**, 牝畜通稱**之謂騲**.(『松南雜識』)

904) 두기(杜畿) : 삼국 시대 위나라 사람으로 자는 백후(伯侯). 경조(京兆) 두릉(杜陵) 출신.

905) **晉郭欽謂**魏杜畿課民畜牸牛草馬.(『康熙字典, 騲』) → 魏**史**, 杜畿課民畜牸牛草馬.(『松南雜識』)

하였다. 바로 코로 부는 것을 분(噴)이라고 한다. 풀 씹는 것을 습(啃)이라 하고, 다리 저는 것을 가(痂)라 하고, 코의 병을 창(淌)이라고 한다.

『집운(集韻)』에서 "육축(六畜)[907]이 피로하고 다치면 코 속에서 늘 고름이 흐르니 이것을 '조(噪)'라고 한다"[908]라고 하였다.

또 머리를 숙이고 달아날 것을 생각하는 것을 '심두(沁頭)'라고 한다.

「화기(畵記)」에 '양마수(癢磨樹)'[909]라는 말이 있으니, 바로 가려운 데를 긁는 것이다.

소와 말은 속성이 다르다
牛馬異宜

『후한서(後漢書), 동이전(東夷傳)』에서 "진한(辰韓)에서는 활[910]을 '호(弧)'라 한다"[911]라고 하였다.

『진서(晉書)』에서 "읍루(挹婁) 사람들은 말이 있어도 타지 않고 재산으로 여긴다"[912]라고 하였다. 지금 내포(內浦) 사람들은 소를 길러도 밭을 갈게 하지 않고 재산으로 여긴다고 한다.

---

906) 黃之澤, 其馬歕玉.(『穆天子傳, 卷五, 古文』)→**穆天子東遊**, 黃澤謠曰, **黃之陀**, **其馬歕沙**, 黃之澤, 其馬歕玉, **本傳**.(『韻府羣玉, 歕玉』)→黃澤謠曰, 黃之澤, 其馬歕玉.(『松南雜識』)

907) 육축(六畜) : 소 · 말 · 돼지 · 양 · 닭 · 개.

908) 凡六畜勞傷, 則鼻中常流膿水, 謂之嗓.(『堯山堂外紀, 卷六十八, 元』)
 *『松南雜識』에서는 출전을 『집운』으로 밝히고 있으나, 『집운』에는 나오지 않는 내용임.

909) 癢磨樹.(『昌黎先生文集, 卷十三, 雜著, 畫記』)

910) 『松南雜識』에는 '馬'로 오기되어 있음.
 * 弓을 馬로 오기하였으니, 주제와는 무관한 내용임.

911) 辰韓**耆老**, **自言秦之亡人**, **避苦役**, **適韓國**, **馬韓割東界地與之**, **其名國爲邦**, **弓**爲弧, **賊爲寇**, **行酒爲行觴**, **相呼爲徒**, **有似秦語**.(『後漢書, 卷一百十五, 東夷傳』)→辰韓**國**, **名馬**爲弧.(『松南雜識』)

912) 挹婁 …… 有馬不乘, **但**以爲財産**而已**.(『晉書, 卷九十七, 列傳, 四夷, 肅愼氏』)→挹婁**人**, 有馬不乘, 以爲財産.(『松南雜識』)

『문헌통고(文獻通考)』에서 "마한(馬韓)사람들은 처음에 소와 말을 탈 줄 몰랐다"913)라고 하였다.

대개 우리나라는 소가 자라기에 풍토가 알맞고 풍속도 사냥하여 짐승 잡는 것을 몰랐다. 오직 소만 먹는데도 소가 우는 소리가 여전히 들판에 두루 퍼져 있다. 말이 자라기에는 풍토가 맞지 않고, 말고기를 먹는 것도 금지되어 있다. 말은 병이 들면 약으로 치료를 하고, 죽여서 먹으면 영동(永同)으로 유배 보낸다는 말이 있는데도, 말이 우는 소리가 혹 마을에서 끊어지기도 한다. 또 기르는 방법을 잘 몰라서 죽을 끓여 먹일 뿐이다. 지금 교역시장에서 우리의 소로 저들의 말과 바꾼다. 장이 몇 번 지나간 뒤에 저들이 우리의 소를 타고 오는데, 튼튼하고 윤기가 흐르고 뿔은 몇 자나 자랐다. 그러나 거위 같이 생긴 진량종(津梁種)914)이 아니면 혹 돌궐(突厥)족이 기를 때 숙잠(熟蠶)915)을 먹였기 때문인가? 『한서(漢書), 위타전(尉陁傳)』에서 "한나라에서 암소와 암말을 주지 않고 건장해지면, 거세를 해 버린다"라고 한 것은 옛날 교역시장의 법도인 듯하다.

소의 되새김질과 양의 되새김질
牛齝羊齛

『설문해자』에서 "소가 다 먹고 나서 다시 씹어 내는 것을 태(齝: 되새김질)라 한다"라고 하였다.916) 민간에서는 '양삭(咩削)'이라고 한다.

---

913) 馬韓人 …… 不知騎乘牛馬.(『文獻通考, 卷三百二十四, 四裔考一, 馬韓』)→馬韓人, **厥初**不知騎乘牛馬.(『松南雜識』)

914) 진량종(津梁種): 말의 일종. 거위와 비슷한데, 건장하다. 값은 보통말의 수백 배는 나간다고 한다.

915) 숙잠(熟蠶): 5년 정도 자란 성숙한 누에.

916) 牛曰齝.〈食之已久, 復出嚼之.〉(『爾雅注疏, 卷十一, 釋獸, 鼠屬疏』)→說文曰, 牛食已, 復嚼出曰齝.(『松南雜識』)

『능엄경(楞嚴經)』에서 이른바 '우치병(牛呞病)'[917]이 이것이다.

『이아(爾雅)』에서 "양의 되새김질은 '세(齛)'라고 하고, 사슴의 되새김질은 '익(齸)'이라고 한다"[918]라고 한다.

노루도 되새김질을 하는데, 밥통이 있기 때문이다. 대개 발굽이 갈라진 동물은 모두 되새김질을 하는데, 돼지만 그렇지 않으니 이상한 일이다.

또 『집운(集韻)』에서 "㰼의 음은 '협'이다"라고 하였다. 원숭이는 뺨에 음식을 저장한다.

소의 천엽(千葉[919])에는 벌집이 있어서 길러둔 꿀이 흘러나오니, 또한 이상한 일이다.

『장자(莊子)』에서 "말의 머리에 굴레를 씌우고, 소의 코를 꿴다"[920]라고 하였다.

『시경(詩經)』에서 "여름에 소뿔에 가로댄 나무를 대니[夏而楅衡]"[921]라고 하였는데 주석에서 "소뿔 끝에 나무를 가로로 대어서 떠받는 것을 막는다"[922]라고 하였다.

「천문(天問)」[923]에서 "백림(伯林[924])이 치(雉)로 목을 매어 자살하였네[伯林雉經]"[925]라고 하였는데 주석에서 "치(雉)는 소코를 꿰는 줄"이라고

---

* 이 기록의 출전은 『설문해자』가 아니라 『이아주소(爾雅注疏)』이다. 참고로 『설문해자』의 이 조목의 내용은 다음과 같다. 吐而噍也, 從齒 台聲 爾雅曰, 牛曰齝, 丑之切.(『說文解字, 齝』)

917) 우치병(牛呞病) : 위병(胃病)이다. 위병 환자는 음식을 먹고 나서 항상 토하여 다시 씹는 것이 소가 되새김질 하는 것과 같기 때문이다.

918) 羊曰齛, 麋鹿曰齸.(『爾雅注疏, 卷十一, 釋獸, 鼠屬疏』)

919) 천엽(千葉) : 새김질하는 짐승의 소화기(消化器)의 한 부분.

920) **牛馬四足**, **是謂天**, 絡馬**首**, 穿牛鼻, **是謂人**.(『莊子, 秋水』) → 絡馬**頭**, 穿牛鼻.(『松南雜識』)

921) 『詩經, 魯頌, 閟宮』.

922) **楅衡施於**牛角, **所**以**止**觸**也**.(『詩經集傳, 魯頌, 閟宮』의 주석) → 牛角**端橫**, 以**防抵**觸.(『松南雜識』)

923) 『松南雜識』에는 출전이 「離騷」로 되어 있음.

924) 백림(伯林) : 맏이로 군주가 된 사람이다. 백(伯)은 맏, 임(林)은 군주의 뜻이다. 진(晉)의 태자 신생(申生)이 여희(驪姬)의 참소를 받고 자살한 것을 말한다.

925) 『楚辭章句, 卷三, 天問章句』.

하였다.926)

『전등록(傳燈錄)』에서 "한 번 숲으로 들어가면 콧구멍을 잡고 나옵니다"라고 하였다.927)

황정견(黃庭堅)의 시에서 "봄풀에 살찐 소가 살찌워 코를 꿴 끈을 벗네[春草肥牛脫鼻繩]"928)라고 하였다.

말은 쓸개가 없다
馬無膽

『정운(正韻)』에서 "말은 오(午)에 태어나므로 화기(火氣)를 타고 난다. 불[火]은 나무[木]와 상생의 관계가 아니므로, 말은 간(肝)만 있고, 쓸개가 없다. 쓸개는 나무의 정기(精氣)이니 말은 목성(木性)의 장기(臟器)가 부족하다. 그런 까닭에 말의 간에는 화(火)의 독이 있으므로 그 간을 먹으면 죽는다"929)라고 하였다.

『춘추고이기(春秋考異記)』에서 "땅이 달의 정기를 낳아 말을 만드는데 달의 수가 열 둘이기 때문에 말은 열두 달 만에 태어난다"라고 하였다.930)

---

926) 伯林犍經, **維其何故**.(『楚辭章句, 卷三, 天問章句』) → 伯林犍經, **騷天問**. **犍**牛鼻繩**一云**. **犍遇獲多自死**.(『韻府羣玉, 犍經』) → **離騷云**, 伯林犍經, 註, 牛鼻繩.(『松南雜識』)

927) **石鞏禪師傳馬祖問曰, 作什磨. 曰牧牛. 曰作麽生牧. 曰**一回入草去, 便把鼻孔來. …… 傳燈.(『韻府羣玉, 拽牛鼻』) → 傳燈**錄**, 一回入草去, 便把鼻孔來.(『松南雜識』)

928) 「봉답무형혜지장구(奉答茂衡惠紙長句)」.

929) **乘畜**生於午, 稟火氣, **而生**火不能生木, 故有肝無膽, 膽, 木之精氣也, 木臟不足, 故食其肝者死.(『洪武正韻, 馬』) → 生於午, 稟火氣, 火不能生木, 故有肝無膽, 膽, 木之精氣也, 木臟不足, 故食其肝者死.(『松南雜識』)
* 牧馬・御馬曾有辨, 猶多未盡, 故更及之, 字彙及類書, 馬稟火氣而生, 不能生木, 故有肝無膽 膽者 木之精也, 木臟不足, 故馬肝有火毒.(『五洲衍文長箋散稿, 萬物篇, 鳥獸類, 獸, 牧馬辨證說』)

930) **春秋**考異記, 地生月精爲馬, 月數十二, 故馬十二月而生.(『康熙字典, 馬』) → 考異

새끼가 없는 것이 도
無子曰犢

『옥편(玉篇)』에서 "소나 양이 새끼를 낳지 못하는 것을 도(犢)라 한다"931)라고 하였다.

요즘 사람들은 가축 중에서 새끼가 없는 것을 '도(犢)'라고 한다. '犢'의 음은 도이다.

청노새
青騾

『신선전(神仙傳)』932)에서 "이소군(李少君)이 죽은 후에 그가 하동(河東)의 포판(蒲坂)에서 청노새를 타고 있는 것을 어떤 사람이 보았다"933)라고 하였다.

이하(李賀)의 시에서,

이소군이 바닷가에서 무언가 타고 가는데	少君騎海上
사람이 보니 바로 청노새였네	人見是青騾934)

라고 하였다.

記**曰**, 地生月精爲馬, 月數十二, 故馬十二月而生.(『松南雜識』)

931) 牛羊無子.(『玉篇, 犢』) → 牛羊無子**曰犢**.(『松南雜識』)

932) 신선전(神仙傳) : 진(晉)나라 갈홍(葛洪)이 지은 책으로 10권이다.

933) **於是, 爲殯其衣物, 百餘日, 行**人**有**見**少君**, 在河東蒲坂**市者**乘青騾, **帝聞之, 使發其棺, 棺中無所復有**.(『神仙傳, 卷六, 李少君』) → 神仙**別**傳, **李少君死後**, 有人見之, 在河東蒲坂乘青騾, **帝聞之, 發棺, 皆無所有矣**.(『康熙字典, 騾』) → 神仙傳**云, 李少君死後**, 有人見**之**, 在河東蒲坂乘青騾.(『松南雜識』)

934) 「마시(馬詩)」.

나귀
驢

『설문해자』[935]에서 "숫나귀와 암말 사이에서 낳은 것이 노새이다"[936]라고 하였다.

숫말과 암노새 사이에서 낳은 것은 나귀이다. 숫나귀가 암소와 교미해서 낳은 것은 낙타[駝駝]이다. 숫소가 암나귀와 교미해서 낳은 것은 적몽(驧驨)이다"라고 하였다.

『설문해자』에 "나귀는 귀가 길다"[937]라고 하였다. 조봉(趙逢[938])의 시에서 "귀가 긴 동물이 얼음 위를 제멋대로 가는대로 내버려둔다[長耳任從氷上過]"[939]라고 한 말이 이것이다.

『정자통(正字通)』에서 말하였다.

> 나귀는 갈색・흰색・검은색 세 가지가 있다. 나귀는 오시와 오경(五更) 초에 우는데 시계와 일치한다. 또 여진(女眞)의 요동(遼東)에 야생 나귀가 난다. 나귀와 비슷하게 생겼는데 여러 가지 색이 섞여 있고 사람이 잡아먹는다.[940]

한(漢)나라 역사에 영제(靈帝) 때에 관리들이 모두 나귀를 타니 '백위(白衛)'라고 한다. 정(鄭)과 위(衛)의 사이에 나귀가 많기 때문에 '나위(騾衛)'라고 하며 그 가죽은 '정피(鄭皮)'라고 한다.

---

935) 『설문해자』에 없는 내용임.

936) **亦作**騾, 驢父馬母**所**生.(『韻府羣玉, 嬴』)→驢父馬母**而**生**者謂**騾.(『松南雜識』)

937) **似馬**, 長耳, (『說文解字, 驢』)→**驢**長耳.(『松南雜識』)

938) 조봉(趙逢) : 송나라 사람. 자는 상부(常夫).

939) 長耳任從冰上過.〈趙逢〉(『古今事文類聚, 後集, 卷三十八, 毛蟲部, 驢』)→趙逢**詩**, 長耳任從冰上過.(『松南雜識』)

940) 驢**長頰廣額修尾**, 有褐白黑三色, 以午及五更初而鳴, 協漏刻. 又女眞遼東出野驢, 似驢, 色駁, 人食之.(『正字通, 驢』)→驢有褐白黑三色, 以午及五更初鳴, 協漏刻. 又女眞遼東出野驢, 似驢, 色駁, 人食之.(『松南雜識』)

『춘추좌전(春秋左傳)』에서 "진(晉)나라 혜공(惠公)이 소사(小駟)로 수레를 끌게 하니 정(鄭)나라에서 들어온 것이다"[941]라고 하였다.

지금 중국에서 타고 다니는 서산 나귀[西山驢]라고 하는 것은 거북이가 채(蔡)와 누구(婁勾)에서 나오기 때문에 거북을 '채(蔡)'라고 하거나 '누구(婁勾)'라고 하는 등과 같다.

말말뚝 · 소말뚝
馬柳牛樴

『춘추공양전(春秋公羊傳)』에서 "소와 말이 묶여 있다[牛馬維婁]"[942]라고 하였는데, 그 주석에서 "말을 묶는 것을 '유(維)'라고 하고, 소를 묶는 것을 '누(婁)'라고 한다"[943]라고 하였다.

운서(韻書)에서 "마른 말뚝 나무로 주구(株駒[944])을 만드니 이것이 마류(馬柳)이다"라고 하였다. 지금 말을 매는 기둥을 우리나라에서 '말말뚝[馬秣纛]'이라고 한다.

『장자(莊子)』에서 "장대에 매미를 붙게 하여 잡는 자가 처신하기를 궐주구(橛株拘[945])처럼 한다"[946]라고 하였다.

황정견(黃庭堅)의 시에서,

941) 晉**侯** …… 乘小駟, 鄭入也.(『春秋左傳, 卷十三, 僖公十五年』) → 晉**惠公**乘小駟, 鄭入也.(『松南雜識』)

942) 『春秋公羊傳注疏, 卷二十四, 昭公二十五年』.

943) 繫馬曰維, 繫牛曰婁.(『春秋公羊傳注疏, 卷二十四, 昭公二十五年』의 주석)

944) 주구(株駒) : 주구(株拘)와 같은 말. 원래는 그루터기를 의미함.

945) 궐주구(橛株拘) : 튼튼한 그루터기. 동요되지 않음을 비유.

946) **仲尼適楚, 出於林中, 見痀僂者**承蜩, **猶掇之也. 仲尼曰, 子巧乎, 有道邪. 曰我有道也, 五六月累丸二而不墜, 則失者錙銖, 累三而不墜, 則失者十一, 累五而不墜, 猶掇之也, 吾**處身**也**若**厥**株拘, **吾執臂也, 若槁木之枝**.(『莊子, 達生』) → 承蜩**者**, 處身若**橛**株拘.(『松南雜識』)

거침없이 내달리던 천민(天民)이　　天民嘗逸駕
근래 점점 말뚝으로 나아간다네　　近稍就橛株[947]

라고 하였다.

『세설신어(世說新語)』에서 "왕무자(王武子)가 땅을 사서 말 울타리를 만들었다"라고 하였는데, 그 주석에서 "담을 만들어 둘러쳤다"[948]라고 하였다.[949] 지금의 마장(馬場)이다.

우직(牛檝)은 지금 '소말뚝[牛秣纛]'을 말한다.

하늘을 나는 것 · 땅을 달리는 것
飛天走地

지봉(芝峯) 이수광(李睟光)이 말하였다.

> 대체로 날짐승의 알은 등에 매달려 있다. 하늘을 근본으로 하는 것은 위와 친하기 때문에 날기를 잘한다. 길짐승의 태(胎)는 배속에 있다. 땅에 근본으로 하는 것은 아래와 친하기 때문에 달리기를 잘한다. 소옹(邵雍)이 "동물은 머리부터 나오고, 식물은 뿌리부터 나온다. 머리부터 나오는 것은 그 목숨이 머리에 있고, 뿌리부터 나오는 것은 그 목숨이 뿌리에 있다"라고 하였는데, 그 말이 이치가 있다.[950]

---

947) 天民**嘗**逸駕, 近稍就橛株.(『山谷外集, 卷十二, 卽席』)→天民**尙**逸駕, 近稍就橛株.(『松南雜識』)

948) 王武子**被責, 移第北邙下** …… 買地**作**埒.(『世說新語, 卷下之下, 汰侈』)→王武子買地**爲馬**埒.(『世說新語, 卷下之下, 汰侈』)

949) 世說, **晉王濟有**馬埒, **謂于外**作**短**垣繞之.(『康熙字典, 埒』)→世說, **王武子買地爲**馬埒, **註**, 作垣繞之.(『松南雜識』)

950) 凡禽卵繫於背, 本**乎**天者親上, 故能飛, 獸胎在於腹, 本乎地者親下, 故能走. 邵康節曰, 動物自首生, 植物自根生, 自首生者, 命在首, 自根生者, 命在根, 其說**爲**有理.(『芝峯類說, 卷二十, 卉木部, 草』)→凡禽卵繫於背, 本**於**天者親上, 故能飛, 獸胎在於腹,

『대대례기(大戴禮記)』에서 "네 발 달린 것은 날개가 없고, 뿔이 있는 것은 윗니가 없다"[951]라고 하였다.

동중서(董仲舒)[952]가 이른바 "뿔을 준 것에게 이를 주지 않고 날개를 붙여 준 것에게는 발을 두 개만 주었다"[953]라고 한 것이다

『열자(列子)』에서 이른바 "날개를 붙이고, 뿔을 단 것은 금수를 이른다"[954]라고 한 것이다.

本乎地者親下, 故能走. 邵康節曰, 動物自首生, 植物自根生, 自首生者, 命在**於**首, 自根生者, 命在**於**根, 其說有理.(『松南雜識』)

951) 四足者, 無羽翼, 戴角者, 無上齒.(『大戴禮記, 卷十三, 易本命』)

952) 동중서(董仲舒)는 전한(前漢)의 유학자. 호는 계암자(桂巖子). 춘추 공양학(春秋公羊學)을 수학하여 하늘과 사람의 밀접한 관계를 강조하였다. 무제(武帝)로 하여금 유교를 국교로 삼도록 설득하였다. 저서에 『춘추번로(春秋繁露)』가 있다.

953) 夫天亦有所分予, 予之齒者, 去其角, 傅其翼者, 兩其足, 是所受大者, 不得取小也.(『前漢書, 卷五十六, 董仲舒傳』) → 與之角者, 不與之齒, 傅其翼者, 兩其足.(『松南雜識』)

954) 傅翼戴角**分牙布爪仰飛伏走**謂之禽獸, **而禽獸未必無人心**.(『列子, 卷二, 黃帝』) → 傅翼戴角謂之禽獸.(『列子, 卷二, 黃帝』)

33. 어조류(魚鳥類)

용린
龍鱗

지봉(芝峯) 이수광(李睟光)이 "대전(大殿)에 고려 때부터 전해오던 용비늘 하나가 있었는데, 조선 명종 계축년(1553)에 경복궁(景福宮)에 화재가 났을 때 함께 불탔다고 한다"[1]라고 하였다.

전설에 의하면, 태조가 왕위에 오르기 전, 흑룡강(黑龍江)에서 막 승천하려고 하는 용에게 활을 쏘았는데 용이 비늘 하나를 남겨두고 가버렸다고 한다. 이것은 마치 한(漢)나라 고조(高祖)가 뱀을 베어 죽인 일[2]과

---

1) **俗傳**龍鱗一片在大內, 自前朝相傳, **至**明廟癸丑, 景福宮**失**火**時**幷燒云.(『芝峯類說, 卷二十, 禽蟲部, 鱗介』)→龍鱗一片在大內, 自前朝相傳, **我**明廟癸丑, 景福宮火, 幷燒云.(『松南雜識』)

2) 한(漢)나라 고조 유방(劉邦)이 술에 취해서 길을 가는데, 큰 뱀 한 마리가 길을 막고 있기에, 칼로 베어 버렸다. 그 후 한 노파가 길에서 울면서 "나의 아들은 백제(白帝)의 아들로, 뱀으로 변하여 있었는데 적제(赤帝)의 아들이 베어버렸습니다"라고 말하는 것

같다. 이것으로 마장니(馬障泥)[3]를 만들 수 있으나 크기가 적당하지 않고 또 하나일 뿐이었다. 비록 햇빛에 쬐여 말려서 저장하더라도 비가 오려고 하면 반드시 축축하다.

범서(梵書)에서 "나가(那伽)는 용이고 갈가(竭伽)는 무소이고 가나(伽那)는 코끼리이다"[4]라고 하였다.

동해화룡

東海化龍

『포박자(抱朴子)』에서 "뱀의 유충이 용으로 변하였다"라고 하였다.[5]

임진왜란에 명나라 장수가 쇠풀무로 임진강(臨津江)을 끓여서 용을 잡아먹으려고 하였다. 물이 뜨거워지자 어떤 용이 강 가운데서 머리를 들었는데, 명나라 장수가 "이것은 변한 용이다. 잡을 수 없다"라고 하였다.

『진서(晉書)』에서 말하였다.

육기(陸機)[6]가 장화(張華)[7]에게 젓갈을 대접하였는데, 장화가 "용을

을 목도하였다. 유방은 이 이야기를 듣고 기뻐하였으며, 다른 이들도 유방을 더욱 경외하게 되었다. 적제(赤帝)는 화(火)로 유방을 상징하는 바, 그가 천하를 통일하리라는 암시로 생각하였던 것이다.

3) 마장니(馬障泥) : 말 다래. 말을 탄 사람의 옷에 흙이 튀지 아니하도록 가죽 같은 것을 말의 안장 양쪽에 늘어뜨려 놓은 기구.

4) 梵書, 那伽龍也, 竭伽犀也. …… 又伽那象也.(『康熙字典, 伽』) → 梵書**曰**, 那伽龍也, 竭伽犀也. 伽那象也.(『松南雜識』)

5) **有**蛇蠋化成**之**龍. 抱朴.(『韻府羣玉, 物化龍』) → 抱朴**子曰**, 蛇蠋化成龍.(『松南雜識』) *『포박자』에는 나오지 않는 내용임.

6) 육기(陸機) : 진(晉)나라 오군(吳郡) 출신. 자는 사형(士衡). 저서로 『육사형집(陸士衡集)』·『육평원집(陸平原集)』이 있다.

7) 장화(張華) : 진(晉)나라의 학자. 방성(方城) 출신. 자는 무선(武先). 학문이 매우 깊어, 천문·지리·방기(方技)의 서적을 안 본 것이 없었다. 저서로 『박물지(博物志)』가 있다.

저민 고기이군요. 이것에 물을 뿜어 보면 오색이 난답니다"라고 하였다.[8)]

또 유류(劉纍)는 용을 소금에 절였으니, 중국 사람들은 용을 먹는다. 용은 대부분 물고기가 변한 것이다.

심곡(深谷) 김치(金緻[9)])의 「유사(遺事)」에서 말하였다.

내가 경상도 관찰사로 일을 때의 일이다. 꿈에 어떤 노인이 자신의 손자를 놓아 달라고 애걸하였는데, 바로 자라였다. 그래서 자라를 놓아주니 그가 와서 사례를 하였다. 꿈에서도 내가 진상(眞相)을 보기를 원하였다. 그러던 어느 날 공검지(恭儉池[10)])에 가니, 청명한 날에 갑자기 비바람이 몰아치고 수면에는 긴 무지개가 일어나고 하늘가에 오색이 찬란한데 비늘이 영롱하였다. 따르던 사람들은 모두 물에 옷이 젖었는데, 나만 홀로 젖지 않았다.

교룡
蛟

운서(韻書)에서 말하였다.

---

8) 陸機**嘗**餉華鮓, **于時賓客滿座**, 華**發器便**曰, **此**龍**肉**也. **衆未之信**. **華曰**, **試以苦酒濯之**, **必有異**, **旣而**, 五色**光起**.(『晉書, 卷三十六, 列傳, 張華』)→陸機餉**張**華鮓, 華曰, 龍**脯**也. **水噴之**, **有**五色.(『松南雜識』)

9) 김치(金緻) : 조선 중기의 문신(1577~1625). 본관은 안동(安東), 자는 사정(士精), 호는 남봉(南峰)·심곡(深谷). 1597년 알성문과에 병과로 급제, 광해군 때 사복시정·이조참의·동부승지·대사간을 거쳐 병조참지를 지냈다. 23년 인조반정 후 한때 대북(大北)으로 몰려 유배되었다가, 뒤에 풀려나와 동래부사를 거쳐 인조 3년(25)에 경상도 관찰사가 되었다. 경서에 통달하고 천문에 밝았다. 저서에 『심곡비결(深谷秘訣)』이 있다.

10) 공검지(恭儉池) : 지금의 경상북도 상주시 공검면 양정리에 있던 못.

용(龍)의 종류이다. 뿔이 없고 발은 네 개이며 목이 가늘다. 큰 놈은 몇 아름이나 된다. 눈썹으로 교미하여 알을 낳으니 교(蛟)라고 한다.[11]

한(漢)나라 소제(昭帝) 때 길이가 세 길이 되는 교룡을 낚자, 젓갈을 담게 하였는데, 맛이 좋았다.

「월령(月令)」에서 "교룡을 치고 악어를 잡는다"[12]라고 하였다.

수리 · 산리
水螭山离

『설문해자(說文解字)』에서 "리(螭)는 용과 비슷한데, 뿔이 없고 노란색이다. 북방에서는 토루(土螻)라 한다"라고 하였으니, 「주기(周紀)」에서 "표범도 아니고 이무기도 아니다"[13]라고 한 말이 이것이다.[14]

유종원(柳宗元)은 「소리문(愬螭文)」에서 "영릉성(零陵城) 서쪽 강에 이무기 소굴이 있는데, 법조(法曹)[15] 당등(唐登)이 그 강가에서 목욕하다가 이무기에게 잡혀 들어갔다"[16]라고 하였다.

『설문해자』에서 "리(离)는 신령한 짐승이다"[17]라고 하였다.

구양교(歐陽喬)의 말에 의하면 맹수이다. 대개 뱀의 일종으로 천년을 묵으면 '리(螭)'와 '리(离)'가 되는데, 산에 사는 놈도 있고 물 속에 사는

---

11) 龍屬, 無角四足細**頭**, 大者數圍, 卵生, **如一二石甕**.(『韻府羣玉, 蛟』)→龍屬, 無角四足細**頸**, 大者數圍, **眉交**卵生, **謂蛟**.(『松南雜識』)

12) 伐蛟取鼉.(『禮記注疏, 卷十六, 月令』)

13) **如豺如離**.(『史記, 卷四, 周本紀, 第四』)→**匪豹匪彲**.(『松南雜識』)

14) 說文, 若龍, 無角而黃. 北方謂之土螻, **亦作離**. 周紀, **如豺如離**.(『韻府羣玉, 螭』)→說文**曰**, 若龍, 無角而黃. 北方謂之土螻. 周紀, **匪豹匪彲**.(『松南雜識』)

15) 법조(法曹) : 한(漢)나라 때 설치된 사법관리.

16) 零陵城西, 有螭室于江, 法曹**史**唐登浴其涯, 螭**牽**以入.(『柳河東集, 卷十八, 騷一十首, 愬螭文』)→零陵城西, 有螭室于江, 法曹唐登浴其涯, 螭**捲**以入.(『松南雜識』)

17) 离, **山**神獸也.(『說文解字, 离』)→离, 神獸也.(『松南雜識』)

놈도 있으니, 사람에게 해(害)가 된다.

지금 영남(嶺南) 사람은 용(龍)을 '수리(水螭)'라 훈석한다.

능·별
能鱉

『설문해자(說文解字)』에서 "능(能)은 곰의 종류로 발은 사슴과 비슷하다. 이 짐승은 속이 단단하기 때문에 어질면서 굳센 사람에 비유된다"[18]라고 하였다.

『이아(爾雅)』에서 "세발 자라가 '능(能)'이다"[19]라고 하였으니, 바로 『춘추좌씨전(春秋左氏傳)』에서 "곤(鯀)이 우연(羽淵)에 들어가 누런 곰이 되었다"[20]라고 한 말이 이것이다.

곰과 물고기 두 가지에 대한 견해를 양신(楊愼)이 논변한 바 있다.

운서(韻書)에서 "수컷이 '원(黿)'이고 암컷이 '별(鼈)'이다"라고 하였다.

『고려사(高麗史)』에서 "별(鼈)이 원(黿)의 소리에 화답한다"[21]라고 하였다.

속담에 "자라가 서로 바라보는 것이 새 중에 원앙(鴛鴦)과 같다"라고 하였으니, 『주례(周禮)』에서 "별인(鼈人)은 호물(互物)[22]잡는 일을 관장(管掌)한다"[23]라고 한 말이 이것이다.

『설문해자(說文解字)』에서 "거북이의 머리는 뱀의 머리와 생김이 같

---

18) 能, 熊屬, 足似鹿. **從肉目**, **聲能**. 獸堅中, 故稱賢**能**而**彊**壯.(『說文解字, 能』)→能者, 熊屬, 足似鹿**也**. **其**獸堅中, 故**借以**稱賢而**强**壯者.(『松南雜識』)

19) **鼈**三足能.(『爾雅注疏, 卷十, 釋魚』)→**鱉**三足**者爲**能.(『松南雜識』)

20) **昔堯殛**鯀**于**羽**山**, **其神化**爲黃**熊**, **以入于羽淵**.(『春秋左傳注疏, 卷四十四, 昭公七年』)→鯀入羽**淵**, 爲黃**能**.(『松南雜識』)

21) **十二月**, **甄萱寄書于王曰**, **昨者新羅國相金雄廉等**, **將召足下入京**, **有同**鼈應黿聲, **是欲鷃披隼翼**, **必使生靈塗炭社稷丘墟**.(『高麗史, 卷一, 世家, 太祖』)→**謂**鼈應黿聲.(『松南雜識』)

22) 호물(互物) : 등딱지가 있는 생물로 거북 혹은 자라의 등속을 이름.

23) 鼈人掌取互物.(『周禮注疏, 卷四, 天官冢宰』)

다. 이 세상에 존재하는 생물의 특성상 등판이 넓은 동물은 수컷이 없으니, 거북이나 자라 따위의 것들은 뱀을 수컷으로 삼는다"[24]라고 하였건만, 운서(韻書)에서 "숫 거북을 '대모(瑇瑁)'[25]라 부르고, 암 거북을 '자휴(觜蠵)'라 부른다"[26]라고 한 말은 무엇인가?

흰 배 아래에 '天(천)' 자가 쓰여 있는 놈은, 즉 지금의 붉은 글씨로 '王(왕)' 자가 쓰여 있는 놈을 이르니, 이것을 먹어서는 안된다. 그런데도 그 국을 '왕배탕(王背湯)[27]'이라 한다. 붉은 비름[莧]으로 그 귀갑(龜甲)을 싸서 습지(濕地)에 두면 바로 살아난다고 한다. 경주(慶州) 이씨(李氏)에 팔별(八鼈)이 있다고 하니 이미 기이한데, 이원(李黿)[28]이 죽은 자라의 감응(感應)이라 하니 더욱 기이한 일이다.[29]

지금 어떤 사람이 아들을 바라고 빌 때 자라를 잡아 색동옷을 입힌 뒤 물 속에 집어넣는데, 뒷날 이것이 꿈에 보이면 임신한다라고 한다.

24) 龜頭與它頭同. 天地之性, 廣肩無雄, 龜鼈之類, 以它爲雄.(『說文解字, 龜』) → 龜頭與**蛇**頭同**也**, 天地之性, 廣肩**者**無雄, 龜鼈之類, 以**蛇**爲雄**云**.(『松南雜識』)

25) 『松南雜識』에는 毒冒로 되어 있음.

26) 雄曰**瑇**瑁, 雌曰觜蠵.(『康熙字典, 瑇』) → 雄**龜**曰**毒**瑁, 雌**龜**曰觜蠵.(『松南雜識』)

27) 왕배탕(王背湯) : 자라나 거북이 탕의 별칭.

28) 이원(李黿) : 조선 전기의 문신(?~1504). 본관은 경주(慶州). 자는 낭옹(浪翁), 호는 재사당(再思堂). 이제현(李齊賢)의 7세손이며, 계번(繼蕃)의 증손으로, 할아버지는 윤인(尹仁)이고, 아버지는 현령 공린(公麟)이며, 어머니는 증이조판서 박팽년(朴彭年)의 딸이다. 문장에 능하고 특히 행의(行義)로 추앙받았다. 나주의 영강사(榮江祠), 곽산의 월포사(月浦祠)에 제향되었다. 저서로 『금강록(金剛錄)』·『재사당집』 등이 있다.

29) 김시양(金時讓)의 『부계기문(涪溪記聞)』에 다음과 같은 이야기가 기록되어 있다. 이공린(李公麟)이 자는데, 8명의 노인이 나타나서 탕으로 끓여질 될 신세가 된 자신들을 살려 달라는 애원하는 꿈을 꾸었는데, 놀라서 깨어보니, 과연 자라 8마리로 탕을 끓일 참이었다. 그래서 그것들을 놓아 주라고 명하였는데, 그중 한 마리는 잘못해서 다시 잡혀 죽었다. 그날 밤에 7명의 노인이 꿈에 나타나 사례를 하였다. 이공린이 후에 아들 8명을 낳아서 그 중 7명의 이름을 자라나 물고기와 관련된 글자로 지으니 이구(李龜)·이오(李鼇)·이별(李鼈)·이타(李鼉)·이경(李鯁)·이곤(李鯤)·이원(李黿)이 그들이다. 그래서 경주 이씨는 자라를 먹지 않는다고 한다.

악어 이빨 · 릉 껍질의 돌기
鰐齒鯪角

운서(韻書)에서 "악어는 한 번에 알 백 개를 낳는데, 성장하면 뱀이 되는 것도 있고, 거북이가 되는 것도 있고 교룡이 되는 것도 있다"[30]라고 하였으니, 뱀 알 한 개가 여러 종류의 뱀이 되는 것과 비슷하다. 악어는 물속에 있다가 사람을 삼키려고 하면 떠오르며, 이빨은 호랑이를 두 동강 낼 수 있다. 한유(韓愈)가 악어를 회유(誨諭)하고,[31] 요좌(堯佐)가 악어를 잡아 죽인 일이 이것이다.

『남사(南史)』에서 "부남국(扶南國)에서는 해자(垓子)에 악어를 기르고 성문 밖에 맹수를 길러 죄 지은 자를 맹수와 악어에게 잡아먹게 하는데, 이놈들이 잡아먹지 않으면 죄가 없다고 여겨 방면한다"[32]라고 하였으니, 『조야첨재(朝野僉載)』에서 말한 '호서(虎筮)'[33]가 이것이다.

『시경』에서,

호랑이에게 던지니	投之有虎
호랑이가 먹지 않네	有虎不食[34]

라고 한 것과는 다르다.

임진왜란 때에 명나라 장수가 우리나라의 두성(斗星)[35]과 미성(尾星)[36]

---

30) 鰐, **魚名**, **食人**. 一生百卵, 及成形, 則有爲蛇爲龜爲蛟者.(『韻府羣玉, 鰐』) → 鰐, 一生百卵, 及成形, 則有爲蛇爲龜爲蛟者.(『松南雜識』)

31) 한유가 「악어문(鰐魚文)」을 지은 것을 이름.

32) 扶南國 …… 溝中養鰐魚, 門外**圈**猛獸, 有罪者, **輒**以餧**猛獸及鰐**魚, **魚獸**不食, 爲無罪, **三日乃**放之.(『南史, 卷七十八, 列傳, 夷貊上, 海南諸國』) → 扶南國, 溝中養鰐魚, 門外**養**猛獸, 有罪者, 以餧**大虫**魚, 不食, 爲無罪, 放之.(『松南雜識』)

33) 호서(虎筮) : 신령한 무당이 피의자의 유죄 무죄를 판정하는 방법의 일종으로, 무당이 단을 쌓은 후 호랑이를 부른다. 그리고 피의자를 단에 올라가게 한다. 만약 피의자가 유죄라면 호랑이가 물지만, 무죄일 경우에는 호랑이가 돌아보지도 않는다고 한다.

34) 『詩經』에 없는 시.

35) 두성(斗星) : 북방(北方)의 별.

을 살펴보고, "콩잎 같은 악어가 있어서 몇 백 년이 지나면 사람과 말이 다니지 못할 지경이 될 것이다"라고 하였다.

'릉(鯪)'도 배[舟]를 삼킬 만한 큰 어류인데, 배와 등에 삼각의 마름 같은 가시가 있기 때문에 글자가 '魚'와 '夌'으로 구성되어 있다. 그 껍질은 바로 의서(醫書)에서 이른바 '천산갑(穿山甲)'[37]이다.

바닷물을 일으키는 미꾸라지 · 진흙탕의 미꾸라지
鰌潮鰍泥

운서(韻書)에서 "해추(海鰌)는 길이가 수천 리나 되고 바다 밑의 동굴에 사는데, 이놈이 들어가면 바닷물이 밀물이 되고 나오면 썰물이 된다"[38]라고 하였으니, 송나라 조정(趙鼎)[39]이 "머리를 푼 뱃사람이 숨죽여 붉은 깃발을 피하는 모습을 보았다"라고 하는 말이 이것이다.

지금 여름철 장마로 홍수가 났을 때 강경(江景) 바다에 용(龍) 같이 생겼지만 용도 아닌 것이 강에 가로질러 누워 있어서 강이 그 때문에 서너 곳이 터져 흐르니, 그 지역 사람들은 '천년 묵은 해추(海鰌)'라고 한다.

운서(韻書)에서 "미꾸라지는 얕은 진흙탕 속에 사는데, 드렁허리[鱓]와 비슷하다"[40]라고 하였다. 지금 산골짜기 개울의 노란 미꾸라지를 '황미

---

36) 미성(尾星) : 동방(東方)의 별.

37) 천산갑(穿山甲) : ①천산갑과의 동물. 몸의 길이는 63cm, 꼬리의 길이는 35cm 정도이며, 몸의 위쪽은 이마에서 꼬리 끝까지 모두 어두운 빛깔의 비늘로 덮여 있다. 몸의 아래쪽은 비늘이 없고 엷은 살색의 털만 있다. 주둥이가 뾰족하고 이가 없어 긴 혀로 먹이를 핥아 먹는다. 주로 밤에 활동하며 중국 남부, 대만, 미얀마, 말레이시아, 네팔, 인도 등지에 분포한다. ≒능리(鯪鯉). ②천산갑의 껍질을 말린 것. 경폐나 어혈로 인한 징가(癥瘕), 나력(瘰癧)과 젖이 잘 나오지 않는 데 쓴다. ≒타갑.

38) 海鰌, **水經**, **海鰌魚**, 長數千里, 穴居海底, 入**穴**則海水爲潮, 出**穴**則潮退.(『康熙字典, 鰌』) → 海鰌, 長數千里, 穴居海底, 入則海水爲潮, 出則潮退云.(『松南雜識』)

39) 조정(趙鼎) : 송나라 문희(聞喜) 출신. 자는 원진(元鎭). 호는 득전거사(得全居士). 시호는 충간(忠簡).

40) **鰌**生**下田**淺淖中, 似鱓.(『康熙字典, 鰌』) → **鰍**生淺淖中, 似鱓.(『松南雜識』)

꾸라지[黃尾屈]'라고 하는데, 맛이 매우 좋으니, '진흙탕 미꾸라지[泥鰍]'와는 다르다.

철갑상어 코 · 가오리 꼬리
鱏鼻魟尾

운서(韻書)에서 "철갑상어는 코가 길고 입이 턱 아래에 있다. 큰 놈은 길이가 예닐곱 자이다"41)라고 하였으니, 등이 용처럼 생긴 철갑상어[鱘]와는 다르다. 아마도 지금의 골독어(骨纛魚) 가운데 큰 놈일 것이다.

공(魟)은 우리말로 '가오리(嘉五里)'인데, 물고기 가운데 생식기가 있는 놈이다. 의서(醫書)에서 "꼬리에 맹독이 있는데, 수달 가죽을 달여 먹으면 해독이 된다"라고 하였다. 지금 그 큰 놈은 한 마리가 몇 바리에 이른다.

중국에서 우리나라 사람을 '가오리인(嘉五里人)'이라 하는 것은 우리나라에 '가자미[鰈]'가 나기 때문이다. 중국에서의 '가오리(嘉五里)'는 바로 접(鰈)이고 공(魟)이 아니다.

숫고래는 경 · 암고래는 예
雄鯨雌鯢

운서(韻書)에서 "예(鯢)는 '자어(剌魚)'로 메기와 비슷하고 다리가 넷인데, 앞부분은 원숭이와 비슷하고 뒷부분은 개와 비슷하며, 소리는 어린아이 울음과 같다"42)라고 하였다.

---

41) **爾雅釋魚疏**, 鱏, 長鼻**魚也**, **重千斤**. **後漢馬融傳**, **魴鱮鱏鯿**, **註**, **鱏**, 口在頷下, 大者長七八尺.(『康熙字典, 鱏』)→鱏, 長鼻**而**口在頷下, 大者長七八尺.(『松南雜識』)

42) **說文**, 剌魚**也**. **爾雅釋魚**, **鯢**, **大者謂之鰕**, **註**, **今鯢魚**, 似鮎, 四脚, 前似獮猴, 後似

고래 가운데 큰 놈은 길이가 천 리나 되고 작은 놈이라도 수십 길인데, 눈은 명월주(明月珠) 같다. 물결을 치면 우레가 되고 물거품을 뿜어내면 비가 된다.[43]

지금 동해에 있는데, 그 등이 마치 기와집 같기 때문에 속담에 '고래 등 같은 기와집'이라고 한다. 그 기름을 바다에 뿌리면 바다 밑의 귀한 보패(寶貝)[44]가 절로 드러나니, 온교(溫嶠)가 무소뿔을 태운 것과 같다.[45] 그래서 서양 사람이 칼과 창을 싣고 바다에서 고래를 포획한다고 한다. 동해 사람들은 "고래는 본래 이빨이 없어서 큰 고기는 먹지 못한다. 그래서 바닷물을 들여 마셨다가 내뿜으면 뱃속에 작은 고기가 가득 찬다"라고 하니, 사다새[鵜鶘]가 강물을 일어 고기를 먹는 것과 같다. 그러나 큰메기[鯷] 떼는 고래에게 쫓겨 육지로 나온다.

솔피(率皮)[46]라는 물고기가 있으니, 고래를 죽일 수 있다. 그 모양은 말 같이 생겼다. 진을 치고 고래를 에워쌌다가 좁혀든 후에 그 살을 물어뜯어 물에 내버리는데 크기는 바구니만 하다. 어부가 솔피를 쫓아가면 고래까지 잡을 수 있다.

狗, 聲如小兒啼.(『康熙字典, 鯢』)→**鯢**, 刺魚. 似鮎, 四脚, 前似獼猴, 後似狗, 聲如小兒啼.(『松南雜識』)

43) 鯨**魚者**, **海魚也**, 大者長千里, 小者數十丈, **一生數萬子**, **常以五月六月**, **就岸邊生子**, **至七八月**, **導從其子**, **還大海中**. 鼓浪成雷, 噴沫爲雨, **水族驚畏**, **皆逃匿**, **莫敢當者**. **其雌曰鯢**, **大者亦長千里**. 眼**爲**明月珠.(『古今注, 卷中, 魚蟲, 第五』)→鯨, 大者長千里, 小者數十丈, 眼**如**明月珠. 鼓浪成雷, 噴沫爲雨.(『松南雜識』)

44) 보패(寶貝) : '보배'의 원말.

45) 동진(東晉)의 온교(溫嶠)가 무소뿔[犀角]을 태워서 우저기(牛渚磯)라는 깊은 웅덩이를 비추어 보았는데, 수중(水中)의 기괴한 물건이 모두 환히 보였다. 그날 밤 수중의 괴물이 꿈에 나타나서 "우리가 모습을 감출 곳이 없다"고 하는데 마치 애걸하는 모습 같았다. 그래서 온교는 곧 그 서각(犀角)을 태워버리고 "사람이 만약 밝게 물건을 비추면 물건은 반드시 꺼릴 것이다"고 말하였다는 고사가 있다.

46) 솔피(率皮) : 흰 줄 박이 물 돼지. 돌고래.

큰거북
贔屭

승암(升庵) 양신(楊愼)이 『단연록(丹鉛錄)』에서 말하였다.

용은 아홉 마리 새끼를 낳는데, 모두 용이 되지 못한다.

첫째를 '비희(贔屭)'라고 하는데, 거북과 비슷하고 성질이 무거운 짐 지기를 좋아하니, 지금 비석의 귀부(龜趺)[47]가 이것이다.

둘째를 '치문(鴟吻)'이라고 하는데, 성질이 멀리 바라보기를 좋아하니, 지금의 '지붕 위의 짐승 머리'[48]가 이것이다. 『송서(宋書)』에서 "천서(天書)가 '치미(鴟尾)'에 내려왔다"라고 한 말이 이것이다.

셋째를 '포뢰(蒲牢)'라고 하는데, 성질이 울기를 좋아하니, 지금의 '종뉴(鍾紐)'[49]가 이것이다. 「동도부(東都賦)」[50]의 주석에서 "포뢰(浦牢)는 바닷가의 짐승 이름으로 종처럼 울고 고래를 두려워한다. 고래가 뛰면 울기 때문에 종을 주조할 때 포뢰(浦牢) 모양으로 만들고 그 위의 단동(斷橦)을 고래모양으로 만든다"[51]라고 하였다.

장화(張華)는 고기 모양으로 만들어 두드렸으니, 황정견(黃庭堅)의 시에서 "깊은 밤에 죽을 재촉하는 종소리[華鯨][52] 울린다[催粥華鯨吼夜闌]"[53]라고 한 말이 이것이다.

---

47) 귀부(龜趺) : 거북 모양으로 만든 비석(碑石)의 받침돌.

48) '망새'를 이름. 망새는 전각(殿閣)·문루(門樓) 따위 전통 건물의 용마루 양쪽 끝머리에 얹는 장식 기와. 매의 머리처럼 쑥 불거지고 모가 난 두 뺨에 눈알과 깃 모양의 선과 점을 새겼다.

49) 종뉴(鍾紐) : 종을 틀에 매다는 부분.

50) 동도부(東都賦) : 한나라 반고(班固)의 작품.

51) 海岸獸名, **蒲牢**聲如鐘而**性**畏鯨, 鯨躍輒鳴, 故鑄鐘**作**蒲牢形, 其上斷橦爲鯨形. 東都賦**注**.(『韻府羣玉, 華鯨』)→東都賦**註**, 海岸獸名, 聲如鍾而畏鯨, 鯨躍則鳴, 故鑄鍾蒲牢形, 其上斷橦爲鯨形.(『松南雜識』)

52) 화경(華鯨) : 종과 고래를 그려 넣은 종치는 나무.

53) 履聲如度薄冰過, 催粥華鯨吼夜闌.(『山谷集, 卷九, 律詩九十二首, 題淨因壁二首』)

넷째를 '폐안(狴犴)'이라고 하는데, 호랑이같이 생겼고, 성질이 지키기를 좋아하기에, 지금 옥문(獄門)에 세워둔다.

다섯째를 '도철(饕餮)'이라고 하는데, 성질이 음식 탐하기를 좋아하기에, 지금 솥뚜껑에 새긴다.

여섯째를 '공하(蚣蝮)'라고 하는데, 성질이 물을 좋아하기에, 다리 기둥에 세운다.

일곱째를 '애자(睚眦)'라고 하는데, 성질이 죽이기를 좋아하기에, 칼코등이[刀環]에 세운다.

여덟째를 '금태(金蜕)'라고 하는데, 모양은 사자와 비슷하고, 성질이 연기와 불을 좋아하기에 향로에 세운다.

아홉째를 '초도(椒圖)'라 하는데, 모양은 소라와 비슷하고, 성질이 닫기를 좋아기에 문고리에 세운다.[54]

『시화총구(詩話總龜)』[55]에서 "일명 조풍(嘲風) 혹은 치문(蚩吻)이다. 전각의 등성마루에 세운다"라고 하였고, 『박물지(博物志)』에서 "이문(螭吻) 또는 패하(霸夏)이다"[56]라고 하였으며, 『고씨설략(顧氏說略)』에서 "만전

---

54) **俗傳**龍生九子, 不成龍, **各有所好**. …… 一曰贔屭, **形**似龜, **好負重**, 今**石**碑**下**龜趺, **是**也. 二曰**螭**吻, **形似獸性**, 好望, 今屋**上**獸**頭**, **是也**. 三曰蒲牢, **形似龍而小**, 性好**叫**吼, 今鐘**上**紐, 是也. 四曰狴犴, **形**似虎, **有威力**, **故**立**於**獄門. 五曰饕餮, 好**飮**食, **故立於**鼎盖. 六曰蚣蝮, 性好水, **故**立**於**橋柱. 七曰睚眦, 性好殺, **故**立**於**刀環. 八曰金**猊**, 形**似**獅, 性好烟, **故**立**於**香爐. 九曰椒圖, 形似螺蚌, 性好閉, **故**立**於**門鋪.(『升菴集, 卷八十一, 龍生九子』) → 龍生九子, 不成龍. 一曰贔屭, 似龜, **重負**, 今碑龜趺也. 二曰**鴟**吻, **性**好望, 今屋獸, **宋史天書降鴟尾**, **是也**. 三曰蒲牢, 性好吼, 今鐘紐, **東都賦註**, **海岸獸名**, **聲如鍾而畏鯨**, **鯨躍則鳴**, **故鑄鍾蒲牢形**, **其上斷橦爲鯨形**, **張華作魚形扣之**, **山谷詩**, **催粥華鯨吼夜闌**, 是也. 四曰狴犴, 似虎, **性好守**, 立獄門. 五曰饕餮, **性**好**貪**食, **今刻**鼎盖. 六曰蚣蝮, 性好水, 立橋柱. 七曰睚眦, 性好殺, 立刀環. 八曰金**蜕**, 形**類**獅, 性好烟**火**, 立香爐. 九曰椒圖, 形似螺蚌, 性好閉, 立門鋪.(『松南雜識』)

55) 시화총구(詩話總龜) : 송나라 완열(阮閱)이 지었으며 전집 48권, 후집 50권이다. 채록한 시화서는 모두 200종이다.

56) 總龜**謂龍生九子**, 一名嘲風, **好險在殿角**, **一名**蚩吻, **好呑**, **在**殿脊. 博物志**逸篇**云, 螭蛡**形似獸**, **性好望**, **故立屋角上**.(『香祖筆記, 卷九』) → 總龜**云**, 一名嘲風, **又**蚩吻,

(蠻蛤)은 그 모양이 용과 비슷하고, 성질은 바람과 비를 좋아하기 때문에 전각의 등성마루 위에 사용한다"[57]라고 하였다.

거북
龜

『설문해자(說文解字)』에서 "구(龜)는 '구(舊)'이다. 뼈가 밖에 있고 살이 안에 있다. 코끼리 발에 등딱지와 꼬리가 있는 모양이다. '타(它 : 뱀)'자를 구성요소로 하니, 거북이의 머리는 뱀의 머리와 생김이 같다. 이 세상에 존재하는 생물의 특성상 등판이 넓은 동물은 수컷이 없으니, 거북이나 자라 따위의 것들은 뱀을 수컷으로 삼는다"[58]라고 하였건만, 운서(韻書)에서 "숫 거북을 '독모(毒冒)'라 부르고 암 거북을 '자휴(觜蠵)'라 부른다"라고 한 말은 무엇인가?

『이아(爾雅)』에서 "십구(十龜)는 신구(神龜)·영구(靈龜)·섭구(攝龜)·서구(筮龜)·산구(山龜)·택구(澤龜)·수구(水龜)·화구(火龜)·보구(寶龜)·문구(文龜)이다"[59]라고 하였다.

『백공육첩(白孔六帖)』에서 "백 년 묵은 거북은 꼬리가 하나이고, 천 년 묵은 거북은 꼬리가 열 개이다"[60]라고 하였다.

立殿脊, 博物志云, 螭**吻**, **又覇夏**.(『松南雜識』)

57) 顧氏說略, 蠻蛤, 其形似龍, 性好風雨, 故用於殿脊上.(『康熙字典, 蛤』) → 顧氏說略**云**, 蠻蛤, 其形似龍, 性好風雨, 故用於殿脊上.(『松南雜識』)

58) 舊也, 外骨內肉者也, 從它, 龜頭與它頭同. 天地之性, 廣肩無雄, 龜鼈之類, 以它爲雄.(『說文解字, 龜』) → **說文**, **龜**舊也. 外骨內肉者也, **象足甲尾之形**, 從它, 龜頭與它頭同**也**. 天地之性, 廣肩**者**無雄, 龜鼈之類, 以它爲雄.(『韻府羣玉, 龜』) → **說文曰**, **龜**舊也. 外骨內肉者也, **象足甲尾之形**, 從它, 龜頭與它頭同**也**. 天地之性, 廣肩**者**無雄, 龜鼈之類, 以它爲雄**云**.(『松南雜識』)

59) **一曰**神龜, **二曰**靈龜, **三曰**攝龜, **四曰**寶龜, **五曰**文龜, **六曰**筮龜, **七曰**山龜, **八曰**澤龜, **九曰**水龜, **十曰**火龜.(『爾雅注疏, 卷十, 釋魚』) → **爾雅**, **十龜**, 神龜靈龜攝龜筮龜山龜澤龜水龜火龜寶龜文龜.(『韻府羣玉, 龜』) → 爾雅**曰**, 十龜**者**, 神龜靈龜攝龜筮龜山龜澤龜水龜火龜寶龜文龜.(『松南雜識』)

『춘추공양전(春秋公羊傳)』에 '청순구(青純龜)'라는 말이 있는데, 그 주석에서 "순(純)은 연(緣 : 가선)이니, 등딱지의 수염을 말하는 것으로 거북이 천년을 묵으면 푸른 털이 난다"[61]라고 하였다.

「구책열전(龜策列傳)」[62]에서 "남방의 노인이 거북이를 상다리 삼아 상을 이천여 년 동안이나 받쳐놓았는데, 노인이 죽어도 거북은 여전히 살아 있었으니 행기(行氣) 도인(導引)을 할 줄 알았다. 극검(郄儉)이 보니 큰 거북이 입을 벌리고 숨을 삼키는데, 고개를 숙이기도 하고 올리기도 하였다. 시험 삼아 거북이가 하는 대로 따라하였더니, 마침내 밥을 먹지 않아도 배가 고프지 않았다"라고 하였다. 또 "천년 묵은 거북은 연잎 위에서 논다"라고 하였다.

지금 '남생이[南生]'[63]라고 하는 놈은 거북이 종류지만 다른 것이다.

미마
黿鼊

「강부(江賦)」[64]에서 "분앙(鱝鴦)과 미마(鼊黿)"[65]라고 하였는데, 그 주석에서 "앙(鴦)은 거북 모양에 머리가 납작하고 오리 부리에 발가락과 발톱이 있다"[66]라고 하였다.

---

60) **龜**百歲一尾, 千歲**則**十尾. 〈六帖.〉(『古今事文類聚後集, 卷三十五, 介蟲部, 龜』)→ 六帖**曰**, 百歲**龜**一尾, 千歲十尾.(『松南雜識』)

61) **龜**青純. 注, 純緣也, 謂**緣**甲**頯也**, 千歲**之**龜, 青髥, **明于吉凶**.(『春秋公羊傳注疏, 定公八年』)→ 青純**龜**. 註, 純緣也, 謂甲**髥**, 千歲龜, 青髥**也**.(『松南雜識』)

62) 『松南雜識』에는 '龜莢傳'으로 오기되어 있음.

63) 남생이[南生] : 남생이과의 하나. 거북과 비슷하나 작으며, 등은 진한 갈색의 딱지로 되어 있고 네 발에는 각각 다섯 개의 발가락이 있는데 발가락 사이에는 물갈퀴가 있다. 6~8월에 모래 속에 구멍을 파고 4~6개의 알을 낳는다. 냇가나 연못에 사는데 한국, 일본, 중국 등지에 분포한다. 석구(石龜) 또는 수구(水龜)라고도 한다.

64) 강부(江賦) : 진(晉)나라 곽박(郭璞)의 작품.

65) 鱝鴦鼊黿.(『文選, 卷十二, 江賦』)

66) 鴦龜形, 薄頭, 啄似鵝, 指爪.(『文選, 卷十二, 江賦』의 주석)

『정자통(正字通)』과 『이어도찬(異魚圖贊)』[67]에서 "미마(䱐䱯)는 바다 고래로 이름은 언조(鰋鱻)이다. 한 마리를 잡으면 서른 말[斗]의 기름이 나온다"[68]라고 하였다.

낙·로
鱳鱸

『설문해자(說文解字)』에서 "낙어(鱳魚)·엄옹어(鰫鰅魚)·패어(魳魚)·사어(鯊魚)·노어(鱸魚)·국어(鰗魚)는 모두 낙랑반국(樂浪潘國)에서 난다"[69]라고 하였다.

사·교
鯊鮫

운서(韻書)에서 "사(鯊)는 껍질에 구슬 무늬가 있으니, 칼자루를 장식할 만하다"[70]라고 하였고, "바다에서 나는 것 가운데 유독 입이 크고 비늘이 없으며 태생(胎生)이다"라고 하였다.[71]

---

67) 이어도찬(異魚圖贊) : 명나라 양신(楊愼)이 지은 책. 4권.

68) 䱐, **形大似䕷**. 異魚圖云, 䱯, 海鯨, 名曰鰋鱻, 一枚剖之, 有三斛膏.(『正字通』)→正字通, 異魚圖**贊**云, 䱐䱯海鯨, 名曰鰋鱻, 形大如䕷, 出自沙䴔, 一枚剖之, 有三斛膏.(『異魚圖贊, 卷四, 䱐䱯』)→正字通, 異魚圖**贊**云, 䱐䱯海鯨, 名曰鰋鱻, 一枚剖之, 有三斛膏.(『松南雜識』)

69) 『설문해자(說文解字), 어(魚)』의 '鯜', '魳', '鰗', '鯊', '鱳' 조에서 이들 어류는 모두 "낙랑반국에서 난다[出樂浪潘國]"라고 하였다.

70) 說文, 海魚, 皮可飾刀. …… 註鮫鮒魚類也, 皮有珠文而堅.(『康熙字典, 鮫』)→鯊, 皮有珠文, 可飾刀釖靶.(『松南雜識』)
*『강희자전』의 '교(鮫)'조에 나오는 내용인데, 『松南雜識』에서는 '사(鯊)'의 내용으로 잘못 인용하고 있음.

71) **六書故曰**, 海中**所**産, **以其皮如沙得名**, 哆口無鱗胎生.(『康熙字典, 鯊』)→海中産, **獨**哆口無鱗胎生.(『松南雜識』)

『이아(爾雅)』에서 이른 바 '취사(吹沙)'[72]와 우리나라에서 '천사(穿沙)'라고 하는 것은 다른 종류다.

'교(鮫)'는 자라와 비슷한데, 꼬리가 있고 다리가 없다. 지금은 '상어[沙魚]'라 하고 소금에 절여 포를 만들 수 있는데, '깁을 짜고 진주 눈물을 흘리는 교인(鮫人)'[73]과는 다르다.

『박물지(博物志)』에서 "교인(鮫人)은 물속에서 살다가, 인간세상으로 나와 깁을 판다. 돌아갈 때는 주인을 쫓아가 그릇을 찾아 진주를 눈물로 흘려서 그에게 준다"라고 하였으니, 「오도부(吳都賦)」[74]에서 "연객(淵客)[75]이 강개하여 진주 눈물을 흘린다[淵客慷慨而泣珠]"[76]라고 한 말이 이것이다.

전설에 "소반에 면화 씨앗을 두고 여기에 눈물이 굴러 엉기면 진주가 된다"라고 하였다.

『조이기(徂異記)』[77]에서 "사도(査道)[78]가 고려에 사신 갔다가 백사장에서 어떤 부인을 보았는데, 붉은 치마를 입고 두 어깨를 드러냈으며, 쪽진 머리는 헝클어 졌고, 붉은 갈기가 조금 보였다. 사도(査道)가 물 속으로 부축해주라고 명하니, 절하며 감격하고 물속으로 들어가는데, 바로 인어(人魚)였다"라고 하였다. 또 "사중옥(謝仲玉)이 백사장에서 나왔다 들어갔다 하는 어떤 여자를 보았는데, 허리 아래는 모두 물고기였다"[79]라

72) 鯊鮀, 注, 今吹沙, 小魚, 體圓而有點文.(『爾雅注疏, 卷十, 釋魚第十六』)

73) **以其皮有珠**, **故水中**織絹, 泣**而出**珠**者**, **亦謂**之鮫人.(『爾雅翼, 卷三十, 釋魚, 鮫』) →織綃泣珠之鮫人.(『松南雜識』)

74) 오도부(吳都賦) : 서진(西晉) 좌사(左思)의 작품.

75) 연객(淵客) : 물속에 산다는 인어(人魚). 교인(鮫人)과 같은 말.

76) 淵客慷慨而泣珠, **吳都賦**. 鮫人水居, 出人間賣綃, 臨去, 從主人索器, 泣而出珠, 與**主人**, **博物志**.(『韻府羣玉, 淵客泣珠』)→**博物志曰**, 鮫人水居, 出人間賣綃, 臨去, 從主人索器, 泣而出珠, 與**之**, **吳都賦**, 淵客慷慨而泣珠.(『松南雜識』)

77) 조이기(徂異記) : 송나라의 섭전(聶田)이 편찬한 책.

78) 사도(査道) : 송나라 사람. 자는 담연(湛然). 진종(眞宗) 때 관직이 용도각대제(龍圖閣待制)에 이르렀다. 성품이 강직하면서도 너그러웠다.

79) 待制査道奉高麗, 見沙中一婦人, 紅裳雙袒, 髻鬟紛亂, **時後**微有紅鬣, 査命扶於水

고 하였다.

지금 '교(鮫)가 인어(人魚)이다'라는 말이 이것이다.

수·승
鰝鱦

『공자가어(孔子家語)』에서 말하였다.

복자천(宓子賤)[80]이 단보(單父)를 다스릴 때 무마기(巫馬期)가 고을에 들어가 어부가 물고기를 잡아 바로 놓아주는 것을 보았다. 무마기가 그 이유를 물으니, 어부가 대답하였다. "큰 고기는 '수(鰝)'라 하는데 우리 대부께서 아끼는 것이고, 작은 고기는 '승(鱦)'이라 하는데 우리 대부께서 기르는 것입니다. 이 때문에 놓아 주었습니다"[81]

『설원(說苑)』에서 말하였다.

양주(陽晝)가 "양교(陽鱎)라는 물고기는 살이 얇고 맛이 없다. 살이

中, 拜**手**感**戀**而沒, 乃人魚**也**. **徂異記**. 又謝仲玉見婦人出沒**波**中, 腰**已**下皆魚也. **稽神錄**.(『韻府羣玉, 紅裳人魚』)→**徂異記云**, 查道奉**使**高麗, 見沙中一婦人, 紅裳雙袒, 髻鬟紛亂, 微有紅鬣, 查命扶於水中, 拜感而沒, 乃人魚. 又謝仲玉見婦人出沒**沙**中, 腰**以**下皆魚也.(『松南雜識』)

80) 복자천(宓子賤) : 춘추시대 노(魯)나라 사람. 이름은 부제(不齊)이며, 자천(子賤)은 자이다. 공자의 제자이고 일찍이 단보(單父)라는 고을을 다스릴 때 거문고를 타고서 자신은 당에서 내려오지 않았으나 단보가 잘 다스려졌다는 고사가 있다.(『呂氏春秋, 察賢』)

81) **孔子弟子有**宓子賤**者**, **仕於魯**, 爲單父**宰**. …… **三年**, **孔子使巫馬期往觀政焉**. 巫馬期**陰免衣**, **衣敝裘**, 入**單父**界, 見**夜漁者**, 得魚輒**舍**之, **巫馬**期問焉, **曰**, **凡漁者爲得**, **何以得魚卽舍之**. **漁者**曰, 魚之大者**名爲**鰝, 吾大夫愛之, **其**小者**名**鱦, 吾大夫**欲**長之, 是以**得二者**, **輒舍**之.(『孔子家語, 卷八, 屈節解』)→宓子賤爲單父. 巫馬期入界, 見得魚輒**捨**之, 期問焉. 曰, 魚之大者鰝, 吾大夫愛之, 小者鱦, 吾大夫長之, 是以**捨**之.(『松南雜識』)

두툼하고 맛난 것은 방어[魴]이다"라고 하였는데, 자천(子賤)이 "수레를 몰아라. 이것들이 양주(陽晝)가 말한 양교(陽鱎)라는 것이다"라고 하였다.[82]

습어 · 조어
鰼鰽

『산해경(山海經)』에서 말하였다.

> 효수(囂水)는 서쪽으로 흘러 황하(黃河)에 들어가는데, 그 물에 습(鰼)이 많다. 습어(鰼魚)는 그 모양이 까치와 비슷하고 날개가 열 개이다. 날개 끝에 비늘이 있고 그 소리는 까치와 같으며, 불을 막을 수 있다.[83]

또, 『이물지(異物志)』에서 "조어(鰽魚)는 조조(鰽鳥)가 변한 것이다. 그렇기 때문에 뱃속에 새의 생식기가 두 개 있다"[84]라고 하였다.

---

82) **宓子賤爲單父宰**, **過於陽晝**. **曰**, **子亦有以送僕乎**. **陽晝曰**, **吾少也賤**, **不知治民之**術, **有鈞道二焉**, **請以送子**. **子賤曰**, **鈞道柰何**. 陽晝曰, **夫扱綸錯餌**, **迎而吸之者**. 陽**橋**也, **其爲魚**, 薄而不美, **若存若亡**, **若食若不食者**. **魴也**, **其爲魚也**, **博而**厚味. **宓子**賤曰, **善**. **於是未至單父**, **冠蓋迎之者**, **交接於道**. **子賤曰**, 車**驅**之, **車驅之**, 夫陽晝**之**所謂陽**橋**者**至矣**. **於是**, **至單父**, **請其耆老尊賢者**, **而與之共治單父**.(『說苑, 卷七, 政理』)→陽晝曰, 陽**鱎者**, **肉**薄而不美, **肉**厚**而**味**美者**. **魴也**. 子賤曰, 車**馳**之, 此陽晝所謂陽**鱎**者**也**.(『松南雜識』)

83) **北三百五十里**, **曰涿光之山**, 囂水**出焉**, **而**西流注于河. 其中多鰼, 鰼之魚, 其狀如鵲而十翼, 鱗**皆**在羽端, 其音如鵲, 可以禦火.(『山海經, 卷三, 北山經』)→囂水西流, 注于河. 其中多鰼, 鰼之魚, 其狀如鵲而十翼, 鱗在羽端, 其音如鵲, 可以禦火.(『松南雜識』)

84) 異物志**云**, **是**鰽鳥所化, 故腹中有鳥腎二枚.(『山海經廣注, 卷一, 南山經』의 주석)→異物志**曰**, **鰽魚者**, 鰽鳥所化, 故腹中有鳥腎二枚.(『松南雜識』)

오징어 먹물 · 거북이 오줌
鰂墨龜尿

지봉(芝峯) 이수광(李睟光)이 말하였다.

'즉(鰂)'은 바로 '오적어(烏賊魚)'이니, 죽은 척 물에 떠 있으면 까마귀가 와서 움켜쥐는데, 그 때 싸안고 물에 들어가 잡아 먹기 때문에 그런 이름이 붙었다. 오징어 먹물로 글씨를 쓰면 일 년 뒤에는 먹이 사라지고 텅 빈 종이가 되기 때문에 간특한 사람이 속임수로 사용한다. 중국 사람이 기녀에게 부치는 시에,

맹서는 오징어 먹물이 되었고	誓成烏鰂墨
사람은 초나라 산위의 구름 같구나	人似楚山雲

라는 구절이 있으니, 믿음이 없다는 말이다.[85]

의서(醫書)에 "뽕나무 벌레[桑虫]를 '표초(螵蛸)'라 하고, 오징어 뼈를 '해표초(海螵蛸)'라고 하는데, 눈이 흐릿한 증세와 혈징(血癥)[86]에 사용한다"라고 하였다.

운서(韻書)에서 "거북이 오줌[龜尿]으로 먹을 갈아 목판에 글씨를 쓰면 한 마디 쯤 스며들고, 지렁이에 청대(靑黛)를 섞어서 그릇에 글씨를 쓴 후 구우면 없어지지 않는다"라고 하였다.[87]

---

85) **小說**, **烏鰂魚**墨, **取以**書字, 逾年墨消爲空紙, 姦騙人用以**欺詒**云. 中朝人有寄**倡**詩**曰**, 誓成烏鰂墨, 人似楚山雲, 謂其不信也.(『芝峯類說, 卷二十, 禽蟲部, 鱗介』)→**鰂**, **卽烏賊魚**, **佯死浮水**, **烏鳥來攫**, **因抱入水食**, **故名之**. **以其**墨, 書字, 逾年墨消爲空紙, 姦騙人用以**紿**云. 中朝人寄**娼**詩**云**, 誓成烏鰂墨, 人似楚山雲, 謂其不信也.(『松南雜識』)

86) 혈징(血癥) : 살 속에 피가 몰려서 생기는 병. 옆구리나 배가 아프고 딱딱한 덩어리가 만져진다.

송어는 둥글고 방어는 모나다
鱒圓魴方[88]

『비아(埤雅)』에서 "송어[鱒魚]는 둥글고 방어(魴魚)는 모가 났다. 송어는 홀로 다니기 좋아하기 때문에 글자를 만들 때, '존(尊)'자를 사용하였다"[89]라고 하였다.

『이아(爾雅)』에서 "송어는 붉은색 한줄기가 눈동자를 가로질러 있기 때문에 속명이 '적안어(赤眼魚)'이다"[90]라고 하였다.

『설문해자(說文解字)』에서 "방어(魴魚)는 붉은색 물고기이다"[91]라고 하였다.

『운회(韻會)』에서 말하였다.

낙수(洛水)는 깊어서 잉어가 살기에 좋고, 이수(伊水)는 얕아서 방어가 살기에 좋다. 속담에 "낙수의 잉어와 이수의 방어는 소나 양보다 귀하다"라고 하였다.[92]

우리나라 동해에 방어가 있다.

『시경(詩經)』에서,

아홉 주머니가 달린 그물에 걸린 고기여　　九罭之魚

---

87) 귀뇨(龜尿)에 대한 내용은 동서문화원 영인본 『松南雜識』와 아세아문화사 영인본 『松南雜識』에는 없고 규장각본 『松南雜識』에만 있음.

88) 동서문화원 영인본 『松南雜識』에는 '준방(鱒魴)'으로 되어 있음.

89) 鱒魚圓, 魴魚方. …… **正義曰**, 鱒好獨行, 制字從尊, **殆以此也**.(『埤雅, 卷一, 釋魚, 鱒』) → 鱒魚圓, 魴魚方. 鱒好獨行, 制字從尊**也**.(『松南雜識』)

90) **鱒魚**, 目中赤色一道橫貫瞳, **魚之美者**, **今**俗**人謂之**赤眼.(『爾雅翼, 卷二十八, 釋魚, 鱒』) → 目中赤色一道橫貫瞳, 俗**呼**赤眼**魚**.(『松南雜識』)

91) 說文, 赤色魚.(『韻府羣玉, 魴』)

92) **里語曰**, 洛鯉伊魴, 貴於牛羊. **言**洛**以渾**深宜鯉, 伊**以清**淺宜魴**也**.(『埤雅, 卷一, 釋魚, 魴』) → 洛深宜鯉, 伊淺宜魴. **諺云**, 洛鯉伊魴, 貴於牛羊.(『松南雜識』)

송어와 방어로다 鱒魴[93]

라고 하였고, 또 "방어의 꼬리가 붉다[魴魚赬尾]"[94]라고 하였는데, 그 주석에서 "물고기가 피로하면 꼬리가 붉어진다"[95]라고 하였다.

잉어는 놓아주고, 송사리는 놀기 좋아한다

鯶放鯈游[96]

『설문해자(說文解字)』에서 "혼(鯶)은 철갑상어[鱣]이다"라고 하였고, 『본초강목(本草綱目)』에서 "서른 여섯 개의 비늘이 있는 것은 귀한 물고기이다"라고 하였다.[97]

『신농서(神農書)』에서 "잉어는 물고기 왕이다"[98]라고 하였다.

도서(道書)에서 "잉어가 용이 되는 경우가 많기 많기 때문에 먹으려 하지 않는다"라고 하였다.

『고금주(古今注)』에서 "곤주(袞州)에서는 흰 잉어를 '백기(白騏)'라고 부른다"[99]라고 하였다.

『유양잡조(酉陽雜俎)』에서 "당나라 법에 잉어를 잡으면 즉시 놓아주어야하며, 적혼공(赤鯶公)이라 불렀다"[100]라고 하였으니, 대개 당나라의 성

---

93) 『詩經, 國風, 豳風, 九罭』.

94) 『詩經, 國風, 周南, 汝墳』.

95) 魚勞則尾赤.(『詩經, 國風, 周南, 汝墳』의 주석)

96) 동서문화원 영인본 『松南雜識』에는 '혼조(鯶鯈)'라 되어 있음.

97) 說文, 鱣也. 本草, 三十六鱗, 魚之貴者.(『韻府羣玉, 鯉』) → 說文, 鱣也. 本草**云**, 三十六鱗, 魚之貴者.(『松南雜識』)

98) 神農書曰, 鯉**最**爲魚**之主**.(『埤雅, 卷一, 釋魚, 鯉』) → 神農書曰, 鯉**爲**魚**王**.(『松南雜識』)

99) 兗州**人**呼**赤鯉爲赤驥**, **謂青鯉爲青馬**, **黑鯉爲玄駒**, 白鯉爲白騏, **黃鯉爲黃雉**.(『古今注, 卷中, 魚蟲第五』) → 兗州呼白鯉爲白騏.(『松南雜識』)

100) **國朝**律, **取**得鯉**魚**卽**宜**放, **仍不得喫**, 號赤鯶公, **賣者杖六十**, **言鯉爲李也**.(『酉陽雜俎, 卷十七, 廣動植之二, 鱗介篇』) → **唐**律, 得鯉卽放, 號赤鯶公.(『松南雜識』)

이 '이(李)'씨인데 '리(鯉 : 잉어)'와 발음이 비슷하므로 못에 방생한 것이다. 우리 조선도 '잉어를 진상하였다'는 말이 없다.[101)]

운서(韻書)에서 "조(鯈)는 놀기 좋아하는 물고기이다"라고 하였다.

『순자(荀子)』에서 "조본(鯈鮮)은 태양을 향해 수면에 뜨는 물고기이다"[102)]라고 하였는데, 그 주석에 "이 물고기는 물 위에 떠서 태양을 향한다"[103)]라고 하였다.

또 '작은 물고기'라고 하니, 아마 지금의 '송사리(宋沙里)'일 것이다.

우우
禺禺

곽박(郭璞)이 "우우어(禺禺魚)[104)]는 껍질에 털이 나있다. 노란 바탕에 검은 색 무늬가 있다"라고 하였고, 「상림부(上林賦)」[105)]에서 "우우어, 비목어(比目魚)라네[禺禺魼鰨]"[106)]라고 한 말이 이것이다.

비목어 · 대구
比目大口

『이아(爾雅)』에서 "비목어(比目魚)[107)]는 접(鰈)"[108)]이라고 하였으니, 또

---

101) 조선도 왕의 성씨가 '李'이기 때문이다.

102) 鯈鮮者, 浮陽之魚**也**.(『荀子, 卷二, 榮辱篇』) → 鯈鮮者, 浮陽之魚.(『松南雜識』)

103) **鯈鮮魚名, 浮陽謂**此魚好浮**於水上**, 就陽**也**.(『荀子, 卷二, 榮辱篇』의 주석) → 此魚好浮就陽.(『松南雜識』)

104) 우우어(禺禺魚) : 우우(禺禺). 물고기 이름. 겉에 털이 나있다. 몸통은 노란 색이며, 검은 색 무늬가 있다. '어우(魚牛)'라고도 한다. 『산해경(山海經)』에서는 '용용어(鱅鱅魚)'라고 하였다.

105) 상림부(上林賦) : 사마상여(司馬相如)의 작품.

106) **司馬相如**上林賦, 禺禺魼鰨. 郭璞曰, 禺禺魚皮有毛, 黃地黑文.(『康熙字典, 禺』) → 郭璞曰, 禺禺魚皮有毛, 黃地黑文. 上林賦, 禺禺魼鰨.(『松南雜識』)

'겸(鰜)'이라도고 한다.

「남월지(南越志)」에서 '판어(板魚)'109)라고 하였다. 또 '좌개(左魪)'는 우리나라에서 생산되기 때문에 우리나라를 '접역(鰈域)'110)이라고 부른다. 우리나라에서는 '가자미[加佐魚]'라고 한다.

『강희자전(康熙字典)』에서 "吞의 음은 화"라고 하였다. 중국에서는 나지 않기 때문에 『서전(書傳)』에는 보이지 않는다. 우리나라에서는 '대구(大口)'라고 한다. 지금 교역 시장에서 중국 사람들은 대구를 단단하게 만드는데, 대구 일 미(尾)를 방에 던져 넣어주면 방에 들어가서는 문을 잠가 버린다고 한다. 그들은 대개 대구를 진미로 여기기에 육즙을 좋아하는 파리처럼 맛나게 먹는다. 근래에 서해에서 잡힌다.

유독 삼치(三鰡)만 동쪽으로 도망가지 못하기 때문에 '망어(亡魚)'라고 한다. 바닷가 사람들은 일년 동안 자란 것을 '일치(一鰡)'라 하고, 이년 동안 자란 것을 '이치(二鰡)'라 하며, 삼 년 동안 자란 것을 '삼치(三鰡)'라 한다.

인어 · 우어
魜魣

『정자통(正字通)』에서 말하였다.

---

107)비목어(比目魚) : 넙치를 말한다. 가자미과의 바닷물고기이다. 몸은 길둥근꼴이며 넓적하다. 눈은 두 개가 모두 왼쪽 머리에 쏠려 있고, 눈 있는 쪽의 비늘은 빗비늘이다. 몸 빛깔은 오른쪽이 암갈색, 왼쪽이 유백색이다. 우리나라 근해에 많이 분포한다.

108) **東方有比目魚焉, 不比不行, 其名謂之**鰈.(『爾雅注疏, 卷六, 釋地, 五方』)→鰈.(『松南雜識』)

109) 판어(板魚) : 비목어의 별명.

110) 접역(鰈域) : 가자미가 많이 나는 지역이라 하여 우리나라를 일컫는 말이다. 일설에는 가자미 형상 같이 생긴 강역이라 해서 그렇게 부른다고도 한다.

바닷속의 인어(人魚)는 살이 옥처럼 희고, 비늘이 없으며, 오색의 가는 털이 나있다. 머리카락은 말총 같은데, 길이가 대여섯 자이다. 몸의 길이도 머리카락 길이와 같다. 바닷가 사람들은 잡아다가 연못에 두고 기르는데, 암수가 교미하는 것이 사람과 다르지 않다. 곽박(郭璞)은 「인어찬(人魚贊)」을 지었다. 인어(人魚)는 '물고기 어(魚)'자에 '사람 인(人)'자를 더해 '인(魞)'자로 만들었으니, 우어(牛魚)[111]를 물고기 '어(魚)'자에 '소 우(牛)'자를 더해 '우(魨)'자로 만든 것과 같다.[112]

『통아(通雅)』에서 "우어(牛魚)는 북쪽 지방의 다랑어 종류이다"라고 하였다. 문어(文魚)를 '문(魰)'자로 만든 것도 같은 원리이다.

후 · 미 · 환어 · 매어
鱟媚鰥鰵

운서(韻書)에서 "후(鱟)는 게의 등속이다. 귀후(鬼鱟)[113]는 암컷이 항상 수컷을 업고 다니는데, 바람이 불고 물결이 일어도 떨어지지 않는 까닭에 그 놈을 잡으면 반드시 두 마리를 얻는다. 후미(鱟媚)[114]라고도 이른다"고 하였다.[115]

『광지(廣志)』에 "후(鱟)는 모양이 쥘부채[便面][116]와 비슷하다. 암컷을 업

111) 우어(牛魚) : 물고기 이름. 대가리가 소와 비슷하고, 비늘과 뼈가 없다.

112) **按鯸魚卽**海中人魚, **眉耳口鼻手爪頭皆具皮**, 肉白如玉, 無鱗, 有細毛五色, 髮如馬屍, 長五六尺, 體**亦**長**五六尺**. 臨海人取養池**沼**中, 牝牡交合, 與人無異, **亦不傷人**. 郭璞有人魚贊. 人魚加人作魞, 猶牛魚加牛作魨.(『正字通, 魞』) → 海中人魚, 肉白如玉, 無鱗, 有細毛五色, 髮如馬尾, 長五六尺, 體長**如之**. 臨海人取養池中, 牝牡交合, 與人無異. 郭璞有人魚贊, 人魚加人作魞, 猶牛魚加牛作魨也.(『松南雜識』)

113) 귀후(鬼鱟) : 후(鱟)의 별명.

114) 후미(鱟媚) : 후(鱟)의 별명.

115) **似**蟹, 雌常負雄, 雖風濤不解, 故號**曰**鱟媚.(『韻府羣玉, 鱟』) → 蟹**屬**, **鬼鱟**, 雌常負雄, 雖風濤不解, 故**取之必得雙**, 號鱟媚.(『松南雜識』)

고 다니는데, 수컷이 없어지면 혼자서는 살지 못한다"[117]라고 하였다.[118]

『광운(廣韻)』에서 "미(蝞)는 새우와 비슷한데, 거북이 등껍질 속에 기생한다"[119]라고 하였다. 「강부(江賦)」에서 "륜(蜦)·전(䱇)·후(鱟)·미(蝞)라네"라고 하였는데, 그 주석에서 "미(蝞)를 먹으면 얼굴이 사랑스러워진다"[120]라고 하였다. 『신당서(新唐書)』에서 "무후가 '황후는 그 어머니와 미도(蝞道)[121]를 지니고 황제를 고혹(蠱惑)케 하였다'라고 참소하니 황제가 그 말을 믿고 황후를 폐위시켰다"[122]라고 한 기록이 이것이다.[123]

『공총자(孔叢子)』[124]에서 "위(衛)나라 사람이 강에서 낚시를 하다가 환어(鰥魚)를 잡았는데, 수레에 가득 찰 만큼 컸다"[125]라고 하였다. 또 홀아비는 근심스럽고 답답해 잠들 수 없어 눈이 항상 말똥말똥하니[鰥鰥然],[126] 이 물고기와 비슷하다. 그래서 송시[127]에서 "근심이 환어(鰥魚)와 같으니 밤이 긴 줄을 알겠네[愁似鰥魚知夜永]"[128]라고 하였다.

---

116) 편면(便面) : 접선(摺扇)의 별명. 즉 쥘부채를 말한다.

117) **鱟**形似便面, 負雌而行, 失雄則不能獨活. 廣志.(『古今事文類聚後集, 卷三十五, 介蟲部, 鼊』) → 廣志**曰**, 形似便面, 負雌而行, 失雄則不能獨活.(『松南雜識』)

118) 후(鱟)는 그 수컷을 집으면 암컷은 떨어지지 않는데, 암컷을 집으면 수컷은 떨어진다. 그러나 암컷을 잃어버린 수컷 또한 혼자서는 살아가지 못한다고 한다.

119) 蝞似蝦, 寄生龜殼中.(『原本廣韻, 蝞』)

120) 蝞**似蝦**, **中**食**益人**顏色有愛媚.(『文選注, 卷十二, 江賦』의 주석) → 蝞食之, 顏色有愛媚.(『康熙字典, 媚』) → 蝞食**之**, 顏色有愛媚.(『松南雜識』)
* 미(蝞)와 미(媚)의 음이 같은 데서 유추된 것임.

121) 미도(蝞道) : 자색(姿色)으로 다른 사람에게 사랑을 취하는 방술(方術).

122) **昭儀詭險**, **卽**誣后**與母**挾蝞道蠱上, **帝信之**.(『新唐書, 后妃傳上, 王皇后』) → 武后誣**王**后挾蝞道蠱上, 廢之.(『松南雜識』)

123) 廣韻, 蝞似蝦, 寄生龜殼中, **食之**, **益人顏色**. **郭璞**江賦, 蜦䱇鱟蝞. 註, 蝞, 食之顏色有愛媚, 唐書**廢后王氏傳**, 武**才人**誣**后與母**挾蝞道蠱上, **帝信之**, **下詔**廢**后**.(『康熙字典, 蝞』) → 廣韻**曰**, 蝞似蝦, 寄生龜殼中. 江賦, 蜦䱇鱟蝞. 註, 蝞, 食之顏色有愛媚, 唐書, 武**后**誣**王后**挾蝞道蠱上廢**之**.(『松南雜識』)

124) 공총자(孔叢子) : 한(漢)나라 공부(孔鮒)가 지은 책. 총 3권. 유가류(儒家類).

125) **子思居衛**, 衛人, 釣于河, 得鰥魚**焉**, **其**大盈車.(『孔叢子, 卷上, 抗志』) → 孔叢子, 衛人釣於河, 得鰥魚, 大盈車.(『韻府羣玉, 鰥』) → 孔叢子**曰**, 衛人, 釣於河, 得鰥魚, 大盈車.(『松南雜識』)

126) 환환연(鰥鰥然) : 잠들지 못하는 모양을 형용한 말.

127) 『松南雜識』에는 '唐詩'로 오기되어 있음.

『산해경(山海經)』에서 "제구산(諸鉤山)에 매어(寐魚)가 많다"라고 하였는데, 그 주석에서 "매어(寐魚)는 미어(鮇魚)[129]이다"라고 하였다.[130]

녹각 · 방어 · 경어
鹿角鯿頸

구양수(歐陽修)의 시에서,

모어(毛魚)와 녹각(鹿角)이	毛魚[131]與鹿角
한 구비 물결에 수십만 마리일세	一龠數千百[132]

라고 하였는데, 그 주석에 "녹각(鹿角)은 작은 물고기이다"라고 하였다.[133]

유엄(劉弇)[134]의 시에서 "돌아와 못가에서 낚시하니 단풍잎이 방어[鯿] 같구나[歸釣潭頭楓葉鯿]"[135]라고 하였다.

소식(蘇軾)의 시에 "맹세코 돌아와 한강의 뗏목에서 낚시질 하리[誓將歸釣漢江槎]"[136]라고 하였는데, 그 주석에서 "양양(襄陽) 한수(漢水)의 방

---

128) 송나라 장선(張先)의 작품. 장선은 자가 자야(子野)이며 낭중(郎中) 벼슬을 지냈고, 시와 사에 능했다.

129) 미어(鮇魚) : 길다란 모양에 비늘이 가늘며, 살은 옥처럼 희다. 맛이 매우 좋다.

130) **南水行五百里曰**, 諸鉤之山, **無草木**, **多沙石**, **是山也**, **廣員百里**, 多寐魚. 卽鮇魚.(『山海經, 卷四, 東山經』) → 山海經, 諸鉤之山, 多寐魚. 註, **卽**鮇魚.(『康熙字典, 鮇』) → 山海經**曰**, 諸鉤之山, 多寐魚. 註, 鮇魚.(『松南雜識』)

131) 모어(毛魚) : 작고 미세한 물고기.

132) 「봉답성유달두어지작(奉答聖兪達頭魚之作)」.

133) 毛魚與鹿角, 一龠數千百, **謂**小魚也.(『韻府羣玉, 鹿角』) → **歐詩曰**, 毛魚與鹿角, 一龠數千百. **註**, **鹿角**, 小魚也.(『松南雜識』)

134) 유엄(劉弇) : 송나라의 시인. 길주(吉州) 출신. 자는 위명(偉明). 시에 능하였다. 저서에 『용운집(龍雲集)』이 있다.

135) 「인일(人日)」.

136) **逝**將歸釣漢江槎.(『東坡全集, 卷六, 詩九十九首, 次韻陳海州乘槎亭』) → **誓**將歸釣

어는 맛이 매우 좋은데, 사람들이 잡는 것을 금지하기 위해 뗏목으로 물길을 끊어놓았다. 그래서 '뗏목 어귀의 목 움츠린 물고기[槎頭縮頸魚]'라고 이른다.[137]

장동 · 광어
長鮦廣魚

운서(韻書)에서 "위(衛)나라 사람들이 미끼로 방어 한 마리를 물 속에 드리우니, 가물치[鮦]가 먹지 않았다. 그래서 돼지로 미끼를 삼으니 먹었다"[138]라고 하였다.

『이아(爾雅)』에서 "견(鰹)의 큰 것이 동(鮦)이다"[139]라고 하였다. 또, 가물치는 탐욕스러워 미끼를 먹다가 죽음에 이르는 놈이다.[140]

주촌(舟村) 신만(申曼)[141]이 "장동(長鮦)[142]은 지금 서해변에서 나니, 대개 바다 물고기이다. 회를 쳐서 많이 먹으면 죽을 지경에 이른 사람도

漢江槎.(『韻府羣玉, 漢江槎』)→誓將歸釣漢江槎.(『松南雜識』)
* 逝와 誓는 통하는 글자임.

137) 誓將歸釣漢江槎. 襄陽漢水鯿甚美, 禁採, 以槎斷水, **因**謂槎頭縮頸**鯿**.(『韻府羣玉, 漢江槎』)→**坡詩**, 誓將歸釣漢江槎. **註**, 襄陽漢水鯿甚美, 禁採, 以槎斷水, 謂槎頭縮頸**魚**.(『松南雜識』)

138) 衛人垂一魴之餌, 鮦不食, 餌以豚則食之.(『韻府羣玉, 不食魴』)

139) 鰹, 大**鮦**.(『爾雅注疏, 卷十, 釋魚』)→鰹, 大**者**.(『松南雜識』)

140) 爾雅, 鰹大者**鮦**. 鮦, 貪以死餌.(『韻府羣玉, 鮦』)→爾雅**曰**, 鰹大者. **又**鮦, 貪以死餌**者**.(『松南雜識』)

141) 신만(申曼) : 조선 중기의 학자. 자는 만정(曼倩), 호는 주촌(舟村). 학문에 뛰어났으며, 낙향한 후 벽촌의 빈민들이 쉽게 구할 수 있는 약재로 급질(急疾)을 치료할 수 있도록 『주촌신방(舟村新方)』이라는 의서를 편찬하여 보급하였다. 시호는 효의(孝義)이다.

142) 장동(長鮦) : 짱뚱어. 또는 깡똥이라고도 한다. 개소갱과의 바닷물고기. 머리가 몸보다 폭이 넓고, 눈이 툭 불거졌으며, 청람색 몸에 흰 반점이 여기저기 있다. 등지느러미와 꼬리지느러미에도 흰 점이 가득히 줄지어 있다. 황해 및 남해안의 개펄에 서식하는 반염수성(半塩水性) 물고기로 가슴지느러미로 뛰듯이 걷기도 한다. 산란기에는 개펄 수렁 속 깊이 파고 들어가서 산다.

소생한다. 혈기(血氣)를 크게 보충해 주는 약으로, 음기가 허하고 양기가 시원찮을 때, 더욱 효과가 좋다. 만약 산 놈을 얻지 못한다면, 신선한 것을 말려 만든 환약을 복용하더라도 또한 괜찮다고 한다"라고 하였다.

짱뚱어는 위(衛)나라의 가물치와는 다른 종류이다. 우리나라에서 '오만동(烏蠻鮦)'이라 부르는 것이 이놈이다. 짐어(鱘魚)[143]와 황어(鰉魚)를 우리나라에서는 '무럼생선[勿嚴生鮮]'이라 하고, 짜개어 말린 넙치를 '광어(廣魚)'라고 부른다.

저 · 잠어
筯蟲箴魚

『술이기(述異記)』에서 말하였다.

중국의 남해에 수생물이 있는데, '저(筯)'라고 하니, 방합(蚌蛤)[144] 종류이다. 그 안의 작은 게는 크기가 느릅나무 꼬투리만 하다. 저(筯)가 껍질을 열어 먹을 때엔 게도 나와서 먹고, 저(筯)가 껍질을 닫을 때엔 게 또한 도로 들어가 버리는데, 저(筯)를 위해 먹을 것을 가지고 간다. 처음부터 끝까지 죽으나 사나 서로 떨어지지 않는다.[145]

---

143) 짐어(鱘魚) : 물고기 이름. 코가 긴데 연골로 되어 있다. 길이는 수 길이며 뼈는 씹어 먹을 수 있다.

144) 방합(蚌蛤) : 방합과에 속하는 민물 조개.

145) 南海有水蟲, 名曰筯, 蚌蛤之類也, 其小蟹, 大如楡莢, 筯開甲食, 則蟹亦出食, 筯合甲, 蟹**亦**還入, 爲筯取食, 以終始生死不相離.(『述異記, 卷下』) → **神異經**, 南海有水蟲, 名曰筯, 蚌蛤之類也, 其小蟹, 大如楡莢, 筯開甲食, 則蟹亦出食, 筯合甲, 蟹**亦**還入, 爲筯取食, 以終始生死不相離.(『康熙字典, 筯』) → **神異經曰**, 南海有水蟲, 名曰筯, 蚌蛤之類也, 其小蟹, 大如楡莢, 筯開甲食, 則蟹亦出食, 筯合甲, 蟹還入, 爲筯取食, 以終始生死不相離.(『松南雜識』)

*『松南雜識』에서는 출전을 『신이경(神異經)』으로 밝히고 있지만, 원출전은 『술이기(述異記)』이다. 『강희자전』에서 출전을 『신이경』이라고 한 오류를 『松南雜識』에서는 그대로 답습하고 있다.

『산해경(山海經)』에 "지수(沢水)에 잠어(箴魚)가 많은데, 그 모양은 숙어(儵魚)와 비슷하며 주둥이는 바늘 같다"146)라고 하였다.

해파리 · 바다 새우
水母海蝦

『산중일석시화(山中一夕詩話)』에서 "왕민도(王敏道)가 해파리를 먹으며 '사람들은 어찌해서 쓰기만 한 이것을 즐길까? 하나의 소문일 뿐이구나'라고 말하였다"147)고 한 기록이 이것이다.

『영표록이(嶺表錄異)』148)에서 '수모(水母)'149)라고 하였고, 『당운(唐韻)』에서 "해파리[蛇]이다"라고 하였다. 발이 있고 입과 눈은 없다. 크기는 엎어놓은 모자 같고, 배 아래에 솜 같은 물체가 달려 있다. 항상 수 십 마리의 새우가 붙어서 해파리 배 아래의 점액을 먹는다. 혹 잡으려 하면 물속으로 가라앉는데, 새우가 사람을 보았기 때문이다. 유종원(柳宗元)의 시에서 "가련하게 새우에게 눈을 의지하는 생물[蟲憐目待蝦]"150)이라고 한 말이 이것이다.151)

---

146) **栒狀之山** …… 沢水**出焉**, **而北流**, **注于湖水**, **其中**多箴魚, 其狀如儵, 其喙如箴, **食之無疫疾**.(『山海經, 卷四, 東山經』) → 山海經, **栒狀之山**, 沢水**出焉**, **其中**多箴魚, 其狀如儵, 其啄如箴.(『康熙字典, 箴』) → 山海經**曰**, 沢水多箴魚, 其狀如儵, 其啄如箴.(『松南雜識』)

147) 王敏道食海蛇, 曰人何苦嗜之哉, 一響而已.(『山中一夕話, 卷十一, 海蛇何以嗜』)

148) 영표록이(嶺表錄異) : 당나라 유순(劉恂)이 지은 책으로 3권이다.
* 『松南雜識』에는 '嶺表記異'로 되어 있음.

149) 水母, 廣州謂之水母, 閩謂之蛇.(『嶺表錄異, 卷上』)
*수모(水母) : 해파리. 강장동물. 몸은 우산 또는 종 모양으로 온몸이 흐물흐물하다. 물 위에 떠서 살며 몸의 아랫 면에 여러 개의 촉수가 있다.

150) 『柳河東集, 卷四十二, 古今詩七十六首, 同劉二十八院長述舊言懷感時書事奉寄澧州張員外使君五十二韻之作因其韻增至八十通贈二君子』.
* 이 시는 유종원(柳宗元)의 작품인데, 『松南雜識』에서 소식(蘇軾)의 시로 작가로 오기하였다. 이는 『운부군옥』의 오류를 답습한 결과이다.

151) **水母目蝦**, **郭璞江賦**. **水母**, 有足無口眼, 大如覆帽, 腹下有物如絮, 常有數十蝦, 食

『이아(爾雅)』에 "바다 새우[海蝦]는 길이가 두세 길인데, 수염의 길이는 몇 길이다"[152]라고 하였다. 또 관하(管蝦)가 있으며, 민(閩) 지역에는 오색하(五色蝦)·매하(梅蝦)·노하(蘆蝦)가 있다.[153]

『고금사문유취(古今事文類聚)』에 "순(舜) 임금 때에 발이국(鈸耳國)과 관흉국(貫胸國)[154]의 백성이 새우와 진주를 바쳤다"[155]라고 하였다.

『편해(篇海)』에 "鰌의 음은 촉이다. 촉국(鰌蛐)은 바다 속의 큰 새우이다"라고 하였다.[156]

옥요·해경
玉瑤[157]海鏡

『후청록(侯鯖錄)』[158]에서 "강요주(江瑤柱)는 그 껍질이 옥처럼 아름답다"[159]라고 하였다.

한유(韓愈)의 시에서 '마갑주(馬甲柱)'[160]라고 한 말이 이것이니, 지금

其腹下涎, 或捕之卽沉, 乃蝦有所見爾, **嶺表紀異**. 蟲憐目待蝦, **坡**.(『韻府羣玉, 水母目蝦』)→**嶺表記異云**, **水母**. **唐韻曰**, **蛇也**. 有足無口, 眼大如覆帽, 腹下有物如絮, 常有數十蝦, 食其腹下涎, 或捕之卽沉, 乃蝦有所見. **坡詩**, 蟲憐目待蝦.(『松南雜識』)

152) **注**, **鰕大者**, **出海中**, 長二三丈, 鬚長數尺.(『爾雅注疏, 卷十, 釋魚』의 주석)→**海蝦**, 長二三丈, 鬚長數尺.(『松南雜識』)

153) 爾雅**釋**, 海蝦, 長二三丈, 鬚長數尺. **又**閩中有五色蝦梅蝦蘆蝦**之類**.(『韻府羣玉, 蝦』)→爾雅**曰**, 海蝦, 長二三丈, 鬚長數尺. 又有管蝦閩中有五色蝦梅蝦蘆蝦.(『松南雜識』)

154) 관흉국(貫胸國) : 고대국가의 이름. 그 나라 백성들은 가슴에 구멍이 뚫렸다고 한다.

155) 舜**攝天子**, **有**鈸耳貫胸之民, **來**獻珠蝦.(『古今事文類聚後集, 卷三十四, 鱗蟲部, 獻珠蝦』)→舜**時**, 鈸耳貫胸之民, 獻蝦珠.(『松南雜識』)

156) 篇海, **千玉切**, 音促, 鰌蛐海中大蝦.(『康熙字典, 鰌』)→篇海曰, **鰌**, 音促**也**, 鰌蛐海中大蝦.(『松南雜識』)

157) 옥요(玉瑤) : 조개 이름. 강요(江瑤)·옥요(玉珧)·강요주(江珧柱)·마협(馬頰)·마갑(馬甲) 등 모두 같은 이름이다. 껍질이 얇으면서 크고, 대략 직각이등변삼각형 모양이다.

158) 후청록(侯鯖錄) : 송나라 조덕린(趙德麟)이 쓴 책으로 8권이다.

159) **玉珧**柱, **厥**甲美如**珧**玉.(『侯鯖錄, 卷三』)→江**珧**柱, **其**甲美如玉. 侯鯖錄.(『韻府羣玉, 江珧柱』)→侯鯖錄曰, 江**瑤**柱, 其甲美如玉.(『松南雜識』)

160) **章擧**馬甲柱.(『昌黎先生文集, 卷六, 古詩, 初南食貽元十八協律』)→馬甲柱.(『松南

은 '와룡(瓦壟)'이라 부른다.

고부(古賦)에서,

해경(海鏡)의 배엔 게가 있고	海鏡腹蟹
해파리의 눈엔 새우가 있네	水母目蝦[161]

라고 하였는데, 그 주석에서 "해경(海鏡)[162]은 쇄길(瑣珪)이다"라고 하였다.[163]

『본초강목(本草綱目)』에서 "'정(䗴)[164]'이라 이름하고 또 '기거(寄居)'라고 이름한다"[165]라고 하였다. 쇄길(瑣珪)은 방합과 비슷한데, 배에 작은 게가 있다. 이것들이 쇄길(瑣珪)을 위해 뱃속에서 나와 먹을 것을 구해다 준다. 게가 돌아오지 않으면 쇄길(瑣珪)은 굶어 죽는다. 해경(海鏡) 뱃속의 홍게도 똑같은 역할을 한다.[166]

雜識』)

161) 곽박(郭璞)의 「강부(江賦)」.

162) 해경(海鏡) : 조개 이름. 껍질의 길이는 너 댓 치쯤이며 동그란 모양이다. 표면에 융기선이 없다. 껍질을 쪼개어 그릇을 만들 수 있다. 또, 다듬어 투명하게 하게 만들어 명와(明瓦)를 만드는데 쓰기도 한다. 경어(鏡魚)·쇄길(瑣珪)·고약반(膏藥盤)이라고도 한다.

163) **璅蛣**腹蟹, 水母目蝦.(『文選註, 卷十二, 江賦』) → **海鏡**腹蟹, 水母目蝦, **註瑣珪**.(『松南雜識』)

164) 정(䗴) : 벌레 이름으로 거미와 비슷하게 생겼다. 『본초강목, 기거충(寄居蟲)』에서 "거미와 비슷하게 생겼다. 소라 껍질 속에서 살며, 껍질을 이고 다닌다. 만지면 움츠리며 껍질 속으로 들어가 소라처럼 보이는데, 불로 지지면 이내 나온다"라고 하였다.

165) 又名寄居.(『本草綱目, 卷四十五, 介之一, 蟹』) → **名䗴**, 又名寄居.(『松南雜識』)

166) **瑣珪**., 似蚌, 腹有小蟹, 爲瑣珪, 出求食, 蟹或不至則餒死, **呼爲蟹奴**. **郭景純江賦**, 與海鏡腹中紅蟹**事相類**.(『韻府羣玉, 瑣珪小蟹』) → 似蚌, 腹有小蟹, 爲瑣珪, 出求食, 蟹不至則餒死, 與海鏡腹中紅蟹**同**.(『松南雜識』)

예 · 육
鯢鯥

『본초강목(本草綱目)』에서 "예어(鯢魚)[167]는 일명 '왕유(王鮪)'이다.[168] 산 계곡에서 살며, 메기와 비슷하다. 다리가 네 개이고, 꼬리가 길며, 나무에 올라갈 수 있다. 가뭄이 들면 물을 머금고 산으로 올라가서, 나뭇잎으로 몸을 덮고 입을 벌리고 있다가 새가 와서 그 물을 마실 때에 잡아먹는다. 어린아이 우는 소리를 내기 때문에 '예어(鯢魚)'라고 부른다"고 하였다. 이 놈 기름으로 만든 촛불은 꺼지지 않는다.[169]

『산해경(山海經)』에서 "저산(柢山)에 물고기가 있는데, 그 모양은 소와 비슷하고, 뱀 꼬리가 있으며, 옆구리 아래에 날개가 있다. 소리는 '유우(留牛)' 같다. 이름은 '육(鯥)'이다. 육어(鯥魚)는 언덕에서 산다"[170]라고 하였다.

『장자(莊子)』에 이른바 "얼룩소를 잡는 개"[171]는 이 '유우(留牛)'를 말한다.[172]

---

167) 예어(鯢魚) : 예(鯢). 즉 산초어(山椒魚)로 도롱뇽을 말한다.

168) 『松南雜識』의 기술과는 반대로 『본초강목』에서는 "예어(鯢魚)를 일명 '왕유(王鮪)' 라고도 하지만 틀리다"라고 주석하였다.

169) 一名王鮪, 誤矣. …… 藏器曰, 鯢生山溪中, 似鮎, 有四足長尾, 能上樹, 大旱則含水上山, 以草葉覆身張口, 鳥來飮水, 因吸食之, 聲如小兒啼.(『本草綱目, 卷四十四, 鱗之三, 鯢魚』의 주석) → 本草, 鯢**魚**, 一名王鮪, 在山溪中, 似鮎, **有**四脚長尾, 能上樹, 天旱則含水上葉覆身, 鳥來飮水, 因而取之, **伊洛間亦有**, 聲如小兒啼, 故曰鯢魚, **一名鱯魚**, **一名人魚**, 膏燃燭不滅.(『康熙字典, 鯢』) → 鯢, 一名王鮪, 在山溪中, 似鮎, 四脚長尾, 能上樹, 天旱則含水上葉覆身, 鳥來飮水, 因而取之, 聲如小兒啼, 故曰鯢魚, 膏燃燭不滅.(『松南雜識』)

170) 柢山**多水**, **無草木**, 有魚焉, **其**狀如牛, **陵居**, 蛇尾有翼, 其羽在**魼**下, **其**音如留牛, 其名曰鯥.(『山海經廣注, 卷一, 南山經』) → 柢山有魚焉, 狀如牛, 蛇尾有翼, 其羽在**脅**下, 音如留牛, 其名曰鯥, **鯥魚陵居**.(『松南雜識』)

171) 『장자(莊子), 천지(天地)』에는 "執留之狗"라고 되어 있다.

172) 執**留**之狗.(『莊子, 天地』) → 莊子**曰**, 執**犁**之狗, 謂此牛也.(『康熙字典, 留』) → 執**犁**之狗.(『松南雜識』)

가어는 병혈에서 난다
嘉魚丙穴

「촉도부(蜀都賦)」에 "가어(嘉魚)[173]는 병혈(丙穴)[174]에서 나네"[175]라고 하였는데, 그 주석에서 "병혈(丙穴)은 오현(汚縣) 남쪽의 가어(嘉魚)가 사는 동굴이다. 항상 3월이면 가어(嘉魚)를 잡을 수 있다. 굴 입구가 병방(丙方 : 남쪽)을 향하고 있다. 가어(嘉魚)는 종유석을 먹어서 맛이 달다. 그것을 먹으면 사람이 살이 찐다. 태평세대면 그것이 나타난다고 한다"라고 하였으니,[176] 『시경(詩經)』에서 "남쪽에 가어가 있네[南有嘉魚]"[177]라고 하였다.

뱅어는 왕기가 있는 곳에서 난다
白魚王氣

최표(崔豹)의 『고금주(古今注)』에 "또 백평(白萍)[178]이다. 수면에서 떼 지어 헤엄치기를 좋아한다"라고 하였다.[179]

즉 멸조어(粫鰷魚)이니, 역시 회잔어(鱠殘魚)[180] 곧, 왕여어(王餘魚)[181]

---

173) 가어(嘉魚) : 물고기 이름. 잉어 바탕에 송어 비늘이 있다. 맛이 매우 좋다.

174) 병혈(丙穴) : 가어(嘉魚)가 산출되는 동굴 이름. 대병산(大丙山)의 동굴인데, 산은 섬서성(陝西省) 약양현(略陽縣) 동남쪽에 있는데 오현(汚縣)의 경계와 인접해 있다.

175) 嘉魚出**於**丙穴.(『文選註, 卷四, 蜀都賦』) → 嘉魚出丙穴.(『松南雜識』)

176) 嘉魚出丙穴, **左**蜀都賦. **漢中**, 汚陽**縣**, **有**魚穴**二所**, 常以三月取之, 穴口向丙, 嘉魚食乳水, 味甘, 食之, 令人肥, **一云嘉州東北有嘉魚**, **長三尺**.(『韻府羣玉, 丙穴』) → 蜀都賦, 嘉魚出丙穴, 註, **沔**陽魚穴, 常以三月取之, 穴口向丙, 嘉魚食乳水, 味甘, 食之, 令人肥, 一云**嘉世有之**.(『松南雜識』)

177) 『詩經, 小雅, 南有嘉魚』.

178) 백평(白萍) : 뱅어새끼의 별명.

179) 白魚, 赤尾者曰鮋, 一曰魧, 或云, 雌者曰白魚, 雄者曰鮋, 魚子, 好羣泳水上者, 名曰白萍.(『古今注, 卷中, 魚蟲第五』) → **白魚名**. 白萍, 好羣遊浮水上, 崔豹古今注.(『韻府羣玉, 白萍』) → **又**白萍, 好群**遊**水上.(『松南雜識』)

180) 회잔어(鱠殘魚) : 물고기 이름. 은어(銀魚)와 비슷하며, 길이는 서너 치이다. 뱅어 종

종류이다.

두보(杜甫)의 시에,

> 백어 떼 제 각각의 운명이 있나니　　白小羣分命
> 그렇게 타고난 두 치자리 물고기　　天然二寸魚[182]

라고 한 구절이 이것이다.

세상에서 전하는 말에 뱅어[白魚][183]는 왕의 기운이 서린 곳에 알을 낳기 때문에 한강(漢江)과 백마강(白馬江)에만 있다고 전해진다.

또, 웅어[葦魚][184]는 행주(幸州)에서만 나는데, 지금 사옹원(司饔院)[185]에서 진상을 관장한다.[186]

자어·나어
茈魚鰗魚

『산해경(山海經)』에서 "동시산(東始山)에서 자수(泚水)가 흘러나오는데, 그 속에 자어(茈魚)가 많다. 모양은 붕어 같고, 머리 하나에 몸통이 열 개이다. 미무(蘼蕪)[187]같은 냄새가 난다"라고 하였다.[188]

류에 속한다.

181) 왕여어(王餘魚) : 회잔어(鱠殘魚)의 별명.

182) 「백소(白小)」.

183) 뱅어[白魚] : 몸길이는 서너 치 정도이며, 빛깔이 희고 반투명하다. 봄에 하천을 거슬러 올라가 알을 낳는다.

184) 웅어[葦魚] : 멸치과의 바닷물고기. 몸길이는 22~30cm. 몸을 가늘고 길며 칼 모양이다. 몸 빛깔은 은백색. 우리나라에서는 서해의 짠물과 민물이 만나는 강어귀에서 산다.

185) 사옹원(司饔院) : 조선 시대에, 궁중의 음식에 관한 일을 맡아보던 관아. 이전의 사옹방(司饔房)을 고친 것으로, 고종 32년(1895)에 전선사로 고쳤다. ≒사선(司膳)·상식사(尙食司)·선주원(膳廚院)·주원(廚院).

186) 조선시대 때 사옹원(司饔院)에 소속된 위어소(葦魚所)에서 웅어의 진상을 맡아 보았다.

187) 미무(蘼蕪) : 향초 이름.

『집운(集韻)』에서 “나어(鱺魚)이다”라고 하였다.

“머리 하나에 몸통이 열 개다.[189] 자어를 먹으면 방귀를 뀌지 않게 된다”라고 하였는데, 그 주석에 “비(糟)는 방귀다”라고 하였다.[190]

해삼은 니가 아니다
海蔘非泥

두보(杜甫)의 시에 “먼저 손뼉치고 단숨에 마시니 ‘니(泥)’처럼 취하네[先拚一飮醉如泥]”[191]라고 하였다.

『설부(說郛)』에서 “남해에 수생물이 있는데, 뼈가 없다. 이름은 ‘니(泥)’이다. 물이 있으면 살지만 물이 없으면 마치 한 무더기의 진흙처럼 취한다”[192]라고 하였다.

우리나라에서는 해삼(海蔘)을 ‘해남자(海男子)’라고 한다. 옛날에는 해삼을 ‘니(泥)’라고 하였는데, 중국 사람들이 보고는 ‘니(泥)’가 아니라고 말하였다.

『택리지(擇里志)』에서 말하였다.

장연(長淵)의 금사(金沙)에서 해삼이 나는데 모양이 방풍(防風)[193]과 비

188) **南三百二十里**, **曰**東始之山. …… 泚水出焉, **而東北流**, **注于海**, 其中**多美貝**, 多茈魚, 其狀如鮒, 一首而十身, 其臭如蘪蕪, **食之不糟**.(『山海經, 卷四, 東山經』) → **茈魚**, 山海經, 東始之山, 泚水出焉, 其中多茈魚, 其狀如鮒, 一首而十身, 其臭如蘼蕪.(『康熙字典, 茈』) → 山海經**曰**, 東始之山, 泚水出焉, 其中多茈魚, 其狀如鮒, 一首而十身, 其臭如蘼蕪.(『松南雜識』)

189) 『松南雜識』에는 ‘一身而十首’로 오기되어 있음.

190) **山海經**, **東始之山**, **泚水出焉**, **其中多泚魚**, 一**首**而十**身**, 食之不糟, 註, 失氣**也**.(『康熙字典, 糟』) → 一**身**而十**首**, 食之不糟, 註, 失氣.(『松南雜識』)

191) 『杜詩詳註, 卷十三, 將赴成都草堂途中有作先寄嚴鄭公五首』.

192) 南海有蟲, 無骨, 名**曰**泥, **在**水**中**則活, 失水則醉, 如一堆泥**然**.(『說郛, 卷十七上, 能改齋漫錄, 醉如泥』) → 南海有蟲, 無骨, 名泥, **得**水則活, 失水則醉, 如一堆泥.(『松南雜識』)

슷하다. 매년 사오월이면 중국의 등주(登州) · 내주(萊州)에서 배타고 오는 자들이 대단히 많아서, 관아에서 군사를 동원하여 내쫓는다. 그러면 그들은 바다 위에서 닻을 내리고 사람이 없을 때를 기다렸다가 해안에 올라가서 해삼을 캐어간다. 또한 '흑충(黑蟲)'[194]이라고도 하니 장산곶 아래 바다 속에서 난다. 뼈가 없고 다만 한 덩어리 검은 살이 오이 같으며 온몸에 검은 가시가 있는 놈이니, 중국 사람들은 검은 비단의 염료로 사용한다고 한다.[195]

이것이 '니(泥)'인 듯하다.

문어 · 낙지
文魚絡締

운서(韻書)에서 "문어는 '망조(望潮)'[196] 또는 '명부(螟蚹)'라고도 한다"라고 하였다.

속칭 '팔초어(八梢魚)'[197]라고 하는데, 『강희자전(康熙字典)』에서 "문어[鮫]이다"라고 하였다.

고부(古賦)에서 "흰 자라를 타고 문어를 좇네[乘白黿兮逐文魚]"[198]라고

193) 방풍(防風) : 다년생 풀의 한 가지. 약용 식물로 재배하는데, 줄기는 1m 가량. 여름에 흰 꽃이 핀다.

194) 흑충(黑蟲) : 우리나라에서 해삼을 달리 이르는 말.

195) 沙中產海蔘, 形類防風, 每四五月, 中原登萊**海**船至者甚**衆**, 官發**將吏**逐之, 則浮海下碇, 俟無人**上岸**採**蔘而**去, **串下海中**, **又產鰒魚及**黑蟲, **黑蟲**無骨, 只一塊黑肉如瓜, 而全身有**肉**刺者**也**, 中**原**人用**以**染黑**段**.(『擇里志, 黃海道』) → **長淵金**沙中, 產海蔘, 形類防風, 每四五月, 中原登萊船至者甚**多**, 官發**軍**逐之, 則浮海下碇. 俟無人採去, **又云**黑蟲, **產於海中串下**, 無骨, 只一塊黑肉如瓜, 而全身有**黑**刺者, 中**國**人用染黑**緞云**.(『松南雜識』)

196) 망조(望潮) : 문어의 별명.

197) 팔초어(八稍魚) : 팔각어(八脚魚). 여덟 개의 다리를 일컬어 붙인 말이다.

198) 『楚辭章句, 卷二, 九歌章句, 河伯』.

하였다.

또 작은 '팔초어(八梢魚)'는 바로 낙지[絡締]이다.

중국 사신 왕창(王敞)[199]의 시에 "소반엔 때때로 팔초어 있구나[盤中時有八梢魚]"[200]라고 한 말이 이것이다.

청어 · 관목
青魚貫目

민간에서 전하는 말에 "동해의 청어는 비록 작은 놈이라도 그 등뼈 마디가 일흔 하나나 되니 영남 지방의 고을 수와 일치하고, 서해의 청어는 비록 큰 놈이라도 그 등뼈 마디가 쉰 세 개밖에 안되니 호서 지방의 고을 수와 일치한다"라고 하니, 또한 기이하다.

『정자통(正字通)』에서 말하였다.

청(鯖)은 모양이 완어(鯇魚)[201]와 비슷하며, 청색이다. 바로 청어(青魚)이니 속칭 '오류(烏鷗)'라고도 한다.[202]

남쪽 사람들은 이 물고기로 젓갈을 담는다.

『본초도경(本草圖經)』에서 "청어(青魚)는 옛날엔 '청(鯖)'자로 썼다"라고 하였다.

지봉 이수광이 "중국 청주(青州)에 이 물고기가 많다"[203]라고 하였으

---

199) 왕창(王敞) : 명나라 사람. 자는 한영(漢英). 성화(成化) 신축년에 진사가 되어 태자소보(太子少保) · 병부상서(兵部尚書)를 지냈다.

200) 「과기자고성유감(過箕子故城有感)」.

201) 완어(鯇魚) : 산천어(山川魚). 연어과에 딸린 민물고기로 몸은 송어와 아주 닮았으나 작고 옆구리의 옆줄부에 연분홍띠와 점무늬가 뚜렷하다.

202) 形似鯇, 青色, …… 卽青魚, 俗呼烏鷗.(『正字通, 鯖』) → 形似鯇, 青色, 卽青魚, 俗呼烏鷗.(『松南雜識』)

니, 물고기 이름이 고을 이름이 된 것인가? 고을 이름이 물고기 이름이 된 것인가?

왕창령(王昌齡)의 시에 "등자장(橙子醬)에 흰 눈 같은 청어회를 찍어 먹네[靑魚雪落鱠橙虀]"[204]라고 하였다.

우리나라에서 '비웃[脾惡]'[205]이라 하는 것은 '오류(烏鸓)'의 와전인 듯하다.

청어 중에 큰 놈은 말 한 마리에 일 미(尾)도 다 실을 수 없으며, 맛 또한 좋다. 그러나 큰 그물에 혹 한두 마리 걸리기도 한다고 한다. 말린 청어를 '연관목(烟貫目)'이라 한다.

성호(星湖) 이익(李瀷)이 말하였다.

> 청어는 북도에서 먼저 출현하고 강원도 동쪽 해변을 따라 내려오다가 11월에 울산(蔚山)·장기(長鬐)에서 산란한다. 남쪽으로 내려올수록 씨알이 잘다. 4월에 해주(海州)에 이르러 이동을 멈추기에, 여기만큼 수생물이 많은 곳도 없다.[206]

근래에 청어가 매우 귀하기에 내가 바닷가 어부에게 물어보았더니, 그가 대답하였다.

"바다 물고기는 시내나 강의 민물고기와 달리 풍년이라도 많아지지도 않고, 흉년이라고 줄어들지도 않습니다. 낚시터는 모조리 세도가들이 차

---

203) 靑魚每春時, 多産於我國西南海中, 自先王朝庚午以後絶不産, 而聞中朝靑州之境, 多産云.(『芝峯類說, 卷二十, 禽蟲部, 鱗介』) → 中國靑州, 多此魚云.(『松南雜識』)

204) 「송정륙(送程六)」.

205) 비웃[脾惡] : 청어의 옛날 우리말.

206) **蔚山長鬐之間**, **産靑魚**, **靑魚**先見於北道, 循江原東邊, 仲冬, **始**産於**此**, 漸南漸細. **魚商遠輸京師**, **必及於冬至之前**, **可以貴售**, **盖沿海皆有**, **由西南海**, 四月至海州而止, 水族之多, 未有若此也.(『星湖僿說, 卷八, 人事門, 生財』) → 先見於北道, 循江原東邊, 仲冬, 産於**蔚山長鬐**, 漸南漸細, 四月至海州而止. 水族之多, 未有若此者也.(『松南雜識』)

지하였기에 포구 사람들은 가리나 그물만 널리 펼쳐 둘 뿐입니다. 세금은 무거운데 이익은 적은 까닭에 내버려두고 잡지 않기 때문입니다."

이는 『한서(漢書)』에서 "동해에 물고기가 나지 않자 소망지(蕭望之)[207]가 그 세금을 가볍게 해주니, 물고기가 다시 나타났다"[208]라고 한 말이 이것이다.

북어 · 명태
北魚明太

'북어(北魚)'[209]는 우리나라 덕원(德原)[210] 원산도(元山島)에서 난다. 명천(明川)[211]에서는 옛날에 잡히지 않았다. 명천(明川)의 태(太)씨 성을 가진 사람이 낚시를 하다가 처음으로 북어를 잡았는데, 크면서 살지고 맛난 까닭에 '명태(明太)'라고 이름을 붙였다. 겨울에 잡으면 '동태(冬太)', 봄에 잡으면 '춘태(春太)'라 하고, 그 알은 '명란(明卵)'이라 한다. 대개 어족(魚族) 중에서 숫자가 많기에, 비록 깊은 산골짜기 궁벽한 고을이라 하더라도 물리도록 먹지 않는 곳이 없다.

오직 북쪽에서만 나는데, 함풍(咸豊)[212] 무오년(1858)에는 서쪽 바다에

---

207) 소망지(蕭望之) : 전한(前漢) 때의 학자 · 관리(B.C. 106~B.C. 47). 자는 장천(長倩), 동해(東海) 난릉(蘭陵) 출신. 농민 출신이나, 추거(推擧)되어 장안(長安)에서 학업을 닦아 유명해졌다. 곡물 납입에 의한 속죄제(贖罪制)를 반대하고 홍공(弘恭) · 석현(石顯) 등 환관의 전횡을 막아 제도를 개혁하려 했으나 모함을 받고 자살하였다.

208) 又白增海租三倍, 天子皆從其計, 御史大夫蕭望之奏言, 故御史屬徐宮家在東萊, 言往年加海租, 魚不出, 長老皆言, 武帝時, 縣官嘗自漁, 海魚不出, 後李奇曰, 御史大夫屬復予民, 魚迺出.(『前漢書, 卷二十四上, 食貨志』) → 東海魚不出, 蕭望之弛其稅, 魚乃復出.(『松南雜識』)

209) 북어(北魚) : 대구 중에 작은 놈으로 동해 바다 북쪽 가에서 나기 때문에 그렇게 이름하였다고 한다.

210) 덕원(德原) : 경상북도 영해(寧海)의 옛이름.

211) 명천(明川) : 현(縣) 이름. 함경북도 동남부 명천군(明川郡) 지역에 있었다.

212) 함풍(咸豊) : 청나라 문종(文宗)의 연호. 1851~1861년.

서도 잡혔다. 그것은 대구(大口)처럼 생겼는데, 역시 기이하다.

은어가 도루묵이 되다
銀魚還木

은어는 우리나라에서 '도루묵[都路木魚]'[213]이라 부른다. 조선의 인조가 남쪽으로 공주(公州)를 순행할 때 목어(木魚)가 수라상 올랐는데, 임금이 매우 맛있다고 여겨 이름을 '은어(銀魚)'로 바꾸었다. 임금이 환궁해서 다시 은어를 진상하였는데, 너무 맛이 없었기에 도로 '목어(木魚)'로 부르라고 명하였다. 그래서 지금 '도루묵[還木魚]'이란 이름이 붙었다.

가지어
嘉支魚

성호(星湖) 이익(李瀷)이 말하였다.[214]

"가지어(嘉支魚)[215]는 울릉도에 있으니 암초의 구멍 속에 사는데, 비늘이 없고 꼬리가 있습니다. 물고기 몸에 네 다리가 있는데, 뒷다리가 매우 짧아 육지에서는 잘 달릴 수 없지만 물에서는 나는 듯이 갑니다. 그 소리는 어린아이와 같으며, 그 기름으로 등을 밝힙니다."[216]

---

213) 도루묵[都路木魚] : '목어(木魚)'라고도 한다. 깊은 바다밑 진흙 속에 살다가 산란기에 수심 1m밖에 안되는 해안 가까이로 올라온다. 등은 약간 누른빛이고, 배는 은백색이다. 옆구리는 흑갈색 얼룩무늬가 있다.

214) 『松南雜識』에서는 출전을 '芝峯類說'이라고 하였다. 『성호사설』에서 인용된 위의 문장 앞 부분에 "왜인들이 어부 안용복(安龍福)이 월경(越境)한 일 때문에 와서 쟁론할 때 지봉과 예조(禮曹)의 회답 가운데 '귀계(貴界)'니, '죽도(竹島)'니 하는 말이 있는 것으로 증거를 삼았다"는 내용이 있어서 착오가 생긴 것으로 보인다.

215) 가지어(嘉支魚) : 물개과에 속하는 바다짐승.

살펴보건대, '도롱뇽[魶]'은 촉 지역에서 난다. 나무에 잘 오르고 어린 아이가 우는 듯한 소리를 낸다.

『동재기사(東齋記事)』[217]에서 "맹자가 '연목구어(緣木求魚)'[218]라고 말한 것은 널리 듣지 못하였기 때문이다"라고 하였다.[219]

가사어
袈裟魚

지봉(芝峯) 이수광이 말하였다.

지리산 계곡에서 난다. 길이가 한 자가 채 되지 않으며, 송어(松魚)처럼 붉은데, 맛이 매우 좋다. 모양이 가사 입은 중과 같아서 '가사어(袈裟魚)'라는 이름이 붙었다. 산 아래 사람들은 수년 동안 겨우 한 번 볼 정도이니, 기이한 생물이다. 어떤 이는 가사어가 소나무 기운에 감응하여 태어난다고 한다.[220]

---

216) **嘉支魚**, 穴居巖礒, 無鱗有尾, 魚身四足, 而後足甚短, 陸不能善走, 水行如飛, 聲如嬰兒, 脂**可以**燃燈**云**.(『星湖僿說, 卷三, 天地門, 鬱陵島』)→**芝峯曰**, **鬱陵島有之**, 穴居巖礒, 無鱗有尾, 魚身四足, 而後足甚短, 陸不能善走, 水行如飛, 聲如嬰兒, **其**脂燃燈.(『松南雜識』)

217) 동재기사(東齋記事) : 송나라 범진(范鎭)이 쓴 책. 총5권.

218) 연목구어(緣木求魚) : 물고기를 잡기 위해 나무에 올라간다는 말로, 어떠한 결과를 얻기 위한 수단이 바르지 못함을 의미한다.

219) **蜀有**魶**魚**, 善緣木, **有**聲如啼**兒**, 孟子**所謂**緣木求魚**者**, **以其不可得也**, **是亦**未聞**者矣**.(『東齋記事, 卷五』)→魶, **蜀産也**. 善緣木, 聲如**嬰**啼. **東齋記**, **以**孟子**有**緣木求魚**之語**, **爲**未**博**聞**也**.(『松南雜識』)

220) **袈裟魚**, 出智異山溪**水**中, 長不滿尺, 色赤如松魚, **其**味甚美, 形如着袈裟僧, 故名, 山下人, 數歲僅一見, 乃異物也, 或**謂**感松氣而生.(『芝峯類說, 卷二十, 禽蟲部, 鱗介』)→出智異山溪中, 長不滿尺, 色赤如松魚, 味甚美, 形如着袈裟僧, 故名**之**, 山下人, 數歲僅一見, 乃異物也. 或**云**感松氣而生.(『松南雜識』)

인어 · 박어
鯽鮫

『유편(類篇)』에서 "인어(鯽魚)는 전서(篆書)와 같은 무늬가 있으니, 일명 '수상인(首象印)'이라고도 한다"[221]라고 하였다. 길이는 세 자이며, 비늘이 없다. 몸에는 정사각형의 도장 같은 문양이 있다. 부남(扶南)의 풍속에 의하면 큰 물고기 중에서 죽으려고 하는 놈은 인어(鯽魚)가 모두 먼저 도장을 찍어준다고 한다.[222]

이시진(李時珍)이 말하였다.

박어(鮫魚)는 길이가 한 길쯤이며 배에 두 개의 공간이 있어 물을 담아두고 새끼를 키운다. 한 뱃속에 새끼 서 너 마리를 넣어두는데, 아침이면 입을 통해 나왔다가 저녁이면 어미 뱃속으로 돌아간다.[223]

출어 · 메기
鮛鮎

『유양잡조(酉陽雜俎)』에서 말하였다.

남해에 출어(鮛魚)가 있는데, 앞의 왼쪽 다리는 길고 오른쪽 다리는 짧다. 입은 겨드랑이 옆 등 위에 있는데, 항상 왼쪽 다리로 물건을 잡

---

221) **鯽**, **鱗**魚**名**, 如篆, 一曰首象印.(『類篇, 鯽』) → **鯽**魚如篆, 一曰首象印.(『松南雜識』)

222) 類篇, **鯽**, **鱗**魚**名**, 如篆, 一曰首象印. …… 長三尺無鱗, 身中正四方如印. 扶南俗云, 諸大魚欲死者, 鯽魚皆先封之.(『康熙字典, 鯽』) → **鯽**魚如篆, 一曰首象印, 長三尺無鱗. 身中正四方如印. 扶南俗云, **謂**諸大魚欲死者, 鯽魚皆先封之.(『松南雜識』)

223) 長丈許, 腹有兩洞, **腹**貯水養子, 一腹容**二**子, **子**朝從口**中**出, 暮還**入**.(『本草綱目, 卷四十四, 鱗之三, 鮫魚』) → **鮫魚**, 長丈許, 腹有兩洞, 貯水養子, 一腹容**三四**子, 朝從口出, 暮還**母**.(『松南雜識』)

아서 오른쪽 다리에 둔다. 오른쪽 다리에는 이빨이 있어서 그것을 씹어 입 속으로 집어넣는다. 크기는 두 길 남짓이며, '출출(朮朮)'하고 소리를 내니 '해출(海朮)'이라 부른다. 역시 괴상한 물고기이다.[224]

『주익공기(周益公記)』에서 말하였다.

의흥동(宜興洞)에 네 발 달린 메기가 있는데, 검은 색이다. 배아래 양 곁에 사람 손이 달려 있는데, 각각 다섯 개의 손가락을 갖추고 있으니, 이 물고기 또한 요사스럽다.[225]

날치 · 문비
鰩魮

운서(韻書)에서 "문요어(文鰩魚)[226]는 물고기 몸에 새의 날개가 있기에 이름을 '날치[飛魚]'[227]라고 한다. 이 물고기가 바다 위에서 떼 지어 날아다니면 태풍이 인다. 남해에서 난다고 한다"[228]라고 하였다. 황제(黃

224) 南海有**水族**, 前左脚長, **前**右脚短, 口在**脇**傍背上, 常以左脚捉物, **寘于**右脚, 右脚中, 有齒嚼之, **方**內**于**口. 大**三**尺餘, 其聲朮朮, **南人呼爲**海朮.(『酉陽雜俎續集, 卷八, 支動』)→**按**雜俎, 南海有**水族**, 前左脚長, 右脚短, 口在**脅**傍背上, 常以左脚捉物, **寘**於右脚, 右脚中, 有齒嚼之, 內於口, 大**三**尺餘, 其聲朮朮, **南人呼爲**海朮, **據此說**, **鯄卽海朮**, **亦魚怪也**.(『康熙字典, 鯄』)→雜俎**曰**, 南海有鯄魚, 前左脚長, 右脚短, 口在**脅**傍背上, 常以左脚捉物, 置於右脚, 右脚中, 有齒嚼之, 內於口, 大**二**尺餘, 其聲朮朮, **謂**海朮, **此魚怪也**.(『松南雜識』)

225) 周益公記, 宜興洞有四足鮎, **宋乾道六年行都北關**, **有鮎魚**, 色黑, 腹下出人手於兩**旁**, 各具五指, 此魚妖也.(『康熙字典, 鮎』)→周益公記, 宜興洞有四足鮎, 色黑, 腹下出人手於兩傍, 各具五指, 此魚妖也.(『松南雜識』)

226) 문요어(文鰩魚) : 날치[鰩]의 별명.

227) 비어(飛魚) : 날치[鰩]의 별명.

228) 文鰩魚 …… 羣飛海上, **海人候之**, **當**有大風.(『本草綱目, 卷四十四, 鱗之三, 文鰩魚』)→文鰩, 魚**身鳥翼**, **名謂飛魚**, 群飛海上, 有大風, **出海南云**.(『松南雜識』)

帝) 때 영봉(寗封)이 먹었다는 물고기인 듯하다.

「오도부(吳都賦)」에서 "문요어(文鰩魚)가 밤에 날아다니다가 낚시에 걸린다[文鰩夜飛而觸綸]"라고 한 말이 이것이다.

지봉 이수광이 "의원 박인전(朴仁筌)이 일본에 갔을 때 보았다고 한다"[229]고 하였다.

『산해경』에서 "문비(文魮)는 모양이 엎어 놓은 냄비 같고, 새 머리에 물고기 꼬리가 있다. 경쇠 같은 소리를 내며 주옥(珠玉)을 만들어낸다"[230]라고 하였다.

「강부(江賦)」에서 "문비가 진주를 품고 있네"[231]라고 한 말이 이것이다.

유·적
鮪鯖

곽박(郭璞)의 「강부(江賦)」에 "물고기에는 강돈(江豚)·해희(海狶)[232]·숙유(叔鮪)[233]·왕유(王鮪)[234]가 있네"[235]라고 하였다.

운서(韻書)에서 "다랑어[鮪]는 철갑상어[鱣]와 비슷하며 청흑색이다. 머리는 작고 뾰족하여 쇠투구[鐵兜鍪][236]와 비슷하다. 입은 턱 아래에 있다. 그 철갑으로 생강을 갈 수 있다"[237]라고 하였으니, 바로 우리나라에

---

229) 朴醫仁筌**言**, 往日本時, **海中有魚白**, **形如刀劍**, **長四五寸**, **飛過舟上**, **不知其數**, **或遠飛數里**, **翌日大風云**. **按文鰩出南海**, **長尺許**, **群飛海上**, **當有大風**, **朴醫所見**, **無乃是耶**.(『芝峯類說, 卷二十, 禽蟲部, 鱗介』)→朴醫仁筌往日本時**見云**.(『松南雜識』)

230) 魮**之魚**, **其**狀如覆銚, 鳥首而**魚翼**魚尾, 音如磬**石之聲**, **是**生珠玉.(『山海經, 卷二, 西山經』)→**文**魮, 狀如覆銚, 鳥首魚尾, 音如磬, 生珠玉.(『松南雜識』)

231) 文魮**磬鳴以**孕璆.(『文選, 卷十二, 江賦』)→文魮孕璆 (『松南雜識』)

232) 해희(海狶) : 해돈(海豚)의 별명.

233) 숙유(叔鮪) : 유(鮪) 가운데 작은 것.

234) 왕유(王鮪) : 유(鮪) 가운데 큰 것.

235) 魚則江豚海狶叔鮪王鮪.(『文選, 卷十二, 江賦』)

236) 쇠투구[鐵兜鍪] : 철두모(鐵兜牟). 쇠로 만든 투구.

237) 鮪**以季春來**, **形**似鱣而青黑, 頭小而尖, 似鐵兜鍪, **其**口**亦**在頷下, **其**甲可**以**摩薑.(『爾

서 '상어(尙魚)'라고 한다.

또 적(鰿)[238]은 바로 자패(紫貝)이니, 「자허부(子虛賦)」에서 "자패를 낚네[釣紫貝]"[239]라고 하였다.

『이아익(爾雅翼)』에서 "일남(日南)에서 나는 큰 조개로는 술잔을 만들 수 있다"[240]라고 하였다. 우리나라에서 '자개(紫介) 패(貝)'라고 하는 말이 바로 이것이다.

감서 · 비파어
堪孖琵琶

『산해경(山海經)』에서 "시산(犲山)에 감서(堪孖)라는 물고기가 있다. 모양은 과보(夸父)[241]같고 돼지 꼬리가 있다"[242]라고 하였다. 일명 어자(魚子)이다. '孖'의 음은 서이다.[243]

「오도부(吳都賦)」에서 "상어[鮫] · 숭어[鯔] · 비파어(琵琶魚)"라고 하였는데, 그 주석에서 "회계(會稽)의 비파어(琵琶魚)는 비늘이 없으며 모양은 비파와 흡사하다"[244]라고 하였다.

雅翼, 卷二十八, 釋魚, 鮪』) → 鮪似鱣而青黑, 頭小而尖, 似鐵兜鍪, 口在頷下, 甲可磨薑.(『松南雜識』)

238) 적(鰿) : 조개 중에 큰 것이 항(魧), 작은 것이 적(鰿)이다.

239) 사마상여(司馬相如)의 작품.
  *『松南雜識』에는 '上林賦'로 오기되어 있음.

240) **今**大貝出日南**漲海中**, **可以**爲酒杯.(『爾雅翼, 卷三十一, 釋魚, 貝』) → 大貝出日南, 可爲酒盃.(『松南雜識』)

241) 과보(夸父) : 거보(擧父)와 같다. 원숭이 같고 팔에 반점이 있으며 표범이나 범처럼 보이기도 한다. 물건을 잘 던진다. 『山海經 · 西山經』

242) **南三百里曰**犲山, **其上無草木**, **其下多水**, **其中多**堪孖之魚, **有獸焉**, **其**狀如夸父而彘**毛**.(『山海經, 卷四, 東山經』) → 犲山**有**堪孖之魚, 狀如夸父而彘**尾**.(『松南雜識』)

243) 音叙, 山海經, 犲山, 有堪孖之魚, 狀如夸父而彘尾, 一名魚子.(『康熙字典, 孖』) → 山海經**曰**, 犲山, 有堪孖之魚, 狀如夸父而彘尾, 一名魚子, **孖音舒**.(『松南雜識』)

244) 會稽**臨海皆有之**, 琵琶魚無鱗, 形似琵琶.(『文選註, 卷五, 吳都賦』의 주석) → 會稽琵琶魚, 無鱗, 形似琵琶.(『松南雜識』)

자어 · 시어
鮓魚鰣魚

운서(韻書)에서 "동해에 자어(鮓魚)가 있다. 모양은 응긴 피 같고 안에는 창자가 없다. 새우 떼가 이것을 따르니 수모(水母)245) 같지만 다르다"246)라고 하였다.

또 시어(鰣魚)는 바로 '륵(鰳)'이니 지금의 준어(鱒魚)이다. 맛이 좋고 가시가 많다. 4월에 난다. 팽연재(彭淵材)247)의 "가시가 많은 준치를 한스럽다"248)라고 한 말이 이것이다.

석수 · 쏘가리
石首錦鱗

운서(韻書)에서 "종(鯼)이다. 머리에 돌이 있는 까닭에 석수(石首)249)라고 한다"250)라고 하였다.

우리나라에서 '조기(朝起)'라 하는 것은 '종(鯼)'의 음이 와전된 것이다.

---

245) 수모(水母) : 저포어(樗蒲魚) · 책(蚱) · 석경(石鏡)이라고도 함. 모양은 둥글고 자홍색이며 입이나 눈이 없으며 배 아래에 솜처럼 매달린 물질이 있다. 여러 새우들이 이것의 뒤를 따르며 연말(涎沫)을 핥는다. 나는듯 물에 떠서 다닌다.

246) **博物志**, 東海有**物**, 狀如凝血, **從廣數尺方員**, **名曰鮓魚**, **無頭目**, **其處所**, 內無藏, 衆蝦附之, **隨其東西**, **人煮食之**.(『佩文韻府, 衆蝦』) → 東海有**鮓魚**, 狀如凝血, 內無藏, 衆蝦隨之, **似水母者而異矣**.(『松南雜識』)

247) 팽연재(彭淵材) : 송나라 원풍(元豐) 연간의 인물. 『냉재야화(冷齋夜話)』를 쓴 혜홍(惠洪)이 그의 조카이다.

248) 팽연재는 가시가 많은 준치 · 너무 신 금귤 · 향기 없는 해당화를 '세 가지 한스러운 것'이라고 하였다.

249) 석수(石首) : 일명 면어(鮸魚) · 강어(江魚) · 황화어(黃花魚) · 황어(黃魚)라고도 함. 어류(魚類)의 경기류(鯁鰭類)에 속함. 몸은 납작하고 가는 비늘이 있음. 등은 회청색. 배는 담백색이며 금색을 띠고 있음. 대개 머리 속에 돌처럼 단단한 두 대골(豆大骨)이 있는 까닭에 이렇게 이름함. 근해에 살며 봄 · 가을에 산란함.

250) **頭中**有石, **一**名**石首魚**.(『康熙字典, 鯼』) → **鯼也**, **首**有石, **故**名**之**.(『松南雜識』)

말린 것을 '상어(鯗魚)'라고 하니 바로 '석어(石魚)'이다. 소금에 절인 생선을 '축이(鱁鮧)'라고 하니 세상에서 '진지포(秦之鮑)'라고 한다.

'금린어(錦鱗魚)'는 바로 쏘가리[鱖]이다. 운서(韻書)에서 "비어(婢魚)[251]는 아가리가 크고 비늘이 가늘며 얼룩무늬가 있다. 모든 물고기는 위가 없어서 씹지 못한다. 그러나 쏘가리는 위가 있어서 씹을 수 있다"[252]라고 하였다.

장지화(張志和)[253]의 시에 "복사꽃 흐르는 물속의 쏘가리 살졌네[桃花流水鱖魚肥]"[254]라고 하였다.

『계해우형지(桂海虞衡志)』[255]에서 "죽어(竹魚)는 리수(灕水)[256]에서 난다. 모양은 청어(青魚)같고 맛은 쏘가리같다"[257]라고 하였다.

함어 · 지어
鮥鮨

『산해경(山海經)』에서 "유수(留水)에 함보어(鮥父魚)가 있다. 모양은 붕어[鮒]같은데, 물고기 머리에 돼지의 몸통을 하고 있다. 이것을 먹으면 구토증을 치료할 수 있다"[258]라고 하였다. 『이원(異苑)』[259]에서 "물고기

---

251) 비어(婢魚) : 물고기 이름. 즉(鯽)의 다른 이름. 비첩어(婢妾魚) · 첩어(妾魚)라고도 함.

252) **說文**, **魚也**, 大口細鱗班文, **一曰婢魚**, 凡魚無肚不嚼, 鱖獨有肚能嚼.(『韻府羣玉, 鱖』) → **婢魚**, 大口細鱗斑文, 凡魚無肚不嚼, 鱖獨有肚能嚼.(『松南雜識』)

253) 장지화(張志和) : 당나라의 문신 · 학자. 금화(金華) 출신. 자는 자동(子同). 처음 이름은 귀령(龜齡)이다. 호는 연파조도(烟波釣徒). 저서에 『현진자(玄眞子)』가 있다.

254) 「어부가(漁父歌)」.

255) 계해우형지(桂海虞衡志) : 송나라 말의 범성대(范成大)가 편찬하였다. 이것은 범성대가 광주(廣州)에서 촉도(蜀道)로 들어가던 길을 추억하며 지은 것이다. 영남(嶺南) 산천의 풍물(風物) 및 지방지에 기록되지 않은 것들은 수록하여 모았다. 모두 13편, 1권이다.

256) 『松南雜識』에는 유수(濰水)로 오기되어 있음.

257) 竹魚出**灕**水, 狀如青魚, 味如鱖.(『桂海虞衡志, 志蟲魚』) → 竹魚出**濰**水, 狀如青魚, 味如鱖.(『松南雜識』)

들이 산란하려고 하면 함어(鲐魚)가 문득 머리로 그 배를 들이받는다. 함어 제 자신이 산란하고자 할 때는 또 저희끼리 부딪히니 세상에서 '여러 물고기들의 생모(生母)라고 부른다"[260]라고 하였다.[261]

『산해경(山海經)』에서 "효수(嚣水)에는 지어(鮨魚)가 많다. 물고기의 몸에 개의 대가리가 달려 있으며 어린아이 소리를 낸다. 이것을 먹으면 광기를 치료할 수 있다"[262]라고 하였다.

호어·할어
豪魚鰗魚

『산해경(山海經)』에서 "거저수(渠豬水) 속에는 호어(豪魚)가 많다. 모양은 다랑어[鮪]와 비슷하고 주둥이·꼬리·지느러미가 붉다. 이것의 지느러미로 백선증(白癬症)[263]을 치료할 수 있다"라고 하였다.[264]

---

258) 留水**出焉**, **而南流注于河**, **其中**有鲐父之魚, **其**狀如鮒**魚**, **魚首**而彘身, 食之已嘔.(『山海經, 卷三, 北山經』) → 留水有鲐父之魚, 狀如鮒而彘身, 食之已嘔.(『松南雜識』)

259) 이원(異苑) : 송나라 유경숙(劉敬叔)이 편찬하였다. 모두 신기하고 괴이한 일들을 기록하였다. 그러나 말이 간고(簡古)하고 의태(意態)가 잘 갖추어져 당나라 소설류가 가지는 답답함은 없다. 총10권.

260) **鲐魚**, **凡**諸魚欲產, 鲐輒以頭衝其腹, 鲐**魚自**欲生**者**, 亦更相撞觸, **故世人**謂**爲**衆魚之生母**也**.(『異苑, 卷三』) → 諸魚欲產, 鲐**魚**輒以頭衝其腹, 鲐欲**自**生, 亦更相撞觸, **俗**謂衆魚之生母.(『松南雜識』)

261) 山海經, 留水**南流注于河中**, **其中**有鲐父之魚, **其**狀如鮒**魚**而彘身, 食之已嘔. 異苑, 諸魚欲產, 鲐魚輒以頭衝其腹, 鲐欲自生, 亦更相撞觸, 俗謂衆魚之生母.(『康熙字典, 鲐』) → 留水有鲐父之魚, 狀如鮒而彘身, 食之已嘔. 異苑**曰**, 諸魚欲產, 鲐魚輒以頭衝其腹, 鲐欲自生, 亦更相撞觸, 俗謂衆魚之生母.(『松南雜識』)

262) 嚣水**其**中多鮨魚, **魚身**而**犬**首, 其音如嬰兒, 食之已狂.(『山海經, 卷三, 北山經』) → 嚣水中多鮨魚而**大**首, 其音如嬰兒, 食之已狂.(『松南雜識』)

263) 백선증(白癬症) : 백선균(白癬菌)이 기생해서 생기는 병이다. 항상 머리 부분에 많이 생기고 특히 어린아이가 많이 걸린다. 독풍(禿風)이라고도 한다.

264) **東十五里**, **曰渠豬之山**, **其上多竹**, 渠豬**之**水**出焉**, **而南流注于河**, **其**中**是**多豪魚, 狀如鮪, 赤喙尾赤羽, 可以已白癬.(『山海經, 卷五, 中山經』) → 山海經, 渠豬水中, 多豪魚, 狀如鮪, 赤喙尾赤羽, 可以已白癬.(『康熙字典, 豪』) → 渠豬水中, 多豪魚, 狀如

또 "직택(稷澤)에는 할어(鰨魚)가 많다. 모양은 뱀 같은데 발이 넷이다"[265]라고 하였다. 또 "제비수(諸毗水)에도 이놈이 있는데 모양은 드렁허리[鱓] 같고 등은 붉으며, 다투는 것 같은 소리를 낸다. 이것을 먹으면 사마귀를 치료할 수 있다"[266]라고 하였는데, 그 주석에서 "다투는 것 같은 소리를 낸다"[267]라고 하였다.

또 "자동수(子桐水)[268]에 모양은 물고기 같고 새의 날개가 있는 물고기가 있다. 이놈은 물속을 드나들 때 광채가 나며, 원앙새 같은 소리를 낸다"[269]라고 하였다.[270]

살펴보건대, 세 종의 물고기는 부르는 이름의 음은 같아도 다른 종류이다.

鮪, 赤喙尾赤羽, 可以已白癬.(『松南雜識』)

265) **西三百七十里**, **曰樂游之山**, **桃水出焉**, **西流注于**稷澤, **是多白玉**, **其中**多鰨魚, **其**狀如蛇而四足.(『山海經, 卷二, 西山經』) → 稷澤多鰨魚, 狀如蛇而四足.(『松南雜識』)

266) **西流注于**諸毗之水, **其中多滑魚**, **其**狀如鱓, 赤背, **其**音如梧, 食之已疣. 〈如人相枝梧**聲**, 音**吾子之吾**〉(『山海經, 卷三, 北山經』) → **又**諸毗之水**有之**, 狀如鱓, 赤背, 音如梧, 食之已疣. **音如人相枝梧聲**.(『松南雜識』)

267) 如人相枝梧**聲**, 音**吾子之吾**.(『山海經, 卷三, 北山經』) → 音如人相枝梧聲.(『松南雜識』)

268) 『松南雜識』에는 '桐水'로 되어 있음.

269) **又東南二百里曰子桐之山**, 子桐之水**出焉**, **而西流注于餘如之澤**, **其中多鰨魚**, **其**狀如魚而鳥翼, 出入有光, **其**音如鴛鴦, **見則天下大旱**.(『山海經, 卷四, 東山經』) → **又**子桐水**有之**, 狀如魚而鳥翼, 出入有光, 音如鴛鴦.(『松南雜識』)

270) **山海經**, **排水注于**稷澤, **其中**多鰨魚, **其**狀如蛇而四足. 又**山海經**, **求如之山**, **滑水西流**, **注于**諸毗之水, **其中多滑魚**, 狀如鱓, 赤背, 音如梧, 食之已疣. **註**, 音如人相枝梧聲. 又**山海經**, 桐水**多鰨魚**, **其**狀如魚而鳥翼, 出入有光, **其**音如鴛鴦.(『康熙字典, 鰨』) → **又**稷澤多鰨魚, 狀如蛇而四足. 又諸毗之水**有之**, 狀如鱓, 赤背, 音如梧, 食之已疣, 音如人相枝梧聲. 又**子**桐水**有之**, 狀如魚而鳥翼, 出入有光, 音如鴛鴦.(『松南雜識』)

음어 · 박어
淫魚薄魚

『대대례기(大戴禮記)』에서 "호파(瓠巴)[271]가 비파를 연주하자 물속에 있던 물고기가 나와서 들었다"[272]라고 하였다.

조식(曹植)의 시에서 "음어가 물결을 타고 와서 듣네[淫魚乘波聽]"[273]라고 하였는데, 그 주석에서 "음어(淫魚)는 물고기의 이름이다. 성질이 음악을 좋아한다"라고 하였다.

근래 어떤 사람이 천렵(川獵)을 할 때 거문고를 타자 물고기들이 모였는데 그대로 그물질해서 잡았다.

『산해경(山海經)』에서 "박어(薄魚)는 외눈박이다. 울음소리는 토하는 것 같다"[274]라고 하였는데, 그 주석에서 "사람이 토하는 것 같은 소리를 낸다"[275]라고 하였다.

자어
鮓魚

『주사(麈史)』[276]에서 "민(閩) 지역의 진미로 알이 뱃속에 가득 들어있

---

271) 호파(瓠巴) : 옛날의 거문고를 잘 타던 사람.

272) 瓠巴鼓瑟而**沈**魚出聽.(『大戴禮記, 卷七, 勸學』) → 瓠巴鼓瑟而**淫**魚出聽.(『松南雜識』)
＊『대대례기(大戴禮記), 권학(勸學)』과 『순자(荀子), 권학(勸學)』에는 '沈魚'로 되어 있는 반면, 『회남자(淮南子), 설산훈(說山訓)』에는 '淫魚'로 되어 있음.

273) 「선재행(善哉行)」.

274) 薄魚**其狀如鱣魚**, **而**一目, 其音如歐.(『山海經廣注, 卷四, 東山經』) → 薄魚一目, 其音如歐.(『松南雜識』)

275) 如人嘔吐聲**也**.(『山海經廣注, 卷四, 東山經』의 주석) → 如人嘔吐聲.(『松南雜識』)

276) 주사(麈史) : 송나라의 왕득신(王得臣)이 편찬한 잡가류 서적. 3권.
＊『松南雜識』에서 이 기사의 출전을 『송사(宋史)』라고 밝히고 있다. 그러나 이 기사는 『송사』에 보이지 않으며 『주사(麈史)』에 나타난다. 『고금사문유취』·『격치경원』 등의 책에서도 이 기사의 출전을 『주사』라고 밝히고 있다.

다"[277]라고 하였다. 포전(蒲田)에 통응사(通應祠)가 있고 그 아래의 바다에 자어(魣魚)가 있는데 사람들이 통응어(通應魚[278])라고 한다. 그러나 잘못하여 '통인(通印)'이라고 한다. 소식(蘇軾[279])의 시에서 "통인자어 오히려 가시가 있네[通印子魚猶帶骨]"[280]라고 한 말이 이것이다.[281]

청어(青魚)와 비슷한 까닭으로 진회(秦檜[282])의 처 왕씨(王氏)가 자어(子魚) 대신에 청어(青魚)를 올렸다.

추우 · 수벽
娵隅鯈辟

학융(郝隆[283])의 시에서 "추우가 맑은 연못에서 뛰어 오르네[娵隅躍清池]"[284]라고 하였는데, 그 주석에서 "추우(娵隅)는 남만(南蠻)의 물고기 이

---

277) 閩中**鮮食最**珍**者**, **所謂子魚者也**, **長七八寸**, **濶三二寸許**, **剖之**, 子滿腹.(『麈史, 卷二』) → 閩中珍**味**, 子滿**其**腹.(『松南雜識』)

278) 통응어(通應魚) : 천주(泉州)의 통응후(通應侯)의 묘(廟)가 있는 바다 가운데서 생산되는 자어(魣魚)이다. 통인자어(通印魣魚) · 통응자어(通應子魚)라고도 한다.

279) 『松南雜識』에서 '형공(荊公)' 즉, '왕안석(王安石)'으로 오기하였음. 이는 『운부군옥』의 오류를 답습한 것임.

280) 「송우미리여서사군(送牛尾狸與徐使君)」.

281) **魣魚**閩中珍味, 子滿腹, **莆**田有通應祠, **俗**誤爲通印. 荊公**亦云**, 通印子魚猶帶骨, **豈有所稽邪**. **唐史**.(『韻府羣玉, 通印』) → 閩中珍味, 子滿**其**腹, **蒲**田有通應祠, 誤爲通印, 荊公**詩**, 通印子魚猶帶骨, **是也**.(『松南雜識』)

282) 진회(秦檜) : 송나라의 인물. 강녕(江寧) 출신. 자는 회지(會之). 재상이 되어 방자하게 굴며 금나라와의 화의(和議)를 주장하며 악비(岳飛) 등을 죽게 하였다. 재상에 있은 지 19년 동안 충신과 어진 장수를 많이 죽였다. 성품이 음험하고 만년에는 더욱 잔인해졌다. 신왕(申王)으로 추증되고 충헌(忠獻)의 시호가 내려졌지만 개희(開禧) 연간에 무추(繆醜)로 시호를 고쳤다.

283) 학융(郝隆) : 진(晉)나라 사람. 자는 사치(仕治). 그가 옷을 입고 햇볕을 쬐며 뜰 가운데 누워 있었다. 어떤 사람이 그에게 무엇을 하냐고 묻자 "뱃속의 책을 햇볕에 쬐어 말리는 중"이라고 대답한 일화가 유명하다. 그가 환온(桓溫)을 위하여 남만(南蠻)의 참군(參軍)이 되어 그와 응대(應對)를 잘 하였다. 그와 3월 3일에 모여 시를 지을 때 잘 짓지 못한 사람은 벌주 3되를 마시게 하였다. 학융이 처음에 잘 짓지를 못하여 벌주를 마시고는 바로 붓을 들고 한 구절의 시를 지은 것이 바로 위의 시이다.

름이다"라고 하였다.

『산해경(山海經)』에서 "탁수(橐水)에 수벽어(脩辟魚)[285]가 많다"라고 하였다.[286]

제어 · 선어
鯷魚鮮魚

왜사(倭史)에 하제(鰕鯷)라는 곳이 있다. 그러므로 왜인(倭人)을 "동제인(東鯷人)"이라고 한다.

우리나라에는 옛날에 이 물고기가 없었다. 고려가 멸망할 때, 처음 영남에 나타난 까닭에 '멸려치(滅麗鯔)'[287]라고 하니 명나라가 망할 때 호연(胡燕)[288]이 나타난 것과 같다.

『설문해자(說文解字)』에서 "맥국(貊國)에서 선어(鮮魚)가 난다"[289]라고 하였다. 지금의 춘천(春川)이 옛날의 맥국(貊國)이다.

면어의 부레와 민어
鮸鰾民魚

『설문해자(說文解字)』에서 "면어(鮸魚)[290]는 예야국(薉邪國)에서 난다"[291]

---

284) 「남만참군시(南蠻參軍詩)」.

285) 수벽어(脩辟魚) : 모양은 개구리 같고 입 끝이 희며 울음소리는 솔개가 우는 것 같다. 이것을 먹으면 쇠버짐이 낫는다.

286) **西五十里, 曰橐山,** …… 橐水**出焉, 而北流注于河, 其中**多脩辟**之**魚.(『山海經, 卷五, 中山經』) → 山海經, **橐山**, 橐水**出焉**, **其中**多脩辟**之**魚.(『康熙字典, 脩』) →橐水多脩辟魚.(『松南雜識』)

287) 멸려치(滅麗鯔) : 멸치.

288) 호연(胡燕) : 제비의 일종.

289) **魚名, 出**貊國.(『說文解字, 鮮』) → 貊國**出鮮魚**.(『松南雜識』)

290) 면어(鮸魚) : 모양은 석수어(石首魚) 같은데, 그보다는 크다. 머리는 비교적 예리하고

라고 하였다.

『정자통(正字通)』에서 "면어(鮸魚)는 동남해에서 난다. 모양은 백어(白魚) 같고 납작한 몸에 가시가 약하며 비늘은 가늘다. 머리 속에 흰 돌 두 개가 들어있으며 뱃속의 흰 부레[鰾]로는 아교를 만들 수 있다. 말린 것은 '상어(鯗魚)'라고 한다"라고 하였다.[292]

'鮸'의 음은 '면'인데, '민'으로 와음되었다.

『양평집(陽平集)』에서 '부레[鰾]'에 대하여 "물고기의 태(胞)는 아교를 만들 수 있다"라고 주석을 하였으니, 아마도 지금의 민어(民魚)인 듯하다.

「우공(禹貢)」의 주석에서 "동아수(東阿水)의 성질은 아래로 내려가고 맑고 무겁기 때문에 이 물로 떠다 달여서 아교를 만든다"[293]라고 하였다. 그래서 '아교(阿膠)'라고 한다. 지금은 소가죽으로 만든다. 어교(魚膠)는 오직 민어(民魚)의 부레로만 만든다.

숭어 · 농어
鯔鱸

운서(韻書)에서 "숭어[鯔]는 잉어[鯉]와 비슷하다. 몸이 둥글고 머리는 납작하며 뼈는 부드러우며, 길이는 석 자이다"라고 하였다. 지금은 복사꽃 피는 계절에 대부도(大阜島)[294]에서 쪵이[楚王網][295]로 그물질한다.

비늘은 비교적 가늘다.

291) 魚**名**, 出薉邪**頭**國.(『說文解字, 鮸』)→**鮸**魚, 出薉邪國.(『松南雜識』)

292) 彌兗切, 音免, 石首魚, 一名鮸, 生東南海中, 形如白魚, 扁身弱骨細鱗, 黃色出水, 能鳴, 夜視有光, 頭中白石二切, 瑩潔如玉, 至秋化爲冠鳧, 卽野鴨之有冠者, 腹內白鰾可作膠. …… 嶺表錄, 謂之石頭魚, 浙志謂之江魚, 乾者, 名鯗魚.(『正字通, 鮸』)→正字通, **石首魚**, **一名鮸**, 生東南海中, 形如白魚, 扁身弱骨細鱗, 頭中白石二, 腹內有鰾可作膠. **嶺表錄**, **謂之石頭魚**. **浙志謂之江魚**. 乾者名鯗魚. **又集韻**, **武遠切**, **音挽**, **義同**.(『康熙字典, 鮸』)→生東南海中, 形如白魚, 扁身弱骨細鱗, 頭中白石二, 腹內有鰾, 可作膠, 乾者, 名鯗魚.(『松南雜識』)

293) 『書經, 禹貢』.

중국 사신 웅화(熊化)가 그것을 매우 맛좋게 여겨 이름을 물었다. 어떤 사람이 숭어[水魚]라고 대답하자 웅화가 비웃으며 말하였다.

"그럼, 물고기[水魚]가 아니면 무엇이냐!"

어떤 사람은 말하였다.

"온갖 물고기 가운데서 뛰어난 것이기 때문에 이름이 수어(秀魚)입니다."

그러자, 사신이 그럴싸하게 여겼다.

농어[鱸]는 우리나라에서 송어(松魚)라고 한다.

소식(蘇軾)의 부(賦)에서 "송강(松江)의 송어[鱸] 뺨이 넷이로다"[296]라고 하였다.

지금 농어(籠魚)는 '노(鱸)'의 와음인 듯하다.

또 '소어(蘇魚)'는 우리나라에서 '밴댕이[伴當]'라고 한다.

복어 · 해돈
河豚海魨

운서(韻書)에서 말하였다.

> '돈(魨)'은 일명 후이(鯸鮧), 또는 호이(鰗鮧)이다. 뺨이 없고 비늘이 없는데 부딪히면 노기가 배에 가득 차서 부어 오른다. 간과 알을 먹으면 반드시 죽지만, 갈대뿌리 즙으로 해독할 수 있다.[297]

---

294) 대부도(大阜島) : 현재 경기도 안산시 대부동에 속하는 섬.

295) 쟁이 : 물고기를 잡는 그물의 하나. 원뿔 모양으로 위에 몇 발의 벼리가 있고 아래에는 추가 달려 있어서 물에 던지면 좍 퍼지면서 가라앉는다. 그물이 바닥에 닿은 후 천천히 벼리를 당겨서 그물 속에 든 물고기를 건져 올린다. ≒쟁이그물.

296) **巨口細鱗**, **狀如**松江之鱸.(『東坡全集, 卷三十三, 賦十七首, 後赤壁賦』)→松江之鱸**四腮**.(『松南雜識』)

297) 無頰無鱗, 觸之則怒氣滿腹, **腹中腴目爲西施乳橄攬**, 蘆根汁解其毒.(『韻府羣玉, 河豚』)→**魨**, **一名鯸鮧**, **又鰗鮧**, 無頰無鱗, 觸之則怒氣滿腹, 肝卵食之, 必殺人, 蘆根汁解其毒.(『松南雜識』)

『보필담(補筆談)』[298]에서 "절동(浙東) 사람들은 복어를 규어(規魚)라고 한다. 또 바다 속에서 나는 규어(規魚)는 배 위에 가시가 있기에, '해규(海規)'·'취두어(吹肚魚)'라고 한다"라고 하였다.[299]

소식(蘇軾)의 시에서,

대나무 너머 복사꽃 두세 가지 피었는데	竹外桃花三兩枝
봄강물 따뜻해진 줄 물오리가 먼저 아네	春江水煖鴨先知
쑥이 땅을 덮고 갈대는 채 움트지 않으니	蔞蒿滿地蘆芽短[300]
바로 복어가 강을 올라오려고 하는 때지	正是河魚欲上時[301]

라고 하였으니, 대개 복어는 물억새[荻]·죽순[笋]·쑥[蔞蒿]과 함께 삶아야 독이 없는 듯하다. 복어는 맛이 있지만 사람을 죽일 수도 있는 까닭에 '서시유(西施乳)'[302]라고 한다.

소식(蘇軾)이 "또 어디에서 한 사람이 죽을라나?"[303]라고 하였다.

우리나라에서는 '복생선(鰒生鮮)'이라고 한다. 지금 한강(漢江)에 삼사월이면 떼지어 올라오니, '복진상(鰒進上)'이라고 한다.

또 '해돈(海豚)'은 머리 위에 구멍이 있어서 물을 뿜어 곧게 위로 올린다. 수백 마리가 떼를 짓는다. 먼저 새끼를 잡아서 물속에 매어놓으면 어미가 스스로 오니, 이 때 잡으면 된다. 『잡지(雜志)』에서 이른바 "돈우

298) 보필담(補筆談) : 송나라 심괄(沈括)이 쓴 『몽계필담(夢溪筆談)』의 보충본으로 상·하권으로 나누어져 있다.

299) **吳人嗜河豚**, …… **規魚**, 浙東人**所**呼. 又有生海中者, 腹上有刺, 名海規吹肚魚.(『補筆談, 卷下, 補第三十卷, 十二件』) → **沈括補**筆談, 浙東人呼河豚爲規魚. 又有生海中者, 腹上有刺, 名海規吹肚魚.(『康熙字典, 規』) → 浙東人, 呼河豚爲規魚, 又有生海中者, 腹上有刺, 名海規吹肚魚.(『松南雜識』)

300) **蔞蒿滿地蘆芽**短.(『東坡全集, 惠崇春江曉景二首』) → **荻芽未出蔞蒿**短.(『松南雜識』)

301) 「혜숭춘강효경 이수(惠崇春江曉景二首)」.

302) 서시유(西施乳) : 복어 흰 아랫배 살을 말한다.

303) **子瞻在資善堂**, **嘗與人譚河豚之美者云**, 也直那一死, **其美可知**.(『古今事文類聚後集, 卷三十四, 鱗蟲部, 魚, 雜著, 論河豚有毒』) → 也直那一死.(『松南雜識』)

(蟞鰅)[304]는 그 새끼를 먼저 잡아두면 어미가 온다"는 것과 같다.

해진(解縉)[305]이 호랑이를 읊은 시에서

호랑이는 백수의 우두머리이니	虎爲百獸尊
누가 감히 그 노여움에 맞설까	誰敢攖其怒
하지만 새끼를 사랑하는 마음이 있어	惟有父子情
다섯 걸음에 한번 돌아본다네	五步一回顧[306]

라고 하였다.

방 · 합
鰟鮯

『회남자(淮南子)』에서 "서북쪽에 무계민(無繼民)[307]이 있는데 망어(硥魚)[308]가 그 남쪽에 있다"[309]라고 하였는데, 그 주석에서 "망어(硥魚)는 잉어와 같은데, 신령이 타고서 구주(九州)의 들판을 돌아다닌다"[310]라고 하였다.[311]

304) 돈우(蟞鰅) : 매미[蟬]와 비슷하게 생겼으며, 그보다 길다. 맛은 매우면서도 맛있다.

305) 해진(解縉) : 명나라의 학자. 자는 대신(大紳), 시호는 문의(文毅). 호광(胡廣)과 함께 영락대전(永樂大全)을 편찬하였다.

306) **玉堂叢話, 解縉應制題虎顧衆彪圖曰**, 虎爲百獸**尊**, 誰敢攖其怒, **惟**有**父**子情, **一**步一回顧.(『元明事類鈔, 卷三十八, 走獸門, 題顧彪圖』)→解縉詠虎詩云, 虎爲百獸**長**, 誰敢攖其怒, **尙**有**愛**子情, **五**步一回顧.(『松南雜識』)

307) 무계민(無繼民) : 옛날 중국 북방에 있던 무계국(無繼國)의 백성.

308) 망어(硥魚) : 잉어[鯉] 비슷한 물고기.

309) **自東北至**西北**方**, 有**跂踵民 · 句嬰民 · 深目民 · 無腸民 · 柔利民 · 一目民** · 無繼民, **雒棠武人在西北陬**, 硥魚在其南.(『淮南子, 墬形訓』)→西北有無繼民, 硥魚在其南.(『松南雜識』)

310) **硥魚**如鯉**魚也**, 有神**聖者**, 乘行九野, **在無繼民之南**.(『淮南子, 墬形訓』의 주석)→如鯉, 有神**靈**, 乘行九野.(『松南雜識』)

311) 淮南子**地形訓載海外三十六國**, 西北**方**有無繼民, 硥魚在其南. 註**云**, **硥魚**如鯉, 有

『산해경(山海經)』에서 "심택(深澤)에 어떤 물고기가 있는데 모양은 잉어와 같고 발이 여섯이며 새 꼬리가 있으니, 이름은 합합어(鮯鮯魚)이다"[312]라고 하였다.

채 · 삼
鰠𩵦

『설문해자(說文解字)』에서 "바다 속에 채어(鰠魚)가 있는데, 이놈은 꼬리 아래에 독이 있어서 사람을 쏜다"라고 하였다.[313] 그 주석에서 "鰠의 음은 채"라고 하였다.

『민중해착소(閩中海錯疏)』[314]에서 "황삼(黃𩵦)은 비늘이 가늘고 황적색이다"[315]라고 하였는데, 그 주석에서 "𩵦의 음은 삼"이라고 하였다.

가물치 · 뱀장어
鱧鱺

운서(韻書)에서 "가물치[鱧]는 검은 잉어 같이 생겼으며, 일곱 개의 반점이 북두성 모양을 이루고 있어서, 밤만 되면 머리를 쳐들고 북쪽을 향하여 절을 한다"[316]라고 하였다.

神靈, 乘行九野.(『康熙字典, 鯱』) →西北有無繼民, 硴魚在其南. 註, 如鯉, 有神靈, 乘行九野.(『松南雜識』)

*『강희자전』에서는 『회남자』의 편명을 「지형훈(地形訓)」으로 오기하였음.

312) **其名曰**深澤, **其中多蠵龜**, 有魚**焉**, 其狀如鯉, 而六足鳥尾, 名曰鮯鮯之魚.(『山海經, 卷四, 東山經』) → 深澤有魚, 其狀如鯉, 而六足鳥尾, 名曰鮯鮯之魚.(『松南雜識』)

313) 說文**長箋**, **丑犗切**, **音蠆**, 海中有鰠魚, 下有毒螫人.(『康熙字典, 鰠』) → 海中有鰠魚, **尾**下有毒螫人.(『松南雜識』)

314) 민중해착소(閩中海錯疏) : 명나라 도본준(屠本畯)이 지은 책. 총3권.

315) 黃𩵦鱗細黃赤色.(『閩中海錯疏, 卷中, 鱗部下』)

316) 鱧**魚**, **圓長而**斑點有七, **點**作北斗**之**象, 夜則仰首, **向北**而拱**焉**.(『爾雅翼, 卷二十八, 釋魚, 鱧』) → 鱧, 黑鯉, 斑點有七, 作北斗象, 夜則仰首, **北向**而拱.(『松南雜識』)

또 '기벽두어(氣辟蠹魚)'라고 하니, 의서(醫書)에는 '여어(蠡魚)'[317]로 되어 있다.

또 '준수(踆首)'라고 하니, 우리나라에서는 '가물치(哥勿治)'라고 부른다. 본래 수놈이 없어서 뱀과 교미하는 까닭에, 죽어서도 뱀의 성질을 잃지 않는다. 뽕나무 아래에서 가늘게 회를 치면 살아나서 나무에 붙어서 간다고 한다.

만리(鰻鱺)는 우리나라에서 '뱀장어[蛇長魚]'라고 한다.

운서(韻書)에서 "뱀장어[鰻鱺]는 비늘이 없고 청색이며 배는 희다. 수놈만 있고 암놈이 없어서 그림자로 잉어[鯉]와 교미해서 새끼를 낳는다"라고 하였다.[318] 그런 까닭에 '만리[鰻鱺]'라고 한다. 계곡 근처에 사는 사람들의 말로는, 뱀장어는 대부분 지렁이[蚯蚓]가 변한 것이라고 한다.

붕어 · 납자루
鯽鰤

『운회(韻會)』에서 "돌아다니다가 거품을 내불어 서로 가까이 나아가는 물고기를 '즉(鯽)'이라 하고 서로 붙는 것을 '부(鮒)'라 한다. 모양은 잉어와 비슷하고 검은색이다"라고 하였다.[319]

제나라 역사에서 말하였다.

왕숙(王肅)[320]이 붕어국을 먹고 "양(羊)은 제(齊)나 노(魯) 같이 큰 나

317) 여어(蠡魚) : 가물치[鱧]의 별명.

318) **埤雅**, **鰻**無鱗甲白腹, **似鱔而大**, **青色**, **焚其烟氣辟蠹**, 有雄無雌, 以影漫**鯉**而生子.(『佩文韻府, 白腹』)→無鱗甲, **色青**腹白, 有雄無雌, 以影漫**鱧**而生子, **故曰鰻鱺**.(『松南雜識』)

319) 旅行吹沫, 以相卽曰鯽, 以相附曰鮒, 似**鯶**色黑. 韻會.(『韻府羣玉, 鮒』)→旅行吹沫, 以相卽曰鯽, 以相附曰鮒, 似**鯉**色黑.(『松南雜識』)

320) 왕숙(王肅) : 삼국시대 위(魏)나라의 학자(195~256). 자는 자옹(子雍). 가규(賈逵)와

라에 비유할 수 있고, 물고기[魚]는 주(邾)와 거(莒) 같은 작은 나라에 비유할 수 있습니다"라고 하였다.[321]

운서(韻書)에서 "분서(鼢鼠)[322]가 변화하여 납자루가 된다"라고 하였다. 지금 제천(堤川) 의림지(義林池)의 붕어는 맛이 좋다고 한다.

단어 · 황석
丹魚黃石

『포박자(抱朴子)』에서 말하였다.

단어(丹魚)는 단연(丹淵)에서 난다. 물가에 떠오를 때면 광채가 불처럼 빛난다. 사람이 그 피를 받아서 발에 바르면 물위를 빠지지 않고 걸어갈 수 있다고 한다.[323]

『정자통(正字通)』에서 말하였다.

마융(馬融)의 학문에 능하였다. 여러 경전에 주석을 붙였으며 금 · 고문을 가리지 않고 명가의 해석을 종합하였다. 정현학파(鄭玄學派)와 대립하여 '왕학(王學)'이라 불렸다. 『공자가어(孔子家語)』 등의 책을 위조했다.

321) **齊**王肅**歸魏**, **初不食羊肉及酪漿**, **常**食鯽**魚**羹, **渴飮茗汁**. **高帝曰**, **羊肉何如魚羹**, **茗汁何如酪漿**. **肅**曰, **羊陸產之最**, **魚水族之長**, 羊比齊魯大邦, 魚比邾莒小國.(『類說, 卷六, 洛陽伽藍記, 酪奴』)→王肅食鯽羹曰, 羊比齊魯大邦, 魚比邾莒小國.(『松南雜識』)

322) 분서(鼢鼠) : 속칭 지로서(地老鼠) · 은서(隱鼠)라고 한다. 땅속을 다닌다. 모양은 쥐 같으며 크고 꼬리가 없다. 흑색이며 코 부분이 길다.

323) **天下諸水**, **有名丹者**, **如南陽丹水之屬**, **是也**. **其中皆有**丹魚, **常先夏至十日夜伺之**, **丹魚必**浮**於**水側, 赤**光上**照, **赫然**如火**也**, **網而取之**, **可得之**, **得之雖多**, **勿盡取也**, 割其血, 塗足**下**, 則**可**步行水上, **長居淵中矣**.(『抱朴子, 內篇, 卷一, 金丹』)→丹魚**出丹淵**, 浮水測, 光照如火, **人**割其血塗足, 則步行水上**不沒云**.(『松南雜識』)

'모(鮸)'는 조기[鰻]와 비슷하지만 그보다는 작으니 '황화어(黃花魚)'이다. 『온해지(溫海志)』에서 "이름은 황령어(黃靈魚)[324]이니 바로 '소석수어(小石首魚)'이다. 머리에 역시 돌이 있다"라고 하였다.[325]

지금 우리나라에서는 '추래(酋來)'를 '황석어(黃石魚)'라고 한다.

전어 · 구어
鱣魚毬魚

『이물지(異物志)』에서 "전어(鱣魚)는 손가락만하고 길이는 일곱 여덟 치이며 등뼈가 있다. 국을 끓이면 미끄럽고 맛있다"라고 하였다.[326]
『손재한람(遜齋閑覽)』[327]에서 말하였다.

붉은 벼랑 가에 공 같이 생긴 물건이 있는데, 크기나 질감, 성상(性狀)이 공과 차이가 없다. 또한 실 같은 무늬가 있고 맛이 매우 좋으니, 그 지방 사람들은 '구어(毬魚)'라고 한다.[328]

---

324) 황령어(黃靈魚) : 석수어(石首魚)의 별명.
325) 似鰻而小, **一**名黃花魚, **福溫多有之**, 溫海志, 名黃靈魚, 卽小首魚, 首亦有石.(『正字通, 鮸』)→鮸, 似鰻而小, 名黃花魚. 溫海志**曰**, 名黃靈魚, 卽小**石**首魚, 首亦有石.(『松南雜識』)
326) 異物志, 鱣魚如指, 長七八寸, **但**有脊骨, **宜**作羹滑美.(『康熙字典, 鱣』)→鱣魚如指, 長七八寸, 有脊骨, 作羹滑美.(『松南雜識』)
327) 손재한람(遜齋閒覽) : 송나라의 범정민(范正敏)이 편찬한 책.
328) **魚名**, **范正敏**遯齋閒覽, 朱崖之傍, 有物如鞠, 大小質狀無異, 亦有紋如線, 味極肥美, 土人呼爲毬魚.(『康熙字典, 毬』)→朱崖之傍, 有物如鞠, 大小質狀無異, 亦有紋如線, 味極肥美, 土人呼爲毬魚.(『松南雜識』)

갈치 · 연어
鮆鰱

「화식전(貨殖傳)」에 '복어[鮐] · 갈치[鮆]'[329]라는 말이 있는데, 그 주석에서 "태(鮐)는 복어[河豚]의 별명이니 바로 황구(黃耉) · 태배(鮐背)[330]의 태(鮐)이다"라고 하였다.

운서(韻書)에 "칼치[刀魚]는 마시며 먹지는 않는다"[331]라고 하였다. 몸통이 좁고 얇으며 머리가 칼처럼 긴 생선이 바로 갈치이다.

연(鰱 : 연어)은 바로 여(鱮)이니 이것의 알은 진주 같다. 붉은 것은 맛있다.

도미 · 중순
禿尾重唇

후어(厚魚)는 우리나라에서 도미[禿尾]라고 하니 맛난 생선이다.

눌어(訥魚)는 중순(重唇)이라고 한다. 우리나라의 정복시(鄭復始)[332]의 시에 "형강의 물결 따스하니 눌어가 살지네[荊江波煖訥魚肥]"라고 한 말이 이것이다.

드렁허리[鱓]가 바로 '선(鮔)'이다. 아마 지금의 웅어(雄魚)로 논을 뚫는 놈인 듯하다.

양진(楊震)[333]의 황새가 전어(鱣魚)를 문 일과 소릉(邵陵)의 휴왕(攜王)

---

329) 『史記, 卷一百二十九, 貨殖列傳, 第六十九』.

330) 황구(黃耉) · 태배(鮐背) : 장수하는 노인을 이름. 특히 태배(鮐背)는 90세 노인을 이르는 말로 노인의 등 위에 나는 반점이 태어(鮐魚)의 무늬와 흡사한 데서 유래하였다. 혹은 장수할 신체적 특징을 이르는 말이기도 함.

331) 刀魚, 飮而不食.(『韻府羣玉, 鮆』)

332) 정복시(鄭復始) : 조선 중기의 무신(1522~1595). 본관은 동래(東萊). 자는 이건(以建), 호는 계담(桂潭) · 계헌(桂軒). 서경덕(徐敬德)의 문인.

333) 양진(楊震) : 동한인. 자는 백기(伯起). 경전(經典)에 밝아서 당시에 "관서공자양백기(關西孔子楊伯起)"라고 하였다. 나이 50에야 무재(茂才)로 천거되어 형주자사(荊州刺史)와 동래태수(東萊太守)를 역임했다. 형주무재(荊州茂才) 왕밀(王密)이 창읍령

소륜(蕭綸)[334]이 분노해 드렁허리를 삼키게 한 일[335]이 이것이다.

'앙자(昂刺)'는 우리나라 말로 '자가사리[玆加斯伊]'라고 한다.

물고기의 장은 을, 꼬리는 병
腸乙尾丙

운서(韻書)에서 "물고기의 장(腸)은 '을(乙)', 꼬리[尾]는 '병(丙)'이라고 하니, 전서(篆書)의 을(乙)자, 병(丙)자와 물고기의 장, 꼬리의 모양이 같기 때문이다"라고 하였다.[336]

『이아(爾雅)』에서 "어침(魚枕)[337]을 '정(丁)'이라고 한다"[338]라고 하니 모두 먹을 수 없다. 등지느러미[鬐]를 '분수(分水)'라고 한다.

「소의(少儀)」에서 "여름철에는 물고기의 지느러미가 오른쪽으로 가게 한다"[339]라고 하였다. 그 주석에서 "여름철에는 양기(陽氣)가 물고기의 등에 있기 때문에 지느러미를 오른쪽으로 향하도록 한다"[340]라고 하였다.

(昌邑令)이 되어 밤에 황금 10근을 가지고 와서 받으라고 하자 "天知, 神知, 我知, 子知"라고 하며 거절했다. 안제(安帝) 연광(延光) 1년에 태위(太尉)가 되었다. 당시 황제의 유모인 왕성(王聖)과 환관인 번풍(樊豊)이 권력을 독차지하고 교만・사치하자 양진이 소(疏)를 올려 그를 탄핵하다가 도리어 무고를 당하여 옥에 갇히자 자살했다.

334) 소륜(蕭綸) : 양나라 진무제(眞武帝)의 제2자. 자는 세조(世調).

335) 소륜(蕭綸)이 남서주(南徐州)의 자사(刺史)가 되어 미복(微服) 차림으로 저자에 가서 선(鮔)을 파는 상인에게 자사(刺史)가 어떤지 평을 물어보았다. 선(鮔)을 파는 상인이 "자사는 성질이 급하고 포악한 사람"이라고 대답하였다. 그러자 소륜이 분노하여 그에게 선(鮔)을 산채로 삼키고 죽게 만들었다.

336) 魚腸謂之乙, **魚**尾謂之丙, **注**, **此皆似**篆**書**字, **因以名焉**.(『爾雅注疏, 卷十, 釋魚』) → 魚腸謂之乙, 尾謂之丙, **如**篆**丙**字**也**.(『松南雜識』)

337) 어침(魚沈) : 물고기 머리 속에 들어 있는 뼈로, 전서(篆書)의 정(丁)자 같은 모양이다. 이것으로 도장을 만들 수 있다.

338) 魚枕謂之丁.(『爾雅注疏, 卷十, 釋魚』)

339) 夏右鰭.(『禮記注疏, 卷三十五, 少儀』)

340) 夏時陽氣**上**在魚脊, 故右鰭.(『禮記注疏, 卷三十五, 少儀』의 주석) → 夏時陽氣在魚脊, 故右鰭.(『松南雜識』)

또 "재인(梓人)이 순(筍)과 거(簴)[341]에 비늘과 아가미를 새겨 만든다"[342]라고 하였는데, 그 주석에서 "지이(之而)는 아가미이다"라고 하였다.

알[卵]을 '의(鱶 : 물고기의 새끼)'라고 하고 태(胞)는 '백(白)'이라 한다. 우리나라에서는 '일리(壹里)'라고 한다. 뛰어오르는 것을 '번병(鱕鮩)'이라 하고, 말린 것을 '호(薨)'라고 하고, 소금에 절인 것을 '축이(鱁鮧)'[343]라고 한다.

진(晉)나라 도간(陶侃)[344]이 "어머니에게 한 도가니의 절인 생선을 보냈다"라고 하였으니 '차(鮓)'는 절인 물고기이다.

석해 · 전라
石蟹田螺

소식(蘇軾)의 시에서 "시냇가 가재가 동전만하구나[溪邊石蟹小如錢]"[345]라고 하였다. 우리말로는 '가해자(假蟹子)'[346]라고 한다.

운서(韻書)에서 "큰 소라는 말[斗]만한데 일남(日南)에서 난다. 또 '요라(蓼螺)'는 여뀌처럼 맵다. '자기라(紫其螺)'는 색깔이 자줏빛이며 얼룩무늬가 있다"[347]라고 하였다.

---

341) 순거(筍簴) : 악기가 가로로 매달린 것을 순(筍), 세로로 매달린 것을 거(簴)라고 한다.

342) 梓人爲筍虡. …… **作**其鱗之而.(『周禮注疏, 卷四十一, 冬官考工記下』) → 梓人爲筍簴, 其鱗之而.(『松南雜識』)

343) 축이(鱁鮧) : 물고기의 내장 및 물고기의 부레로 만든 음식의 일종.

344) 도간(陶侃) : 진(晉)나라 사람. 파양(鄱陽) 출신. 자는 사행(士行). 어려서 고아가 되어 가난하게 살다가 효렴(孝廉)으로 천거되어 형주자사(荊州刺史) 유홍벽(柳弘辟)의 장사(長史)가 되었다. 명제(明帝) 때 난을 토벌한 공으로 시중태위(侍中太尉)가 되어 장사군공(長沙郡公)에 봉해졌고 도독교(都督交)의 직위가 더해졌다. 후에 대장군(大將軍) · 광주자사(廣州刺史)가 되어 치적을 남겼다.

345) 「정공묵송추모(丁公默送蝤蛑)」.

346) 가해자(假蟹子) : 가재. 가짜 게라는 뜻

347) 大者如斗, 出日南, 蓼螺味辛如蓼, 紫其螺, 紫色有班文.(『韻府羣玉, 螺』) → **螺**大者如斗, 出日南, **又**蓼螺味辛如蓼**也**, 紫其螺, 紫色有班文**也**.(『松南雜識』)

의서(醫書)에서 "전라(田螺)는 종기를 치료하며 열을 없애며 술을 깨게 하는데 즉효가 있다"라고 하였다. 우리나라에서는 '우렁이[亐於伊]'라고 한다. 또 '포기범강(布機凡江)'이란 것이 있다.

방해 · 차오
螃蟹車螯

『해보(蟹譜)』[348]에서 "게[蟹] 중에서 가장 작은 것으로 '초조자(招潮子)'라고 하니 조수가 밀려오려고 할 때마다 구멍에서 나와서 모든 게가 조수를 맞이하기 때문이다"[349]라고 하였다.

산곡(山谷) 황정견(黃庭堅)의 시에서 "초조는 마르고 못나 전혀 맛이 없다[招潮瘦惡無永味]"[350]라고 하니 지금의 '방게[螃巨]'이다.

『설문해자』에서 "차오(車螯)[351]는 모양이 방합(蚌蛤) 같은데 그보다는 크다"라고 하였다.[352]

팽기
蟛蜞

『집운(集韻)』에서 "게가 독이 있는 것은 수간(水茛)[353]을 먹어서 그렇

---

348) 해보(蟹譜) : 송나라 부굉(傅肱)이 지은 책. 2권.

349) 蟹**之**小者, **每**潮**欲**來, 出穴, 擧螯迎之, **名招潮子**.(『類說, 卷六, 海物異名記, 蟹名虎蟳』)→蟹**最**小者, **謂招潮子**, **以**潮來, 出穴, 擧螯迎之**也**.(『松南雜識』)

*『유설』·『고금사문유취』 등에서는 출전을 『해물이명기(海物異名記)』라고 하였다.

350) 「우차전운견의(又借前韻見意)」.

351) 차오(車螯) : 대합조개[蛤]의 일종. 창아(昌蛾)라고도 한다. 껍질은 자줏빛이며 옥같은 광채가 난다. 꽃 같은 반점이 있다.

352) 車螯, 形似蚌蛤而大.〈說文.〉(『古今事文類聚後集, 卷三十五, 介蟲部, 鼇』)

353) 수간(水茛) : 풀이름. 모랑(毛茛)의 별명. 모건초(毛建草) · 모근(毛堇) · 천구(天灸) · 자구(自灸) · 후산(猴蒜)이라고도 함.

게 된 것이다"[354]라고 하였다. 『본초강목(本草綱目)』의 주석에서 "모간(毛茛)[355]이 바로 초오두(草烏頭)[356]의 싹이다. 이 풀은 모양과 독이 이것과 비슷한 까닭에 그렇게 이름하였다"[357]라고 하였다.

『해보(蟹譜)』에서 "게 중에 작은 것을 팽활(彭蝟)[358]이라고 하는데, 오(吳)나라 사람들은 와음하여 팽월(彭越)이라고 한다"라고 하였다. 곽박(郭璞)이 "팽기(蟛蜞)는 그 종류이다. 그것을 먹으면 탈이 난다"라고 하였다.[359]

채모(蔡謨)[360]는 바로 『이아(爾雅)』에 익숙하지 않았다.[361]

또 곽삭(郭索)[362]이라고도 한다. 성재(誠齋) 양만리(楊萬里)[363]가 "옛날에는 팽(彭)을 곽(郭)이라고 하였고, 지금은 곽(郭)을 팽(彭)이라고 한다"[364]라

---

354) 蟹有毒, 食水茛所爲.(『集韻, 茛』)

355) 모간(毛茛) : 식물이름. 다년생 초본(草本). 키는 2~3자. 줄기와 잎은 모두 모용(毛茸)이 있다. 황색 혹은 백색의 작은 꽃이 핀다. 뿌리와 과실에 독이 있다.

356) 초오두(草烏頭) : 놋젓가락풀의 덩이뿌리를 약재로 이르는 말. 매우 독하며 이앓이 · 심복통 등에 씀. 토부자(土附子).

357) 毛茛.〈**時珍曰**, 茛乃草烏頭之苗, 此草形狀及毒, 皆似之, 故名.〉(『本草綱目, 卷十七下, 草之六』) → 本草, 毛茛, **註**, **茛**乃草烏頭之苗, 此草形狀及毒, **皆**似之, 故名.(『康熙字典, 茛』) → 本草, **註**, 毛茛, 乃草烏頭之苗, 此草形狀及毒, 似之, 故名**焉**.(『松南雜識』)

358) 팽활(彭蝟) : 게의 일종. 몸체는 팽기(蟛蜞)에 비해 작다. 팽활(蟛蝟)이라고도 한다.

359) **最**小者, 名彭蝟, 吳人訛爲彭越. 郭璞云, 彭蜞其類也, 食之誤人.(『康熙字典, 蟹』) → **譜曰**, **蟹**小者, 名彭蝟, 吳人訛爲彭越. 郭璞云, 彭蜞其類也, 食之誤人.(『松南雜識』)

360) 채모(蔡謨) : 진(晉)나라 사람. 자는 도명(道明). 시중(侍中)이었을 때 소준(蘇峻)을 토벌하는 공을 세워 제양남(濟陽南)에 봉해졌다. 강제(康帝) 때 시중(侍中) · 사도(司徒)가 되었다. 시호는 문목(文穆)이다.

361) 謨初渡江, 見彭蜞, 大喜曰, 蟹有八足, 加以二螯, 令烹之, 旣食, 吐下委頓, 方知非蟹, 後詣謝尙而說之, 尙曰, 卿讀爾雅不熟, 幾爲勤學死.(『晉書, 卷七十七, 列傳, 蔡謨』) → 蔡謨卽爾雅不熟也.(『松南雜識』)

* 채모(蔡謨)가 강을 건너다가 팽기(彭蜞)를 발견하자 게라고 오인하여 삶아 먹었는데, 배탈이 났다. 사상(謝尙)이 이 사실을 듣고 채모에게 『이아』를 익숙히 공부하지 못하였다고 말하였다.

362) 곽삭(郭索) : 게의 별명.

363) 양만리(楊萬里) : 송나라의 학자. 길수(吉水) 출신. 자는 정수(廷秀). 호는 성재(誠齋). 영주(永州)에 귀양와 있던 장준(張浚)에게서 정심(正心) · 성의(誠意)의 학문을 배우고 죽을 때까지 그 가르침을 따랐다. 효종(孝宗) 때 국자감박사가 되었으며 후에 보문각대제(寶文閣大制)로 치사하였다.

고 하였다.

산곡(山谷) 황정견(黃庭堅)이 시에서,

여울에 불 비춰 게[郭索]를 잡고	照灘擒郭索
들에 불 질러 이니(伊尼)를 잡네	焚野得伊尼[365]

라고 하였는데, 그 주석에서 "이니(伊尼)는 사슴 이름이다"[366]라고 하였다.

임포(林逋)는 시에서,

풀밭 진흙에는 게가 돌아다니고	草泥行郭索
구름어린 나무에서 구주(鉤輈) 지저귀네	雲木叫鉤輈[367]

라고 하였다. 주석에 "구주(鉤輈)는 두견(杜鵑)이다"라고 하였다.

『유양잡조(酉陽雜俎)』에서 "8월에는 게의 뱃속에 길이 한 치쯤 되는 참쌀까끄라기 같은 것이 들어 있다. 동해를 향하여 해신(海神)에게 까끄라기를 날라다 주어야 하니 그렇지 않으면 않으면 먹을 수 없다"[368]라고 하였다. 그래서 게가 벼이삭을 잡고 그 우두머리에게 조회한다.

지금 초가을 게의 독은 동과(冬瓜)의 즙으로 해독한다.

---

364) 昔以彭爲郭, 今以郭爲彭.(『誠齋集, 卷四十四, 後蟹賦』)

365) 照灘**禽**郭索, **燒**野得伊尼.(『山谷集, 卷十一, 律詩八十一首, 德孺五丈和之字詩韻難而愈工輒復和成可發一笑』) → 照灘**擒**郭索, **焚**野得伊尼.(『松南雜識』)

366) 鹿名, **出佛書**.(『山谷集, 卷十一, 律詩八十一首, 德孺五丈和之字詩韻難而愈工輒復和成可發一笑』의 주석) → **伊尼**, 鹿名**也**.(『松南雜識』)

367) 제목 미상. 이 구절만이 『송시초(宋詩鈔)』·『귀전록(歸田錄)』 등의 책에 전한다.

368) 八月蟹腹, 有眞稻芒長**一**寸許, 向東**輸**與海神, 未輸芒不可食**也**.(『類說, 卷四十二, 酉陽雜俎, 蟹芒』) → 八月蟹腹**內**, 有眞稻芒長寸許, 向東**海**與海神, 未輸芒不可食.(『松南雜識』)

꽃게

蝤蛑

운서(韻書)에서 "추모(蝤蛑)는 큰 게이다"[369]라고 하였다.

영남지방에서는 '발도자(發棹子)'라고 하는데, 뒷발이 노와 같기 때문이다. 집게발이 하나는 크고 하나는 작은 것을 '옹검(擁劍)'이라고 한다. 또는 걸보(桀步)라고도 한다. 또는 '집화(執火)'라고 하는데, 그 집게발이 붉기 때문이다.[370] 호랑이와 싸울 정도이며 집게발은 사람도 자른다.

지금 동해 사람들은 게 껍질로 장뚜껑을 만든다.

『동명기(洞冥記)』[371]에서 "선화국(善化國)에서 게를 바치는데, 길이가 아홉 척, 발이 백 개, 집게발이 네 개다"[372]라고 하였으니, 빈 말이 아니다.

우리나라에서는 '꽃게[巨漆魚]'라고 한다.

해 · 절

蟹蠘

『민중해착소(閩中海錯疏)』에서 "절(蠘)은 게와 비슷한데 껍질이 더 크다. 집게발에는 모난 톱이 있다"[373]라고 하였다.

---

369) 蝤. 蝤蛑, 大蟹.(『集韻, 蝤』)→大蟹, 蝤蛑.(『松南雜識』)

370) **古今注云**, **一名**執火, 以其螯赤也. **本草圖經**, 一**螯**大一**螯**小者, **名**擁劍.(『蟹畧, 卷三, 蟹牒, 擁劍』)→**螯**一大一小者, **爲**擁劍. **又名桀步**. **又**執火, 以其螯赤也.(『松南雜識』)

371) 동명기(洞冥記) : 한(漢)나라 곽헌(郭憲)이 지은 책으로 4권이다.

372) 善**苑**國**嘗**貢**一**蟹, 長九尺, **有**百足四螯, **因名百足蟹**, **煮其殼**, **勝於黃膠**, **亦謂之螯膠**, **勝於鳳喙之膠也**.(『洞冥記, 卷三』)→善**化**國貢蟹, 長九尺, 百足四殼, **煮殼爲膠**, **勝於鳳喙**, **洞眞記**.(『韻府羣玉, 九尺蟹』)→善化國貢蟹, 長九尺, 百足四殼.(『松南雜識』)

373) 蠘似蟹而大殼, **兩傍尖出而多黃**, 螯有稜**鋸**.(『閩中海錯疏, 卷下, 介部, 蟹』)→閩中海錯疏, 蠘似蟹而大殼, 螯有稜**鋸**.(『康熙字典, 蠘』)→閩中海錯疏**曰**, 蠘似蟹而大殼,

육전(陸佃)[374]이 "게 중에서 배꼽이 둥근 것이 암컷이고, 배꼽이 뾰족한 것은 수컷이다"[375]라고 하였다.

『해보(蟹譜)』에서 "게의 배에는 풍충(風蟲)이 있는데, 모양은 자라 같은데 그 보다는 작고 흰색이며 심한 풍독(風毒)을 일으킨다"[376]라고 하였다.

또 "수컷은 '낭의(狼蟻)', 암컷은 '박대(博帶)'라고 한다. 여덟 개의 발과 두 개의 집게발이 있는데, 여섯째 발과 넷째 발에는 독이 있다. 넓적한 딱지에 노란빛이 많은 것을 '절편(蠘扁)'이라고 한다"[377]라고 하였다.

지금 해파절(海巴蠘)은 바로 '꽃게[串巨]'이다.

오(吳)나라 속언에 게를 '옆으로 가는 무사[横行介士]'라고 하고, 『주역(周易)』에서 "이괘(離卦)는 게이다"[378]라고 하였으니 강한 것이 밖에 있기 때문이다.[379]

『포박자(抱朴子)』에서 "산중의 무장공자(無腸公子)"[380]라고 한 것은 내장이 없기 때문이다.

소식의 시에서,

> 군왕께 부절을 청할 때, 가고픈 고을 물어보니　　欲問君王乞符竹

螯有稜**鉅**.(『松南雜識』)

374) 육전(陸佃) : 송나라 사람으로 『비아(埤雅)』를 찬술하였다.

375) 團臍者牝, 尖者牡也.(『埤雅, 卷二, 釋魚, 蟹』) → **陸佃云**, **蟹**團臍者牝, 尖**臍**者牡.(『韻府羣玉, 蟹尖』) → **陸佃曰**, **蟹**團臍者牝, 尖**臍**者牡.(『韻府羣玉, 蟹尖』)

376) 蟹**之**腹有風蟲, 狀如木鼈子而小, 色白, 大發風毒, **食者宜去之**.(『蟹譜, 卷下, 風蟲』) → 蟹腹有風蟲, 狀如木鼈子而小, 色白, 大發風毒.(『松南雜識』)

377) 雄曰狼蟻, 雌曰博帶, 六足四足者有毒, 闊殼多黃者名**蠘**扁.(『韻府羣玉, 蟹』) → 雄曰狼蟻, 雌曰博帶, **八足二螯**, **而**六足四足者有毒, 闊殼多黃者名**蠘**扁.(『松南雜識』)

378) 離, **爲火爲日爲電爲中女爲甲胄爲戈兵. 其於人也, 爲大腹爲乾卦, 爲鼈**爲蟹**爲蠃爲蚌爲龜. 其於木也, 爲科上槁**.(『周易注疏, 卷十三, 說卦疏』) → 離爲蟹.(『松南雜識』)

379) 吳俗, **呼爲**横行介士, **蟹譜**. …… 易離爲蟹, 以其剛在外也.(『韻府羣玉, 蟹』) → 吳俗**謂**横行介士. 易**云**離爲蟹, 以其剛在外也.(『松南雜識』)

380) **稱**無腸公子者, 蟹也.(『抱朴子, 內篇, 卷四, 登涉』) → **山中**無腸公子者, 抱朴.(『韻府羣玉, 蟹』) →山中無腸公子者.(『松南雜識』)

게는 없고 감주(監州)만 있을까 걱정이라하네　　　但憂無蟹有監州[381]

라고 하였다. 주석에 "전곤(錢昆)이 게를 좋아하여 외직을 구하면서 '단지 게만 있고 통판(通判)이 없는 곳이면 좋겠다'라고 말하였다"[382]라고 한다.

도곡(陶穀)[383]이 오월(吳越)로 사신을 가니, 꽃게[蝤蛑]에서부터 해월(蟹蚏)[384]에 이르기까지 십여 종을 잔치상에 올렸는데, 도곡이 "이른바 하나의 게가 또 하나의 게만 못하다"라고 하였다. 『유설(類說)』에서 "일해(一蟹)는 바로 일대(一代)"라는 말이 있다.[385]

구·혜
䲛蠵

『설문해자(說文解字)』에서 "구(䲛)는 바로 큰 거북 등속이다"라고 하였다. 머리에 두 뿔이 있고 요동에서 난다. 『집운(集韻)』에서 "구(䲛)와 벽

---

381) 『東坡詩集註, 卷二十九, 金門寺中見李留臺與二錢唱和四絶句戲用其韻跋之』.

382) **皆世所傳錢氏故事. 縯國朝始置諸州通判, 旣非官屬. 故嘗與知州爭權, 每云, 我是監郡, 朝廷使我來監汝擧動爲所制. 有**錢昆**少卿家, 世餘杭人也**. 嗜蟹, **嘗**求補外**郡. 人問所欲何郡, 昆**曰, 但得有螃蟹, 無通判處, 可矣.(『東坡詩集註, 卷二十九, 金門寺中見李留臺與二錢唱和四絶句戲用其韻跋之』의 주석) → 錢昆嗜蟹, 求補外, 曰但得有蟹, 無通判處**則**可矣.(『松南雜識』)

* 전곤(錢昆)의 집안은 대대로 벼슬한 항주의 명문이었다. 어느 날 연국조(縯國朝)가 통판(通判)으로 부임해 와서 고을 관리들의 감독자임을 자처하며 관리들과 권력을 다투었다. 전곤은 게를 몹시 좋아하였는데, 그에게 사람들이 어떤 곳으로 가고픈지 물어보니, 전곤이 "다만 게만 있고 통판이 없는 곳이면 된다"라고 하였다.

383) 도곡(陶穀) : 송나라 사람으로 자는 수실(秀實).

384) 해월(蟹蚏) : 게와 비슷한 물벌레의 일종.

385) 陶穀**奉**使吳越, **宴之**, 自蝤蛑至蟹**蚏**, 凡十餘種**以進**. 穀曰, 所謂一蟹不如一蟹, **聖宋掇遺**類說云, 一代.(『韻府羣玉, 一蟹不如一蟹』) → 陶穀使吳越, 自蝤蛑至蟹**蚏**, 凡十餘種**登宴**. 穀曰, 所謂一蟹不如一蟹也. 類說云, **一解卽**一代.(『松南雜識』)

*『유설』의 기록은 다음과 같다. 陶穀, 奉使吳越, 忠懿王宴之, 因食蝤蛑, 詢其族類, 忠懿命自蝤蛑至蟛蚏, 凡十餘種以進. 穀曰, 眞所謂**一代不如一代**也.(『類說, 卷四十五, 聖宋掇遺, 一代不如一代』)

(䶅)은 물에 사는 동물 이름으로 거북과 비슷하고 피부에 무늬가 있다" 라고 하였다. 『정자통(正字通)』에서 "대모(玳瑁)와 다르니 주휴(蟕蠵)[386] 중의 작은 것이고, 대모는 갈기가 넷이고 발이 없다"[387]라고 하였다.[388]

또 혜(鼷)는 수충(水蟲)이니, 예맥(薉貉)의 백성들이 먹는다.

자효 · 담채
紫䗩淡菜

운서(韻書)에서 '복합(鰒蛤)', 또는 '안라(矸螺)', 또는 '구공라(九孔螺)'이라고 하였다.

딱지가 있고, 돌에 붙어산다. 작은 구멍이 혹은 일곱, 혹은 아홉 개이기에 석결명(石決明)[389]이라고 한다.

『한서(漢書)』에서 "왕망(王莽)이 먹었다"[390]라는 것이다.[391]

등주(登州)와 내주(萊州)에도 있지만 맛이 좋고 진하기가 우리나라에서 나는 것만 못하다.

『본초강목(本草綱目)』에서 "석결명은 일명 자효(紫䗩)이다"[392]라고 하

---

386) 주휴(蟕蠵) : 바다거북의 일종.

387) 與玳瑁各別, …… 卽**今**蟕蠵之小者, 瑇有四鬣無足.(『正字通, 䵶』) → 與玳瑁各別, 卽蟕蠵之小者, **玳瑁**有四鬣無足.(『松南雜識』)

388) 說文, 鼷屬, 頭有兩角, 出遼東. …… 集韻, 䵶䶅, 水蟲名, 似龜, 皮有文. 正字通, 與玳瑁各別, 卽**今**蟕蠵之小者, 玳瑁有四鬣, 無足.(『康熙字典, 䵶』) → 說文, **䵶**, **卽**鼷屬, 頭有兩角, 出遼東. 集韻, 䵶䶅, 水蟲名, 似龜, 皮有文. 正字通**曰**, 與玳瑁各別, 卽蟕蠵之小者, 玳瑁有四鬣, 無足.(『松南雜識』)

389) 석결명(石決明) : 전복. 혹은 전복 껍데기를 말한다.

390) 莽**憂懣不能食**, **亶飮酒**, **啗鰒魚**.(『前漢書, 卷九十九下, 王莽傳第六十九下』) → **王**莽**所啖者**.(『松南雜識』)

391) **前漢王莽傳**, **啗鰒魚**. …… **廣志**, **鰒無鱗**有殼, **一面**附石, 細孔**雜雜**, 或七或九. …… **一說**石決明.(『康熙字典, 鰒』) → 有殼附石, 細孔, 或七或九. **故名**石決明. **漢書**, **王莽所啖者**.(『松南雜識』)

392) **石蜐**, **釋名**, **紫蚨**, 紫䗩.(『本草綱目, 卷四十六, 介之二』) → 本草, 石決明, 一名紫䗩.(『康熙字典, 䗩』) → 本草**曰**, 石決明, 一名紫䗩.(『松南雜識』)

였다. 속칭 '자패(紫貝)'는 돌에 붙어 사는 것이다.

양신(楊愼)이 찬(贊)에서 "난릉(蘭陵)의 자줏빛 겁(蜐)[393]"이라 한 것과 강엄(江淹)이 "자효(紫藃)"라고 한 것은 조개의 종류이지만 꽃을 피우고 봄철에 감응한다.[394]

운서에서 "석겁(石蛣)은 모양이 거북과 같다"[395]라고 하였다. 동해에 자겁(紫蛣)이 있다.[396] 당나라 공규(孔戣)[397]는 담채(淡菜)와 감합(蚶蛤)의 진상을 혁파하자고 상주하였다.[398]

손광헌(孫光憲)[399]의 시에,

새벽 부엌에서는 홍합을 삶고	曉廚烹淡菜
봄 베틀에는 동화(橦花)[400]실을 짜네	春杼織橦花[401]

라고 한 말이 이것이다.

'담채(淡菜)'는 바로 홍합이니, 불가(佛家)에서 물고기를 수릉화(水稜花)라고 하는 것과 비슷하다.

---

393) 겁(蜐) : 구족(龜足). 갑각류(甲殼類)의 동물로 중국 동남해의 바위 위에 산다. 형체는 거북다리 같고 껍질은 해(蟹)·오(螯) 같으며 색깔은 자줏빛이며 먹을 수 있다.

394) 楊愼贊**曰**, 蘭陵紫蜐. **梁**江淹**石蛣賦曰**, **海人有食石蛣**, **一名**紫藃, 蚌**蛤**類**也**, 春**而**發**華**.(『淵鑑類函, 石**蛣**』)→楊愼贊**云**, 蘭陵紫蜐, 江淹紫**藃**, 是惟蚌類, 發花應春.(『康熙字典, 藃』)→楊愼贊**曰**, 蘭陵紫蜐, 江淹紫**藃**, 是惟蚌類, 發花應春.(『松南雜識』)

395) 石**蛣**.〈**脚**如龜〉(『駢雅, 卷七, 釋蟲魚, 石**蛣**』)→石**蛣形**如龜.(『松南雜識』)

396) **荀子**, 東海有紫**鮚**.(『異魚圖贊箋, 卷四, 紫鮚』)→東海有紫**蛣**.(『松南雜識』)

397) 공규(孔戣) : 당나라의 문신. 자는 군엄(君嚴). 공소보(孔巢父)의 아들. 진사에 급제하여 간의대부(諫議大夫), 화주자사(華州刺史) 등의 관직을 역임하였다.

398) 공규(孔戣)가 화주자사(華州刺史)로 근무할 때 명주(明州)에서 세공(歲貢)으로 바치던 담채(淡菜)와 감합(蚶蛤)의 진상을 없애도록 상주하였다.

399) 손광헌(孫光憲) : 송나라 사람. 자는 맹문(孟文). 저서에 『북몽쇄언(北夢瑣言)』이 있다.

400) 동화(橦花) : 동화(橦華). 목면화(木棉花). 이 나무에 피는 꽃의 보드랍고 솜털 같은 것에서 실을 뽑아 천을 짰다.

401) 孫光憲詩云, 曉廚烹淡菜, 春杼織橦花.(『類說, 卷四十三, 北夢瑣言, 淡菜非雅物』)

『영표록이(嶺表錄異)』에서 "감(蚶)은 이름이 와옥자(瓦屋子)이니, 바로 조개의 등속이다"[402]라고 하였다.

괴륙(魁陸)과 육원(陸圓)은 홍합에 무늬가 있는 것이다.

또 홍합[淡菜]은 곧 해폐(海蜌)이니, 일명 동해부인(東海夫人)이다.

모려 · 석화

牡蠣石華

『유편(類篇)』에서 "독수리가 백년 묵으면 화하여 굴조개가 된다"라고 하였다.[403]

『유양잡조(酉陽雜俎)』에서 "모려(牡蠣)[404]에서 '모(牡)'하고 말한 것은 수컷이라는 말이 아니다. 갑각류(甲殼類) 중에서 오직 모려(牡蠣)만이 소금물과 결합된다"[405]라고 하였다.

『영표록이(嶺表錄異)』에서 말하였다.

> 호(蠔)는 바로 모려(牡蠣)이다. 해변에서 나는데 주먹돌만 하고 사면이 점점 자라 키가 한두 길이나 되어 산처럼 우뚝한 것도 있다. 하나의 방마다 살점 하나만 들어 있다. 바다 오랑캐들이 도끼로 껍질을 따서 뜨거운 불에 구우면 굴이 방을 여는데 그 때 그 살을 채취하여 저자에 가서 술과 바꾼다.[406]

---

402) 瓦屋子, **盖**蚌**蛤之類也**. **南中舊呼爲蚶**.(『嶺表錄異, 卷中』) → **蚶**, **名**瓦屋子, **卽**蚌**屬**.(『松南雜識』)

403) 類篇, 雕百歲化爲**蟆**.(『康熙字典, 蠣』) → 類篇**曰**, 雕百歲, 化爲**蠣**.(『松南雜識』)

404) 모려(牡蠣) : 굴. 호(蠔). 모합(牡蛤). 연체동물이며 육질이 신선하고 맛있고 껍질은 약으로 쓰인다.

405) 牡蠣言牡, 非謂雄也, 介蟲中, **唯**牡蠣是鹹水結成也.(『酉陽雜俎, 卷十七, 廣動植之二, 鱗介篇』)

406) 蠔卽牡蠣**也**, **其初**生海**島**邊, 如拳石, 四面漸長有高一二丈**者**, 巉巖如山, 每房, 內

한유(韓愈)의 시에서,

조개가 달라붙어 산을 이루는데	蠔相黏爲山
수천 개가 절로 자랐구나	百十各自生[407]

라고 한 말이 이것이다.

우리나라에서 '굴(屈)'이라고 한다.

우리나라의 시에 "전생에는 대부 굴평(屈平 : 굴원)이었네"[408]라고 하였다. 그 젓갈을 연해(淵醢)라고 한다.

곽박(郭璞)의 부에 "옥요(玉珧),[409] 해월(海月), 토육(土肉),[410] 석화(石華)"[411]라고 한 주석에 "해월은 크기가 거울만하고 흰색이며 동그랗고 항상 해변에서 죽는다. 그 기둥은 비녀만 하다"[412]라고 하였다.[413]

『본초강목(本草綱目)』에서 "토육(土肉)은 바다에서 나며 검은색이다. 길이는 다섯 치 정도이고 크기는 어린애의 팔뚝만하다. 배는 있고, 입과 귀가 없고 발이 많은데 구워 먹을 수 있다"[414]라고 하였다. 이시진(李時

蠔肉一片, **隨其所生, 前後大小不等, 每潮來, 諸蠔皆開房, 見人卽合之**, 海夷**盧亭往往**以斧楔取殼, 燒以烈火, 蠔卽啓房, 挑取其肉, **貯以小竹筐**, 赴墟市以易**酒**.(『嶺表錄異, 卷中』)→蠔卽牡蠣, 生海邊, 如拳石, 四面漸長有高一二丈, 巉巖如山, 每一房, **有**內一片, 海夷以斧楔取殼, 燒以烈火, 蠔卽啓房, 挑取其肉, 赴墟市以易**醇**.(『松南雜識』)

407) 「초남식이원십팔협률(初南食貽元十八協律)」.

408) 前身**曾**是大夫平.(『陶谷集, 卷之二十八, 雜著, 陶峽叢說』)→前身**定**是大夫平.(『松南雜識』)

409) 옥요(玉珧) : 조개류의 연체동물. 요(珧)라고만 하기도 함.

410) 토육(土肉) : 조개류의 연체동물.

411) 王珧海月, 土肉石華.(『文選註, 卷十二, 江賦』)

412) 海月大如鏡, 白色正圓, 常死海邊, 其柱如搔頭大.(『文選註, 卷十二, 江賦』의 주석)

413) 玉**洮**海月, 土肉石華, **注**海月大如鏡, 白色正圓, 常死海邊, 其柱如搔頭大.〈郭景純江賦〉(『古今事文類聚後集, 卷三十五, 介蟲部, 鼇』)→**郭璞賦**, 玉**珧**海月, 土肉石華, **註**海月大如鏡, 白色正圓, 常死海邊, 其柱如搔頭大.(『松南雜識』)

414) **又海中**, **一種**土肉, **正**黑長五寸, 大如小兒臂, 有腹無口**目**, **有三十**足, 可炙食.(『本草綱目, 卷五十一下, 獸之二, 封』의 주석)→土肉**生海中**, **色**黑長五寸, 大如小兒臂,

珍)이 "이것은 물고기 등속이니, 토정(土精)[415)]을 '봉(封)'이라고 하는 것과 같다"라고 하였다.[416)]

마도(馬刀)[417)]는 바로 조개이니, 즙을 머금고 진주를 품고 있으며, 달과 더불어 차고 기운다.

소식(蘇軾)의 시에서 "늙은 조개 밝은 진주를 낳네[老蚌生明珠]"[418)]라고 한 말이 이것이다.

합리
蛤蜊

『포박자(抱朴子)』에서 "합리(蛤蜊)는 바다 속에서 나는데 조개의 일종이다"[419)]라고 하였으니, 역서(譯書)에서는 "우리말로는 '조개'라고 하니, 석룡자(石龍子)와 비슷하다"라고 하였다.

노오(盧敖)[420)]가 북해를 유람할 때, 어떤 도사가 거북 껍질을 말아놓고 조개를 먹는 것을 보았다.[421)]

『논형(論衡)』에서 "정액(精液)을 먹으면 몸이 가벼워져서 신선이 될 수

有腹無口**耳**, **多**足, 可炙食.(『松南雜識』)

415) 토정(土精) : 인삼의 딴 이름.

416) **又**土肉生海中, 色黑長五寸, 大如小兒臂, 有腹無口耳, 多足, 可炙食, **本草**, 李時珍曰, 此蟲魚之屬, 與土精名封同類.(『康熙字典, 肉部』) → **本草曰**, 土肉生海中, 色黑長五寸, 大如小兒臂, 有腹無口耳, 多足, 可炙食, 李時珍曰, 此蟲魚之屬, 與土精名封同類**也**.(『松南雜識』)

417) 마도(馬刀) : 비(螷). 폐(蜌)의 속명. 조개류. 얕은 바다 진흙모래 속에 산다. 껍질은 길고 좁다랗게 생겼다. 황색이며 먹을 수 있고 껍질은 약으로 쓴다.

418) 「호아(虎兒)」.

419) 蛤蜊生海中, 螺蚌之類.〈抱朴子〉(『古今事文類聚後集, 卷三十五, 介蟲部, 鼈』) → 抱朴子**曰**, 蛤蜊生海中, 螺蚌之類.(『松南雜識』)

420) 노오(盧敖) : 연(燕)나라 사람. 진(秦)나라 때 북해로 유람을 가서 태음(太陰)을 지나 몽곡(蒙谷) 산에서 신선인 약사(若士)를 만났는데 그가 거북 껍질에 몸을 굽혀 해(蟹)와 합(蛤)을 먹고 있었다고 한다.(『神仙傳, 卷一, 若士』)

421) 盧敖遊北海, 見一士, 卷龜殼而食蛤蜊.(『韻府羣玉, 蛤蜊』)

있다. 약사(若士)[422]가 조갯살을 먹었다면, 정액을 먹어 몸이 가벼워지는 듯한 효험이 없을 것이니 어떻게 몸을 마음대로 해서 올라갈 수 있겠는가?"[423]라고 하였다.

당나라 역사에서 "문종(文宗)이 조개를 매우 좋아하였다. 하루는 임금 밥상의 반찬 중에 갈라도 열리지 않은 것이 있었다. 향을 피우고 기도를 하자, 그제야 열렸다. 구족계(具足戒)[424]를 받은 보살의 형상이 나타나 있기에 흥선사(興善寺)에 하사하였다"[425]라고 하니 또한 기이하다.

또 현(蜆 : 가막조개)은 우리말로 모시조개(牡枲潮蚧)라고 한다.

정

蟶

운서(韻書)에서 "정(蟶)은 조개의 일종이다"[426]라고 하였다.

『정자통(正字通)』에서 "민(閩)과 월(粵) 사람들이 밭에 심어 놓고 '정전(蟶田)'이라고 한다"[427]라고 하였다.

지금 우리나라에서는 '가이마(加伊痲)'라고 한다. 중국 사신이 와서 정(蟶)을 요구하였을 때, 우리나라 사람들이 처음에는 이것을 몰랐기에

---

422) 약사(若士) : 노오(盧敖)가 몽곡(蒙谷)에서 만난 신선.

423) 食精身輕, 故能神仙, 若士者, 食合蛪之肉, **與庸民同食**, 無精輕之驗, 安能縱體而升.(『論衡, 卷七, 道虛篇』)→論衡, 食精身輕, 故能神仙若士者食合蛪之肉, 無精輕之驗, 安能縱體而升.(『康熙字典, 蜊』)→論衡**曰**, 食精身輕, 故能神仙, 若士者, 食合蛪之肉, 無精輕之驗, 安能縱體而升.(『松南雜識』)

424) 구족계(具足戒) : 불교명사(佛教名詞). 승(僧)과 니(尼)가 계율을 받는 것(중이 되는 의식을 치른 것)을 지칭한다.

425) 文宗, **性**嗜蛤蜊, 一日御饌中, 有劈不開者, 焚香禱之乃開, 見菩薩形具足, 賜興善寺.(『堯山堂外紀, 卷三十四, 唐』)→文宗, 嗜蛤蜊, 一日御膳中, 有劈不開者, 焚香禱之乃開, 見菩薩形具足, 賜興善寺.(『松南雜識』)

426) 蚌屬.(『韻府羣玉, 蟶』)

427) 閩粵人, 以田種之謂之蟶田.(『正字通, 蟶』)

"없다"라고 대답하였다. 사신이 시장의 가게에서 가이마를 보고 "이것이 정(鯉)이다. 어째서 우리에게 바치지 않는가?"라고 하였다. 우리나라에서는 그제야 가이마가 정(鯉)인 줄 알았다.

주별

珠鱉

『산해경(山海經)』에서 "주별어(珠鱉魚)[428]는 그 모양이 폐(胇)[429]와 비슷하고 눈이 있으며, 여섯개의 발에 진주가 있다"[430]라고 하였으니, 「강부(江賦)」에서 "붉은 별폐(鱉胇)가 뛰어 올라 구슬을 토해내네"[431]라고 한 말이 이것이다.

오산 · 나정

鰲山螺亭

『부자(符子)』에서 말하였다.

동해의 자라가 봉래산(蓬萊山)을 머리에 이고 창명(滄溟)에서 유람을 노니니, 땅개미가 보고 "저 자라가 산을 머리에 이고 있는 것이 내가

---

428) 주별(珠鱉) : 전설상의 물고기 이름.

429) 폐(胇) : 포(脯 : 말린 고기) 중에 뼈가 있는 것.

430) **南三百八十里, 曰葛山之首, 無草木, 澧水出焉, 東流注于余澤, 其中多**珠鱉魚, 其狀如肺, 而有目六足有珠.(『山海經, 卷四, 東山經』) → 山海經曰, 珠鱉**之**魚, 其狀如**胇**, 而有目六足有珠.(『康熙字典, 鱉』) → 山海經曰, 珠鱉**之**魚, 其狀如**肺**, 而有目六足有珠.(『松南雜識』)

431) 頳鱉**胇**躍而吐璣.(『文選註, 卷十二, 江賦』) → 頳鱉**肺**躍而吐璣.(『松南雜識』)

쌀알을 머리에 이고 개미 뚝 꼭대기에서 소요하는 것과 무엇이 다르겠는가?"라고 하였다.[432]

『남강기(南康記)』에서 "소라를 캐는 것으로 생업으로 삼는 어떤 여인이 밤에 정자 위에서 잠이 들었는데, 여러 마리 소라가 입을 벌리고 다가와서 어지럽게 그 살점을 먹어치웠다. 그래서 '나정(螺亭)'이라고 한다"라고 하였다.[433]

신루 · 합곡

蜃樓蛤縠

『한서(漢書)』에서 "바닷가에 신기루[蜃氣]가 있는데, 누대를 만든다"[434]라고 하였다.

『본초강목(本草綱目)』에서 "그 기름과 밀랍을 섞어서 초를 만들면, 그 향이 백 보까지 퍼지고, 향 연기 속에 또 누대의 형체가 나타난다"[435]라고 하였다.

"해신(海神)에게 기도하니 해시(海市)와 신기루가 나타난다"[436]라고 하

---

432) 東海鼇, 冠蓬萊游滄溟, **蛭**蟻曰彼冠山, 何異我戴粒逍遙於封壤之巓, **伏乎窟穴也**. 符子.(『韻府羣玉, 冠山鼇』) → 符子**曰**, 東海鼇, 冠蓬萊遊滄溟, **垤**蟻曰彼冠山, 何異我戴粒逍遙於封壤之顚**乎**.(『松南雜識』)

433) **南康**有女採螺爲業, 夜宿亭上, **聞風雨聲**, **見**衆螺張口而至, 亂噉其肉, **明日惟有骨在焉**, **因**號**其地爲**螺亭.〈南康記〉(『古今事文類聚後集, 卷三十五, 介蟲部, 鼇, 螺能食人』) → 南康記曰, 有女採螺爲業, 夜宿亭上, 衆螺張口而至, 亂噉其肉, 號螺亭.(『松南雜識』)

434) 海**旁**蜃氣, **象**樓臺.(『前漢書, 卷二十六, 天文志第六』) → 海**傍有**蜃氣, **爲**樓臺.〈漢書〉(『古今事文類聚前集, 卷十五, 地理部, 海』) → 漢書曰, 海傍有蜃氣, 爲樓臺.(『松南雜識』)

435) 其脂和蠟作燭, 香凡百步, 烟中亦有樓**閣**之形.(『本草綱目, 卷四十三, 鱗之一, 蛟龍』의 주석) → 其脂和蠟作燭, 香凡百步, 煙中亦有樓**臺**之形.(『松南雜識』)

였다. 당나라 시에 “잠깐 동안 붉으락푸르락 하더니 해신(海蜃)이 떠있네[頃刻靑紅浮海蜃]”437)라고 한 말이 이것이다.

지금 가을 장미비가 개이면 허공에 오색이 영롱하다고 한다.

『택리지(擇里志)』에서 말하였다.

경포호수는 주위가 이십 리이고, 깊이는 사람 배꼽정도에 지나지 않는다. 옛날 부자가 그곳에 살고 있었다. 어떤 중이 쌀을 동냥하자 그 부자가 똥을 주었다. 그러자 그 땅이 갑자기 꺼졌다. 이는 소현(巢縣)이 호수가 된 일438)과 같다. 그곳에 쌓아둔 곡식은 모두 작은 조개로 변하였다. 해마다 흉년이 들면 조개가 많고 풍년이 들면 조개가 줄어든다. 그 맛이 달고 향기로워 허기를 채울 수 있다. 그 곳 사람들은 적곡합(積穀蛤)이라고 한다.439)

새의 날개로 암수를 구별함
鳥翼雌雄

『이아(爾雅)』에서 “새는 오른쪽 날개로 왼쪽을 덮으면 수컷, 왼쪽 날개로 오른쪽을 덮으면 암컷이다”440)라고 하였다.

---

436) 『齊乘, 卷一, 沙門島』.

437) 한유(韓愈)의 「증최립지평사(贈崔立之評事)」.

438) 소현(巢縣)이 호수가 된 것과 관해 여러 이야기가 있으니, 『상서(尙書)』에 ‘성탕(成湯)이 걸(桀)을 정벌하여 남소(南巢)로 추방했다는 기록부터 진(晉)나라 때 소현(巢縣)이 함몰되어 갑자기 호수가 되었다는 이야기 등이다.

439) 鏡浦**則一小麓東向而峙**, **臺在其山**, **前有湖水**, 周圍二十里, **水**深不過人**腹**, **可行小舟**. …… **世傳**, **湖**舊爲富民所居, 有**丐乞**僧乞米, 民以糞與之, **所居**忽陷爲湖, 所積穀悉化爲細**小**蛤, 每歲歉則蛤多**産**, **歲**豊則蛤少**産**, 味甘香可**以**療飢, 土人謂之積穀蛤.(『擇里志, 卜居總論, 山水』)→鏡浦周圍二十里, 深不過人**臍**. …… 舊爲富民所居, 有僧乞米, **富**民以糞與之, **其地**忽陷, **若巢縣之爲湖也**, **其**所積穀, 悉化爲細蛤, 每歲歉則蛤多, 豊則蛤少, 味**又**甘香, 可療飢, 土人謂之積穀蛤.(『松南雜識』)

440) **鳥之雌雄不可別者**, **以**翼右掩左雄, 左掩右雌.(『爾雅注疏, 卷十, 釋鳥』)→**鳥**翼右

지봉(芝峯) 이수광이 “털을 태워서 물에 넣어 가라앉는 것은 수컷, 가라앉지 않는 것은 암컷이다”라고 하였다.441)

『시경(詩經)』에서 “누가 까마귀의 암수를 구별하겠는가?[誰知烏之雌雄]”442)라고 하였으니, 외면만 보기 때문에 암수를 구별하지 못하는 것이다.

새와 짐승의 말을 알아 들음

解鳥獸語

지봉(芝峯) 이수광(李睟光)이 말하였다.

새의 말을 이해하는 사람으로 옛날에는 진중(秦仲), 한(漢)나라에는 위상(魏尙)과 양선(楊宣), 진(晉)나라에는 관로(管輅)가 있었다. 짐승의 말을 이해하는 사람으로 개갈로(介葛盧), 한(漢)나라에는 옹위(翁偉), 진(晉)나라에는 이남(李南)이 있었는데, 그 후로는 전해지지 않는다.443)

『주례(周禮)』에서 “이예(夷隸)는 새의 말을 담당하고, 맥예(貉隸)는 짐승

掩左**爲**雄, 左掩右**爲**雌.(『松南雜識』)

441) 爾雅**云**, 鳥翼**左**掩**右**爲雄, **右**掩**左**爲雌. **陶隱居**曰, 燒毛納水中, 沈者**是**雄, **浮者是**雌, **未審信否**.(『芝峯類說卷二十, 禽蟲部, 鳥』) → 爾雅**曰**, 鳥翼**右**掩**左**爲雄, **左**掩**右**爲雌. **芝峯**曰, 燒毛納水中, 沈者雄, **不沈者**雌.(『松南雜識』)
* 『지봉유설』에서는 『이아』의 내용을 정반대로 기술하여 심각한 오류를 범하고 있는데, 『松南雜識』에서는 『지봉유설』의 오류를 정정하여 인용하고 있다.

442) 『詩經, 小雅, 正月』.

443) 解鳥語者, 古有秦仲, **而**漢有魏尙, 楊宣, 晉有管輅, 解獸言者, 古有葛盧, **而**漢有翁偉, 晉有李南, 厥後無傳焉, **按**周禮, 夷隸掌鳥言, 貉隸掌獸言, 蓋古制如此.(『芝峯類說, 卷十八, 技藝部, 方術』) → 解鳥語者, 古有秦仲, 漢有魏尙, 楊宣, 晉有管輅, 解獸言者, 古有**介**葛盧, 漢有翁偉, 晉有李南, 厥後無傳焉, 周禮, 夷隸掌鳥言, 貉隸掌獸言, 蓋古制如此.(『松南雜識』)

의 말을 담당하게 한다"[444]라고 하니 대개 옛 제도가 이와 같다.

살펴보건대, 『백공육첩(白孔六帖)』에서 "공자는 환산(桓山)의 네 종류 새를 구분하였다. 공야장(公冶長)은 '버드나무 아래 고기가 있단다'라고 말하는 까마귀의 소리를 알아 들었고, 백귀년(白龜年)은 구천(九天)의 새소리와 구지(九地)의 짐승 소리를 구분할 줄 알았고, 참새가 시끄럽게 떠드는 소리와 서성(西城)의 밤은 먹을 만하다는 것도 알았다. 양선과 옹위(翁偉)는 절름발이 말, 사나운 말, 애꾸눈 말을 알 수 있었다"라고 하였다.

소식(蘇軾)의 시에 "전생에 말이었나? 말의 말을 아는구나[前身作馬知馬語]"[445]라고 하였다.

희유 · 대붕
希有大鵬

『신이경(神異經)』[446]에서 "곤륜산(崑崙山)에 새가 있는데, 이름이 '희유(希有)'이다. 왼쪽 날개를 펼쳐서 동왕공(東王公)을 덮고, 오른쪽 날개를 펼쳐서 서왕모(西王母)를 덮는다"라고 하였다.[447]

이백(李白)이 "사마자미(司馬子微)가 나에게 신선의 풍골이 있다고 하였다. 그래서 대붕(大鵬)이 희유조(希有鳥)를 만난다는 부(賦)를 짓는다"[448]라

---

444) 夷隸掌**役牧人養牛馬與**鳥言. …… 貉隸掌**役服不氏**, **而養獸而敎擾之**, 掌**與**獸言.(『周禮注疏, 卷三十五, 秋官司寇』) → 夷隸掌鳥言, 貉隸掌獸言.(『松南雜識』)

445) 前身作馬**通**馬語.(『東坡全集, 卷八, 詩七十二首, 韓幹馬十四匹』) → 前身作馬**知**馬語.(『松南雜識』)

446) 신이경(神異經) : 한(漢)나라 동방삭(東方朔)이 편찬한 책으로 1권이다.

447) 崑崙山有鳥, 名希有, 張左翼, 覆東王公, 右翼覆西王母.〈神異經〉(『古今事文類聚後集, 卷四十七, 羽蟲類, 衆禽』) → 神異經**曰**, 崑崙山有鳥, 名希有, 張左翼, 覆東王公, 右翼覆西王母.(『松南雜識』)
＊『신이경(神異經)』에 나오지 않는 기록이다.

448) **余昔於江陵 見天台**司馬子微, 謂**余**有仙風道骨, **可與神遊八極之表**, 因著大鵬遇希有鳥賦.(『李太白文集, 卷二十四, 古賦, 大鵬賦 幷序』) → 司馬子微, 謂**予**有仙風道骨, 因著大鵬遇希有鳥賦.(『松南雜識』)

고 하니, 희유는 붕보다 큰 것이다.

『장자(莊子)』에서 "북쪽 바다에 곤(鯤)이라는 물고기가 있는데, 화(化)해서 붕(鵬)새가 된다"[449]라고 하니, 붕새라는 말이 여기에서 처음으로 나왔다.

『백공육첩(白孔六帖)』에서 "붕새의 병아리도 처음 날 때에 매에게 제압당한다"[450]라고 하였다.

『유명록(幽冥錄)』에서 말하였다.

> 어떤 사람이 초(楚)나라 왕에게 매를 바쳤다. 잠시 있으니 구름 사이에 어떤 것이 선회하고 있기에 매가 솟구쳐 올라갔는데, 얼마 뒤에 깃털이 눈처럼 떨어지고 피가 비처럼 뿌렸는데, 날개의 넓이가 수십 리는 되었다. 만물에 박물군자(博物君子)가 "대붕의 병아리입니다"라고 하였다.[451]

대마작

大馬爵[452]

『서역전(西域傳)』에서 "안식국(安息國)에 있다"[453]라고 하였는데, 그 주석에서 "목·가슴·몸통·발굽은 낙타와 비슷하며 색은 파랗다. 머리를

---

449) 北**冥**有魚, 其名**爲**鯤, **鯤之大不知其幾千里也**, 化**而爲鳥**, **其名**爲鵬.(『莊子, 逍遙遊』) →北**溟**有魚, 其名**曰**鯤, 化爲鵬.(『松南雜識』)

450) **制鵬雛**.〈**孔氏志**, **大**鵬雛之始飛, 爲鷹所制〉(『白孔六帖, 卷九十四, 鷹』)→鵬雛之始飛, 爲鷹所制.(『松南雜識』)

451) 有獻楚王鷹, **曰非王鷹之禱**, 俄而雲際一物, 翱翔**飄飄**, 鷹竦翮而升, **頃**臾羽墮如雪, 血**洒**如雨, 翅廣數十里, 博物君子曰, 大鵬雛**也**. 幽冥錄.(『韻府羣玉, 鷹搏鵬』)→幽冥錄**云**, 有獻楚王鷹, 俄而雲際一物, 翱翔, 鷹竦翮而升, **須**臾羽墮如雪, 血**灑**如雨, 翅廣數十里, 博物君子曰, 大鵬雛.(『松南雜識』)

452) 대마작(大馬爵) : 타조(駝鳥)와 같다. '爵'은 '雀'과 통한다.

453) 安息國 …… 有**大馬爵**.(『前漢書, 卷九十六上, 西域傳』)→安息國有**之**.(『松南雜識』)

들면 키가 여덟·아홉 척이고, 날개를 펼치면 한 길 남짓 되며 대맥(大麥)을 먹는다"[454]라고 하였다.

『강희자전』에서 "鮀이다"라고 하였다.

「장화전(張華傳)」에서 "무기 창고의 뱀[蛇]이 변하여 치(雉)가 되었다"[455]라고 하였으니, 반드시 후세의 사람들은 '虫'을 '鳥'로 바꾸어 '鮀'라고 썼다.

또 『한서』에서 "조지국(條支國)에 큰 새가 있으니 그 알이 옹기만하다"[456]라고 하였다.

『광지(廣志)』에서 "새의 목·가슴·몸·울음은 낙타와 비슷하고 색은 푸르다"[457]라고 하였다.[458]

『박물지(博物志)』에서 "사자(鰤子), 대작(大雀)"[459]이라고 한 말이 이것이다.

---

454) 師古曰, 廣志云, 大爵, 頸及膺身蹄似橐駝色蒼, 擧頭高八九尺, 張翅丈餘, 食大麥.(『前漢書, 卷九十六上, 西域傳』의 주석)→頸及膺身蹄似橐駝色蒼, 擧頭高八九尺, 張翅丈餘, 食大麥.(『松南雜識』)

455) 武庫**封閉甚密**, **其中忽有雉雊**, **華曰**, **此必**蛇化爲雉**也**. **開視雉側果有蛇蛻焉**.(『晉書, 卷三十六, 列傳, 張華』)→武庫蛇化爲雉.(『松南雜識』)

456) 條支國**臨西海**, **暑溼田稻**, **有**大鳥卵如甕.(『前漢書, 卷九十六上, 西域傳』)→條支國, 大鳥卵如甕.(『松南雜識』)

457) 廣志云, 鳥頸鷹身**蹄駱**色**花**, **擧頭八九尺張**, **翅丈餘**, **食大麥**, **卵大如甕**.(『佩文韻府, 大鳥翅』)→廣志云, 鳥頸**鷹**身**啼騷**色**蒼**.(『松南雜識』)

458) 鴕鳥似雉. 晉書·張華傳, 武庫封閉甚密, 其中忽有雉雊。華曰, 此必蛇化爲雉也. 開視雉側果有蛇蛻焉. 又前漢·西域傳, 安息國有大馬爵.〈師古註, 廣志云, 大爵, 頸及膺身蹄似橐駝色蒼, 擧頭高八九尺, 張翅丈餘, 食大麥.〉○按大馬爵似橐駝. 本作駝, 後人以鳥之名, 改馬從鳥. 張華傳所云蛇化雉者, 本作蛇, 因其化雉, 亦改虫從鳥耳.(『康熙字典, 鴕』)→西域傳, 安息國有之. 註, 頸及膺身蹄似橐駝色蒼, 擧頭高八九尺, 張翅丈餘, 食大麥. 字典曰, 鮀也. 張華傳曰, 武庫蛇化爲雉, 必後人改馬從鳥爲鮀也. 又漢史曰, 條支國, 大鳥卵如甕. 卽安息雀也. 廣志云, 鳥鵶鷹身, 啼騷, 色蒼. 博物志曰, 鰤子, 大雀.(『松南雜識』)

459) **師**子, **太**雀.(『續博物志, 卷三』)→博物志**曰**, **鰤**子, **大**雀.(『松南雜識』)

가릉 · 금시조
迦陵金翅

『능엄경(楞嚴經)』에서 “가릉(迦陵)의 선언(仙言)이 시방세계에 두루 퍼졌네”라고 하였는데, 그 주석에서 “가릉은 신선의 새이다. 알 껍질 속에 있어도 울음소리가 뭇 새들을 압도하는데, 불법도 그러하다”[460]라고 하니 『장자(莊子)』에 나오는 ‘붕새’에 대한 우언과 비슷하다.

불경의 금시조(金翅鳥)[461]는 새들의 왕이다.

제(齊)나라 고제(高帝)가 이 새가 내려와서 자손들을 잡아먹더니 자기 자신으로 변하고 향불이 눈물을 흘리는 꿈을 꾸었는데, 이는 십왕(十王)을 멸망시키려는 조짐이었다.

효 · 력
囂櫟

『산해경(山海經)』에서 “양거산(梁渠山)에 어떤 새가 있는데, 모양은 과보(夸父)같고, 날개가 넷이고 눈은 하나이며, 개의 꼬리를 하고 있으니. 이름은 효(囂)이다”[462]라고 하였다. 또 “천제산(天帝山)에 어떤 새가 있는데, 무늬가 기이하고 머리 아래의 털이 붉으니, 이름은 역(櫟)이다. 이것을 복용

---

460) 楞嚴經, 迦陵仙言遍十**萬**界, **注**, 迦陵仙禽, 在卵殼中, 鳴音已壓衆鳥, 佛法**音**亦如之.(『佩文韻府, 迦陵』)→楞嚴經**曰**, 迦陵仙言遍十**方**界, **註**, 迦陵仙禽, 在卵殼中, 鳴音已壓衆鳥, 佛法亦如之.(『松南雜識』)

461) 금시조(金翅鳥) : 불교 용어 가루라(迦樓羅)와 같은 말. 불경에 나오는 상상의 큰 새로, 매와 비슷한 머리에는 여의주가 박혀 있으며 금빛 날개가 있는 몸은 사람을 닮고 불을 뿜는 입으로 용을 잡아먹는다고 한다.

462) **北三百五十里**, **曰**梁渠之山, …… 有鳥**焉**, **其**狀如夸父, 四翼一目犬尾, 名曰囂.(『山海經, 卷三, 北山經』)→梁渠之山, 有鳥, 狀如夸父, 四翼一目犬尾, 名曰囂.(『松南雜識』)

하면 치질을 고칠 수 있다"463)라고 하였는데, 그 주석에서 "옹(翁)은 머리 아래의 털이다"464)라고 하였다.

기도

鵸鵌

『산해경(山海經)』에서 "익망산(翼望山)에 어떤 새가 있는데, 까마귀 같이 생겼다. 머리가 셋이고 꼬리가 여섯이며, 잘 웃는데 이름은 '기도(鵸鵌)'이다"465)라고 하였다. 또 "대산(帶山)에 어떤 새가 있는데, 다섯가지 색에 붉은 무늬가 있다"466)라고 하였다. 『태평어람(太平御覽)』에 이른바 '헌방조(獻芳鳥)' 또는 '선방조(善芳鳥)'가 이것이다.467)

『이아(爾雅)』에서 "새와 쥐가 같은 굴에 산다"468)라고 하였는데, 그 주석에서 "새는 기도[鵌]이고, 쥐는 들쥐[鼵]이다. 도(鵌)는 탈(鵽)과 비슷하지만 그보다 작고, 황흑색이다. 서너 자의 땅속에 구멍을 파고 쥐가 안쪽에 살고, 새는 바깥쪽에 산다"469)라고 하였다.

---

463) **西三百五十里**, **曰**天帝之山, …… 有鳥**焉**, **其狀如鶉**, **黑**文而赤翁, 名曰櫟, 食之已痔.(『山海經, 卷二, 西山經』) → 天帝之山, 有鳥, **異**文而赤翁, 名曰櫟, 食之已痔.(『松南雜識』)

464) 翁, **頭下**毛.(『山海經, 卷二, 西山經』의 주석) → 翁, **頸上**毛.(『松南雜識』)

465) **西水行百里**, **至于**翼望**之**山, …… 有鳥**焉**, **其狀**如烏, 三首六尾**而**善笑, 名曰鵸鵌.(『山海經, 卷二, 西山經』) → 翼望山有鳥, 如烏, 三首六尾, 善笑, 名鵸鵌.(『松南雜識』)

466) **又北三百里**, **曰**帶山, …… 有鳥**焉**, **其狀如烏**, 五**采**而赤文, **名曰鵸鵌**.(『山海經, 卷三, 北山經』) → 帶山有鳥, 五**彩**赤文.(『松南雜識』)

467) 山海經, 翼望山有鳥, **狀**如烏, 三首六尾, 善笑, 名鵸鵌. 又帶山有鳥, **狀如烏**, 五采赤文, **亦名鵸鵌**. 太平御覽, **善芳**, **一作獻芳**, **鵸鵌者**, **卽獻芳鳥也**.(『康熙字典, 鵌』) → 山海經**曰**, 翼望山有鳥, 如烏, 三首六尾, 善笑, 名鵸鵌. 又帶山有鳥, 五彩赤文. 太平御覽**所謂獻芳鳥**, **又善芳鳥**.(『松南雜識』)

468) 鳥鼠同穴, **其鳥爲鵌**, **其鼠爲鼵**.(『爾雅注疏, 卷十, 釋鳥』) → 鳥鼠同穴.(『松南雜識』)

469) **鼵如人家鼠而短尾**, 鵌似鵽而小, 黃黑色, 穴**入**地三四尺, 鼠在內, 鳥在外.(『爾雅注疏, 卷十, 釋鳥』의 주석) → **鳥爲鵌**, **鼠爲鼵**, 鵌似鵽而小, 黃黑色, 穴地三四尺, 鼠在

『상서』 공안국(孔安國)의 전주(傳註)에서 "같이 암수가 된다"라고 하였다. 『지리기(地理記)』에서 "암수가 되지 않는다"라고 하였다.[470)]

『강희자전(康熙字典)』에서 "양주(凉州)에 올아서(兀兒鼠)라는 것이 있는데, 쥐와 비슷하다. 목주아(木周兒)라는 새가 있는데, 올아서와 같은 굴에서 산다"[471)]라고 한 말이 바로 이것이다.

목객 · 기귀
木客蘄鬼

『이물지(異物志)』에서 "목객조(木客鳥)는 크기가 까치만하다. 수천 수백 마리가 무리지어 나는데 법도가 있고, 다른 새들과 섞이지 않는다"[472)]라고 하였다.

『이아(爾雅)』에서 "흰 목을 하고 무리지어 나는 것은 연오(燕烏)라고 한다"[473)]라고 하였다.

기주귀(蘄州鬼)[474)]는 소식(蘇軾)의 시에서,

사군(使君)이 기주로 향하시니	使君向蘄州
다시 기주귀(蘄州鬼)를 노래하네	更唱蘄州鬼[475)]

內, 鳥在外.(『松南雜識』)

470) **尙書**孔傳, 共爲雌雄, 地理記, 不爲牝牡.(『康熙字典, 鵌』) → 孔傳**註**, 共爲雌雄, 地理記, 不爲牝牡.(『松南雜識』)

471) 涼州**地**有兀兒鼠者, 似鼠, 有鳥, **名**木周兒者, **似雀**, **常**與兀兒**鼠**同穴**而處**.(『康熙字典, 鼠』) → 涼州有兀兒鼠者, 似鼠, 有鳥, 木周兒者, 與兀兒同穴.(『松南雜識』)

472) 木客鳥, 大如鵲, 數千百頭爲羣飛有度, 不與衆鳥相厠.〈異物志〉(『古今事文類聚後集, 卷四十七, 羽蟲類, 衆禽』)

473) 白項**而**群飛者, **謂之燕烏**.(『爾雅正義, 卷十八, 釋鳥, 燕白脰烏』)

474) 기주귀(蘄州鬼) : 새 이름. 오구(烏臼)라고도 함. 몸통은 검고 부리와 다리는 모두 희다.

475) 「오금언(五禽言)」.

라고 한 말이 이것이다.

증·핍

鵖鴔

『단연록(丹鉛錄)』에서 말하였다.

당나라 노연손(盧延遜)[476]의 시에 '나무 위의 비협조 지저귀네[樹上諮諏批頰鳥]'라고 하였다"[477]라고 하였다. 왕안석의 시에서 "풀 위에 앉아 비협조(批頰鳥) 소리 듣네[藉草聽批鵊]"[478]라고 하였으니, 일명 오구(烏臼)이다. 오경(五更)에 '가가격격(架架格格)'거리면서 우는 것이니, 전인(滇人)은 '자유랑(榨油郎)'[479]이라고 부르는데, 바로 '대승(戴勝)'이다. '겁핍(鵖鴔)'이라는 음이 '비협(批頰)'으로 변한 것이다.[480]

---

476) 노연손(盧延遜) : 당나라 사람. 진사시에 합격하였지만 출사하지 않고 평생 글을 지었다.

477) 唐盧延遜詩, 樹上諮諏批頰鳥.(『丹鉛總錄, 卷二十, 詩話類, 批頰』)

478) 「재용전운기채천계(再用前韻寄蔡天啓)」.

479) 자유랑(榨油郎) : 기름 짜는 사내라는 의미.

480) 按丹鉛錄云, 唐盧延遜詩, 樹上諮諏批鵊鳥. 王安石詩, 藉草聽批頰. 批頰不詳何狀, 或卽鵯頰也. 李時珍以批頰爲升菴之駕犁, 一名烏臼, 五更鳴架架格格者也, 滇人以爲榨油郎. 又曰鳳皇皁隸, 汴人呼爲夏舌, 如燕, 黑色, 長尾, 有岐, 頭上戴勝, 卽爾雅之鵖鴔戴鵀也. 鵖鴔者, 匹及切, 匹及之音, 轉爲批頰耳.(『康熙字典, 鴔』) → 丹鉛錄曰, 唐盧延遜詩, 樹上諮諏批鵊鳥. 王安石詩, 藉草聽批頰. 一名烏臼, 五更鳴架架格格者, 滇人以爲榨油郎. 卽戴勝也, 鵖鴔之音, 轉爲批頰.(『松南雜識』)

분 · 지

鶵䟡

『산해경(山海經)』에서 "태항산(太行山)에 어떤 새가 있는데, 모양은 까치와 비슷하다. 몸은 희고 꼬리는 붉으며 발이 여섯이니, 이름은 '분(鶵)'이다. 잘 놀라고 자기의 이름을 부르는 것 같은 소리로 운다"[481]라고 하였다. 또 "수산(首山)의 북쪽을 궤곡(机谷)이라고 하는데, 지(䟡)가 많다. 그 모양은 올빼미 같은데 눈이 세 개다. 이것을 먹으면 하습병(下濕病)을 치료할 수 있다"[482]라고 하였다. '䟡'의 음은 지이다.

상부

鵃鵂

『산해경(山海經)』에서 "기산(基山)에 어떤 새가 있는데, 모양은 닭 같고 머리 셋에 눈이 여섯, 다리가 여섯, 날개가 셋이니, 이름은 '상부'라고 한다. 이것을 먹으면 잠이 적어진다"[483]라고 하였는데, 그 주석에서 "성질이 급하여 눕지 못하니, 사람으로 하여금 잠이 적게 만든다"[484]라고

---

481) **北次三經之首**, **曰**太行**之**山, …… 有鳥**焉**, **其**狀如鵲, 白身赤尾六足, **其**名曰鶵, **是**善驚, 其鳴自設.(『山海經, 卷三, 北山經』) → 太行山, 有鳥, 狀如鵲, 白身赤尾六足, 名曰鶵, 善驚, 其鳴自設.(『松南雜識』)

482) **東三百里曰**首山, **其陰多穀柞草**, **多苿芫**, **其陽多㻬琈之玉**, **木多槐**, **其**陰**有谷**曰机谷, 多䟡**鳥**, 其狀如梟, 而三目**有耳**, **其音如錄**, 食之, 已墊.(『山海經, 卷五, 中山經』) → 首山**之**陰曰机谷, 多䟡, 其狀如梟而三目, 食之, 已墊.(『松南雜識』)

483) **又東三百里曰**基山, **其陽多玉**, **其陰多怪木**, **有獸焉**, **其狀如羊**, **九尾四耳**, **其目在背**, **其名曰猼訑**, **佩之不畏**, 有鳥**焉**, **其狀**如雞, **而**三首**六目**六足三翼, **其**名曰鵃鵂, 食之無臥.(『山海經, 卷一, 南山經』) → 基山有鳥, 如鷄, 三首六足三翼, 名曰鵃鵂, 食之無臥.(『松南雜識』)

484) 鵃鵂性**急**. **敞孚二音**, 使人少眠.(『山海經, 卷一, 南山經』의 주석) → **急**性**無臥**, 使人少眠.(『松南雜識』)

하였다.

영요
鴒鸚

『산해경(山海經)』에서 "외산(廆山)에 어떤 새가 있는데, 산닭 같고 긴 꼬리에 연단 불꽃처럼 붉고 부리가 푸르니, 영요(鴒鸚)라 한다. 그 울음은 자기의 이름을 부르는 듯한 소리를 내고, 먹으면 눈을 흐르게 하지 않는다"[485]라고 하였다.

복 · 업
鵩鸈

『집운(集韻)』에서 "鵩의 음은 복이니, 복복(鵩鸔)은 점을 잘 친다"[486]라고 하였다. 또 "鸈은 음이 업이니, 사람의 길흉을 안다"[487]라고 하였다.

야 · 몽
鵺鸏

『산해경(山海經)』에서 말하였다.

---

485) **西十里曰**廆山, **其陰多㻬琈之玉, 其西有谷焉, 名曰雚谷, 其木多柳楮, 其中**有鳥**焉**, **狀**如山雞, **而**長尾赤如丹火**而**青喙, 名曰鴒鸚, 其鳴自呼, 服之不眯.(『山海經, 卷五, 中山經』)→廆山有鳥 如山鷄, 長尾赤如丹火青喙, 名曰鴒鸚, 其鳴自呼 服之不眯.(『松南雜識』)

486) 鳥名, 善占.(『集韻, 鵩』)→ 集韻曰, 鵩音僕, 鵩鸔善占.(『松南雜識』)

487) 知人吉凶. 音業. (『集韻, 鸈』)→鸈音業, 知人吉凶.(『松南雜識』)

단장산(單張山)에 야(䳠) 〈음은 夜〉가 있는데, 모양은 꿩 같이 생겼고 머리에는 무늬가 있으며 날개가 희고 발이 노란데, 이름을 백야(白䳠)라고 한다. 이것을 먹으면 목구멍의 통증을 치료할 수 있다.[488]

『광운(廣韻)』에서 "鸏의 음은 '몽'이니, 동조(鶇鳥)이다"라고 하였다. 유흔기(劉欣期)[489]의 『교주지(交州志)』에서 "몽동(蒙鶇)은 물새이니, 구진(九眞)[490]과 교지(交趾)에서 난다. 크기는 공작만하고 부리는 한 자 가량인데, 남쪽 사람들은 물그릇으로 쓴다"라고 하였다. 축법진(竺法眞)[491]의 『나부산소(羅浮山疏)』[492]에서 "물고기는 먹지 않고 나뭇잎만 먹는다. 똥은 훈륙향(薰陸香)[493] 같은데, 약에 넣으면 여러 가지 창증(瘡症)을 고친다. 일명 상조(鷞鵰)이다"라고 하였다.[494]

반모 · 동거

鷩䳋鶇渠

『산해경(山海經)』에서 "북효산(北囂山)에 어떤 새가 있는데, 사람 얼굴

---

488) **北百八十里曰**, 單張**之**山, 有**鳥焉**, **其狀**如雉, **而**文首白翼黃足, 名曰白䳠, 食之, 已嗌痛.(『山海經, 卷三, 北山經』) → 單張山有**䳠**〈音夜〉如雉, 文首白翼黃足, 名曰白䳠, 食之, 已嗌痛.(『松南雜識』)

489) 『松南雜識』에는 '劉欣明'으로 되어 있음.

490) 구진(九眞) : 산 이름. 당나라 때는 선잠산(仙潛山)이라 하였다. 지금 중국 호북성(湖北省) 한양현(漢陽縣) 서쪽에 있다. 9명의 선녀가 이 산에서 단약(丹藥)을 만들었다는 전설이 있어 그런 이름이 붙었다.

491) 『松南雜識』에는 '竺眞'으로 되어 있음.

492) 나부산소(羅浮山疏) : 축법진(竺法眞)이 지었다는 책 이름.

493) 훈륙향(薰陸香) : 향료 이름. 유향(乳香). 감람과(橄欖科) 상록수의 응고된 나무기름에서 채취한다. 주로 약용으로 쓰인다.

494) 廣韻, 鸏鶇, 鳥也. 劉欣期交州志, 鸏鶇, 水鳥, 出九眞交趾, 大如孔雀, 喙長尺許, 南人以爲飮器. 竺眞羅浮山疏, **鸏鶇**, 不食魚, 止啖木葉, 糞似薰陸香, 入藥治雜瘡, 一名鷞鵰.(『康熙字典, 鸏』) → 鸏**音**蒙, **鶇**鳥也. 劉欣期交州志**曰**, 鸏鶇, 水鳥, 出九眞交趾, 大如孔雀, 喙長尺許, 南人以爲飮器. 竺眞羅浮山疏, 不食魚, 止啖木葉, 糞似薰陸香, 入藥治雜瘡, 一名鷞鵰.(『松南雜識』)

을 하고 있으니 '반모(鸞鵑)'라고 한다. 밤에 날아 다니고 낮에는 숨어 있다. 이 새를 먹으면 더위 먹은 병을 고칠 수 있다"[495]라고 하였는데, 주석에서 "휴류(鵂鶹)의 등속이다"[496]라고 하였다.

또 "송과산(松果山)에 어떤 새가 있으니 동거(螐渠)라고 하며, 박(𦢊)의 증상을 치료할 수 있다"[497]라고 하였는데, 그 주석에서 "𦢊의 음은 '박'이니, 피부에 주름이 일어나는 증상을 이른다"[498]라고 하였다.

굴거
鶌鶋

『산해경(山海經)』에서 말하였다.

마성산(馬成山)에 어떤 새가 있으니 이름은 '굴거(鶌鶋)'라고 하며 자기의 이름을 부르는 것 같은 울음소리를 낸다. 이것을 먹으면 허기지지 않는다.[499]

---

495) **北三百里曰**, 北嚻之山, **無石**, **其陽多碧**, **其陰多玉**, **有獸焉**, **其狀如虎**, **而白身犬首馬尾彘鬣**, **名曰獨狢**, 有鳥**焉**, **其狀如鳥**, 人面, 名鸞鵑, 宵飛而晝伏, 食之已暍, **涔水出焉**, **而東流注于卬澤**.(『山海經, 卷三, 北山經』) → 北嚻之山, 有鳥, 人面, 名**曰**鸞鵑, 宵飛而晝伏, 食之已暍.(『松南雜識』)

496) 鵂鶹之屬.(『山海經, 卷三, 北山經』의 주석)

497) **西四十五里**, **曰**松果之山, **濩水出焉**, **北流注于渭**, **其中多銅**, 有鳥**焉**, 其名曰螐渠, **其狀如山雞**, **黑身赤足**, 可以已𦢊.(『山海經, 卷二, 西山經』) → 松果之山, 有鳥, 其名曰螐渠, 可以已𦢊.(『松南雜識』)

498) 謂皮皺起也, **音叵駮反**.(『山海經, 卷二, 西山經』의 주석) → **𦢊音雹**, 謂皮皺起也.(『松南雜識』)

499) **東北二百里曰**, 馬成**之**山, **其上多文石**, **其陰多金玉**, **有獸焉**, **其狀如白犬而黑頭**, **見人則飛**, **其名曰天馬**, **其鳴自訆**, 有鳥**焉**, **其狀如烏**, **首白而身青**, **足黃是**, 名**曰**鶌鶋, 其鳴自詨, 食之不**飢**.(『山海經, 卷三, 北山經』) → 馬成山有鳥, 名鶌鶋, 其鳴自詨, 食之不**饑**.(『松南雜識』)

절지 · 구호
竊脂九扈

『춘추좌씨전(春秋左氏傳)』의 주석에서 "상호(桑扈)[500]는 절지(竊脂)이다"[501]라고 하였으니, 바로 농사 짓고 뽕나무 치는 아홉 가지 절기를 알리는 새이다.

춘호씨(春扈氏)는 백성들에게 씨 뿌리라 재촉하고, 하호씨(夏扈氏)는 백성들에게 김을 매라 재촉하고, 추호씨(秋扈氏)는 백성들에게 수확하라 재촉하고, 동호씨(冬扈氏)는 백성들에게 갈무리하라 재촉한다.

극호씨(棘扈氏)는 백성들의 온갖 과일을 관장하고, 행호씨(行扈氏)는 낮에 백성을 위하여 새를 몰아내고, 소호씨(宵扈氏)는 밤에 백성을 위하여 짐승을 몰아내고, 상호씨(桑扈氏)는 백성들에게 양잠(養蠶)하라 재촉하고, 노호씨(老扈氏)는 백성들에게 보리를 거두라 재촉한다.[502] '호(扈)'는 백성들을 통제하여 때를 놓치지 않게 한다.

주자(朱子)의 시에서 "이리저리 나는 모양이 절지와 다르다[交交異竊脂]"[503]라고 하였다.

율곡(栗谷) 이이(李珥)의 글에 "아무개는 명리(名利)에 대해서 마치 절지(竊脂)가 곡식을 대하듯 탐냄이 없듯하였다"[504]라고 말하였으니, 대개 이 새는 고기만 먹기 때문이다.[505]

---

500) 상호(桑扈) : 새 이름. 달리 청작(青雀) · 청자(青觜) · 절지(竊脂)라고도 한다. 이 새는 고기는 먹어도 곡식은 먹지 않는다.

501) 桑扈, 竊脂.(『春秋左傳, 卷四十八, 昭公十七年』의 주석) → 桑扈, 竊脂**也**.(『松南雜識』)
* 참고로 이 주석에 해당되는 『춘추좌전』의 본문은 "九扈爲九農正"이다.

502) 春扈氏, 趣民耕種, 夏扈氏, 趣民芸除, 秋扈氏, 趣民收歛, 冬扈氏, 趣民蓋藏, 棘扈氏, 掌民百果, 行扈氏, 晝爲民驅鳥, 宵扈氏, 夜爲民驅獸, 桑扈氏, 趣民養蚕, 老扈氏, 趣民收麥.(『韻府羣玉, 九扈』)

503) 「황작자(黃雀鮓)」.

504) **惟貨惟**利, 竊脂**於**粟.(『栗谷先生全書, 卷之十四, 祭文, 祭土亭李公之菡文』) → **某於名**利, **猶**竊脂**之啄**粟.(『松南雜識』)

505) 주희(朱熹)는 『詩, 小雅, 小宛』의 주석에서 "상호(桑扈)는 육식(肉食)을 하고 곡식

대승 · 역작
戴勝力作

「월령(月令)」에서 "대승(戴勝[506])이 뽕나무에 내려온다"[507]라고 하였는데, 그 주석에서 "대승(戴勝)은 길쌈질 할 때 오는 새이다"[508]라고 하였다. 머리 위에 꽃 같은 털이 '승(勝)' 모양으로 되어 있으니, 승(勝)은 부인의 머리 장식이다.

운서(韻書)에서 "대승(戴勝)은 바로 포곡(布穀)이니, 일명 알국(鵠鵴)이다"[509]라고 하였다.

우리나라에서는 '국국(鵴鵴)'이라 하니, 그 울음소리 때문이다.

양웅(揚雄)의 『방언(方言)』에서 "양(梁)나라 초(楚)나라 사이에서는 '결고(結誥)'라고 한다"[510]라고 하였다.

또 '역작조(力作鳥)'이니 소식(蘇軾)의 시에서,

역작, 역작(힘써 일하세, 힘써 일하세)	力作力作
누에 실 일백 박(箔)[511]이로다	蠶絲一百箔[512]

라고 하였다.

은 먹지 않는다"라고 하였다.

506) 대승(戴勝): 새 이름. 대임(戴鵀), 대임(戴任), 대임(戴紝)이라고도 쓴다. 모양은 참새와 비슷하다.

507) 戴勝降于桑.(『禮記注疏, 卷十, 月令』)

508) **戴勝**, 織紝之鳥.(『禮記注疏, 卷十, 月令』의 주석) → 織紝之鳥.(『松南雜識』)

509) **爾雅作**鵠鵴. **注**, **今之**布穀**也**.(『洪武正韻, 鵴』) → **卽**布穀, **一名**鵠鵴.(『松南雜識』)

510) 梁楚之間, 謂之結誥.(『方言』)

511) 박(箔) : 누에를 치는데 쓰이는 채반.

512) 「오금언(五禽言)」.

산여
酸與

『산해경(山海經)』에서 “경산(景山)에 어떤 새가 있으니, 그 모양은 뱀 같고 날개가 넷, 눈이 여섯, 다리가 셋이니, 산여(酸與)라고 한다”[513]라고 하였다. 『현람(玄覽)』에서 “다리가 셋인 새로 산여(酸鵌)가 있다”[514]라고 하였다.

제호가 도하이다
提壺淘河

운서(韻書)에서 말하였다.

도하조(淘河鳥)는 바로 사다새[鵜鶘]이다. 턱 아래 두 개의 살덩어리는 몇 말[斗] 들이 주머니처럼 크다. 작은 물에 고기가 있으면 물을 막아 턱에 담아서 물이 다 없어진 다음에 고기를 먹기 때문에 그런 이름이 붙었다.[515]

아마 제호(鵜鶘)는 제호(提壺)와 음이 비슷하기 때문인 듯하니, 소식(蘇軾)의 시에서 “꽃 아래에서 호로새[壺盧鳥]는 ‘술잔[提][516] 들라’고 우네[花下壺盧鳥勸提]”[517]라고 한 말과 두보(杜甫)의 시에서 “강 속의 도하(淘

513) **南三百里曰**景山, **南望鹽販之澤**, **北望少澤**, **其上多草藷藇**, **其草多秦椒**, **其陰多赭**, **其陽多玉**, 有鳥焉, 其狀如蛇, 而四**翼**六目三足, 名曰酸與.(『山海經, 卷三, 北山經』) →景山有鳥焉, 其狀如蛇 而四**首**六目三足, 名曰酸與.(『松南雜識』)

514) 玄覽云, 三足之鳥, 有酸鵌焉.(『山海經, 卷三, 北山經』의 주석)

515) 淘河鳥, 卽**鵜**鶘, 頷下兩**塊肉**, 大如數斗囊, 小水有魚, 能抑水入頷, 水竭乃食魚, 故名.(『韻府羣玉, 河』)→淘河鳥, 卽**鵜**鶘**也**, 頷下兩**肉塊**, 大如數斗囊, 小水有魚, 能抑水入頷, 水竭乃食魚, 故名**焉**.(『松南雜識』)

516) 제(提) : 호로새가 우는 소리.

河)가 나는 제비를 보고 놀라서 '헉!'하고 소리친다[江中淘河嚇飛燕]"[518] 라고 한 말이 이것이다.

우리나라에서는 '후우조(厚又鳥)'라 한다.

독추
禿鶖

『고금주(古今注)』에서 "부로(扶老)는 독추(禿秋)이니, 모양은 학(鶴) 같지만 그보다 크다"[519]라고 하였다.

이시진(李時珍)이 말하였다.

모든 새는 가을이 되면 털이 빠져 대머리가 되는데, 이 새의 머리는 가을 털갈이를 한 것처럼 벗겨져서 마치 노인의 대머리와 같다.[520]

『본초강목(本草綱目)』에서 "일명 자로(鶖鶩)이니, 흰 것·검은 것·아롱진 것의 세 종류가 있다. 이름이 호자로(胡鶖鶩)라고 하는 것은, 그 고기 색도 다르다"[521]라고 하였다.

원나라 때 오히려 자로(鶖鶩)를 공물로 바친 일이 있었다.

---

517) 花下壺**盧**鳥勸提.(『東坡全集, 卷三, 詩七十六首, 和子由柳湖久涸忽有水開元寺山茶舊無花今歲盛開二首』)→ 花下壺**壚**鳥勸提.(『松南雜識』)

518) 「적소행(赤霄行)」.

519) 扶老禿**秋**也, 狀如鶴而大.(『古今注, 卷中, 鳥獸』) → 扶老禿**鶖**也, 狀如鶴而大.(『松南雜識』)

520) 時珍曰, 凡鳥至秋毛脫禿, 此鳥頭禿如秋毨, 又如老人頭童.(『本草綱目, 卷四十七, 禽之一, 鵚鶖』의 주석) → **李**時珍曰, 凡鳥至秋毛脫禿, 此鳥頭禿如秋毨, 如老人頭童.(『松南雜識』)

521) 鶖鵚, 有三種, **有**白者黑者花者, 名爲胡鶖鵚, 其肉色亦不同**也**.(『本草綱目, 卷四十七, 禽之一, 鵚鶖』의 주석) → 一**名**鶖鶩, 有三種, 白者黑者花者, 名爲胡鶖鶩, 其肉色亦不同.(『松南雜識』)

백노가 격이다
伯勞鶪

운서(韻書)에서 "백로(伯勞)는 음기(陰氣)가 움직일 때 울고 양기(陽氣)가 회복되면 그치니, 음적(陰賊)의 새이다"522)라고 하였다.

『시경(詩經)』에서 "칠월에 격(鶪)이 우네[七月鳴鶪]"523)라고 하였다.

초사(楚詞)에서,

두견이[鶗鴂]가 먼저 울어	恐鶗鴂之先鳴兮
온갖 풀이 향기롭지 못할까 두렵네	使百草爲之不芳524)

라고 하였다.

『춘추좌씨전(春秋左氏傳)』에서 "백조씨(伯趙氏)525)는 하지(夏至)에서 동지(冬至)까지를 주관한다"526)라고 하였다.

옛 노래에서 "박로의 옛날 아버지가 구수라네[博勞舊父是仇綏]"527)라고 한 말이 이것이니, 또한 화하여 두더지[鼢]가 된 것이다.528)

동방삭(東方朔)이 길 가의 집 문을 두드렸는데, 그 집 주인의 성명(姓名)을 알지 못하였다. 그런데 백로(伯勞)가 오얏나무에 모여 앉아 있는

---

522) 陰氣動而鳴, 陽氣復而止, 陰賊之鳥.(『韻府羣玉, 勞』)

523) 『詩經, 豳風, 七月』.

524) 恐鶗鴂之先鳴**兮**, 使百草爲之不芳.(『文選, 卷三十二, 騷上, 離騷經』) → 恐鶗鴂之先鳴, 使百草爲之不芳.(『松南雜識』)

525) 백조씨(伯趙氏) : 옛날의 관직 명칭이기도 하고 백로(伯勞)를 지칭하기도 한다. 『좌전(左傳), 소공(昭公) 17년』의 주석에 의하면 백로(伯勞)가 하지(夏至)에 와서 울다가 동지(冬至)에 떠나가기에 이런 말이 있게 되었다고 하였다.

526) 伯趙**氏**司至**者也**.(『春秋左傳, 卷四十八, 昭公十七年』) → 伯趙司至.(『松南雜識』)

527) 博勞**舊**父是讎綏.(『晉書, 卷一百十四, 載記第十四, 苻堅下』) → 博勞**舅**父是仇綏.(『松南雜識』)

528) 鼢 …… **說文, 地行鼠, 伯勞所**化也. **一曰鼶鼠爾**.(『康熙字典, 鼢』) → **亦**化**爲**鼢**者**.(『松南雜識』)

것을 보고 "이 집 주인의 성명(姓名)이구나"라고 하고는, '이백로(李伯勞)'라고 부르니, 정말 그러하였다.529)

대개 산새는 자신의 이름을 부르는 소리를 내는데 사람의 이름으로 불러도 맞았으니, 곧 '삭래(朔來)'보다도 묘하다.530) 삭래(朔來)는 '대추'를 의미한다.

기러기 왕
鴈王

『소이아(小爾雅)』에서 "음(陰)을 버리고 양(陽)으로 가는 것을 양조(陽鳥)라 하니, 기러기가 이것이다"531)라고 하였다.

불경(佛經)에서 "오백 마리 기러기가 한 무리를 이루었는데, 기러기 왕이 사냥꾼에게 잡히자 새떼가 붉은 과일을 물고 와서 던졌다"라고 하였다.

또 『대당서역기(大唐西域記)』에서 "암사슴이 감응하여 여자를 낳았는데, 그녀가 밟고 지나간 자리에 모두 연꽃이 피어났다"532)라고 하였다.

---

529) 東方朔**與弟子偕行渴**, **令弟子**扣道邊家**求飮**, 不知姓名, **主人開門不與**, **須臾**見伯勞**飛**集**主人門中**李樹**上**, **朔謂弟子**曰, 此主人姓**李**名**伯勞爾**, **但**呼李伯勞, 果**有李伯應**, **卽入取飮**. 〈別傳〉(『古今事文類聚後集, 卷四十七, 羽蟲類, 伯勞集李』)→東方朔扣道邊家, 不知姓名, 見伯勞集李樹曰, 此主人姓名**也**, 呼李伯勞, 果**然**.(『松南雜識』)

530) 무제(武帝) 때 상림(上林)에서 대추를 바쳤다. 그러자 무제가 나무지팡이로 미앙전(未央殿)의 난간을 두드리며 동방삭(東方朔)을 부르면서 "쯧쯧!(叱叱 : 혀를 차며 재촉하는 소리) 와보시오. 와보시오[來來]. 선생은 이 상자 속에 무슨 물건이 들었는지 알겠소?" 그러자 동방삭이 "상림(上林)에서 바친 대추 49개가 들었습니다"라고 대답하였다. 무제가 "어떻게 알았소?"라고 묻자, 동방삭이 "전하께서 저를 부르셨으니, 제 이름인 삭(朔)은 매달의 상순(上旬)에 해당하기에 '상(上)'을 의미합니다. 나무지팡이로 난간을 치셨으니 두 개의 나무는 바로 '림(林)'을 의미합니다. 저를 '오라(來), 오라(來)'라고 하셨으니 래(來)자 두 개는 '조(棗)'를 의미합니다. 그리고 저를 부를 때 '질질(叱叱)'이라고 하셨는데, 이것은 숫자 '칠(七)'과 음이 비슷하므로, '七七'을 곱하면 49가 됩니다."라고 대답하였다. 그러자 무제가 큰 소리로 웃으며 비단 10필을 하사하였다.

531) 去陰就陽者, 謂之陽鳥, 鴻雁, 是也.(『小爾雅疏證, 卷四』)

532) **昔有仙人隱居巖谷**, **仲春之月**, **鼓櫂淸流**, **麀**鹿**隨**飮, 感生女子, **姿貌過人**, **唯脚似**

그래서 왕유(王維)의 시에서,

기러기 왕이 과일을 물어와 바치고	鴈王啣果獻
사슴의 딸이 꽃을 밟고 가네	鹿女踏花行[533]

라고 하였으니, 절 이름이 감화사(感化寺)이기 때문에 그렇게 용사(用事)한 것이다.

빙소
憑霄

『습유기(拾遺記)』에서 "순(舜) 임금을 창오(蒼梧)에 장사지낼 때 빙소조(憑霄鳥)가 청사주(青沙珠)를 물고 와서 언덕을 만들었으니 '주구(珠丘)'라 한다"[534]라고 하였다.

『수경(水經)』에서 "우(禹) 임금 사당 아래에 새떼가 밭을 갈았는데, 봄에는 풀뿌리를 파내고 가을에는 잡초를 쪼았다"[535]라고 하였다.

『후한서(後漢書)』에서 "양진(楊震)[536]을 장사지낼 때 큰 새가 왔다"[537]

鹿, **仙人見已收而養焉**, **其後命令求火至餘仙廬**, **足所**履**地**, 迹皆有蓮花.(『大唐西域記, 卷七, 五國』) → **麋**鹿感生女子, 履迹皆有蓮花.(『松南雜識』)

533) 「유감화사(遊感化寺)」.

534) 舜葬蒼梧之野, 有鳥如雀, 丹州而來, 吐五色之氣, 氤氳如雲, 名曰憑霄. 雀能羣飛, 銜土成丘墳, 此鳥能反形變色, 集於峻林之上, 在木則爲禽, 行地則爲獸, 變化無常, 常遊丹海之際, 時來蒼梧之野, 銜青砂珠, 積成壟阜, 名曰珠丘.(『拾遺記, 卷一』) → 舜葬蒼梧, 有**鳥名**憑霄, **銜**青沙珠, 成**隴阜**, **阜名**珠丘, 拾遺記.(『韻府羣玉, 憑霄』) → 拾遺記**曰**, 舜葬蒼梧, 有憑霄**鳥**, **啣**青沙珠, 成阜, **謂**珠丘.(『松南雜識』)

535) **山下有**禹廟, **廟有聖姑像**, **禮樂緯云**, **禹治水畢**, **天賜神女聖姑**, **卽其像也**, **山上有禹冢**, **昔大禹卽位十年**, **東巡狩**, **崩于會稽**, **因而葬之**, 有鳥**來**, **爲之**耘, 春拔**艸**根, 秋啄其穢.(『水經注, 卷四十』) → 禹**祠之下**, 有**羣**鳥耘**田**, 春拔**草**根, 秋啄其穢.(『松南雜識』)

536) 양진(楊震) : 후한사람. 자는 백기(伯起). 경학(經學)에 밝고 박람(博覽)하여 궁구하지 않음이 없어 당시의 여러 선비들이 그를 두고 관서공자(關西孔子) 양백기(楊伯起)라고 말하였다.

라고 하였다.

『세설신어(世說新語)』에서 "도간(陶侃)[538]이 모친상을 당하였을 때 학 한 쌍이 조문하였다"[539]라고 하였다.

모두 기이한 일에 대한 기록이다.

송조 · 명조
誦鳥鳴鳥

『산해경(山海經)』에서 "개명(開明) 남쪽에 송조(誦鳥)가 있다"[540]라고 하였다.

또 명조(鳴鳥)는 새 이름이니, "엄주산(弇州山)에 오색의 새가 있는데, 하늘을 우러러 울부짖으니 명조(鳴鳥)라 한다"[541]라고 하였다.

---

537) 歲餘, 順帝卽位, 樊豐周廣等誅死, 震門生虞放陳翼詣闕追訟震事, 朝廷咸稱其忠, 乃下詔, 除二子爲郎, 贈錢百萬, 以禮改葬於華陰潼亭, 遠近畢至, 先葬十餘日, 有大鳥, 高丈餘, 集震喪前, 俯仰悲鳴, 淚下霑地, 葬畢乃飛去.(『後漢書, 卷八十四, 楊震列傳』) → 楊震之葬, 大鳥來.(『松南雜識』)

538) 도간(陶侃) : 진(晉)나라 사람. 자는 사행(士行). 형주자사(荊州刺史)를 지냈기 때문에 도형주(陶荊州)라고도 한다. 언덕 위에 소가 자는 곳을 골라 집안의 묘를 쓰고 크게 입신출세 하였다고 하는데, 그의 어머니가 죽은 뒤에 두 마리 학이 사람으로 변하여 와서 조상하였다고 한다.

539) **及**侃丁母憂, **在墓下**, **忽有二客來弔**, **不哭而退**, **儀服鮮異**, **知非常人**, **遣隨視之**, **但見**雙鶴**沖天而去**.(『世說新語, 卷下之上, 容止』의 주석) → **陶**侃丁母憂, 雙鶴**弔**.(『松南雜識』)

540) 開明南有**樹鳥**.(『山海經, 卷十一, 海內西經』) → 開明南有**誦鳥**.(『松南雜識』)

541) **有**弇州之山, 五彩之鳥, 仰天, 名曰鳴鳥.(『山海經, 卷十六, 大荒西經』) → 弇州之山, **有**五彩之鳥, 仰天**鳴**, 名曰鳴鳥.(『松南雜識』)

두비 · 흠원
蠹蜚欽原

『산해경(山海經)』에서 말하였다.

유차산(羭次山)에 어떤 새가 있는데, 그 모양은 올빼미 같고 사람 얼굴에 다리가 하나이니, '두비(蠹蜚)'라고 한다.[542]

또 "곤륜산(崑崙山)에 어떤 새가 있으니, 흠원(欽原)이라고 한다. 새나 짐승을 쪼면 죽고, 나무를 쪼면 말라 죽는다"[543]라고 하였다.

성우
胜遇

『산해경(山海經)』에서 "옥산(玉山)에 어떤 새가 있으니, 성우(胜遇)라 한다"[544]라고 하였다.

『이아(爾雅), 석조(釋鳥)』에서 "치포숙(鴩餔叔)은 새의 이름이다"라고 하였다.

또 '추호(秋扈)[545]는 절람(竊藍)이다'라고 하였는데, 그 주석에서 "절람

---

542) 羭次之山, **漆水出焉, 北流注于渭, 其上多棫橿, 其下多竹箭, 其陰多赤銅, 其陽多嬰垣之玉, 有獸焉, 其狀如禺而長臂, 善投, 其名曰囂**, 有鳥焉, 其狀如梟, 人面而一足, 曰槖蠹蜚, **冬見夏蟄, 服之不畏雷**.(『山海經, 卷二, 西山經』)→羭次之山, 有鳥焉, 其狀如梟, 人面而一足, **名**曰蠹蜚.(『松南雜識』)

543) 崑崙之**丘**, **有鳥焉, 其狀如蜂, 大如鴛鴦**, 名曰欽原, 蠚鳥獸則死, 蠚木則枯.(『山海經, 卷二, 西山經』)→崑崙之**山**, 有鳥焉, 名曰欽原, 蠚鳥獸則死, 蠚木則枯.(『松南雜識』)

544) 玉山, …… 有鳥焉, **其狀如翟而赤**, 名曰胜遇.(『山海經, 卷二, 西山經』)→山海經, 玉山有鳥焉, 名曰胜遇.(『康熙字典, 胜』)→玉山有鳥焉, 名曰胜遇.(『松南雜識』)

545) 추호(秋扈) : 뽕나무의 수확 시기를 알려주는 새.

(竊藍)은 새의 이름이니, 푸른색이다"[546]라고 하였다.

린작
䦧鵲

『광운(廣韻)』에서 "린작(䦧鵲)은 새 이름이니, '䦧'의 음은 '린'이다"라고 하였다. 『설문해자(說文解字)』에서 "구관조[鴝鵒]와 비슷하며 노란색이다"[547]라고 하였다.[548]

『산해경(山海經)』에서 말하였다.

> 근리산(堇理山)에 어떤 새가 있는데, 그 모양은 까치 같은데, 몸이 파랗고 부리가 희며 눈이 희고 꼬리가 희다. 이름을 청경(青耕)이라고 하니 돌림병을 막을 수 있다.[549]

까치
鵲

『박물지(博物志)』에서 "까치는 일명 '비박(飛駮)'이니, 둥지 입구는 태세(太歲)[550]를 등진다"[551]라고 하였다.

---

546) **又鳥名**, **爾雅釋鳥**, 秋扈竊藍. 註, 竊藍, 青色.(『康熙字典, 藍』) → **又**秋扈竊藍. 註, 竊藍, **鳥名也**, 青色.(『松南雜識』)

547) **今䦧**似鴝鵒而黃.(『說文解字, 䦧』) → 似鴝鵒而黃.(『松南雜識』)

548) **廣韻集韻正韻**, **并良刃切**, 音吝. 廣韻, **䦧鵲**, 鳥名. 說文, **䦧**似雊鵒而黃.(『康熙字典, 䦧』) → 廣韻, 鳥名**也**, 䦧音吝. 說文**曰**, 似雊鵒而黃.(『松南雜識』)

549) 堇理之山, **其上多松柏多美梓**, **其陰多丹雘多金**, **其獸多豹虎**, 有鳥焉, 其狀如鵲, 青身白喙白目白尾, 名曰青**耕**, 可以禦疫.(『山海經, 卷五, 中山經』) → 堇理之山, 有鳥焉, 其狀如鵲, 青身白喙白目白尾, 名曰青**畊**, 可以禦疫.(『松南雜識』)

550) 태세(太歲) : 목성(木星)의 별칭.

551) 鵲巢**門戶**, 背太歲, **向太乙**, **智也**.(『博物志, 卷四, 物性』) → 一名飛駮, 博物志, 巢

당나라 두신(竇申)[552]은 국정 보고(國政報告)를 '희작(喜鵲)'이라 하였다. 『만주방략(滿洲方略)』에서 말하였다.

천녀(天女) 불고륜(佛庫倫)이 못에서 목욕할 때 어떤 신작(神鵲)이 붉은 과일을 물어다 옷에 놓아두었는데, 불고륜이 먹자 홀연 배로 들어가 청나라 시조 애신각라(愛新覺羅)를 낳으니, 이름을 포고리옹순(布庫哩雍順)이라고 하였다.[553]

이 일화는 "한(漢)나라 고제(高帝)의 모친 유온(劉媼)[554]이 못에서 목욕하다가 옥계(玉鷄)의 붉은 구슬을 삼켰다"는 고사[555]와 비슷하다.

광조
狂鳥

『이아(爾雅)』에서 "광(狂)은 모치(茅鴟)[556]이다"[557]라고 하였는데, 그 주

開口背大歲.(『韻府羣玉, 鵲』) → 一名飛駁, 巢口背太歲.(『松南雜識』)

552) 두신(竇申) : 당나라의 간신. 삼족자(參族子)의 비호를 입어 간사한 짓을 일삼다가 황제에게 장살(杖殺)되었음.

553) **謹考實錄, 長白山之東, 有布庫哩山, 其下有池, 曰布勒瑚理. 相傳, 有三**天女浴**於**池, 神鵲啣朱果, 置**季女**衣, **季女**含口**中**, 忽**已**入腹, **遂有身**, **尋**產**一男生**, **而能言**, **體貌奇異**, **及長母告以吞朱果之故**, **因錫之姓**, **爲**愛新覺羅, 名**之曰**布庫哩雍順.(『大清一統志, 卷四十五』의 주석) → **滿洲方略曰**, 天女**佛庫倫**, 浴**于**池, **有**神鵲啣朱果, 置**于**衣, 含**之**口, 忽入腹, 產**清始祖**愛新覺羅, 名布庫哩雍順.(『松南雜識』)

554) 유온(劉媼) : 유씨의 부인이란 의미로, 고대에는 여인의 성을 알 수 없었기에 남편의 성을 썼기 때문에 그렇게 불렀다.

555) 한(漢)나라 고제(高帝)의 어머니 함시(含始)가 소령후(昭靈后)로 있을 때 못에서 목욕하였다. 그때 옥계(玉鷄)가 붉은 구슬을 물고 왔는데 거기에 '옥영(玉英)이니 이것을 삼키는 사람은 왕이 될 것이다.[玉英, 吞此者王.]'라고 쓰여 있었다. 소령후가 그것을 집어 들고 삼켰다가 얼마 뒤 임신하여 아들을 낳으니 이가 바로 고제(高帝)였다고 한다.

556) 모치(茅鴟) : 치휴(鴟鵂). 묘두응(猫頭鷹).

석에서 "지금의 역치(鵅鴟)이다. 매와 비슷한데, 흰색이다"[558]라고 하였고, 소(疏)에서 "모치(茅鴟)는 일명 광(狂)이다"[559]라고 하였다. 또 광(狂)은 몽조(㝱鳥)이니, 일명 광(狂)이다.

『산해경(山海經)』에서 "율광(栗廣) 들에 오색의 새가 있는데, 벼슬이 있으며 '광조(狂鳥)'라 한다"[560]라고 하였다.[561]

문모 · 왕모
蚊母王母

『북호록(北戶錄)』에서 "남방(南方)에 어떤 새가 있는데, 이름을 '전(鷏)'이라 한다. 입 안에서 모기 한 두 되를 게워내기에 '문모(蚊母)'라 한다"라고 하였으니, 또한 새 가운데 문합목(蚊蛤木)이다.

두보(杜甫)의 시에 "서왕모는 낮에 내려와 구름 깃발 번득이네[王母晝下雲旗翻]"[562]라고 하였는데, 그 주석에서 "왕모(王母)는 새 이름이다. 제군(齊郡) 함산(函山)[563]에 어떤 새가 있는데, 다리는 파랗고 부리는 적황색이며 날개는 희고 이마는 붉은색이니, 이름을 '왕모사자(王母使者)'라고 한다"라고 하였으니,[564] 『한무제내전(漢武帝內傳)』에서 "7월 7일에 한

---

557) 狂, 茅鴟.(『爾雅注疏, 卷十, 釋鳥』)

558) 今**鵅**鴟也, 似鷹而白.(『爾雅注疏, 卷十, 釋鳥』의 주석) → 今**鵋**鴟也, 似鷹而白.(『松南雜識』)

559) 茅鴟, 一名狂.(『爾雅注疏, 卷十, 釋鳥』의 疏)

560) 栗廣之野, …… 有五彩之鳥, 有冠, 名曰狂鳥.(『山海經, 卷十六, 大荒西經』) → 栗廣之野, 有五彩之鳥, 有冠, 名曰狂鳥.(『松南雜識』)

561) 爾雅**釋鳥**, 狂, 茅鴟. 註, 今鵋鴟也. 似鷹而白. 疏, 茅鴟, 一名狂. **按**, **廣韻**, **作鵟**. 又 **爾雅釋鳥**, 狂, 㝱鳥. **疏**, **㝱鳥**, **亦**名狂. 山海經, 栗廣之野, 有五彩之鳥, 有冠, 名曰狂鳥.(『康熙字典, 狂』) → 爾雅, 狂, 茅鴟. 註, 今鵋鴟也. 似鷹而白. 疏, 茅鴟, 一名狂. 又 狂, 㝱鳥. 一名狂. 山海經**曰**, 栗廣之野, 有五彩之鳥, 有冠, 名曰狂鳥.(『松南雜識』)

562) 「현도단칠언륙운기원일인(玄都壇七言六韻寄元逸人)」.

563) 『松南雜識』에는 '幽山'으로 되어 있음.

564) 王母晝下雲旗翻. 〈王母鳥名**也**, **以對子規**. **段成式酉陽雜俎云**, 齊郡函山, 有鳥, 足青觜亦黃素翼絳顙, 名王母使者〉(『九家集注杜詩, 玄都壇七言六韻寄元逸人』) → 杜**寄元逸人**, **子規夜啼山竹裂**, 王母晝下雲旗翻, 註, 王母鳥名, 齊郡函山, 有鳥, 足青觜

마리 푸른 새가 궁전 앞에 모였는데, 동방삭이 '이는 서왕모가 오려는 것이다'라고 하였다"[565]라고 한 말이 이것이다.

『산해경(山海經)』에서 "삼위산(三危山)에 푸른 새가 있는데, 서왕모(西王母)를 위하여 음식을 가져간다"[566]라고 한 말이 이것인가?

『집운(集韻)』에서 "리(鵹)이다"라고 하였다.

맥숙 · 병초
麥熟餠焦

맥숙(麥熟)은 주자(朱子)의 시에서,

맥숙(麥熟)이 읊조리나니	麥熟吟
작년에 보리를 심었더니 덕음(德音)이 있네	去年種麥有德音[567]

라고 한 말이 이것이다.

파병초아(婆餠焦兒)는 매요신(梅堯臣)의 시에서,

파병초아(婆餠焦兒)가 먹지 못하니	婆餠焦兒不食
네 애비는 어디로 갔단 말인가	爾父向何之[568]

赤黃素翼絳顙, 名王母使者.(『韻府羣玉, 王母』)→杜詩, 王母晝下雲旗翻, **註**, 王母鳥名也. 齊郡幽山, 有鳥, 足青觜赤黃素翼絳顙, 名王母使者.(『松南雜識』)

565) 漢武內傳云, 七月七日, **有**一青鳥集殿前, 東方朔曰, 此西王母欲來**也**, **有頃**, **王母至**.(『韻府羣玉, 西王母』)→漢武**帝**內傳云, 七月七日, 一青鳥集殿前, 東方朔曰, 此西王母欲來.(『松南雜識』)

566) 三危山有青鳥, 爲王母**使者**.(『山海經廣注, 卷二, 西山經』"又西二百二十里曰, 三危之山, 三青鳥居之"의 주석)→三危山有青鳥, 爲王母, **取食**.(『松南雜識』)

567) 「오금언화왕중형상서(五禽言和王仲衡尙書)」.

568) 「금언사수(禽言四首), 산조(山鳥)」.

라고 한 말이 이것인데, 그 주석에서 "맥숙(麥熟)과 병초(餠焦)는 새의 이름이다"라고 하였다.

참새 · 탈고새
饞雀脫袴

운서(韻書)에서 '간작(奸雀)', 또는 '가빈(佳賓)'이라고 하였다. 우리나라에서는 '참새[饞雀]'라 한다.

『시경(詩經)』에서 "누가 참새가 뿔이 없다고 하였는가[誰謂雀無角]"569) 라고 하였다.

『공자가어(孔子家語)』에서 '황구작(黃口雀)'570)이라고 하였다.

『회남자(淮南子)』에서 "큰 집이 완성되면 제비와 참새가 와서 축하한다"571)라고 하였으니 당 태종(太宗)이 이른바 "나는 새가 사람에게 의지하여 스스로 어여쁨을 더한다"572)라고 한 말이 이것이다.

황정견(黃庭堅)의 '탈포고조(脫布袴鳥)'에 대한 시에서,

> 헌옷 대신 새옷 입은 것이 나쁘진 않지만 着新替舊亦不惡
> 작년 세금이 무거워서 입을 바지가 없네 去年租重無袴着573)

라고 하였고, 소식(蘇軾)」의 시에서,

> 사양 않고 바지 벗으니 시냇물은 차가운데 不辭脫袴溪水寒

569)『詩經, 召南, 行露』.
570) 黃口**小**雀.(『家語, 卷四, 六本』) → 黃口雀.(『松南雜識』)
571) 大厦成而燕雀相賀.(『淮南子, 卷十七, 說林訓』)
572) 飛鳥依人, 自**加**憐**愛**.(『唐書, 卷一百五, 列傳, 長孫無忌傳』) → 飛鳥依人, 自憐**之**.(『松南雜識』)
573)「희화답금어(戲和答禽語)」.

물속에 세금 독촉 때문에 생긴 흉터 비치네　　　水中照見催租瘢[574]

라고 하였다.[575]

겸·만
鶼蠻

『이아(爾雅)』에서 "남방(南方)에 비익조(比翼鳥)가 있는데, 날개를 나란히 하지 않으면 날 수 없으니, 겸(鶼)이라 한다"[576]라고 하였다. 그 주석에서 "오리와 비슷하고 청적색(青赤色)이다. 눈이 하나에 날개가 하나이기에, 짝을 이루어야 난다"[577]라고 하였다.

『공자가어(孔子家語)』에서 "원추새가 저 외로운 비익조인 양 바위 위에서 운다"라고 하였다.

또 『산해경(山海經)』에서 "숭오산(崇吾山)에도 있으니, 만만(蠻蠻)이라고 한다"[578]라고 하였다. 주(周)나라 성왕(成王) 때에 연구국(然丘國)에서 이 새를 진상(進上)하였는데, 까치와 비슷하게 생겼고 힘이 세다.

『수경주(水經注)』에서 "임읍(林邑)에 있는데, 이름은 '귀비(歸飛)'라고 하고, 자신의 이름을 부르는 울음소리를 낸다"[579]라고 하였다. 대개 서해

---

574) 「오금언(五禽言)」.

575) 山谷詩, 著新替舊亦不惡, 去年租重無袴著, 不辭脫**布**袴溪水寒, 水中照見催租瘢.(『韻府羣玉, 禽名脫布袴』)→山谷**脫布袴鳥詩云**, 著新替舊亦不惡, 去年租重無袴著, 不辭脫袴溪水寒, 水中照見催租瘢.(『松南雜識』)
*『松南雜識』에서는 소식의 시인 뒤의 두절을 황정견의 시처럼 나열하고 있으니, 이는 『운부군옥』을 그대로 인용한 결과 생긴 오류이다.

576) 南方有比翼鳥焉, 不比, 不飛, 其名**謂之**鶼**鶼**.(『爾雅注疏, 卷六, 釋地, 第九』)→南方有比翼鳥焉, 不比**翼**不飛, 其名鶼.(『松南雜識』)

577) 似鳧青赤色, 一目一翼, 相**得**乃飛.(『爾雅注疏, 卷六, 釋地, 第九』의 주석)→似鳧青赤色, 一目一翼, 相**偶**乃飛.(『松南雜識』)

578) **西次三經之首曰**, 崇吾**之**山, …… **有鳥焉**, **其狀如鳧**, **而一翼一目**, **相得乃飛**, **名**曰蠻蠻, **見則天下大水**.(『山海經, 卷二, 西山經』)→崇吾山, **亦有之**, 曰蠻蠻.(『松南雜識』)

(西海) 남산(南山)에 모두 있는데, 기실 한가지이다.

쌍쌍
雙雙

『춘추공양전(春秋公羊傳), 선왕(宣王) 5년』에 "쌍쌍으로 함께 이른다"[580] 라고 하였는데, 그 소(疏)에서 "쌍쌍조(雙雙鳥)는 몸 하나에 머리가 둘이고 꼬리는 암놈과 수놈이 모두 있으며, 마음 내키는 대로 짝을 지어 항상 떨어지지 않는다"[581]라고 하였다.

또 『산해경(山海經)』에서 "남해(南海) 밖, 적수(赤水) 서쪽, 유사(流沙) 동쪽에 삼청수(三青獸)가 짝지어 있는데, 이름은 '쌍쌍(雙雙)'이라 한다"[582] 라고 하였는데, 곽박(郭璞)의 주석에서 "몸이 합하여 하나가 된다"라고 하였고, 오임신(吳任臣)은 다음과 같이 말하였다.

> 『수경(獸經)』[583]에서 "문문(文文)은 잘 울고 쌍쌍(雙雙)은 잘 다닌다" 라고 하였고, 『병지(騈志)』[584]에서 "쌍쌍(雙雙)은 몸을 합하고 공공(蛩蛩)은 발을 빌려 주네"라고 하였고, 『인서(麟書)』[585]에서 "쌍쌍(雙雙)이 함께 오고, 맹극(孟極)은 잘 엎드린다"라고 하였다.[586]

---

579) **今**林邑 …… 名歸飛, 鳴聲自呼.(『水經注, 卷三十六』) → 林邑**有之**, 名歸飛, 其鳴自呼.(『松南雜識』)

580) **子公羊子曰**, **其諸爲其**雙雙而俱至者**歟**.(『春秋公羊傳注疏, 卷十五, 宣公五年』) → **宣五年**, 雙雙而俱至者.(『松南雜識』)

581) 雙雙之鳥, 一身二首, 尾有雌雄, 隨便而偶, 常不離散.(『春秋公羊傳注疏, 卷十五, 宣公五年』의 주석)

582) 南海之外, 赤水之西, 流沙之東, **有獸左右有首**, **名曰䟣踢**, 有三青獸相并, 名曰雙雙.(『山海經廣注, 卷十五, 大荒南經』) → 南海之外, 赤水之西, 流沙之東, 有三青獸相并, 名雙雙.(『松南雜識』)

583) 수경(獸經) : 오나라 황성증(黃省曾)가 편찬한 책. 1권.

584) 병지(騈志) : 명나라 진우모(陳禹謨)가 편찬한 책. 20권.

585) 인서(麟書) : 송나라 왕약해(汪若海)가 편찬한 책. 1권.

또 청구산(青丘山)에 어떤 새가 있으니, 관관(灌灌)이다. 〈혹은 호호(濩濩)라고 한다.〉587)

창·괄
鶬鴰

『한시외전(韓詩外傳)』에서 "창(鶬)은 태생(胎生)이고 크기는 학만 하다"588)라고 하니, 일명 괄록(鴰鹿)·창계(鶬鷄)·맥계(麥鷄)·창오(蒼鷎)로 바로 기창(奇鶬)이니, 바로 귀거(鬼車)이다. 또 귀재판(鬼載板)·귀재(鬼載)라고도 한다.

『세시기(歲時記)』에서 "어두워지면 날아올라 울고 사람의 혼기(魂氣)를 거두어들인다. 옛날에는 머리가 열 개 있었으나 하나는 개에게 물려 아홉 개가 남았다. 물린 머리에서 항상 피가 흘러내리니, 인가(人家)에 떨어지면 재앙이 있다. 정월(正月) 7일에 인가를 엿보아 개를 잡아가는 경우가 많으니, 촛불을 끄고 그놈에게 빈다"589)라고 하였다.

「강부(江賦)」에서,

586) 郭曰, 言體合爲一也. **公羊傳所云, 雙雙而俱至者, 盖謂此也**. 任臣**案**, 獸經曰, 文文善呼, 雙雙善行, 騈志云, 雙雙合體, 蛩蛩假足, 麟書曰, 雙雙俱來, 孟極是覆.(『山海經廣注, 卷十五, 大荒南經』의 주석)→公洋傳, **宣五年**, 雙雙而俱至者. 疏, 雙雙之鳥, 一身二首, 尾有雌雄, 隨便而偶, 常不離散. **又**山海經**曰**, 南海之外, 赤水之西, 流沙之東, 有三青獸相幷, 名雙雙. 註, 郭璞曰, 言體合爲一也, 吳任臣云, 獸經曰, 文文善呼, 雙雙善行, 騈志云, 雙雙合體, 蛩蛩假足, 麟書曰, 雙雙俱來, 孟極是覆.(『松南雜識』)

587) **東三百里曰**, 青丘之山, **其陽多玉**, **其陰多青雘**, **有獸焉**, **其狀如狐而九尾**, **其音如嬰兒**, **能食人**, **食者不蠱**, 有鳥**焉**, **其狀如鳩**, **其音若呵**, 名**曰**灌灌.〈或**作**濩濩〉(『山海經, 卷一, 南山經』)→青丘之山, 有鳥, 名灌灌, 或濩濩.(『松南雜識』)

588) **正義曰**, **鶬似雁而黑**, 韓詩**外傳**, 鶬胎生**也**, **正字通**, **鶬**大如鶴.(『海錯百一錄, 卷五』)→韓詩**曰**, 鶬胎生, 大如鶴.(『松南雜識』)

589) 暝則飛鳴, 能收人魂氣, 昔有十首, 爲犬所噬, 餘九首, 其一, 常下血, 滴人家則凶, 正月七日, 多度人家, 捩犬耳, 滅燭禳之. 歲時記.(『韻府羣玉, 禽名)→歲時記**曰**, 暝則飛鳴 能收人魂氣 昔有十首 爲犬所噬 餘九首, 其一, 常下血, 滴人家則凶, 正月七日, 多度人家, 捩犬耳, 滅燭禳之, (『松南雜識』)

용리(龍鯉)는 뿔이 하나이고 龍鯉一角
기창(奇鶬)은 머리가 아홉이다 奇鶬九頭[590]

라고 하였다.

『공자가어(孔子家語)』[591]에서 말하였다.

하수가 사람들의 노래에서,

창(鶬)이여 괄(鴰)이여 鶬兮鴰兮
거슬러 난 털이 노쇠하였다 逆毛衰兮
몸 하나에 아홉 꼬리가 길구나 一身九尾長兮

라고 하였다.[592]

『열자(列子)』에서 "포자(蒲子)의 주살이 푸른 구름 사이에서 두 마리의 창(鶬)을 연달아 꿰었다고 합니다."[593]라고 하였다.

---

590) 곽박(郭璞)의 작품.

591) 『松南雜識』에서는 출전을 『공자가어』로 밝히고 있지만 『공자가어』에는 나오지 않는 내용이며, 여타의 문헌에서는 이 내용의 출전을 『한시외전』으로 밝히고 있다.

592) **孔子曰**, **鶬嘗聞河上人**歌云, 鶬兮鴰兮, 逆毛衰兮, 一身九尾長**兮**.〈**韓詩外傳**〉(『廣博物志, 卷四十五, 鳥獸二』)→**家語**歌云, 鶬兮鴰兮, 逆毛衰兮, 一身九尾長.(『松南雜識』)

593) **楚王聞而異之**, **召問其故**, **詹何曰**, **臣聞先大夫之言**, 蒲**且**子之弋**也**, **弱弓纖繳**, **乘風振之**, 連雙鶬於青雲之際. (『列子, 卷五, 湯問』)→蒲子之弋, 連雙鶬於青雲之際. 列.(『韻府群玉, 禽名』)→列子**謂**, 蒲子之弋, 連雙鶬於青雲之際.(『松南雜識』)

구관조
鸜鴿

『설문해자(說文解字)』에서 “때까치와 비슷하며 벼슬이 있다”라고 하였다.[594]

「고공기(考工記)」에서 “구관조[鸜鴿]는 제수(濟水)를 건너지 못한다”[595]라고 하였다. 『춘추(春秋)』에서 “구관조가 와서 둥지를 틀었는데, 이런 일이 없었기에 기록한 것이다”[596]라고 하였다. 또 ‘한고(寒皐)’[597] 또는 ‘전설(剪舌)’이라고도 한다. 진(晉)나라의 사공환활(司空桓豁)이 5월 5일에 구관조의 혀를 자르고 말을 가르쳤다. 어느날 연회에서 좌중의 말을 흉내 내게 하였는데, 매우 비슷하였다. 그런데 그중에 코맹맹이 소리 내는 사람의 말을 흉내 내기 힘들자, 독 속에 머리를 처 박고 말을 하니 근사하였다고 한다.[598]

설금조 · 토수계
屑金吐綬

운서(韻書)에서 “설금조(屑金鳥)는 항상 좁쌀 같은 금가루를 토해낸다.

594) 說文, **鴝鵒**. **爾雅翼**, 鴝鵒似鵙而有幘.(『康熙字典, 鴝』)→說文**曰**, 似鵙而有幘.(『松南雜識』)

595) 『周禮注疏 卷三十九, 冬官, 考工記』.

596) **有鸜鵒**來巢, 書所無也.(『春秋左氏傳, 卷五十一, 昭公二十五年』)→來巢, 書所無也.(『松南雜識』)

597) 한고(寒皐) : 구관조[鸜鴿]의 별명. 하늘에서 눈이 내리려 하면 그것을 알려주듯이 이 놈들이 떼지어 날기 때문에 ‘한고(寒皐)’라 부르게 되었다. ‘고(皐)’는 ‘알리다[告]’란 뜻이다.

598) 鸜鴿不踰濟, 考工記. **昭公二十五年**, **鸜鵒**來巢, 書所無也. **左**. …… **晉司空桓豁在荊有參軍**, 五月五日, 剪**鸜鵒**舌, 教學語, **司徒大會賓佐令**, 效四座語, 無不絶似, 有齆鼻者語難學, 因納頭甕中, 遂語不異, **幽冥錄**.(『韻府羣玉, 鸜鴿』)→考工記, 鸜鴿不踰濟, **春秋**, 來巢, 書所無也. **又名寒皐** · 剪舌. 五月五日, 教學語, 效四座語, 無不絶似, 有齆鼻者語難學, 因納頭甕中, 遂語不異**云**.(『松南雜識』)

이 새는 추위를 두려워하지 않는다. 궁녀들은 이 금가루로 비녀의 장식을 만드니, 이것을 '벽한채(辟寒釵)'라고 불렀다"[599]라고 하였다.

또 '토수계(吐綬鷄)'[600]는 바로 '진주계(眞珠鷄)'이니 깃털에 흰색의 둥근 점[601]이 있다. 모이 주머니에 인끈 같은 살을 품고 있는데, 길이는 몇 치이고 붉은색과 푸른색이 섞여있다. 날씨가 맑으면 정수리 위로 벼슬이 두 치쯤 먼저 솟아났다가 천천히 인끈 같은 살을 펼쳐 태양을 향해 흔든다.[602]

준의
鵔鸃

운서(韻書)에서 "준의(鵔鸃)[603]는 산계(山鷄)이니, 또, 금계(錦鷄)라고도 한다"[604]라고 하였다.

『한서(漢書), 여복지(輿服志)』에서 "혜제(惠帝) 때 낭중(郎中)은 준의관(鵔鸃冠)[605]을 썼다"라고 하였으니, 준의관은 바로 무관(武冠)이다.

---

599) **辟寒**鳥, 常吐金屑如粟, 此鳥不畏寒, 宮人**爭**以此金爲釵**飾**.(『韻府群玉, 辟寒』)→**屑金**鳥, 常吐金屑如粟, 此鳥不畏寒, 宮人以此金爲釵, **謂辟寒釵**.(『松南雜識』)

600) 토수계(吐綬鷄) : 칠면조. 토수조(吐綬鳥) 또는 진주계(眞珠鷄)라고도 한다. 속칭 '화계(火鷄)'라고 한다. 날개 길이가 50cm 가량이며, 머리와 목은 털이 없어서 붉은 살이 드러나 있는데, 파란색으로 바뀌기도 한다. 수컷은 발정기가 되면 꽁지를 부채모양으로 편다.

601) 둥글고 흰 진주 같은 반점이 있기 때문에 '진주계(眞珠鷄)'라고 부른다.

602) 吐綬雞, **一名**眞珠雞, 羽毛有白**員**點, 嗉**裁肉**綬長**濶**數寸, 紅碧相間, 遇晴, 頂上先出角二寸許然後, 徐舒其綬.(『韻府羣玉, 吐綬雞』)→吐綬雞, **卽**眞珠雞, 羽毛有白**圓**點, 嗉藏綬長數寸, 紅碧相間, 遇晴, 頂上先出角二寸許然後, 徐舒其綬. **向陽擺之**.(『松南雜識』)

603) 준의(鵔鸃) : 금계(錦鷄). 꿩과의 새. 빛깔·모양·크기 따위가 꿩과 비슷하다. 특히 수컷은 머리에 금빛 벼슬이 달려있고, 꽁지가 길고 아름답다.

604) **正字通**, **鵔鸃**, **似**山雞**而小**, **卽**錦雞**也**. **一作鵔鸃**.(『康熙字典, 鵔』)→山雞, **又**錦雞.(『松南雜識』)

605) 준의관(鵔鸃冠) : 한(漢)나라 때에 낭시중(郎侍中)이 쓴 관으로 '준의(鵔鸃)'의 깃털로

위(魏) 무제(武帝) 때에 남방 지역에서 이 놈을 바쳤는데 거울을 보며 춤을 추다가 죽었다. 계빈국(罽賓國)[606] 왕에게 난새[607] 한 마리가 있었는데, 삼 년 동안 울지 않았으니 왕비가 말하였다.

"동류(同類)를 보면 울 것이니, 거울을 매달아 자신을 비추게 해보세요."

그 말대로 하였더니, 거울에 비친 자신의 모습을 보고 구슬피 울고는 한차례 흥분하더니 죽어버렸다. 이 난새의 일과 준의(鵔鸃)의 일이 서로 유사하다.

공작
孔雀

운서(韻書)에서 말하였다.

공작새는 나주산(羅州山)에 있다. 암컷은 꽁지가 짧아서 금빛 꽁지깃이 없다. 수컷은 5년이 되면 큰 꽁지를 이루는데, 초봄에 났다가 넉 달이 지나면 시드니, 꽃과 피고 지는 것을 함께 한다. 스스로 자신의 꽁지에 대해 스스로 기뻐하며, 서식처도 반드시 꽁지를 잘 둘 수 있는 곳을 선택한다. 그 꽁지를 가지려는 자는 칼을 가지고 대숲 사이에서 공작새가 지나가기를 엿보다가 재빨리 그 꽁지를 잘라야 한다. 만약 공작새가 돌아보면, 금빛 꽁지깃의 고운 빛깔이 사라져 버린다.[608]

장식하였다.

606) 계빈국(罽賓國) : 서역(西域)의 나라 이름. 지금의 북부 인도 카슈밀 지방

607) 난새 : 난(鸞). 새 이름으로 봉황(鳳凰)의 한 종류이다. 꿩의 몸에 붉은 꼬리가 있다. 몸의 빛깔은 오채색이며, 오음(五音)에 맞추어 울음소리를 낸다.

608) **尾**初春生, 四月後卽凋, 與華俱榮衰, 自喜其尾, **欲**棲必**先**擇置尾處, 取**其尾**者, 持刀於叢篁間, 伺過, 急斷其尾, 若**不卽斷**, **回首一顧**, 金翠無**復光**彩矣.(『韻府羣玉, 孔雀』) → **羅州山有之**, **雌者**, **尾短無金翠**, **雄者**, **五年成大尾**, **而**初春生, 四月後卽凋,

『당조명화록(唐朝名畫錄)』609)에서 "당나라 덕종(德宗) 때에 신라에서 춤을 출 줄 아는 공작새를 바쳤다"610)라고 하였다.

연암 박지원이 "공작새는 뱀과 살모사를 잡아먹는다. 또 뱀과 교미를 하여 여기저기 흰 것을 남기고 지극히 더러운 곳에서 서식한다"611)라고 하였다.

살펴보건대, 선조 신묘년(1591)에 왜국 사신 소서비(小西飛)가 공작새를 가지고 왔는데, 세상에 전하는 말로는, 그 무엇도 먹지 않고 오직 벽경(壁鏡)612)만 먹었다고 한다.

백두 · 화미
白頭畵眉

위야(魏野)613)의 시에,

무슨 괴로움 있으며 무슨 근심 있길래 有何辛苦有何愁

與華俱衰榮, 自喜其尾, 棲必擇置尾處, 取者, 持刀於叢篁間, 伺過, 急斷其尾. 若回**見之, 則**金翠**無**彩矣.(『松南雜識』)

609) 당조명화록(唐朝名畫錄) : 당나라 주경원(朱景元)이 편찬한 책. 1권.

610) 貞元中, 新羅國獻孔雀解舞者, 德宗詔於玄武殿寫貌, 一正一背翠彩生動, 金羽輝灼若連淸, 聲宛應繁節, 後因出宦.(『唐朝名畫錄, 妙品中五人, 邊鸞』) → 德宗時, 新羅獻孔雀解舞. 名畫錄.(『韻府群玉, 孔雀』) → 名畫錄**曰, 唐**德倧時, 新羅獻孔雀解舞**云**.(『松南雜識』)

611) **惟**食蛇虺, 又與蛇交, 遍地遺白, 處止至穢.(『燕巖集, 卷十五, 別集, 熱河日記, 黃圖紀畧, 孔雀圃』) → **孔雀所**食蛇虺, 又與蛇交, 遍地遺白, 處止至穢.(『松南雜識』)

612) 벽경(壁鏡) : 거미류에 속하는 벌레 이름. 벽전(壁錢)의 별명. 몸 색깔은 회갈색이며, 배 옆부분엔 흰색의 꽃무늬가 있다. 밤에 벽 위를 돌아다니며, 벌레를 잡아먹는다. 암컷이 벽 위에 흰색 원형의 보금자리를 만드는데, 크기가 돈 만하기 때문에 '벽전(壁錢)'이라 부른다.

613) 위야(魏野) : 송나라 때 사람. 촉(蜀) 출신. 자는 중선(仲先). 시 읊기를 좋아하고 명예와 영달을 구하지 않았다. 섬주(陝州) 동쪽 교외에 초당(草堂)을 짓고 사니, 사람들이 '초당거사(草堂居士)'라고 불렀다.

숲의 새는 모조리 다 흰머리가 되었나	箇箇林間盡白頭[614]

라고 하였는데, 주석에서 "백두공(白頭公)[615]은 새 이름이다"라고 하였다. 『옥편(玉篇)』에서 "남루(鸛鷜)[616]를 '곽공(郭公)'[617]이라고 한다"[618]라고 한 말과 같다.

구양수(歐陽修)의 시에,

새장에 갇혀서 우는 새소리 들어보니	始知鎖向金籠聽
숲 속에서 자유롭게 우는 것만 못한 줄 알겠네	不及林間自在啼[619]

라고 하였는데, 주석에서 "화미(畫眉)[620]는 새의 이름이다"라고 하였다.

하마호
蝦蟆護

『유양잡조(酉陽雜俎)』에서 "남산 아래에 새가 있으니, 이름은 '하마호(蝦蟆護)'이다. 밭에 많이 있다. 대가리에 벼슬이 있으며, 몸통은 푸르고 발은 붉으며, 모양은 해오라기와 비슷하다"[621]라고 하였다.

---

614) 「백두공(白頭公)」.

615) 백두공(白頭公) : 새 이름. '백두옹(白頭翁)'을 말한다. 늙으면 대가리 부분의 털이 하얗게 되기 때문에 그런 이름 붙였다.

616) 남루(鸛鷜) : 새 이름. 뻐꾸기를 말한다. '곽공(郭公)'·'포곡(布穀)' 등의 별명이 있다.

617) 뻐꾸기의 울음소리 때문에 민간에서 이렇게 불렀다고 한다.

618) 鸛鷜**鳥**, **今之**郭公.(『玉篇, 鸛』) → 鸛鷜**之謂**郭公.(『松南雜識』)

619) 「화미조(畫眉鳥)」.

620) 화미(畫眉) : 새 이름. 참새와 비슷하게 생겼다. 등 부분은 황갈색이고, 배 부분은 황백색이다. 배 가운데를 뺀 나머지 부분에 달 모양의 흑색 반점이 있다. 눈 위에 흰색 반점이 있는데, '눈썹[眉]'처럼 생겼으므로 '화미(畫眉)'라 부른다고 한다.

621) 南山下有鳥, 名蝦蟆護, 多在田中, 頭有冠, 色蒼足赤, 形似鷺.(『酉陽雜俎, 卷十六, 廣動植之一, 羽篇, 蝦蟆護』)

또 『산해경(山海經)』에서 “노기산(盧其山)의 잠수(涔水)에 여호(鵹鶘)가 많다. 모양은 원앙새와 비슷한데, 사람의 발이 달렸고, 그 울음소리는 자신의 이름을 부르는 듯하다”622)라고 하였는데, 그 주석에서 “여호는 지금의 ‘사다새[鵜鶘]’이니, 발이 자못 사람다리 비슷하다”623)라고 하였다.

우·우
寓鶚

『산해경(山海經)』에서 “괵산(虢山)에 어떤 새가 있는데, 이름이 ‘우(寓)’이다. 쥐처럼 생겼고 새의 날개가 있으며 양처럼 우는데, 전쟁을 막을 수 있다”624)라고 하였다.

『광운(廣韻)』에서 말하였다.

> 우서(鶚鼠). 또 “영구산(令丘山)625)에 중곡(中谷)이라는 골짜기가 있는데 여기에 어떤 새가 있으니, 그 모양은 올빼미 같으며 사람 얼굴에 눈이 네 개이며 귀가 있으니, 이름은 우(鶚)이다.”626)

---

622) **南三百里曰**, 盧其之山, **無草木**, **多沙石**, **沙水出焉**, **南流注于**涔水, **其**中多鵹鶘, **其**狀如鴛鴦, **而**人足, 其鳴自**訆**, **見則其國多土功**.(『山海經, 卷四, 東山經』)→盧其之山, 涔水中, 多鵹鶘, 狀如鴛鴦, 人足, 其鳴自詨.(『松南雜識』)

623) 今鵜**胡**, 足頗**有**似人脚**形狀也**.(『山海經, 卷四, 東山經』의 주석)→今鵜**鶘**, 足頗似人脚.(『松南雜識』)

624) **北三百八十里曰**, 虢山, **其上多漆**, **其下多桐椐**, **其陽多玉**, **其陰多鐵**, **伊水出焉**, **西流注于河**, **其獸多橐駝**, **其**鳥**多**寓, **狀**如鼠而鳥翼, 其音如羊, 可以禦兵.(『山海經, 卷二, 西山經』)→虢山**有**鳥, **名曰**寓, 如鼠而鳥翼, 其音如羊, 可以禦兵.(『松南雜識』)

625) 『松南雜識』에는 ‘合丘山’으로 오기되어 있다.

626) 廣韻, **遇俱切**. **集韻**, **元俱切**, **竝音虞**, **鳥名**,**一作顒**. **山海經**, **令**丘之山, **其南有谷焉**, **曰**中谷, 有鳥, 狀如**梟**, 人面四目有耳, 名**曰**顒.(『康熙字典, 鶚』)→廣韻**曰**, **鶚鼠**, **又合**丘之山, 中谷, 有鳥, 狀如人面, 四目有耳, 名顒.(『松南雜識』)

*『松南雜識』에서는 출전을 『광운』이라고 밝히고 있지만, 『광운』이 아니라 『산해경』에 나오는 내용이니, 『강희자전』을 인용하면서 발생한 오류이다.

기퇴

魕堆

초사(楚辭)』에서 "기퇴는 어디에 사는가?[魕堆焉處]"[627]라고 하였는데, 그 주석에서 "기퇴는 기이한 짐승이다"[628]라고 하였다.

『산해경(山海經)』에서 "북호산(北號山)에 새가 있는데, 모양은 닭 같으며, 머리가 희며, 쥐의 발에 범의 발톱을 가졌다. 이름은 '기작(鬿雀)'인데, 또한 사람을 잡아먹는다"[629]라고 하였다.

사부

私鳧

『남월지(南越志)』에서 "사부(私鳧)는 소나무 사이에 서식하고, 물에서 살지 않으며, 반드시 나무에서 잔다"라고 하였다.

양웅(楊雄)의 『방언(方言)』에서 "강동 지역에 소부(小鳧)가 있는데, 셀 수 없을 정도로 많으니 속칭 '관부(冠鳧)'라고 한다"[630]라고 하였다.[631]

지금 '도강부(道江鳧)'와 비슷하다.

---

627) 굴원(屈原)의 「천문(天問)」.

628) **魕堆**, 奇獸也.(『楚辭章句, 卷三, 天問章句』의 주석) → 奇獸也.(『松南雜識』)

629) **東次四經之首曰**, 北號之山, …… 有鳥**焉**, **其**狀如雞而白首, 鼠足而虎爪, 其名曰鬿雀, 亦食人.(『山海經, 卷四, 東山經』) → 北號之山有鳥, 狀如雞而白**首**, 鼠足而虎爪, 其名曰鬿雀, 亦食人.(『松南雜識』)

630) **今**江東有小鳧, 其多無數, 俗謂**之**冠鳧 (『方言, 卷一』의 주석) → 江東有小鳧, 其多無數, 俗謂冠鳧.(『松南雜識』)

* 참고로 이 주석에 해당하는 『방언(方言)』의 본문은 "齊宋之閒曰巨, 曰碩, 凡物盛多謂之寇"이다.

631) 南越志, **有**私鳧, 棲息松**閒**, 不水處, 宿必以樹. **又**揚子方言, **郭註**, 江東有小鳧, 其多無數, 俗謂**之**冠鳧.(『康熙字典, 鳧』) → 南越志**曰**, 私鳧棲息松**間**, 不水處, 宿必以樹. 揚子方言**曰**, 江東有小鳧, 其多無數, 俗謂冠鳧.(『松南雜識』)

해부
海鳧

운서(韻書)에서 "오리는 물에 사는 새로 갈매기 등속이다"라고 하였다. 또 물오리[野鳧]와 집오리[家鴨]가 있는데, 물오리는 등에 무늬가 있고 푸른색이며 다리와 부리가 짧다. 우리나라에서는 '청둥오리[靑背鴨]'라고 부른다.

오리는 물에서 오랫동안 있기에 초사(楚辭)에서 "둥실둥실 물속의 오리인양 물결 따라 오르락내리락 하네[泛泛若水中之鳧, 與波上下]"[632]라고 하였다.

『박물지(博物志)』에서 말하였다.

어떤 사람이 세 길이나 되는 오리털을 주워서 장화(張華)에게 보여주었더니 장화가 "해부(海鳧)의 털이 나타나면 천하에 큰 난리가 난다"라고 하였다.[633]

또 『산해경(山海經)』에서 "녹대산(鹿臺山)에 새가 있는데, 수탉과 비슷하며 사람 얼굴을 하고 있다. 이름은 '부혜(鳧徯)'이다"[634]라고 하였다.

---

632) **將**氾氾若水中之鳧**乎**, 與波上下.(『楚辭章句, 卷六, 卜居章句』)→泛泛若水中之鳧, 與波上下.(『松南雜識』)

633) 人得鳧毛長三丈. 張華曰, 海鳧毛出則太亂. 博物志.(『韻府羣玉, 海鳧』)→**博物志曰**, 人得鳧毛長三丈, 張華曰, 海鳧毛出則**天下**太亂.(『松南雜識』)

634) **西二百里曰**, 鹿臺之山, **其上多白玉**, **其下多銀**, **其獸多柞牛羬羊白豪**, 有鳥**焉**, **其狀**如雄雞**而**人面, 名**曰**鳧徯.(『山海經, 卷二, 西山經』)→鹿壹之山有鳥, 如雄鷄, 人面, 名鳧徯.

죽은 압이다
竹鴨

「촉도부(蜀都賦)」에서 "한 마리 오리와 외로운 두루미[獨竹孤鶬]"라고 하였는데, 그 주석에서 "죽(竹)은 바로 오리이다"라고 하였다.

『금경(禽經)』에서 "오리는 '합합(呷呷)'하고 운다"635)라고 하니, 그 울음 소리는 자신을 부르는 듯하다.

필거 · 신구
鵯鶋信鷗

운서(韻書)에서 "아오(雅烏)636)이다. 鵯의 음은 필이니 바로 사다새[鸅鸆] 등속이다."라고 하였다. 『국어(國語)』637)에서 이른바 "노(魯)나라 동쪽 문에 머무른 원거(鶢鶋)"638)와는 다른 종류이다. '원(鶢)'은 바다 새이다.

『남월지(南越志)』에서 "바다 갈매기는 태풍이 불 것을 안다. 만약 바다 갈매기 떼가 날아서 해안에 이른다면 틀림없이 태풍이 분다"639)라고 하였다.

『해물이명기(海物異名記)』에서 말하였다.

갈매기의 별종으로 조수(潮水)를 따라 왔다 갔다 하는 새가 있으니,

---

635) 鴨鳴呷呷.(『禽經, 提要』)

636) 아오(雅烏) : 떼까마귀. '필거(鵯鶋)' 또는 '아오(鴉烏)'라고도 한다. 크기는 집비둘기만하며, 수천마리씩 떼 지어 다닌다. 까마귀와 비슷하며, '아아(雅雅)'라는 소리를 낸다. 그래서 '아오(雅烏)'라고도 이름한다.

637) 『松南雜識』에는 '左傳'으로 되어 있음.

638) **海鳥曰**爰居, 止**於**魯**東**門之**外三日也**.(『國語, 卷四, 魯語上』) → 止魯門之鶢鶋.(『松南雜識』)

639) **江鷗**, **一名**海鷗, **在漲海中**, **隨潮上下**, **常以三月風至**, **乃還洲嶼**, 頗知風雲, 若羣飛至岸, 必風.〈南越志〉(『事文類聚, 後集, 卷四十六, 鷗』) → 南越志**曰**, **海鷗**頗知風雲, 若羣飛至岸, 必風.(『松南雜識』)

'신구(信鷗)'라 한다.[640]

가마우지
鸕鷀

『이물지(異物志)』에 "가마우지[鸕鷀][641]는 난생이 아니라, 잉태한 후에 토해낸다. 많을 때는 일곱 여덟 마리, 적을 때는 대여섯 마리를 줄줄 연달아 낳는다"[642]라고 하였다.

『수서(隋書)』에서 "왜국(倭國)에는 물이 많고 육지가 적기에, 작은 고리를 가마우지 목에 끼워서 물에 들여보내 물고기를 잡아 오게 하여 양식에 보탠다"[643]라고 하였다.

두보(杜甫)의 시에,

집집마다 가마우지[烏鬼] 기르니	家家養烏鬼
끼니마다 황어(黃魚)[644]를 먹는다	頓頓食黃魚[645]

라고 하였는데, 그 주석에서 "오귀(烏鬼)[646]는 가마우지이다"라고 하였다.

---

640) 鷗之別類, **羣鳴啫啫**, 隨**潮**往來, **謂之**信鷗.(『類說, 卷六, 海物異名記, 信鷗』)→鷗之別類, 隨鷗往來者, 日信鷗. 海物異名記.(『韻府羣玉, 信鷗』)→海物異名記曰, 鷗之別類, 隨鷗往來者, 曰信鷗.(『松南雜識』)

641) 노자(鸕鷀) : 가마우지. 가마우지과의 비교적 큰 물새. 목이 길고 부리 끝이 갈고랑이처럼 굽어 있으며, 발가락 사이에 물갈퀴가 있다. 물속으로 들어가서 물고기를 잡아먹는다.

642) 異物志, 鸕鷀不生卵, 旣胎又吐生, 多者七八, 少者五六, 相連而生.(『康熙字典, 鸕』)→異物志**曰**, 鸕鷀不卵生, 旣胎又吐生, 多者七八, 少者五六, 相連而生.(『松南雜識』)

643) 倭國, …… 水多陸少, 以小環, 挂鸕鷀項, 令入水捕魚.(『隋書, 卷八十一, 列傳, 第四十六, 倭國』) → 倭國, 水多陸少, 以小環, 挂鸕鷀項, 令入水捕魚, **取以充食**.(『松南雜識』)

644) 황어(黃魚) : 드렁허리[鱓]의 별명.

645) 「희작배해체견민 이수(戲作俳諧體遣悶二首)」.

646) 오귀(烏鬼) : 가마우지의 별명. 속칭 '수노아(水老鴉)'라고도 한다.

물가에 사는 촉(蜀)나라 사람들은 가마우지를 길러서 고기를 잡는다. 『정자통(正字通)』에서 "가마우지의 목구멍이 끓는 물처럼 뜨거워서 물고기가 목구멍에 들어가자마자 익어 문드러지기에 가마우지가 잡은 물고기의 맛이 좋지 않다"[647]라고 하였다.

고니

天鵝[648]

지봉(芝峯) 이수광(李睟光)이 말하였다.

> 우리나라에서는 고니 또는 농투아(弄鬪兒)라고 하는데 공안(貢案)[649]에 기재되어 있으니, 태조가 즐겨 먹었기 때문이다[650]

지금 군사를 모으기 위해 하늘을 향해 부는 나발을 '천아성(天鵝聲)'[651]이라고 한다.

또 집에서 기르는 거위가 바로 '서안(舒鴈)'[652]이다.

또 육루(鵱鷜)[653]는 목이 길고 잘 울며 머리가 높기 때문에 흡사 오만한듯하므로, '아(鵝)'라고 부른다. 이놈은 싸움을 잘하고 뱀을 즐겨 먹기 때문에, 계독(溪毒)[654]이 많은 곳에서 기른다.

---

647) 喉熱如湯, 魚入喉, 卽爛, 味不美.(『正字通, 鶿』)

648) 천아(天鵝) : 고니의 별명.

649) 공안(貢案) : 조선조 때 공물(貢物)의 품목과 수량을 적은 예산표.

650) **夫鵝進上**, 載在貢案, **而捕得甚難**, **一隻之價**, **殆同大馬**, **其弊甚矣**, **世傳**, **天鵝**太祖所嗜, 故**以供祭用云**.(『芝峯類說, 卷二十, 禽蟲部, 鳥』) → **俗稱鵠**, **又弄鬪兒**, 載在貢案, **我**太祖所嗜故**也**.(『松南雜識』)

651) 천아성(天鵝聲) : 사변 등이 있을 때에 군사를 모으는 데 길게 부는 나발 소리

652) 서안(舒鴈) : 거위의 별명. 안(鴈)은 거위를 뜻하는데, 앞에 서(舒)자를 붙인 것은 그 걸음이 느릿느릿하기 때문이다.

653) 육루(鵱鷜) : 야아(野鵝). 즉 들거위.

『금경(禽經)』에서 "거위가 날면 물여우가 물속으로 들어가 버린다"[655]라고 하였다. 거위를 정원 숲에서 기르면 뱀이 멀리 가버리고, 또 귀신과 도적을 경계할 수 있다.

주·공
鴸鵋

『옥편(玉篇)』에 "주(鴸)는 닭과 비슷하다"[656]라고 하였다.

『산해경(山海經)』에서 "거산(柜山)에 어떤 새가 있는데, 그 모양은 솔개 같고, 사람의 손이 있으며 암메추라기[痺] 같은 소리를 내니 이름은 주(鴸)이다"[657]라고 하였는데, 그 주석에 "비(痺)는 암메추라기이다"[658]라고 하였다.

『집운(集韻)』에서 "鵋의 음은 '공'이다. 꿩과 비슷하게 생겼으며, 자신의 이름을 부르는 한 소리를 내며 운다"[659]라고 하였다.

---

654) 계독(溪毒) : 부자(附子).

655) 鵝**飛**則蜮沈.(『禽經, 提要』) → 鵝**鳴**則蜮沈.(『松南雜識』)

656) 似鷄.(『玉篇, 鴸』)

657) **南次二經之首曰**柜山, **西臨流黃**, **北望諸毗**, **東望長右**, **英水出焉**, **西南流注于赤水**, **其中多白玉**, **多丹粟**, **有獸焉**, **其狀如豚**, **有距**, **其音如狗吠**, **其名曰狸力**, **見則其縣多土功**, 有鳥**焉**, 其狀如鴟而人手, 其音如痺, **其**名**曰**鴸, **其鳴自號也**, **見則其縣多放士**.(『山海經廣注, 卷一, 南山經』) → 柜山有鳥, 其狀如鴟而人手, 其音如痺, 名鴸.(『松南雜識』)

658) **任臣案**, **字彙**, 痺, **音脾**, **鳥名**, **鵪**鶉之雌者.(『山海經廣注, 卷一, 南山經』의 주석) → 痺, 鶉之雌者.(『松南雜識』)

659) **鳥名**, 似雉, 嗁自呼.(『集韻, 鵋』) → 集韻 **居容切 竝**音恭, **鵋鳥**似雉, 鳴自呼.(『康熙字典, 鵋』) → 集韻**曰**, **鵋**音恭, 似雉, 鳴自呼.(『松南雜識』)

잠자
箴疵

「상림부(上林賦)」[660]에서 "잠자(箴疵)·교청(鵁鶄)·노자(鸕鷀)라네[箴疵鵁盧]"라고 하였는데, 그 주석에 "잠자(箴疵)는 어호(魚虎)[661]와 비슷하며 검푸른 색이다"[662]라고 하였다.

물총새
鴗

『이아익(爾雅翼)』에서 "어구(魚狗)라고 하니 또한 어호(魚虎)이다"라고 하였는데, '취벽조(翠碧鳥)'라고도 한다.[663]

육구몽(陸龜蒙)의 시에서,

붉은 가슴에 푸른 날개가 들쭉 날쭉한데　紅襟翠翰兩參差
안개 꽃 빨리 스치고 가는 가지에 오르네　徑拂烟華上細枝
봄물이 점점 불어나 물고기 잡기가 쉬우니　春水漸生魚易得
비바람도 무릅쓰고 한참을 앉아 있다네　不辭風雨坐多時[664]

라고 하였다.

---

660) 상림부(上林賦) : 사마상여(司馬相如)의 작품.
661) 어호(魚虎) : 물새 이름. 강수(江水)와 회수(淮水) 사이에서 난다. 큰 것은 취조(翠鳥)라고 하고 작은 것은 취벽(翠碧)이라고 한다. 일명 어사(魚師) 혹은 어구(魚狗)라고 하는데, 물고기를 잘 잡아먹기에 그와 같은 이름이 붙었다.
662) 箴疵, 似魚虎而倉黑色.(『文選註, 卷八, 上林賦』의 주석)
663) 爾雅翼, 謂之魚狗, 又**名**魚虎. **正字通**, 又**名**翠碧鳥.(『康熙字典, 鴗』) → 爾雅翼, 謂之魚狗, 又魚虎, 又翠碧鳥.(『松南雜識』)
664) 「취벽(翠碧)」.

최덕부(崔德符)의 시에서,

푸른 갖옷 비단모자 쓴 모양 비로소 알겠으니　　翠裘錦帽初相識
어호(魚虎)가 곡선을 그리며 해안을 스치네　　魚虎彎環掠岸飛[665]

라고 하였다.

백로
鷺

운서(韻書)에서 말하였다.

> 백로는 물새이다. 머리털이 실 같기에 '노사(鷺鷥)'라고 부른다. 또 '대사(帶絲)'·'용서(舂鉏)'라고도 하며, '속옥(屬玉)' 또는 '벽계옹(碧繼翁)'이라고도 한다.[666]

『장자(莊子)』에서 "까마귀는 검고, 백로는 희다"[667]라고 하였지만, 『비아(埤雅)』에서 "초(楚) 위왕(威王) 때에 붉은 백로가 모여서 춤을 추니 '고취주로곡(鼓吹朱鷺曲)'이 생겼다"[668]라는 말이 있다.

『위서(魏書)』에서 "제조(諸曹)의 사자(使者)를 부로(鳧鷺)라고 하니, 부로가 목을 길게 빼고 사찰하는 속성을 취한 것이다"[669]라고 하였다.

---

665) 제목이 「어호(魚虎)」·「통양역(通羊驛)」·「통양도중(通羊道中)」 등으로 다양하게 되어 있다.

666) **說文**, **白鷺也**, **一云**水鳥也, **一名**舂鉏, 屬玉, **詳玉**, **一名**碧繼翁, (『韻府羣玉, 鷺』) →**鷺**, 水鳥也. **頭毛如絲**, **謂鷺鷥**, **又帶絲**, **又**舂鉏, **又**屬玉, **又**碧繼翁.(『松南雜識』)

667) 夫**鵠不日浴而**白, 烏**不日**黔**而黑**.(『莊子, 天運』) → 烏**之**黔, **鷺之**白.(『松南雜識』)

668) 楚威王時, **有**赤鷺合沓**飛翔**而舞, **舊**鼓吹朱鷺曲, **是也**.(『埤雅, 卷七, 釋鳥』) → 楚威王時, 赤鷺合沓而舞, 有鼓吹朱鷺曲.(『松南雜識』)

669) **以**伺察**者**, **爲候官**, 謂**之白**鷺, 取其延頸**遠望**.(『魏書, 卷一百一十三, 志, 第十九, 官

두목(杜牧)의 시에서,

놀라 날아올라 멀리 푸른 산 비추며 가는데　驚飛遠映碧山去
한 그루 배나무의 꽃은 늦바람에 지네　一樹梨花落晩風[670]

라고 하였는데, 이 구절은 도옹(陶雍)[671] 시의,

푸른 풀밭에 서 있으니 사람이 먼저 알아보고　立當青草人先見
흰 연꽃 가를 지나니 고기는 알지 못하네　行傍白蓮魚未知[672]

라는 구절과 비교하였을 때, 성운이 맑고 고원하다. '백(白)'자는 문제가 있는 듯하다.

푸른 백로
鶄鶮

운서(韻書)[673]에서 "오리와 비슷하게 생겼는데, 그보다는 다리가 길고, 털 벼슬이 있으며, 화재를 물리친다"[674]라고 하였다.

『두양잡편(杜陽雜編)』에서 말하였다.

氏九』) → **後魏史**, **諸曹使**, 謂**鳧**鷺, 取**其**延頸**伺察也**.(『松南雜識』)

670) 「노사(鷺鷥)」.

671) 도옹(陶雍) : 당나라 때의 시인으로 자는 국균(國鈞).

672) 「영쌍백로(詠雙白鷺)」.

673) 『松南雜識』에는 '說文'으로 되어 있다. 하지만 『설문해자』에는 "鵁鶄也, 從鳥青聲"으로 되어 있다. 따라서 이는 『설문해자』의 내용이 아니라, 『운부군옥』을 그대로 인용하면서 생긴 오류이다.

674) 說文, **鵁鶄**, 似鳧, 脚高有毛冠, 辟火災.(『韻府羣玉, 鶄』) → 說文**曰**, 似鳧, 脚高有毛冠, 辟火災.(『松南雜識』)

당 순종(順宗) 때에 구미국(拘彌國)[675]에서 각화작(却火雀)[676]을 공물로 바쳤는데, 불 속에 두었더니 불이 저절로 꺼져버렸다. 그래서 마침내 수정 조롱에다 넣어두었다.[677]

『박물지(博物志)』[678]에서 말하였다.

교청(鵁鶄)[679]은 높은 나무에다 둥지를 틀고 구멍 속에 새끼를 낳는다. 새끼는 어미의 날개를 물고 날아 내려와 마시고 먹는다.[680]

「상림부(上林賦)」에서 "교정[681]과 선목[682][交精旋目]"이라고 하였다.

필방

畢方

유종원(柳宗元)이 "영주(永州)에 괴상한 새가 있으니 이름이 필방(畢

---

675) 『松南雜識』에는 '狗弭國'으로 오기되어 있음.

676) 각화작(却火雀) : 새 이름. 불 속에 두면 불이 저절로 흩어져서 꺼버리기 때문에 이런 이름이 붙었다고 한다.

677) 順宗**皇帝卽位歲**, **拘**弭國, 貢却火雀, …… 置於火中, 火自散**去**, **上嘉其異**, 遂盛於水**精**籠.(『杜陽雜編, 卷中』) → 唐順**宗時**, **狗**弭國, 貢却火雀, 置於火中, 火自散, 遂盛於水**晶**籠.(『松南雜識』)

678) 『松南雜識』에는 '博物志'로 되어 있다. 『강희자전』에서 출전을 '박물지'라고 하였으니, 이를 『松南雜識』에서 그대로 인용한 것이다.

679) 교청(鵁鶄) : 창로. 즉, 푸른 백로. 머리와 목은 모두 적갈색이고, 몸통 윗면은 대부분 하얀 색이다. 가슴과 등에는 성긴 더벅머리 같은 털이 나 있는데, 사모(蓑毛)라 부른다. 녹색의 부리와 긴 다리를 가졌다. 날개의 길이는 대략 8,9치이다.

680) 鵁鶄, **舊言**, **辟火災**, 巢於高樹, 生子穴中, 銜其母**翅**, 飛下**養之**.(『酉陽雜俎, 卷十六, 廣動植之一』) → 博物志, 鵁鶄, 巢於高樹, 生子穴中, 銜其母**翼**, 飛下**飮食**.(『康熙字典, 鵁』) → 博物志**曰**, 鵁鶄, 巢於高樹, 生子穴中, 銜其母**翼**, 飛下**飮食**.(『松南雜識』)

681) 교정(交精) : 교청(鵁鶄)의 별명.
* 『松南雜識』에는 '鵁晴'으로 되어 있음.

682) 선목(旋目) : 새 이름. 『사기(史記)』에서는 '환목(鸛目)'이라 하였다.

方)[683]이다. 이 놈이 나타나면 화재가 일어난다"[684]라고 하였다.

곽박(郭璞)의 찬(贊)에,

필방(畢方)은 붉은 무늬가 있는데	畢方赤文
떨어져 나온 정령이 빛 나네	離精是炳
날이 가물면 높이 비상하며	旱則高翔
밝은 별 아래서 나래 치네	鼓翼陽景[685]

라고 하였다.

『산해경(山海經)』에서 "부우산(符禺山)에 어떤 새가 있는데, 그 이름은 민(鴖)이다. 그 모양은 비취새 같고, 부리가 붉은데, 화재를 막을 수 있다"[686]라고 하였다.

학
鶴

『모시초목조수충어소(毛詩草木鳥獸蟲魚疏)』[687]에서 "학(鶴)은 크기가 거위만 하며, 길이가 세 자이다. 다리는 검푸르고, 키는 세 자 쯤이다.

683) 필방(畢方) : 원래 나무의 정기(精氣)로 새의 모습을 하고 있다. 항시 불을 물고 날아서 인가에 앉아 원인 불명의 화재를 일으킨다고 한다.

684) 永州怪鳥, 莫實其狀, 山海經云, 章莪之山, 有鳥, 如鸖, 一足赤文白喙, 其名曰畢方, 見則其邑有譌火, 若今火者, 其可謂譌歟, 而又有鳥傳者, 其畢方歟.(『柳河東集, 卷十八, 逐畢方文』)→永州怪鳥, 名畢方, 見則火災.(『松南雜識』)

685) 『山海經廣注, 卷二, 西山經』의 주석.

686) 又西八十里曰, 符禺之山, 其陽多銅, 其陰多鐵, 其上有木焉, 名曰文莖, 其實如棗, 可以已聾, 其草多條, 其狀如葵, 而赤花黃實 如嬰兒舌, 食之使人不惑, 符禺之水出焉, 而北流注于渭, 其獸多葱聾, 其狀如羊而赤鬣, 其鳥多鴖, 其狀如翠而赤喙, 可以禦火.(『山海經, 卷二, 西山經』)→禺山有鳥, 其名曰鴖, 似翠赤喙, 可以禦火.(『松南雜識』)

687) 모시초목조수충어소(毛詩草木鳥獸蟲魚疏) : 오(吳)나라 육기(陸璣)가 지은 책으로 2권이다.

빰과 눈이 붉고, 부리의 길이는 네 치이다. 대부분은 순백색이지만 푸른 색도 있다"[688]라고 하였다.

「상학경(相鶴經)」[689]에서 "학은 양(陽)의 새이지만, 음(陰)에서 노닐 때에는 반드시 모래톱을 의지하여 머물고, 숲 속 나무에는 모이지 않는다"[690]라고 하였다. 그러한 까닭에 음우(陰羽)라고 부르고, 또 '노금(露禽)'[691]이라고도 한다.

『회남자(淮男子)』에서 "닭은 동이 틀 때를 알고, 학은 한밤중을 안다"[692]라고 하였다.

대개 몸에 구멍이 아홉 개 인 것은 태생(胎生)이고, 여덟 개 인 것은 난생(卵生)인데, 학은 본래 선금(仙禽)[693]으로 태생(胎生)이다. 그러나 팽연촌(彭淵村)의 두 마리 학은 난생이었으니 선가(仙家)에서 준마처럼 타고 다니던 학과는 다른 것인가?

『남당근사(南唐近事)』[694]에서 말하였다.

여산(廬山)의 도사가 홀연히 학이 내려오는 것을 보고 "승천할 수 있겠구나!"라며 기뻐하였다. 산에 사는 동자에게 타보도록 명령하였더니 쓰러져 죽어버렸다.

진항(陳沆)의 시에,

---

688) 鶴**形狀**大如鵞, 長三尺, 脚青黑, 高三尺餘, 赤**頂**赤目, 喙長四寸**餘**, 多純白, 亦有蒼色.(『說郛, 卷四上, 毛詩草木鳥獸蟲魚疏下, 鶴鳴于九皐』)→鶴大如鵝, 長三尺, 脚青黑, 高三尺餘, 赤**頬**赤目, 喙長四寸, 多純白, 亦有蒼色**者**.(『松南雜識』)

689) 상학경(相鶴經) : 부구공(浮丘公)이 지은 책으로 『설부(說郛)』에 전한다.

690) 鶴**者**, 陽鳥也, 而遊於陰, …… 行必依洲渚止, 不集林木.(『說郛, 卷一百七, 相鶴經』)→鶴陽鳥也, 而遊於陰, 行必依洲渚止, 不集林木.(『松南雜識』)

691) 노금(露禽) : 학의 별명. 이슬이 내리면 우는데, 집에서 기르는 것은 그 이슬을 마시고 나면 날아가 버린다고 한다.

692) 雞知將旦, 鶴知夜半.(『淮南子, 卷十六, 說山訓』)

693) 선금(仙禽) : 학의 별명.

694) 남당근사(南唐近事) : 송나라 정문보(鄭文寶)가 지은 책. 총2권.

> 용 허리 학의 등 모두 힘이 없기에 　　龍腰鶴背俱無力
> 마고(麻姑)[695]는 대붕(大鵬)을 빌려 탔다는 말이 전한다네 傳語麻姑借大鵬

라고 하였다.[696]

지금 야학(野鶴)[697]을 우리말로 '두루미[杜雨尾]'라고 부른다. 학은 오히려 이슬이 내리는 것을 경계하는데,[698] 연안(延安)의 학이 가장 깨끗하고 희기 때문에 사람들이 잡아다가 판다.

이덕무(李德懋)의 시에 "두루미가 횡액 당하니 곧 돈 때문이네[野鶴橫罹亦直錢]"[699]라고 하였다.

황새
鸛雀

육기(陸璣)가 "관작(鸛雀)은 큰기러기와 비슷한데 그보다는 크다. 일명

---

695) 마고(麻姑) : 고대의 선녀. 건창(建昌) 사람으로 모주(牟州) 동남쪽 고여산(姑餘山)에서 수도하였다.

696) 廬山九天使者廟有道士, 忘其姓名, 體貌魁偉, 飮啗酒肉, 有兼人之量, 晩節服餌丹砂, 躁於沖擧, 魏王之鎭潯陽也, 郡齋有雙鶴, 因風所飄, 憩於道館, 迴翔嘹唳, 若自天降, 道士且驚且喜, 焚香端簡, 前瞻雲霓, 自謂當赴上天之召, 命山童控而乘之, 羽儀淸弱, 莫勝其載, 毛傷背折, 血洒庭除, 仰接久之, 是夕皆斃, 翌日, 馴養者, 詰知其狀, 訴於公府, 王不之罪處士, 陳沆聞之, 爲絶句以諷云, 啗肉先生欲上昇, 黃雲踏破紫雲崩, 龍腰鶴背無多力, 傳語麻姑借大鵬.(『南唐近事, 卷二』)→廬山道士, 忽有鶴降, 道士喜謂可上升, 命山童乘之, 至斃. 陳沆詩, 龍腰鶴背俱無力, 傳語麻姑借大鵬, 南唐近事.(『韻府羣玉, 借大鵬』)→南唐近事云, 廬山道士, 忽有鶴降, 喜謂可升天, 命山童乘之, 至斃. 陳沆詩云, 龍腰鶴背俱無力, 傳語麻姑借大鵬.(『松南雜識』)

697) 야학(野鶴) : 학의 성질이 고고하고 숲과 들에서 즐겨 살기 때문에 '야학'이라 부른다.

698) 8월이 되어 이슬이 내리면 학이 소리를 내어 울면서 살기 좋은 다른 곳으로 옮겨 가라고 서로 경계한다고 한다.

699) 「연안부(延安府)」.

부부(負釜)라고도 한다. 또 흑고(黑尻) 또는 배조(背竈) 또는 조군(皁裙)이라고도 한다. 진흙에 보금자리를 만들어 그 곁에 연못을 만들고는 물을 머금어다 가득 채운 후, 물고기를 잡아다 그 속에 넣어 두고 새끼에게 먹인다"[700]라고 하였다.

지봉(芝峯) 이수광이 말하였다.

황새가 큰 돌을 보고 뱀이 있는 것을 알고서는 마치 술사(術士)의 우보(禹步)[701]처럼 걸으면 그 돌이 바로 굴러간다. 바로 『설문해자(說文解字)』에서 우(禹)는 벌레인데, 그 걸음새는 한 걸음에 세 개의 발자국을 남기는 것이다. 또 사람들이 황새가 기르던 새끼를 찾아다가 끈으로 나무에 매달아 놓아도 황새가 그것을 푸는 방법을 알기 때문에 부술(符術)[702]을 할 줄 안다고 한다.[703]

『비아(埤雅)』[704]에서 말하였다.

송골매가 새끼 세 마리를 낳으면 그 중에 한 마리가 솔개가 되고,

---

700) **鸛**, 鸛雀**也**, 似鴻而大, **長頸赤喙**, **白身黑尾翅**, **樹上作巢**, **大如車輪**, **卵如三升杯**, **望見人**, **按其子令伏徑舍去**, 一名負釜, **一名**黑尻, **一名**背竈, **一名皂**裙, **又**泥其巢**一傍**爲池, 含水滿之, 取魚置池中, **稍稍**以食其雛, **若殺其子**, **則一村致旱災**.(『毛詩草木鳥獸蟲魚疏, 卷下, 鸛鳴于垤』)→陸璣曰, 鸛雀, 似鴻而大, 一名負釜, **一名**黑尻, **一名**背竈, **一名**早裙, 泥巢其旁爲池, 含水滿之, 取魚置其中, 以食其雛.(『康熙字典, 鸛』)→陸璣曰, 鸛雀, 似鴻而大, 一名負釜, **又**黑尻, **又**背竈, **又**早裙, 泥巢其旁爲池, 含水滿之, 取魚置其中, 以食其雛.(『松南雜識』)

701) 우보(禹步) : 한발을 끌며 절뚝거리는 걸음. 한 걸음에 발자국이 서로 넘지를 못하는 것을 말한다. 지금 도사들이 술법을 펼 때 걷는 걸음 모양.

702) 부술(符術) : 도사나 무당이 부적이나 주술로 귀신을 부리는 기술.

703) **續博物志曰**, 鸛遇巨石, 知有蛇, 如術士禹步, 其石卽轉, 又人伺其養雛, 以絙緣木, 鸛作法解之, **今俗**謂**鸛**能**作**符術**信矣**.(『芝峯類說, 卷二十, 禽蟲部, 鳥』)→鸛遇巨石, 知有蛇, 如術士禹步, 其石卽轉, **卽說文禹蟲也**, **其步一步三跡**, 又人伺其養雛, 以絙緣木, 鸛作法解之, 故謂能符術.(『松南雜識』)

704) 『松南雜識』에는 '雜書'로 되어 있음.

황새가 새끼 세 마리를 낳으면 그 중에 한 마리가 학이 된다.[705]

『시경(詩經)』에서,

황새는 개미 둑에서 우는데	鸛鳴于垤
부인은 방에서 탄식하네	婦歎于室[706]

라고 하였는데, 그 주석에서 "황새는 물을 좋아하기에, 날씨가 흐려져 비가 내리려 하면 운다"[707]라고 하였으니, 솔개는 바람이 불면 울고 각치(角鴟)[708]는 비가 내리려 하면 우는 것과 같다.

속담에 황새[皇鳥]가 새끼 세 마리를 낳으면 풍년이 든다고 한다.

발합
鵓鴿

연암(燕巖) 박지원(朴趾源)이 말하였다.

요동(遼東)의 점방에서 기르는 발합(鵓鴿)[709]은 바로 집비둘기[家鳩]이다. 장구령(張九齡)의 비노(飛奴)[710]와 곡단(曲端)[711]의 방합(放鴿)이

---

705) **叚氏云**, 鶻生三子, 一爲鴟, **禽經曰**, 鸛生三子, 一爲鶴, **鳩生三子**, **一爲鴞**.(『埤雅, 釋鳥』) 鶻生三子, 一爲鴟, 鸛生三子, 一爲鶴.(『松南雜識』)

706) 『詩經, 豳風, 東山』.

707) 鸛水**鳥**, **似鶴者也**, **垤蟻塚也**, **穹窒見七月**, 將陰雨則**穴處者先知**, **故蟻出垤**, **而鸛就食之**, **遂**鳴**于其上也**.(『詩經集傳, 豳風, 東山』의 주석) → 鸛**好**水, 將陰雨則鳴.(『松南雜識』)

708) 각치(角鴟) : 새이름. 목토(木菟) 또는 치휴(鴟鵂)라고도 한다.

709) 발합(鵓鴿) : 새이름. 울음소리를 형상화하여 붙인 이름.

710) 비노(飛奴) : 장구령(張九齡)이 어린 시절에 집에서 여러 마리의 집비둘기[鴿] 길러서, 매번 친지들과 편지를 주고받을 때 오직 집비둘기[鴿]의 발 위에 편지를 묶어 주면, 이것이 가르쳐준 곳을 따라 날아갔다. 그래서 장구령이 자신이 길들인 비둘기를

이것이다. 수백 만 마리가 무리를 이루고 저녁이 되면 날아 돌아가 자기 집을 찾아간다. 점방에 커다란 돌구유가 있는데 미리 잿물을 뿌려두면 발합이 요동들판의 콩을 아침에 배불리 먹고 와서 잿물을 다투어 마신 후에 콩을 모두 토해 낸다. 이것을 모두 말에게 먹인다.[712]

효조

孝鳥

『주례(周禮)』에서 "까마귀[烏鳥][713]를 잡는다"[714]라고 하였는데, 그 주석에서 "까마귀[烏]는 필거(卑居)[715]이니 까치[鵲]의 종류이다"[716]라고 하였다.

속석(束晳)[717]의 '남해시(南陔詩)'에서,

까악까악하는 숲 속의 새들	嗷嗷林鳥
새끼에게 먹이를 받아먹네	受哺于子[718]

'비노(飛奴)'라고 하였다.

711) 곡단(曲端) : 송나라 사람. 진융(鎭戎) 출신. 관직이 선주관찰사(宣州觀察使)에 이르렀다. 장준(張浚)과 의견이 맞지 않고 남에 참소와 무고를 당하여 옥사하였다.

712) **朴松堂英, 讓寧大君外孫也, 天資豪邁, 家又富厚, 年十七, 入遼東, 爲購鵓鴿而還, 余至**遼東, 店**中**所養鵓鴿, 千百爲群, 旣夕飛還, 各尋其家, 店中大石槽, 預灌灰水, 鵓鴿朝**出**遼野, **飽豆而歸**, 爭飮灰水, 皆吐豆**則以**飼馬.(『燕巖集, 卷十五, 別集, 熱河日記, 銅蘭涉筆』) → 遼東店所養鵓鴿, **卽家鳩, 張九齡之飛奴, 曲端之放鴿, 是也**. 千百爲群, 旣夕飛還, 各尋其家, 店中大石槽, 預灌灰水, 鵓鴿朝**飽**遼野**荳**, 爭飮灰水, 皆吐豆飼馬.(『松南雜識』)

713) 까마귀[烏鳥] : 효조(孝鳥)라고도 하니, 까마귀가 능히 그 부모를 되먹이는 까닭에 이렇게 이름한다.

714) **羅氏掌**羅烏鳥.(『周禮注疏, 卷三十, 夏官, 司馬』) → 羅烏鳥.(『松南雜識』)

715) 필거(卑居) : 아오(雅烏)이다. 세상에서는 비거(鵯鶋)라고도 한다.

716) 烏謂卑居, 鵲之屬.(『周禮注疏, 卷三十, 夏官司馬』의 주석) → 烏謂卑居, 鵲之屬**也**.(『松南雜識』)

717) 속석(束晳) : 서진(西晉)의 문학가. 자는 광미(廣微). 박학다식하였고 명예를 추구하지 않았다.

라고 하였다.

향산(香山) 백거이(白居易)의 시에 "새 중의 증삼이로다[鳥中之曾參]"[719] 라고 하였다.

지금 순흑색의 까마귀가 반포조(反哺鳥)이다. 이놈은 '고악(姑惡)'하며 운다.

그래서 소식(蘇軾)의 시에서 "시어머니 나빠! 시어머니 나빠! 하지만 시어머니 나쁘지 않아[姑惡姑惡姑不惡]"[720]라고 한 말이 이것이다.

작고 배 아래가 흰 놈은 반포조(反哺鳥)가 아니라 바로 갈가마귀[鴉]이다.

원앙
鴛鴦

『고금주(古今注)』에서 말하였다.

> 원앙(鴛鴦)은 물새 중에서 오리[鳧]의 종류이며 암수가 서로 헤어지지 않는다. 사람이 그 중 한 마리를 잡으면 다른 한 놈이 상사병(相思病)이 나서 죽는다. 그러므로 그것을 '필조(匹鳥)'라고 한다.[721]

『백공육첩(白孔六帖)』에서 "더욱 이상한 것은 토굴에서 새끼를 기르고 무너진 무덤 사이에서 여우로 하여금 그 새끼를 보호하게 할 수 있다는

---

718) 「보망시 육수(補亡詩六首)」.
* 『문선(文選)』에 속석(束皙)의 보망시(補亡詩) 가운데 수록되어 있는데, 시가 '남해(南陔)'로 시작되기 때문에 『松南雜識』에서 '남해시(南陔詩)'라고 하였다.

719) 「자오야제(慈烏夜啼)」.

720) 「오금언 오수 기오(五禽言五首其五)」.

721) **鴛鴦**, 水鳥鳧類**也**. 雌雄未嘗相離, 人得其一, 則一思**而至**死, 故**曰疋**鳥.(『古今注, 卷中, 鳥獸第四』) → 水鳥鳧類, 雌雄未嘗相離, 人得其一, 則一**者相**思死, 故**謂之匹**鳥.(『松南雜識』)

점이다"[722]라고 하였다.

『수신기(搜神記)』에서 "한붕(韓朋)[723]의 처의 혼령이 연리수(連理樹)에 깃들었다"[724]라고 하니, 바로 송나라의 청릉대(青陵臺)[725]와 오작가(烏鵲歌)가 이것이다.

올빼미 · 짐새
梟鴆

『주례(周禮)』에서 "척족씨(哲簇氏)[726]는 요사한 새의 둥지를 뒤엎는 일을 맡는다"라고 하였다. 또 "정씨(庭氏)[727]는 나라 안의 요사한 새를 쏘아 잡는 일을 맡는다"[728]라고 하였다.

『태평광기(太平廣記)』에서 말하였다.

---

722) 尤異者, 養雛於土窟, **破冢之間**, 能使狐衛其子.(『白孔六帖, 卷九十五, 鴛鴦』)→尤異者, 養雛於土窟, 能使狐衛其子.(『松南雜識』)

723) 한붕(韓朋) : 전국시대 송나라의 대부. 한빙(韓憑)이라고도 함. 그의 아내 하씨(何氏)가 아름다워, 강왕(姜王)이 그녀를 빼앗고 한빙을 죄수로 만들자 자살한다. 그후 그의 아내도 떨어진 옷을 입고 강왕과 함께 누대에 올라 아래로 뛰어내려 자살하였다. 그녀가 떨어질 때 강왕이 그녀를 붙잡으려고 하였지만 해어진 옷이 찢어져 잡을 수가 없었다. 그녀는 남편과 합장해 달라는 내용의 유서를 허리 띠에 남겼다. 강왕이 이것을 보고 진노하여 두 무덤을 떨어뜨려 서로 바라보게 하였다. 하루가 지나자 갑자기 가래나무가 두 무덤에서 자라나 뿌리는 아래에서 얽히고 가지는 위에서 얼크러졌다. 그리고 원앙(鴛鴦) 같은 새가 항상 이 나무에 깃들어 아침저녁으로 슬피 울자 당시 사람들이 두 남녀의 넋이라고 생각하였다.

724) 又有鴛鴦, 雌雄各一恒棲樹上, 晨夕不去, 交頸悲鳴, 音聲感人, 宋人哀之, 遂號其木曰相思樹, 相思之名, 起于此也, 南人謂此禽, 卽韓憑夫婦之精魂, 今睢陽有韓憑城, 其歌謠至今猶存.(『搜神記, 卷十一』)→韓朋妻精魂, 棲連理樹.(『松南雜識』)

725) 청릉대(青陵臺) : 누대명. 하남성(河南省) 봉구현(封丘縣) 동북쪽에 있다. 『고악부(古樂府)』의 한붕(韓朋)과 송나라 왕에 대한 이야기 뒤에 "南山有鳥, 北山張羅, 烏自高飛, 羅將奈何"가 부기되어 있다.

726) 척족씨(哲簇氏) : 관직이름.

727) 정씨(庭氏) : 관직명. 나라 안의 요사한 새를 쏘아 잡는 일을 맡았다.

728) 庭氏掌射國中之夭鳥.(『周禮注疏, 卷三十六, 秋官司寇』)

휴류(鵂鶹)[729]는 바로 귀거(鬼車)[730]의 등속이다. 밤에 날아다니고 낮에는 숨어 지낸다. 이놈은 사람의 손톱을 주워서 그 사람의 길흉을 알기에, 흉한 일이 있을 자에게는 그 사람의 지붕 위에서 우니, 그 사람에게는 장차 재앙이 있게 된다. 그러므로 사람들이 손톱을 깎고 집 안에 묻는 것은 대개 이놈을 꺼려해서이다. 또 '야유녀(夜遊女)'라고도 한다.[731]

『편해(篇海)』[732]에서 "교(鳥丁)는 나쁜 새이니 어미를 잡아먹는 놈이다"라고 하였다.[733] 또 "교(鳥爲) 역시 불효하는 새이다"[734]라고 하였다.

운서에서 "효(梟)는 유리(流離)라고 이름 하니 불효하는 새이다"라고 하니, 맹수 중에서 경(獍)과 같다.

『한서(漢書), 교사지(郊祀志)』에서 "옛날 황제(皇帝)에게 제사지낼 때 올빼미[梟]와 파경(破鏡[735])을 사용하였다"[736]라고 하였는데, 그 주석에서 "이놈이 부모를 해치기 때문에 그 종자를 없애고자 하는 이유에서이다.

---

729) 휴류(鵂鶹) : 새이름. 휴류(休留)라고도 씀. 머리에 털난 뿔이 있고 눈동자는 둥글다. 또 다른 이름으로 각치(角鴟)·묘두응(猫頭鷹)이라고도 함. 악인(惡人)이나 상서롭지 못한 것으로 비유된다.

730) 귀거(鬼車) : 새이름. 효(鴞)의 종류이다. 휴류(休留)라고도 한다.

731) 鵂鶹, 乃鬼車之屬也, **皆**夜飛晝藏, **或好食**人爪甲, **則**知吉凶, 凶者, **輒**鳴**於**屋上, **其**將有咎耳, 故人除**指**甲, 埋之戶內, 蓋忌此**也**, 亦名夜**行**遊女.(『太平廣記, 鵂鶹目夜明』)→鵂鶹, 乃鬼車之屬也, 夜飛晝藏, **拾**人爪甲, 知**人**吉凶, 凶者, 鳴屋上, 將有咎耳, 故人除**爪**甲, 埋之戶內, 蓋忌此, 亦名夜遊女.(『松南雜識』)

732) 편해(篇海) : 금(金)나라 한효언(韓孝彦)이 편찬하였다. 15권. 정식 명칭은 『사성편해(四聲篇海)』이다. 『옥편(玉篇)』 542부수[部]의 글자에 『유편(類編)』·『용감수감(龍龕手鑑)』 등의 책을 참조로 579부수[部]로 확장하였다. 36개의 자모(字母)에 따라 그것을 차례로 나열하고 같은 모음의 부수는 다시 사성(四聲)에 따라 분변하여 차례를 정하였다.

733) 篇海, **古幺切**, **音叱叱**, 惡鳥**食**母者.(『康熙字典, 鳥丁』)→篇海**曰**, **鳥丁**, 惡鳥**害**母者.(『松南雜識』)

734) 不孝鳥, **與鳥丁同**.(『康熙字典, 鳥爲』)→**鳥爲亦**不孝鳥.(『松南雜識』)

735) 파경(破鏡) : 나쁜 새의 이름.

736) 古**天子**, **常以春解祠**, 祠黃帝, 用**一**梟破鏡.(『前漢書, 卷二十五上, 郊祀志第五上』)→古**者**, 祠黃帝, 用梟破鏡.(『松南雜識』)

오일(午日)에 국을 끓여 신하들에게 나누어 주었다"[737]라고 한 말이 이것이다.

'복(鵩)'이라고 하니 가의(賈誼)가 그것으로 부(賦)[738]를 지었다. 계림(桂林) 사람들은 이놈을 잡아 길러서 쥐를 잡게 한다.

조식(曹植)의 논(論)에서 말하였다.

형(荊)의 올빼미가 오(吳)에 둥지를 틀려고 하였을 때, 비둘기가 그놈을 만났다. 올빼미가 비둘기에게 말하였다.

"형(荊)의 사람들이 나의 소리를 미워한다네."

그러자 비둘기가 말하였다.

"이사하는 것이 목을 굽히며 날개를 접고 죽을 때까지 다시 울지 않는 것만 못하다네."[739]

짐새[鴆]는 남방에서 난다. 크기는 부엉이[鴞]만 하고 자흑색(紫黑色)이다. 목 길이는 일곱 여덟 치이며 오로지 독사만 먹는다. 독사가 돌구멍에 들어갈 때 우보법(禹步法)을 써서 돌을 부수고 뱀을 잡아먹는다. 짐새가 있는 곳에는 초목이 나지 않는다. 짐새는 가을·겨울 사이에 날개깃이 빠지는데, 사람들은 은젓가락으로 그것을 병속에 주워 담는다. 그렇게 하지 않으면 사람의 손이 문드러진다. 이놈의 똥이 사람에게 붙으면 즉사하고 이놈의 똥이 돌에게 붙으면 돌이 문드러진다. 이놈의 깃촉이 담겼던 술을 마시면 사람이 죽는데, 오직 물소의 뿔로만 해독된다.

---

737) **孟康曰**, **梟鳥**, **名食母**, **破鏡**, **獸名**, **食父**, **黃帝**欲絶其類, **使百吏祠皆用之**, …… **五月五**日, 作**梟**羹, **以**賜**百官**, **以其惡鳥**, **故食之也**.(『前漢書, 卷二十五, 上, 郊祀志第五上』의 주석) → **以害父母**, 欲絶其類**故也**. **午**日, 作**羹**賜**臣**.(『松南雜識』)

738) 전한(前漢)의 가의(賈誼)가 장사(長沙)에 귀양갔을 때 「복조부(鵩鳥賦)」를 지었다.

739) **昔**荊**人**之梟, 將巢於吳, 鳩遇之, 曰**何去荊而巢吳乎**, **梟曰**, 荊人惡予之聲, 鳩曰, **子不能革子之音**, **則吳楚之民不異情也**, **爲子計者**, **莫若**宛頸戢翼, 終身勿復鳴也.(『曹子建集, 卷十, 令禽惡鳥論』) → 荊之梟, 將巢於吳, 鳩遇之, **謂鳩**曰, 荊人惡予之聲, 鳩曰, **不如**宛頸戢翼, 終身勿復鳴也.(『松南雜識』)

복유 · 훈호
服劉訓狐

『진서(晉書)』에서 말하였다.

> 조왕(趙王) 사마륜(司馬倫)이 왕위를 찬탈하자 궁전 위에 이름 모를 기이한 새가 있었다. 흰 옷을 입은 어린아이가 "이놈은 복유(服劉)[740]입니다"라고 하였다. 다음날 아침에 어린아이와 새가 사라지고 사마륜의 눈 위에 혹이 생기니 당시 사람들이 요사스러운 일이라고 여겼다.[741]

'복유(服劉)'는 운서에서 '각치(角鴟)'[742]라고 하였다. 우리나라에서는 '부엉이[富興]'라고 한다.

또 '휴류(鵂鶹)'는 『한서(漢書)』에서 "휴류(鵂鶹)가 곽산(霍山)[743]의 집에서 운다"라고 하였다.

소설(小說)에서 "제비[燕]는 해가 뜨면 아침이라 하고 해가 지면 저녁이라 생각하고, 박쥐[蝙蝠]는 해가 지면 아침이라 하고 아침 해가 뜨면 저녁이라고 생각하였다. 그래서 두 놈이 다투었지만 결판내지 못하여 봉황에게 판결을 부탁하려 하였는데, 도중에 어떤 새가 제비에게 "봉황에게 갈 필요 없다. 봉황은 휴가 중이고 훈호(訓狐)[744]가 권세를 가지고 있다"라고 하였는데 그 주석에서 "훈호(訓狐)는 부엉이[鵂鶹]이다"라고 하였다.

---

740) 복유(服劉) : 진(晉)나라 조왕(趙王) 륜(倫)이 얻은 기이한 새의 이름.

741) **又倫於**殿上**得**異鳥, **問皆**不知名, **累日向夕**, **宮西**有素衣小兒言, 是服劉鳥, **倫使錄小兒幷鳥閉置牢室**, 明**旦開視戶如故**, **並**失人鳥所在, 倫目上有瘤, 時以爲妖**焉**.(『晉書, 卷五十九, 列傳, 趙王倫』)→**趙王倫僭位**, 殿上**有**異鳥, 不知名, 有素衣小兒言, 是服劉鳥, 明**朝**失人鳥所在, 倫目上有瘤, 時以爲妖.(『松南雜識』)

742) 각치(角鴟) : 새이름. 목토(木菟) · 치휴(鴟鵂)라고도 함.

743) 곽산(霍山) : 곽운(霍雲)의 동생. 지절(地節 : B.C. 69~B.C. 66) 초에 공으로 낙평후(樂平侯)에 봉해졌다. 반역에 연좌되어 죽었다.

744) 훈호(訓狐) : 휴류(鵂鶹)의 별명.

질휴
鴲鵂

『광운(廣韻)』에서 "치(鴟)와 질(鴲)은 모두 솔개[鳶]이다. '鴲'의 음은 '질'이다"라고 하였다.

『회남만필술(淮南萬畢術)』[745]에서 "질휴(鴲鵂)는 새가 꼬이도록 한다. 질휴(鴲鵂)를 잡아서 큰 날개를 꺾고 두 다리를 묶어서 후림새로 만든 후에 그 곁에 새그물을 펼쳐두면 새들이 절로 모인다"[746]라고 하였다.

간가가 바로 효
諫珂卽鴞

『설원(說苑)』에서 "간가(諫珂)[747]는 새의 이름이다. 몸통에 무늬가 있고 다리는 붉다. 새를 미워하고 여우를 좋아한다"[748]라고 하였다.

『산해경(山海經)』에서 "탁광산(涿光山)에는 번(蕃)이라는 새가 많다"라고 하였다. 어떤 사람은 "바로 효(鴞)이다"[749]라고 하였다.

또 "영산(英山)에 새가 있는데 이름이 비유(肥遺)[750]이다"[751]라고 하였다.

---

745) 회남만필술(淮南萬畢術) : 한(漢)나라 유안(劉安)이 지은 책. 1권
*『松南雜識』에서는 출전을 '淮南子'라고 밝히고 있으나, 『회남자』에는 나오지 않는 내용이다. 작자가 『회남만필술(淮南萬畢術)』을 『회남자』로 착각한 듯하다.

746) 鴲鵂致鳥, 取鴲鵂, 折其大羽, 絆**其**兩足, 以爲媒, 張羅其旁, 鳥**自**聚**矣**.(『淮南萬畢術』)→淮南**萬畢術**曰, 鴲鵂致鳥.〈取鴲鵂, 折其大羽, 絆**其**兩足, 以爲媒 張羅其旁, 鳥聚**矣**〉(『太平御覽, 鵂鶹』)→淮南**子**曰, 鴲鵂**能**致鳥, **言**取鴲鵂, 折其大羽, 絆兩足, 以爲媒, 張羅其旁, 鳥**自**聚.(『松南雜識』)

747) 간가(諫珂) : 새이름. 빛나는 몸체에 다리는 붉다. 새를 미워하고 여우를 좋아한다.

748) **師曠曰**, **東方有**鳥, 名**諫珂**, **其爲鳥也**, 文身而朱足, 憎鳥而愛狐.(『說苑, 卷十八, 辨物』)→鳥名**也**. 文身而朱足, 憎鳥而愛狐.(『松南雜識』)

749) **北三百五十里曰**, 涿光**之**山, **囂水出焉 而西流注于河**, **其中多鰼**, **鰼之魚**, **其狀如鵲**, **而十翼**, **鱗皆在羽端**, **其音如鵲**, **可以禦火**, **食之不癉**. **其上多松栢**, **其下多棕橿**, **其獸多麢羊**, 其鳥多蕃.(『山海經, 卷三, 北山經』)→山海經曰, 涿光山, 其鳥多蕃.(『松南雜識』)

『본초강목(本草綱目)』에서 "고확조(姑穫鳥)[752]는 일명 의희(譩譆)이다"[753]라고 하였다.

앵무가 길료
鸚鵡吉了

운서(韻書)에서 "앵무(鸚鵡)는 크기가 까치[鵲]만 하고 주둥이는 붉고 입술은 갈고랑이 같다. 정수리는 비취색이고 눈동자는 금색이며 목은 검고 날개는 푸르고, 발은 붉고 꼬리는 비취색이다. 두 발가락은 앞을 향하고 두 발가락은 뒤를 향하는데, 진길료(秦吉了)[754]·시락료(時樂了)[755]와 비슷하다"[756]라고 하니 대개 말할 줄 아는 새이다.

『예기(禮記)』에서 "앵무(鸚鵡)는 말을 할 줄 알지만 새에서 벗어나지 않는다"[757]라고 하였다.

---

750) 비유(肥遺) : 모양은 메추라기 같으며 몸은 황색 부리는 붉은색이다. 이놈을 먹으면 염병[癘]이 낫는다. 또 벌레를 죽이는 효능이 있다.

751) **西七十里曰**, 英山, …… 有鳥焉, **其狀如鶉**, **黃身而赤喙**, **其**名曰肥遺, **食之已癘**, **可以殺蟲**.(『山海經, 卷二, 西山經』) → 英山有鳥焉, 名曰肥遺.(『松南雜識』)

752) 고확조(姑穫鳥) : 새이름. 전설에 의하면 산파(產婆)가 변화하여서 된 새라고 한다. 소리는 어린아이 울음소리 같다. 그러 까닭에 산녀조(產女鳥)·유모조(乳母鳥)·야행유녀(夜行遊女)·천제소녀(天帝小女)·무고조(無辜鳥)·은비(隱飛)·귀조(鬼鳥)·의희(譩譆)라고도 한다.

753) 姑獲鳥 …… 譩譆.(『本草綱目, 卷四十九, 禽之三』) → 姑穫鳥, **一名**譩譆.(『松南雜識』)

754) 진길료(秦吉了) : 새이름. 구관조(九官鳥)라고도 함. 체구는 비둘기보다 작고 머리에 황색의 벼슬[肉冠]이 있다. 털은 감흑색(紺黑色)이며 광채가 난다. 부리는 황색이다. 성질이 영리하여 사람의 말과 웃음을 잘 흉내낸다.

755) 시락료(時樂了) : 당 현종(玄宗)이 기르던 오색의 앵무새.

756) 大如鵲, 朱味鉤吻, 翠頂金眼, 玄項碧羽, 赬足翠尾, 兩指向前, 兩指向後, **又有**秦吉了時樂了, **大畧**相似.(『韻府羣玉, 禽名鸚鵡』) → 大如鵲, 朱味鉤吻, 翠頂金眼, 玄項碧羽, 赬足翠尾, 兩指向前, 兩指向後, **與**秦吉了時樂了相似.(『松南雜識』)

757) 嬰母能言, 不離飛**鳥**, **猩猩能言**, **不離禽獸**, **今人而無禮**, **雖能言**, **不亦禽獸之心乎**, **夫唯禽獸無禮**, **故父子聚麀**.(『禮記注疏, 卷一, 曲禮上』) → 鸚鵡能言, 不離飛**禽**.(『松南雜識』)

이덕유(李德裕)[758]의 시에서 "농우(隴右)[759]의 제후가 말하는 새를 바친다[隴右諸侯供語鳥]"[760]라고 한 말이 이것이다.

『삼국사기』에서 "성덕왕(聖德王) 때 당나라에서 흰앵무새[白鸚鵡]를 보냈다"[761]라고 하였고, 『명황잡록(明皇雜錄)』에서 "개원(開元) 연간에 영남(嶺南)에서 흰앵무새[白鸚]를 바쳤는데 설의랑(雪衣娘)[762]이라고 부른다"라고 하였다.[763] 그렇다면 혹시 이것을 신라에 보낸 것인가?

진길료(秦吉了)는 앵(鸚)과 비슷하며 머리에 벼슬이 있다. 『북호록(北戶錄)』[764]에 "염주(廉州)의 백성이 붉은 진길료(秦吉了)를 잡았는데 말하고 웃을 줄 알았다"라고 하였다.

『구지필기(仇池筆記)』[765]에서 말하였다.

---

758) 이덕유(李德裕) : 당나라의 인물. 찬황(贊皇) 출신. 자는 문요(文饒). 어려서부터 학식이 높았고 절개가 있었다. 경종(敬宗) 때 절서관찰사(浙西觀察使)가 되었다. 당시 황제가 소인을 가까이하고 놀기를 좋아하자 「단의육잠(丹扆六箴)」을 올려 건의하였다. 문종(文宗) 때 배도(裵度)가 그에게 재상의 자질이 있다고 천거하였으나, 우승유(牛僧儒) 등이 꺼려하여 막았다. 무종(武宗) 때 회남절도사(淮南節度使)로 들어가 재상이 되었는데, 국정을 맡은 6년 동안 번진(藩鎭)의 침입을 물리쳐 위엄과 권위가 더해졌고 위국공(衛國公)에 봉해졌다. 선종(宣宗)이 즉위하자 그를 꺼려하는 자들의 참소를 입어 폄작되어 죽었다. 저서에 『차유구문(次柳舊聞)』·『회창일품집(會昌一品集)』이 있다.

759) 농우(隴右) : 당대(唐代)의 도(道) 이름. 농지(隴坻)의 오른쪽에 있었기에 이렇게 불린다. 동쪽은 진주(秦州), 서쪽은 유사(流沙), 남쪽은 촉(蜀)과 토번(吐藩)에 접해있다.

760) 「제평천시(題平泉詩)」.

761) 三十二年, 秋七月, 唐玄宗以渤海靺鞨, 越海入寇登州, 遣大僕員外卿太僕員外卿趙炳舜. ……帝賜王白鸚鵡雄雌各一隻, 及紫羅繡袍, 金銀鈿器物, 瑞紋錦, 五色羅綵共三百餘段.(『三國史記, 卷八, 新羅本紀, 聖德王』)→聖德王時, 唐賜白鸚鵡.(『松南雜識』)

762) 설의랑(雪衣娘) : 백앵무(白鸚鵡)의 별명.

763) 明皇雜錄, 開元中, 嶺南獻白鸚**鵡, 養之宮中, 歲久頗聰慧, 洞曉言詞, 上及貴妃, 皆**呼雪衣女.(『白孔六帖, 雪衣娘』)→明皇雜錄**曰**, 開元中, 嶺南獻白鸚, 呼雪衣娘.(『松南雜識』)

764) 북호록(北戶錄) : 당의 단공로(段公路)가 편찬하였다. 총3권. 영남(嶺南)의 풍토를 매우 상세하게 기록해 놓고 있다. 그리고 물산에 대해서는 더욱 상세하게 기록하였다.

765) 구지필기(仇池筆記) : 구본(舊本)은 송의 소식(蘇軾)이 편찬하였다. 그러나 사실은 후인들이 그의 잡다한 서첩에서 모은 것을 엮은 책으로 고증할 만한 자료가 많다.

「논이십팔초서(論李十八草書)」에 다음과 같은 내용이 있다.

처음에 앵무새[鸑哥]가 재롱을 떨고 말을 할 줄 알지만 몇 마디에 지나지 않았는데, 뒤에는 조금 말을 더 잘하였기에 그가 편지로 제게 문안하기를 "진길료(秦吉了)가 될 만합니다"라고 하였습니다.

대개 길료(吉了)[766]는 앵무새보다 말을 잘 한다.

도괘·측괘
倒掛側掛

소식(蘇軾)의 「매화사(梅花詞)」에서 "도괘(倒掛)[767]는 푸른 털의 요봉이라네[倒掛綠毛幺鳳]"라고 하였는데, 주석에서 "요봉(幺鳳)은 작은 새의 이름으로 촉(蜀)에서 나니 바로 도괘자(倒掛子)[768]이다"라고 하였다. 곧 조사웅(趙師雄)이 나부산(羅浮山)의 매화나무 아래에서 본 지저귀는 푸른 깃털의 새이다.[769]

『광아(廣雅)』[770]에서 "할단(鶡鴠)[771]의 이름은 정갑(定甲)이다"[772]라고

766) 길료(吉了) : 새이름. 진길료(秦吉了)의 약칭. 구관조(九官鳥)라고도 함.

767) 도괘(倒掛) : 작은 새 이름. 도괘(倒挂)라고도 함. 광서성(廣西省)에서 난다. 부리는 붉고 털은 푸르며 항상 거꾸로 매달려 있다. 머리에 벼슬이 있어서 앵무(鸚鵡)와 비슷하다. 또 벼슬이 있어서 봉황으로 생각하기도 하는 까닭에 요봉(幺鳳)이라고도 한다.

768) 측괘자(側掛子) : 갈단새[鶡旦]. 밤에 울며 아침을 맞이하는 새다.

769) 조사웅(趙師雄)은 수(隋)나라 저양(雎陽) 출신이다. 개황(開皇) 연간에 나부산(羅浮山)을 지나다가 날씨는 춥고 해는 저물어 가는데 우연히 숲속의 주점을 발견하고 그곳을 찾아들었다. 주점 옆에 조그만 초가집 한 채가 있었다. 그곳에 있던 소복 차림의 곱게 단장한 미인이 그를 맞이하였다. 서로 술을 마시다가 조사웅이 취해 잠이 들었는데 깨어보니 큰 매화나무 아래였고 푸른 깃털의 새가 그 위를 날아다니며 지저귀고 있었다.

770) 『松南雜識』에는 '博雅'로 되어 있음.

771) 할단(鶡鴠) : 새이름. 할단(鶡旦)·한호충(寒號蟲)이라고도 함.

772) 鶡鴠, 定甲, **獨春鶡鴠也**.(『廣雅, 卷十, 釋鳥』) → 鶡鴠, **名**定甲.(『松南雜識』)

하니 바로 합단(盍旦)[773]이다. 밤에 울며 아침을 갈구하는 새이니 닭과 비슷하다.

또 「명측괘일시(鳴側掛逸詩)」에서,

저 합단새[盍旦]를 보라	相彼盍旦
아직도 근심하고 있네	尙猶患之

라고 하였다.[774]

정위
精衛

『산해경』에서 말하였다.

발구산(發鳩山)에 사는 새의 이름이 '정위(精衛)'[775]이다. 염제(炎帝)의 딸이 동해에 빠져 죽자 정위(精衛)가 되어 항상 서쪽 산의 나무와 돌을 물어다가 바다를 메운다.[776]

---

773) 합단(盍旦) : 새이름. 밤에 울며 아침을 맞이하는 새이다.

774) **子云, 天無二日, 土無二王, 家無二主, 尊無二上, 示民有君臣之別也. 春秋不稱楚越之王喪, 禮君不稱天, 大夫不稱君, 恐民之惑也**. 詩云, 相彼盍旦, 尙猶患之.(『禮記注疏, 卷五十一, 坊記』)→**鳴側掛逸**詩, 相彼盍旦, 尙猶患之.(『松南雜識』)

775) 정위(精衛) : 바닷가의 작은 새. 반짝이는 머리에 흰 부리, 붉은 다리를 하고 있다. 전설에 익사한 염제(炎帝)의 딸이 변하여 정위(精衛)가 되었다고 한다. 해연(海燕)과 짝을 이루어 새끼를 낳는데 암놈이 정위(精衛)이고 수놈은 해연(海燕)이 된다.

776) 北二百里, 曰發鳩之山, 其上多柘木, 有鳥焉, 其狀如烏, 文首白喙赤足, 名曰精衛, 其鳴自詨, 是炎帝之少女名曰女娃, 女娃遊于東海, 溺而不返, 故爲精衛, 常銜西山之木石, 以堙于東海, 漳水出焉, 東流注于河.(『山海經, 卷三, 北山經』)→發鳩之山, 鳥名, 精衛, 炎帝女溺於東海, **精衛常**取西山木石, 以塡海, 山海經.(『韻府羣玉, 鳥塡海』)→山海經**曰**, 發鳩之山, 鳥名, 精衛, 炎帝女溺於東海, **帝**取西山木石, 以塡海.(『松南雜識』)

『집운(集韻)』에서 "'鵰'의 음은 '조'이니 사람얼굴에 새의 부리를 하고 있다. 날개가 있지만 날지를 못한다"777)라고 하였다.

딱따구리
啄木

운서에서 "딱따구리[啄木]778)가 렬(鴷)이다. 『고금이전(古今異傳)』에서 '딱따구리는 본래 뇌공(雷公)의 약초 캐는 관리인데 이 새로 변하였다'라고 하였다"라고 하였다.779)

『이물지(異物志)』에서 "갈색인 놈이 암컷이고 얼룩무늬가 있는 놈이 수컷이다"라고 하였다. 또 산착목(山斲木)·화로아(火老鴉)라고도 한다.780)

왕우칭(王禹偁)781)의 시에,

회남(淮南)의 착목(斲木)은 까마귀만 하고	淮南斲木大如鴉
정수리는 선학(仙鶴)처럼 단사(丹砂)가 붙었네	頂似仙鶴堆丹砂782)

라고 한 말이 이것이다.

---

777) **鵃**鵰, **鳥名**, 人面鳥啄, 有翼不能飛.(『集韻, 鵰』) → 鵰**音雕**, 人面鳥啄, 有翼不能飛.(『松南雜識』)

778) 딱따구리[啄木] : 새이름. 렬(鴷)·열조(列鳥)·착목(斲木)이라고도 한다.

779) 啄木, **鳥禽名**, **爾雅云**, 鴷也. 本雷公採藥吏, 化爲此鳥, **古今異傳**.(『韻府羣玉, 槁木』) → 啄木, 鴷也. 古今異傳**曰**, 本雷公採藥吏, 化爲此鳥.(『松南雜識』)

780) 異物志, **此鳥有大有小**, **有褐有斑**, 褐者雌, 斑者雄, **又山中有一種靑黑色**, **頭上有紅毛**, **土人呼**山斲木, **亦名**火老鴉.(『康熙字典, 鴷』) → 異物志**曰**, 褐者雌, 斑者雄, **又名**山斲木, **又**火老鴉.(『松南雜識』)

781) 왕우칭(王禹稱) : 송나라의 문신·문학가. 자는 원지(元之). 거야(鉅野) 출신.

782) 淮南**啄**木大如鴉, 頂似僊鶴堆丹砂.(『小畜集, 啄木歌』) → 淮南**斲**木大如鴉, 頂似仙鶴堆丹砂.(『康熙字典, 鴷』) → 淮南**斲**木大如鴉, 頂似僊鶴堆丹砂.(『松南雜識』)
*『소축집(小畜集)』은 왕우칭의 문집임.

『비아(埤雅)』에서 말하였다.

렬(鴷)은 금법(禁法)을 잘 하니, 발톱을 구부려 땅에 금을 그어 도장을 만들면 막혔던 구멍이 절로 열린다. 날아갈 때는 날개로 그것을 덮어버린다.[783)]

구양수(歐陽修)의 부(賦)[784)]에서,

장인 좀벌레의 피해는 심각하지만 工蠹則大兮
좀벌레의 피해는 별 것 아니라네 虫蠹則小
딱따구리를 다 죽이는 것 보다는 與其喙木能盡死
벌목장이에게 시켜서 不如得喙匠手
차라리 나무찍는 장인을 잡아서 使不傷於斧斤[785)]
도끼에 손상되지 않도록 하는 것이 더 낫다네

라고 하였다. 우리나라 시에,

딱따구리야, 딱따구리야 啄木休啄木
고목의 밑둥치가 남아있구나 古木餘半腹
혹여 비바람 몰아치는 밤에 或恐風雨夜
나무가 꺾여 네 집이 없어질까 걱정이다 木摧爾無屋

783) **俗言**, **此鳥**善爲禁法, 能曲爪畫地爲印, 則穴之塞自開, 飛輒以翼墁之.(『埤雅, 卷八, 釋鳥, 斲木』)→**鴷**, 善爲禁法, 能曲爪畫地爲印, 則穴之塞自開, 飛卽以翼墁之.(『康熙字典, 鴷』)→**鴷**,善爲禁法, 能曲爪畫地爲印, 則穴之塞自開, 飛卽以翼墁之.(『松南雜識』)

784) 「탁목부(啄木賦)」.

785) 工蠹則大兮, 蟲蠹則小, **捕小縱大兮**, **將何謂皇惜木兮**, **雖甚恩蟲利食兮**, **啄徒勤蠹未入口兮**, **刃至其根**, 與其啄**蠹**能盡死, 不如得啄匠**手**, 使不**堪**於斧斤.(『文忠集, 卷五十八, 外集八, 辭, 啄木辭』)→工蠹則大兮, 虫蠹則小, 與其喙**木**能盡死, 不如得喙匠**兮**, 使不**傷**於斧斤.(『松南雜識』)

라고 하였다.

나의 시에 또한 이르기를,

딱따구리란 새가 있으니	有鳥名啄木
온 나무의 벌레를 쪼아먹는다	啄啄萬木蠹
네가 쪼는 것은 나무 뿐이지만	爾啄秪在木
이 백성들의 벌레를 어이할꼬	奈此爲民蠹

라고 하였다.

신천옹이 왕수리
信天王雎

옛말에 "신천옹(信天翁)[786]이 어응(魚鷹)[787]을 따라간다"라고 하였으니, 어응(魚鷹)과 서부(舒鳧)[788]와 신천옹(信天翁)은 우리나라에서 왜가리[倭鶡伊]라고 한다. 어응(魚鷹)이 물에 들어가 물고기를 잡는데 간혹 땅에 떨어지면 신천옹(信天翁)이 그것을 주워 먹는다.

『금경(禽經)』에서 "왕저(王鴡)는 어응(魚鷹)이다"[789]라고 하였다. 『본초강목(本草綱目)』에서 "악(鶚)은 일명 어응(魚鷹)이다"라고 하였다. 『시경(詩經)』에 이른바 '저구(雎鳩)'[790]이다. 『회남자(淮南子)』에서 '비파(沸波)'[791]

786) 신천옹(信天翁) : 동물이름. 조류. 몸체는 회백색이고 길이는 대략 2자이다. 부리가 길며 위의 부리는 뾰족하고 끝이 갈고리처럼 조금 굽었다. 두 날개와 꽁지 끝은 담흑색이다. 날개는 좁고 길며 나는 힘이 매우 강하여 폭풍우도 두려워하지 않는다. 다리는 짧고 담홍색이다. 뒷발꿈치는 없고 앞발꿈치만 있다.

787) 어응(魚鷹) : 왕저(王鴡)라고도 함. 꼬리 위가 흰 것이 백응(白鷹)이다.

788) 서부(舒鳧) : 집오리의 별명.

789) 王鴡**鴡鳩**魚鷹**也**.(『禽經』) → 王鴡魚鷹.(『松南雜識』)

790) **關關**雎鳩, **在河之洲**.(『詩經, 周南, 關雎』) → 雎鳩.(『松南雜識』)

라고 하였다.[792]

『정자통(正字通)』에 "물수리[鶚]가 물위를 빙빙 돌며 물고기를 꼬여 나오게 해서 그것을 잡아먹는다. 그런 까닭에 비파(沸波)라고 한다"[793]라고 하였다.

또 조(鵰)[794]는 우리나라에서 조(皁)라고 한다. 조(鵰)의 깃촉으로 화살을 만들 수 있다. 일명 불하(拂河)이다.

『금경(禽經)』에서 "도하(淘河)[795]가 언덕에 있으면 물고기가 숨고 불하(拂河)가 언덕에 있으면 물고기가 솟구친다"[796]라고 하였다. 또 조(鵰)는 공중을 선회하다가 기러기와 고니를 공격하여 잡아먹는다. 풀 속에 조(鵰)의 깃털이 있으면 뭇새의 깃털이 저절로 떨어진다. 또 물수리[鶚][797]에 속하는 일종이다.

---

791) 鳥有沸波**者, 河伯爲之不潮, 畏其誠也**.(『淮南子, 卷十七, 說林訓』)→沸波.(『松南雜識』)

792) 魚鷹〈禽經〉鵰鷄〈詩疏〉雎雄〈周詩〉王雎〈音疽〉沸波〈淮南子〉(『本草綱目, 卷四十九, 禽之三, 鶚』)→禽經曰, 王鴡, 魚鷹, 本草云, 鶚, 一名魚鷹, 詩謂雎雄, 淮南子謂沸波.(『松南雜識』)

793) **鷹屬, 鳥之大者, 能入穴取食, 故名, 下窟鳥**翔水上, 扇魚令出啖之, 故又名沸波.(『正字通, 鶚』)→**鶚**翔水上 扇魚令出啖之, 故名沸波.(『松南雜識』)

794) 조(鵰) : 맹금류. 조(雕)라고도 씀. 응(鷹)같으며 크고 몸체의 길이는 3, 4자이다. 날개를 펼치면 한길이나 된다. 날개는 암갈색이고 목뒷부분은 암적색이며 꼬리는 희다. 부리는 갈고리처럼 굽어있고 산양을 잡을 수 있다.

795) 도하(淘河) : 사다새인 제호(鵜鶘)의 별명. 무리지어 날기를 좋아하고 물속에 들어가 물고기를 잡아먹는다. 그런 까닭에 오택(洿澤)이라고 한다.

796) 淘河在岸則魚沒, 沸河在岸則魚涌.(『禽經, 提要』)

797) 물수리[鶚] : 맹금류. 모양은 솔개[鳶]와 비슷하지만 날개가 더 길다. 몸체의 길이는 두길 남짓이다. 등은 흑갈색이고 배와 얼굴은 희다. 목 아래에 갈색의 반점이 있다. 머리에는 관모(冠毛)가 있다. 부리는 짧고 다리는 길다. 항상 바다 위를 날며 물고기를 잡아 먹는다.

골·돈
鶻鷻

『금경(禽經)』에서 말하였다.

> 응(鷹)은 대상물에 맞서 공격하고, 골(鶻)은 파낼 듯 공격하며, 준(隼)은 곧장 공격하며, 조(鵰)는 주위를 맴돌며 공격하고, 취(鷲)는 달려들어 공격하며, 돈(鷻)은 치며 공격하니 모두 조수(鳥獸)가 대상물을 잡아 공격하는 차이를 말한 것이다.[798]

이시진(李時珍)이 "청조(青鵰)는 해동청(海東青)이라고 한다"[799]라고 말하였다.

운서에서 "부(鳧)는 물속에 들어가기를 좋아하고 예(鷖)[800]는 물위에 떠있기를 좋아하니 일명 구(漚)이다"[801]라고 하였다. 또 예(鷖)는 「사마상여전(司馬相如傳)」의 '지나가며 예조(翳鳥)[802]를 공격하다'[803]라는 말이 이것이다.

예(鷖)의 등속에 '수악(水鸑)'이 있으니 검푸른 색이며 두 발 중에 한쪽은 매[鷹]발이고 한쪽은 오리발이다. 『금경(禽經)』에 "남방에 강취(羌鷲)가 있으니 또한 북방에 조(鵰)가 있는 격이다"라고 하였다.

---

798) 雕以周之, 鷲以就之, 鷹以膺之, 鶻以搰之, 隼以尹之.(『禽經, 提要』) → 禽經云, 鷹以膺之, 鶻以搰之, 隼以尹之, 鵰以周之, 鷲以就之, 鷻以搏之, 皆言其摶擊之異也.(『淵鑑類函, 鷹一』) → 禽經曰, 鷹以應之, 鶻以搰之, 隼以尹之, 鵰以周之, 鷲以就之, 鷻以搏之, 皆言其擊搏之異也.(『松南雜識』)

799) 〈時珍曰, …… 青鵰, **出遼東**, **最俊者**, 謂之海東青. ……〉(『本草綱目, 卷四十九, 禽之三, 鵰』) → **李**時珍曰, 青鵰, 謂之海東青.(『松南雜識』)

800) 예(鷖) : 물오리[鳧]의 일종. 창흑색이며 무리 지어날며 운다. 조수(潮水)를 따라 오가는 까닭에 신부(信鳧)라고도 한다.

801) 鳧好沒, 鷖好浮, **故鷖**一名漚.(『淵鑑類函, 鷗一』) → 鳧好沒, 鷖好浮, 一名漚.(『松南雜識』)

802) 예조(翳鳥) : 구의산(九疑山)에 있다는 오채(五采)를 띤 새.

803) 拂翳鳥.(『前漢書, 卷五十七上, 司馬相如傳第二十七上』) → 拂翳.(『松南雜識』)

악 · 산
鶚𪈼

운서에서 "악(鶚)의 습성은 서 있기를 좋아한다. 매양 서 있고 다시 자리를 옮기지 않으니 이른바 악립(鶚立)[804]이다"[805]라고 한 말이 이것이다.

세상에 전하는 말에 북도(北道)에 산(𪈼)이 있다고 한다고 하는데 운서에는 올라 있지 않은 말이다. 조선 태조의 두 형이 사냥을 나가서 이것에게 잡혀 죽었다고 하니 대개 새 가운데 호랑이 비슷한 것인 듯하다.

루 · 순
鷜鶉

「상림부(上林賦)」에 "유(蜼) · 확(蠖) · 비루(飛鷜)"[806]라는 말이 있는데, 그 주석에서 "비루(飛鷜)는 쥐의 머리를 하고 있는데 그 수염으로 난다"[807]라고 하였다.

곽박(郭璞)은 찬(贊)에서,

류(鸓)라는 새가 있으니	有鳥名鸓
머리가 둘, 다리가 넷이라	兩頭四足
둘이 합쳐서 나는 듯하네	翔若合飛[808]

---

804) 악립(鶚立) : 우두커니 서서 자리를 옮기지 않는 모양.

805) **蓋**鶚性好**跱**. **故**每立, 更不移處, 所謂鶚立.(『埤雅, 雎鳩』) → 鶚性好立, 每立, 更不移處, 所謂鶚立.(『松南雜識』)

806) 蜼 · **玃** · 飛蠝.(『前漢書, 卷五十七上, 司馬相如傳第二十七上』) → 蜼 · **玃** · 飛蠝.(『古今韻會擧要, 卷二十八, 玃』) → 蜼 · **蠼** · 飛鷜.(『松南雜識』)

807) 飛蠝, **飛鼠也**. **其狀如兎而**鼠首, 以其**頿**飛.(『前漢書, 卷五十七上, 司馬相如傳, 第二十七上』) → 蜼 · **玃** · 飛蠝.(『古今韻會擧要, 卷二十八, 玃』) → 蜼 · **蠼** · 飛鷜. **註**, 飛鷜, 鼠首以其**髥**飛.(『松南雜識』)

808) 『漢魏六朝百三家集, 晉郭璞集, 西山經圖讚, 數斯鳥**擎**獸鷜鳥』.

라고 하였다. '鸓'[809]의 음은 '루'이다.

진사왕(陳思王) 조식(曹植)은 부(賦)에서,

아, 어떤 간사한 기운이	吁何姦氣
이 박쥐를 생기게 하였나	生玆蝙蝠
모양도 이상하고 성질도 괴팍하여	形殊性詭
매번 떳떳한 법도를 어기네	每變常式
걸을 땐 발을 쓰지 않고	行不由足
날 때도 날개의 힘을 빌리지 않네	飛不假翼[810]

라고 하였다.

『회남자(淮南子)』에서 말하였다.

천문(天文)의 주작(朱雀)은 순(鶉)[811]에서 형상을 취하였다. 그래서 남방의 일곱별은 부리·모이주머니·날개가 있고 꼬리가 없으니[812] 순(鶉)을 형상하였다.[813]

---

809) 루(鸓): 날짐승이면서도 새끼를 낳는 까닭에 비생(飛生)·비생조(飛生鳥)라고 한다. 또 오서(鼯鼠)·이유(夷由)·뢰(蠝)라고도 한다. 모양은 작은 여우나 편복(蝙蝠) 같고 살로 된 날개가 있다. 그래서 『설문해자』의 주석에서 "새 같기도 하고 짐승 같기도 하며 벌레 같기도 하고 쥐 같기도 하다"라고 하였다.

810) 每變**常**式.(『漢魏六朝百三家集, 魏曹植集, 蝙蝠賦』) → 每變**其**式.(『松南雜識』)

811) 순(鶉): 모양은 닭 같고 몸통의 길이는 대략 여섯 치이다. 머리와 부리는 모두 작고 꼬리는 짧다. 몸의 위와 얼굴은 적갈색이며 암황색의 몇 가닥의 무늬가 있다. 가슴에서 배 옆까지는 적갈색이며 배는 희다. 성질이 싸우기를 좋아한다. 그런 까닭에 길러서 놀이거리로 삼기도 한다.

812) 남방의 일곱별: 『한서(漢書), 천문지(天文志)』에 의하면 남방의 주작칠수(朱雀七宿)는 정(井)·귀(鬼)·유(柳)·성(星)·장(張)·익(翼)·진(軫)이다. 그 중에 유수(柳宿)는 별이름이 조훼(鳥喙)으로 새의 부리를 나타내고, 장수(張宿)는 별이름이 소(嗉)로 모이주머니를 나타내며, 익(翼)의 별이름은 우핵(羽翮)으로 날개를 나타낸다고 하였다.

813) 淮南子, 天文朱雀, 取象于鶉. 南方七宿, 有喙**有素**有翼無尾, 象鶉也.(『韻府羣玉, 鶉』) → 天文朱雀, 取象于鶉. 南方七宿, 有喙有嗉有翼無尾, 象鶉也.(『松南雜識』)

「월령(月令)」에서 "전서(田鼠)가 화하여 여(鴽)가 된다"[814]라고 하였다. 여(鴽)는 순(鶉)이다. 전서(田鼠)가 바로 편복(蝙蝠)이니, 루(鸓)이다. 그 똥을 의서(醫書)에서 '야명사(夜明砂)'[815]라고 한다. 대개 쥐의 몸에 새의 날개를 하고 있는 까닭에 세상에서 전하는 말에, "새들이 박쥐에게 일을 시키려 하면 쥐라고 발뺌하고 쥐들이 일을 시키고자 하면 새라고 발뺌하였다"라고 하니, 불서(佛書)의 조서승(鳥鼠僧)[816]이 이것이다.

운서에서 '암순(鶕鶉)'[817]이라 하였으니, 여(鴽)·순(鶉)과 비슷하면서도 다르다. 암(鶕)은 바로 암(鵪)이다. 메추라기[鶉]의 습성은 쓰러진 풀을 넘지 않는다. 일정한 거처는 없지만 짝은 일정하다.

『홍주읍지(洪州邑誌)』에서 말하였다.

> 호음(湖陰) 정사룡(鄭士龍)이 홍주목사(洪州牧使)가 되어 백성에게 살아있는 메추라기 한 마리씩을 바치게 하였는데 문서로 보고할 때[呈狀] 혹 죽은 메추라기는 소지(所志)에 넣지 않았다.

용거
庸渠

운서에서 "용거(庸渠)는 새이니 부(鳧)와 비슷하다. 회색이고 닭다리를 하고 있다. 일명 '초거(草渠)'라고 하니 바로 지금의 물 닭[水鷄]이다"[818]

---

814) 田鼠化爲鴽.(『禮記注疏, 卷十五, 月令』)
815) 야명사(夜明砂) : 약 이름. 편복(蝙蝠)의 똥이다. 달리 서법(鼠法)·석간(石肝)·흑사성(黑砂星)이라고도 한다.
816) 조서승(鳥鼠僧) : 파계한 비구(比丘)를 비유한 말.
* 譬如蝙蝠, 欲捕鳥時則入穴爲鼠, 欲捕鼠時則飛空爲鳥, 而實無有鳥鼠之用, 其身臭穢, 俱樂闇冥, 舍利佛, 破戒比丘, 亦復如是. 旣不入於布薩自恣, 亦復不入於王子使役, 不名白衣, 不名出家.(『佛藏經, 上』)
817) 鶕鶉.(『古今通韻, 鶕』)
818) 鳥**名**. 庸渠, 似鳧, 灰色雞脚. 一名草渠, 卽今水雞.(『韻府羣玉, 庸渠』) → 鳥. 庸渠,

라고 하였다. 「상체(常棣)」[819]의 주석에서 '척령(鶺鴒)'[820] · '옹거(雝渠)'라고 한 말과는 다르다.

또 수사자(水喳子)는 바로 잡조(雜鳥)이다.

복비(鶝鵐)는 날씨가 추워지려할 때 비비(丕丕)하며 우는 놈이다.

벽제 · 계척
鷿鷉鸂鶒

진장기(陳藏器)[821]가 "벽(鷿)은 발가락이 꼬리에 이어져 육지를 다닐 수 없고 항상 물속에 있다"[822]라고 하였다.

『설문해자』에서 "벽체(鷿鷈)는 부(鳧)와 비슷하지만 그보다는 작다. 그 기름을 칼에 바르면 녹을 방지한다"[823]라고 하였다. 두보(杜甫)는 시에서 "벽제(鷿鵜) 기름에 빛나는 칼날 끝[銛鋒瑩鷿鵜]"[824]이라고 하였다.

우리나라에서는 '도강부(道江鳧)'라고 한다. 또 "한 쌍의 계(鸂)와 척(鶒)이 마주보고 떴다 잠겼다 하네[一雙鸂鶒對沈浮]"라고 하였다.

속담에 "뜸부기[闖北入]가 논에서 울면 풍년이 든다"고 하니 그놈이 물을 좋아하기 때문이다.

似鳧, 灰色雞脚. 一名草渠, 卽今水雞.(『松南雜識』)

819) 『詩經, 小雅, 常棣』.

820) 척령(鶺鴒) : 새 이름. 옹거(雝渠), 옹거(雝鶏), 겁령(鵖鴒)의 별명. 척령(脊令)이라고도 씀.

821) 진장기(陳藏器) : 당나라의 근(鄞) 지역 출신. 의술(醫術)에 정통하고 삼원현위(三原縣尉)를 지냈다. 저서에 『본초습유(本草拾遺)』가 있다.

822) 陳藏器曰, **似鳧而小**. 足連尾, 不能陸行, 常在水中.(『康熙字典, 鷿』)→陳藏器曰, 足連尾, 不能陸行, 常在水中.(『松南雜識』)

823) **鷉須蠃**. **注**, **鷉**, 鷿鷉似鳧而小, 膏中瑩刀.(『爾雅注疏, 卷十, 釋鳥, 第十七, 鷉須蠃』)→鷿鷉. 似鳧而小, 膏中瑩刀.(『松南雜識』)

824) 「봉증태상장경균 이십운(奉贈太常張卿均二十韻)」.

환기
喚起

황정견(黃庭堅)이 "환기(喚起[825])의 울음이 사람소리처럼 이어진다. 소리는 동글게 돌면서 맑고 밝으며, 봄 새벽에만 우는데, 강남(江南)에서는 춘환(春喚)이라 한다"[826]라고 하였다.

『산다기(山茶記)』에서 말하였다.

> 이 새는 구곡(鸜鵒[827])과 비슷게 생겼으며 색은 푸르다. 매년 정월과 이월에는 '춘기(春起 : 봄이 왔다)'라는 소리로 울고 내고 삼사월에는 '춘거(春去 : 봄이 갔다)'라는 소리로 울기에 차를 따는 사람들은 '환춘조(喚春鳥)'라고 한다.[828]

한유(韓愈)의 시에서,

환기(喚起) 우는 창은 완전히 새벽인데	喚起窗全曙[829]
최귀(催歸) 울건만 해는 저물지 않았네	催歸日未西

라고 하였다는데, 그 주석에서 "최귀(催歸)가 불여귀(不如歸)이다"[830]라고

---

825) 환기(喚起) : 새 이름. 최명조(催鳴鳥) · 최귀(催歸)라고도 함.

826) **黃魯直謂**, **喚起**聲如絡緯, 圓轉清亮, 偏於春曉鳴, 江南謂之春喚.(『歷代詩話, 卷四十九』) → 黃**庭堅曰**, 聲如**人**絡緯, 圓轉清亮, 偏於春曉鳴, 江南謂之春喚.(『松南雜識』)

827) 구곡(鸜鵒) : 새 이름. 구곡(鴝鵒)이라고도 함. 털은 순흑색이며 머리와 등은 약간의 녹색 광택이 난다. 머리 위의 깃털은 가늘며 길고 뾰족하다. 사람의 말을 가르칠 수 있다. 또 다른 새의 소리도 흉내 낼 수 있다.

828) 〈山茶記曰, **顧渚山中**, **有**鳥如鸜鵒, 而色蒼. 每**至**正二月, 作聲曰春起也, 三四月云春去也. 採茶人, 呼爲喚春鳥.〉(『五百家注昌黎文集, 卷九, 遊城南十六首, 其八(贈同遊)』) → 山茶記曰, 鳥如鴝鵒, 而色蒼. 每正二月, 作聲曰春起也, 三四月云春去也. 採茶人, 呼爲喚春鳥.(『松南雜識』)

829) 喚起窗**全**曙.(『五百家注昌黎文集, 卷九, 遊城南十六首, 其八(贈同遊)』) → 喚起牕**前**曙.(『松南雜識』)

하였으니, 바로 두견(杜鵑)이라고 하였다.

『집운(集韻)』에서 "새 이름 중에 자귀(姊歸[831])도 있다"라고 하였다.

두견새가 사표

杜鵑謝豹

『운부군옥(韻府群玉)』[832]에서 "또 준주(雋周)라고도 한다. 울 때는 모두 북쪽을 향하는데 소리가 애달프고 부리에 피가 맺힐 정도이다. 스스로 나무에 거꾸로 매달려 홀로 '사표(謝豹)'[833]하고 운다. 대개 촉왕(蜀王) 두우(杜宇)를 '망제(望帝)'라 하는데, 별령(鱉靈[834])을 재상으로 삼아 선위(禪位)하고 도망가서 자규(子規)로 변하였다. 또 왕저(王雎)라고도 한다"[835]라고도 하였다.

세상에서 '묘두오(猫頭烏)'라고 하는데, 우리나라의 장릉(莊陵)[836]에만 있다. 이옥봉(李玉峯)[837]의 시에서 "이곳의 두견새 소리 차마 듣지를 못

830) 催歸, **子規**也.(『五百家注昌黎文集, 卷九, 遊城南十六首, 其八(贈同遊)』)→催歸, **即不如歸**.(『松南雜識』)

831) 자귀(姊歸) : 자규(子規)의 다른 이름.

832) 『松南雜識』에는 '寰宇記'로 되어 있음.

833) 사표(謝豹) : 새 이름. 두우(杜宇)와 같다. 어떤 사람이 사씨(謝氏) 집에서 물을 마셨는데 그 집 딸이 그를 좋아하였다. 그러나 그가 자규(子規)의 울음소리를 듣고 마음이 움직여 떠나자, 그 딸이 매우 한스러워하였고 자규의 울음을 표범의 울음인 양 두려워하였기에 자규(子規)를 사표(謝豹)라 하게 되었다.

834) 별령(鱉靈) : 별령(鼈令) · 별령(鱉令)이라고도 함. 형주(荊州) 출신. 촉나라 망제(望帝)에게 선양(禪讓)을 받은 사람이다. 원래 그는 초(楚)나라에서 죽었는데 그 시신이 물결을 거슬러 올라가 문산(汶山) 남쪽에서 소생하여 망제(望帝)를 만나서 재상이 되고 제위에 올랐다.

835) 又名雋周, 鳴皆北向, 聲哀吻有血, 自懸於樹, 自呼曰謝豹. ○蜀王杜宇, 號望帝, 立鱉靈爲相 . **後**因禪**位**, **自**亡去, 化爲子規. **寰宇記**. 亦名王雎.(『韻府羣玉, 杜鵑』)→**寰宇記曰**, 又名雋周, 鳴皆北向, 聲哀吻有血, 自懸於樹, 自呼曰謝豹. 盖蜀王杜宇, 號望帝, 立鱉靈爲相, 因禪亡去, 化爲子規. 亦名王雎.(『松南雜識』)

836) 장릉(莊陵) : 조선조 단종(端宗)의 능으로 강원도 영월에 있다.

837) 이옥봉(李玉峯) : 조선의 여성 시인. 『가림세고(嘉林世稿)』에 35편의 한시가 전한다.

하겠네[此地鵑聲不忍聞]”라고 한 말이 이것이다.

『사물기원(事物紀原)』에서 말하였다.

사표(謝豹)는 사람이다. 수치심을 품고 죽었기에 화하여 벌레가 되어 몰래 땅속으로 다니는데, 땅을 파서 꺼내면 사람 보기를 부끄러워하는 까닭에 앞발을 꼬아서 그 머리를 덮는다고 한다.[838]

표(豹)와 견(鵑)은 두 가지 동물이지만 수치심을 품은 것은 한가지이다. 그러므로 견(鵑)을 표(豹)라고 부르는가?

족 · 조
鵴鵰

『정자통(正字通)』에서 말하였다.

고죽(觚竹)의 먼 지방에 있다. 날개가 장딴지에서 나 있고 형혹성(熒惑星)[839]이 출현하면 새끼를 밴다.[840]

『집운(集韻)』에서 “‘鵰’의 음은 조다. 사람 얼굴에 새의 부리가 있으며, 날개는 있지만 날지 못한다”라고 하였다.

---

838) **見人**, 以前脚交覆首**如羞狀**, **能穴地如粉鼠**, **頃刻深數尺**, **或出地**, **聽謝豹鳥聲**, **則腦裂而死**, **俗因名之**. **或曰**, 謝豹人也. 抱恥死, **其魄**爲**蟲**, **潛**行地中, 羞見人故**也**.(『事物紀原, 卷十, 謝豹』)→謝豹人也. 抱恥而死, 化爲虫, 潛行地中. **掘地出之**, 羞見人故, 以前脚交覆**其**首**云**.(『松南雜識』)

839) 형혹성(熒惑星) : 화성(火星)의 별칭. 병란(兵亂)의 조짐을 보이는 별이라고 한다.

840) 觚竹之荒, 有**鳥**, **曰**鵴. 翼生於股, 熒見則孕.(『正字通, 鵴』)

한호조
寒號鳥

의서(醫書)에 "한호조(寒號鳥)[841]라는 새가 있으니 추위의 고통을 견디지 못하여 그 울음소리가 '이 때를 넘길 수 있으려나? 이 때를 넘겨야 할텐데!"라고 하였다.

유득공(柳得恭)이 시에서,

도리어 '이 때를 넘겨보자'고 우는 한호조 같고	還似寒號得過鳥
빌붙어 사는 쇄길(瑣蛣)이 불쌍할 뿐이라네	偏憐瑣蛣寄居蟲[842]

라고 한 말이 이것이다.

당나라 소종(昭宗)은 시에서,

흘간산(紇干山)[843] 정상의 추위는 참새를 죽이니	紇干山頭凍殺雀
어찌하여 날아가 즐거운 곳에서 살지 않았던고	何不飛去生處樂

라고 하였다.

---

841) 한호조(寒號鳥) : 포유류(哺乳類). 편복(蝙蝠) 가운데 가장 크다. 몸통은 한 자 남짓이며 털은 흑갈색이 많다. 입과 입술이 돌출되었으며 귀는 작고 털 속에 숨어 있다. 앞발과 뒷발의 발꿈치가 갈고리처럼 되어 있다. 사탕수수[甘蔗]·파초(芭蕉)의 즙을 먹는다. 겨울에 바위굴에서 동면한다. 잠잘 때는 거꾸로 매달려 자기에 편복(蝙蝠)과 차이가 없다.

842) 「야좌여지포자화구(夜坐與芝圃子話舊)」.

843) 흘간산(紇干山) : 흘진산(紇眞山). 『수서(隋書)』에 의하면, 마읍군(馬邑郡) 운내현(雲內縣)에 있는 산으로 항상 눈으로 덮여 있다고 한다.

고습새

鴣鷚[844]

곽박(郭璞)은 「고습황조찬(鴣鷚黃鳥贊)」에서,

고습(鴣鷚)은	鴣鷚之鳥
먹으면서 힐끗대지 않고	食之不瞧
황조(黃鳥)는	爰有黃鳥
스스로 부르는 울음소리를 낸다	其鳴自叫
부인이 이놈을 먹으면	婦人是服
본심을 숨기고 정조를 바꾼다	矯情易操[845]

라고 하였다. 주석에 "'瞧'의 음은 '초'이니 훔쳐보는 모양이다"라고 하였다.

앵앵·백설

鶯鶯百舌

운서(韻書)에서 "앵앵(鶯鶯)은 이름이 하나가 아니니, 창경(倉庚)·상창(商倉)·여황(鵹黃)·이류(鸝鶹)·이창(鸝鶬)·초작(楚雀)·황률류(黃栗留)·황포(黃袍)·박서(摶黍)·황조(黃鳥)·금의공자(金衣公子)이다"[846]라고 하였다.

전설에 "숙조(菽鳥)가 섣달 뒤에 점점 노래져서 끊임없이 울다가 가을이 지난 뒤에 노란색이 옅어지고 콩새가 된다"는 말이 있다. 이는 마치 '응(鷹)'이 '구(鳩)'로 변하여 때맞춰 바뀌는 것과 같다.

844) 고습새[鴣鷚]: 모양은 까마귀 같고 흰 반점이 있다.

845) 『漢魏六朝百三家集, 晉郭璞集, 北山經圖讚, 鴣鷚黃鳥』.

846) **一名**倉庚, **一名**商**倉**, **一名**鵹黃, **一名**鸝鶹, **一名鸝鶬**, **一名**楚雀, **一名**黃袍, **一名**摶黍, **一名**黃鳥, **一名**金衣公子.(『康熙字典, 鶯』)→**其**名**不一**, 倉庚·商**庚**·鵹黃·鸝鶹·鸝**鶊**·楚雀·**黃栗留**·黃袍·摶黍·黃鳥·金衣公子.(『松南雜識』)

『조야첨재(朝野僉載)』에서 "백설(百舌)은 오직 지렁이만 먹는다"라고 하였다. 우리나라에서는 '흑앵(黑鶯)'이라고 한다.

또 마마(蟆蟆)는 작은 삼계(杉鷄[847]) 모양이다. 혀를 이리저리 놀려 온갖 새의 소리를 낸다. 이월에 울기 시작하여 오월에는 그 소리가 없어진다. 그런 까닭에 「월령(月令)」에서 "반설(反舌)의 소리 없어지고 참소하는 사람이 곁에 있네"[848]라고 하였다.

두보(杜甫)의 시에서,

시절이 지났는데도 말을 하나니	過時如發口
임금 곁에 참소하는 사람이 있네	君側有讒人[849]

라고 하였다.

운수(芸叟) 장순민(張舜民[850])이 시에서,

여러 사람의 말을 다 배우고도	學盡衆人語
끝내 자기 소리는 없구나	終無自己聲[851]

라고 한 말이 이것이다.

고황(顧況[852])은 시에서,

---

847) 삼계(杉鷄) : 항상 나무 위에서만 지내는 새. 빰은 푸른색이다. 머리 위에 긴황색의 모관(毛冠)이 있다.

848) 反舌有聲, **佞**人在側.(『逸周書, 卷六, 時訓解, 第五十二』) → **月令**, 反舌無聲, **讒**人在側.(『韻府群玉, 禽名百舌』) → 月令**曰**, 反舌無聲, 讒人在側.(『松南雜識』)

849) 「백설(百舌)」.

850) 장순민(張舜民) : 송나라의 문신 · 작가. 자는 운수(芸叟). 호는 부휴거사(浮休居士) · 운수(芸叟). 원우(元佑) 초기에 그의 강직한 성품과 재주를 알아 본 사마광(司馬光)에게 인정받아 감찰어사(監察御史)가 되었다. 한림시독양학사(翰林侍讀兩學士), 조봉랑(朝奉郎) 등을 역임하였다. 시호는 문충(文忠)이다. 시(詩) · 사(詞) · 화(畵)를 잘 했다. 저서에 『구지필기(仇池筆記)』 등이 있다.

851) 「백설(百舌)」.

852) 고황(顧況) : 당나라 소주(蘇州) 출신. 자는 포옹(逋翁). 지덕(至德) 연간에 진사(進士)

일가(一家)는 천 리밖에 있고 一家千里外
백설(百舌)은 오경 무렵에 우네 百舌五更頭[853)]

라고 하였다.

구여 · 송사
瞿如竦斯

『산해경(山海經)』에서 "도과산(禱過山)에 어떤 새가 있으니, 이름은 구여(瞿如)이고, 울음소리는 자기 이름을 부르는 듯하다"[854)]라고 하였다.

또 송사(竦斯)는 관제산(灌題山)에 사는 새인데, 사람을 보면 뛰기에 '송사(竦斯)'라고 하며 울음소리는 자기 이름을 부르는 듯하다"[855)]라고 하였다.

간작
鳱鵲

『광운(廣韻)』에서 "간작(鳱鵲)은 앞일을 안다"[856)]라고 하였다.

『광아(廣雅)』에서 "간(鳱)은 간(乾)으로 되어 있기도 하다"라고 하였다.

가 되어 한황절도판관(韓滉節度判官), 저작랑(著作郎) 등을 역임하였다. 모산(茅山)에 초가집을 짓고 자호를 '화양진일(華陽眞逸)'이라고 하며 은거하다가 생을 마쳤다. 가시(歌詩)와 서화(書畵)에 뛰어났다. 저서에 『화평(畵評)』·『화양집(華陽集)』이 있다.

853) 「낙양조춘(洛陽早春)」.

854) 禱過**之**山, **其上多金玉**, **其下多犀兕多象**, **而白首三足人面**, **其名曰**瞿如, 其鳴自號也.(『山海經, 卷一, 南山經』)→禱過山, 鳥名瞿如, 其鳴自號也.(『松南雜識』)

855) 灌題之山, …… 見人則躍, 名曰竦斯, 其鳴自呼也.(『山海經, 卷三, 北山經』)→**竦斯**, 灌題之山**鳥也**, 見人則躍, 名曰竦斯, 其鳴自呼也.(『松南雜識』)

856) 鳱鵲**鳥**, 知未來事.(『廣韻, 鳱』)→鳱鵲, 知未來事.(『松南雜識』)

육가(陸賈)[857]가 "간작(乾鵲)이 지저귀면 나그네가 온다"[858]라고 한 말이 이것이다.[859]

지봉(芝峰) 이수광(李睟光)이 말하였다.

『격치총서(格致叢書)』에서 "작(鵲)은 양(陽)의 동물인 까닭에 '건작(乾鵲)'이라고 한다"라고 하였다. 반면 『전가오행서(田家五行書)』에서는 "까치가 지저귀어 날씨가 맑을 것을 미리 알려주는 까닭에 '간(乾)'자를 붙였다고 하였다. 그런데 옛사람들은 '습형(濕螢)'으로 '간작(乾鵲)'에 대를 맞추니 아래의 설이 옳은 듯하다.[860]

확 · 곽

⿰矍鳥⿰⿱䀠侯鳥

『옥편(玉篇)』에 "확조(⿰矍鳥鳥)는 백교(白鵁)[861] 같다"[862]라고 하였다. 『광운(廣韻)』에 "확(⿰矍鳥)은 닭 같고 몸체는 희다. 세 개의 머리와 세 개의 다리

---

857) 육가(陸賈) : 한(漢)나라 초기 사람. 말 재주가 있었으며, 고조를 도와 천하를 평정하였다. 남월(南越)에 사신으로 가서 남월왕 조타(趙佗 = 尉佗)를 회유하고 돌아와서 태중태부(太中大夫)에 이르렀다.

858) 賈**應之曰**, …… 乾鵲噪而行人至.(『西京雜記, 卷三』) → **陸**賈**云**, 乾鵲噪而行人至.(『松南雜識』)

859) 廣韻, 鳱鵲, **鳥名**, 知未來事. **或作鳱鵲**. 廣雅, **鳱鵲, 鵲也**. 鳱一作乾. 陸賈云, 乾鵲噪而行人至.(『康熙字典, 鳱』) → 廣韻**曰**, 鳱鵲, 知未來事. 廣雅, 鳱一作乾. 陸賈云, 乾鵲噪而行人至.(『松南雜識』)

860) **按**格致叢書云, 鵲陽物, 故曰乾. 田家五行書曰, 鵲噪早報晴明, 故曰乾. **余謂**古人以濕螢作對, 則下說似是.(『芝峯類說, 卷七, 文字部, 文義』) → 格致叢書云, 鵲陽物, 故曰乾. 田家五行書曰, 鵲噪早報晴明, 故曰乾. 古人以濕螢作對則下說似是.(『松南雜識』)

861) 교(鵁) : 새이름. 물오리[梟]와 비슷하며 다리는 꼬리에 가까워서 대체로 잘 걷지 못한다. 머리는 뱀같고 목은 길다. 겨울철에 깃털이 빠진다. 시냇가 언덕에 주로 산다. 강동(江東)에서는 어교(魚鵁)라고 한다.

862) ⿰矍鳥鳥, 似白鵁.(『玉篇, ⿰矍鳥』) → ⿰矍鳥鳥, 似白鵁.(『松南雜識』)

가 있다. 음은 확이다"[863]라고 하였다.[864]

『자휘보(字彙補)』에서 "'鸖'의 음은 '곽'이니 뿔이 세 개 있다"라고 하였다.

안람퇴
鷃濫堆

장호(張祜)[865]의 시에서,

지금까지 풍속에는 여산(驪山) 아래에서	至今風俗驪山下
촌피리로 아직도 아람퇴(阿濫堆)를 부네	村笛猶吹阿濫堆[866]

라고 하였는데, 그 주석에 "아람퇴(阿濫堆)는 새 이름인데, 당 현종(玄宗)이 그 소리를 채록하여 피리곡조로 만들었다"[867]라고 하였다.

소식(蘇軾)의 「이충(二蟲)」 시에서 "그대 보지 못했나? 안람퇴(鷃濫堆)[868]를[君不見鷃濫堆]"이라고 한 말이 이것이다.

『강희자전(康熙字典)』에서 "안람퇴(鷃濫堆)는 바로 당도격(鶶鷵鶩)[869]이

---

863) 如鷄, 白身, 三首三足, 音矡.(『廣韻, 鸖』)

864) 廣韻, 居縛切. 集韻, 厥縛切, 𠀤音矡. 廣韻, 鳥如雞, 白身, 三首三足. 玉篇, 鸖鳥, 似白鵁.(『康熙字典, 鸖』)→鸖鳥, 似白鵁.(『松南雜識』)

865) 장호(張祜) : 당나라의 문인. 자는 승길(承吉). 청하(淸河) 출신. 처음에 궁사(宮詞)을 잘 짓는 것으로 이름이 알려졌으며 오언시에도 뛰어나다. 장경(長慶) 연간에 영호초(令狐楚)가 그를 천거하였지만 인정받지 못하자 회남(淮南)의 두목(杜牧)에게 기탁하여 인정을 받았다.

866) 「화청궁(華淸宮)」.

867) **紀事云, 驪山小禽, 名阿濫堆**. 明皇**御玉笛**, 採其聲, **翻爲**曲, **且名焉**. **遠近以笛爭效之**.(『全唐詩錄, 卷七十, 華淸宮』)→**鳥名**. 明皇, 採其聲, **入**笛.(『松南雜識』)

868) 안람퇴(鷃濫堆) : 새 이름, 참새와 비슷하면서 그보다 크다. 아람자(阿鸙子)라고도 한다.

869) 당도격(鶶鷵鶩) : 까마귀와 비슷하며 창백색(蒼白色)이다.

다"[870]라고 하였다.

초료 · 부위
鷦鷯剖葦

『본초강목(本草綱目)』에서 "교귀(鳶歸)는 바로 교부멸(巧婦鸔)이다. 부인이 이 새의 알을 삼키거나 혹 그 둥지를 태워 훈기(薰氣)를 손에 쐬면 솜씨를 좋게 한다"[871]라고 하였다.

또 둥지를 만든 것이 매우 정교하여 마치 버선을 꿰매듯 마(麻)로 엮기에 '말작(襪雀)'[872]이라 한다. 『장자(莊子)』에서 "초료(鷦鷯)가 숲속에 둥지를 튼다고 해도 가지 하나를 넘지는 않는다"[873]라고 한 말이 이것이다.[874]

초료(鴰鷯)는 푸른 반점에 긴 꼬리가 있는데 갈대껍질을 쪼개고 벌레를 잡아먹는 까닭에 '부위(剖葦)'라고 하니[875] 바로 '초료(鷦鷯)'이다.

『순자(荀子)』에서는 '몽구(蒙鳩)'[876]라고 하였다.

---

870) 鷯鸝鵞, 卽**阿濫堆**也.(『康熙字典, 鵞』) → 卽鷯鸝鵞也.(『松南雜識』)

871) 巧婦**鳥**, **主**婦人**巧**, 呑其卵. **小於雀**, **在林籔間爲窠**. **窠如小囊袋**, **亦**取其窠燒, **女人多**以熏手, 令巧.(『證類本草, 卷十九, 禽部三品總五十六種, 巧婦鳥』) → **鳶歸**, 巧婦鸔也. 婦人, 呑其卵, **或**取其巢燒, 以薰手, 令巧.(『松南雜識』)

872) 爲巢, 以麻紩**之**如刺襪然.(『毛詩草木鳥獸蟲魚疏, 卷下, 鴟鴞』) → **又**爲**至精**, 以麻紩如刺**襪**然, **呼襪雀**.(『松南雜識』)

873) 鷦鷯巢於深林, 不過一枝.(『莊子注, 卷一晉, 內篇逍遙遊第一』) → 巢林, 不過一枝.(『松南雜識』)

874) 爲**巢**至精, 以麻紩如刺**韈**然, **故又**呼**韈**雀. ○莊, **鷦鷯**巢林, 不過一枝.(『韻府群玉, 鷯』) → 爲至精, 以麻紩如刺**襪**然, 呼**襪**雀, 莊**子曰**, 巢林, 不過一枝.(『松南雜識』)

875) **鳭**鷯剖葦. **注**, **好**剖葦**皮**食**其**中蟲, **因名云**. **江東呼蘆虎**, **似雀**, 青斑長尾.(『爾雅注疏, 卷十, 釋鳥第十七音義』) → **鴰**鷯, 青斑長尾, 以剖葦食虫, 故名剖葦, 卽鷦鷯.(『松南雜識』)

876) 南方有鳥焉, 名曰蒙鳩.(『荀子, 卷一, 勸學篇第一』) → 蒙鳩.(『松南雜識』)

제비
燕

운서에 "제(齊)나라에서는 '연(燕)'이라 하고 양(梁)나라에서는 '을(鳦)'이라 한다"[877]라고 하니, 그 울음소리가 '을을(乙乙)'하기 때문이다.

경방(京房)[878]은 역점(易占)에서 "산에서 흰 제비를 보면 그 임금이 귀한 딸을 낳는다"라고 하였다. 지금 세상에서 제비[燕]를 '천녀(天女)'라고 이름 한다.[879]

『박물지(博物志)』에서 "제비가 둥지를 지을 때 무사일(戊巳日)을 피하는 것은 토금(土禁)[880] 때문이다"[881]라고 하였다.

붉은 글씨로 봉황(鳳凰) 두 글자를 써서 새둥지에 붙이면 새가 깃들지 않고 가니, 봉황이 새의 왕이기 때문이다.[882] 제비고기를 구우면 용에게 잡아 먹힌다.[883]

『거가필용(居家必用)』에서 "제비고기를 먹으면 물 가까이 가서는 않된다"라고 하였다. 세상에서 "제비가 처마 끝에 둥지를 틀면 그 집을 옮길

---

877) **增又曰燕一名鷾鴯**, 齊曰燕, 梁曰鳦.(『淵鑑類函, 卷四百二十四, 鳥部七, 燕一』) → 齊曰燕, 梁曰鳦.(『松南雜識』)

878) 경방(京房) : 전한 때의 학자(B.C. 77～B.C. 37). 자는 군명(君明). 본래의 성은 이(李). 재이설(災異說)에 밝아서 원제(元帝)의 총애를 받았고, 위군(魏郡)의 태수(太守)가 되었지만 재이점후(災異占候)에 대하여 자주 상주(上奏)하였기 때문에 석현(石顯)·오록충종(五鹿充宗) 등의 미움을 사서, 하옥된 후에 살해당하였다. 저서에 『경씨역전(京氏易傳)』 3권이 있다.

879) 京房易占, 山見白燕, 則生貴女. 今俗, 名燕爲天女.(『詩傳名物集覽, 卷一, 鳥, 燕燕于飛』) → 京房易占曰, 山見白燕, 則**其君**生貴女. 今俗, 名燕爲天女.(『松南雜識』)

880) 토금(土禁) : 흙을 옮기지 않는 금기를 말한다. 미신에 의하면, 흙을 팔 때는 태세(太歲)의 신(神)이 있는 방위를 비키거나 피해야 하고 그렇게 하지 않으면 재앙을 불러들인다고 한다.

881) 燕銜土, 避戊巳日, 則巢固而不傾.(『續博物志, 卷六』) → 燕巢, 避戊己日, 以土禁也.(『松南雜識』)

882) **用白紙**, 朱書鳳凰**二**字, **貼**巢**上**, **卽去**. 〈**神隱**〉(『山林經濟, 卷之四, 辟蟲, 辟蟲』) → 朱書鳳凰字, **不**巢, **以鳥王也**.(『松南雜識』)

883) **人食**鷰肉, **不可入水**, **爲蛟**龍**所呑**.(『博物志, 卷四, 食忌』) → **燒**燕肉**而致**龍.(『松南雜識』)

일이 생긴다"[884]라고 하였다.

『문창잡록(文昌雜錄)』[885]에 "황하 언덕이 무너졌을 때 겨울잠을 자던 무수한 제비들이 나타났다. 이때 곤주(袞州)의 굶주린 백성들이 들쥐와 겨울 잠을 자고 있던 제비들을 캐내어 잡아먹었다. 이로 인해 비로소 제비 역시 겨울잠을 자며, 바다를 건너 떠나가는 것이 아님을 알았다"[886]라고 하였다. 초계(苕溪) 호자(胡仔)[887]가 "꾀꼬리 역시 그렇다"라고 하였다.

『형주지(荊州志)』에서 "농부들이 겨울철에 밭 가운데에 두세 자[尺]를 파내어 알처럼 둥글고 단단한 흙덩이를 찾아내는데 깨어 보면 새가 들어 있었다. 깃이나 털이 전혀 없다가 봄에 비로소 깃이 생겨나며 흙을 깨고 나온다"[888]라고 하였다.

---

884) 예전 우리 조상들은 제비가 처마 안쪽으로 집을 지으면 그해에 큰 장마가 질 것으로 생각하고 미리 대비를 했다.

885) 문창잡록(文昌雜錄) : 송나라 방원영(龐元英)이 지은 책. 6권, 보유(補遺) 1권.

886) 河岸崩, 見蟄燕無數. **晉郗鑒爲兗**州**刺史**, **鎭鄒山**, **百姓**饑**饉**, **或**掘野鼠蟄燕**而**食之, 乃知燕**去**, 亦蟄**耳**. 驚蟄後, **中氣乃來**, 非**復**度海也.(『文昌雜錄, 卷三』) → 河岸崩, 見蟄燕無數. 袞州饑**民**, 掘野鼠蟄燕食之, 乃知燕亦蟄, 非渡海也.(『松南雜識』)

887) 호자(胡仔) : 송나라의 학자・문신. 적계(績溪) 출신. 자는 원임(元任). 호는 초계(苕溪). 북송 선화(宣和) 연간에 사수(泗水) 부근에 살며 음보로 장사랑(將仕郎)에 보임되어 승직랑(承直郎) 등을 역임하였다. 아버지가 진회(秦檜)에게 모함을 받자 절강성(浙江省) 호주(湖州)의 초계(苕溪)에 숨어살며 물고기나 낚으며 살겠다는 의미로 '초계어은(苕溪漁隱)'이라 하였다. 저서에 『초계어은총화(苕溪漁隱叢話)』 100권 외에 『공자편년(孔子編年)』 5권이 있다.

888) **今**荊州, **每至**冬月, 於田**畝**中, 得土堅圓如卵**者**. **輒取以賣**, 破之則**鷰**在**其中**, 無復毛羽. **盖以土自裹伏而土堅勁**. **候**春始生羽, 破土而出.(『爾雅翼, 卷十四, 釋鳥, 倉庚』) → 荊州**志曰**, **農人**, 冬月於田中, **掘二三尺**, 得土堅圓如卵, 破之則**鳥**在**焉**. 無復羽毛, 春始生羽, 破土而出.(『松南雜識』)

호연 · 명망
胡燕明亡

세상 사람들이 "제비는 짚과 진흙으로 보금자리를 만든다. 많이 울고 소리가 작으며 몸체가 조금 작은 것이 한연(漢燕)이고, 자줏빛 가슴에 소리가 가볍고 작은 것이 월연(越燕)이다. 가슴에 검은 반점이 있으며 소리가 큰 것은 호연(胡燕)이니 둥지를 길게 만들기를 좋아한다"[889]라고 하였다. 명나라가 망할 때 이 새가 많았던 까닭에 속칭 '명망(明亡)'이라고 한다.

세상에 전하기를, "둥지에 왔다가 갈 때 '파파파(破破破)'하고 외치는 까닭에, 사람들은 이 새가 둥지에 오는 것을 꺼린다고 한다"라고 하였다.

꿩
雉

『설문해자(說文解字)』에서 "꿩은 열 네 종류가 있다"[890]라고 하였다.

야계(野鷄)는 소지(蹠趾)이다.[891] 동방의 꿩을 '치(鶅)', 서방의 꿩을 '준(鷷)', 남방의 꿩을 '습(翟)', 북방의 꿩을 '희(鵗)', 이락(伊洛) 남쪽의 꿩을 '휘(翬)'라고 한다.[892]

---

889) 世說, 薅泥爲窠. 聲多稍小者, 謂之漢鷰. 陶勝力注, 本草云, 紫胸輕小者, 是越鷰. 胸斑黑聲大者, 是胡鷰. 其作巢喜長.(『酉陽雜俎續集, 卷四, 貶誤』)→世說曰, 辱濕爲巢, 聲多稍小者漢燕. 紫胸聲輕小者越燕. 胸斑黑聲大者胡燕, 作巢喜長.(『松南雜識』)

890) 有十四種.(『說文解字, 雉』)→雉有十四種.(『松南雜識』)

891) 呂后名雉, 改曰野雞, 祭宗廟雉曰疏趾.(『古今事文類聚後集, 卷四十四, 羽蟲部, 雉』)→野雞, 疏趾.(『松南雜識』)

892) 五雉爲五工正.〈注 五雉, 雉有五種. 西方曰鷷雉, 東方曰鶅雉, 南方曰翟雉, 北方曰鵗雉, 伊雒之南曰翬雉.〉(『春秋左傳注疏, 卷四十八, 昭公 十七年春』)→東鶅, 西鷷, 南翟, 北鵗, 伊洛之南謂翬.(『松南雜識』)

지금 회양(淮陽)의 치고(雉膏)[893]는 잣기름을 먹어서 진미가 되었다. 간혹 저절로 죽은 것이 더 맛있기도 하니, 사향노루만이 잣나무를 먹고서 향기로운 것은 아니다.

흰 꿩
白雉

『이아(爾雅)』에 "한치(鶾雉)와 탁치(鵫雉)"하는 말이 있는데, 그의 주석에서 "백탁(白鵫)이다. 강동에서는 '백한(白鶾)'이라 하고 또 '백치(白雉)'라고도 한다"[894]라고 하였다.

『옥편(玉篇)』에서 "㕵의 음은 '격'이니 꿩 울음이다"[895]라고 하였다. 지금은 그 울음 소리가 '격격(㕵㕵)'한다.

지봉(芝峯) 이수광(李睟光)이 말하였다.

백치(白雉)는 항상 있다. 선왕(先王) 신묘년(1591)에는 고성(固城)의 산속에서 백치(白雉)가 나왔고, 정미년(1607)에는 강원도(江原道)에서 백치(白雉)를 바쳤다. 갑인년(1614)에는 황해도(黃海道)에서 이것을 바쳤다. 계축년(1613)에는 시월에 야치(野雉)가 도성에 들어왔다. 정미년(1607)에 백오(白烏)가 낭천(狼川)[896]에서 나왔고, 경술년(1610)에는 성균관에 둥지를 틀었다. 계축년(1613)에 백작(白鵲)이 성 안에 나타났고, 백안(白雁)이 양천(陽川)[897]에 왔다.[898]

---

893) 치고(雉膏) : 기름지고 맛난 야계(野雞)의 살.
   *『松南雜識』에는 '膏雉'로 되어 있음.

894) 鶾雉鵫雉**注**, **今**白鵫**也**. 江東呼白鶾, 亦名白雉.(『爾雅注疏, 卷十, 釋鳥第十七』)→爾雅曰, 鶾雉鵫雉**註**, 白鵫, 江東呼白鶾, 亦名白雉.(『松南雜識』)

895) 㕵 〈**古厄切**, 雉鳴也.〉(『玉篇』)→㕵**音隔**, 雉鳴也.(『松南雜識』)

896) 낭천(狼川) : 현재의 강원도 화천군 일대.

897) 양천(陽川) : 현재의 서울시 강서구 가양동 일대.

근세에는 백오(白烏)·백작(白鵲)·백연(白燕)이 있었다.

풍고(楓皐) 김조순(金祖淳)[899]의 문집에서 말하였다.

정미년 겨울에 영원(寧遠)의 백성이 백치(白雉)를 얻었는데, 깃털이 깨끗하고 온 몸이 눈처럼 희고, 꼬리털과 꼬리에는 얼룩진 무늬 테가 있는데 너무 하얗다 못해 도리어 파랗고 머리 꼭대기의 한 점만이 환하게 붉은 낟알 같을 뿐이었다.

소오

素烏

『한서(漢書), 예악지(禮樂志)』에 "장려(長麗)가 앞에서 빛나니 그 빛이 밝다"[900]라고 하였는데, 그 주석에서 "장려(長麗)는 신령한 까마귀이다"[901]라고 하였다. 그런데 소(素)는 상서로움을 나타내고 백(白)은 재앙을 나타낸다. 두보(杜甫)의 시에서 "장안성 머리의 흰머리 까마귀[長安城頭頭白烏]"[902]라고 한 말이 이것이다.

---

898) 白雉蓋常有之. 先王**朝**辛卯**年**, 固城**山中**, **產白雉**. 丁未**年**, 江原**道獻白雉**. 今甲寅**年**, 黃海**道**獻**白雉**. **又**丁未**年**, 狼川**有**白烏**與群烏相逐**. **今**庚戌**年**, **白烏**集于泮宮, **群烏並逐**, **踰月不去**. **又**癸丑**年**, 白鵲出**于**城中, 白鴈來**于**陽川江北.(『芝峯類說, 卷一, 災異部, 物異』)→白雉常有之, 先王辛卯固城, 丁未江原, 今甲寅黃海獻**之**, **癸丑十月**, **野雉入都城**, 丁未白烏**出**狼川, 庚戌**集**泮宮, 癸丑白鵲出城中, 白鴈來陽川.(『松南雜識』)

899) 김조순(金祖淳) : 조선 후기의 문신(1765~1832). 초명은 낙순(洛淳). 자는 사원(士源). 호는 풍고(楓皐). 순조의 장인으로서, 대제학을 지냈으며, 안동 김씨 세도 정치의 기반을 마련하였다. 문장에 능하고 죽화(竹畫)를 잘 그렸다. 저서에 『풍고집』이 있다.

900) 長麗前掞光耀明.(『前漢書, 卷二十二, 禮樂志, 第二』)

901) 長麗, 靈烏也.(『前漢書, 卷二十二, 禮樂志, 第二』)

902) 「애왕손(哀王孫)」.

등계

鷑鷄[903]

『본초강목(本草綱目)』에 "크기는 닭만 하며 다리가 길고 볏이 붉다. 수컷은 갈색이고 암컷은 얼룩무늬이다. 추월(秋月)은 소리가 없는데 앙계(秧鷄)[904]와 같은 종류이다"[905]라고 하였다.

또 "앙계(秧鷄)는 뺨은 희고 부리는 길며 꼬리는 짧다. 하지(夏至) 뒤에 밤부터 아침까지 울다가 가을이 되면 곧 그쳤다"[906]라고 하였다.

죽계

竹鷄

『강희자전(康熙字典)』에서 "죽계(竹鷄)는 자고(鷓鴣)와 비슷하며 대숲에 산다. 습성은 울기를 좋아한다. 촉(蜀) 사람들은 '계두곡(鷄頭鵠)'이라고 한다"[907]라고 하였다.

---

903) 등계(鷑鷄) : 듬복이 · 듬북이. 몸길이는 수컷 약 38cm, 암컷 약 33cm이다. 수컷은 회색과 흰색 가로띠무늬가 있는 아래 꽁지 덮깃을 제외하고는 온몸이 불에 그슬린 듯한 붉은색이다. 부리는 노란색이고 이마에는 붉은 판이 있다. 다리는 녹색이다. 암컷은 수컷보다 작고 이마에 붉은 판도 없다. 암컷의 윗면은 갈색 바탕에 연한 세로무늬가 있고 아랫면은 모래빛이다. 부리는 노랗다. 논에서 벼 포기를 모아 둥지를 틀거나 부근 풀밭에서 벼나 풀줄기로 둥지를 튼다.

904) 앙계(秧鷄) : 흰눈썹뜸부기. 뜸닭. 뜸부깃과의 새. 몸의 길이는 28cm 정도이고 다리와 부리가 길고 꽁지는 몹시 짧다. 등은 붉은 갈색이고 검은 얼룩점이 있으며 배는 회색이고 옆구리에는 검고 흰 얼룩점이 있다.

905) **秧雞〈食物〉集解**〈…… **鷑雞**, **亦秧雞之類也**. 大如雞**而**長脚紅冠. 雄**者大而**色褐, 雌**者稍小而**色斑, 秋月**即**無其聲, **甚大**, **人益食之**.〉(『本草綱目, 卷四十八, 禽之二』) → 大如鷄, 長脚紅冠, 雄色褐, 雌色斑, 秋月無聲, **與秧鷄同類**.(『松南雜識』)

906) **秧雞〈食物〉集解〈時珍曰**, 秧雞**大如小雞**, 白頰長嘴短尾. **背有白斑**, **多居田澤畔**. 夏至後, 夜鳴達**旦**, 秋後即止.〉(『本草綱目, 卷四十八, 禽之二』) → 秧鷄, 白頰長觜短尾, 夏至後, 夜鳴達**朝**, 秋後即止.(『松南雜識』)

907) **竹鷄**似鷓鴣, 居竹林間, 性好啼. 蜀人呼爲鷄頭鵠.(『康熙字典, 鷄』) → 似鷓鴣, 居竹林間, 性好啼, 蜀人, 呼爲鷄頭鵠.(『松南雜識』)

또 '니활활(泥滑滑)'이라고 한다.

유득공(柳得恭)의 시에서,

니활활(泥滑滑[908])과 행부득(行不得)	泥滑滑時行不得
두 새 지저귐 속에 객의 근심 더해지네	二禽言裡 客愁添[909]

라고 하였는데, 그 주석에서 "행부득(行不得)은 자고(鷓鴣)이다"라고 하였다. 또 영계(英鷄)는 택주(澤州)의 석영(石英)이 있는 곳에서 난다. 항상 부서진 석영을 먹는다. 배 아래의 털은 붉다. 멀리 날지는 못한다.[910]

자고
鷓鴣

운서에서 "남월(南越)에서 난다. 스스로 '구주격책(鉤輈格磔)'[911] 또는 '오뇌택가(懊惱澤家)'[912]라고 운다"[913]라고 하였다. 항상 남쪽으로 날고 북쪽으로 가지 않으니 두견새와 비슷하다.[914] 황정견(黃庭堅)의 시에서

---

908) 니활활(泥滑滑) : 중국 남쪽 지방 사람들이 새의 울음소리를 따서 붙인 이름. 이 새는 버섯처럼 맛있다 하여 산균자(山菌子)라 하고, 또 죽계(竹雞) · 계두골(雞頭鶻)이라 하기도 한다.

909) 『泠齋集, 卷之二, 貞西夜集』.

910) **集解〈藏器曰, 英**雞出澤州有石英處, 常食碎石英. **狀如雞而雉尾, 體熱無毛**, 腹下毛赤, 飛翔不遠.〉(『本草綱目, 卷四十八, 禽之二』) → **又杉**鷄, 出澤州有石英處, 常食碎石英, 腹下毛赤, 不能遠翔.(『松南雜識』)

911) 구주격책(鉤輈格磔) : 자고새의 울음소리.

912) 오뇌택가(懊惱澤家) : 자고새의 울음소리.

913) 釋名 越雉 〈…… **其名自呼**, 飛**必南向**, **雖東西回翔**, **開翅之始**, **必先南翥**, **其志懷南**, **不徂北也.〉 集解〈孔志約曰**, **鷓鴣生江南**, **形似母鷄**. **鳴云**, 鉤輈格磔者, 是有鳥相似, 不作此鳴者則非矣. 頌曰今(『本草綱目, 卷四十八, 禽之二』) → 本草鷓鴣形似母雞. 鳴云, 鉤輈格磔, 又云懊惱澤家.(『山堂肆考, 卷二百十三, 羽蟲, 鷓鴣』) → 韻書曰, 出南越, 自呼鉤輈格磔, 又懊惱澤家.(『松南雜識』)

914) 鷓鴣〈唐本草〉釋名 越雉〈時珍曰, 按禽經云, 隨陽越雉也. 飛必南翥. 晉安曰, 懷南

이것을 읊어 이종길(李宗吉)이 발병이 난 것을 비웃었다고 한다. "이 새도 공이 갈 수 없다고 하네[此鳥爲公行不得][915]"의 주석에 "'행부득(行不得)'은 새 울음소리이니 마치 '갈 수 없어요, 깍! 깍!'"[916]이라고 말하는 듯하다.

백한
白鷳

『설문해자』에서 "치(鵫)이니, 꿩[雉]과 비슷한데 꼬리가 길다"[917]라고 하였다.

『후한서』에서 "월(越)나라가 흑·백 한 쌍의 한(鷳)을 바쳤다"[918]라고 하였다.

당시(唐詩)에서 "홀로 일어나 새장을 열어 백한(白鷳)을 놓아주었다[自起開籠放白鷳]"[919]라고 하였다.

고려 말에 참판 윤충보(尹忠輔[920])가 여강(驪江)[921]으로 물러나 지낼 때, 강 가운데 '괴산도(槐山島)'라는 섬이 있었다. 윤충보가 홀로 날마다 세 번씩 가서 통곡할 때에 24마리의 푸르고 흰 새들이 처마 앞에 먼저 모여 있었다. 그가 통곡하고 갈 때면 반드시 좌익과 우익이 되어 따라

江左, 曰逐影. 張華注, 云鷓鴣.(『本草綱目, 卷四十八, 禽之二』)

915) 〈元注云, 李唯一妻一女, 垂老病足, 養鷓鴣鸚鵡以樂餘年. 零陵, 今湖南永州.〉(『山谷內集詩注, 卷二十, 戲詠零陵李宗古居士家馴鷓鴣二首』)

916) 〈…… **又曰遇之不懼, 撫之不驚, 鷓鴣之**聲, 若云行不得哥哥. ……〉(『山谷內集詩注, 卷二十, 戲詠零陵李宗古居士家馴鷓鴣二首』) → **鳴聲**, 若云行不得哥哥.(『松南雜識』)

917) 戶間切. 白鷳, 似雉, 尾長四五尺.(『佩文韻府, 鷳』) → 鵫也, 似雉尾長.(『松南雜識』)

918) 〈**西京雜記曰**, 越王獻**高帝**, 白**鷳**黑**鷳**, **各**一雙.〉(『後漢書, 卷七十上, 班彪列傳第三十上, 班彪傳』) → 越獻黑白一雙.(『松南雜識』)

919) 옹도(雍陶)의 「화손명부회구산(和孫明府懷舊山)」.

920) 윤충보(尹忠輔) : 고려 말의 문신. 무송(茂松) 출신. 안성군수(安城郡守)로 재직하던 중에 고려가 망하자 여강(驪江)에 은거하며 조정에 부름에도 나가지 않았다.

921) 여강(驪江) : 정선에서 흘러내린 동강과 평창강과 주천강이 만나 이룬 강.

갔다가 곡이 끝나면 흩어졌다. 그래서 지금도 그 동네 이름을 '백한동(白鷴洞)'이라고 한다. 새 또한 나라가 망해서 상심하였는가?[922]

비·취
翡翠

운서에서 "깃이 붉은 것이 '비(翡)'이고, 깃이 푸른 것이 '취(翠)'이다. 취(翠)는 작고 짙은 청색이며 물고기를 잡아먹고, 비(翡)는 비둘기 만하고 엷은 청색으로 광채가 없으며, 숲속에 살고 물고기를 먹지 않는다"[923]라고 하였다.

가축은 날지 못한다
家畜不飛

지봉(芝峯) 이수광(李睟光)이 "닭과 거위 등의 가축이 날지 못하는 이유는 더러운 것을 마시고 먹기 때문이다. 백성들 집의 목필(鶩匹)은 바로 집오리[家鴨]이다"[924]라고 하였다.

『풍속통(風俗通)』에서 "닭이 거위 알을 엎드려 품어주어도 병아리가 되면 물에 들어가서 어미를 따르지 않으니, 오리와 닭은 다른 종류이기 때문이다"[925]라고 하였다. 지금 꿩알[雉卵]도 닭이 품어서 부화시키면

---

922) 麗末, 尹參判忠輔, 退居驪江, 江中有島, 曰槐山島, 獨日三往哭, 有青白鳥二十四, 先集于簷, 哭往必左右翼道哭止則散去故, 至今名其洞謂白鷴洞云, 鳥亦傷國之隕耶.(『松南雜識』)

923) 赤羽曰翡, 青羽曰翠. 翠小**如燕**, **毛青黑色**, **翎**深青, **有光彩**. **飛水上**, 食魚. 翡大如鳩, **毛紫赤**, **翎點點**青不深, 無光彩. 林棲不食魚.(『洪武正韻, 翠』)→赤羽曰翡, 青羽曰翠. 翠小深青, 食魚. 翡大如鳩, **色**青不深, 無光彩. 林棲不食魚.(『松南雜識』)

924) **蓋**家畜不能飛者, 以飲**啄**不潔**故**也.(『芝峯類說, 卷二十, 禽蟲部, 鳥』)→**鷄鴨**家畜不能飛, 以飲**喙**不潔也. **庶人之鶩匹**, **卽家鴨也**.(『松南雜識』)

산으로 도망가 버린다.

『장자(莊子)』에서 "월계(越鷄)는 고니의 알을 품을 수 없지만 노계(魯雞)[926]는 진실로 할 수 있다"[927]라고 하였다.

한유(韓愈)는 시에 전하기를,

노계(魯鷄)는 기약할 수 없고	魯鷄之不期
촉계(蜀鷄)도 부지할 수 없다	蜀鷄之不支[928]

주석에 "월(越)은 작은 놈이고, 촉(蜀)은 큰놈이다"라고 했으니, 지금 당계(唐鷄)와 대계(大鷄)가 싸우는 것과 같다.

우리나라 고종후(高從厚)[929]의 「복수격(復讎檄)」에서 "노계(魯鷄)는 새끼를 품지만 미친개는 쪼다[魯鷄抱雛, 猘犬亦啄]"라고 하였다.

모든 새의 병아리를 '순(笋)'이라 하고, 썩은 알을 '단(毈)'이라 한다. "'난새[鸞]는 열 개의 알을 낳는데 아홉 개는 썩고 한 개는 썩지 않는다'라고 하였는데, 장안(長安)에서 난리[930]가 났다"[931]라고 한 말이 이것이다.

---

925) 風俗通, 雞伏鴨卵, 雛成, 入水而不隨母**者**, 異類**故**也.(『山堂肆考, 卷二百十六, 羽蟲, 雞伏鴨卵』) → 風俗通**曰**, 鷄伏鴨卵, 雛成, 入水而不隨母, **鴨鷄**異類也.(『松南雜識』)

926) 노계(魯鷄) : 촉계(蜀鷄). 큰 닭[大鷄].

927) 越雞不能伏鵠卵, 魯雞固能矣.(『莊子注, 卷八, 雜篇, 庚桑楚第二十三』) → 越鷄不能伏鵠卵, 魯雞固能**之**矣.(『松南雜識』)

928) 「수계(守戒)」.

929) 고종후(高從厚) : 조선 중기의 문신 · 의병장(1554~1593). 본관은 장흥(長興). 자는 도충(道冲). 호는 준봉(準峰). 시호는 효열(孝烈). 임진왜란 때 아버지 경명(敬命)을 따라 의병을 일으키고, 금산(錦山)싸움에서 아버지와 동생 인후(因厚)를 잃었다. 이듬해 다시 의병을 일으켜 스스로 복수의병장(復讐義兵將)이라 칭하고 여러 곳에서 싸웠고, 위급해진 진주성(晉州城)에 들어가 성을 지켰으며 성이 왜병에게 함락될 때 김천일(金千鎰) · 최경회(崔慶會) 등과 함께 남강(南江)에 몸을 던져 죽었는데, 세상에서는 그의 3부자(三父子)를 '3장사(三壯士)'라 불렀다.

930) 북사(北史)에 소보인(蕭寶夤)은 본래 제나라 명제(明帝) 자란(子鸞)의 아들이었지만 죄를 짓고 위(魏)나라로 달아나 옹주자사(雍州刺史)를 역임하였다. 장차 반역을 도모하고자 유해(柳楷)에게 물어보니 유해가 '난새[鸞]가 열 개의 알을 낳으니 아홉 개는

솜털을 '용(氄)'이라고 하니, 『서경(書經)』에서 말한 "새와 짐승의 솜털이다"[932]라고 한 것이다. 꽁무니 살을 '취(臎)'라고 하니, 「내칙(內則)」에서 말한 "기러기 꽁무니살[鴈翠]"[933]이다. 꽁지를 '조첨(臊尖)'이라 하고, 모이주머니를 '소(嗉)'라 하고, 가슴을 '복자(䑋子)'라 한다. 또 새의 창자 중에 위(胃)를 '비치(膍胵)'라고 하는데, 의서(醫書)에서는 '계내금(鷄內金)'[934]이라 하였다.

탐욕스럽고 시기하는 것을 '혁(嚇)'이라 하니, 『장자(莊子)』에서 "올빼미[鴟]가 썩은 쥐를 차지하고 있었다. 원추(鵷鶵)가 그곳을 날아지나가자 올빼미[鴟]가 머리를 들고 보더니 '혁(嚇)!'[935]이라 소리쳤다"[936]라고 하였다.

투계

鬪鷄

『장자(莊子)』에서 "양구(羊溝)[937]의 닭이 삼 년이면 주(株)가 된다. 주(株)는 우두머리라는 뜻이다. 관상쟁이가 보고는 '좋은 닭은 아니다'라고 하지만 자주 상대를 이기는 것은 삵 기름을 그 머리에 바르기 때문이다"라고 하였는데, 그 주석에 "닭이 삵을 두려워하기 때문이다"[938]라고

썩고 한 개는 썩지 않는다'는 요언(謠言) 인용하며 찬성하였다. 그리하여 소보인 등이 마침내 반란을 일으켰다가 죽임을 당하였던 일을 가리킨다.

931) 鸞生十子, 九子毈, 一子不毈, **關中亂**.(『古樂苑, 卷四十九, 北魏, 謠言』) → 鸞生十子, 九子毈, 一子不毈. **長安亂**.(『松南雜識』)

932) 鳥獸氄毛.(『書傳, 卷一, 虞書』) → 鳥獸氄毛**也**.(『松南雜識』)

933) 鴈翠 …… **翠**, **尾肉也**.(『禮記注疏, 卷二十八, 內則』) → 鴈翠也.(『松南雜識』)

934) **膍胵裏黃皮**, **一名**鷄內金.(『本草綱目, 卷四十八, 禽之二, 雞』) → 鷄內金.(『松南雜識』)

935) 혁(嚇) : 놀라는 소리, 감탄사.

936) 鴟得腐鼠, 鵷鶵過之, 仰而視之曰嚇.(『莊子注, 卷六, 秋水, 第十七』)

937) 양구(羊溝) : 닭을 싸움시키는 곳.

938) 羊溝之雞, 三歲爲**株**, 相者視**之**, 則非良雞也. 然數以勝人**者**, 以狸膏塗其頭.〈**羊溝**, **鬪雞處**. **株**魁帥也. **雞畏狸也**.〉(『困學紀聞, 卷十, 地理』) → 羊溝之雞, 三歲爲秼. 株,

하였다.

『좌전(左傳)』에서 “싸움닭은 그 뒷발톱에 쇠를 끼운다”[939]라고 하였다.

쌍두계
雙頭鷄

『습유기(拾遺記)』에서 “월지국(月氏國)에서 쌍두계(雙頭鷄)를 바쳤는데, 발이 넷이고 꼬리는 하나였다. 울 때는 함께 울었다”[940]라고 하였다.

연암(燕岩) 박지원(朴趾源)이 “치계(馳鷄)는 탁타(槖駝)[941]와 비슷하게 생겼으면서 닭이니 조법아국(祖法兒國)[942]에서 난다. 화계(火鷄)는 푸른 양과 비슷한데 숯을 삼킨다. 만랄가국(滿剌伽國)에서 난다”라고 하였다.

침계
枕鷄

당나라 역사에 만안군(萬安軍)의 도사(道士)가 동전처럼 생긴 거북이 한 마리와 두꺼비만한 원숭이 한 마리, 도괘자(倒掛子)[943] 만한 닭 한 마리를 베개 속에 넣어두었는데, 그것이 울면 일어났다.[944]

魁帥也. 相者視則非良雞也. 然數以勝人, 以狸膏塗其頭**也**.(『松南雜識』)

939) **季郈之**雞鬪 …… **郈氏爲之**金距.(『春秋左傳注疏, 卷五十一, 昭公二十四年盡二十五年十有二月』) → 鬪鷄金**其**距.(『松南雜識』)

940) **太初二年**, **大**月氏國, 貢雙頭雞, 四足一**尾**, 鳴則俱鳴.(『拾遺記, 卷五』) → 月氏國, 貢雙頭鷄, 四足一**翼**, 鳴則俱鳴.(『松南雜識』)

941) 탁타(槖駝) : 탁타(槖駝), 낙타(駱駝).

942) 조법아국(祖法兒國) : 아만(阿曼). 지금의 Aman을 가리킨다.

943) 도괘자(倒掛子) : 새 이름. 「도괘측괘(倒掛側掛)」조 참조.

944) **萬州城南有**道士, **年九十九**. **自言交趾人**, **因渡海船壞**, **結菴于此**. **養**一雞**大**如倒挂子, **日**置枕中, 啼卽**夢覺**. **又畜一胡孫**, **小於**蝦蟆, **以線繫几案間**. **道士飯已卽登几**, **食其餘**. **又有**龜, **狀**如錢.(『山堂肆考, 卷一百四十八, 道教, 道士, 養雞』) → **唐史**, 萬安

지금은 소당계(小唐鷄)를 '침계(枕鷄)'라고 한다. 또 '오계(烏鷄)'는 약으로 쓰기에 적당한 까닭에 '약닭[藥鷄]'이라고 한다.

한계
寒鷄

『패사(稗史)』에서 "한계(寒鷄)는 한국(韓國)에서 나는데 '날씨가 차다[天寒]'고 할 때의 '한(寒)'이 아니라 자아(慈鴉)를 '한아(寒鴉)'라고 하는 경우와 같다"라고 하였다.

『위지(魏志)』에 "세미계(細尾鷄)는 마한(馬韓)에서 나온다"[945]라고 하였다.

이시진(李時珍)이 "닭의 종류는 매우 많다. 조선(朝鮮)에는 일종의 장미계(長尾鷄)가 있고, 요양(遼陽)에는 일종의 식계(食鷄)와 각계(角鷄)가 있다. 남월(南越)에는 일종의 장명계(長鳴鷄)가 있어서 밤낮으로 운다. 남해(南海)의 석계(石鷄)는 조수가 밀려오면 운다. 촉(蜀)에는 일종의 곤계(鶤鷄)가 있고, 초(楚)에는 일종의 창계(傖鷄)가 있고, 강남에는 일종의 왜계(矮鷄)가 있으니 다리가 겨우 두 치이다"[946]라고 하였다.

『동명기(洞冥記)』에 "멀리 나는 닭[遠飛雞]이 있다. 새벽에 사해(四海) 밖으로 날아갔다가, 저녁에 사람에게 돌아온다"[947]라고 하였다.

軍道士, **畜**一龜如錢, 一猿如蝦蟆, 一鷄如倒掛子, 置枕中, 鳴則**起**.(『松南雜識』)

945) 韓 …… 出細尾雞.(『魏志, 卷三十, 馬韓』) → 細尾鷄, 出**於馬**韓.(『松南雜識』)

946) 時珍曰, 雞類甚多, **五方所產, 大小形色, 往往亦異**. 朝鮮一種長尾鷄, **尾長三四尺**. 遼陽一種食鷄, **一種**角鷄, **味俱肥美, 大勝諸鷄**. 南越一種長鳴鷄, 晝夜啼叫. 南海一種石鷄, 潮至卽鳴. 蜀中一種鶤鷄, 楚中一種傖鷄, **竝高三四尺**. 江南一種矮鷄, 脚纔二寸**許也**.(『本草綱目, 卷四十八, 禽之二, 雞』) → **李**時珍曰, 鷄類甚多, 朝鮮一種長尾鷄, 遼陽一種食鷄**及**角鷄, 南越一種長鳴鷄, 晝夜啼叫, 南海一種石鷄, 潮至卽鳴, 蜀中一種鶤鷄, 楚中一種傖鷄, 江南一種矮鷄, 脚纔二寸.(『松南雜識』)

947) **有**遠飛雞, 夕**則**還依人. 曉**則絶**飛四海.(『洞冥記, 卷三』) → 遠飛鷄, 曉飛四海**外**, 夕還依人.(『松南雜識』)

포와 · 갈단
菢窩噶蛋

『광지(廣志)』에서 "닭 중에 큰 것을 '촉계(蜀鷄)'라 하고 작은 것을 '형계(荊鷄)'라 하며 그 병아리를 '구(轂)'라고 한다"라고 하였다.

『이아(爾雅)』에서 "촉계(蜀鷄)의 병아리는 '여(維)'이다"[948]라고 하였다.

『광운(廣韻)』에서 "쬄의 음은 '출(𪃍)'이니, 병아리가 껍질에서 나올 때의 소리이다"[949]라고 하였다.

『양자방언(揚子方言)』에서 "북연(北燕)과 조선(朝鮮)의 열수(洌水) 사이에서는 닭을 품는 것을 '포(抱)'라고 한다"[950]라고 하였으니, '포(抱)'는 바로 '포(毰)'이며, '포와(菢窩)'이다. 고시(古詩)에서 "봉황이 쪼아서 부화시키는 속에 있네[鳳凰在啄菢]"라고 한 말이 이것이다.

알을 품고 내는 소리를 '갈단(噶蛋)'이라고 한다. 후등(後蹬)은 바로 뒷발톱이다. 때를 헤아려 우는 까닭에 '회계공(會稽公)'이라고 한다. 울타리를 뚫기 때문에 불가(佛家)에서는 '찬리채(鑽籬菜)'[951]라고 한다.

또 『이아(爾雅)』에서 "아직 어미닭이 되지 않은 것을 '연(健)'[952]이라고 하고, 특별하게 힘이 센 닭을 '분(奮)'[953]이라고 한다"라고 하였다.

지금은 '연(健)'이 와전되어 '연계(軟鷄)'가 되었다.

---

948) 蜀子維, **注**, **雛子名**.(『爾雅注疏, 狗屬』) → 蜀子, 維**也**.(『松南雜識』)

949) 雛兒出殼聲.(『廣韻, 𪃍』) → 𪃍**音**𪃍, 鷄臾出殼聲.(『松南雜識』)

950) 北燕朝鮮洌水之閒, 謂伏雞曰抱.(『方言, 卷八』) → 北燕朝鮮洌水之間, 謂伏鷄曰抱, 抱**卽毰**, **乃菢窩**.(『松南雜識』)

951) 찬리채(鑽籬菜) : 중들이 닭을 일컫는 은어(隱語). 송나라 소식(蘇軾)의 『동파지림(東坡志林)』(권8)에 "중은 술을 반야탕(般若湯)이라 하고, 물고기를 수사화(水梭花)라 하고, 닭을 첩리채(鉆籬菜)라 한다[僧謂酒爲般若湯, 謂魚爲水梭花, 鷄爲鉆籬菜]"라고 하였다.

952) 未成鷄健.(『爾雅注疏, 卷十一, 狗屬』) → 未成鷄**曰**健.(『松南雜識』)

953) 絶有力奮.(『爾雅注疏, 卷十一, 狗屬』) → 絶有力**曰**奮.(『松南雜識』)

꼬끼오
高貴位

『순오지(旬五志)』에 말하였다.

조선의 태조께서 등극하기 전에 안변(安邊)에 사셨다. 어느 날 모든 집에서 닭이 동시에 우는 꿈을 꾸고 놀라서 설봉산(雪峯山) 토굴에 사는 신이한 중을 방문하였다. 중이 "모든 집의 닭이 동시에 우는 것은 '높고 귀한 지위[高貴位]'라고 외치는 것입니다. 대개 닭이 '꼬끼오'하고 우는 소리는 '고귀(高貴)'의 음과 같으니 왕업을 일으킬 조짐입니다"라고 하였다.

오색작
五色雀

소식(蘇軾)이 쓴 서문(序文)에서 "해남(海南)에 오색작(五色雀)이라는 새가 있으니 항상 두 마리 붉은 놈을 우두머리로 삼아서 나아가거나 물러날 때 반드시 따르니 세상에서 '봉황(鳳皇)'이라고 한다. 오래 가물면 나타나고, 장마가 들면 이와 반대로 사라진다"[954]라고 하였다.

범성대(范成大)의 『계해우형지(桂海虞衡志)』에서 "오봉(烏鳳)은 계해(桂海)에서 난다. 그 모양은 대략 봉(鳳)과 비슷하고 소리는 생황이나 피리처럼 맑다. 소곡(小曲)을 만들면 음율에 부합된다. 또 온갖 새소리를 낼 수 있다"[955]라고 하였다.

---

954) 海南有五色雀, 常以兩絳者爲長, 進止必隨焉, 俗謂之鳳凰云. 夂旱而見輒雨, 潦則**異**是.(『東坡詩集註, 卷三十, 詠物, 五色雀 幷序』)→海南有五色雀, 常以兩絳爲長, 進止必隨焉, 俗謂之鳳皇云. 久旱而輒見, 雨潦則**反**是.(『松南雜識』)

955) **烏**鳳…… **如**鳳, **鳴**聲清越如笙簫, 能度曲**妙**, 合宮商. 又能爲百**蟲之**音.(『桂海虞衡志』)→**烏**鳳**出桂海**, **其形**略**似**鳳, **音**聲清越如笙簫, 能度**小**曲, 合宮商. 又能爲百**鳥**

작란
鷟鸞

한(漢)나라 채형(蔡衡)이 “적색이 많은 것은 ‘봉(鳳)’, 청색이 많은 것은 ‘난(鸞)’, 황색이 많은 것은 ‘원(鵷)’, 자색이 많은 것은 ‘작(鷟)’, 백색이 많은 것은 ‘곡(鵠)’이니, 무릇 봉황을 형상하는 것에는 다섯 가지가 있다”라고 한 말이 이것이다.[956]

『산해경(山海經)』에서 “여상산(女牀山)에 새가 있으니, 모양은 꿩과 비슷하고 오색의 무늬가 있으니, ‘란(鸞)’이라고 한다. 이 새가 출현하면 천하가 편안하다”[957]라고 하였다.

『한서(漢書), 동관기(東觀記)』에서 “장제(章帝) 때 왕부(王阜)가 중천령(重泉令)이 되자 난새[鸞]가 학관(學館)의 언덕에 날아왔기에 아악(雅樂)을 연주해주자 음악소리에 맞춰 날면서 춤을 추었다”[958]라고 하였으니 참으로 상서이다. 황패(黃霸)가 “갈작(鶡雀)은 신작(神爵)”이라고 아뢰었고,[959] 고덕유(高德儒)는 들새를 가리켜 난새[鸞][960]라고 하였으니, 너무 지나치

音.(『松南雜識』)

956) 蔡衡**對**曰, 凡象鳳者有五, 多赤色者鳳, 多青色者鸞, 多黃色者鵷**雛**, 多紫色者**鸑**鷟, 多白色者鵠.(『淵鑑類函, 卷四百十九, 鳥部二, 鸞一』) → **漢**蔡衡曰, 多赤色者鳳, 多青色者鸞, 多黃色者鵷, 多紫色者鷟, 多白色者鵠, 凡象鳳者有五.(『松南雜識』)

957) 女牀**之**山, **其陽多赤銅, 其陰多涅石, 其獸多虎豹犀兕**. 有鳥**焉**, **其**狀如翟而五彩文, 名曰鸞**鳥**, 見則天下安寧.(『山海經, 卷二, 西山經』) → 女牀山, 有鳥, 狀如翟而五彩文, 名曰鸞, 見則天下安寧.(『松南雜識』)

958) 王阜**補**重泉令, **吏民向化**, 鸞**鳥集于**學宮阜, **使官掾沙疊爲**張雅樂, **鳥擧足垂翼**, 應聲**而**舞.(『後漢書補逸, 卷六, 東觀漢記第六, 王阜』) → **章帝時**, 王阜**爲**重泉令, 鸞**至**學館阜, 張雅樂, 應聲**飛**舞.(『松南雜識』)

959) 한나라 때 경조윤(京兆尹) 장창(張敞)의 집에 갈작(鶡雀)이 날아 모여들자 황패(黃霸)가 신작(神爵)이라고 여겨 알리고자 하였다.(『古今事文類聚後集, 卷四十二, 羽蟲部, 以鶡雀爲神雀』)

960) 수(隋)나라 양제(煬帝) 말기에 이연(李淵)이 이세민(李世民)을 보내어 서하(西河)를 점령하고 군승(郡丞) 고덕유(高德儒)를 잡아 오게 하였다. 이세민이 고덕유를 잡아 오다가 군문(軍門)에 이르러 ‘들새를 난새[鸞]라고 하여 임금을 속였다’고 문책하며 그를 참수하였다.(『山堂肆考, 卷一百十八, 性行, 指鳥爲鸞』)

지 않은가?

숙상
鸘鷞

『설문해자(說文解字)』에서 "오방(五方)의 신조(神鳥)는 동방의 발명(發明)・남방의 초명(焦明)・서방의 숙상(鷫鷞)・북방의 유창(幽昌)・중앙의 봉황(鳳凰)이다"961)라고 하였는데, 그 주석에서 "새벽에 우는 봉새를 발명(發明)이라 한다. 또 초명(鷦鵬)은 봉새의 종류인데 닭의 형상이며 적신령(赤神靈)의 정령이다"962)라고 하였다.

예
鷖

『산해경(山海經)』에서 "북해(北海) 안에 오색(五色)의 새가 있다. 이것이 날면 한 고을을 뒤덮기에 '예(鷖)'라고 한다"라고 하였는데, 주석에 봉(鳳)의 등속이다. 「이소(離騷)」에 "네 마리 옥규(玉虯)가 끄는 수레를 타고 예(鷖)에 올라탔다라고 말하였다"963)라고 한 말이 이것이다.964)

---

961) **鷫鷞也**, 五方神鳥**也**. 東**方**發明, 南**方**焦明, 西**方**鷫鷞, 北**方**幽昌, 中央鳳皇.(『說文解字, 鷫』) → 五方神鳥, 東發明, 南焦明, 西鷫鷞, 北幽昌, 中央鳳凰.(『松南雜識』)

962) **說文云**, 赤神靈之精**也**. **赤色**, **五采**雞形.(『埤雅, 卷八, 釋鳥, 鸞』) → **鷦鵬**, **鳳類**鷄形, 赤神靈之精.(『松南雜識』)

963) 駟玉虯**以**乘鷖兮.(『離騷經』) → 駟玉虯**而**乘鷖.(『松南雜識』)

964) 北海之內, **有蛇山者**, **蛇水出焉**. **東入于海**, 有五彩之鳥, 飛蔽一鄕. 名曰鷖鳥.〈鳳, 屬也. 離騷曰, 駟玉虯而乘鷖.〉(『山海經, 卷十八, 海內經』) → 北海之內, 有五彩之鳥, 飛蔽一鄕, 名曰鷖焉. **註** 鳳, 屬也. 離騷云, 駟玉虯而乘鷖.(『松南雜識』)

언

焉

『설문해자(說文解字)』에서 "언조(焉鳥)는 황색이며 강회(江淮)에서 난다"[965]라고 하였고, 『금경(禽經)』에서 "황봉(黃鳳)을 '언(焉)'이라 한다"라고 하였다.[966]

태평작

太平雀

송나라 역사에 휘종(徽宗)이 화가들을 시험하고자 '만년지(萬年枝) 위의 태평작(太平雀)'[967]을 그려보라고 하였는데, 만년(萬年)이 어떤 나무인지, 태평(太平)이 어떤 새인지 아는 사람이 아무도 없었다. 어떤 사람이 몰래 내시에게 묻자 대답하기를, "만년지(萬年枝)는 동청수(冬青樹)[968]이며 태평작(太平雀)은 빈가조(頻伽鳥)요"라고 하였다.[969]

운서(韻書)에 "빈가조(頻伽鳥)는 인면조(人面鳥)이다"[970]라고 하였다.

『법화경(法華經)』의 게송(偈頌)에서,

---

965) 焉鳥黃色, 出於江淮.(『說文解字, 焉』)

966) 黃鳳謂之焉.(『禽經, 提要』)

967) 태평작(太平雀) : 빈가조(頻伽鳥), 가릉빈가(迦陵頻伽). 당나라 원화(元和) 연간에 가릉국(訶陵國)에서 바쳤는데 빈가(頻伽)는 묘한 소리라는 뜻이다. 빈가조(頻伽鳥)는 인도에서 나는 새의 일종으로 목소리가 곱기로 유명하다. 히말라야에 산다고도 하고, 극락정토에 산다고도 한다. 극락조(極樂鳥)라고도 하는데, 정토만다라(淨土曼荼羅) 등에서는 사람의 머리에 새의 몸으로 등장한다.

968) 동청수(冬青樹) : 사철나무를 가리킨다.

969) 徽宗**時**, **興畫學**, **命題以**試**畫者曰**, 萬年枝上太平雀. **試**者, **皆不知樹爲何樹**, **雀爲何雀**. **試已有問諸中官者**, **應之**曰, 萬年枝, 冬青樹也, 太平雀, 頻伽鳥也.(『雍錄, 卷十, 萬年枝』) → **宋史**, 徽宗, 試**諸生**, **以**萬年枝太平雀**爲題**, **無中程**者, **或密叩中貴**, **答**曰, 萬年枝, 冬青樹也, 太平雀, 頻伽鳥也.(『松南雜識』)

970) **又**頻伽, 人面鳥也.(『康熙字典, 伽』) → 頻伽**鳥**, 人面鳥也.(『松南雜識』)

성주(聖主)이신 천중왕(天中王)이 聖主[971]天中王[972]
가릉빈가(迦陵頻伽)의 소리로 말하네 迦陵頻伽聲

라고 하였는데, 그 주석에서 "부처의 소리를 비유한 것이다"[973]라고 하였다.[974]

태평봉
太平鳳

승암(升庵) 양신(楊愼)이 말하였다.

『한서(漢書)』에서 "27년 동안 풍년 드는 것[三登]이 태평(泰平)이다"[975]라고 하였고, 『북사(北史)』에서 "9년 동안 풍년 드는 것이 태평(太平)이다"[976]라고 하였다. 사령(四靈) 중에서 상서로운 것을 '봉(鳳)'이라 하니, 봉(鳳)은 문명(文明)의 상징이고, 태평(太平)은 풍년이 들 징조이다. 그래서 풍년이 든 뒤에 과거를 실시하여 문사(文士)를 선발하는 것을 '태평봉(太平鳳)'이라 한다.[977]

971) 성주(聖主) : 부처에 대한 존칭.
972) 천중왕(天中王) : 신들 중에서 으뜸가는 존재인 부처를 가리킨다.
973) **以偈頌曰**, 聖主天中王, 迦陵頻伽聲.(『妙法蓮華經, 化城喩品, 第七』) → 偈頌, 聖主天中王, 迦陵頻伽聲. **註**, **以佛音取況**.(『松南雜識』)
974) 法華經偈頌, 聖主天中王, 迦陵頻伽聲. 註, **迦陵頻伽**, **妙音鳥也**. **鳥未出聲時**, **卽發音微妙**, **一切天人聲**, **皆不及**, **惟**佛音, **類之**. **故以**取況.(『康熙字典, 鳥』) → 法華經偈頌, 聖主天中王, 迦陵頻伽聲. 註, 以佛音取況.(『松南雜識』)
975) **三考黜陟**, **餘三年食**, **進業曰登**, **再登曰平**, **餘六年食**, 三登曰泰平, **二十七歲**, **遺九年食**.(『前漢書, 卷二十四上, 食貨志, 第四』) → 三登曰太平.(『松南雜識』)
976) **積儲**九稔, 謂**之**太平.(『北史, 卷四十, 列傳, 第二十八, 韓麒麟』) → 九**年之豐**, 謂太平.(『松南雜識』)
977) 漢書, 三登曰太平. ○**北史**, **積儲九稔**, **謂之**太平鳳. 鳳文明之祥, 太平之**象**, 故**以是終焉**.(『升菴集, 卷八十一, 太平』) → **四靈之祥**, **謂鳳**. 鳳**是**文明之象, 太平**是豐樂**之**兆**. 故**豐樂後設科取士**, **謂**太平鳳.(『松南雜識』)

『설문해자(說文解字)』에서 “봉황(鳳凰)은 동방 군자의 나라에서 난다”[978]라고 하였다.

옛 노래에서 “당나라 요(堯) 임금 때, 유주(幽州)의 우산(羽山)에 ‘청적(靑鸐)’이라는 새가 있었다. 사람의 얼굴에 새의 부리를 하고 여덟개의 날개가 달려 있었다. 그 소리는 종·경쇠·생황·피리와 비슷하다.

그 노래에,

청적(靑鸐)이 우니	靑鸐鳴
시대가 태평하네	時太平

라고 하였다.[979]

---

978) 東方君子之國.(『說文解字, 鳳』) → **鳳凰, 出於**東方君子之國.(『松南雜識』)

979) 幽州**之墟**, 羽山**之北**, 有**善鳴之禽**, 人面鳥**喙**八翼**一足**, **毛色如雉**, **行不踐地**, 名**曰**靑鸐, **其聲似鐘磬笙竽也**. **世語曰**, 靑鸐鳴, 時太平.(『拾遺記, 卷一』) → **古歌曰**, **唐堯時**, 幽州羽山, 有**鳥**, 名靑鸐, 人面鳥**嘴**八翼, **其聲似鐘磬笙竽故**, **其謠云**靑鸐鳴, 時太平.(『松南雜識』)

宋史徽宗試諸生以萬年枝太平雀爲題無中程者或密叩中貴答曰萬年枝冬青樹也太平雀頻伽鳥也韻書曰頻伽鳥人面鳥也法華經偈頌聖主天中王迦陵頻伽聲註以佛音取況

太平風

楊升庵慎曰漢書云三登曰太平北史云九年之豐謂太平四靈之祥謂鳳、是文明之象太平是豐樂之兆故豐樂後設科取士謂太平風說文曰鳳凰出於東方君子之國古詞曰唐堯時越州羽山有鳥名青鸐人面鳥喙八翼其聲似鐘磬笙竽故其謠云青鸐鳴時太平

松南雜識 終

重泉令竇至學舘年張雅樂應聲飛舞因瑞矣黃霸奏鶡雀者
神爵高德儒指野鳥爲鸞不已過乎

鷫鷞

說文曰五方神鳥東發明南焦明西鷫鷞北幽昌中央鳳皇註
鳳屬鳴曰發明又鵔鵬鳳類鷄形赤神靈之精

鷖

山海經曰北海之內有五采之鳥飛蔽一鄉名曰鷖焉註鳳屬
也離騷云駟玉虯而乘鷖是也

焉

說文曰焉鳥黃色出於江淮禽經曰黃鳳謂之焉
太平雀

山土窟異僧々曰萬家鷄一時鳴者唱高貴位盖鷄之鳴聲與高貴之音同乃興王之兆

五色雀

東坡序曰海南有五色雀常以兩絳爲長進止必隨焉俗謂之鳳皇云久旱而輒見雨潦則反是范成大虞衡志曰烏鳳出桂海其形略似鳳音聲清越如笙簫能度小曲合宮商又能爲百鳥音

鸑鷟

漢蔡衡曰多赤色者鳳多青色者鸞多黃色者鵷多紫色者鸑鷟多白色者鵠凡象鳳者有五是也山海經曰女牀山有鳥狀如翟而五彩文名曰鸞見則天下安寧漢東觀記章帝時五鳥

噆蚕也後蹬即後爪也稽時而鳴故謂會稽公鑽籬故佛家謂鑽籬菜又爾雅未成雞曰僆絶有力曰奮今訛傳為軟鷄

高貴位

句五志曰我 太祖潛邸時寓安邊夢萬家鷄一時鳴驚詣雪峯

枕中鳴則起今小唐鷄謂枕鷄又信鷄宜藥用故曰藥鷄

寒鷄

稗史曰寒鷄出於韓國而非天寒之寒猶慈鴉之謂寒鴉也魏志云細尾鷄出於馬韓李時珍曰鷄類甚多朝鮮一種長尾鷄遼陽一種食鷄及角鷄南越一種長鳴鷄晝夜啼叫南海一種石鷄潮至即鳴蜀中一種鶤鷄楚中一種傖鷄江南一種矮鷄脚纔二寸洞冥記曰遠飛鷄曉飛四海外夕還依人

菢窩喎蛋

廣志曰鷄大者曰蜀小者曰荊其雛曰鷇爾雅曰蜀子雛也廣韻曰鶵音[illegible]鷄兒出聲揚子方言曰北燕朝鮮洌水之間謂伏鷄曰抱〻即[illegible]乃菢窩古詩鳳凰在咏菢是也懷卵有聲曰

鷄毛曰翹書所謂鳥獸氄毛也尾肉曰臎內則所謂鴈翠也尾後曰腜尖項曰嗉脊曰膜子又鳥腸胃曰肶胵醫書謂鷄內金也食猜曰嚇莊子曰鴟得腐鼠鵷雛過之仰而視之曰嚇

鬪鷄

莊子曰羊溝之鷄三歲爲株、魁帥也相者視則非良鷄也然數以勝人以狸膏塗其頭也註鷄畏狸故也左傳鬪鷄金其距

雙頭鷄

拾遺記曰月氏國貢雙頭鷄四足一翼鳴則俱鳴蘇岩曰駞鷄如橐駞而鷄者也祖法兒國火鷄如青羊食炭出滿剌加國

枕鷄

唐史萬安軍道士畜一龜如錢一猿如蝦蟆一鷄如倒挂子置

去故至今名其涧謂白鷗洞云鳥亦傷國之隕耶

翡翠

韻書曰赤羽曰翡青羽曰翠、小深青食魚翡大如鳩色青不深無光彩林棲不食魚

家畜不飛

芝峯曰鵝鴨家畜不能飛以飲啄不潔也庶人之鶩亞即家鴨也風俗通曰雞伏鴨卵雛成入水而不隨母鴨鷄異類也今雉卵亦伏於鷄而走於山莊子曰越鷄不能伏鵠卵魯鷄固能之矣韓詩傳曰魯鷄之不期蜀鷄之不支註越小蜀大也若今唐鷄與大鷄鬪也我國高從厚復讎檄云魯鷄抱雛側大亦啄几鳥雛曰笋卵壞曰毈鷇生十子九子毈一子不毈長安亂是也

字典曰似鷓鴣居竹林間性好啼蜀人呼為鷄頭鶻又泥滑滑、柳得恭詩云泥滑滑、時行不得二禽言裡客愁添註行不得鷓鴣、又杉鷄出澤州有石英處常食碎石英腹下毛赤不能遠翔

鷓鴣

韻書曰出南越自呼鉤輈格磔又懊惱澤家常南飛不北似杜鵑者黃詩咏之譏李存吉逐病云此鳥為公行不得註鳴聲若云行不得哥、

白鷳

說文曰鷴也似雉尾長漢史越獻黑白一雉唐詩自起開籠放白鷴麗末尹從判忠輔退居驪江、中有島曰槐山島獨日三往哭有青白鳥二十四先集于墓哭往必左右翼直哭上則、

江原今甲寅黃海獻之癸丑十月野雉入都城丁未白烏出狼川庚戌集津官癸丑白鵲出城中白鴈來陽川近歲咸有白烏白鵲白燕矣金楓皐集曰丁未冬寧遠民獲白雉羽毛淨潔通身如雪翅尾斑暈皓極反蒼惟頂上一點燁然硃粒而已

素烏

漢禮樂志曰長麗前掞光耀明註長麗靈烏也然以素則瑞以白則灾故杜詩長安城頭、白烏是也

𪇊鷄

本草曰大如鷄長脚紅冠雄色褐雌色斑秋月無聲與秋鷄同類又秧鷄白頰長嘴短尾夏至後夜鳴達朝秋後卽止

竹鷄

堅圓如卵破之則鳥在焉無復羽毛春始生羽破去而出

胡燕明七

世說曰銜濕為巢聲多稍小者漢燕紫胸聲輕小者越燕胸斑黑聲大者胡燕作巢喜長明亡之時盛故俗謂明亡之謗傳來巢去呼破、、故忘其來巢云

雉

說文曰雉有十四種野鷄踈趾東鶅西鷷南翟北鵗伊洛南謂翬今淮陽齊雉食栢脂為珍味或自死亡性不獨麝食栢而香

白雉

爾雅曰翰雉鵫雉註白鵫江東呼白翰亦名白雉玉篇鳴音階雉鳴也今其鳴喈、芝峯曰白雉嘗有之先王辛卯固城丁未

鷦鷯剖葦

本草曰鷦鷯、即巧婦鷦也婦人呑其卵或取其巢燒以熏手令巧又爲至精以麻紩如刺襪然呼雀莊子巢林不過一枝是也鴒鷯青班長尾以剖葦食虫故名剖葦即鷦鷯荀子曰蒙鳩

燕

韻書曰齊曰燕梁曰鳦以其鳴乙、也京房易占曰山見白燕則其君生貴女今俗名燕爲天女博物志曰燕巢避戊己日以土葉也朱書鳳凰宇不巢以爲王也燒燕肉而致龍居家不用云食燕肉不近水俗云巢於落未其家移文昌雜錄云河崖崩見蟄燕無數寵州饑民掘野鼠蟄燕食之乃知燕亦蟄非渡海也苕溪曰鸜亦然荊州志曰衆人冬月於田中掘二三尺得土

山海經曰祷過山鳥名䴏如其名自呼也又竦斯灌題之山鳥也見人則躍名曰竦斯其鳴自呼

鳱鵲

廣韻曰鳱鵲知未來事廣雅鳱一作乾陸賈云乾鵲噪而行人至是也 芝峯曰格致叢書云鵲隨物故曰乾因家五行書曰鵲噪早報晴明 此曰乾古人以混並作乾此下說似是

鸎鵤

玉篇曰鸎鳥似白鵜廣韻曰如鷄白身三首三足音纓字彙補曰鸎鵤音鑁有三角

鶡濫堆

張祜詩至今風俗驪山下村笛猶吹阿濫堆註鳥名明皇採其聲入笛而披二盛詩君不見鶡濫堆是也字典曰即鸐鷅鸒也

郭璞鶬鶊黃鳥贊曰鶬鶊之鳥食之不脽爰有黃鳥其鳴自叫婦人是服矯情易操註脽音樵偷視貌

鶯、百舌

韻書曰其名不一倉庚商庚鶩黃鸝鶹鸝鶊楚雀黃栗留黃袍搏黍黃鳥金衣公子俗傳蔌鳥臘後漸黃鳴綿蠻秋後黃退云蔌鳥若鷹之鳩隨時而變也僉載曰百舌惟食蚯蚓俗謂黑鸎又蟆、形小杉鷄能反覆其舌爲百鳥之音二月始鳴至五月無聲故月令反舌無聲讒人在側杜詩過時如發口君側有讒人張芸叟詩學盡衆人語終無自己聲是也顧況詩一家千里外百舌五更頭

瞿如竦斯

忍聞是也事物紀原曰謝豹人也抱恥而死化爲虫潛行地中掘地出之羞見人故以前脚交覆其首云則豹與鴿二物抱其恥一也故鴿呼以豹耶

鶡鴠

正字通曰觚竹之荒有之翼生於股癸見則孚集韻曰鴠音雕人面鳥啄有翼不能飛

寒號鳥

閑吉有寒號鳥不耐寒若其鳴得捱過此時爲此時得過也柳得恭詩還似寒號得過鳥偏情瑣珪寄居蟲是也唐昭宗曰紇干山頭凍殺雀何不飛去生處樂

鶘鶻

膏中瑩刀杜詩話鋒瑩鸊鵜俗謂道江息又一雙鸂鶒對沉浮
俗謂閭北入稻田鳴則豊以喜水也

喚起

黃庭堅曰聲如人絡繹員轉清亮偏於春曉鳴江南謂春喚山
茶記曰鳥如鸜鵒而色蒼每正二月作聲曰春起也三四月云
春去也採茶人呼爲喚春鳥韓詩喚起窗全曙催歸日未西註
催歸即不如歸乃杜鵑也集韻鳥名有悌歸者

杜鵑謝豹

寰宇記曰文名嶲周鳴皆北向聲哀吻有血自懸於樹自呼曰
謝豹蓋蜀王杜宇號望帝立鱉靈爲相因禅亡去化爲子規亦
名王雎俗謂猫頭鳥我東惟杜陵有之李玉峯詩此地鵑聲不

鶉南方七宿有咮有嗉有翼無尾象鶉也月令曰田鼠化爲鴽・鴽也田鼠即蝙蝠是鼺其糞醫書謂夜明砂盖鼠身而鳥翼故諺傳鳥類欲役以鼠而避鼠類欲役以鳥而避佛書鳥鼠僧是也韻書曰鵪鶉似與鴽鶉異而鵪即䳺也鶉性不越横草無常居而有常匹洪州邑誌曰鄭湖陰士龍爲牧令民納一生鶉呈狀或死鶉不納所志

庸渠

韻書曰鳥似鳧灰色雞脚一名草渠即今水鷄似與常棣章註鶺鴒雝渠異也又水喳子即雜鳥也鵖鴔天將寒鳴丕丕者

鸊鷉鸂鶒

陳藏器曰足連尾不能陸行常在水中說文曰鸊鷉似鳧而小

禽經曰鷹以膺之鶻以猾之隼以尹之鵰以周之鷲以就之鷻以摶之皆言摯摶之異也李時珍曰青鵰謂之海東青韻、曰鳧好沒鷖好浮一名漚又翳相如傳拂翳是也鷖屬有水鷚者蒼黑色一足鷹一足鳧禽經曰南方有禿鷲亦北方之鵰也

鸅鸆

韻書曰鸅性好立每立更不移處所謂鸅立是也諺傳北道有鸆韻不載焉我太祖兩兄出獵為其所攫云蓋鳥之如虎者

鸓鵖

上林賦蜼玃飛鸓註飛鸓鼠首以其髯飛郭璞贊有鳥名鸓兩頭四足翔若合飛鸓音壘陳思王賦吁何姦氣生茲蝙蝠形殊性詭每變式行不由足飛不假翼淮南子曰天文朱雀取象於

畫地爲印則穴之塞自開飛即以翼墁之歐賦云工蠹則大兮
虫蠹則小與其啄木能盡死不如得啄匠兮使不傷於斧斤余
詩亦云有鳥名啄木啄〻蔦木蠹爾啄飢在木奈此爲民蠹

信天王雎

古語信天翁隨魚鷹〻舒鳧信天俗謂
魚〻或落地信天收食之禽經曰王雎
鷹詩謂雎鳩淮南子謂沸波正字通曰
之故名沸波又鶘俗呼皂鶘翮可爲[illegible]
在岸則魚沒拂河在岸則魚涌又鶘
中有鶘毛衆鳥毛自落又一種鶚之
鶻鷇

倒掛倒挂

坡梅詞云倒掛緑毛幺鳳註幺鳳小鳥名出蜀中即倒掛子即趙師雄羅浮山梅樹翠羽剌嘈也爾雅曰䳲鳴名定甲即嘉旦夜鳴未朝之鳥似鷄又鳴倒挂逸詩云相彼嘉旦尚猶患之

精衛

山海經曰發鳩之山鳥名精衛炎帝女溺於東海常取西山木石以塡海集韻曰䳜音雕人面鳥喙有翼不能飛

啄木 東詩有云啄木休啄木古木餘半腹我恐風雨夜木摧爾無屋

韻書曰啄木裂也古今異傳曰本雷公採藥吏化為此鳥異物志曰褐者雌斑者雄又名山斲木又火老鴉王元之詩滑南斲木大如鴉頂似仙鶴堆丹砂是也埤雅曰鴷善為禁法能曲爪

鳥多番或云即鸚又英山有鳥焉名曰肥遺本草曰秸穫鳥一
名譩譆
　鸜鵒吉了
韻書曰大如鵲朱咮鉤吻翠質金眼玄項碧羽赬足翠尾兩精
向前兩精向後與秦吉了時樂了相似蓋語鳥也禮記鸚鵡能
言不離飛禽李德裕詩隴右諸侯供語鳥是也羅史聖德王時
唐賜白鸚鵡明皇雜錄曰開元中嶺南獻白鸚呼雪衣娘或以
比罷羅耶秦吉了似鸚腦有肉冠北戶錄廉州民獲赤秦吉了
能言笑等記論李十八草書初謂鸚哥嬌喻能言亦不過數句
後稍進以書問傑曰可作秦吉了矣蓋吉了能言勝於鸚哥也

服劉訓狐

晉史趙王倫僭位殿上有異鳥不知名有素衣小兒言是服劉鳥明朝失人鳥所在倫目上有瘤時以爲妖韻書曰角鴟俗謂冨興又鵂鶹漢書鳴于霍山家小說曰燕以日出爲朝入爲夕蝙蝠以日入爲朝出爲夕爭之不決訴於鳳凰半路一禽謂燕曰不須往鳳凰在假訓狐權攝註訓狐鵂鶹也

鵄鵂

廣韻曰鴟鵋皆鳶也鵄音脂淮南子曰鵄鵂能致鳥言取鵄鵂折其大羽絆兩足以爲媒張羅其旁鳥自聚

諫珂鳥鵲

說苑曰鳥名也文身而朱足憎鳥而愛狐山海經曰涿光山其

周禮曰硩蔟氏掌覆夭鳥之巢又庭氏掌射國中之夭鳥太平廣記曰鵂鶹乃鬼車之屬也夜飛晝藏拾人爪甲知人吉凶〻者鳴屋上將有咎耳故人除爪甲埋之戶內蓋忌此亦名夜遊女篇海曰梟惡鳥吞母者又鴟亦不孝鳥韻書曰梟名流離不孝鳥若獻之鏡也漢郊祀志云古者祠皇帝用梟破鏡註以害父母欲絕其類故也午日作羹賜臣是也或曰鵩賈誼賦之桂林人取養捕鼠曹植論曰荊之梟將巢於吳鳩遇之謂鳩曰荊人惡予之聲鳩曰不如宛頸戢翼終身勿復鳴也鴆出南方大如鵑紫黑色頸長七八寸惟食毒蛇、入石穴作禹步法石碎取蛇食之鴆在處草木不生秋冬間脫翎人以銀箸拾取瓶中否則人手爛其屎著人立死著石、爛漸歷酒殺人惟犀角解

是也千百爲羣旣夕飛還各尋其家店中大石槽貯灌灰水鴿鴿朝飮遠野荳爭飮灰水皆吐豆飼馬

孝烏

周禮羅氏烏註烏謂卑居鸒之屬也東晳南陔詩曰嗷嗷林烏受哺于子香山詩云烏中之曾參今烏有純黑反哺其鳴姑惡故坡詩姑惡姑惡姑不惡是也小而腹下白者不反哺乃鴉也

鴛鴦

古今注曰水鳥鳧類雌雄未嘗相離人得其一則一者相思死故謂之匹鳥孔帖曰尤異者養雛於土窟能使狐衛其子搜神記云韓朋妻精魂棲連理樹即宋青陵臺烏鵲歌是也云

梟鴟

故人捕賣之李德懋詩云野鵲橫羅亦直錢

鸛雀

陸璣曰鸛雀似鴻而大一名負釜又黑尻又背竈又旱裙泥巢其旁為池含水滿之取魚置其中以食其雛荃峯曰鸛遇巨石知有蛇如術士禹步其石即轉即說文禹蟲也其步一步二跡又人伺其養雛以絙緣木鸛作法解之故謂能符術籍言曰鸛生三子一為鶴鸛生三子一為鸛詩云鸛鳴于垤婦歎于室註鸛好水將陰雨則鳴猶鳶將風則鳴角鴟將雨則鳴也俗謂皇鳥生雛三則豐云

鵓鴿

燕岩曰遼東店所養鵓鴿即家鳩張九齡之飛奴曲端之放鴿

柳文曰永州恠鳥名畢方見則有火災郭璞贊曰畢方赤文離精是炳旱則高翔鼓翼陽景山海經曰畢山有鳥其名曰鴟似翠赤喙可以禦火

鶴

詩疏曰鶴大如鵝長三尺脚青黑高三尺餘赤頰赤目喙長四寸多純白亦有蒼色者相鶴經曰鶴陽鳥也而遊於陰行必依洲渚止不集林木故謂陰羽亦名露禽淮南子曰鷄知將旦鶴知夜半蓋九竅者胎生八竅者卵生而鶴本仙禽胎生然彭淵材兩鶴卵生異於仙家駭驥耶南唐近事云廬山道士忽有鶴隣喜謂可升天命山童乘之至墜陳沆詩云龍鱗鶴背俱無力倚語麻姑借大鵬今野鶴謂杜兩尾尚鶖鷺而延疾鶴最潔白

鷺

韻書曰鷺水鳥也頭毛如絲謂鷺鷥又帶絲又春鉏又屬玉又
鷺鷥翁莊子曰烏之黔而鷺之白而埤雅曰楚威王時赤鷺合
皆而舞有鼓吹朱鷺曲後魏史諸曹使謂烏鷺取其延頸伺察
也杜牧詩鷺飛遠映碧山去一樹梨花落晚紅句較陶雍詩立當
青草人先見行傍白蓮魚未知句韻清遠白字似病

鵁鶄

說文曰似鳧腳高有毛冠辟火災杜陽編曰唐順宗時拘弭國
貢却火雀置於火中火自散遂盛於水晶籠博物志曰鵁鶄巢
於高樹生子穴中銜其母翼飛下飲食上林賦云交睛旋目

畢方

首似傲故曰鵝善闘好啖蛇故多溪毒處養之禽經曰鵝鳴則蜮沉養之園林則蛇遠去又能警思警盜

鴸鵝

玉篇曰似鷄世山海經曰柜山有鴸其狀如鴟而人手其音如痺名鴸註痺鶉之鴜者集韻曰鵝音恭似雉鳴自呼

箴疵

上林賦箴疵鵁盧註箴疵似魚虎而蒼黑色

鴗

爾雅翼謂之魚狗又魚虎又翠碧鳥陸龜蒙詩紅襟翠翰兩參差徑拂烟華上細枝春水滿生魚易得不辭風雨坐多時崔德符詩翠衣錦帽初相識魚虎竇環掠岸飛

韻書曰鵶烏也鵯音匹即鵯鶋之類也然左傳所云止魯門之鶢鶋異矣鶢乃海鳥也南越志曰海鷗頗知風雲若群飛至岸必風海物異名記曰鷗之別類隨潮往來者曰信鷗

鸕鷀

異物志曰鸕鷀不卵生旣胎又吐生多者七八少者五六相連而生隋書曰倭國水多陸少以小環挂鸕鷀項令入水捕魚取以充食杜詩家家養烏鬼頓頓食黃魚註烏鬼鸕鷀也蜀人水居養之捕魚正字通曰喉熱如湯魚入喉即爛味不美

天鵝

芝峯曰俗稱鵠又再聞見載在貢案我 太祖所嗜故也今將軍向天吹螺以謂天鵝聲又家畜鵝即舒雁又鵝鶴長頸[illegible]

私鳧

南越志曰私鳧棲息松間不水處宿以樹楊子方言曰江東有小鳧其多無數俗謂冠鳧似今道江鳧

海鳧

韻書曰鳧水鳥鷖屬又野鳧家鴨背上有文青色甲脚短喙俗謂青背鴨長在於水故楚詞云泛泛若水中之鳧與波上下偷物志曰人得鳧毛長三丈張華曰海鳧毛出則天下大亂又山海經曰鹿臺之山有鳥如雄鷄人面名曰鳧徯

竹鴨

蜀都賦曰獨竹孤鶬註竹即鴨也禽經曰鴨鳴呷呷其鳴自呼鴨鷗信鷗

自在晞註畫眉鳥名

蝦蟆護

酉陽曰南山下有鳥名蝦蟆護多在田中頭有冠色蒼足赤形似鷺又山海經曰廬其之山滲水中多鵹鶘狀如鴛鴦人足其鳴自詨註今鵜鶘足頗似人脚

寓鸓

山海經曰虢山有鳥名曰寓如鼠而鳥翼其音如羊可以禦兵廣韻曰鸓鼠又合丘之山中谷有鳥狀如人面四目有耳名鸓

鬿堆

楚辭鬿堆焉處註奇獸也山海經曰北號之山有鳥狀如鷄而白首鼠足而虎爪其名曰鬿雀亦食人

鳴夫人曰見類則鳴懸鏡照之睹影悲鳴一奮而絶相似

孔雀

韻書曰羅州山有之雌者尾短無金翠雄者五年成大尾而初春生四月後卽凋與華俱衰榮自喜其尾棲必擇置尾處取者持刀於叢篁間伺過急斷其尾若回見之則金翠無彩矣名畫錄曰唐德宗時新羅獻孔雀解舞云燕岩曰孔雀所食蛇虺又與蛇交遍地遺白處止至識按宣廟辛卯倭使小西飛持孔雀來俗傳百物不食惟壁鏡是食云

白頭畫眉

魏野詩云有何辛苦有何愁箇箇林間盡白頭註白頭公鳥名也若玉篇鶻鵃之謂郭公矣歐詩始知鎖向金籠聽不及林間

鸜鵒

說文曰似鵙而有幘考工記鸜鵒不踰濟春秋來巢書所無也又名寒皐剪舌五月五日教學語效四座語無不絶似有鸚者語難學因納頭甕中效語不異云

屑金吐綬

韻書曰屑金鳥常吐金屑如粟此鳥不畏寒宮人以此金爲釵謂辟寒釵又吐綬鷄即真珠鷄翅毛有白圓點嗉藏綬長数寸紅碧相間遇晴頂上先出角內二寸許然後徐舒綬向陽擺之

鵕鸃

韻書曰山鷄又錦鷄漢輿服志惠帝時郎中戴鵕鸃冠即武冠魏武帝時南方獻之對鏡舞至死與罽賓國王有一鸞三年不

雄陸便而偶常不離散又山海經曰南海之外赤水之西流沙之東有三青獸相幷名雙雙註郭璞曰言體合爲一也吳任臣云獸經曰文文善呼雙雙善行駢志云雙雙合體蛩蛩假足麟書曰雙雙俱來孟極是覆又青丘之山有鳥名灌灌或濩濩

鶬鴰

韓詩曰鶬胎生大如鶴一名鴰鹿又鶬鷄又麥鷄又蒼鷗是奇鶬即鬼車又鬼載板又鬼戴歲時記曰瞑則飛鳴能收人魂氣昔有十首爲犬所噬餘九首其一常下血滴人家則凶正月七日多鬼人家捩犬耳滅燭禳之江賦云龍鯉一角奇鶬九頭家語歌云鶬兮鶬兮逆毛衰兮一身九尾長列子謂蒲子之弋連雙鶬於青雲之際

雀淮南子云大厦成而燕雀來賀唐太宗謂飛鳥依人〻自情之是也山谷脫布袴鳥詩云着新替舊亦不惡去年租重無袴着不辭脫袴溪水寒水中照見催租瘢

鶼蠻

爾雅曰南方有比翼鳥焉不比翼不飛其名鶼〻注似鳧青赤色一目一翼相得乃飛家語曰鮠彼孤鶼在岩上而唫又山海經曰崇吾山亦有之曰蠻〻 周成王時然丘國獻此鳥如鵲而多力水經註林邑有之名歸飛其鳴自呼蓋西海南山皆有之其實一也

雙〻

公羊傳宣五年雙〻而俱至者躡踱〻之鳥一身二首尾有雌

蚊母王母

北戶錄曰南方有鳥名鶇從口中吐出蚊一二升謂之蚊母亦鳥中之蚊蛤木也杜詩王母晝下雲旗翻註王母鳥名也齊郡函山有鳥足青紫赤黃素翼絳顙名王母使者漢武帝内傳云七月七日一青鳥集殿前東方朔曰此西王母欲来是也山海經曰三危山有青鳥爲王母取食其是耶集韻曰鷙也

麥熟餅焦

朱子詩麥熟吟去年種麥有德音是也婆餅焦兒梅堯臣詩婆餅焦兒不食爾父向何之是也註麥熟餅焦皆鳥名也

饒雀脫袴

韻書曰扞雀又佳賓俗謂饒雀詩云誰謂雀無角家語云黃口

鷴鵲

廣韻鳥名也鷴音呑說文曰似鶬鴰而黃山海經曰董里之山有鳥焉其狀如鵲青身白喙白目白尾名曰青畊可以禦疫:

鵲

博物志曰一名飛駁巢口背太歲唐寶申郭政謂喜鵲滿洲方略曰天女佛庫倫浴于池有神鵲啣朱果置于衣含之口忽入腹產清始祖愛新覺羅名布庫哩雍順與漢高帝母劉媼浴池呑玉鷄赤珠事相類

狂鳥

爾雅狂茅鴟註今鵋鶀也似鷹而白頭茅鴟一名狂文狂鸏

一名狂山海經曰栗廣之野有五彩之鳥有冠名曰狂鳥

烏祠之下有聲鳥耘田春拔草根秋啄其穢漢史楊震之葬大
鳥來世說陶侃丁艱憂塋鶴吊皆[illegible]異也

誦鳥 鳴鳥

山海經曰開明南有誦鳥又鳴鳥名也弇州之山有五彩之鳥
仰天鳴名曰鳴鳥

蠱𩇯 欽原

山海經曰羭次之山有鳥焉其狀如梟人面而一足名曰蠱𩇯
又崑崙之山有鳥焉名曰欽原蠚鳥獸則死蠚木則枯

胜遇

山海經曰玉山有鳥焉名曰胜遇爾雅釋曰鴾鋪枝鳥名也又
秋扈竊藍註竊藍鳥名也青色

鶗鴂之先鳴使百草爲之不芳左傳伯趙司至古歌博勞舅父是仇綏是也亦化爲隱者東方朔拍道遙家不知姓名見伯勞集李樹曰此主人姓名也呼李伯勞果然蓋山鳥自呼名而爲人名呼而應則乃姓於荊來、、爲棗也

鴈王

小爾雅曰去陰就陽者謂之陽鳥鴻鴈是也佛經曰五百鴈爲群侶鴈王爲獵師捕得有群鳥啣朱果來援又西域記云麋鹿感生女子履迹皆有蓮花故王維詩鴈王啣果獻鹿女踏花行以寺名感化故用之

憑霄

拾遺記曰舜葬蒼梧有憑霄鳥啣青沙珠成阜謂珠丘水經曰

玄覽云三足之鳥有酸鸒焉

提壺淘河

韻書曰淘河鳥卽鵜鶘也頷下两肉塊大如數斗囊小水有魚能抑水入頷水竭乃食魚故名焉契鵜鶘與提壺音相近也坡詩花下壺壚鳥勸提杜詩江中淘河嚇飛燕是也俗謂孛又鳥

禿鶖

古今注扶老禿鶖也狀如鶴而大李時珍曰凡鳥至秋毛脫禿此鳥頭禿如秋毨如老人頭童本草一名鶖鶖有三種白者黑者花者名為胡鶖鶖其肉色亦不同元時猶有鶖鶖之供獻

伯勞鵙

韻書曰陰氣動而鳴陽氣復而止陰賊之鳥詩七月鳴鵙楚詞

左傳註桑扈竊脂也卽農桑九扈鳥春扈氏趣民耕種夏扈氏
趣民芸除秋扈氏趣民收斂冬扈氏趣民蓋藏棘扈氏掌民百
果行扈氏晝爲民驅鳥宵扈氏夜爲民驅獸桑扈氏趣民養蠶
老扈氏趣民收麥也扈止民使無過時也晦菴詩交、異竊惜
粟吝嗇甚於名利猶竊脂之啄粟蓋此鳥惟食脂也

戴勝力作
月令戴勝降于桑註織紝之鳥頭上毛花成勝、者婦人首飾
也韻書曰卽布穀一名鵠鵴俗謂鵴、以其聲也楊子方言梁
楚之間謂之結誥又力作鳥坡詩力作、、蠶繰一百於泊是也

酸與
山海經曰景山有鳥焉其狀如蛇而四首六目三足名曰酸與

山海經曰單張山有鵺夜音如雉文首白翼黃足名曰白鵺食之已嗌痛廣韻曰鸀音蜀鸀鳥也劉欣明交州志曰鸀鳿水鳥出九真交趾大如孔雀喙長尺許南人以爲飮器竺真羅浮山疏不食魚止啖木葉糞似薰陸香入藥治雜瘡一名鸀鳿

䳋鶋螐渠

山海經曰北囂之山有鳥人面名曰䳋鶋宵飛而晝伏食之已暍註鵂鶹屬又松果之山有鳥其名曰螐渠可以已𦢊註𦢊音雹謂皮皴起也

鶌鶋

山海經曰馬成山有鳥名鶌鶋其鳴自詨食之不饑

竊脂九扈

鳴自詨又首山之陰曰机谷多䳜其狀如梟而三目食之已墊
䳜音地

鶺鵂

山海經曰基山有鳥如雞三首六足三翼名鶺鵂食之無臥註
急性無臥使人少眠

鴒䳟

山海經曰庵山有鳥如山雞長尾赤如丹火青喙名曰鴒䳟其
鳴自呼服之不眯

鸔鸈

集韻曰鸔音僕鸔鷄善占又鸈音業知人吉凶

䳁鶴

兀兒鼠者似鼠有鳥木同兒者與兀兒同穴即此也

木客 蘄鬼

異物志曰木客鳥大如鵲數千百頭爲羣飛有度不與衆鳥相厠也爾雅曰白項而羣飛者謂之燕烏又蘄州鬼城詩使君向蘄州更唱蘄州鬼是也

鵯鶋

丹鉛錄曰唐盧延遜詩樹上諮諏批鶋鳥王安石詩積草聽批鶋一名烏臼五更鳴架、格、者滇人以爲榨油郎即戴勝也鵯鶋之音轉爲批鶋

鷾鴃

山海經曰太行山有鳥狀如鵲白身赤尾六足名曰鷾善驚其

楞嚴經曰迦陵仙言遍十方界註迦陵仙禽在卵殼中鳴音已壓衆鳥佛法亦如之似南華之寓言鵬也佛書金翅鳥、王也齊高帝夢是鳥降食子孫焉蕭鸞香火流湧殄滅十王之應矣

囂櫟

山海經曰梁渠之山有鳥狀如夸父四翼一目犬尾名曰囂又天帝之山有鳥異文而赤翁名曰櫟食之已痔註翁頸上毛

鵸鵌

山海經曰翼望山有鳥如烏三首六尾善笑名鵸鵌又帶山有鳥五彩赤文太平御覽所謂鬿芳鳥又善芳鳥是也爾雅鳥鼠同穴註鳥為鵌鼠為鼵鵌似鵽而小黃黑色穴地三四尺鼠在内鳥在外孔傳註共為雌雄地理記不為牝牡序典曰凉州有

毋李白云司馬子微謂予有仙風道骨因著大鵬遇希有鳥賦
則希有大於鵬者莊子曰北溟有魚其名曰鯤化爲鵬、之說
始也孔帖曰鵬雛之始飛爲鷹所制北溟錄云有獸楚王鷹俄
雲際一物聯翩鷹竦翮而升須臾羽墜如雪血灑如雨翅廣數
十里博物君子曰大鵬雛

大馬爵

西域傳安息國有之註頸及膺身蹄似橐駝色蒼擧頭高八九
尺張翅丈餘食大麥字典曰鴕也張華傳曰武庫蛇化爲雉必
後人改馬從鳥爲鴕也又漢史曰條支國大鳥卵如甕卽安息
雀也廣志云鳥鶉鷹身蹄駱色蒼博物志曰鰤子大雀是也

迦陵金翅

烏翼雌雄

爾雅曰烏翼右掩左爲雄左掩右爲雌 芝峯曰燒毛納水中沉者雄不沉者雌詩之誰知烏之雌雄以外面看也

解烏獸語

芝峯曰解烏語者古有秦仲漢有魏尙楊宣晉有管輅解獸語者古有介葛盧漢有翁偉晉有李南厥後無傳焉周禮夷隸掌烏言貉隸掌獸言蓋古制如此按白帖孔子知桓山四鳥之分公冶長知烏語柳下內白龜年辨九天禽語九地獸語知雀啾西城栗可食楊翁偉知蹇馬罵跛馬 坡詩云前身作馬知馬語

希有大鵬

神異經曰崑崙山有鳥名希有張左翼覆東王公右翼覆西王

蜃樓蛤穀

漢書曰海旁有蜃氣爲樓臺本草曰其脂和蠟作燭香凡百步煙中亦有樓臺之形東坡云禱海神見海市蜃樓唐詩云頃刻青紅浮海蜃是也今秋霖乍霽空中五彩玲瓏成層樓大閣云擇里志曰鏡湖周圍二十里深不過人膝舊爲居民所居有僧丐米富民以糞與之其地忽陷若巢縣之爲湖也其所積穀悉化爲細蛤每歲歉則蛤多豐則蛤少味又甘香可療飢土人謂之積穀蛤

蟶

韻書曰蟶蚌屬正字通曰閩粵人以田種之謂蟶田今俗謂加伊麻華使請蟶我國初不知是物答以無有及見市鋪加伊麻曰此蟶也何不供我〻乃知加伊麻之爲蟶也

珠蟞

山海經曰珠蟞之魚其狀如胏而有目六足有珠江賦頳蟞胏躍而吐璣是也

鰲山螺亭

符子曰東海鰲冠蓬萊遊滄溟垤螺曰彼冠山何異我戴粒適遥若封壤之巔乎南康記曰有女採螺爲業夜宿亭上聚螺張口而至亂啜其肉號螺亭

謂渊藍郭璞賦玉珧海月土肉石華註海月大如鏡白色正圓常死海邊其柱如搔頭大本草曰土肉生海中色黑長五寸大如小兒臂有腹無口耳多足可炙食李時珍曰此蟲魚之屬與土精名封同類也馬刀即蚌含漿胎珠與月盈虧坡詩老蚌生明珠是也

蛤蜊

抱朴子曰蛤蜊生海中螺蚌之類譯書謂潮蚧似石龍子盧敖遊北海見一士卷龜殼而食蛤蜊論衡曰食精身輕故能神仙若士者食合蜇之肉無精輕之驗安能縱軀而升唐書文宗嗜蛤蜊一日御膳中有劈不開者焚香禱之乃開見菩薩形具廷賜興善寺亦異矣又蜆俗謂牡朶潮蚧

本草曰石決明一名紫葳俗傳紫貝附石生者楊慎賛曰蘭陵紫蚴江海紫蕆是惟蚌類發花應春韻書曰石蛄形如龜東海有紫蛄唐孔戣奏罷蚶蛤淡菜孫光憲詩曉厨烹淡菜春杼織橦花是也淡菜即紅蛤似佛家魚為水梭花也嶺表錄曰蚶名瓦屋子即蚌屬蚶蛙、圓蛤有文者又淡菜即海蚌一名東海夫人

牡蠣石華

類篇曰雕百歲化為蠣雜俎曰牡蠣言牡非謂雄也介蟲中惟牡蠣是鹹水結成也嶺表錄曰蠔即牡蠣生海邊如拳石四面漸長有高一二丈嶄岩如山每一房有肉一片海夷以斧揳取殼燒以烈火蠔即啓房挑取其肉趁墟市以易酬韓詩蠔相黏為山百十各自生是也今俗謂屈東詩荊身應是大夫乎其鹽

為蟹以其剛在外也抱朴子曰山中無腸公子者以無腸也坡詩欲問君王乞符竹但憂無蟹有監州註錢昆嗜蟹求補外曰但得有蟹無通判處則可也陶穀使吳越自蝤蛑至蟛蚏凡十餘種登宴穀曰所謂一蟹不如一蟹也類說云一解即一代

⿰口黽⿰奚黽

說文曰⿰口黽即⿰奚黽屬頭有兩角出遼東集韻⿰口黽鼊水蟲名似蝦古有文正字通曰與玳瑁各別即蟕蠵之小者玳瑁有四鬣無足又⿰奚黽水蟲也葳貉之民食之

紫蕢淡菜

韻書曰鰒蛤又硏螺又九孔螺有殼附石細孔或七或九故名石決明漢書王莽所啖者登萊雖有之味珍厚不如我境産者

芒不可食故蟹執穗以朝其魁今初秋蟹毒冬瓜汁解之

蝤蛑

韻書曰大蟹蝤蛑嶺南謂蠘樟子以後脚如櫓也螯一大一小者爲擁劍又名桀步又執火以其螯赤也與虎鬪螯殺人今東海人以殼爲醬蓋者閒見記云善化國貢蟹長九尺百足四殼非虛語也俗謂巨漆魚

蟹蠘

閩中海錯疏曰蠘似蟹而大殼螯有稜鋸陸佃曰蟹團臍者牝尖臍者牡蟹曰蟹腹有風蟲狀如木鱉子而小色白大發風毒又曰雄曰狼螘雌曰博帶八足二螯而六足四足者有毒潤殼多黃者名蠘扁今海巴蠘即串巨兵俗謂橫行介士以易云離

螺能治瘡除熱醒酒立見俗謂欝於伊又有布拔瓦江者

螃蟹車螯

蟹譜曰蟹最小者謂招潮子以潮來出穴擧螯迎之也山谷詩招潮瘦惡無永味今螃巨說文曰車螯形似蚌蛤而大

蟚蜞

集韻曰蟹有毒食水莨所爲本草註毛莨乃草烏頭之苗兆草形状及毒似之故名焉譜曰蟹小者名彭蜎吳人訛爲彭越郭璞云彭蜞其類也食之誤人蔡謨卽爾雅不熟也又名郭索誠齋謂昔以彭爲郭今以郭爲彭山谷詩昭灘擒郭索英野得伊尼註伊尼鹿名也林逋詩草泥行郭索雲木叫鈎輈言鈎輈杜鵑也雜俎曰八月蟹腹內有真稻芒長寸許向東海與海神未輸

厚魚俗謂禿尾魚之義者訥魚謂重唇東詩鄭復始云荊江波
暖訥魚肥是也鱔即䱇似今雄魚穿水田者楊震之鸛啣鱣卵
陂之怒吞䱇是也昂刺俗謂茲加斯伊

腸乙尾丙

韻書曰魚腸謂之乙尾謂之丙如篆丙字也爾雅曰魚枕謂之
丁皆不可食也醫書曰分水少儀夏右鰭註夏時陽氣在魚脊故
右鰭又梓人爲筍簴以鱗之而註頰、頌也卵曰鱵胞曰白俗謂
臺里跳曰鯛鮮乾曰薧鹽也曰鱁鮧晉陶侃遺母坩鮓、藏魚

石蟹田螺

坡詩溪邊石蟹小如錢俗謂假蟹子是也韻書曰螺大者如斗
出日南又蓼螺味辛如蓼也紫貝螺紫色有斑文也醫書曰田

抱朴子曰丹魚出丹淵濟水測光照如火人剖其血塗足則步行水上不沒云正字通曰鰴似鰻而小名黃花魚温泓志曰名黃靈魚即小石首魚首亦有石今俗商來謂黃石魚

鯤魚 毬魚

異物志曰鯤魚如指長七八寸有脊骨作羹滑美遯齋閑覽曰朱崖之傍有物如鞠大小質狀無異亦有紋如綵味極肥美土人呼爲毬魚

鮆鱭

貨殖傳鮐鮆魚註鮐河豚別名即黃耇鮐背之鮐也顏註刀魚飲而不食俠薄頭長如刀即鮆也鱭即鱮其卵如真珠紅者佳

禿尾重唇

鱧鱺

韻書曰鱧黑鯉斑點有七作北斗象夜則仰首北向而拱又氣
辟蠱魚醫書作蠡魚又錢首俗呼哥勿治亦無雄與蛇交故苑
不失帖性也細膾於桑樹下即生附樹而行云鰻鱺俗謂蛇長
魚韻書云無鱗甲色青腹白有雄無雌以影漫鱧而生子故曰
鰻鱺溪人言多蚯蚓所化者

鯽鯽

韻會曰旅行吹沫以相即曰鯽以相附曰鮒似鯉色黑齊史王
刪食鯽羕曰華化齊晉大邦魚比邾莒小國是也韻書曰鼬鼠
化爲鯽今堤川義林池鮒魚味甘云

丹魚黃石

蔞蒿同烹無害也美而殺人故謂西施乳坡云也直那一死俗
謂鰒生鮮今漢江三四月成群上來謂鰒進上又海豚腦上有
孔噴水直上百數為群人先取其子繫水中母自來就刀取之
若離志所云螆蝎得其子則母來就之也解縉詠虎詩云虎為百
獸長誰敢攖其怒尚有愛子情五步一回顧

鯱魿

淮南子曰西北有無繼民硥魚在其南註如鯉有神靈乘行九
野山海經曰深澤有魚其狀如鯉而六足鳥尾名曰魿魿之魚

鼂彡

說文曰海中有鼂魚尾下有毒螫人註鼂音鼂閩中海錯疏曰
黃彡鯖細黃赤色註彡音衫

性趨下精重故取以煮膠謂阿膠今牛皮爲之魚膠非民魚肥

鱖鱸

韻書曰鱖似鯉身圓頭扁骨軟長三尺今桃花節大鳥島以趁王綱〻之能天使化甚義之問名或以水魚對之西曰何非水魚也或對以百魚之秀故名秀魚使然之鱸俗謂松魚猶時云松江之鱸四腮今籠魚似鱸之訛也又類魚俗謂伴當

河豚海鮀

韻書曰鮀一名鯸鮧又鰗鮧無頰無鱗觸之則怒氣滿腹肝卵食之必殺人蘆根汁解其毒華談曰浙東人呼河豚爲規魚又有生海中者腹上有刺名海規吹肚魚坡詩竹外桃花三兩枝春江水煖鴨先知荻芽未出蔞蒿短正是河豚欲上時蓋荻筍

通印子魚猶帶骨是也似青魚故秦檜妻王氏代子魚進青魚

娵隅修辟

郝隆詩娵隅躍清池註娵隅蠻魚名也山海經曰橐水多修辟魚

鯷魚鮮魚

倭史有鰕鯷之地故謂倭爲東鯷人我東古無是魚麗滅除始出嶺南故謂濊麗鰥若明公之胡遊也說文曰貊國出鮮魚今春川古貊國也

鮸鰾民魚

說文曰鮸出薉邪國正字通曰生東南海中形如白魚扁身弱骨細鱗頭中白石二腹內白鰾可作膠乾者名鮝魚鮸音免訛爲民也陽平集曰鰾註魚肥作膠鯷今民魚也禹貢註東阿水

豪魚鰨魚

山海經曰渠猪水中多豪魚狀如鮪赤喙尾赤羽可以已白癬又緩澤多鰨魚狀如蛇而四足又諸毗之水有之狀如鱓赤背音如梧食之已疣音如人相枝梧聲之桐水有之狀如魚而鳥翼出入有光音如鴛鴦按三魚音同類別

淫魚薄魚

記云瓠巴鼓瑟而淫魚出聽曹植詩淫魚乘波聽註淫魚、名性喜音也近有人川梁而鼓琴魚聚仍網之山海經曰薄魚一目其音如歐註如人嘔吐聲

魣魚

宋史曰閩中珍味子滿其腹莆田有通應祠誤為通印荊公詩

骨是也

石首錦鱗

韻書曰鯼也首有石故名也俗謂朝起者鯼之音訛也乾謂鯗魚即石魚鹽則謂鮿鱐世謂秦之鮑也錦鱗魚即鱖韻書謂婢魚大口細鱗斑文凡魚無肚不嚼鱖獨有肚能嚼張志和詩桃花流水鱖魚肥虞衡志曰竹魚出灕水狀如青魚味似鱖

鮐鮨

山海經曰留水有鮐父之魚狀如鮒而彘身食之已嘔異苑曰諸魚欲産鮐魚輒以頭衝其腹鮐欲自生亦更相撞觸俗謂衆魚之生母山海經曰鬵水中多鮨魚而大首其音如嬰兒食之已狂

鮪鯖

郭璞江賦云魚則江豚海狶叔鮪王鮪韻書曰鮪似鱣而青黑頭小而尖似鐵兜鍪口在頷下甲可磨薑即俗謂尙魚又鯖即紫貝上林賦云鈞紫貝爾雅翼曰大貝出日南可爲酒盃俗謂紫介貝者即此也

堪犴琵琶

山海經曰狘山有堪犴之魚狀如夸父而彘尾一名魚子犴音舒吳都賦鮫鯔琵琶註會稽琵琶魚無鱗形似琵琶

鮓魚鰣魚

韻書曰東海有鮓魚狀如凝血內無藏腑蝦隨之似水母者而異矣又鯖魚即鰳今鰽鯧也美味多腥四月有之彭湖村根多

式許腹有兩洞貯水養子一腹容三四子朝從口出暮還母
⿰魚术鮎
雜俎曰南海有⿰魚术魚前左脚長右脚短口在脅傍背上常以左
脚捉物置於右脚右脚中有齒嚼之內於口大二尺餘其聲術
謂海术此魚族也周益公記宜興洞有四足鮎色黑腹下出
人手於兩傍各具五指此魚妖也
鰩魮
韻書曰文鰩魚身鳥翼名謂飛魚羣飛海上有大風出南海云
其黃帝時穿封所食魚耶吳都賦文鰩夜飛而觸綸是也芝峯
曰朴醫仁途往日本時見云山海經曰文魮狀如覆銚鳥首魚
尾音如磬生珠玉江賦所謂文魮孕璆是也

銀魚駕返更進甚不珍之命還爲木魚故今名還木魚

嘉支魚

芝峯曰鬱陵島有之穴居巖磧無鱗有尾魚身四足而後足甚短陸不能善走水行如飛聲如嬰兒其脂燃燈按鮎蜀產也善緣木聲如嬰啼東齋記以孟子有緣木求魚之語爲未博聞也

袈裟魚

芝峯曰出智異山溪中長不滿尺色赤如松魚味甚美形如着袈裟僧故名之山下人數歲僅一見乃異物也或云感松氣而生

䲟魰

類篇曰䲟魚如篆一曰首篆印長三尺無鱗身中正四方如印扶南俗云謂諸大魚欲死者䲟魚皆先封之李時珍云魰魚長

鬐浙南浙細四月至海州而止水族之多未有若此者也近岸甚貴余問海人則云海魚異於谿江不以豐而多不以凶而少漁磯皆爲勢家所占浦人廣設罩網稅重利少故棄而不捉故也此漢書所謂東海魚不出蕭望之弛其稅魚乃復出是也

北魚明太

我國德源元山島所産而明川古不捉矣明川太姓人釣始得此魚大而肥美故名明太冬捉則冬太春捉則春太其卵謂明卵蓋魚族之衆者雖深峽僻邑無不饜喫惟北産而歲豐戊午出於西海若大口魚然亦異矣

銀魚還木

俗謂都路太魚我 仁祖南巡公山木魚登水剌上甚珍之改名

人採去又云黑蟲産於海中畢下無骨只一塊黑肉如瓜而全身有黑刺者中國人用染黑緞云疑此是泥也

文魚絡締

韻書曰望潮又蟦蝌俗謂八梢魚字典曰鮹古賦乗白鼋兮逐文魚又小八梢魚即絡締王天使敬詩盤中時有八梢魚是也

青魚貫目 俗傳東海青魚鱗小其脊骨七十四節以應嶺南邑數西海青魚鱗大其脊骨五十三節以應湖西是〻〻云亦異矣

正字通曰形似鯇青色即青魚俗呼烏鰡南人以作鮓本草圖經青魚古作鯖字芝峯曰中國青州多此魚云魚名以州耶州名以魚耶王昌齡詩云青魚雪落鱠橙齏俗謂肥惡似烏鰡之訛也其大者一馬不能馱一尾味亦美然巨網或一二云乾者謂烟貫目星湖曰先見於北道循江原東邊仲冬産於蔚山長

崔豹古今注曰又白萍好群遊水上卽耕鱗魚亦鱠殘王餘魚
之類也杜詩白小群分命天然二寸魚是也世傳王氣所在處
産故惟漢江句馬江有之又葦魚惟幸州之産今司饔院進上

茈魚䲦魚

山海經曰東始之山泚水出焉其中多茈魚其狀如鮒一首而
十身其臭如蘼蕪集韻曰䲦魚一身而十首食之不糟註失氣

海蔘非泥

杜詩云先拚一飮醉如泥說郛曰南海有蟲無骨名泥得水則
活失水則醉如一堆泥我國海蔘俗謂海男子舊以爲泥中國
人見之謂非泥也擇里志曰長淵金沙中産海蔘形類防風每
四五月中原登萊船至者甚多官發軍逐之則浮海下碇併舟

賦云海鏡腹蟹水母目蝦註璅珪本草云名蟛又名寄居似蚌
腹有小蟹爲璅珪出求食蟹不至則餓死與海鏡腹中紅蟹同

鯢鯥

本草鯢一名王鮪在山溪中似鮎四脚長尾能上樹天旱則含
水上葉覆身鳥來飮水因而取之聲如小兒啼故曰鯢魚膏燃
燭不滅山海經曰柢山有魚焉狀如牛蛇尾有翼其羽在脅下
音如留牛其名曰鯥〻魚陵居莊子所謂執犂之狗謂此牛也

嘉魚丙穴

蜀都賦嘉魚出丙穴註沔陽魚穴常以三月取之穴口向丙嘉
魚食乳水味甘食之令人肥一云嘉世有之詩云南有嘉魚

白魚王氣

神異經曰南海有水蟲名曰筯蜂蛤之類也其小蟹大如榆莢筯開甲食則蟹亦出食筯合甲蟹還入爲筯取食以終始生死不相離山海經曰泿水多箴魚其狀如鯈其喙如箴

水母海蝦 山中一夕話曰王敏道食海蛇曰人何苦嗜之哉一嚮而已是也

嶺表記異云水母廣韻曰蛇也有足無口眼大如覆帽腹下有物如絮常有數十蝦食其腹下涎或捕之即沉乃蝦有所見故詩蟲𧏮目待蝦是也爾雅曰海蝦長二三丈鬚長數尺又有管蝦閩中有五色蝦梅蝦薑蝦事類曰舜時鈌耳貫胸之民獻蝦珠篇海曰鼀音促也鼀蜩海中大蝦

玉珧海鏡

侯鯖錄曰江珧柱其甲美如玉韓詩馬甲柱是也今謂瓦壟古

鹿角鯿頭

歐詩曰毛魚與鹿角一龠數千百註鹿角小魚也劉禽詩歸釣渾頭楓葉鯿坡詩瞽將歸釣漢江槎註襄陽漢水鯿甚美禁採以槎斷水謂槎頭縮頭魚

長鯛廣魚

韻書曰衛人垂一鮒之餌鯛不食餌以豚則食之爾雅曰鰹大者又鯛膾以死餌昔申舟村曰長鯛出今西海邊盖海蟲也作鱠多食起死回生大補氣血之劑陰虛陽痿尤效若生者不得則雖鮮乾丸服亦可云與衛鯛異矣俗所謂烏鱧鯛是也鱔鰹俗謂多嚴生鮮乾者謂廣魚

筋蟲箴魚

正字通曰海中人魚肉白如玉無鱗有細毛五色髮如馬尾長五六尺鱧長如之臨海人取養池中牝牡交合與人無異郭璞有人魚贊人魚加人作魜猶牛魚加牛作𩵢也通雅曰牛魚北方鮪類也亦文魚之為鮫也

鱟蝞鰥寐

韻書曰蟹屬鬼鱟雌常負雄雖風濤不解故取之必得雙號鱟媚廣志曰形似便面負蝞而行失雄則不能獨活廣韻曰蝞似蝦寄生龜殼中江賦蜦蜅鱟蝞註蝞食之顏色有愛媚唐書武后謂王后挾媚道蠱上廢之是也孔叢子曰衛人釣於河得鰥魚大盈車又無妻人愁悒不寐目恒鰥、然如此魚故唐詩愁似鰥魚知夜永山海經曰諸鉤之山多寐魚註鮇魚

池中我朝亦無鯉魚進上云韻書曰鯈好游魚荀子曰鯈鉢者
浮陽之魚註此魚浮水就陽又曰小魚疑今家沙里者

鰅、

郭璞曰鰅、魚皮有毛黃地黑文上林賦鰅、魼鰨是也

比目大口

爾雅曰鰈又鰜南越志云板魚又左魪以我國所產故謂鰈域
俗謂加佐魚康熙字典曰夻音久非中土所有故不見書傳俗
謂大口今交市彼人作梗以大口一尾投之房則入刀鎖云盖
以爲珍味如嗜內決之䱆也近捉於西海不獨三鰡逃東爲乇
魚也海人言一年長爲一鰡二年長爲二鰡三年長爲三鰡

魞斛

鱒魴

埤雅曰鱒魚圓魴魚方鱒好獨行制字從尊也爾雅曰目中赤色一道橫骨瞳俗呼赤眼魚說文曰魴赤色魚韻會曰洛洋宜鯉伊洛宜魴諺云洛鯉伊魴貴於牛羊我國東海有魴也詩云九罭之魚鱒魴又魴魚赬尾註魚勞則尾赤

鯶鯈

說文曰鱣也本草云三十六鱗魚之貴者神農書曰鯉為魚王道書云以鯉多為龍故不欲食古今注兗州呼白鯉為白驥雜俎曰唐律得鯉即放號赤鯶公蓋唐姓李而鯉音相似故於生

山海經曰嚻水西流注于河其中多鰼鰼之魚其狀如鵲而十翼鱗在羽端其音如鵲可以禦火又異物志曰鰽魚者鰽鳥所化故腹中有鳥腎二枚

鰂墨雞屎

芝峯曰鰂即烏賊魚佯死浮水烏鳥來攫因抱入水食故名之以其墨書字逾年墨消為空紙狡騙人用以紿云中朝人寄娼詩云擘成烏鰂墨人似楚山雲謂其不信也醫書云秦漢謂螵蛸鰂骨謂海螵蛸用目醫血癥云

間賣綃臨去從主人索器泣而出珠與之吳都賦淵客慷慨而泣珠是也諸傳盤貯綿種淚輒而凝爲珠云 徂異記云查道奉使高麗見沙中一婦人紅裳雙袒髻鬟紛亂微有紅鬣查命扶於水中拜感而沒乃人魚又謝仲玉見婦人出沒沙中腰以下皆魚也今鮫人魚是也

鱎鱦

家語曰宓子賤爲單父巫馬期入界見得魚輒捨之期問焉曰魚之大者鱎吾大夫愛之小者鱦吾大夫長之是以捨之說苑陽晝曰陽鱎者肉薄而不美肉厚而味美者魴也子賤曰車馳之此陽晝所謂陽鱎者也

鮨鱧

鼉鼊

江賦鯖鼊鼉鼈註鼊龜形薄頭喙似鵝指爪正字通異魚圖贊

鼉鼊海鯨名曰匽鼂一枚剖之有三斛膏

鰷鱅

說文曰鰷魚鰜鰅魚鰤魚鯊魚鱅魚鮑魚皆出樂浪潘國

鯊鮫

韻書曰鯊皮有珠文可飾刀劍鞘海中產獨吻口無鱗胎生與爾雅所謂吹沙俗謂穿沙者異矣鮫似鼉有尾無脚今曰沙魚可鹽爲脯與織綃泣珠之鮫人異矣博物志曰鮫人水居出人

物志云螭吻文覇夏頎氏説略云蟶蛉其形似龍性好風雨故
用於殿脊上

龜

説文曰龜舊也外骨内肉者象足甲尾之形從它龜頭與它頭
同也天地之性廣肩者無雄龜鼈之類以它爲雄云則韻書所
謂雄龜曰毒冒雌龜曰蟕蠵河戎爾雅曰十龜者神龜靈龜攝
龜筮龜山龜澤龜水龜火龜寶龜文龜六帖曰百歲龜一尾千
歲十尾公羊傳青純龜註純緣也謂甲髯千歲龜青髯也龜筴
傳曰南方老人以龜搘床足二千餘年老人死龜尚生能行氣
導引即郄儉見大龜張口吞氣或俛或仰試隨所爲遂不飢也
又曰千歲龜遊於蓮葉之上今謂旬生者即龜類而異者

然鯷群出陸以鯨軀也魚有獐皮者能殺之形似馬作陣環而
蹙之囓其肉棄之水大如籠漁人逐獐皮而得鯨利

贔屭

楊升庵丹鉛錄曰龍生九子不成龍一曰贔屭似龜重負今碑
龜趺也二曰鴟吻性好望今屋獸宋史天書降鴟尾是也三曰
蒲牢性好吼今鍾紐東都賦註海岸獸名聲如鍾而畏鯨丶躍
則鳴故鑄鍾蒲牢形其上斲橦為鯨形張華作魚形扣之山谷
詩僱粥華鯨吼夜闌是也四曰狴犴似虎性好守立獄門五曰
饕餮性好貪食今刻鼎蓋六曰蚣蝮性好水立橋柱七曰睚眦
性好殺立刀環八曰金猊形類獅性好烟火立香爐九曰椒圖
形似螺蚌性好閉立門鋪総龜云一名嘲風又蚩吻立殿脊慱

鱏鼻鯕尾
韻書曰鱏長鼻而口在頷下大者長七八尺與鱘背如龍者不
同疑今骨纛魚之大者鯕俗謂嘉五里水旋而有腎者醫書云
尾有大毒煮飲獺皮則解云今其大者一尾至数馱中國謂我
國爲嘉五里人者有鰈也中國之嘉五里是鰈也非鯕也

雄鯨雌鯢
韻書曰鯢刺魚似鮎四脚前似獮猴後似狗聲如小兒啼鯨大
者長千里小者数十丈眼如明月珠鼓浪成雷噴沫成雨今東
海有之其背若瓦屋故俗言瓦屋若鯨背云其油散於海、底
寶貝自現若溫嶠燃犀故西洋人載釼戟浮海獵鯨云東海人
言鯨本無牙不食大魚故吸海噴之小魚滿腹若鵜鶘之淘河

箇為詹蛇種相類也潛水呑人即浮其齒擊虎中斷韓愈諭之尭佐戮之是也南史扶南國溝中養鰐魚門外養猛獸有罪者以餧犬虫魚不食為無罪放之僉載所謂虎筮是也與詩所云投之有虎有虎不食者異矣壬亂時天將窺我國斗尾以為有鰐似豆葉若過幾百年人馬不通云鮫亦呑舟魚腹背有刺如三角菱故字從魚從交其皮醫書所謂穿山甲是也

鰌潮鰍泥

韻書曰海鰌長数千里穴居海底入則海水為潮出則潮退云宋趙鼎見舟人被髮屏息避紅旋是也今夏霖大水江景海似龍非龍者横卧江為之三四决流土人謂千年海鰌云韻書鰍生淺淖中似鱓今茨川黄鰍謂黄尾屈味甚美與泥鰍不同

說文曰能者熊屬足似鹿也其獸堅中故借以稱賢而强壯者而爾雅曰鱉三足者爲能卽左傳鯀入羽淵爲黃能是也熊魚二物之說升庵辨之矣韻書曰雄爲黿雌爲鱉麗史謂鱉應黿聲俗謂鱉相望如息之鶱鶉也周禮鱉人掌取互物是也說文云龜頭與蛇頭同也天地之性廣肩者無雄龜鱉之類以蛇爲雄云則韻書所謂雄龜曰毒冒雌龜曰觜蠵何哉白腹下有天字者卽今謂朱書王字者不食然其義謂王背湯以赤莧包其甲寘濕地卽化生云慶州李氏入鱉旣畏而再思堂爲死鱉之應亦異矣今或祈子取鱉衣以彩服納之水中後見夢有孕云

鰐鼉鮫角

韻書曰鰐一生百卵及成形則有爲蛇爲龜爲鮫者與蛇卵一

乃黿鼉也其來謝之夢繳頷見真相及到恭儉池晴日忽風雨
長虹起於水面五彩炫於天畔鱗甲玲瓏從者沾濕繳則獨否

蛟

韻書曰龍屬無角四足細頸大者數圍眉交卵生謂蛟漢昭帝
時釣蛟長三丈命作鮓甚美月令曰伐蛟取鼉

水螭山离

說文曰若龍無角而黃北方謂之土螻周紀匪豹匪彲是也柳
子厚懲螭文云零陵城西有螭室于江法曹唐登浴其涯螭捲
以入說文云离神獸也歐陽喬說云猛獸也蓋蛇類千年為螭
為离或居山或潛水為人害者今嶺南人釋龍音謂水螭
能驚

魚鳥類

龍鱗

芝峯曰龍鱗一片在大內自前朝相傳我 明廟癸丑景福宮火並燒云諺傳 太祖潛邸時於黑龍江有龍方升射之龍遺一鱗而去若漢祖之斬蛇也可爲馬障泥其大不過叉一而已雖異乾藏之欲雨必濕云 梵書曰那伽龍也竭伽犀也伽那象也

東海化龍

抱朴子曰蛇蠋化成龍壬亂天將以鐵冶煮臨津江欲捕龍食之水熱有龍中江擧頭天將曰此化龍也不可捕晋書陸機餉張華鮓華曰龍脯也水噴之有五色又劉累醢龍則中國人食龍、多魚化者深谷金緻遺事云緻爲嶺伯鄉老人乞放與孫

谷詩天民尚逸罕近稍就繁株世說王武子買地為馬埒註作埒繞之今馬場也牛檻今謂牛棣[illegible]

飛天走地

芝峯曰凡禽卵繫於背本於天者親上故能飛獸胎在於腹本乎地者親下故能走邵康節曰動物有首生植物有根生有首生者命在於首有根生者命在於根其說有理大戴禮曰四足者無羽翼戴角者無上齒董子所謂與之角者不與之齒傅其翼者兩其足列子所謂傅翼戴角謂之禽獸是也

驢

說文曰驢父馬母而生者謂騾馬父驢母而生[者]謂驢以交牛而生者謂駃騠牛交驢而生者謂驢騾說文曰驢長耳趙逵詩長耳任從氷上過是也正字通曰驢有褐白黑三色以午及五更初鳴協漏刻又女真遼東出野驢似驢色駁人食之漢史靈帝時執政皆騎驢謂白衛蓋鄭衛之間多驢故謂騾衛其皮曰鄭皮左傳晉悼公乘小駟鄭入也今中原所來西山驢亦猶驅出於蔡與斐勿而謂驅為蔡為斐勿之類也

馬柳牛織

公羊傳牛馬維婁註繫馬曰維繫牛曰婁韻書曰杙橛木丌株駒是馬柳今馬柱俗馬柱(未詳)莊子曰承蜩者處身若橛株拘山

楅衡註牛角端橫以防抵觸離騷云伯林雉經註牛鼻繩傳燈錄曰一回入草去便把鼻孔来山谷詩云春草肥牛脫鼻繩

馬無膽

正韻曰生於午稟火氣火不能生木故有肝無膽、木之精氣也木臟不足故食其肝者死考異記曰地生月精爲馬月數十二故馬十二月而生

無子曰犢

玉篇曰牛羊無子曰特今人畜無子者謂特、音陶

青騾

神仙傳云李少君死後有人見之在河東蒲坂乘青騾李賀詩少君騎海上人見是青騾是也

初不知騎乘牛馬蓋我國牛之宜土且俗不知畋獵得味惟牛是食而牟牟之聲尚遍於野馬不宜土禁不食肉病則藥治有殺食編永同之說而蕭蕭之鳴或絶於邑又昧於牧養惟熟術秣之而已今交市以我牛易彼馬數市後彼人騎我牛來茁長肥澤角長數尺非津梁種之如鴨或突厥養而就難乎漢尉佗傳漢不予牝牛馬而牡則騸者似亦古交市法也

牛齡羊齯

說文曰牛食已復噍出曰齝俗謂胖削楞嚴經所謂牛呞病是也爾雅曰羊曰齛麋鹿曰齸而犢亦然以有胖故也蓋齝亦之類皆齝𪘲而豬獨否異矣且系額曰嗉音膆猴獼藏食也牛千葉有蜂窠飛出養蜜亦異矣莊子曰絡馬頭穿牛鼻詩云頁所

欲繫之一躍出殿門上不知其去後濟牧狀啓某夜馬王來衙庭嘶而入從斃矣詳某夜即其夜云

逆風順風

雜書曰馬喜逆風牛喜順風書所謂馬牛其風是也又風馬曰尋驛玉篇曰牝畜通稱之謂騲魏史杜畿課民畜牸牛草馬是也黃澤誌曰黃之澤其馬歕玉即鼻吹白噴也齕草曰啗也饜曰痂也鼻疾曰渦也集韻牝六畜勞傷則鼻中亦流膿水謂之嗓又低頭思走曰泌頭也盡記癢磨樹即劉癢也

牛馬異宜

漢東夷傳曰辰韓國名馬爲弧晉書云挹婁人有馬不乘以爲財産今內浦人養牛不服耕以爲産業云文獻考曰馬韓人厭

果下騮霍光傳註漢廐有果下騮馬高三尺駕果樹下乘之故名焉王天使獻詩云果下已無三尺馬是也高涼有果下牛

濟馬

擇里志曰濟州以房星分野自高夫梁時牧駒犢而元為牧場曾子榮集有天馬歌即我 太宗貢馬明朝成祖曰天馬也命歌之馬是黃騮也濟人言馬有王而歲貢以印迹傳令貼之岩石間則馬王群来依數就執云諺傳 英廟欲見馬王使教於濟牧、力不能捕以傳教掛於漢拏山上馬會聚其夜半有自躍立於官庭而長鳴其形甚小其色朱又鬣長委地人往執之不踣咆閙之馬人則曰是馬王也納之朝廷秣之內廐性又馴良陵幸為御乘行如飛龍甚愛重之忽夜入殿而一聲長鳴闕人

濟産差勝然来南多病云

驠駿

玉篇曰馬白州也註州竅也謂馬白尻者名驠正字通曰州當作川如水牛老牛之尻州留欒城集曰秦州進一馬騣如牛項下垂胡側立倒傾毛生肉端蕃人曰此肉騣

絶影馬

東史羅聖德王賜金允中絶影山馬一匹又甄萱獻此島馬於麗祖以讖有絶影馬至百濟亡之語索還麗祖笑許之與蒂素報赤烏事相類也島今屬東萊

果下馬

東史濊國出果下馬疑今御馬比中國馬爲小歐詩猶得退閑

善山邑誌曰民有以牛耕炭忽猛虎來犯耕者牛即脫犁直向虎觸之角仍與鬪終莫竟殺虎救主至今有義牛圖

犎牛 犦牛

韻書曰犎形如橐駝者犦即犎領肉如駝觸百斛唐御伐家焉千牛衛是也又犩領有肉堆也吳牛曰㸺蜀牛曰犤大而內童數千斤似今內浦牛也黑牛曰犕白牛曰㹀又犛如牛而尾長可爲旌旄又犂牛曰花牛壯曰犍牛牝曰乳牛蹄曰𧿹角曰月

騊駼

山海經曰北海有獸狀如馬名騊駼色青爲陶塗國名又爾雅騉駼註似馬而牛蹄匈奴傳曰騊駼驒奚駃騠似馬生七日而超其母今胡馬謂韃馬以出於韃靼也今北道有土產壯健此

穆天子傳曰用牸牛二百以行流沙註此牛能行流沙中如橐駝日行二百里 山海經曰小華之山其獸牸牛

𤛑𤜁

玉篇曰𤛑獸似牛白首一目 山海經曰黃山有獸狀如牛蒼黑大目其名曰𤜁吳任臣曰即牰[illegible]牧犈之屬

旄牛犤牛

周禮旄舞註犛牛之尾 山海經曰潘侯之山有獸如牛而四節生毛名曰旄牛又荊山多犛牛註旄牛屬也黑色出西南徼外杜詩天馬跂足隨犛牛是也爾雅犤牛註小牛今之㹀牛又呼果下牛出廣州高涼郡

義牛

輿覽曰驛民暮出不返舉家憂之畜獒走追主人則斃於路且野火將及獒以尾濡水灑之終夜人醒獒斃遂義而埋之樹以表之是謂獒樹驛搜神記所謂晉楊生救主狗事相類即佛書長戒不食死有靈鷄家

[illegible]黃與虵同穴人畏手塗鹽取之角如玉可以為器山海經曰乾山有獸狀如牛而三足名曰獂玄覽曰獂、亦足獂三足

[牛+褱][牛+料]

玉篇曰[牛+褱]獸似牛四角人目博雅曰郭[牛+料]省屬玉篇曰無角牛

牥[牛+乍]

人似羅江狗也集韻有執獅狗言善執獅禽獸也又獅子狗形似獅也絡緣狗謂尨犬狗曰狀者從犬從犬哈叭狗以其毛哈叭然也拂雪以其行拂雪東諺狗走梅花落也韻書犬膏臭曰胜堯山堂記饆狗表團飯請來喜掉續貂之尾短絢章去饕面顧免之頭妙矣程氏遺書曰犬吠屠人世傳有物隨之非也正如海上鷗爾唐史張直方好弋獵洛陽飛鳥皆識之見必翔噪蓋鳥獸能先知害已則可以人而不如也

東京狗

爾雅曰犬之短尾者曰猶我國以慶州為東京其地狗皆無尾故今尾短狗謂東猿又揚子方言犬不吠而齧人曰冷括

葵樹

猴伏於鼠今人取鼠繫猴頸猴不敢動

橐駝

說文曰能負囊橐故名之背有肉鞍如峯古諺云少所見多所怪見橐駝以爲馬腫背又其糞煙直上如狼煙博物志曰陽光之山多橐駝日行二百里負千斤先知流沙知水脈又埋口於沙中人乃以纏擁鼻避熱風云俗傳一朝所食蒿百束搗百斗或國貧不能飼者似指麗祖怒契丹無道繫其所獻駝於萬夫橋餓死也

狗

說文孔子曰狗叩也叩氣吠以守爾雅曰良獸也今俗謂介似艮之訛也爾雅曰犬生三猣二師一玂說文曰北方有蚼犬食

志曰弘道初梁州倉萬鼠嚙猫蓋不相容之物也

象

說文曰象長鼻牙南越之大獸三歲一乳韻書曰象頭不可俯運用以鼻交趾石室惟通一路先置芻豆于中取一馴雌入焉布甘蔗於道野象來食蔗則縱馴雌誘入石室隨以石窒門象飢人緣石室飼之少馴則制騎牧者謂象奴又群象雖多不足畏獨象最可畏佛書云象王行處落花紅象之群若馬之有王耶今清以駕黃屋車而見天子則跪屈膝諸侯跪一膝云亦玄宗舞象不拜祿山之意耶驅之不以鞭而以鐵刀血流淋漓月出則合瘡無痕異矣俗說象虎猫鼠四獸同置一穽則不相害以象恐鼠入鼻孔也若坡詩蝦蟆蜈蚣蛇相值皆不動論衡曰

山海經曰[illegible]山有獸名曰獺狀如獳犬而有鱗其毛如豕鬣註獺音賴毛生鱗間又按廣韻曰小獸有臭居澤色黃食鼠正字通曰狸屬似猫而小

舉父

山海經曰崇吾之山有獸焉其狀如禺而文臂豹虎而善投名曰舉父註大如狗狀如猴黃黑色多髯鬣好奮頭舉石擲人

猫

韻書亦名爲圓丈蒙貴卽貓禮迎猫爲食田鼠也雜俎曰猫洗面過耳則客至山谷詩買魚穿柳聘啣蟬註猫名似今啣蟬也唐史高宗后王氏及蕭妃爲武后所妬投酒甕中曰二嫗骨醉蕭妃曰願武爲鼠我爲猫生、世、扼其喉故宮不畜猫五仁易本命曰四主時時主豕故豕四月而生說文曰星見食豕令肉中生小息肉也故腥腥從肉從星世傳豬屬亥開闢初生獸故祭牲為貴云左傳既定爾婁豬(牝也)盍返我艾豭(牡也)辨曰奶先以口撥地曰拱地牢曰槽賣豕曰㹠豕駒曰豬豝韻書曰畜去勢曰騸牛曰犗犬騍羊[illegible]曰羯豕曰豶狗曰猗馬曰騬五代史耻乘騬馬是也膠仙肘後經曰騸馬官牛閹豬鐓鷄善狗淨貓

豲㹶

博雅曰豲豕屬逸周書云豲有爪而不敢以撅揚雄曰豪豬自為牝牡者爾雅曰㹶一名執夷似豹而小腰以上黃以下黑形類犬白黃腰能食虎及牛鹿又名唐己

獅犼

崽貙

凡鳥獸雛通稱曰崽又禽獸初生雛曰貙俗謂猞猁猻又虎五脂爲貙又獸相戲曰撒歡以前足先行曰縱撲木蘭詞云雄兔脚撲朔雌兔眼迷離註撲朔卽縱撲也

豪彘

山海經曰竹山有獸其狀如豚白毛大如笄而端黑名曰豪彘

註貆豬也夾髀有麁毫數尺能以脊上毫射物吳楚呼爲豪豬

箭豬

廣東新語曰卽封豕初本泡魚化爲豕毫在項脊閒尺許如箸白本黑端人逐之則激毫以射

猪

落火不能燒唯羚羊角能碎之蜀志云昆吾山有獸如兔食銅
鐵吳得鳩兔有鐵膽鐵腎爲干將莫邪疑貘也樂天貘屏贊云
象鼻犀目牛尾虎足寢其皮辟濕圖其形辟邪古史黃帝以食
金故殺之與今驢父牛母而生者貘類然尚齧鐵錯

貙貜

韻書曰貙似狸而大韓詩封狼生貙、生貔柳文貙畏虎說文
能捕獸立秋日祭獸故爲秋祭名貙膢是也貜卽狼屬貜狿亦
似狸而長古賦曼延百丈是也

谿邊嬾婦

山海經曰或作谷遺天帝山有獸狀如狗桂海虞衡志曰嬾婦
似山豬而小喜食田禾夫以機軸織紝之器掛田所則不復近

正字通曰出暹羅之崛隴短小精悍目圓睛黄木食如猱猿古樾蒙密者寧數十集山居夷獠畜之備驅使蒙以敝絮飲以醨酒食以⿰魚巠鮍輒喜躍旅受役至死不避常令入山採鴿頂象齒犀角皆如期而獲輸其主雖它姓奪之又不與他人禍必及焉置阬所往來之逕機取之

猰貐

韻書又窫窳似虎而黑食人獸也堯時有之與封豨脩蛇為民害命羿殺之唐詩青丘埋猰貐長楊賦封豕其士窫窳其民

貘

神異經曰南方有獸名曰齧鐵大如水牛色如漆食鐵飲水其糞可作兵器其利如鋼正字通曰貘齒最堅以鐵錐之鐵皆碎

之山有獸焉狀如人而長髭穴居而冬蟄名曰猾褢音如斲木

見則縣有大繇正字通曰海獸名猾無骨入虎口虎不能噬處

虎腹中自內齧之

猯獖

韻書曰猯似豕而肥俗謂烏所伊今延豐等峽有之醫書云取

其肉與脂用療疾積症又獖即黃狼俗謂足齊飛今黃毛筆材

貀納

異物志曰貀出朝鮮似狸蒼黑色無前兩足能捕鼠又貀音肭

晉書曰夫餘國出善馬及貂貀漢律能捕豺貀購百錢鮮畢傍

曰貂貀鼷子皮毛柔煗爲名裘韓詩跳鋒壯鷺納是也

犺狼

神異經曰東北獸故立獄門者皆東王充論衡曰觧廌者一角羊性知有罪皐陶治獄其罪疑者令羊觸之是也新祖曰唐玄宗時富平縣產一神羊肉角項白毛韻書曰一角羊謂獬豸

熊猬

爾雅魋如小熊註建平山中有此獸俗呼赤熊蒼黃熊作黝盖豕類也冬則蟄掌而生者猬說文曰其虫似豪猪可治胃病故以猬名之爾雅翼云似鼠性獰雖物少犯近則毛刺攢起如矢俗謂土猪東京賦云摣狒猬是也龜筴傳蝟辱于鵲註猬能跳入虎耳見鵲便自仰腹受啄

㚟猾

山海經曰綸山其獸多麢㚟註㚟音綽似兔而鹿角青色夹出

說文曰豺卽狼屬牡曰貛牝曰狼子曰獥也狗聲食羊故俗謂食羊月令豺祭獸是也又說文狼似犬銳頭白頰高前廣後也張鍵燬滄浪君是也酉陽曰狗豺之舅也遇狗輒跪如拜狀

猛氏 獶獍

子虛賦云格蝦蛤挺猛氏註猛氏似熊又獶似獅吠人則疾也神異經曰北方有獸曰獶黃帝殺之是也又獍韻書曰似貙而虎眼居父獸詩所謂爲梟爲獍是也

礋硑 當康

神異經曰西方有獸長短如人羊頭猴尾名礋硑健行又山海經曰欽山有獸其狀如豚而有牙其名曰當康註牙豚也

獬豸

功故惠麗平監買養云

㺜猴

山海經曰隄山有獸其狀如豹而文首名曰㺜、音云又樂馬

之山有獸其狀如彙赤如丹火其名曰猴、音戾

移郎

山海經曰鮮山有獸其狀如膜犬赤喙赤目白尾見則邑有火

名曰移郎註火獸

[犭參]猙

韻書曰[犭參]人頭犬容猙似狐而有翼郭璞贊曰音義之心亓

恠所宅有獸似豹厥色惟赤

豺狼

牛無尾黑色好偃飮河莊子所謂不過滿腹也卽地中行鼠伯勞所化鼢也鼩鼱說文曰精鼩東方朔傳所謂鼱鼩之襲狗亡蓋鼠之屬如鼷鼠陰鼠水鼠火鼠之名亦多又鼯飛食虎豹又岩狙卽豆鼠今青鼠毛也鄭樵夫詩云十年種栗岩狙食

䶂⿰鼠頁

說文曰䶂黑身白腰若帶手有長白毛若握版之狀又⿰鼠頁玉篇音㣲似鼠而白在樹木上又

買鼠養舍

說文曰鼠穴蟲之總名也有齒無牙詩所謂相鼠有齒誰謂鼠無牙見也臧武仲謂晝伏夜動我仁祖朝适變明將作亂鼠夜入适軍嚙弓弦溺銃穴适欲戰銃濕弦絕遂敗誅國家以鼠有

死今麝香鼠又水鼠雲僊志曰穴水傍岸隙似鼠而小食菱芡
魚蝦

唐鼠

博物志曰唐公房升仙鷄犬皆去惟鼠惡其不淨不將去鼠自
悔一月三吐易其腸東廣微所謂唐鼠字與曰鼶

鼷鼳

爾雅註似鼠而馬蹄秦人謂之小驢一歲千斤為物殘賊玉篇
鼸鼳小鼠也相銜尾而行

鼫鼯

韻書曰鼫即雀鼠荀子曰五技能飛不能上屋能緣不能窮木
能游不能度谷能穴不能掩身能走不能先人是也又鼯大如

以其尾飛名曰耳鼠註鼯鼠飛生鳥也爾雅釋鳥云鼯鼠夷由郭璞註鼠贊曰蹠實以足排虛以羽翹尾翻飛奇哉耳鼠厥皮惟良百毒是禦又曰鼠耳食之不睬註睬音蹉大腹也

鼨鼮

漢史世祖大會百僚時得鼠如豹文羣臣莫知竇攸曰爾雅所謂鼮是也又鼨亦豹文

鼵⿰鼠胃

玉篇鼵音錐廣雅鼠屬新野人謂鼠為鼵又⿰鼠胃玉篇音紂鼠也今方言謂鼠為錐為紂是也

香鼠

字彙曰河南雲霧山有之長寸餘齒鬚畢具香類麝臍踰大路則

鼯鼪

運斗樞曰玉樞星散爲鼠韻書曰飛鼠能啖鼠呼鼠狼又鼪韻書曰如鼬赤黃尾大食鼠韓詩條說雜鼬鼪爾雅曰鼫頌鼠豪貴似猱紫黑色可畜捕鼠勝貓莊子曰捕鼠不如貍鼪之其宗頌耶今峽寺生擒一鼠養籠中不飼以他物惟以生鼠及大捕鼠勝貓謂鼠貓又鼬野鼠善登木韻書曰鼯鼪飛生鼠狀如小狐肉翅似蝙蝠即夷由

耳鼠

韻書曰鼷耳鼠也極細螫毒食人及禽獸皆不痛今甘口鼠狀如小狐春秋鼷鼠食郊牛角漢史千鈞之弩不爲鼷鼠發機也山海經曰丹熏之山有獸焉如鼠而兔首麋身其音如獋犬

韻書曰貂鼠屬北方寒取皮煖頷因爲侍中冠今北道有之俗訛貂謂敎又貉即狗獾善睡獸也墨客揮犀所謂行數十步輒睡聲竹警之乃起既行復睡故考工記謂不踰汶以煖也

鼧鼥

李時珍曰皮可爲裘甚煖濕不能透正字通曰鼧鼥生西番形似獺番人食之蒙古名答剌不花唐書有鼧鼥鼠鼧鼥言其肥也

竹䶉

本草曰即䶉鼠食竹根大如兔人多食之味如鴨贊寧筍志曰竹根有鼠大如貓其色類竹名竹豚亦名稚子杜詩筍根稚子是也坡詩野人獻竹䶉腰腹大如盎逢人自驚蹶問若兔脫穉似今撥地猴醫書云小兒病用一當鼠十者以食蚯蚓制細云

牡者也

貔貅

說文曰豹屬出貉國今春川等峽密狗俗謂潭夫如狗虎行難虎射不敵故李伍謂貔貅也獲者以產狗索揮而虛擲乃散云

兔明視

韻書曰兎九扎舐雄毛而孕望月而生故名明視凡咀嚼者九竅胎生獨八竅者五月而吐子爾雅曰兔其迹远註远音航兔迹名也若豕迹刻也又一種而足短後足長曰蹶兔亦曰蛩、巨驢若狽與狼之類也 又㲋說文曰似兔而青色又奭似狌 · 一曰似貍

貉貉

爾雅釋曰山民呼貙虎之大者爲貙豻正字通曰似狐而黑身
長七尺頭生一角老則有鱗能食虎豹

朱獳獥狪

山海經曰耿山有獸狀如狐而魚鱗有翼名曰朱獳其鳴自叫
見則其國有兵又三危之山有獸焉狀如牛白身四角毫如披
蓑名曰獥狪是食人郭璞贊曰江淮所居風雲是潛獸有獥狪
毛如披蓑

狤猑猲狚

集韻出西域嗽薰陸香身無毛但自皐有毛廣寸許至尾燒刺
不能傷山海經曰北號之山有獸焉其狀如狼赤首而鼠目其
音如豚名猲狚又莊子猨猵狚以爲雌注其雄喜與雌猿爲牝

馬膓

山海經曰謹擧之山有獸人面虎身音如嬰兒又其山有馬膓

草葉似桑

犢勿述

太康記秦文公時陳倉人獵得獸若彘而俱不知其名道逢

二童子曰此名犢勿述

綢

神異經曰西方獸名也大如驢狀如猴喜緣木純牝無牡羣居

要路執男子合之而孕十月生猿李時珍曰玃無牝綢無牡此

牝牡相反也

豻

種臍懸角

燕岩曰西域有種臍羊捕羊先採臍種之覆土至春生羊、伏地上形如家畜聞雷則臍落此載元史而宋膺異物志云秦之北邑有羔羊自然生於土中候其欲萌築墻繞之恐獸所食其臍與地連割絶則死也擊物驚之乃驚鳴遂絶臍逐水草爲羣羊也述異記曰蛟羊似羊而無角又盤羊鹿身細毛兩角盤背上有蹙文夜則懸角木上以防患角上生草或曰麢羊又羱羊

土螻辣、

山海經曰崑崙之山有獸焉其狀如羊而四角其銳難當觸物則斃食人其名曰土螻又泰戲之山有獸其狀如羊一角一目、在耳騈雅曰羊之異一角謂之辣、

狙云夜擊尾出火戴髑髏拜北斗不墜則變爲人其腋腔燄冝爲裘孟嘗君裘是也其皮柔軟冝鍍金今抹額飾見也廣記鄭生入昇平門遇美人任氏交懽數歲鄭爲縣尉同之任所任氏爲獵狗殺乃狐也月岩詩云陰谷沉寒月叢林起伏妖

羬䍺

山海經曰錢來之山有獸焉其狀如羊而馬尾名曰羬羊其脂可以已腊又洵山有獸焉其狀如羊而無口名曰䍺

羚羊

韻書曰麢山羊而細角又麢大羊角而圓俗字羚卽衛爽謂金剛石惟羚羊角破之是也牝曰牂牡曰羝又羖俗謂塩牛以食塩也晉羊車灑塩竹葉是也

集韻曰獸名也似人有翼山海經曰基山有獸狀如羊九尾四耳目在背上名猼訑玉篇作𦏁𦍩又倫山有獸如麋其川在尾上註川竅也

領胡

山海經曰陽山有獸其頸髯狀如句瞿名曰領胡註頸上有肉髯如斗也

渠望

汲冢書曰渠叟似䶂犬、、者露犬也能飛食虎豹

妖獸狐

名山記曰古淫婦紫、所化俗謂妖獸其性嗜瓜故從犬從瓜山海經云青丘之北有狐四足九尾周史高祖時出而焚之雜

麈

漢志曰奧山多麈說文云麋屬色白羣鹿隨之皆視麈所往爲準其尾辟麈晉人蝟拂麈尾是也說文麂行揚土謂麈又麂大麋而狗足者

麞

說文曰麋屬王雱所謂麞邊者是麂、邊者是麞古今注云麂有角不能觸獠有牙不能噬性又善驚故謂元載爲麞頭鼠目也韻書有角曰鹿無角曰麞然今麞首甚大用女陰唇未可知

獿

韓詩外傳曰北方有獸名曰婁更食而更視

猼訑

海魚化鹿

韻書曰鹿之牡曰麚又麌牝曰麀子曰麑又麛又麔千年爲蒼鹿又百年爲白鹿又五百年爲玄鹿又麖又麐牛尾一角者爾雅絶有力狀跡絶異壯大有力者名狀字統曰鹿性驚防羣居分背而食環角向外以備人物之害字彙補曰老鹿年久角中生玉名曰鹿璠正韻鹿之足跡曰速石鼓文鹿〻速〻是也擇里志曰鹿是海魚所化即農魚也醫家賤海茸貴山茸者以此也牝鹿大而無角又麋韻書曰鹿屬似水牛其牝曰麎今北道有之其皮可爲四閒房所帳所謂鹿之大者其茸爲湯匱藥云

阿蘭鹿

燕岩曰阿蘭貢鹿一隻至小如拳而蒼質雲斑

鹿蜀

山海經曰杻陽之山有獸焉其狀如馬其文如虎名曰鹿蜀佩其皮尾宜子孫

訛

神異經曰西南荒中出訛獸狀如兎人面能言常欺人言東而西言惡而善肉美食之言不眞一名誕

讙

山海經曰翼望山有獸狀如貍一目三尾名曰讙或作原

靈貍

爾雅曰貍貒貈醜其足蹯其跡厹正字通曰有數種猫貍善竊鷄鴨又虎貍食虫鼠果實又香貍即靈貍也

山獺

正字通曰山獺出廣州性淫山中有此牝獸皆去廣縣志曰土人呼爲插翹閒山中婦人氣必躍來相抱無偶則抱木枯死

驒善還

山海經曰太行之山其首曰歸山有獸狀如麢四角馬尾有距名曰驒善還註還言旋舞也驒音暉

玃如

山海經曰皐塗之山有獸焉其狀如鹿而白尾馬足人手而四角名曰玃如

足訾

山海經曰見人則呼足訾

者爲牛尾貍亦名白面貍專食百果藏㩻詩云首如貍尾如牛

木狗

正字通曰木狗生廣東左右江中形如黑狗能登木皮爲衣褥能運動脚氣元世祖足疾取其皮爲袴

水狗 獱獺

韻書曰獱似狐而居水食魚月令正月獺祭魚齋諧記曰魏明帝見洛水白獺不可得徐邈曰獺食鯔魚不避死乃畵板作鯔魚懸岸厓獺競來一時執得我國有海獺江獺溪獺而皆入胡地爲袿領飾故麗史元使來責獺皮是也又舊說曰蟾肪合玉獺膽分盃又能食鹽而死獺飲酒而斃淮南子曰獺穴知水之高下獱鳴而獺候之故來晢曰獱以獺爲婦

依木而立木欄犀倒因格殺之如漢紀暴利長得神馬於渥洼
者用此術也或謂雄犀為兕一角犀退角埋之作木角易之二
三不離其處乃得之

水牛曰魚

芝峯曰水牛形如野猪人家畜養作耕或屠食以日氣熱故晝
則入水日沒後乃出俗謂黑角五代史及趙完璧安南國記皆
云水兕我國濟州所貢牲牛不穿鼻玄牡似猪俗謂黑犀文詩
象詛魚腹註魚者東海獸名也背上斑文腹下純青今謂水牛
述異記東海牛魚其形如牛剝皮懸之潮至則毛起潮落則毛伏

海貍

正字通曰登州有貍頭魚尾者名海貍又南方有白面尾似狐

善叱行則銜其尾居則蟠其尾又敖岸山有獸狀如白鹿四角
名曰夫諸

犀渠

山海經曰琴鼓之山多白犀註此與辟寒蠲忿辟塵辟暑諸犀
皆異種又釐山有獸狀如牛食人其名犀渠

犀

說文曰徼外獸角一在鼻一在額有粟文貫者通天花文備百
物之形如水牛猪頭一孔三毛行江海水開爾雅曰三角一在
頂上一在額上一在鼻上、、者食角也小而不椭好食棘亦
有一角者三角者水犀二角者山犀也在頂者謂頂犀在鼻者
謂鼻犀、有四種異物志曰處狀林麓海人於路植木犀、常

牝牡食者不妒爾雅翼曰載兩類曰髆類奇類卽兩體自爲牝牡者附與膟同莊子曰類自爲雌雄故風化俗傳利瑪竇卽類生

視肉

山海經曰狄山有視肉注獸名也聚肉形如牛肝有兩目食之無盡尋復更生如故芝峯曰李斯傳註禽鹿猶禽獸言但視肉而食

髯㑃

神異經曰八荒之中有毛人焉名曰髯公俗謂髯麗又髯狎小兒髯狎可畏也

諸揵夫諸

山海經曰單張山有獸狀如豹長尾人首牛耳一目名曰諸揵

以東帛易之以碧玉環隨猿而去見聞錄曰王仁裕有小猿名野賓

幽頞

山海經贊曰幽頞似猴俾愚作智觸物則笑見人佯睡好用小慧終是嬰繫又說苑曰楚莊王射獵於雲夢射科雉

閼洩那父

爾雅曰閼洩多狃注閼洩獸名也其腳多狃、指也山海經曰灌題山有獸狀如牛而白尾其音如訆名曰那父注訆如人呼喚也

類為雌雄

山海經曰亶爰之山有獸焉其狀如貍而有髦其名曰類自為

躐山中犬首而馬尾 山海經曰難狀如鈇尾而文題其名曰難食之已癭難音那

獨猿

山海經曰北囂之山有獸焉其狀如虎而白犬首馬尾彘鬣名獨狢說文曰獨似猿而大食猿猿性羣獨性特猿鳴三獨鳴一埤雅曰獨一叫而猿散鼉一鳴而龜伏又鼉鳴夜獨叫曉諺傳獨非常有丕革世時出巖末國隱知之云猿本我國所無而或自中原來不啼至斗尾月溪則啼以山水似巫峽云 韻書曰孫恪妻袁氏育二子後挈家過端州袁欲遊峽寺云舊老門徒旣至持碧玉環獻僧有野猿聯臂而下袁惻然題云不如逐伴歸山去長嘯一聲烟霧深擲筆爲猿而去僧方悟昔養猿高力士

張良狙擊是也又挺猿善升木詩云毋教猱升木是也又猢猻
佛書云天津橋上胡孫已三藏法師攄覷是也又有猵狚又爲
說文云毋猴也其爲禽好爪下腹爲母猴形芝萃曰柳州表一
靚龍顏萬死猶足云猶獸名如麂性疑即猶豫之猶也後人改
萬死爲足左妙也

禺寓

正字通曰禺似獮猴而大赤目長尾山中多有之說文專指爲
母猴屬誤也禺音遇山海經曰有寓屬謹獮猴之類寄寓木上
故曰寓

㲉[illegible]

說文曰㲉犬屬也腰已上黃腰已下黑食母猴似牂羊出蜀北

猳玃

韻書曰大玃能攫持人者故名焉芝峯曰蜀山有物如猶猴取去婦女爲室家使人不得知産子如人皆以楊爲姓故蜀多楊姓云易林曰南山大玃盜我媚妾

猓然

國史補曰猿屬黑類有髯生相序死相赴楊州人取一果然數十果然可得蓋聚族而死之不去埤雅曰周官駹車然複以明安則相求患難則相赴也舊說然皮五色中爲茵毯王命州發田横文用之

爲即毋猴

呂覽曰狗似玃〻似母猴〻似人韻書曰猿之屬有狙善伺即

山海經曰䧿山有獸狀如禺而白耳伏行人走其名狌〻食之
善走爾雅註王會曰都郭狌〻欺羽狌〻若黃狗人面而能言
又硜山有獸狀如馬羊目四角牛尾名曰峳〻見則其國多狡
客郭璞贊曰治在得賢亡由失人峳〻之來乃致狡宊註悠音

獙〻軨〻

山海經曰姑逢之山有獸焉狀如狐而有翼音如鴻鴈名曰獙
〻又空桑之山有獸焉狀如牛而虎文其名曰軨〻

獏獡

神異經曰西荒之中有人焉長短如人著敗衣手虎爪名獏獡
伺人獨自欲食人腦又出舌丈餘廣頷曰獸名也

我捨去復自謂曰試共寄酒遠醉取屐着之爲人所擒里人索肥者乃自推肥泣而遣之山谷詩云愛酒醉魂在能言機事踈平生幾緉屐身後五車書

榴、文、

山海經曰陰山有獸其状如貍其音如榴、徐氏實遠賦云獸則摩伽招賢又放皐之山有獸状如蜂歧尾反舌善呼曰文、

狪、猎、

山海經曰泰山有獸状如豚而有珠其鳴自呼名曰狪、郭璞贊曰蚌則含珠獸何不可狪、如豚被褐懷禍患難無由於之自我又猎、山海經曰先民之山有黒蟲如熊状名曰猎、獨或

狌、[illegible]、

爲山都爾雅翼曰嶲、亦名山揮吳任臣曰狒、人形山揮獸
狀故有差別燕岩曰亦謂野婆乃婦人形而獸類也手毛如棘
大抵南方產能攫人意著山谷者曰嶲、林默被髮押竹擭人
則笑唇蓋其目終亦號咷反爲我戮吳都賦嶲、笑而被格猩
、啼而見擒今北道有之俗謂杜禦百獸畏服故逐獸呼杜禦
以惧之獵者須持鎗、其唇掩額上捉云且鬃長二三尺如人
髮今北道甚多其鬃云

猩、

韻書曰獸能言者禮記所謂能言不離走獸也似猿人而如
小兒出交趾裴炎銘曰武平封谿縣猩常數百爲羣人以酒并
糟設於路側連結草屐猩見之則張者祖先姓名呼云以欲張

白澤

軒轅記曰帝於桓山得白澤神獸能言達萬物之情

獅子

韻書曰即狻猊一名白澤似虎正黄有髯尾端茸毛大如銅斗頭鐵色食虎豹正字通曰怒則威在齒喜則威在尾又牡者有彤髯蘇岩曰身短小絶類人家所畜金毛猧狗諸獸見之畏懼俯伏云博物志曰魏武帝經白狼山逢獅子忽一物如狸跳上獅頭獅不能起遂殺之云獅亦有畏獸也羅史異師夫以木獅威服蠻陸與宗慤蒙馬以獅同非但獸亦畏服也

狒丶

山海經曰人面黑身有毛反踵見人則笑丶則上脣掩目終呼

似犬食人又山海經曰譙明之山有獸狀如貆赤豪名曰孟槐

狍鴞饕餮

山海經曰鉤吾之山有獸名曰狍鴞狀如羊身人面目在腋下虎齒人爪

音如嬰兒 註饕餮

騶虞

詩疏曰似虎白質黑文尾長於身不踐生草不食生物日行千

里君有至信之德則見相如傳般般之獸樂我君囿註謂騶虞

又騶吾大傳謂怪獸白帖曰宋元嘉及前蜀永平間皆見

甪端

元史太祖滅默德那國見一獸鹿形馬尾獨角綠色為人言曰

汝主宜亟早還耶律楚材曰此獸名甪端

也揚雄反騷曰猿狖擬而不敢下註狖似猿仰鼻長尾亦蜼類耶
于逖聞奇錄蜼作雖

智嚚

字彙曰智嚚音如獸名也鼻赤毛青食虎豹山海經曰瑜次之山有獸如馬長臂善投名曰嚚

贊蛫

爾雅曰贊出大秦國有養者似狗多力獷惡山海經曰卽公之山有獸其狀如龜而白身赤首名曰蛫是可以禦火上林賦獑胡縠蛫是也

犰狳

廣韻曰獸似魚蛇尾豕目見人則佯死又犰集韻北方獸名也

如嬰兒髮人又鹿吳之山有獸名蠱雕其狀如雕而有角其音
如嬰兒之音

犰狳 跊踢

玉篇曰犰狳兔喙而蛇尾山海經曰蛇山有獸其狀如狐白尾長
耳名狏狼又南海赤水之西流沙之東有獸左右有首名跊踢

狨

韻書曰狨似猿毛長黃赤色可為布皮作鞍褥尾金色名金線
狨生廣南博物志羽民國獸名虎僕似豹緣毛

蜼孝獸

說文曰似猴鼻露而上尾長四五尺雨則懸於樹上以尾
塞鼻蜼與虎皆孝獸故宗彝取像繪於衮裳也宗廟之彝器酒尊

千年則牙蛻而角生大戴禮曰三九二十七主星、主虎故虎七月生芝峯曰虎以其名李耳故凡食獸不食耳諱其名也食人則其耳輒裂未可知也說文虎有角曰虒能行水中集韻虩似虎而小出南海說文曰豹似虎圜文黃黑如錢列子曰程生馬註豹也古詩餓狼食不足飢豹食有餘言豹廉有程度而食故名程也列女傳曰南山玄豹隱霧雨七日不下食欲澤其文章故藏以避害

羅、

山海經曰北海有獸狀如虎名曰羅、騈雅曰青虎謂之羅

蠪蛭蠱雕

山海經曰鳧麗山有獸狀如狐而九尾九首虎爪名蠪蛭其音

遇風即活 玉篇曰猦[犭+毋]

駮

山海經曰中曲山有獸如馬而身黑二尾一角虎爪牙音如鼓名曰駮食虎豹可以禦兵 管子曰齊桓公乘駮馬而虎不敢行北史曰寧州有猛獸爲暴忽有六駮食之 宋史契丹使問榆關有獸似馬食虎豹是何獸也劉敞曰此駮也 奏維翰來納榆關十六州盖此地以此獸爲患云 芝峯曰近楊州地有之云 (爾雅釋曰倨牙)

虎豹

韻書曰虎夜視一目放光一目着物獵人射之光墜于地成白石兩脇間及尾端有乙骨長一二寸郎其威也取得令人有威無官者爲人所憎 坡詩得如虎挾乙失若龜藏六 述異記曰虎

名周語曰商之興也檮杌次丕山其亡也夷羊在牧又朱儁以爲惡獸神異經曰西方荒中獸一名難訓

渾沌饕餮

即讙兜也神異經曰崑崙惡獸名也與饕餮爲四凶之號

鑿齒

韻玉曰獸名也長楊賦鑿齒之徒山海經曰羿與鑿齒戰於壽華之野註其人齒如鑿長五六寸因爲名又晉有習鑿齒爲

風生獸

說郛曰狀如豹火燒不死釰斫不入以鐵鎚打頭十數萬乃死其口向風便活以石菖蒲塞其耳鼻則死取其腦和菊服之長生劉欣期交州記曰風母出九德縣如猿見人若慚出頸打殺

漢史宗資墓兩石獸曰天祿辟邪又天祿閣以此獸名之

禹步夔足

說文曰禹跡其步一步三跡佛書西域方士禹步吹氣龍即浮出是也禹蓋獸名也說文夔即魖如龍一足有角手人面之形莊子夔憐蚿又黃帝戰涿鹿以鼓爲警衛故曲有靈夔吼言夔皮冒鼓也

窮奇檮杌

淮南子曰窮奇廣莫風之所生也上林賦註狀如牛蝟毛音如嗥狗食人神異經曰西北有獸有翼能飛知人言語聞人鬪輒食直者聞人忠信輒食其鼻聞人惡逆不善輒殺獸往饋之名曰窮奇韻會曰檮杌惡木取其記惡爲戒即楚史名也又瑞獸

舞也

野干猾褢

法華經曰野干體瘦無目爲諸童子摘擲受諸苦痛註獸名也

又山海經曰猾褢穴居走蟄如人而彘鬣

六庚舍利

太公陰謀云六庚在上爲白獸在下爲虎氣註六庚天獸名也

西京賦舍利颭颭化爲仙車註舍利獸名也性吐金言初爲獸後化爲仙人車乃以驪馬駕之字彙謂爲山車非

天祿辟邪

宋符瑞志曰天鹿者純靈之獸五色光澤洞閣王者道備則至

西域傳桃拔註一名符拔似鹿長尾一角爲天祿兩角爲辟邪

懶婦杼

韻玉曰有懶婦織席睡於機上姑以杼打之至死皆有杼痕化爲獸〻名爲懶婦杼若江豚之懶婦化也

長右彘聾

山海經曰有獸焉其狀如禺而四耳其名長右又有鳥之山其獸多彘聾其狀如羊而赤鬣註黑首赤鬣

刑天

山海經曰刑天神名也刑天與帝爭神帝斷其首爲獸乃以乳爲目臍爲口操干戚以舞陶詩云刑天舞干戚是也明皇雜錄曰教舞馬四百蹄各有名稱曰某家驕其曲傾盃樂每奏作奮首鼓尾應節又舞象爲祿山怒目不動似猿從奉不忘朱全忠

騶牙

韻書曰獸名也漢史建章宮後閣有物狀如麋東方朔曰此騶牙也遠方當有歸義者後昆邪王來降

䑏踈山笑

山海經曰帶山有獸焉其狀如馬一角有錯其名曰䑏踈廣東新語曰人熊一名山笑山海經若山有獸焉名曰山膏其狀如逐註逐與豚同

皮樹

周禮鄉射禮云君國中射則皮樹中於北郊則閭中於境則虎中註皮樹獸名也閭如驢一角山海經曰縣雍之山其獸多閭麋郭註閭即羭也似驢而歧蹄角如麢羊一名山驢

韻書曰麐身馬足牛尾一角、端肉高丈二五蹄牝曰麟牡曰
麒雌鳴曰游聖雄鳴曰歸昌黃帝時在囿成康時在郊燕岩曰
山東偏產之鹿熙世四皆牛產雍正時五牛產二豕產三乾隆
時五蜀閩中浙河南兩歲皆牛產而一則豕產云正字通曰廝
同麒麐同麟山海經曰依軲之山有獸焉狀如犬虎爪有甲名
曰獜善駛牟食者不風郭註體有鱗甲音吝集韻汝南謂太子
為棋

符拔韓流

班超傳月氏貢符拔註形似麟而無角山海經曰韓流麟身渠
股豚止註止足也又規矩汲冢周書曰規矩以麟者獻也字典
曰規矩獸名也

唐書曰廣州土貢鼈甲蚺蛇山海經云巴蛇食象三歲而出其骨君子服之無心腹之疾其爲蛇青赤黑一曰黑蛇青首埤雅曰晉平郡譜蛇謂之訛諺傳我國ㆍ醫求蟒蛇七箇將爲御藥夜宿文義客舍忽一逃投隣廄後蟒種獨在文義捕亦甚難云

相思蛇

蓋男悅女似華山畿之類也其身雖死其神不滅化爲淫物是謂相思蛇醫巫莫治惟對鏡則見形裁妬忽忘情纏鏡乃焚之

弔 絲ㆍ蛇今草窠中有之長數三寸細一條絲無口目能屈身而行謂絲虬似蛇非蛇似蚓非蚓蓋蟲之果者

裵淵廣州記曰龍種也生嶺南蛇頭龜身水宿木棲其膏至輕利銅及瓦器盛之皆浸出置鷄卵殼中則不漏

麟出山東

蛇鬼

寧越於羅寺洞在郡東西我 世宗十三年有大蛇或遊羅寺洞或蛻于渚一日遺蛻於石磧上長數十尺鱗甲如錢邑人拾鱗以 聞遣楮克和驗之克和泛舟中洲暴風忽作竟莫得其迹後蛇亦不復見

韻書曰玄武宿騰蛇龜筴傳騰蛇之神始於蝍蛆註騰蛇龍屬蝍蛆似蝗莊子即且甘帶是也爾雅曰江淮以南爲蝮以北爲虺輿覽曰濟州俗畏蛇見灰色蛇以爲蛇鬼之神禁之北齊史陸法和常子戲截蛇頭法和曰汝何意殺因指示之常子見蛇頭齚褲襠不落乃使懺悔今殺蛇有報之說舊矣瑣錄云稚者見蛇入穴必舐穴傍小石後蛇如之稚者以爲有何味試舐之及到家瘖不言至明年啓蟄乃發語云俗謂百嚴言百見而嚴也藏山求蛇置床下淫戲其上非人性之宜者蛇般至牙山浦而反正乃放之今蛇田是也今以蛇針、人其蠢井於蛇傳云

蟠蛇

馬軸蟂獺

曹子建曰百足之虫至死不僵通志所謂馬軸也又蛝蝍俗謂馬糞轉即莊子云蛣蜣之智在轉丸又螳螂一名天馬拒斧曰螵蛸母也螳螂怒其臂以當車轍莊公避之及螳螂捕蟬黃雀在後是也韻書別爲二蟲今誤爲一物也韻書曰蟂獺似蛇四足能害人古賦云偭蟂獺以隱處兮是也

蜥蜴

韻書曰蝘蜓又守宮又石龍子又蛇師又蛇醫爲蛇咬藥故也詩云哀今之人胡爲虺蜴是也又蝎虎東方朔傳云上置守宮盂下朔別蓍布卦而對曰臣以爲龍又無角爲蛇又有足是非守宮即蜥蜴俗謂逃馬蛇說文曰蝓即蛇類能興雲雨似是蜥

一朝與豕俱焦也又狗蟞即蜱也生狗毛中圓、如黑珠惟吸血而無矢穴飽則自落蓋虱類而異者

無舌蟲

本草註一名益符主閉

彷徨

莊子野有彷徨註狀如蛇兩頭五采文又集韻蚑音支似蜥蜴食人而善藏

蝡蛇

山海經曰黑水青水之間有赤蛇在木上名曰蝡蛇木食

藍蛇

酉陽曰首有毒尾能解毒南人以首合藥謂之藍藥

竹虱

東坡云初如粉塗竹葉上久乃能動百十爲曹無非佛子今草葉塗米泔者皆虫卵之類也

沙虱射工

春秋有蜮說文曰蜮短狐似鼈三足以氣射人者亦名射工柳文射工沙虱含怒竊發中人形影動成瘡痏居水以氣射人者名射工居山林間含沙射人者名沙虱録異記曰潭袁等州有之卽毒虫鱗甲中虱入沙人中之如針孔粟粒不得術士禁之剜去肉卽死云似今人或有四面足虱也

豕虱狗鼈

莊子曰濡需者豕虱也擇疏鬣自以爲廣宮大囿不知屠者之

淮南子曰大厦成燕雀相賀湯沐具蚤虱相吊覔山堂記云蘊隱袺念阿房宮賦是也芝峯曰虱陰類屬坎故足有六且行必北向云花朴子曰虱生於我而我非虱父母虱非我子孫蓋生於衣則新製在篋蛾卵無附生於身則赤體露立壞瘵無所其衣附身而生乎馬援所謂嬰兒頭多蟣虱而剃之蕩蕩然無所復依是也玉篇曰蚤囓人跳蟲博物志曰土乾則生蚤曹植曰得蚤者莫不糜之齒牙為害身也俗謂壁蝨

鱉虱

雜俎曰江南舊無蠍開元初一主簿盛筒過江故謂主簿蠆韓詩照壁喜見蝎是也即鱉虫以形似也今腦大影響錄云黃靖國死見以萬蠍治武后獄似是變成王妻蛇地獄而以蠍耶

身額蔟蔡螂蛆註似蝗而大腹長角能食蛇腦諺傳我國清州(韓氏譜曰)
倉有神例以牢祭又夜飾處子入之如為河伯取婦山公取女
焉曉視之女與牢無有歲以為常若否則歲歉疫熾清人患之
醵錢千金買處子倉底(朱氏)寡婦有一女賢而美自五六歲炊爨供
母有一蟾出母飯之大如鼎蓋女以母老家貧暗縣於倉將夕
入倉所竈蟾亦出飯而泣曰吾從此與汝訣矣伺母寐入倉所
明燭盛設門即鎖却正夜半棵有雷轉之聲放氣紫色如匹下
垂座下有青氣上應青紫相合望如虹霓及曉上有墮物如棵
乃一蜈蚣下有倒物如蓋乃竈蟾也至今為倉名處子娘韓氏
始祖母云額書曰烏鵲屎大蒜解蜈蚣毒云
蚕瓜

蟬

揚子方言楚謂之蜩詩云五月鳴蜩是也古今注齊王后忿死為蟬故名齊女尹子曰蜣蜋轉丸丸成而精思之而有蠐白者存丸中俄去殼成蟬酉陽曰未蛻時名復育蠡海集近陽依于木以陰而為聲爾雅蝒馬蜩註蜩中大者為馬蟬

螢燐

韻書曰夜光即照暉夜宵燭熠燿丹良唐詩草頭一點丹良色月令腐草為螢又丹鳥羞白鳥又燐易畧例云猶螢燐增耀於太陽又明焰詩大火前後出是得大火之氣而化余詩云星走非分躔餘翻不見烟自明仍照物濁世也翻

蜈蚣

爲地膽

嬰蜺

神異經曰蜚蝱季夏藏于鹿耳

蠶蜂

本草曰生肇慶府附橄欖樹有手足與木葉無異鳴則自呼

守瓜

爾雅曰蠸輿父守瓜食瓜葉故名守瓜字典父音甫齊民要術曰十二月臘時祀炙萐樹瓜田四角去蚟、音甘瓜蟲也

香囊

開元遺事曰明皇還蜀過貴妃葬所密遣棺槨葬焉啓瘞故香囊猶在世傳香囊仁爲蟲故名香娘俗謂蟢阿閣氏

蝸牛

爾雅曰蚹蠃螔蝓註蝸牛說文曰背負圓殼者蝸牛無殼者蛞蝓莊子所謂有國於蝸之左角曰蠻氏國於蝸之右角曰觸氏爭地而戰坡詩云升高不知回竟作粘壁枯腥涎不滿腹聊足以自濡文選云蠆涎競鬪蝸是也今小兒執而呼作家出此

天水牛

遯齋閑覽曰皂角木五六日多大黑甲虫俗呼天水牛坡詩兩角徒自長空飛不服箱為牛竟何事利吻穴枯桑是也

盤蝥

說文曰毒蟲也一名斑猫黄足斑文烏腹尖喙神農本草云春食芫花為芫青夏食葛花為亭長秋食豆花為盤蝥冬入地中

曰元載得龍髭須拂蚊蚋不敢入猶李德裕龍皮辟暑也俗謂蓂莢起范仲淹詩飽去櫻桃重飢來柳絮輕汝州有露筋廟我國嶺南竹橋蚊穿衣衾云蚉即漢史搏牛之蚉也俗謂登噎

蠅虎

爾雅釋云蠅醜扇註醜類也蠅類好搖翅自扇韻書曰青巨者名景跡歐文曆如蠅矢點彼白玉濯之而已詩比小人是也金溪記云盧記室多脯以錫塗扇而獵蠅亦嗜肉汁而死者韻書曰虎註蠅虎虫又蠼螋俗謂蜘里馬言走如馬影而捉蠅如虎也咬人、中人不言走網巾必裂抑何理歟

溪狗

正字通曰生南方溪澗卑處狀如蝦蟇尾長三四寸治溪毒避蠱

月埋蠶汁於亥方得蠶之語相似揚子方言曰蜻其雌者謂之
䖵、音即

螘蛵

說文曰蚍蜉又玄駒隱朋曰冬居山之陽夏居山之陰蟻壤寸
而有水也東西魏交兵黑黃蟻鬪蓋赤黑蟻鬪紅頭賦丞不但
穴居而知雨與水也山海經曰不咸有飛蛵四翼又云烏盤即
楚王食芹吞蛭俗謂巨馬里是也不咸山今白頭山

蚊蝱 李奎報送李史館赴巨濟序云暑月有蚊蝱之大於蜂者其嘬人誠可畏也

梵書曰蚊蚋小蟲之屬名諸趣傳物志曰地濕則生蚊爾雅翼
曰蚊者惡木中所化嘈人肥膚其聲如雷唐史補曰江東
有蚊母鳥亦謂吐蚊鳥夏則夜鳴吐蚊於叢葦間物類相感志

丹書八字頭有肉角世謂三足者妄也

蚼蟌

韻會曰開州盛山多蚼蟌蟲因名郡焉本草云善鳴江東呼歌女蜾呼蚓螻俗謂地龍即多足之蟹不如無足之蚓以致心一也幽怪錄云王君緯夜宿野人家主人自稱威汙蠖奴曰蝸兒明日視之惟汚地有大螾長數尺蝸螺甚大東史云甄萱母夜有紫衣郎來宿曉去不言居住姓名怪之以紅線隊縫左腋垂其縷欲識其去處朝視之乃砌下大蚓縫死方言大蚓謂甄即地上赤、音治

蜻蜓

埤雅曰午日取蜻蜓首正中門埋之皆成青珠即河圖所云四

目瞖然即開故今爲眼藥云又井中赤虫曰蠉

螝

酉陽曰螝似黃狗圓有常處若行遠不及家則以草塞其尻

螻蟈蝌蚪

韻玉曰蝦蟆有黑斑不鳴大者名田父能食蛇又螻蟈皮蒼夜鳴俗名田鷄又土鴨也又山蛤大而黃色又蝌蚪形圓有尾雷震則尾脫生脚爲蝦蟆即艾子所謂蝦蟆哭今幸無尾但恐更理會科斗時事也以龍王有令水族有尾皆誅故也晉史惠帝華林園有爲公爲私之問楚峯曰世傳其鳴似獨樂、孰如與人樂、與人樂、孰如與衆樂、謂讀孟子亦似燕語知之謂知之不知謂不知是乃知也謂讀論語又蟾蜍形大背黑夏下

爲鬧蛾兒是也山谷詩飄如赴燭蛾妓詩愛鼠常留飯憐蛾不點燈皆今若飛蛾之撲燈也

蠛蠓

韻書曰似蚋卽醯鷄也山谷詩老蚌胎中珠是賊醯鷄甕裡天幾大註醯酸而蚋集也周紀夷羊在郊蜚鴻滿野註蜚鴻蠛蠓也

豉蟲

葛洪肘後方云此蟲正黑如大豆浮游水上治射工毒成瘡口不能語用豉母蟲一枚含口中卽差

蠐螬

韻書曰卽地蠶在糞土中晉史盛彥母王氏失明每食必自哺之婢恨其被撻取蠐螬餡之母食以爲美彥見之抱母號泣母

是也李時珍曰有蠟樹四時不凋五月有白花蜂採其樹液爲房即蠟也王元之曰蜂王何以服其衆曰無毒噫爲蜂王尙如此况爲人王而有毒乎王所居一臺大如粟俗曰王臺生子其中或三或五分其族而去山毗患其分也以棘刺於王臺則子盡死云有兩衙應潮錢昭度詩黃蜂衙退海潮上玉壺淸話曰蕭〻華〻山中採花雖無官職一日兩衙

粉蝶

說文曰鳳蝶一名昏大者曰鳳子今訛爲虎狼蝶又烏足葉所化云唐詩咏粉蝶云身似何郞全傅粉心同韓壽臍偷香卅矣述異記曰晉永嘉中梁州雨十旬麥化爲飛蛾余見濕處積麥經霖粒〻化蛾又火蛾韻書曰蟇充雜志云上元戲爲撲燈蛾

䗐䘄

廣韻云䗐䘄似蚣蝪居樹上輒下齧人上樹垂頭聽聞哭聲乃去 又䘄爾雅釋曰䘄醜鏠註剖母背而生

蠆螫

葛洪曰螫前曰螯後曰蠆 康節蛇蝎吟云蠆以尾螫是也 今王蟲蜂俗以其出為麥種之候 文選園有螫虫葵藿為之不採 今謂地蜂又馬蜂作房於樹杪似倒懸大瓠謂馬蜂窠

蜜蜂

離騷經曰玄蜂若壺 列子曰純雄其名稺蜂 山谷詩稺蜂趍衙供蜜課是也 物類相感志曰蜂窠大者一二丈 其綴不過小索許大 是用樹汁如漆 故綴牢爾 坡詩君家蜂作窠 歲歲添漆汁

本草曰一名躁舍又紅姑娘陶弘景曰蚝蟲也在石榴樹上其背毛螫人又草螫諺云南生背草螫是也俗以竈謂南生也鄉語草螫多年爲明春麥豐之兆其有芒刺故耶

蜾蠃

詩云螟蛉有子蜾蠃負之註螟蛉桑上小青蟲似步屈蜾蠃土蜂也似蜂而小腰取桑虫負之於木空中七日而化爲其子說文曰蜾蠃即細腰蜂本草云雖名土蜂不就土中爲窟謂摙土作房耳細腰物無雌皆取青蟲教祝變成己子奇坼窠視之亦生子如半粟大所負蟲却在下今謂羅 蜂也韻書曰細腰蜂名蜾蠃蒲蘆蠮螉所負不但螟蛉產一卵於上卵化成形漸々所負之蟲飛聲似云類我、

地之繩是不如蜘蛛之智也龔舍見蟲死蛛網遂掛冠號蛛隱

蜉蝣

詩蜉蝣之羽註渠略也埤雅曰蟲似天牛而小有甲角長三四寸朝生暮殞有浮游之義故名焉俗謂一日生

螽斯

詩螽斯羽註草螽蝗也一生八十一子如蝗青色蟿螽細長飛趯作聲土螽今呼蚱蜢斯螽股鳴者幽州人呼春箕

蟋蟀

古諺云蟋蟀鳴懶婦驚故韻府濟南呼蟋蟀爲懶婦蓋斯螽汝雞促織絡緯蛚蛄皆蟋蟀名也

蛄蟖

詩云伊威在室本草謂鼠婦一名負蟠濕生虫也多足其色如蚓背有橫文常慝著鼠背故名鼠負誤作婦字若草之蛩賓以附羊來故謂羊附以麨鼠故謂鼠麨也坡詩坐看月窓蟠蟏蛸静聞風幔落伊威是也

蜘蛛喜子

爾雅註在地中布網者土鼅鼄絡幕草上者草鼅鼄揚子方言朝鮮冽水之間謂之蝳蜍管輅射覆曰觳觫長足吐絲成羅尋網求食利在昏夜韻會曰長踦者名蠨蛸河內謂之蟢母着人衣有新客至長脚形小者名喜子陸賈新語蜘蛛集百事喜山谷詩蠨蛸報喜太多可是也赤斑者名絡新婦符子曰晉文公奔齊見蜘蛛執象食之曰人之有智而不能廓惠天之網布絡

向天從規中望星可求丹度世也鞠通琴神名故詩有鞠通夜靜朱絃語脉望朝迴緑字香

吉丁

本草註甲蟲也背正綠有翅在甲下出嶺南人取帶之令人喜好相愛陸游詩滿貯醇醪清黃甲密封小瓶餉紅丁是也

青牛

唐詩花蟣青牛卧註葉上青蟲如蝸牛芝峯曰蓋用老子事

蛘子

爾雅註米穀中小黑蟲建平人呼爲蛘子揚子方言謂之強蛘江東謂之盈

鼠婦

並頭者類苑曰蟡涸水之精一頭兩身長三丈蓋不常有之物而咸豊丁巳七月漢城有之韻書蜛蠩即螗蠩江賦云蜛蠩森衰以垂翹南越志云蜛蠩一頭尾數條左右有脚如蚕可食

蟒蟲雠由

爾雅註即黛蟲食葉方言謂蟒蟲爾雅曰雠由樗繭註食樗葉

尺蠖

韻書曰蠖即蚇是尺蠖屈伸虫老化爲蝶也韓詩野有求伸蠖蓀谷李達詠時云尺虫尺地去不已萬里餘是也

脉望鞠通

雜俎曰何諷書中得一髮捲規四寸許如環而無端用力絕之兩端滴水方士曰此名脉望蠹魚三食神仙字則化爲仙夜持

蠁子

廣雅云蠅花蚕身乳子成蛆俗呼蠁子左太沖賦景福肸蠁之與作言福如虫聲起也韋昭曰濕生蟲蚊類是也

琴虫

字典曰肅愼氏國有虫獸首蛇身郭璞曰蛇類也亦蟲之怪者韻書云漢武帝道逢蟲赤色具耳目口鼻東方朔曰此名怪哉又蟲有毛者蚝也張蚝取爲名焉今人盜成府有蟲三目九節

蟡身蠩尾

爾雅中州有岐蛇註兩頭蛇也即孫叔敖殺之爲陰德者刀兩頭一尾也孫子曰常山蛇率然一身而兩頭擊其一頭則一頭至擊其中則兩頭俱至今深峽或有兩端有頭無尾行時曲身

蟲獸類

風動蟲生

說文曰風八風也風動蟲生故蟲八日而化俗詩爲客半風多蓋人身之虱亦風化也韻書蠕、蟲行貌元魏指柔然

蟲長

大戴禮曰有羽之蟲三百六十而鳳凰爲之長有毛之蟲三百六十而麒麟爲之長有甲之蟲三百六十而神龜爲之長有鱗之蟲三百六十而蛟龍爲之長有倮之蟲三百六十而聖人爲之長爾雅曰有足之謂蟲無足之謂豸考工記云外骨內骨卻行仄行連行紆行以脰鳴者以注鳴者以旁鳴者以翼鳴者以股鳴者以胷鳴者謂之小蟲之屬以爲雕琢

松南雜識